GEOGRAFIA GERAL

O espaço natural e socioeconômico

5ª edição
reformulada e atualizada

Série Sinopse

Lygia Terra
Licenciada em Geografia pela Universidade de São Paulo,
com experiência na rede pública de ensino

Marcos de Amorim Coelho
Licenciado em Geografia pela Universidade de São Paulo

Moderna

Moderna

Coordenação editorial: Maria Raquel Apolinário
Edição de texto: Dolores Pérez Vasconcellos, Sônia Cunha
Preparação de texto: Dolores Pérez Vasconcellos
Coordenação de *design* e projetos visuais: Sandra Botelho de Carvalho Homma
Projeto gráfico: Sergio Alexandre Cándido
Capa: Sandra Botelho de Carvalho Homma
Fotos: Trem-bala atravessando um campo de arroz com camponeses, vendo-se o Monte Fuji ao fundo. Japão, 1968 © Dean Couger / Corbis-Stock Photos; Edifícios de Hong Kong próximos ao porto, s.d. © Walter Bibikow / Taxi-Getty Images; Imigrantes no mercado de *Barbes-Rochechouart*. Paris, 1993 © David Turnley / Corbis-Stock Photos; Refinaria de Shuaiba, 25 km a sudoeste de Basra. Iraque, 20/8/2004 © Essam Al-Sudani/AFP-Getty Images; Multidão no *Fisherman's Wharf*, durante as comemorações do 4 de Julho. San Francisco, Califórnia, s.d. © Richard I'Anson / Lonely Planet-Getty Images; Vale Sagrado dos Incas, nas proximidades de Maras. Cuzco, Peru, s.d. © Robert Frerck / Stone-Getty Images; Monte Ripinsky. Haines, Alasca, s.d. © Richard During / Stone Getty Images.
Coordenação de produção gráfica: André Monteiro, Maria de Lourdes Rodrigues
Coordenação de revisão: Estevam Vieira Lédo Jr.
Revisão: Editora Mania de Livro
Edição de arte: Flavia Maria Susi
Ilustrações: Paulo Manzi
Cartografia: Alessandro Passos da Costa, Guilherme Arruda, Rodrigo Carraro Moutinho
Diagramação: Setup Bureau Editoração Eletrônica
Coordenação de pesquisa iconográfica: Ana Lucia Soares
Pesquisa iconográfica: Camila D'Angelo, Maria Magalhães, Rosana Carneiro, Vera Lucia da S. Barrionuevo (capa)
As imagens identificadas com a sigla CID foram fornecidas pelo Centro de Informação e Documentação da Editora Moderna.
Coordenação de tratamento de imagens: Américo Jesus
Tratamento de imagens: Evaldo de Almeida, Fabio N. Precendo, Joacir Braga da Silva, Rubens M. Rodrigues
Saída de filmes: Helio P. de Souza Filho, Marcio Hideyuki Kamoto
Coordenação de produção industrial: Wilson Aparecido Troque
Impressão e acabamento: Gráfica Bandeirantes

Dados Internacionais de Catalogação na Publicação (CIP)
(Câmara Brasileira do Livro, SP, Brasil)

Coelho, Marcos Amorim
Geografia geral : o espaço natural e socioeconômico / Marcos Amorim Coelho, Lygia Terra. — 5. ed. reform. e atual. — São Paulo : Moderna, 2005. — (Série sinopse)

Bibliografia.

1. Geografia (Ensino médio) I. Terra, Lygia. II. Título. III. Série.

05-4733 CDD-910.712

Índices para catálogo sistemático:
1. Geografia : Ensino médio 910.712

ISBN 85-16-04821-7 (LA)
ISBN 85-16-04822-5 (LP)

EDITORA MODERNA LTDA.
Rua Padre Adelino, 758 - Belenzinho
São Paulo - SP - Brasil - CEP 03303-904
Vendas e Atendimento: Tel. (0_ _11) 6090-1500
Fax (0_ _11) 6090-1501
www.moderna.com.br
2006

Impresso no Brasil

1 3 5 7 9 10 8 6 4 2

Reprodução proibida. Art.184 do Código Penal e Lei 9.610 de 19 de fevereiro de 1998.

APRESENTAÇÃO

Apresentamos a 5ª edição, reformulada e atualizada, do livro *Geografia geral* – o espaço natural e socioeconômico.

Efetuamos diversas modificações tanto na estrutura como no conteúdo do livro com o objetivo de aperfeiçoá-lo e torná-lo mais adequado à compreensão das transformações do mundo contemporâneo, possibilitando melhores condições de análise e, conseqüentemente, de atuação social.

Continuamos a oferecer uma abordagem equilibrada entre os aspectos físicos e humanos do espaço. No desenvolvimento dos temas da atualidade analisamos as novas tecnologias que permitem maior compreensão dos processos produtivos e do espaço geográfico, aplicadas aos diversos campos do conhecimento.

Sempre que possível, apresentamos mais de uma visão a respeito de determinado assunto de forma a propiciar a reflexão e o desenvolvimento de um espírito crítico e de um pensamento autônomo. Na análise dos problemas mundiais evitamos nos deter em visões pessimistas, procurando apresentar experiências positivas, assim como propor alternativas aos temas abordados.

Quanto ao conteúdo, incluímos temas atuais sobre o espaço natural, socioeconômico e político mundial, tais como: o papel dos Estados Unidos como superpotência mundial; a União Européia; a flexibilização geográfica da produção, do capital e do trabalho; a formação das redes técnicas e a interconexão dos lugares em tempo simultâneo; as novas ameaças nucleares; os Objetivos de Desenvolvimento do Milênio; as relações entre a globalização, a pluralidade e identidade cultural e os conflitos atuais (incluindo os conflitos no Afeganistão e no Iraque); o papel do islamismo no mundo atual; os conflitos indígenas no mundo; o aumento do consumo e do crescimento econômico e a degradação ambiental; as ações e os movimentos em defesa do meio ambiente e da qualidade de vida; a busca de soluções ambientalmente sustentáveis; o comércio na era das redes; as transformações na paisagem urbana e os desequilíbrios sociais e ambientais urbanos; os refugiados e as minorias étnicas.

Quanto à estrutura, a nova edição também apresenta novidades:

- Novos quadros ilustrativos, citações e tabelas enriquecem e reforçam os conceitos estudados.
- As figuras (mapas, fotos e ilustrações) foram atualizadas e interagem com o texto.
- Os Lembretes trazem noções básicas destinadas a atender eventuais necessidades de retomada de conceitos.
- A seção Curiosidades tem informações complementares sobre os temas estudados.
- Ao final de cada capítulo, questões de revisão de conteúdo e atividades diferenciadas (organização do conteúdo estudado e ampliação do conhecimento por meio da análise de dados e imagens e da interpretação de textos) voltadas para o cotidiano do aluno.
- Novas questões retiradas de vestibulares e do Enem, além de sugestões de leituras, vídeos e *sites* para pesquisa.
- Presença de Índice remissivo no final do livro.
- Manual do Professor, que, além de contribuir para a melhor utilização do livro e a atualização dos docentes (por meio de apresentação dos objetivos dos capítulos, síntese dos conteúdos trabalhados, orientações didático-pedagógicas, complementação de textos, encaminhamento das atividades e resolução de questões), contém sugestões de questões para provas e avaliações.

Esperamos que a reformulação desta obra possa auxiliar e orientar o professor em sua prática pedagógica, propiciando o desenvolvimento intelectual do aluno e a formação de cidadãos conscientes, atuantes e responsáveis.

Nossos sinceros agradecimentos a todos que têm acompanhado nossa trajetória, lembrando que colaborações, sugestões e críticas serão sempre bem aceitas.

Os autores

Agradecemos à equipe da Editora Moderna e às sugestões e críticas feitas pelo professor César Simoni.

DEDICATÓRIA

Às nossas famílias:

Azilda, Emiliane e Marcel.

Danilo, Thiago, Flora, Maria Clara, Janaína e Yvonne.

SUMÁRIO

UNIDADE I

A ORGANIZAÇÃO E A REPRESENTAÇÃO DO ESPAÇO

CAPÍTULO 1 **A GEOGRAFIA E A ORGANIZAÇÃO DO ESPAÇO** 12

1. Introdução 12
2. Espaço, paisagem e lugar 12
3. O desenvolvimento da Geografia 15

CAPÍTULO 2 **A FORMAÇÃO DOS ESTADOS NACIONAIS E OS PAÍSES ATUAIS** 25

1. História, trabalho e espaço geográfico 25
2. Território e mobilidade de fronteiras 26
3. Etnia, raça, nação e povo: conceitos 28
4. Estado: origem e conceito 30
5. Os países atuais, os territórios e as possessões 31

CAPÍTULO 3 **O ESPAÇO E SUAS REPRESENTAÇÕES** 36

1. A necessidade de representação do mundo 36
2. O globo terrestre e os elementos de um mapa 40
3. Novas tecnologias cartográficas 48
4. A Cartografia no Brasil 52

UNIDADE II

TRANSFORMAÇÕES ECONÔMICAS E GEOPOLÍTICAS MUNDIAIS

CAPÍTULO 4 A ORGANIZAÇÃO DO ESPAÇO NO CAPITALISMO 56

1. Introdução 56
2. A produção do espaço geográfico no capitalismo 57
3. Os primeiros passos para uma integração: o capitalismo comercial 57
4. O capitalismo industrial: etapas da Revolução Industrial 60
5. Capitalismo financeiro ou monopolista 62

CAPÍTULO 5 GLOBALIZAÇÃO E DESINTEGRAÇÃO DOS PAÍSES SOCIALISTAS 75

1. Crise e reestruturação do capitalismo 75
2. Origens e características da globalização 76
3. A produção do espaço geográfico no socialismo 78
4. Capitalismo *versus* socialismo: a Guerra Fria 79
5. A desintegração dos países socialistas 81
6. Conseqüências da globalização 85

CAPÍTULO 6 A NOVA ORDEM MUNDIAL E OS BLOCOS ECONÔMICOS 90

1. A nova ordem mundial 90
2. Os megablocos econômicos 91
3. Organizações internacionais e regionais 96

CAPÍTULO 7 OS GRANDES CONJUNTOS DE PAÍSES E AS DESIGUALDADES MUNDIAIS 102

1. A divisão ou regionalização do mundo 102
2. Os grandes conjuntos de países 107

CAPÍTULO 8 PLURALIDADE CULTURAL, CONFLITOS REGIONAIS E MUNDIAIS 122

1. Homogeneização e pluralidade cultural 122
2. Principais causas dos conflitos atuais 124
3. Áreas de conflito no mundo 125
4. Conclusão 135

UNIDADE III

PAISAGENS NATURAIS: DINÂMICA, UTILIZAÇÃO E IMPACTOS

CAPÍTULO 9 — OS IMPACTOS DA ATIVIDADE HUMANA SOBRE O AMBIENTE 140

1. Tecnologia, consumo e degradação ambiental 140
2. Ações em defesa do meio ambiente e da qualidade de vida 144
3. A situação do planeta: buscando soluções 147

CAPÍTULO 10 — A TERRA: MOVIMENTOS, ESTRUTURA E EVOLUÇÃO 153

1. Movimentos da Terra 153
2. Idade e evolução da Terra 157
3. A deriva dos continentes e a tectônica de placas 162
4. Estrutura geológica 166

CAPÍTULO 11 — A DINÂMICA DA LITOSFERA: O RELEVO E SEUS AGENTES 170

1. Os tipos de relevo 170
2. Os agentes internos do relevo e a formação das paisagens naturais 174
3. Os agentes externos do relevo e a formação das paisagens 182
4. Representação dos fatos relativos à dinâmica terrestre 186

CAPÍTULO 12 — MINERAIS, ROCHAS E SOLOS 189

1. Introdução 189
2. Minerais 190
3. Rochas 191
4. Panorama mundial das matérias-primas minerais 193
5. Os solos: formação, distribuição e degradação 197

CAPÍTULO 13 **A ATMOSFERA E SUA DINÂMICA: O TEMPO E O CLIMA** 205

1. Composição e camadas da atmosfera 205
2. Tempo e clima 207
3. Elementos do clima: radiação solar 208
4. Elementos do clima: temperatura atmosférica 210
5. Influência das correntes marítimas no clima 213
6. Elementos do clima: a água na atmosfera 215
7. Elementos do clima: pressão atmosférica, ventos e massas de ar 219

CAPÍTULO 14 **CLIMA, BIODIVERSIDADE E FORMAÇÕES VEGETAIS** 226

1. Classificações climáticas 226
2. Mudanças climáticas naturais 228
3. Poluição atmosférica 230
4. Biodiversidade e ecossistemas 238
5. Formações vegetais no mundo 239

CAPÍTULO 15 **AS GRANDES PAISAGENS NATURAIS DA TERRA** 243

1. Regiões polares 243
2. Regiões temperadas 248
3. Regiões tropicais ou zona intertropical 250
4. Regiões desérticas 253
5. Regiões montanhosas 256

CAPÍTULO 16 **UTILIZAÇÃO E DEGRADAÇÃO DE FLORESTAS, RIOS E MARES** 260

1. As implicações socioambientais do desflorestamento 260
2. Rios: formação e utilização 264
3. Oceanos e mares: utilização e degradação dos recursos 269

UNIDADE IV

O ESPAÇO MUNDIAL DA PRODUÇÃO E DA CIRCULAÇÃO

CAPÍTULO 17 **INDÚSTRIA I: AS TRANSFORMAÇÕES NO ESPAÇO** 278

1. Conceito e evolução da indústria 278
2. Fatores de localização industrial: concentração e desconcentração 281
3. A indústria na era da globalização 286
4. Conclusão 291

CAPÍTULO 18 **INDÚSTRIA II: DESENVOLVIMENTO INDUSTRIAL DOS PAÍSES** 294

1. Introdução 294
2. A indústria nos Estados Unidos 294
3. A industrialização no Japão 297
4. Canadá: indústrias 302
5. A industrialização européia 304
6. A Federação Russa e a Comunidade dos Estados Independentes (CEI) 313
7. Os novos países industrializados 315

CAPÍTULO 19 **A PRODUÇÃO, O USO E A GEOPOLÍTICA DA ENERGIA** 320

1. Introdução 320
2. Classificação das fontes de energia 321
3. Desigualdades mundiais no consumo de energia 322
4. Petróleo 323
5. Carvão mineral 329
6. Usinas termelétricas 331
7. Hidreletricidade 332
8. Energia nuclear ou atômica 334
9. Fontes de energia alternativas 338
10. Conclusão 340

CAPÍTULO 20 **AGROPECUÁRIA MUNDIAL I: PAISAGEM RURAL, TECNOLOGIA E ECOLOGIA** 343

1. A paisagem rural e os tipos de agricultura 343
2. Mudanças na agricultura, tecnologia e globalização 345
3. Produção agrícola e persistência da fome 349
4. Geopolítica, conflitos e agricultura 352
5. Agricultura, ecologia e desenvolvimento sustentável 353

CAPÍTULO 21 **AGROPECUÁRIA MUNDIAL II: SISTEMAS AGRÍCOLAS E PRODUÇÃO** 357

1. Sistemas ou modos de produção agrícolas 357
2. A agropecuária no mundo 361

CAPÍTULO 22 **O COMÉRCIO MUNDIAL E A GLOBALIZAÇÃO** 371

1. Conceito, origem e evolução 371
2. Organismos internacionais e dívida externa 372
3. Comércio globalizado 376
4. O comércio na era das redes 379
5. Comércio internacional: desigualdades 381
6. Considerações finais 385

CAPÍTULO 23 **REDES DE COMUNICAÇÃO, TRANSPORTE E TURISMO** 389

1. Comunicações: novas tecnologias 389
2. Localização dos meios de transporte e vias de circulação 393
3. Meios de transporte no mundo 395
4. O turismo como atividade econômica 403

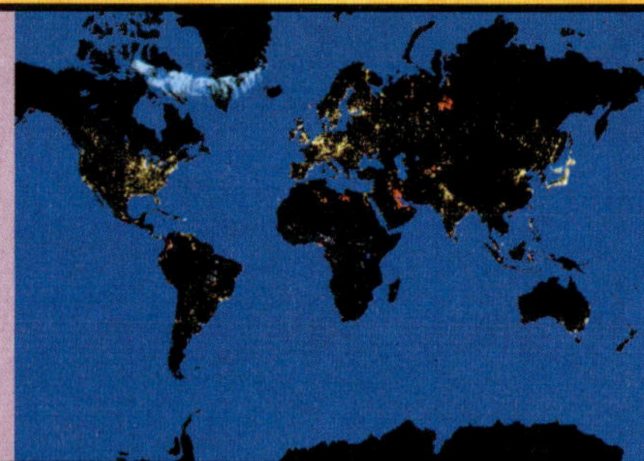

UNIDADE V

DINÂMICA POPULACIONAL E URBANIZAÇÃO

CAPÍTULO 24 **TRANSFORMAÇÕES E DESEQUILÍBRIOS NA PAISAGEM URBANA** 408

1. A evolução da paisagem urbana 408
2. A urbanização nos diferentes grupos de países 410
3. Urbanismo e globalização: a terciarização das cidades 413
4. A urbanização e os desequilíbrios socioambientais 414
5. Aglomerações urbanas 418

CAPÍTULO 25 **MIGRAÇÕES, REFUGIADOS E MINORIAS ÉTNICAS NO MUNDO** 426

1. Por que as pessoas migram? 426
2. Tipos de movimentos migratórios 428
3. As migrações e as transformações no mundo atual 431
4. Refugiados e minorias étnicas 434

CAPÍTULO 26 **CONCEITOS DEMOGRÁFICOS E DISTRIBUIÇÃO DA POPULAÇÃO** 443

1. Introdução 443
2. População absoluta, densidade demográfica e superpovoamento 445
3. Distribuição geográfica da população 449
4. Taxa de natalidade, taxa de mortalidade e crescimento vegetativo 451

CAPÍTULO 27 **CRESCIMENTO DEMOGRÁFICO** 456

1. Evolução do crescimento demográfico 456
2. Fases do crescimento populacional 458
3. Teorias demográficas e desenvolvimento socioeconômico 462

CAPÍTULO 28 **ESTRUTURA DA POPULAÇÃO** 468

1. Estrutura ocupacional da população 468
2. Estrutura populacional e divisão do trabalho por sexos 472
3. Pirâmides etárias 474

HISTORICAL PICTURE ARCHIVE / CORBIS-STOCK PHOTOS

Constantinopla, gravura sobre madeira, século XV. "O conceito de lugar [...] guarda em si o movimento da vida, enquanto dimensão do tempo passado e presente." (BRASIL. *Parâmetros Curriculares Nacionais:* Ensino Médio. Brasília: MEC/Semtec, 2002. p. 313.)

UNIDADE I

A ORGANIZAÇÃO E A REPRESENTAÇÃO DO ESPAÇO

CAPÍTULO 1 A GEOGRAFIA E A ORGANIZAÇÃO DO ESPAÇO, 12

CAPÍTULO 2 A FORMAÇÃO DOS ESTADOS NACIONAIS E OS PAÍSES ATUAIS, 25

CAPÍTULO 3 O ESPAÇO E SUAS REPRESENTAÇÕES, 36

1.

A GEOGRAFIA E A ORGANIZAÇÃO DO ESPAÇO

1 INTRODUÇÃO

Apesar de a presença humana representar um acontecimento muito recente quando comparada à história do nosso planeta, as modificações que ela imprimiu e ainda imprime — paralelamente às transformações naturais — são enormes e, atualmente, atingem praticamente toda a Terra. Mesmo os lugares que eventualmente não foram tocados ou aqueles que o foram apenas parcialmente são objeto de especulação e dominação econômica, política ou estratégica.

Os primeiros grupos humanos, providos de ferramentas mais simples, relacionavam-se com o ambiente de maneira menos predatória. Em sua luta pela sobrevivência, a humanidade produziu e aperfeiçoou inúmeros instrumentos, aumentando o domínio sobre a natureza e transformando o espaço. Diversos momentos e processos da história humana contribuíram para isso, como, por exemplo, o desenvolvimento da agricultura, do pastoreio, do comércio, da navegação, da ciência e da indústria, além do crescimento populacional.

CHRISTIE'S IMAGES / CORBIS-STOCK PHOTOS

Estátua africana representando homem segurando ferramentas.

2 ESPAÇO, PAISAGEM E LUGAR

O espaço geográfico

A palavra espaço pode ter diferentes significados. Pode indicar, por exemplo, o conjunto de sistemas de astros, significando nesse caso o **espaço sideral***.

* Os principais conceitos estão **destacados** no texto e compõem o *Índice Remissivo*, no final do livro.

O **espaço geográfico** é o que se apresenta como um conjunto indissolúvel, resultado de fenômenos naturais e ações humanas, implicando, portanto, uma série de ações e relações naturais e sociais. Por ser um espaço social, o espaço geográfico expressa o trabalho humano — entendendo como **trabalho** toda forma de produção, inclusive intelectual —, as relações e as práticas sociais que se sucedem no tempo.

No espaço geográfico ocorrem as relações econômicas, políticas e sociais em escalas local, regional, nacional e global. No dizer de Milton Santos, autor de diversos trabalhos sobre Geografia, "o espaço deve ser considerado como um conjunto indissociável de que participam, de um lado, certo arranjo de objetos geográficos, objetos naturais, e objetos sociais, e, de outro, a vida que preenche e os anima, ou seja, a sociedade em movimento". (*Metamorfoses do espaço habitado*. São Paulo: Hucitec, 1988. p. 26)

Tantas paisagens, tantas informações

Dependendo da relação que se estabelece com a natureza, surgem diferentes sociedades, caracterizadas pela capacidade e pela forma de produzir objetos. Dessas atividades resultam espaços transformados, que se traduzem em diferentes tipos de paisagem.

Quando olhamos para um lugar, estamos vendo sua paisagem. Portanto, **paisagem** é o arranjo espacial que nossa percepção distingue.

Ao observarmos uma paisagem, vemos o conjunto de construções humanas, a forma como a população se distribui. Nela encontram-se pistas da história dos indivíduos: como os grupos organizaram-se espacialmente, sua cultura, os modos diferenciados de produzir, além das características de seus rios e córregos, de seu relevo e até marcas do clima. Observe a figura 1.1.

JON HICKS / CORBIS-STOCK PHOTOS

FIGURA 1.1 As paisagens mostram heranças de sucessivas relações e interações da sociedade com a natureza. Tempos que se sucedem na história de um povo, reunidos num mesmo espaço, formam uma paisagem onde o antigo e o novo (edifícios modernos) subsistem lado a lado. Xangai (China), em 2003.

O ser humano modifica e organiza o espaço. Isso quer dizer que ele transforma a **paisagem natural** (aquela que não foi mudada pela intervenção humana) em **paisagem artificial** (aquela que já incorporou o resultado das ações e das relações sociais). Observe a figura 1.2.

A paisagem natural, cada vez mais reduzida, é fruto da evolução da própria natureza, da ação de fenômenos naturais, como fenômenos geológicos, climáticos, erosão e outros.

Já a paisagem humanizada corresponde, por exemplo, aos campos cultivados, às rodovias e ferrovias e, sobretudo, às cidades, cujos ambientes são fortemente modificados e artificializados.

FIGURA 1.2 As paisagens das fotos são, respectivamente, exemplos de paisagens natural e artificial. À esquerda, geleira no Parque Nacional do Alasca (EUA, 2002), e, à direita, plantação de uvas (Austrália, 2000).

Aqui é o meu lugar

FIGURA 1.3 "[O] lugar traduz os espaços com os quais as pessoas têm vínculos afetivos: uma praça onde se brinca desde criança, a janela de onde se vê a rua, o alto de uma colina de onde se avista a cidade. O lugar é onde estão as referências pessoais e o sistema de valores que direcionam as diferentes formas de perceber e constituir a paisagem e o espaço geográfico. É por intermédio dos lugares que se dá a comunicação entre homem e mundo." (BRASIL. *Parâmetros Curriculares Nacionais:* Geografia. Brasília: MEC/SEF, 1998. p. 29). Vista de Tiradentes (Minas Gerais, 1997), a partir da Capela de São Francisco de Paula.

Lugar é a porção ou a parte do espaço onde vivemos, é onde se desenvolve nossa existência real. É nele que se define o nosso cotidiano.

Todos criamos uma identidade com o lugar em que vivemos; isso quer dizer que ele tem um significado para nós, que nossa memória guarda dele determinadas percepções e vivências com as quais nos identificamos. Portanto, estabelecemos com o lugar uma relação de afetividade. Quando mudamos, por exemplo, de uma cidade para outra, ou mesmo de um bairro ou de uma rua para outra dentro da mesma cidade, temos de nos adaptar às novas condições, não só materiais, mas também de significados, de vínculos. Observe a figura 1.3.

3 O DESENVOLVIMENTO DA GEOGRAFIA

O principal objetivo da **Geografia** é a compreensão das relações econômicas e políticas das sociedades, a análise e a explicação das interações e transformações socioculturais no processo de produção de determinado espaço. Isso quer dizer que a Geografia preocupa-se em entender o mundo atual, os processos de apropriação e organização dos espaços, a dinâmica das relações da vida cotidiana com a paisagem.

Veja a seguir uma síntese do desenvolvimento da Geografia desde a Antigüidade.

A necessidade de compreensão do mundo

A humanidade sempre questionou e tentou entender o que acontece à sua volta.

Para muitos povos da Antigüidade, como os fenícios, os gregos, os assírios e os egípcios, que eram comerciantes e navegadores, o conhecimento dos fenômenos naturais e o domínio de rotas terrestres e marítimas, mais do que necessários, eram indispensáveis em sua busca por novos territórios e mercados.

Os gregos, que por volta do século V a.C. dominavam grande parte do mundo conhecido (na época, restrito ao Mar Mediterrâneo), preocuparam-se em organizar as informações a respeito do planeta, chamando tais conhecimentos de **Geografia**, que significa "escrever sobre a Terra" ou "estudo da superfície terrestre". Eles deixaram diversos escritos relatando suas experiências e vivências geográficas.

Além das discussões sobre a forma da Terra e o aperfeiçoamento da geodésia*, muitos temas, como a classificação dos tipos de clima, a descrição de lugares e países, as estações do ano e o regime dos rios apareciam, ainda que de forma dispersa, nos estudos gregos.

Os romanos aplicaram os conhecimentos dos gregos de modo prático, principalmente com o objetivo de demarcar as terras que iam sendo conquistadas.

A partir do século VII, impulsionada por objetivos militares de expansão e organização dos territórios conquistados, a Geografia desenvolveu-se no mundo árabe junto com outras áreas, como a Astronomia, a Matemática e a Geometria.

Durante a Idade Média, as respostas aos questionamentos a respeito do mundo passaram a ser dadas pela Igreja Católica. Com isso, a Geografia perdeu força e quase desapareceu do mundo ocidental naquele período.

* As palavras sublinhadas estão no *Glossário*, no final do livro.

A Geografia e a expansão do horizonte geográfico

Durante boa parte do período conhecido como Idade Média, a Europa mergulhou na vida rural e o **horizonte geográfico** (as regiões conhecidas do mundo) dos europeus ficou limitado a áreas próximas da Europa, como o norte da África e o Oriente Médio.

Por outro lado, a partir do século VII os povos islâmicos (ou muçulmanos) passaram a desempenhar importante papel na expansão geográfica pelos continentes, dominando parte da Ásia, da África e da Europa.

Por volta do século XI, algumas cidades européias voltaram a ter importância devido à retomada do comércio, antes restrito ao interior dos feudos. Já as **Cruzadas**, expedições religiosas que tinham entre outros objetivos a expulsão dos muçulmanos da Palestina, contribuíram para a expansão européia em direção ao Oriente e para um maior conhecimento do continente asiático.

Anos mais tarde, o aperfeiçoamento de embarcações e de instrumentos de navegação, como a bússola e o astrolábio, e a confecção de mapas mais precisos permitiram que os navegantes se aventurassem em viagens por mares e oceanos desconhecidos. Diversos viajantes alargaram o horizonte geográfico conhecido (como podemos observar na figura 1.4): foi a época das **Grandes Navegações**, período de explorações e conquistas empreendidas nos séculos XV e XVI.

Os relatos de viajantes descrevendo o clima, a vegetação, o relevo e os povos das terras recém-descobertas, embora denominados trabalhos geográficos, na verdade eram estudos que tinham caráter apenas descritivo.

FIGURA 1.4 • AS GRANDES NAVEGAÇÕES

Em 1415 os portugueses conquistaram Ceuta, no Norte da África.

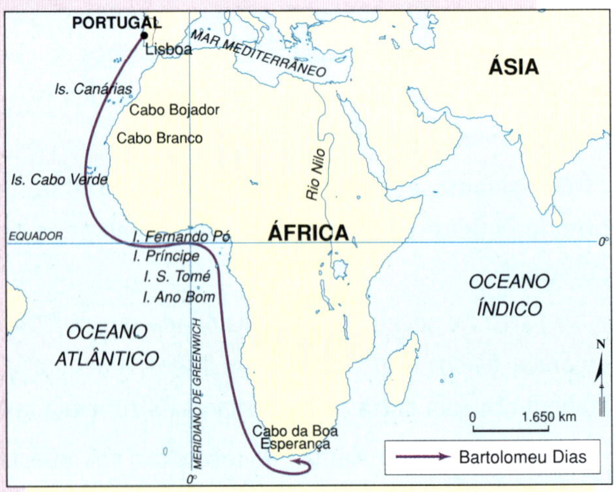

Bartolomeu Dias (1450-1500), português, chegou em 1488 a um grande cabo ao Sul da África, a que deu o nome de Cabo das Tormentas, mais tarde chamado Cabo da Boa Esperança.

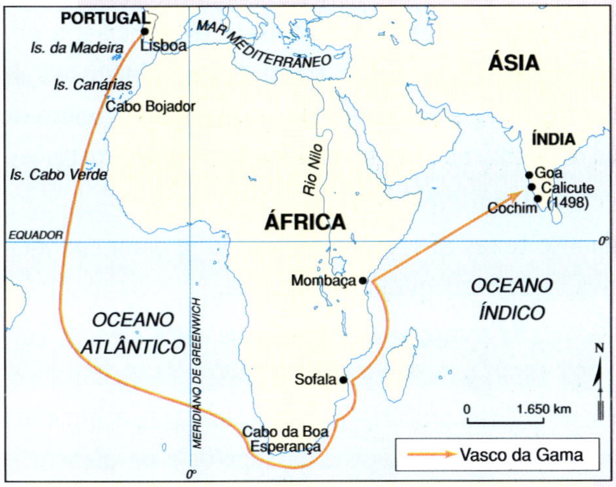

Vasco da Gama (1460-1524), português, chegou em 1498 a Calicute, descobrindo o tão procurado caminho marítimo para as Índias.

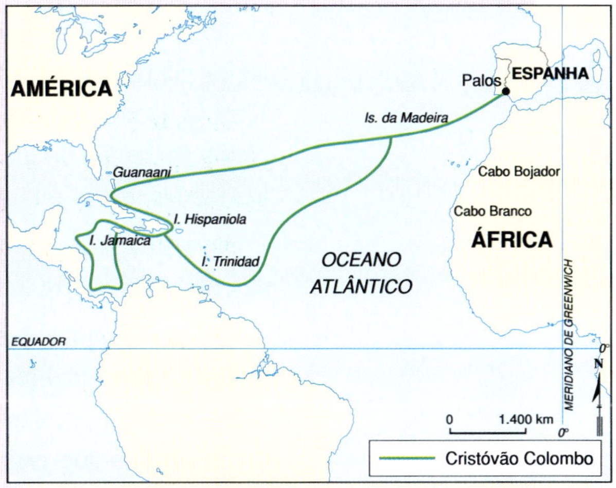

Cristóvão Colombo (1451-1506), genovês, planejou chegar à Índia navegando pelo Ocidente. A serviço dos reis da Espanha, chegou ao continente americano em 1492.

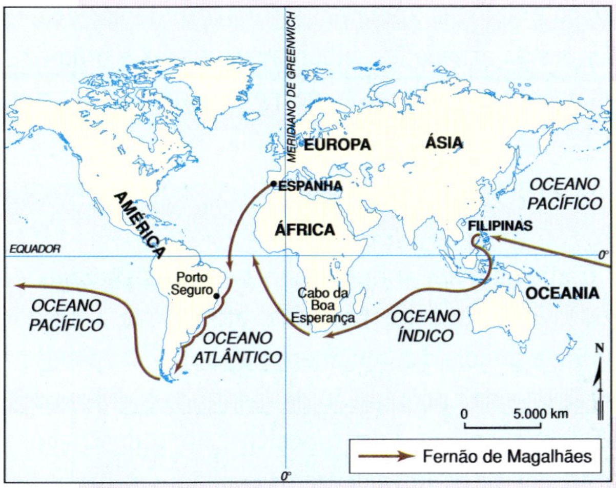

Fernão de Magalhães (1480-1521), navegador português a serviço da Espanha, empreendeu a primeira viagem de circunavegação do mundo, provando o formato esférico da Terra. Partindo de Sevilha em 1519, a expedição contornou a Patagônia (no atual Estreito de Magalhães) e atingiu a Ásia (Filipinas) pelo Pacífico. Magalhães morreu nas Filipinas em 1521. A expedição chegou a Sevilha em 1522, sob o comando de Sebastião Elcano (1460-1526), pela rota do Cabo da Boa Esperança, permitindo, a partir daí, uma maior precisão das medidas e das observações.

Fontes: DUBY, Georges. *Atlas historique*. Paris: Larousse, 1987. p. 64-65; ALBUQUERQUE, Manoel Maurício de e outros. *Atlas histórico escolar*. 8. ed. Rio de Janeiro: FAE, 1991. p. 112-113.

A Geografia moderna

A partir do século XVI, com a conquista de terras ultramarinas e com o impulso do comércio colonial, as metrópoles européias passaram a organizar expedições científicas cujo objetivo era inventariar os recursos naturais e as possibilidades produtivas dos novos territórios. Cientistas, naturalistas, botânicos e geógrafos passaram a fazer parte das viagens. Eles estudavam espécies vegetais desconhecidas, a fim de serem cultivadas e comercializadas. Observe a figura 1.5.

No século XVIII o horizonte geográfico alargou-se ainda mais. Terras antes desconhecidas pelos europeus, como a Austrália, a Nova Zelândia e a Sibéria, passaram a ser visitadas.

REPRODUÇÃO

FIGURA 1.5 As tropas levavam e traziam mercadorias, percorrendo o caminho entre o interior e o litoral atravessando a Serra do Mar. Muitos cientistas, como os dessa missão austríaca, chegaram ao Brasil no século XIX para estudar, retratar as paisagens e documentar suas potencialidades.

Até então os estudos de Geografia apresentavam duas tendências: a primeira misturava os estudos matemáticos sobre a forma e as dimensões da Terra (a geodésia) com a Cartografia e a Astronomia; a segunda preocupava-se com a descrição de lugares exóticos, os povos e seu modo de vida, costumes, atividades, e sua relação com o lugar onde viviam.

No século XIX, praticamente todas as regiões do mundo já eram conhecidas, o que permitia uma avaliação mais global do planeta.

Foi na Alemanha que a Geografia começou a estruturar-se como ciência, com Alexander von Humboldt (1769-1859) e Carl Ritter (1779-1859). Esses dois cientistas deram a ela um método de análise, procurando estabelecer as relações entre os fenômenos que ocorrem nas diversas paisagens da superfície do planeta, e desses com a ação humana, sistematizando, enfim, o conhecimento geográfico e estabelecendo leis. Nascia, assim, a denominada Geografia Moderna.

O século XIX foi também a época de inventariar o interior dos continentes.

No século XIX os países colonialistas apoiaram a formação de sociedades geográficas, as quais, entre outras atividades, elaboravam mapas e organizavam expedições de conhecimento e exploração de novas áreas e recursos. Observe a figura 1.6.

Ainda no século XIX a Geografia foi reconhecida oficialmente e passou a ser ensinada nas escolas.

A chamada Geografia Tradicional foi influenciada pelo **positivismo** de Auguste Comte (1798-1857). Esse conceito filosófico afirma que a ciência deve deixar de especular sobre a origem dos fenômenos e apoiar-se apenas na observação, na experimentação e na comparação de resultados, procurando a causa dos fenômenos e formulando leis. Com o positivismo, a descrição, a enumeração e a classificação dos fatos novamente assumiram um papel importante. Para a Geografia Tradicional, o ser humano é apenas um elemento da paisagem e as relações sociais são pouco valorizadas.

FIGURA 1.6 Expedição do inglês Richard Lander, em 1830, subindo o Rio Níger em áreas ainda pouco exploradas do interior do continente africano.

REPRODUÇÃO

Recebendo forte influência do positivismo e da teoria evolucionista, desenvolveu-se na Alemanha, com Friedrich Ratzel (1844-1904), o **determinismo geográfico**, que sustenta que as condições ambientais, em especial o clima, são capazes de influenciar o desenvolvimento intelectual e cultural das pessoas. Essa teoria afirma que nas áreas temperadas a humanidade teria um desenvolvimento mais elevado do que nas áreas tropicais, quentes e úmidas.

A teoria determinista tenta explicar e justificar os deslocamentos e as conquistas dos povos. Afirma que os grupos humanos, ao crescerem, tendem a alargar seus territórios, ocupando territórios vizinhos. Ela reforça a idéia — comum nos países conquistadores — de supremacia racial (que entende que um povo ou etnia é superior a outros) e influenciou a expansão nazista alemã. Observe a figura 1.7.

O determinismo exerceu influência sobre grande parte dos geógrafos que acreditavam que a sociedade humana e suas atividades eram determinadas pelo meio físico.

FIGURA 1.7 Adolf Hitler inspecionando as tropas em Berlim, Alemanha, 1938. O nazismo, política expansionista e totalitária da Alemanha, utilizou a idéia de que o país tinha de conquistar seu "espaço vital", ou seja, mercados consumidores e fornecedores de matéria-prima. Defendia o direito alemão de conquistar o mundo e a criação da Grande Alemanha, habitada pela raça ariana, considerada por eles superior, justificando dessa maneira a perseguição e o extermínio de outras raças.

BETTMANN / CORBIS-STOCK PHOTOS

Em reação ao determinismo, a Escola Francesa, com Paul Vidal de la Blache (1845-1918), lançou o **possibilismo**, que afirma que as pessoas podem atuar no meio, modificando-o e determinando seu desenvolvimento, ou seja, o meio natural oferece um conjunto de possibilidades, e sua utilização depende dos diferentes costumes e técnicas (gêneros de vida), além do estágio de desenvolvimento histórico de cada sociedade. O que diferenciaria as sociedades seriam os diversos modos de produção. Apesar de valorizar a ação humana, La Blache definiu a Geografia como uma ciência dos lugares, e não dos homens.

O papel da Geografia e do geógrafo no mundo atual

O mundo sofreu grandes transformações ao longo do século XX: as duas Guerras Mundiais, o surgimento dos países socialistas, o confronto entre países socialistas e capitalistas e a revolução tecnológica foram algumas dessas mudanças. O mesmo aconteceu no campo das idéias e se refletiu na sucessão de correntes do pensamento geográfico.

A segunda metade do século XX foi marcada por revoluções, confrontos, movimentos de libertação e questionamentos do sistema mundial de dominação. A gritante desigualdade na distribuição da riqueza entre os países e no interior deles e o atraso econômico em que vivem diversas nações são aspectos analisados historicamente e relacionados à dominação colonialista e aos conflitos ocorridos no interior das classes sociais. Observe a figura 1.8.

Yves Lacoste, em seu livro *A Geografia:* isso serve, em primeiro lugar, para fazer a guerra, faz uma crítica à Geografia Tradicional, afirmando que ela sempre existiu a serviço da dominação e do poder.

Geógrafos como Pierre George, B. Kayser e R. Guglielmo passaram a questionar o papel assumido até então pela Geografia Tradicional: o de explicar e justificar as ideologias dominantes. Surgiram então correntes críticas mais comprometidas com mudanças e propostas de transformações sociais, que passaram a propor uma Geografia mais atuante, que pudesse oferecer instrumentos para a compreensão e a intervenção na realidade social: a chamada Geografia Marxista ou Geografia Crítica.

O centro das preocupações passou a ser a análise e a crítica das relações entre a sociedade, o trabalho e a natureza na apropriação dos recursos e na produção de espaços desiguais. Para se compreender essas relações, lançou-se mão de explicações históricas, econômicas. A Geografia passou a ter um caráter politizador e de denúncia.

FIGURA 1.8 Manifestação estudantil em Paris (França) em maio de 1968. A década de 1960 foi marcada por críticas, denúncias, manifestações e contestação de velhas teorias.

BETTMANN / CORBIS-STOCK PHOTOS

Objeto de estudo da Geografia

Hoje, a Geografia passa por um processo de renovação e se propõe muito mais do que somente descrever paisagens. Na Geografia dos últimos tempos surgiram abordagens que buscam explicações mais abrangentes, que dêem conta das interações entre os elementos socioculturais da paisagem e os elementos físicos e biológicos presentes nela, entendendo as relações entre a natureza e a produção do espaço nas diferentes sociedades. Propõe-se a apreender as formas de organização do espaço, a discutir o espaço social, que é histórico, dinâmico e fruto do trabalho e da produção humana.

Preocupa-se, hoje, não mais em descrever o que o espaço contém, mas como ele chegou a tal configuração — resultado das relações sociais e, conseqüentemente, um produto histórico — influenciado por questões de ordem econômica, política, social e cultural.

A Geografia estuda o espaço e as relações que nele ocorrem, sendo, portanto, um canal de reflexão para uma ação crítica e transformadora, objetivando a construção da cidadania. Sabemos que, apesar de o espaço geográfico ser produzido por homens e mulheres por meio do trabalho, nem todos se beneficiam dos frutos desta produção. Interesses econômicos, políticos e de classe estão presentes, colocando o espaço geográfico a serviço de alguns.

Como se vê, o objeto de estudo da Geografia sofreu variações ao longo dos séculos, das décadas e dos anos, transformando-se de acordo com o conhecimento, as idéias, as condições e as necessidades de cada época.

A atuação do geógrafo num mundo técnico

No século XX, muitas novas técnicas foram desenvolvidas. Duas se destacaram em relação ao avanço nas análises e à organização de dados e imagens: o computador e o satélite. De suma importância para a Cartografia, para a Estatística e para a Geografia, esses instrumentos deram novo rumo às possibilidades de entendimento do mundo. Como o geógrafo tenta analisar e compreender a organização do espaço geográfico na superfície terrestre, a utilização dessas novas tecnologias e ferramentas no século XXI facilitará a obtenção e a compreensão espacial dos dados, para que se produza ou aplique o saber geográfico à transformação do espaço.

Hoje, os geógrafos podem atuar em diversas áreas do conhecimento: no assessoramento de empresas públicas e privadas; no planejamento territorial de áreas rurais e urbanas; como consultores especializados em vegetação, geomorfologia, solos etc.; na cartografia; em estudos ambientais, atuando junto às secretarias de meio ambiente, parques estaduais e nacionais.

O geógrafo deve apresentar soluções para problemas de produção, organização e gestão do espaço. Se um geógrafo fosse requisitado para atuar em

FIGURA 1.9 As vias de maior fluxo de tráfego na cidade de São Paulo são as marginais de rios como o Tietê, o Pinheiros e o Tamanduateí. Esses rios não mudarão seu comportamento natural em épocas de cheias, só porque suas margens foram ocupadas. Enchente na Marginal do Rio Tietê, em 2000.

projetos de engenharia, arquitetura, administração pública e outros, poderia evitar, por exemplo, a construção de empreendimentos imobiliários ou vias de tráfego em áreas inadequadas, como fundos de vales de rios temporariamente secos ou margens de inundação de rios. No entanto, sua participação em projetos dessa natureza ainda é muito pequena. Observe a figura 1.9.

Escolhendo uma profissão – Geografia

De acordo com o *Guia do Estudante* (http://www.guiadoestudante.com.br) é o estudo da superfície, do clima e da vegetação do planeta e de sua ocupação pelo homem.

O geógrafo estuda o solo, o relevo, o clima, a distribuição das águas e a vegetação da Terra. Ele também estuda a organização das populações e sociedades, sua relação com o ambiente e a ordenação social e econômica de espaços urbanos e rurais.

Com base em dados recolhidos por satélites e radares, confecciona e interpreta mapas, diagnosticando fenômenos como a desertificação, a erosão de solos, o desmatamento e o avanço dos oceanos sobre a faixa litorânea. Também elabora planos diretores de municípios e diagnósticos para a redução do impacto ambiental em regiões poluídas ou ameaçadas pela construção de grandes obras.

A cartografia digital, que elabora mapas com base em imagens captadas por satélite, é uma das áreas mais promissoras.

Características que ajudam na profissão: capacidade de análise e interpretação, objetividade, exatidão, interesse por questões sociais etc.

Praticando e Aprendendo

Organizando o conteúdo

1. Procure descrever o lugar onde você vive:

a) Quanto ao significado que ele tem para você.

b) Quanto ao tipo de construção que nele predomina.

c) Se você já mudou de bairro ou cidade, descreva as dificuldades que encontrou para se adaptar ao novo lugar.

d) Em quais aspectos o lugar onde você mora é diferente ou igual a outros lugares.

2. "Na verdade, pode-se dizer que, praticamente, não existem mais espaços naturais totalmente livres da ação direta ou indireta do homem, pois, hoje em dia, quase nada escapa ao seu interesse comercial." Comente esta afirmação citando um exemplo.

3. Leia a poesia a seguir, escrita por Fernando Pessoa, sobre um navegante português do século XV que, em 1482 e 1484, foi enviado por D. João II em viagens marítimas.

Padrão

"O esforço é grande e o homem é pequeno.
Eu, Diogo Cão, navegador, deixei
Este padrão ao pé do areal moreno
E para diante naveguei.
[...]

E ao imenso e possível oceano
Ensinam estas Quinas, que aqui vês,
Que o mar com fim será grego ou romano:
O mar sem fim é português.
E a cruz ao alto diz que o que me há na alma
E faz a febre em mim de navegar
Só encontrará de Deus na eterna calma
O porto sempre por achar."

PESSOA, Fernando. *Fernando Pessoa:* obra poética. Rio de Janeiro: Nova Aguilar, 1999. p. 79.

a) Relacione o trecho abaixo com a expansão do horizonte geográfico ocorrida no final do século XV e durante todo o século XVI.
"[...] Que o mar com fim será grego ou romano:
O mar sem fim é português. [...]"

b) Que evidências a poesia nos dá a respeito do impulso religioso que havia por trás dessas viagens?

c) Na poesia, o autor fala em "imenso e possível oceano". Que fatores permitiram que o oceano se tornasse possível?

d) Que novas regiões do mundo ficaram conhecidas pelos europeus naquela época?

4. Leia o artigo abaixo, que critica uma entrevista concedida pelo professor David Landes à editoria de economia do *Jornal do Commercio* de Recife.

Os equívocos do professor Landes

"'Tudo o que digo está baseado em fatos. Quem for contrário que me apresente fatos', desafia o professor Landes. Então, vamos aos fatos. O professor diz que é difícil um país quente se desenvolver. Equívoco. Além da humanidade ter começado na África, há alguns milhões de anos, a civilização começou em locais muito quentes, uns 6 mil anos atrás. Nessa época, o Egito, a Mesopotâmia, o Irã e redondezas já eram deserticamente quentes. A temperatura na Babilônia dos Jardins Suspensos ou no Egito da construção das pirâmides chegava a 50 graus centígrados. O berço da civilização e os primeiros milênios de seu desenvolvimento ocorreram debaixo do maior calor. [...]

A civilização demorou milênios para chegar aos lugares frios. Aqui mesmo, no Brasil, na Região Nordeste, onde segundo o professor Landes é mais difícil trabalhar, a civilização chegou primeiro."

NIVALDO JR., José. *Jornal do Commercio*. Recife, 26 mar. 2000.

a) O professor Landes utiliza que tipo de argumentação, dentro da linha evolutiva do pensamento geográfico? Justifique sua resposta.

b) Discuta com seus colegas: Das duas argumentações utilizadas no texto, qual é capaz de explicar melhor a realidade? Por quê?

5. Os gregos preocuparam-se em sistematizar as informações a respeito de nosso planeta e chamaram a esses conhecimentos Geografia (escrever sobre a Terra). Sobre a Geografia atual:

a) Qual é o objetivo da análise geográfica contemporânea?

b) Na sua opinião, de que forma o geógrafo pode atuar na transformação do espaço?

Ampliando o conhecimento

Observando e analisando uma paisagem.

Observe a paisagem.

JON HICKS / CORBIS-STOCK PHOTOS

Vista da Acrópole em Atenas, Grécia, em 2000.

6. Descreva os elementos que compõem a paisagem.

7. Quais heranças de sucessivas relações e interações no tempo você consegue ver na paisagem?

8. O que, na paisagem, é produto do trabalho humano?

9. Você imagina em que épocas foram feitas as construções presentes na paisagem?

O QUE MAIS HÁ PARA VER

Livros

- BENOIT, Lelita Oliveira. *Augusto Comte:* fundador da física social. São Paulo: Moderna, 2004. (Col. Logos)
- CHASSOT, Attico. *A ciência através dos tempos*. São Paulo: Moderna, 2004. (Col. Polêmica)
- FERREIRA, Conceição C.; SIMÕES, Natércia N. *A evolução do pensamento geográfico*. 9. ed. Lisboa: Gradiva, 1994.
- MENDONÇA, Francisco. *Geografia física: ciência humana?* 8. ed. São Paulo: Contexto, 2001. (Col. Repensando a Geografia)
- MOREIRA, Ruy. *O que é Geografia?* 14. ed. São Paulo: Brasiliense, 1994. (Col. Primeiros passos)
- RIBEIRO JR., João. *O que é positivismo?* 10. ed. São Paulo: Brasiliense, 1991. (Col. Primeiros passos)

Filmes

- *A civilização do açúcar na Madeira* (Portugal, 1996); dir. Carlos Brandão Lucas; distr. Ministério da Educação de Portugal; 25 min. Documentário que mostra como vivia a civilização do açúcar na Ilha da Madeira. Essa civilização resultou do povoamento das Ilhas Atlânticas a partir da expansão marítima portuguesa.
- *A conquista árabe de Espanha: 711* – vol. 4 (Austrália/Áustria/EUA/Holanda/Inglaterra, 1997); dir. Greg Lanning; distr. Ediclube; 25 min. No ano de 711 chega à Espanha o líder árabe do império do norte da África acompanhado de um exército de 700 guerreiros. Essa chegada marca o início de uma série de acontecimentos que, após um ano, se consuma na influência árabe em quase toda a Península Ibérica.
- *1492 – A conquista do paraíso* (EUA/Inglaterra/França/Espanha, 1992); dir. Ridley Scott; distr. Paramount Pictures; 150 min. Este filme relata a descoberta da América, mostrando o quanto essa viagem foi cheia de lutas, armadilhas, invejas, entre outras questões morais e políticas. Cristóvão Colombo foi o escolhido para dirigir a primeira tripulação que pisou em terras consideradas o paraíso terrestre. O filme mostra como tudo isso se transformou posteriormente num grande inferno.

Sites

- http://guiadoestudante.abril.com.br/aberto/home/index_5.shtml *Site* da publicação de mesmo nome com serviço de orientação profissional. Além disso, apresenta atualidades, notícias e sugestões de testes e leituras. Acesso em: 18 jun. 2005.
- http://www.creasp.org/ *Site* do Conselho Regional de Engenharia, Arquitetura e Agronomia de São Paulo. É esse órgão que regulamenta a profissão de geógrafo. Acesso em: 15 abr. 2005.
- http://www.mundodosfilosofos.com.br/comte.htm *Site* do Grupo de Estudos Filosóficos. Apresenta a vida e a obra de diversos filósofos, além de indicar obras de referência. Acesso em: 18 abr. 2005.
- http://www.vestibular.ufba.br/welcome.html *Site* da Universidade Federal da Bahia que disponibiliza guia de orientação profissional, cursos oferecidos pela instituição etc. Acesso em: 18 jun. 2005.

2. A FORMAÇÃO DOS ESTADOS NACIONAIS E OS PAÍSES ATUAIS

1 HISTÓRIA, TRABALHO E ESPAÇO GEOGRÁFICO

Já sabemos que a humanidade produz espaços geográficos. O processo de organização destes espaços é condicionado pela forma como o ser humano produz seus objetos. Para produzir, é necessário que haja elementos a partir dos quais se desenvolva o trabalho humano (a terra, as matérias-primas, os minerais, as plantas, as águas e outros recursos). Esses elementos são chamados **objetos de trabalho**.

Para transformar a natureza com o seu trabalho, a humanidade utiliza **meios de trabalho**, como os transportes, os instrumentos de trabalho (máquinas, ferramentas), os combustíveis, as pontes, as instalações (edifícios, armazéns etc.).

JUCA MARTINS / OLHAR IMAGEM

Rodovia dos Imigrantes, no estado de São Paulo.

Os objetos de trabalho somados aos meios de trabalho constituem os **meios de produção**.

Para que haja a produção, é necessário haver também o trabalho humano. Se somarmos o trabalho humano aos meios de produção, teremos as **forças produtivas** de uma sociedade.

Quando para produzir ou comercializar as pessoas se unem, voluntariamente ou não, estabelecem entre si, nesse processo de produção, relações econômicas que recebem o nome de **relações de produção**.

Nem todas as sociedades produzem bens e serviços da mesma forma. Chamamos **modos de produção** as diferentes formas de as sociedades se organizarem para produzir bens e serviços.

Modo de produção é o "conjunto das forças produtivas e das relações de produção. O modo de produção se confunde, de certa maneira, com a estrutura econômica da sociedade, englobando a produção, distribuição, circulação e consumo". (SANDRONI, Paulo (org.). *Novo dicionário de economia*. 7. ed. São Paulo: Best-Seller, 1994. p. 229.)

Modo de produção
Forças produtivas + Relações de produção

↓

Forças produtivas
Trabalho humano + Meios de produção

↓

Meios de produção

Meios de trabalho: transporte, instrumentos de trabalho (máquinas, ferramentas), combustível, pontes, instalações (edifícios, armazéns, etc.).

Objeto de trabalho: a terra e as matérias-primas, os minerais, as plantas, as águas e outros recursos naturais.

Observe o esquema ao lado.

Diversos modos de produção sucederam-se ao longo da história da humanidade. A história das transformações do espaço geográfico é a história do desenvolvimento da produção.

As relações entre natureza e humanidade sofrem transformações sempre que os instrumentos de produção se modificam, ou seja, sempre que surgem novas tecnologias. Na realidade, existe uma forte relação entre o desenvolvimento das técnicas e o desenvolvimento da humanidade; e este, por sua vez, altera as relações com o meio ambiente.

2 TERRITÓRIO E MOBILIDADE DE FRONTEIRAS

Todo grupo social necessita apropriar-se de uma porção do espaço para nele viver. Biologicamente, território é a área na qual as espécies animais e vegetais vivem e se desenvolvem. Em Geografia, o **território** representa uma porção do espaço terrestre dominado e apropriado por uma sociedade ou por um Estado. Nele podemos encontrar um conjunto de paisagens. Sendo uma forma de apropriação da natureza, o território é resultado da criação humana, produto do trabalho social. Isso significa dizer que o espaço transforma-se em território por meio da ação política e pelo exercício do poder, ou seja, por quem domina ou influencia e como exerce esse domínio ou influência.

A organização econômica de uma sociedade quase sempre esteve relacionada à formação e à expansão de territórios.

Nas antigas sociedades nômades, que se movimentavam por um vasto espaço, a apropriação do território era coletiva. Neste caso, havia uma delimitação flexível de **fronteiras**, entendidas como áreas que separam dois povos ou delimitam dois territórios e que são, muitas vezes, marcadas por uma linha, o **limite**. Fronteiras mais fixas passaram a existir com o surgimento da propriedade privada e com a formação de grandes impérios (Romano, Chinês, Inca) que acarretaram forte centralização do poder e grande expansão territorial. Observe, nas figuras 2.1 e 2.2, o exemplo da China.

FIGURA 2.1 • A GRANDE MURALHA DA CHINA

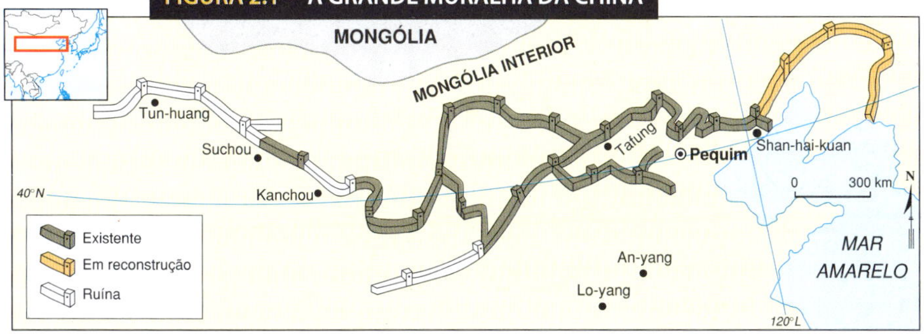

Fonte: MARTIN, André Roberto. *Fronteiras e nações*. 2. ed. São Paulo: Contexto, 1994. p. 25. (Col. Repensando a Geografia)

LIU LIQUN / CORBIS-STOCK PHOTOS

FIGURA 2.2 Maior fronteira artificial do mundo, a construção da Grande Muralha, na China, iniciou-se no século III a.C., à custa de muito trabalho humano, para delimitar e defender o território contra as invasões. Trecho da muralha nas proximidades de Pequim (Beijing), na China, 2000.

As fronteiras hoje existentes formaram-se ao longo da história, com o processo de povoamento, e modificaram-se de acordo com as conquistas, a exploração de novos recursos, a expansão e a demarcação de novos territórios. Não é por acaso que muitas vezes associamos fronteiras com guerras. A força militar tem sido constantemente utilizada para redefinir fronteiras.

As guerras impuseram uma mobilidade constante das fronteiras e dos territórios do mundo. Entre elas podemos citar as guerras e a expansão do império de Carlos Magno (séculos VIII-IX) e da Europa (séculos XVI-XVIII); as conquistas árabes (século VIII) e napoleônicas (século XIX); as duas Guerras Mundiais (século XX).

No século XVIII, por exemplo, um vasto império colonial estendia as fronteiras européias até os continentes americano, asiático e africano. Observe a figura 2.3.

FIGURA 2.3 • O MUNDO NO SÉCULO XVIII

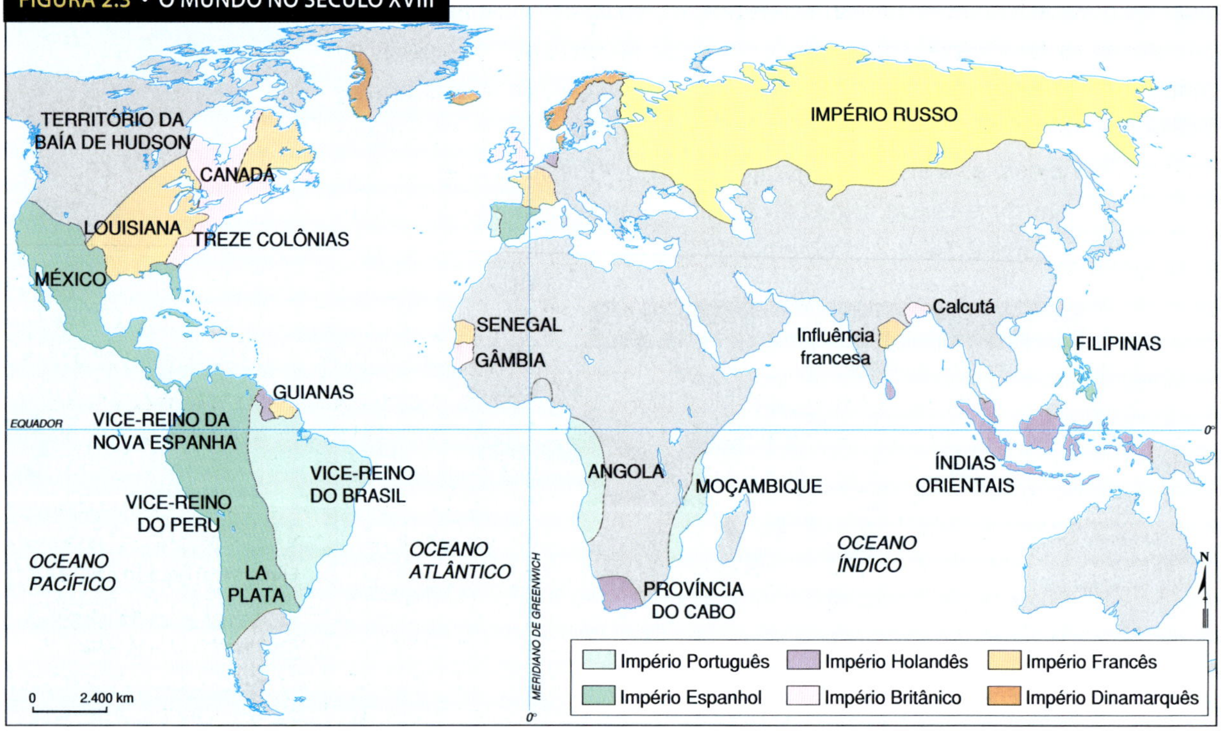

Fonte: SILVA, Rogério Forastieri. *Geopolítica mundial*: uma perspectiva histórica. São Paulo: Núcleo, 1993. (Col. Núcleo de Bolso)

3 ETNIA, RAÇA, NAÇÃO E POVO: CONCEITOS

Todos os povos criam laços afetivos e atitudes socioculturais em relação ao território e à sua paisagem. Em um determinado território pode conviver uma diversidade de crenças, valores, idéias, sistemas de pensamento e tradições de diferentes povos e etnias. Observe a figura 2.4.

Quando falamos em **etnia** ou **grupo étnico**, estamos nos referindo a um grupo social que apresenta uma organização própria e uma identidade definida por elementos tais como língua, religião, tradição e cultura.

FREE AGENTS / CORBIS-STOCK PHOTOS

FIGURA 2.4 "De um modo ou de outro, cada país é uma sociedade multicultural — contendo grupos étnicos, religiosos, lingüísticos e raciais que têm vínculos comuns a uma herança, cultura, valores e a um modo de vida." (*Relatório do desenvolvimento humano 2004.* Nova Iorque: ONU/Pnud, 2004. p. 2.) Nativos australianos em Cairns, 2002.

Já o termo **raça** baseia-se em fatores biológicos e hereditários, como cor de pele, tipo de cabelo, estatura, formato do crânio etc. A utilização desse termo vem sendo criticada e evitada porque algumas pessoas entendem que "ser diferente" traz em si a idéia de superior e inferior (alimentando o racismo e a discriminação). Haja vista que, em diversos momentos da história da humanidade, o conceito de raça foi utilizado para legitimar a dominação de um povo sobre o outro. O termo também é questionado por falta de fundamentação científica na comparação de indivíduos. Leia o texto do boxe.

Definir as raças

"Se todos os membros de um povo específico possuíssem um determinado gene não encontrado nos demais, tudo seria simples. Mas tais genes nunca foram encontrados. A maioria dos genes está presente em quase todos os seres humanos [...]

O que distingue os grupos não é a presença ou ausência de um gene, mas sua freqüência [...]. Ao se compararem diferentes povos, os únicos fatores a serem considerados devem ser o que eles transmitem por intermédio da geração, seus patrimônios genéticos, e não as aparências, que não passam de manifestações desse patrimônio. [...]

Consideram-se então pertencentes à mesma 'raça' povos com freqüências próximas na maioria dos genes [...].

Impõe-se uma constatação: o conceito de raça é não operacional para os povos humanos. Há diferenças entre os lapões e os pigmeus, por exemplo, mas a passagem de uns a outros se realiza, sem salto brusco, por povos intermediários.

A causa dessa não operacionalidade é conhecida. O patrimônio genético, para adquirir alguma originalidade e distinguir-se significativamente do patrimônio dos grupos vizinhos, precisa manter-se rigorosamente isolado durante um período bastante longo, ou seja, por um número de gerações quase equivalente ao número de indivíduos em idade de procriar. Tal isolamento pode ocorrer entre os animais, mas é quase inconcebível para uma espécie tão nômade e curiosa quanto a nossa. Capazes de atravessar montanhas e oceanos, homogeneizamos nossos patrimônios genéticos."

O Correio da Unesco. Rio de Janeiro: FGV/Unesco, maio, 1996.

A idéia de **nação** está geralmente associada ao sentimento e à consciência coletiva de valores e tradições históricas e culturais (língua, religião, costumes), bem como a um destino comum que confere a um grupo de pessoas um sentimento de identidade nacional, tendo, nesse caso, o mesmo significado da palavra **povo**.

No entanto, o conceito de nação é muito discutido. O historiador inglês Eric J. Hobsbawm, em seu livro *Nações e nacionalismo desde 1780*, defende que "nenhum critério satisfatório pode ser achado para decidir quais das muitas coletividades humanas deveriam ser rotuladas desse modo".

A palavra nação muitas vezes foi associada a um grupo de pessoas que se diferenciava de outros, ou a um grupo étnico específico. Era também comumente associada aos habitantes de um território que tinham interesses comuns e estavam subordinados a um poder central, neste sentido, confundindo-se com o Estado.

4 ESTADO: ORIGEM E CONCEITO

Estado é um conjunto de instituições, normas e funcionários que exercem autoridade e controle sobre determinado território. Podemos associar esse conceito a elementos como território, governo e poder político, ou seja, ao controle das atividades desenvolvidas dentro de um espaço territorial.

Os primeiros Estados surgiram por volta de 4000 a.C. Sua formação e seus objetivos variaram muito ao longo da história da humanidade. A constituição dos Estados-nações é um processo que transcorre até os dias atuais.

A formação dos Estados-nações

O **Estado moderno** é uma instituição político-administrativa relativamente recente que surgiu na Europa Ocidental no século XVIII. Chamamos de Estado moderno para diferenciá-lo de outras instituições ou organizações anteriores, como, por exemplo, as cidades antigas, também denominadas **cidades-Estado** (Atenas, Veneza, Roma, Machu-Picchu e outras) e os grandes impérios do passado (Chinês, Romano etc.), que tinham características sociais e estrutura de poder diferentes. Vejamos como se formaram os Estados modernos.

PHOTOGRAPHIE BULLOZ, PARIS

FIGURA 2.5 Retrato do rei francês Luís XVI feito por A. F. Callet, século XVIII.

Nas sociedades feudais o poder era descentralizado e estava nas mãos dos senhores feudais que dominavam, cada um, seu território. O rei quase não tinha poder, a não ser em alguns casos, como Portugal e Inglaterra.

Com a desagregação do sistema feudal, essa situação começou a mudar: o poder dos senhores feudais enfraqueceu, levando à centralização do poder nas mãos dos reis que, apoiados pela burguesia, formaram as monarquias nacionais ou os Estados nacionais. Foi crescendo nas pessoas o sentimento de pertencer a uma nação. Observe a figura 2.5.

"Desde a Revolução Francesa, a nação-Estado vinha sendo o modelo da política moderna. Nessa visão, nação e Estado eram congruentes entre si. A identidade coletiva, baseada numa tradição comum, proporcionava a base para a identidade política. O Estado assumia valores que encaminhavam para a criação da nação." (SAFRAM, William. *Folha de S.Paulo*, 20 jul. 1991. Caderno Especial Planeta em movimento. p. 3.)

Os Estados que se formavam estavam vinculados a um poder, a um povo, a um território e suas fronteiras. No período moderno, estas últimas emolduravam os Estados-nações. Na realidade, esses Estados não eram homogêneos, pois se formavam a partir da unificação de diversas nações, que tinham diferenças lingüísticas e étnicas.

Atualmente utilizamos também a palavra **país** para designar os Estados-nações.

5 OS PAÍSES ATUAIS, OS TERRITÓRIOS E AS POSSESSÕES

Em 1900 havia apenas 46 Estados no mundo. Oitenta anos depois existiam mais de 150.

FIGURA 2.6 • MULTIPLICAÇÃO DOS ESTADOS

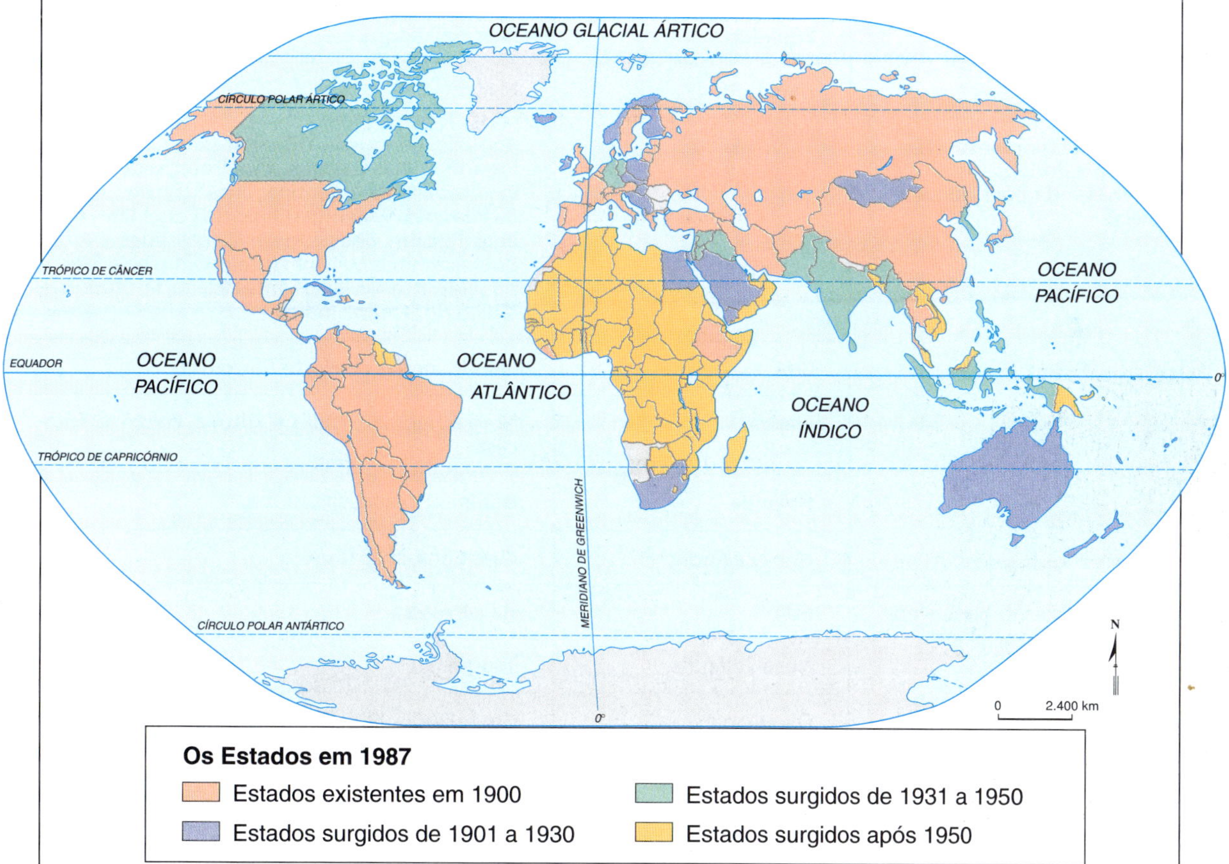

Fonte: CHALIAND, Gérard e RAGEAU, Jean-Pierre. *Atlas politique du XXe siècle*. Paris: Seuil, 1988. p. 29.

No decorrer do século XX, marcado pelo desmantelamento de diversos impérios, o número de Estados cresceu. Observe a figura 2.6. A partir da segunda metade daquele século houve um aumento no número de Estados-nações independentes, sobretudo na África. Por meio de movimentos de emancipação, muitos povos conseguiram se libertar, redesenhando o mapa político do mundo.

Ainda existem diversos territórios não-independentes no mundo. Muitos deles lutam por sua **soberania**, ou seja, pelo direito de ter autonomia política, de não estarem submetidos a qualquer organismo ou Estado soberano. Muitos desses territórios são disputados por dois países, como podemos observar no quadro a seguir.

TERRITÓRIOS NÃO-SOBERANOS E TERRITÓRIOS AUTÔNOMOS ASSOCIADOS A UM PAÍS SOBERANO (2004)

Território	Estado soberano	Exemplos
Possessões ou ilhas sob autoridade ou administração de um Estado soberano.	França	Guiana Francesa, Guadalupe, Ilhas da Reunião, Martinica
	EUA	Guam, Samoa Americana, Ilhas Virgens Americanas, Ilhas Midway, Atol Johnston, Ilhas Wake (as três últimas sob administração militar)
	Chile	Ilha de Páscoa
	Equador	Ilhas Galápagos
	China	Macau
Territórios autônomos associados (têm autonomia interna e podem decidir pela independência).	Reino Unido	Anguilla, Bermudas, Gibraltar (reivindicado pela Espanha), Ilhas Cayman, Ilhas Geórgia do Sul (reivindicadas pela Argentina), Ilhas Sandwich (reivindicadas pela Argentina), Ilhas do Canal, Ilhas Man, Ilhas Pitcairn, Ilhas Turks e Caicos, Ilhas Virgens Britânicas, Ilhas Malvinas (pretendidas pela Argentina), Montserrat, Ilhas Santa Helena, Território Britânico do Oceano Índico
	EUA	Ilhas Marianas do Norte, Porto Rico
	França	Nova Caledônia, Wallis e Futuna, Polinésia Francesa
	Holanda	Antilhas Holandesas, Aruba
	Nova Zelândia	Ilhas Cook, Ilhas Niue
Território externo pertencente a um Estado soberano.	EUA	Havaí, Alasca
	Nova Zelândia	Touquelau
	Dinamarca	Groenlândia, Ilhas Faroe
	Austrália	Ilhas Norfolk, Cocos, Christmas, Lord Howe e Ilhas do Mar de Coral

Fonte: *L'état du monde 2004*. Paris: La Découverte, 2003.

CURIOSIDADES

- País com o maior território: Rússia, com 17.075.400 km².
- País com o menor território: Vaticano, com uma área de apenas 0,44 km².
- Existem 23 Estados conhecidos como **microestados**, com área inferior a 1.000 km². Entre eles estão: San Marino (60 km²), na Europa; Tuvalu (24 km²) e Nauru (21 km²), na Oceania.
- Territórios de um país encravados em outro são chamados **enclaves**. Exemplos: Kaliningrado, pertencente à Rússia e disputado pela Alemanha; Cabinda, território encravado na República Democrática do Congo e pertencente a Angola; Goa, em solo indiano, pertencente a Portugal desde 1510; Nagorno-Karabakh, pequeno enclave montanhoso com excelente posição estratégica que a Armênia conquistou do Azerbaijão na guerra de 1994.

No início do século XXI (2004) havia 193 países ou Estados que repartem a superfície terrestre com soberania amplamente reconhecida pela comunidade internacional. Observe a figura 2.7.

FIGURA 2.7 • ORGANIZAÇÃO POLÍTICO-ADMINISTRATIVA MUNDIAL

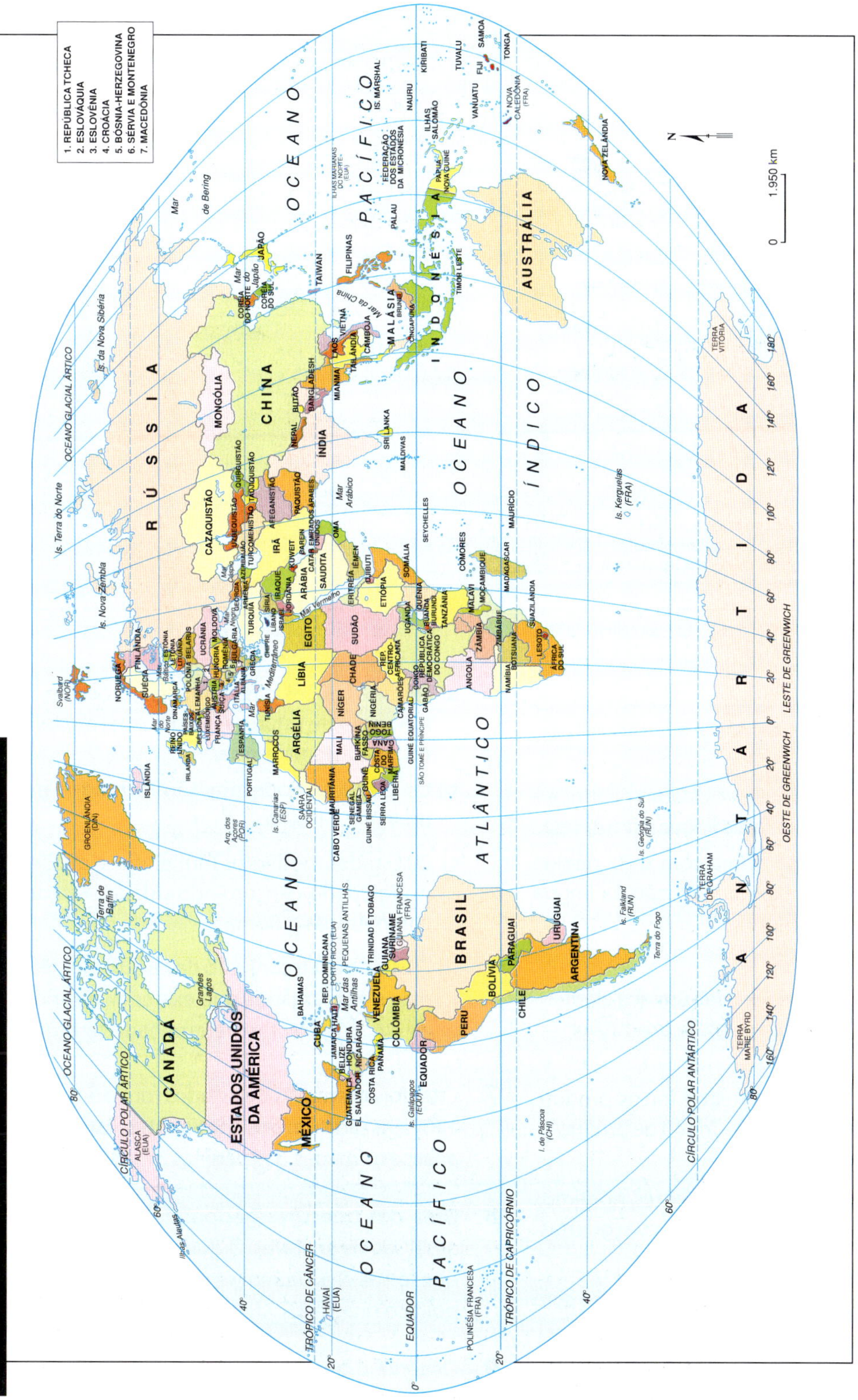

Fonte: FERREIRA, Graça Maria L. *Atlas geográfico:* espaço mundial. 2. ed. São Paulo: Moderna, 2003. p. 4-5.

Praticando e Aprendendo

Organizando o conteúdo

• A LÍNGUA PORTUGUESA NO MUNDO

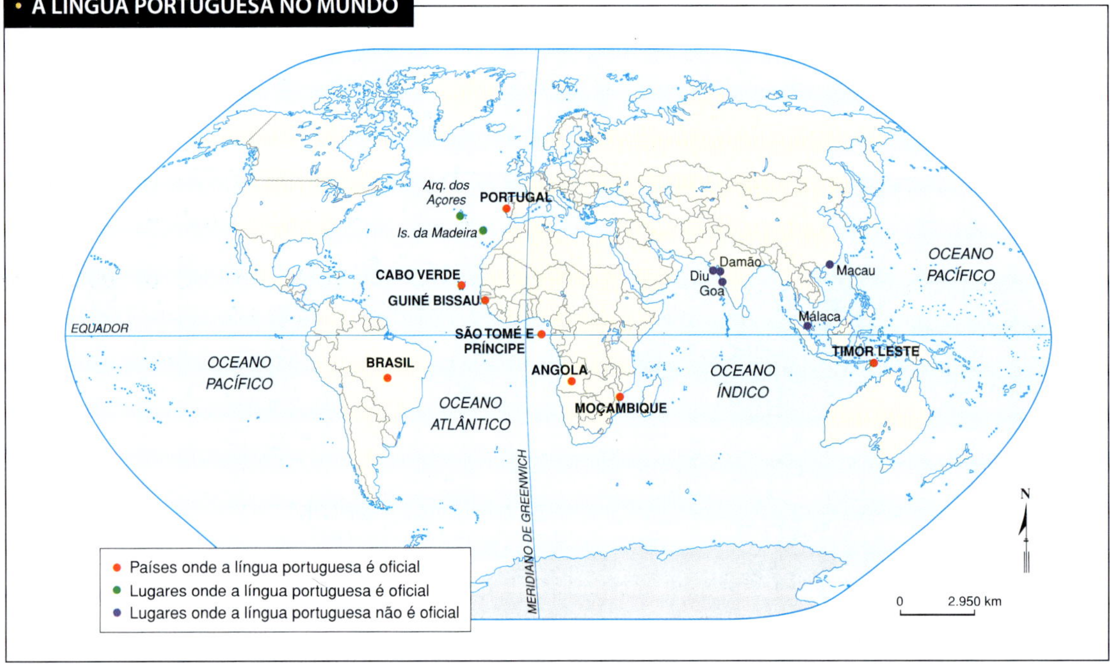

Fonte: *L'état du monde 2005*. Paris: La Découverte, 2004.

1. Observe o mapa.

a) Em quantos continentes se fala a língua portuguesa?

b) Dê exemplos de países e cidades na África e na Ásia em que se fala a língua portuguesa.

c) Compare o mapa acima com o da página 28. Como você explica a difusão da língua portuguesa no mundo?

2. Explique e exemplifique cada um dos elementos que compõem os meios de produção.

3. Defina os seguintes conceitos: forças produtivas, relações de produção e modo de produção.

4. Explique a afirmação: "Muitas vezes, podemos associar a definição de fronteiras com guerras".

5. Explique por que o termo etnia substitui com vantagens o termo raça.

6. Indique a alternativa correta sobre a formação dos Estados-nações.

a) Todos os povos passaram pelo processo de formação de Estado-nação ao mesmo tempo e da mesma forma.

b) Os Estados modernos são formados por uma única nação.

c) Os Estados modernos formaram-se desde a Antigüidade, constituindo cidades-Estados como Atenas e Roma.

d) O Estado é um conjunto de instituições, normas e funcionários que exercem autoridade e controle sobre determinado território.

7. Cite dois exemplos de Estados formados após 1901 em cada um dos continentes. Para tanto, analise os mapas das páginas 31 e 33.

8. Uma das questões geopolíticas do mundo atual são os enclaves. O que são enclaves? De que forma eles podem se tornar um problema político mundial?

9. Observe o quadro na página 32. Escolha um desses territórios e pesquise sua situação geopolítica e sua geografia física e humana.

Ampliando o conhecimento

Discutindo o direito à soberania.

Leia o texto a seguir e discuta com seus colegas as questões propostas.

"Autonomia: essa palavra, oriunda do grego e que designa uma realidade político-social concretizada pela primeira vez através da *pólis* grega, significa, singelamente, o poder de uma comunidade se reger por si própria, por leis próprias [...].

Uma coletividade autônoma tem por divisa e por autodefinição: nós somos aqueles cuja lei é dar a nós mesmos as nossas próprias leis."

CASTORIADIS, 1983. In: CASTRO, Iná E. de; GOMES, Paulo César da C.; CORRÊA, Roberto L. (org.). *Geografia:* conceitos e temas. Rio de Janeiro: Bertrand Brasil, 1996. p. 105.

10. Que importância pode haver, para um povo ou país, em determinar as próprias leis?

11. Compare o conceito de autonomia, do texto, com o de soberania, do capítulo.

12. Que conflitos podem ser gerados pela atitude de lutar pela soberania?

O QUE MAIS HÁ PARA VER

Livros

- ANDRADE, Manuel Correia de. *Imperialismo e fragmentação do espaço*. 6. ed. São Paulo: Contexto, 2002. (Col. Repensando a Geografia)
- COSTA, Wanderley Messias da. *O Estado e as políticas territoriais no Brasil*. 3. ed. São Paulo: Contexto, 1991. (Col. Repensando a Geografia)
- HOLANDA, Sérgio Buarque de. *Caminhos e fronteiras*. 3. ed. São Paulo: Companhia das Letras, 1994.
- MARTIN, André Roberto. *Fronteiras e nações*. 2. ed. São Paulo: Contexto, 1994. (Col. Repensando a Geografia)
- SILVA JR., Hélio (org.). *O papel da cor raça:* etnia nas políticas de promoção da igualdade. São Paulo: Ceert, 2003.

Filmes

- *Himalaia* (Nepal, 1999); dir. Eric Valli; 104 min. O filme retrata um povo que vive na cordilheira do Himalaia, cujo meio de sobrevivência é a produção agropastoril. Uma vez ao ano os mais velhos conduzem a caravana que vai à cidade negociar. O conflito surge quando um jovem resiste à liderança estabelecida.
- *Indochina* (França, 1992); dir. Regis Wargnier; distr. Europa; 154 min.
  Na Indochina da década de 1930, os colonos começaram a organizar as primeiras ações pela independência em relação ao domínio francês. Isso é mostrado por meio da relação de uma francesa, dona de uma fazenda produtora de borracha, com sua filha e o drama gerado quando as duas se apaixonam pelo mesmo homem.

Sites

- http://www.acaoeducativa.org.br/downloads/09abordagem.pdf *Site* da ONG Ação Educativa, que atua nas áreas de educação e juventude. Esta página exibe um texto escrito pelo Prof. Dr. Kabengele Munanga, da USP, sobre os conceitos de raça, etnia, racismo e identidade. Acesso em: 18 abr. 2005.
- http://www.igeo.ufrj.br/fronteiras/pesquisa/fronteira/p02avulsos01.htm Página do Instituto de Geociências da Universidade Federal do Rio de Janeiro, que exibe texto sobre sistemas, fronteiras e territórios, além de disponibilizar *links* sobre diversos mapas temáticos dos grandes eventos mundiais, como o Tratado de Tordesilhas, e mapas de cidades e fronteiras do mundo. Acesso em: 18 abr. 2005.

3. O ESPAÇO E SUAS REPRESENTAÇÕES

1 A NECESSIDADE DE REPRESENTAÇÃO DO MUNDO

A **Cartografia** é a técnica e a arte de representar a superfície terrestre, os fenômenos físicos, os elementos socioeconômicos e outros dados por meio da elaboração de mapas e cartas a partir de observações diretas ou da análise de documentos.

Desde tempos remotos nossos ancestrais preocuparam-se em documentar seus deslocamentos. Conservar na memória os caminhos percorridos e, por vezes, ainda ter de transmitir o percurso para outros era uma tarefa difícil. A solução encontrada foi desenhar os caminhos em pedras e em paredes de cavernas. Era o início da Cartografia.

Satélite de comunicação em órbita da Terra.

SCIENCE PHOTO LIBRARY / STOCK PHOTOS

A Cartografia se aperfeiçoou e desenvolveu-se paralelamente à compreensão do mundo e à expansão do horizonte geográfico. Na Babilônia (atual Iraque), os mapas eram impressos em discos lisos de madeira. Na Grécia, Eratóstenes (276 a.C.-194 a.C.) e Hiparco (190 a.C.-125 a.C.) confeccionaram mapas em papel, com sistema de longitudes e latitudes. Leia o texto do boxe.

LEMBRETE

Coordenadas geográficas são um sistema de linhas imaginárias (paralelos e meridianos) que servem para localizar um ponto ou um acidente geográfico na superfície terrestre.

Os **paralelos** são linhas imaginárias traçadas paralelamente ao Equador. Os **meridianos** são semicírculos imaginários traçados sobre a Terra de pólo a pólo.

Por meio dos paralelos e dos meridianos são determinadas a **latitude** — que é a distância em graus entre o paralelo de um lugar até o Equador (paralelo de 0°) —, e a **longitude** — distância em graus entre o meridiano do lugar até o Meridiano de Greenwich (meridiano de 0°). Os locais próximos ao Equador têm baixa latitude e aqueles próximos aos pólos, altas latitudes.

A latitude varia de 0° a 90° ao norte do Equador (**Hemisfério Norte**, **Setentrional** ou **Boreal**) e de 0° a 90° ao sul do Equador (**Hemisfério Sul**, **Austral** ou **Meridional**). A longitude varia de 0° a 180° a leste de Greenwich (**Hemisfério Leste** ou **Oriental**) e de 0° a 180° a oeste (**Hemisfério Oeste** ou **Ocidental**).

Observe na figura 3.1 que a latitude do navio é de 30° Norte e a longitude é de 150° Oeste.

FIGURA 3.1 • COORDENADAS GEOGRÁFICAS

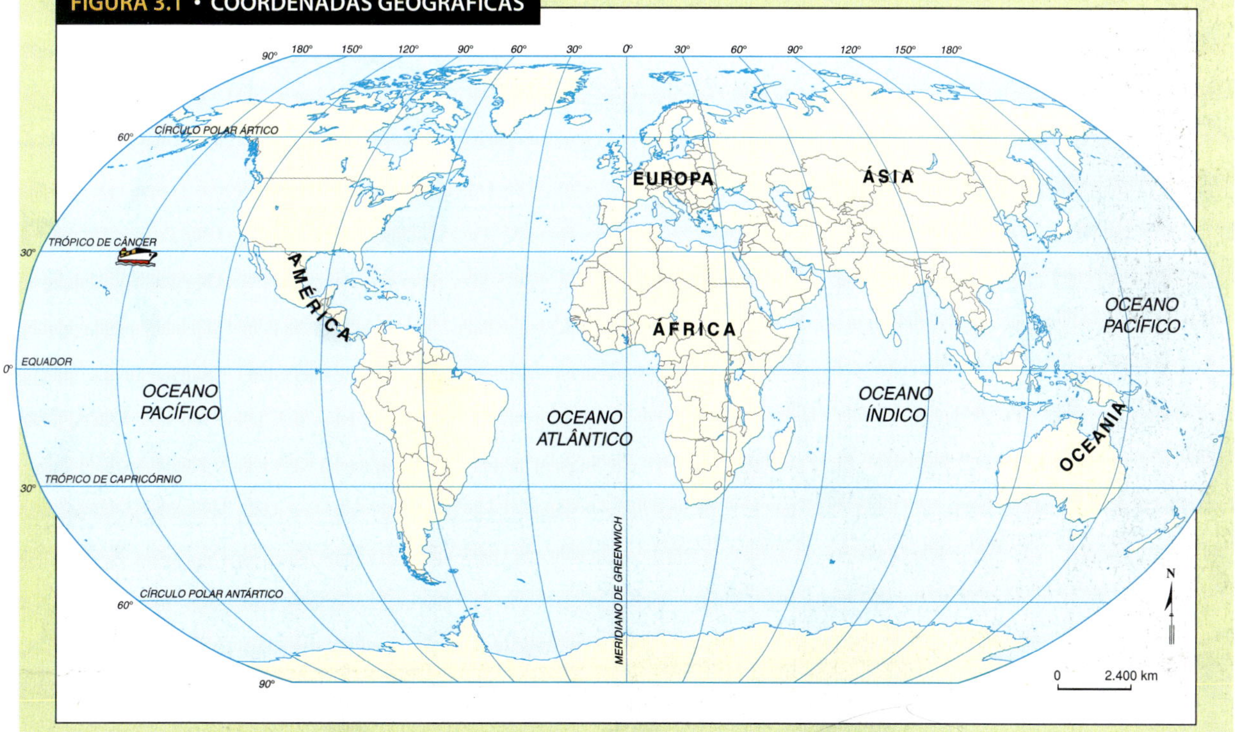

Fonte: FEREIRA, Graça Maria L. *Atlas geográfico*: espaço mundial. 2. ed. São Paulo: Moderna, 2003. p. 4-5.

Na Idade Média, a Igreja começou a ter grande influência na representação do mundo, e os mapas passaram a ser confeccionados segundo a concepção religiosa. Naquela época, Jerusalém, a Cidade Santa, ocupava o centro do mapa.

WHITFIELD, PETER: *THE IMAGES OF THE WORLD*. 20 CENTURIES OF WORLD MAPS 5. ED., LONDRES, 1994

FIGURA 3.2 O mapa produzido por Jean Corbichon em 1482 mostra a visão do mundo na Idade Média, representada nos mapas chamados *Orbis Terrarum*. A letra T, constituída pelo Mar Mediterrâneo, Mar Negro e Rio Nilo, dividia as regiões dos três continentes conhecidos: Europa, Oeste da Ásia e Norte da África.

O conceito de Terra geóide foi esquecido e ela passou a ser representada num disco plano circundado de água. Esses mapas, em forma de "T" dentro de um "O", eram chamados *Orbis Terrarum* (veja um exemplo na figura 3.2).

No mesmo período, devido a objetivos expansionistas, a Cartografia também se desenvolveu bastante no mundo árabe e na China. Após a invenção do papel (século I d.C.) foram feitos muitos mapas representando vastos territórios, que iam da Pérsia (atual Irã) ao Japão.

O desenvolvimento da Cartografia moderna decorreu, principalmente, das conquistas marítimas nos séculos XV e XVI. Instrumentos de orientação, como a bússola, permitiam o desenho de vários rumos nos mapas. Os **portulanos** (cartas de navegação), contavam com uma rede de rosas-dos-ventos desenhadas a partir de um ponto conhecido, o que facilitava a orientação nas viagens. Observe a figura 3.3.

IMAGENS DA FORMAÇÃO TERRITORIAL DO BRASIL. RIO DE JANEIRO: FUNDAÇÃO EMÍLIO ODEBRECHT

FIGURA 3.3 Portulano do século XVI, de Lázaro Luís, no qual aparecem o Oceano Atlântico e o litoral do Brasil e da África. Frutos da introdução da bússola na navegação, esses mapas tinham como objetivo facilitar a navegação: descreviam os oceanos, os litorais, os portos e documentavam a geografia econômica e cultural dos locais.

Os cartógrafos faziam parte das expedições exploradoras. Além de medir as novas terras, não raro colocavam nos mapas informações temáticas sobre os novos territórios conquistados. Descreviam e desenhavam paisagens, animais, povos nativos e recursos que poderiam ser utilizados pela mentalidade mercantilista da época. Observe a figura 3.4.

Os dados coletados durante as viagens tornavam os mapas mais exatos. Daquela época até o presente, a Cartografia evoluiu muito.

A importância da Cartografia

Os mapas representam um dos principais instrumentos, não só para analisar e interpretar a realidade espacial, mas também para interferir nela, planejando e propondo mudanças. Além de representar o espaço, os mapas refletem conhecimentos variados sobre seu conteúdo. É possível dizer que o conhecimento do espaço pode assegurar a autonomia político-financeira de um povo. Um exemplo disso é que o desconhecimento das riquezas do solo e do subsolo de uma região pode resultar em mau uso ou evasão de riquezas.

Os mapas também podem conter um conjunto de conhecimentos considerados estratégicos a serem utilizados como instrumentos de poder (político, militar ou econômico). Desde a época das Grandes Navegações, as informações e os mapas sobre as terras recém-descobertas foram vitais para as conquistas. Por esse motivo, muitos eram sigilosos e ficavam em poder dos reis. Atualmente, mapas e dados estatísticos considerados estratégicos ficam restritos à minoria dirigente de cada país. Leia o texto do boxe.

FIGURA 3.4 Mapa-múndi feito à maneira portulano, de meados do século XVI.

BIBLIOTECA ESTENSE UNIVERSITÁRIA, MODENA

Acesso ao mapa da Terra

"Um novo mapa do nosso planeta, 30 vezes mais preciso do que os atuais, está sendo elaborado com base nas imagens captadas com novíssima tecnologia pela recente missão do ônibus espacial Endeavour, da Nasa, a agência espacial norte-americana. As imagens têm resolução de até 30 metros, um avanço notável. No entanto, só as de 90 metros serão distribuídas à comunidade mundial. As fotos mais detalhadas e exatas serão de uso exclusivo do Departamento de Defesa e dos serviços secretos dos Estados Unidos, segundo informação da própria Nasa. O fato levanta sérias questões políticas, éticas e jurídicas internacionais. Fotografar a Terra a partir do espaço exterior é uma atividade de sensoriamento remoto, com implicações econômicas, estratégicas e culturais que interessam a todos os países e povos, indistintamente. Sua regulamentação começou a ser criada pela Resolução 41/65 da Assembléia Geral da ONU, aprovada em 9 de dezembro de 1986, após 12 anos de intensos debates. O documento consagra os 'Princípios sobre Sensoriamento Remoto'. Como toda resolução da Assembléia Geral da ONU, é uma recomendação aos países, não tendo a força obrigatória dos tratados."

MONSERRAT FILHO, José. *Jornal do Brasil*, 3 mar. 2000. Opinião. p. 11.

2 O GLOBO TERRESTRE E OS ELEMENTOS DE UM MAPA

O **globo terrestre** é a representação da Terra sobre uma superfície esférica. Por ser uma representação ilustrativa extremamente reduzida e simplificada do planeta, não permite riqueza de detalhes. No entanto, ele apresenta algumas vantagens: sua forma é semelhante à da Terra e nele os continentes e os oceanos são observados em suas posições relativas. Observe a figura 3.5.

FIGURA 3.5 • O GLOBO TERRESTRE

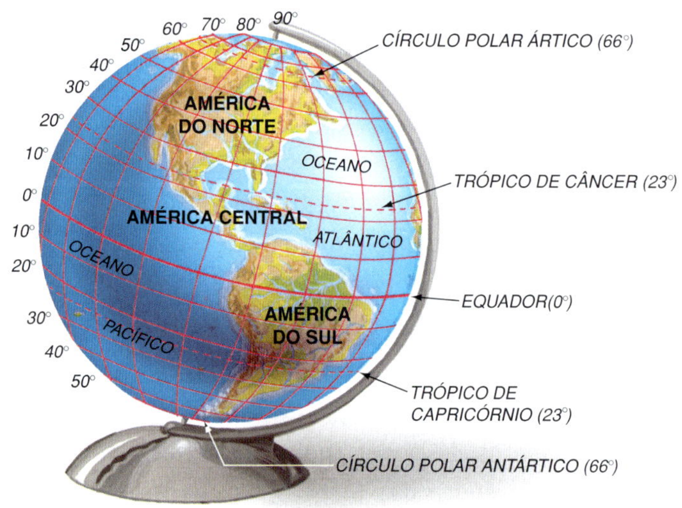

Dentre as várias maneiras de representar a Terra, o mapa é, sem dúvida, a mais utilizada, embora não seja a mais perfeita, isto é, a que mais se aproxima da realidade.

O **mapa** é a representação da Terra (ou de partes dela) numa superfície plana e constitui-se numa ferramenta importante para a apresentação espacializada de informações. Sua confecção abrange um conjunto de operações que vão, desde o levantamento do terreno e a análise da documentação (fotos aéreas, dados estatísticos etc.), até a elaboração da legenda.

Sendo uma representação gráfica do mundo, o mapa utiliza uma linguagem visual e simbólica. Os elementos que compõem um mapa são: símbolos ou convenções, título, escala e projeções cartográficas.

Símbolos ou convenções cartográficos

Considerando que o mapa não é uma reprodução da realidade terrestre e sim uma representação dessa realidade, o cartógrafo recorre a símbolos e convenções que transmitem informações estatísticas ou de fatos e auxiliam na leitura e interpretação dos mapas. Os **símbolos** são, portanto, a linguagem visual dos mapas.

Existe uma grande variedade de símbolos e cores utilizados pelos cartógrafos nos diferentes tipos de mapa — apesar de ainda não haver uma padronização total e universal. Quanto às cores, as principais convenções são as seguintes: azul (hidrografia); verde (vegetação); castanho (relevo e solos); preto ou vermelho (elementos artificiais, como rodovias, ferrovias etc.).

A utilização dos símbolos

Os mapas podem mostrar algo mais do que apenas a posição do lugar, isto é, fazer mais do que responder à questão "Onde?". Eles podem dizer muito mais sobre cada lugar, caracterizando-o. Entramos, assim, no domínio dos **mapas temáticos**.

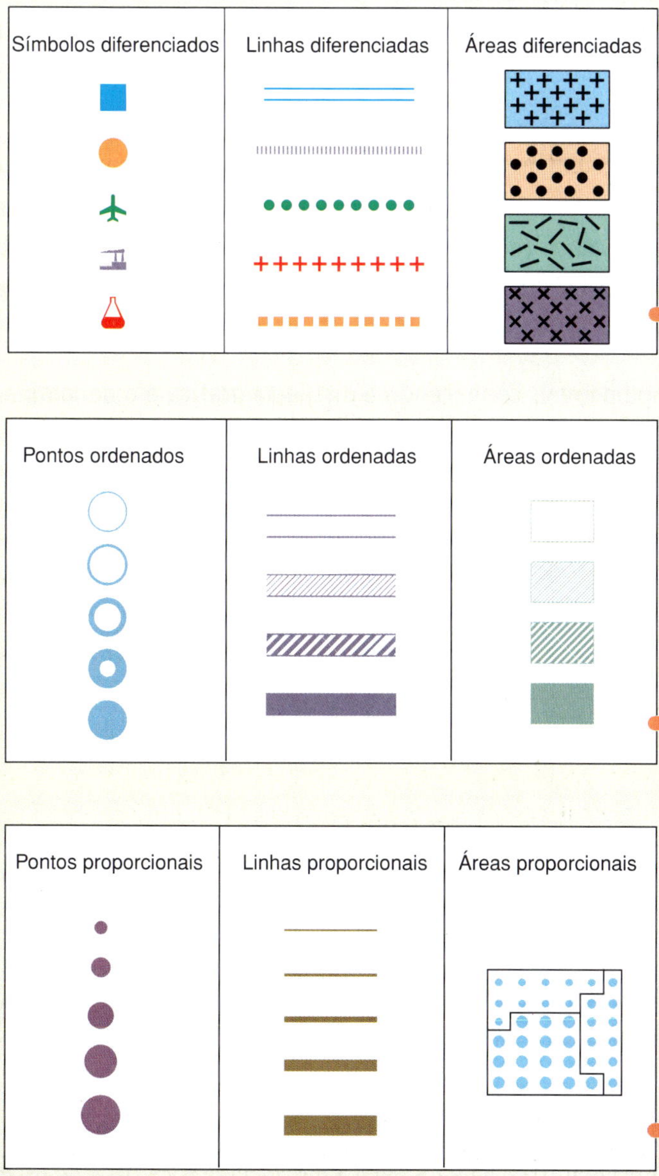

O aspecto qualitativo responde à questão "O quê?", caracterizando relações de diversidade entre os lugares.

O aspecto ordenado responde à questão "Em que ordem?", caracterizando relações de ordem entre os lugares.

O aspecto quantitativo responde à questão "Quanto?", caracterizando relações de proporcionalidade entre os lugares.

Fonte: MARTINELLI, Marcello. *Gráficos e mapas*: construa-os você mesmo. São Paulo: Moderna, 1998 (adaptado).

Escala

Como o mapa é infinitamente menor que a Terra, necessitamos de uma escala que indique a proporção entre ele e o nosso planeta.

A **escala** nos informa quantas vezes o objeto ou o lugar representado (a Terra, ou parte dela) foi reduzido no mapa. Em outras palavras, escala é a relação entre a distância ou o comprimento no mapa e a distância real correspondente na Terra. Existem dois tipos de escala: a numérica e a gráfica. Observe a figura 3.6.

• PLANTA

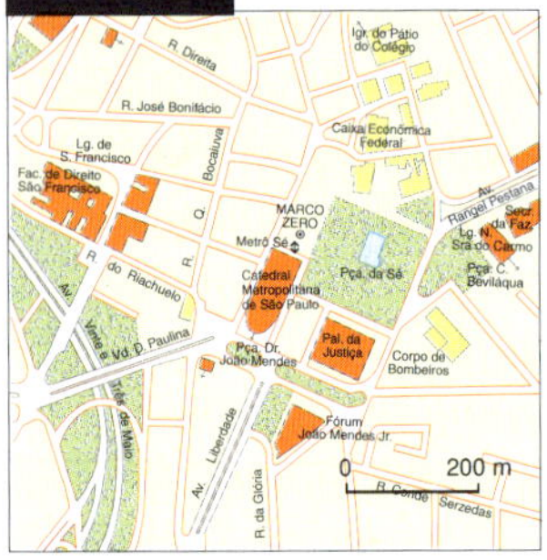

• MAPA TOPOGRÁFICO

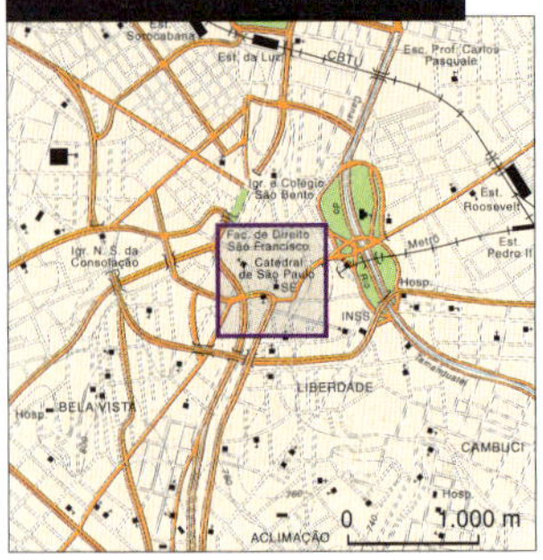

• MAPA COROGRÁFICO

• MAPA GEOGRÁFICO

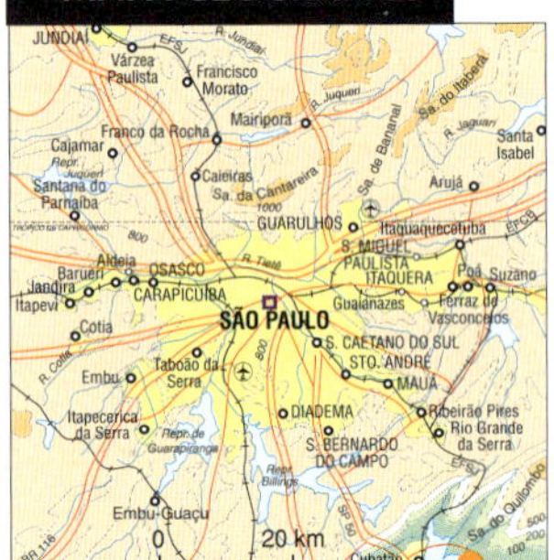

FIGURA 3.6 O centro da cidade de São Paulo representado em quatro escalas.

Fonte: FERREIRA, Graça Maria L. *Atlas geográfico:* espaço mundial. 2. ed. São Paulo: Moderna, 2003. p. 1.

Escala numérica

Trata-se de uma fração (ou proporção) que estabelece a relação entre a distância ou o comprimento no mapa e a distância correspondente no terreno. Por exemplo: se um determinado mapa estiver na escala 1 : 200.000 (um por duzentos mil), isso significa que cada unidade de distância no mapa (1 cm, por exemplo) corresponde a 200.000 unidades (200.000 cm, no caso) no terreno.

Quando observamos um mapa, podemos querer conhecer algum desses elementos: a medida real, ou o comprimento no terreno (D), a distância gráfica, ou o comprimento no mapa (d) ou o denominador da escala (E). Para resolver esses problemas, observe algumas fórmulas sugeridas por Cêurio de Oliveira em seu livro *Curso de Cartografia moderna*.

- Para saber a medida real, conhecendo a distância gráfica e o denominador da escala:

$$D = E \times d$$

Exemplo: a distância gráfica (d) entre as duas cidades é de 65 milímetros e a escala (E) é de 1 : 500.000.

$$D = 500.000 \times 65 \text{ mm}$$

$$D = 32.500.000 \text{ mm ou } 32,5 \text{ km}$$

- Para saber a distância gráfica, conhecendo a medida real e o denominador da escala:

$$d = D \div E$$

Exemplo: a escala (E) é de 1 : 500.000 e a medida real (D) é de 32,5 km.

$$d = 32,5 \text{ km} \div 500.000$$

$$d = 32.500.000 \text{ mm} \div 500.000 = 65 \text{ mm}$$

- Para saber o denominador da escala, conhecendo a medida real e a distância gráfica:

$$E = D \div d$$

Exemplo: a medida real (D) é de 32,5 km e a distância gráfica (d) é de 65 mm.

$$E = 32,5 \text{ km} \div 65 \text{ mm}$$

$$E = 32.500.000 \div 65 = 500.000$$

LEMBRETE

Para transformar centímetros em metros ou quilômetros (unidades mais utilizadas para medir distâncias), usa-se a **escala métrica**:

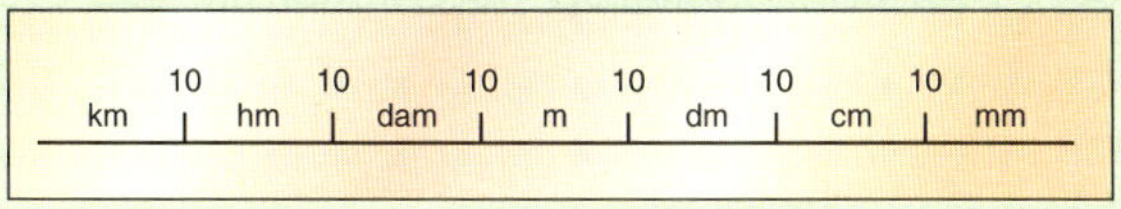

Há uma regra simples para realizar as transformações: se quisermos transformar centímetros em quilômetros, temos de deslocar cinco casas decimais para a esquerda e colocar uma vírgula (cada casa é 10 vezes maior que a unidade imediatamente anterior).

Exemplo: numa escala de 1 : 150.000, cada centímetro no mapa corresponde a 150.000 centímetros na realidade. Transformando isso em quilômetros temos, para cada centímetro no mapa, 1,5 km na realidade (deslocamento de cinco casas decimais).

Se quisermos transformar quilômetros em milímetros, deslocamos a vírgula seis casas decimais para a direita, acrescentando um zero para cada casa, se necessário.

Escala gráfica

Apresenta-se sob a forma de um segmento de reta graduado. Por exemplo:

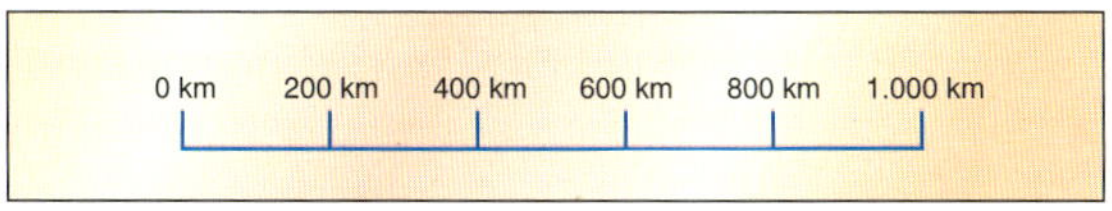

Neste caso, a reta foi seccionada em cinco partes iguais, cada uma medindo 1 cm. Isso significa que, no mapa, cada centímetro corresponde a 200 km no terreno. A riqueza de detalhes do mapa é diretamente proporcional à escala, ou seja, quanto maior for a escala, maiores serão os detalhes. Devemos lembrar que a **escala grande** tem o denominador da fração pequeno e a **escala pequena** tem o denominador da fração grande.

Observe a figura 3.7, que mostra o Brasil em três escalas diferentes. A escala de 1 : 68.000.000 é maior que a de 1 : 175.000.000, pois a primeira apresentará mais detalhes, visto que cada centímetro corresponde a 680 quilômetros. Na segunda, cada centímetro representa 1.750 quilômetros.

Portanto, quanto menor for a escala (denominador da fração maior), menor será o tamanho do mapa e, conseqüentemente, menor a riqueza de detalhes.

Embora mapa e carta tenham quase tudo em comum — sendo, inclusive, considerados sinônimos —, no Brasil é costume diferenciá-los. Empre-

FIGURA 3.7 • O MAPA DO BRASIL EM DIFERENTES ESCALAS

Fonte: *Atlas geográfico escolar / IBGE*. 2. ed. Rio de Janeiro: IBGE, 2004. p. 97.

ga-se a expressão **mapa** para representações mais generalizadas de áreas maiores, como, por exemplo, o mapa do Brasil ou o planisfério. Já a expressão **carta** é utilizada para representações mais detalhadas e precisas de áreas menores, como, por exemplo, cartas urbanas e de navegação (cartas náuticas e aeronáuticas).

Ao elaborar um mapa devemos, primeiramente, determinar em que escala ele será construído. Se quisermos, por exemplo, representar pequenas áreas, cidades, bairros etc., o mais apropriado é a utilização da grande escala (normalmente de 1 : 500 até 1 : 50.000), que permite elevado grau de detalhamento e precisão, como no caso das **plantas** urbanas. Já a visualização das características ou dos elementos gráficos de uma região, país ou continente — ou mesmo do mundo — exige o emprego de escalas pequenas (de 1 : 500.000 a 1 : 1.000.000).

Projeções cartográficas

No **mapa-múndi**, a Terra é representada em dois hemisférios. Os mapas mais utilizados atualmente são os **planisférios**, que representam toda a superfície esférica em um plano. Para a elaboração de mapas utilizamos as projeções cartográficas.

Projeção cartográfica é a forma pela qual uma superfície esférica (no caso, a Terra) é representada num plano (o mapa).

O grande problema da Cartografia consiste justamente em ter de representar uma superfície esférica num plano, pois, como é sabido, a esfera é um sólido não-achatável ou não-planificável. Assim, sempre que achatarmos uma esfera ela, necessariamente, sofrerá alterações ou deformações. Observe a figura 3.8.

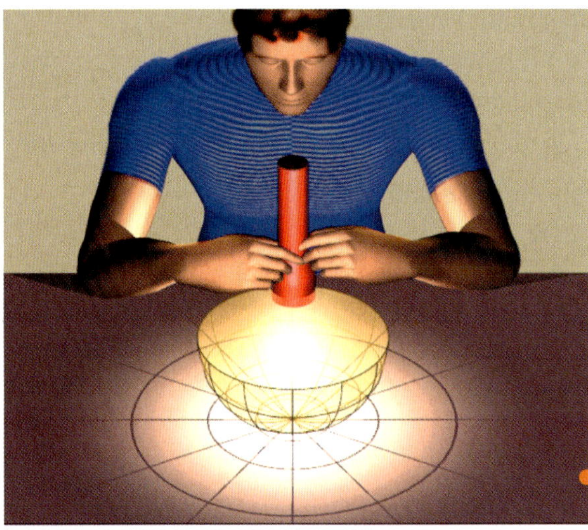

FIGURA 3.8 Alteração resultante do processo de projeção de uma superfície esférica em um plano.

Embora muitas tentativas continuem sendo feitas em busca de uma maior precisão, todas as projeções apresentam deformações, sejam em relação às distâncias, às áreas ou aos ângulos. Desse modo, cabe ao cartógrafo escolher o tipo de projeção que melhor atenda aos objetivos do mapa.

A maior parte das projeções existentes atualmente deriva dos três tipos ou métodos originais, a saber: cilíndricas, cônicas e planas ou azimutais. Veja as figuras 3.9, 3.10 e 3.11.

FIGURA 3.9 • PLANISFÉRIO: PROJEÇÃO CILÍNDRICA

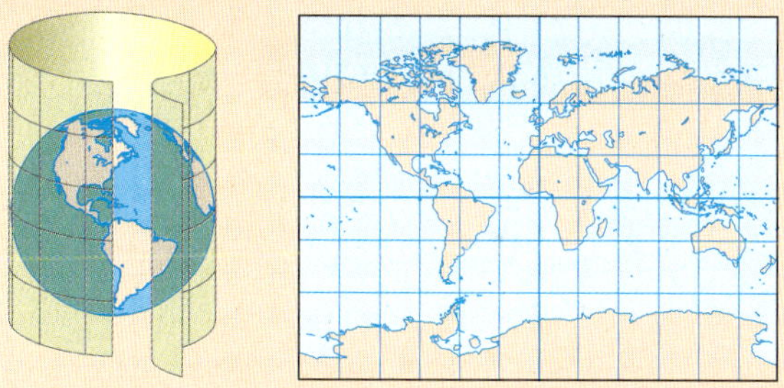

A **projeção cilíndrica** possibilita a representação total da Terra, sendo muito utilizada na elaboração de planisférios e na navegação. Ela é feita como se uma luz atravessasse o globo e projetasse os paralelos e os meridianos sobre um cilindro envolvente, que depois é planificado. Nesse tipo de projeção:

- os paralelos e os meridianos são retos e perpendiculares;
- como o cilindro é tangente à linha do Equador, ele toca somente essa linha, indicando os únicos lugares que conservam suas dimensões originais; as demais áreas projetadas não guardam as medidas originais;
- quanto mais perto dos pólos (altas latitudes), maior a deformação; os países parecem grandes ou esticados.

Fonte: *Atlante geografico moderno De Agostini*, Novara: Istituto Geografico De Agostini, 1998. p. 227.

FIGURA 3.10 • PLANISFÉRIO: PROJEÇÃO CÔNICA

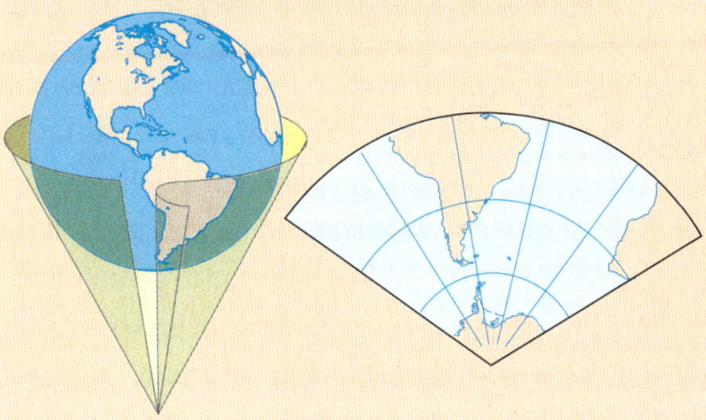

A **projeção cônica** é usada principalmente na representação de países e regiões de latitudes intermediárias, embora possa ser empregada para outras latitudes. Ela resulta da projeção do globo terrestre sobre um cone, que posteriormente é planificado. Esse tipo de projeção:

- apresenta paralelos circulares e meridianos radiais, isto é, retas que se originam de um único ponto;
- contém, como única linha que apresenta grandezas reais, o paralelo de tangência.

Fonte: *Atlante geografico moderno De Agostini*, Novara: Istituto Geografico De Agostini, 1998. p. 226.

FIGURA 3.11 • PLANISFÉRIO: PROJEÇÃO PLANA OU AZIMUTAL

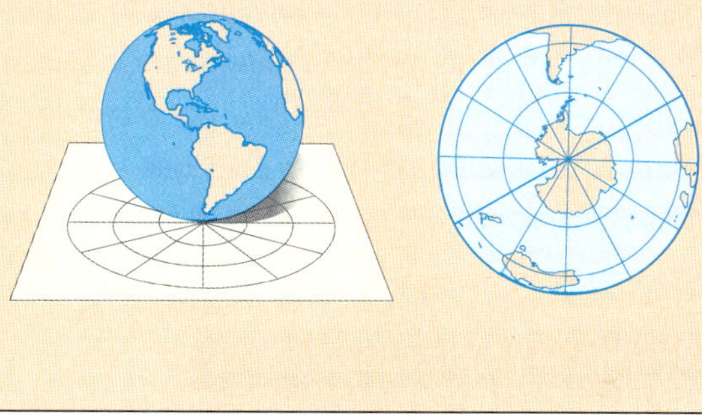

A **projeção plana** ou **azimutal** é empregada na confecção de mapas especiais, principalmente náuticos e aeronáuticos. Como mostra metade do mundo, é muito utilizada para representar as regiões polares. Ela resulta da projeção da superfície da Terra sobre um plano a partir de um determinado ponto (ponto de vista). Esse tipo de projeção:

- contém paralelos projetados em círculos concêntricos e meridianos projetados em linhas retas;
- as linhas e proporções deformam-se à medida que se afastam do ponto de tangência.

Fonte: *Atlas geográfico escolar / IBGE*. 2. ed. Rio de Janeiro: IBGE, 2004. p. 23.

Outras formas de ver o mundo

Projeção de Mercátor

Desde o século XVI, a projeção cilíndrica de Mercátor tornou-se a preferida dos navegantes, por ser a única em que as direções podem ser traçadas em linha reta sobre o mapa. Ela é muito utilizada em atlas e livros da atualidade.

Nessa projeção, os paralelos e os meridianos são linhas retas que se cruzam, formando ângulos retos. Ela pertence ao tipo chamado **conforme**, porque não deforma os ângulos. A projeção de Mercátor mantém a forma dos continentes e dos países, mas distorce suas áreas. As distorções aumentam à medida que aumenta a latitude. Observe a figura 3.12.

FIGURA 3.12 • PLANISFÉRIO: PROJEÇÃO DE MERCÁTOR

Fonte: *Atlas geográfico escolar / IBGE*. 2. ed. Rio de Janeiro: IBGE, 2004. p. 26.

No século XX, esse tipo de projeção recebeu muitas críticas de caráter político pois, nela, os países ricos e desenvolvidos (situados exatamente nas latitudes médias e altas) aparecem com dimensões exageradamente ampliadas, predominando no espaço mundial, o que foi associado à sua característica expansionista e dominadora. Além disso, nessa projeção, o centro do mundo é a Europa. A partir desse eurocentrismo é que foram adotadas expressões como **Oriente Próximo**, **Oriente Médio** e **Extremo Oriente** para indicar as regiões da Ásia: respectivamente, Ásia Ocidental, Península Arábica e Ásia Oriental.

Projeção de Peters

A fim de proporcionar aos países em desenvolvimento uma representação de seu real tamanho e posição, Peters propôs uma nova projeção, também cilíndrica, mas **equivalente**, ou seja: as áreas da Terra conservam o tamanho proporcionalmente correto, porém encontram-se esticadas, por meio de uma deformação dos ângulos das direções. Observe na figura 3.13 que esta representação fiel das áreas relativas dos continentes valoriza o mundo subdesenvolvido, que tem maior área.

FIGURA 3.13 • PLANISFÉRIO: PROJEÇÃO DE PETERS

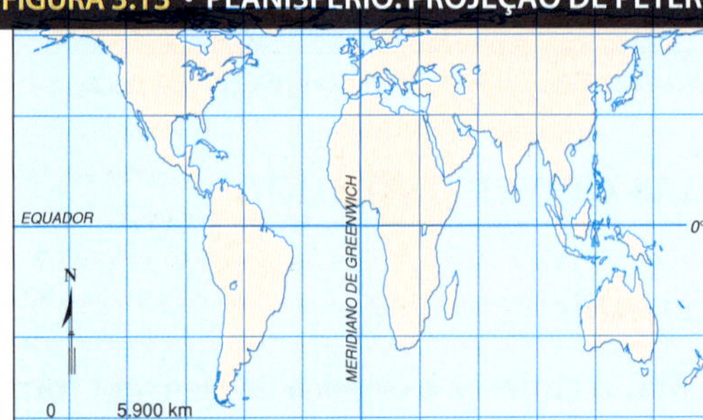

Fonte: *Atlas geográfico escolar / IBGE*. 2. ed. Rio de Janeiro: IBGE, 2004. p. 23.

Projeção de Aitoff e de Goode

Observe na figura 3.14 que, na **projeção de Aitoff**, a América ocupa o centro do planisfério. Essa projeção equivalente, conserva a proporção (ou equivalência) das áreas representadas, em detrimento da forma. Tem formato elíptico e é muito utilizada na confecção de planisférios.

FIGURA 3.14 • PLANISFÉRIO: PROJEÇÃO DE AITOFF

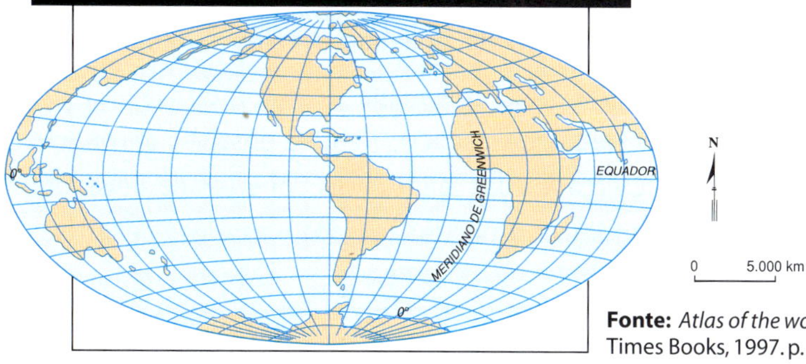

Fonte: *Atlas of the world*. Londres: Times Books, 1997. p. XLV.

A **projeção de Goode** tem a finalidade de mostrar a equivalência das massas continentais e oceânicas; por isso, elas são interrompidas ou descontínuas, como se vê na figura 3.15.

FIGURA 3.15 • PLANISFÉRIO: PROJEÇÃO INTERROMPIDA DE GOODE – MASSAS CONTINENTAIS

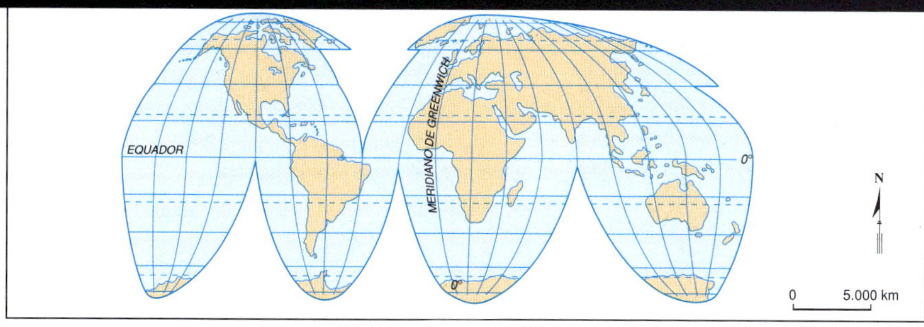

Fonte: FERREIRA, Graça Maria L. *Atlas geográfico:* espaço mundial. 2. ed. São Paulo: Moderna, 2003. p. 7.

Anamorfoses

Para converter números e estatísticas em mapas, podemos utilizar as **anamorfoses**, planisférios em que as áreas de um país ou continente assumem o tamanho proporcional ao dado que se quer mostrar. Por exemplo, para mostrar a população mundial, a China e a Índia passam a ter as maiores áreas, pois comportam os maiores contingentes populacionais. Observe a figura 3.16.

FIGURA 3.16 • PLANISFÉRIO: ANAMORFOSE – POPULAÇÃO (2000)

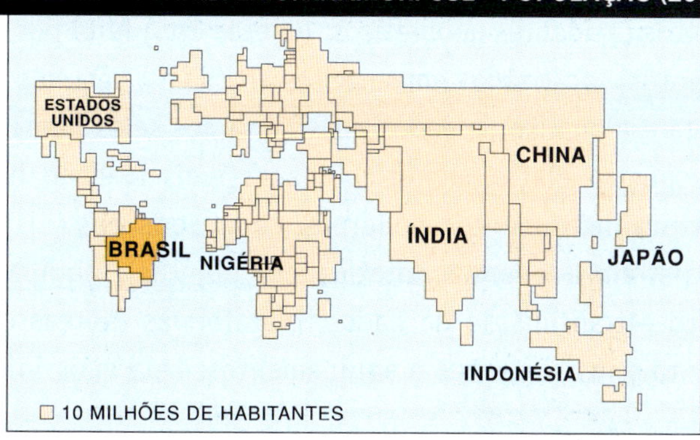

Fonte: FERREIRA, Graça Maria L. *Atlas geográfico:* espaço mundial. 2. ed. São Paulo: Moderna, 2003. p. 7.

3 NOVAS TECNOLOGIAS CARTOGRÁFICAS

Satélites artificiais e sensoriamento remoto

Atualmente o emprego de novas tecnologias muito tem contribuído para o desenvolvimento de diversos campos do conhecimento.

Observe a figura 3.17. Este mapa só se tornou viável a partir de imagens de satélites enviadas do espaço. Nele, é possível distinguir as áreas mais frias, em branco (topos das montanhas cobertos de neve, planícies e continentes congelados), as florestas (verde) e as áreas desérticas do Saara e da Arábia (bege).

FIGURA 3.17 • PLANISFÉRIO FÍSICO

CORTESIA NASA

Mapa feito a partir de imagens de satélites, no qual é possível observar a extensão das geleiras (em dezembro, janeiro e fevereiro) no inverno do Hemisfério Norte.

O **sensoriamento remoto**, uma das tecnologias utilizadas atualmente, é um importante sistema de obtenção de informações aéreas ou espaciais. Constitui-se na captação, registro e processamento de imagens da energia refletida por elementos (acidentes geográficos, objetos etc.) feita por instrumentos (sensores remotos) localizados em satélites artificiais, sem que haja contato físico. A coleta e a análise de dados possibilita aos seres humanos conhecer regiões do espectro eletromagnético inacessíveis à visão humana. Essa tecnologia utiliza instrumentos modernos, como **sensores** (dispositivos que captam e registram a energia refletida por objetos); equipamentos para processamento e transmissão de dados; plataformas (aéreas ou espaciais) para carregar tais instrumentos e equipamentos. Leia mais informações no boxe a seguir.

Como funciona o sensoriamento remoto

"Os sensores captam informações resultantes da interação da energia eletromagnética com os objetos e fenômenos (matéria) da superfície terrestre. Essa energia pode ser refletida, transmitida, absorvida ou emitida pela superfície e, a partir dessas interações, derivar em informações importantes sobre características físicas (dimensão, forma, temperatura, cor etc.) e químicas (composição) dos alvos em estudo. A energia captada pelos sensores pode ser oriunda de uma fonte externa ao alvo (o Sol), interna (energia térmica própria dos alvos) ou ainda proveniente do próprio sensor (pulsos de microondas)". [Observe a figura 3.18.]

LAZZAROTTO, D. R. Sensoriamento remoto. Disponível em Fator Gis – Informação e Eventos Geotecnológicos: http://www.fatorgis.com.br/geoproc/sr.shtml (Acesso em 15 set. 2005.)

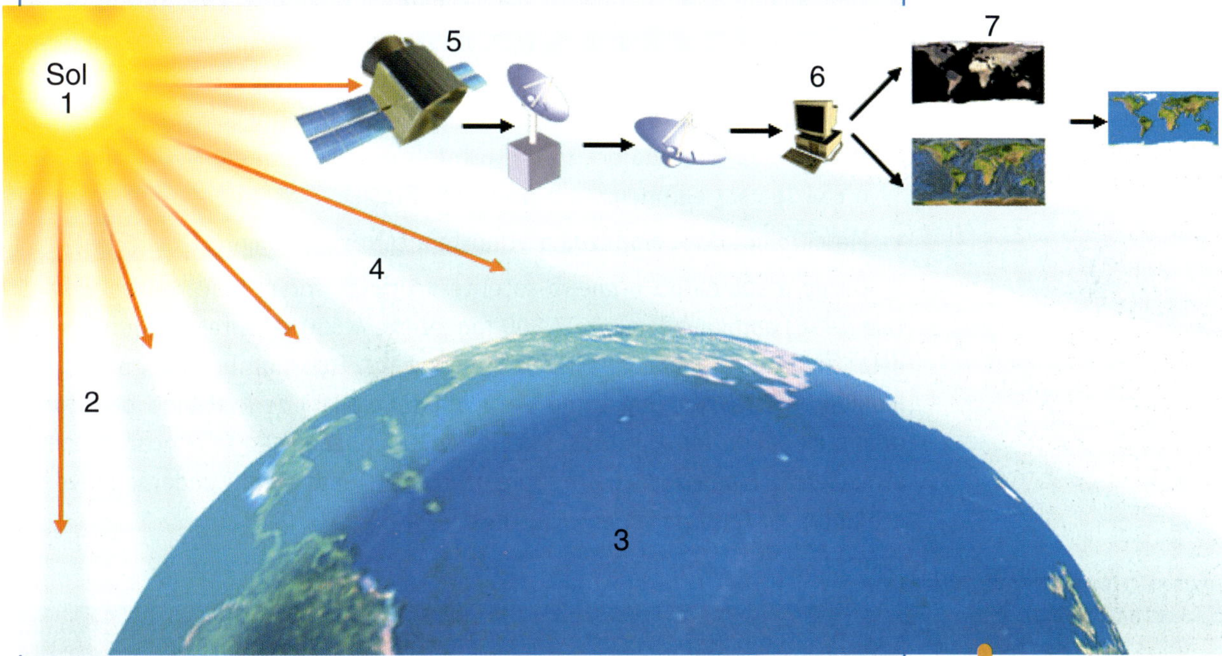

FIGURA 3.18 A detecção da radiação depende de certos requisitos. Em primeiro lugar, deve haver uma fonte (1) de radiação eletromagnética. Essa radiação deve propagar-se pela atmosfera (2) ou pelo meio físico entre a fonte e o objeto observado, até atingir a superfície terrestre (3) ou o objeto observado. Ao atingir a superfície terrestre, ela sofrerá interações, produzindo uma radiação de retorno. Tal radiação se propagará pela atmosfera (4) ou pelo meio físico existente entre o objeto observado e o sensor, atingindo este último (5). O que chega até o sensor é uma certa intensidade de energia eletromagnética (radiação) que será posteriormente transformada em um sinal (6) passível de interpretação (7).

O sensoriamento remoto por meio de satélites artificiais teve início no final da década de 1950, logo após o primeiro **satélite artificial** (engenho posto em órbita ao redor da Terra), o Sputinik, ter sido lançado pelos soviéticos, em 1957.

Atualmente há vários programas ou sistemas de sensoriamento por satélite: Landsat e Ikonos (EUA), desenvolvidos pela *National Aeronautics and Space Administration* (Nasa), Spot (França), Resurs (Rússia), CBERS (sino-brasileiro) etc.

Hoje, o sensoriamento remoto por meio de satélites permite rapidez e precisão nos processos de levantamento de dados e mapeamento. Além de sua aplicação em diversas áreas do conhecimento, como Geologia, Geomorfologia, Oceanografia, Meteorologia e Cartografia, é também usado na localização de recursos naturais, de áreas de vegetação natural e de exploração agropecuária, em áreas urbanas e suas edificações. Ele permite monitorar o meio ambiente, avaliar o uso da terra e seus impactos (detectar áreas com tendências a erosão e enchentes), caracterizar os solos e traçar políticas ambientais, sociais e econômicas em diversos níveis.

Foi também na década de 1950 que as duas grandes potências na época (os EUA e a URSS) lançaram os primeiros satélites militares com o objetivo de reconhecer o território inimigo: os EUA lançaram o Discoverer e a URSS lançou o Zênit. Observe outros objetivos dos satélites artificiais.

- Exploração e pesquisa científica – Mariner, Viking Pathfinder, Mars Global Surveyor (Marte), Apollo (Lua), Pioneer, Galileo (Júpiter), Voyager (Urano, Netuno), todos dos EUA; sondas espaciais da antiga URSS, como Lunik (Lua), Vostok, Phobos (Marte); a sonda Soho, da Agência Espacial Européia, estuda o Sol.
- Coleta de dados e estudo de fenômenos físicos da Terra – *Earth Science Enterprise* (EUA).
- Telecomunicações – diversos países mantêm programas de satélites de telecomunicação utilizados na transmissão de informações e na interligação de rede de computadores. Entre esses satélites estão o Echo (lançado em 1960) e o Telstar (primeiro satélite construído e financiado por uma indústria privada, lançado em 1962), o Intelsat, o Iridium e o Molnia (Rússia), o ESA (países europeus) e o Brasilsat (Brasil).
- Meteorológicos – monitora a atmosfera terrestre, como o Tiros (EUA).

Desde a subida do primeiro satélite artificial, foram lançados ao espaço (até 1998) aproximadamente 3.800 foguetes e 4.600 satélites. Só quinhentos deles ainda funcionam; o restante virou sucata. Isso significa que, em algum momento, esse lixo (em torno de 2 mil toneladas) será atraído pela força gravitacional da Terra. Muitos deles serão pulverizados ao se chocarem com a atmosfera; a maior parte cairá sobre os oceanos, mas alguns poderão provocar acidentes na Terra ou no espaço. Observe a figura 3.19.

FIGURA 3.19 • "LIXÃO" A CÉU ABERTO

Fonte: Revista *Superinteressante*. São Paulo: Abril, jan. 1998. p. 65.

Sistema de posicionamento global

Diversas outras tecnologias são utilizadas atualmente no levantamento de dados. O **GPS (*Global Positioning System*)** é um sofisticado sistema eletrônico apoiado em uma rede de satélites que oferece localização instantânea em qualquer ponto da Terra, com uma precisão quase absoluta. O GPS é muito utilizado nos serviços de mapeamento. Ele determina a posição de objetos, como construções, limites de propriedades rurais, postes de redes elétricas etc., tendo grande utilidade na confecção de cartas temáticas, no cadastro de propriedades, na coleta de dados para planejamento ambiental, na construção de estradas, pontes, barragens etc.

O GPS provocou uma grande revolução na geodésia (medição da Terra), fornecendo dados confiáveis e precisos. Antes de seu advento, topógrafos e cartógrafos tinham de utilizar trenas para medir os lugares, mesmo que eles fossem inacessíveis, implicando maior custo e tempo. O GPS é também utilizado nos transportes aéreo, marítimo e terrestre, para indicar a posição e o trajeto de veículos, ou sua localização, em casos de roubo.

No entanto, sua aplicação não se restringe à área civil. Surgido a partir de interesses bélicos e militares, o GPS tem sido muito utilizado pelos EUA em guerras, como a do Golfo (1991), do Afeganistão (2001) e do Iraque (2003), fornecendo as coordenadas geográficas exatas a fim de orientar os mísseis para os alvos. Observe a figura 3.20.

FIGURA 3.20 • SISTEMA DE POSICIONAMENTO GLOBAL

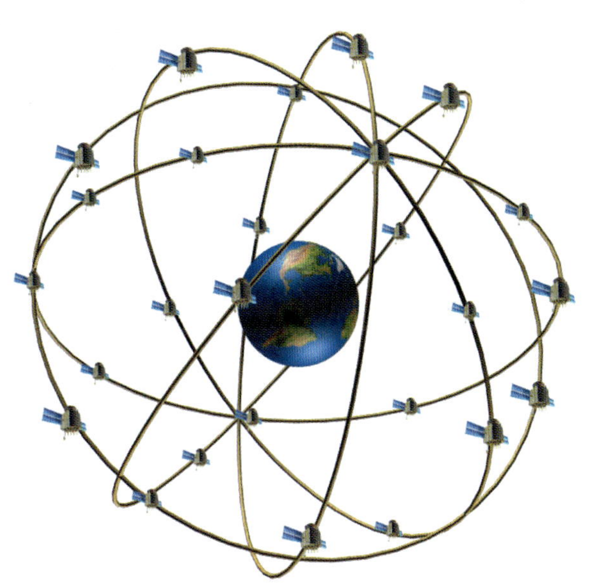

Fonte: http://www.fatorgis.com.br

O GPS conta com 26 satélites orbitando em torno da Terra a cerca de 20.000 km de altitude. Cada satélite tem um período útil de doze horas sobre o horizonte. Esse arranjo garante que, a qualquer momento, pelo menos 5 satélites estejam sobre o céu do receptor de um usuário em qualquer ponto do mundo.

Geoprocessamento e SIG

"**Geoprocessamento** é a tecnologia que abrange o conjunto de procedimentos de entrada, manipulação, armazenamento e análise de dados espacialmente referenciados.

Geo-referenciamento é uma situação em que uma entidade geográfica é referenciada espacialmente ao terreno por meio de sua localização, utilizando-se para tal um sistema de coordenadas conhecido." (CHRISTOFOLETTI, Antonio e TEIXEIRA, Armando Luís de A. *Sistemas de informação geográfica* – Dicionário ilustrado. São Paulo: Hucitec, 1997. p. 121.)

As técnicas são desenvolvidas por computadores e sistemas de processamento e análise de dados espaciais. O SIG é um desses sistemas.

O **SIG (Sistema de Informação Geográfica)** é composto de ***softwares*** (programas de um sistema de computador) e ***hardwares*** (componentes físicos de um computador, como impressoras, *scanners* etc.) que têm por finalidade integrar bancos de dados e processar e analisar dados geo-referenciados, criando arquivos digitais de mapas, gráficos, tabelas etc.

4 A CARTOGRAFIA NO BRASIL

A Cartografia surgiu no Brasil com a chegada dos portugueses. Durante o período colonial foram feitos diversos mapas com objetivos náuticos, de inventariação do território brasileiro, de delimitação entre a América portuguesa e a espanhola e com objetivos militares.

Em 1936 foi criado o **Instituto Brasileiro de Geografia e Estatística (IBGE)**, responsável até hoje pela geodésia e pela cartografia no país. Em 2002 foi inaugurado o monitoramento aéreo do **Serviço de Inteligência e Vigilância da Amazônia (Sivam)**, projetado para coletar, processar e integrar informações da área amazônica utilizando seis satélites, 18 aviões, 25 radares, estação meteorológica e mais de 200 plataformas de coleta de dados em rios.

Desde 1988, a partir de um acordo de parceria entre o Brasil e a China, encontra-se em desenvolvimento o **Programa CBERS (*China-Brazil Earth Resources Satellite* ou Satélite Sino-Brasileiro de Recursos Terrestres)**. O programa envolveu o Instituto Nacional de Pesquisas Espaciais (Inpe) e a Academia Chinesa de Tecnologia (Cast), inicialmente, no desenvolvimento de dois satélites: Ciber 1 (lançado em 1999) e Ciber 2 (lançado em 2003). Já foram negociados o desenvolvimento de mais dois satélites, os Cibers 3 e 4. A união entre os dois países para a implantação de um sistema completo de sensoriamento remoto visa também derrubar as barreiras que impedem os países subdesenvolvidos de entrar no mercado tecnocientífico espacial, dominado pelos países desenvolvidos. Observe a figura 3.21.

CORTESIA INPE

FIGURA 3.21 Imagem de satélite do Ciber 1 do baixo vale do Rio Açu, no litoral do Rio Grande do Norte, em 2000. Em verde-escuro podemos ver a vegetação de mangue; em verde-claro, as salinas; em branco, as dunas. Ao longo do curso do rio vemos terras ocupadas por agricultura irrigada.

Fonte: http://www.cbers.inpe.br

Praticando e Aprendendo

Organizando o conteúdo

1. Duas cidades distam, em linha reta, 60 km uma da outra. Num mapa com escala de 1 : 2.500.000, a quanto corresponde essa medida em centímetros?

2. A distância real entre dois pontos é de 60 km e sua distância gráfica é de 3 cm. Qual é a escala do mapa?

3. Num mapa com escala de 1 : 5.000.000, a distância entre duas localidades é de 64 milímetros. Qual é a distância em quilômetros entre esses dois locais?

4. A escolha da escala de um mapa é muito importante para o grau de detalhamento requerido. Se quisermos fazer o levantamento de um bairro, qual é a escala mais apropriada? Explique por quê.

5. Explique o que é o sensoriamento remoto e cite dois exemplos práticos de sua utilização.

Ampliando o conhecimento

Medindo distâncias e comparando as formas dos continentes em duas projeções.

Observe os mapas abaixo.

• PROJEÇÃO CILÍNDRICA DE MERCÁTOR

Fonte: *Atlas geográfico escolar/IBGE*. 2. ed. Rio de Janeiro: IBGE, 2004. p. 26.

• PROJEÇÃO CILÍNDRICA DE PETERS

Fonte: *Atlas geográfico escolar/IBGE*. 2. ed. Rio de Janeiro: IBGE, 2004. p. 23.

6. Observe abaixo as áreas de algumas regiões da Terra. Descreva o que acontece com a área de cada uma dessas regiões na projeção cilíndrica de Mercátor (mapa 1).

Groenlândia: 2.175.000 km^2

Austrália: 7.680.000 km^2

América do Sul: 18.000.000 km^2

7. Veja, a seguir, a distância dos pontos extremos do Brasil e analise a projeção cilíndrica de Peters (mapa 2).

Leste-Oeste 4.394 km

Norte-Sul 4.319 km

a) "Calcule a diferença entre essas distâncias.

b) Com uma régua, meça essas distâncias nos dois mapas e compare o resultado obtido com as medidas reais.

c) O que acontece com as terras próximas aos pólos e aquelas localizadas no Equador, no mapa 2?

8. Compare as duas projeções (mapa 1 e 2), quanto:

a) aos paralelos e aos meridianos;

b) às áreas de maior deformação.

9. Descreva as diferenças no território brasileiro nas duas projeções.

Leia o texto a seguir.

"[...] é impossível ignorar que já há normas básicas em formação, com amplo apoio da comunidade internacional, segundo as quais o país gerador de imagens da Terra deve beneficiar a todos os demais países e povos, não pode causar danos a nenhum deles e deve permitir aos países fotografados o acesso às fotos e dados sobre o território deles, de forma não discriminatória e a um custo razoável. São disposições ainda vagas, sem dúvida. Mas marcam com suficiente clareza a tendência dominante na sociedade das nações.

Fica difícil justificar ética e legalmente ao mundo a decisão do governo dos Estados Unidos de reservar para suas Forças Armadas as mais avançadas e valiosas informações sobre a topografia do planeta. Será a geografia global problema de segurança para apenas um país? Não será melhor para todos que a questão da segurança dos países seja também globalizada, para nenhum deles se sentir mais ou menos seguro do que os outros? Ou ainda no século XXI viveremos resignados com a idéia de que certos países e povos 'merecem' ter mais segurança do que os demais?"

MONSERRAT FILHO, José. *Jornal do Brasil*, 3 abr. 2000. Opinião. p. 11.

10. Discuta com seus colegas as implicações no uso do sensoriamento remoto e responda às três questões levantadas pelo autor no último parágrafo.

11. Retire do capítulo exemplos do uso da Cartografia e de tecnologias com finalidades bélicas e militares.

O QUE MAIS HÁ PARA VER

Livros

- FLORENZANO, Teresa Gallotti. *Imagens de satélite para estudos ambientais*. São Paulo: Oficina de Textos, 2002.
- HASLAM, Andrew; TAYLOR, Barbara. *Mapas* – a Geografia na prática. São Paulo: Scipione, 1999. (Col. Mãos à obra!)
- MARTINELLI, Marcello. *Mapas da Geografia e Cartografia temática*. São Paulo: Contexto, 2003.
- _____. *Gráficos e mapas* – construa-os você mesmo. São Paulo: Moderna, 1998.

Filme

- *Os eleitos* (EUA, 1983); dir. Philip Kaufman; distr. Warner Bros.; 193 min. O filme narra a história real de um grupo de astronautas estadunidenses que, na década de 1940, iniciou o programa espacial daquele país. O cenário é a Guerra Fria, o que explica a obsessão de homens capazes de arriscar tudo visando a glória pessoal.

Sites

- http://www.ibge.gov.br/ibgeteen/atlasescolar/index.shtm *Site* do Instituto Brasileiro de Geografia e Estatística. A página exibe conteúdo de Cartografia, além de mapas, sistemas de coordenadas geográficas, informações sobre sensoriamento remoto, tipos de sensor, imagens orbitais, aerofotogrametria, escala e convenções cartográficas e os diferentes tipos de projeções cartográficas. Acesso em: 18 abr. 2005.
- http://www.igc.sp.gov.br/ *Site* do Instituto Geográfico e Cartográfico do Estado de São Paulo. Disponibiliza diversos mapas para *downloads*, além da legislação sobre o uso da Cartografia (da Secretaria de Planejamento do Estado de São Paulo), biblioteca cartográfica com resumos de livros, acervo de produtos cartográficos (levantamentos aerofotogramétricos, cartas base, cartas pedológicas, cartas de utilização da terra). Traz também orientações para a prestação de serviços. Acesso em: 15 abr. 2005.
- http://www.obt.inpe.br/cbers/cbers.htm *Site* da Coordenação Geral de Observação da Terra, ligada ao INPE. Breve exposição do satélite Cibers, além de algumas imagens e publicações referentes a esse satélite. Acesso em: 18 abr. 2005.

DAVID TURNLEY / CORBIS-STOCK PHOTOS

O mundo se caracteriza pela enorme diversidade cultural. Mulher africana em Paris, na França, em 2000.

UNIDADE II

TRANSFORMAÇÕES ECONÔMICAS E GEOPOLÍTICAS MUNDIAIS

CAPÍTULO 4 A ORGANIZAÇÃO DO ESPAÇO NO CAPITALISMO, 56

CAPÍTULO 5 GLOBALIZAÇÃO E DESINTEGRAÇÃO DOS PAÍSES SOCIALISTAS, 75

CAPÍTULO 6 A NOVA ORDEM MUNDIAL E OS BLOCOS ECONÔMICOS, 90

CAPÍTULO 7 OS GRANDES CONJUNTOS DE PAÍSES E AS DESIGUALDADES MUNDIAIS, 102

CAPÍTULO 8 PLURALIDADE CULTURAL, CONFLITOS REGIONAIS E MUNDIAIS, 122

4.

A ORGANIZAÇÃO DO ESPAÇO NO CAPITALISMO

1 INTRODUÇÃO

A história das transformações do espaço geográfico tem bastante relação com o desenvolvimento de técnicas que permitiram maior intervenção nas paisagens e aumento na produção de bens. Isso significa que as formas visíveis do mundo atual resultam, entre outros fatores, das inovações tecnológicas — essenciais ao progresso humano — e dos processos históricos constituídos em diferentes tempos. Estudaremos como o espaço geográfico configurou-se no capitalismo, sistema econômico que imprimiu profundas mudanças na organização e no conteúdo desse espaço.

Feira de Antuérpia, na Holanda, século XVI.

MUSÉES ROYAUX DES BEAUX-ARTS DE BELGIQUE, BRUXELAS

2 A PRODUÇÃO DO ESPAÇO GEOGRÁFICO NO CAPITALISMO

A partir do século XIII, na Europa Ocidental, o mundo feudal foi sendo gradativamente substituído pelo **modo de produção capitalista**, cujo processo de desenvolvimento foi lento e ocorreu de maneira diferenciada nas diversas regiões do planeta. Observe as principais transformações decorrentes desse processo.

- O comércio gerou rendas para a nova classe social surgida nas cidades, a **burguesia**, que enriqueceu e passou a controlar o crescimento econômico. Alguns séculos depois surgiu o **proletariado** (ou operariado), classe social constituída de trabalhadores das indústrias, que passaram a produzir grande parte das riquezas.
- No plano político, deu-se o declínio da nobreza feudal e a centralização do poder nas mãos dos reis, apoiados pela burguesia, dando início às monarquias absolutistas de caráter nacional que, por sua vez deram origem, a partir do século XV, às nações e aos Estados centralizados, constituídos com base em territórios mais delimitados.
- A produção artesanal familiar foi substituída pela **manufatura**, caracterizada pela produção em oficinas, com o auxílio de ferramentas manuais e máquinas movidas pela energia humana. No século XVIII introduziu-se a **maquinofatura**, que utilizava máquinas movidas a vapor e, mais tarde, pela energia elétrica.
- As cidades cresceram e novamente ganharam importância.
- Embora tenham subsistido diversos tipos de relações de produção, as relações servis, predominantes no mundo feudal, foram em grande parte substituídas pela **relação assalariada de trabalho** (na qual o trabalhador recebe um salário por determinado número de horas trabalhadas). Intensificou-se o processo de **divisão de trabalho** (ou seja, a distribuição de tarefas) entre as pessoas, os grupos sociais, os Estados etc.

Isso posto, temos que um conjunto de fatores possibilitaram o surgimento do **capitalismo**, sistema econômico regulado pelo mercado e fundamentado na propriedade privada dos meios de produção, cuja principal finalidade é o lucro. Podemos dividir o capitalismo em três fases: comercial, industrial e financeira.

3 OS PRIMEIROS PASSOS PARA UMA INTEGRAÇÃO: O CAPITALISMO COMERCIAL

A partir do século XII, com o crescimento do comércio e dos centros urbanos — além do incremento das atividades agrícola e artesanal —, desenvolveu-se na Europa uma camada social de mercadores. A natureza da atividade econômica desse grupo permitiu-lhe a acumulação de recursos financeiros que, somada às inovações nas técnicas de navegação, nos meios de transportes marítimos e nos armamentos, levou à expansão comercial do final do século XV e do início do século XVI.

Entre outras atividades econômicas, começava a surgir um mercado mundial que interligava as diversas regiões da Terra. Era a fase do **capitalismo comercial** ou **mercantil**.

FIGURA 4.1 • DIFUSÃO DE PLANTAS ENTRE OS SÉCULOS XVI E XIX

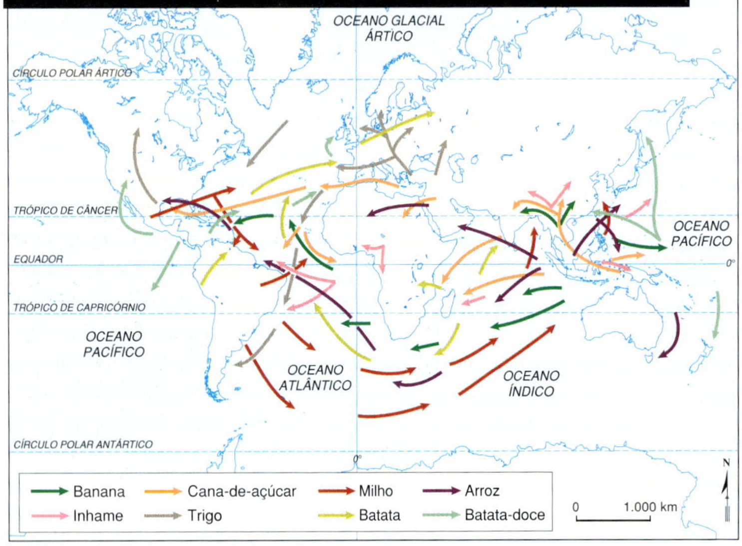

Fonte: *Atlas da história do mundo*. São Paulo: Folha de S.Paulo/The Times, 1995. p. 151.

Naquela época Portugal, Espanha, Holanda, Grã-Bretanha, França e Dinamarca formaram vastos impérios coloniais. Com a intensificação do comércio houve também uma expansão da produção e do consumo e, como conseqüência, do capitalismo. Intensificou-se a **redistribuição mundial de recursos**: os produtos originários de um continente eram levados para outras partes do mundo, passando a ser consumidos em lugares cada vez mais distantes. Essa prática aumentou no decorrer dos séculos.

Observe na figura 4.1 a difusão de plantas pelo mundo, entre os séculos XVI e XIX, que ampliou a oferta de alimentos nos diversos continentes.

Divisão internacional do trabalho

O sistema capitalista teve início na Europa, desde que o poder centralizou-se nas mãos dos reis — constituindo as monarquias nacionais — e expandiu-se para outros continentes ao longo dos séculos.

A prática do **mercantilismo** foi adotada primeiramente na Espanha, em Portugal, na Inglaterra e na França, apresentando em cada país algumas particularidades. Veja a seguir as principais características da política mercantilista.

- Intervenção estatal na vida econômica.
- Manutenção de uma balança comercial favorável, por meio de uma quantidade de exportações maior que a de importações, de modo a aumentar as riquezas do país, pois vender mais do que comprar era uma forma de proteger os estoques de metais preciosos. Leia o texto do boxe.

LEMBRETE

Balança comercial é a relação entre as exportações (vendas ao exterior) e as importações (compras do exterior) de um país. Quando as compras (em dólares) no mercado internacional são maiores que as vendas, há **déficit** comercial. Na situação inversa, ou seja, quando as vendas (em dólares) são maiores do que as compras, há **superávit**.

- Impulso ao comércio exterior, por meio de investimentos portuários, formação de marinha mercante e criação de companhias de navegação.
- **Protecionismo** alfandegário, isto é, cobrança de altas taxas de importação para proteger o mercado interno ante os produtos estrangeiros. Aplicava-se, sobretudo, aos produtos manufaturados.
- Formação de **monopólios**, por meio da associação de grupos com a finalidade de obter privilégios exclusivos, por exemplo, sobre um ramo da produção manufatureira ou o comércio de uma localidade ou colônia.

A intensificação do comércio obrigava a oferta cada vez maior de mercadorias. Por isso, tornou-se necessário descobrir novas fontes de matérias-primas baratas, além de novos mercados consumidores, nos quais os produtos fossem vendidos a preços mais elevados.

No século XVI, vastas regiões da Ásia, da África e da América (entre elas o Brasil), foram invadidas, conquistadas e incorporadas ao mercado mundial e ao sistema capitalista, iniciando-se a exploração de seus recursos naturais e de sua mão-de-obra. A busca do lucro provocou a desestruturação das relações de produção existentes nesses locais e a imposição de novas relações de trabalho, como, por exemplo, a escravidão.

BIBLIOTHÈQUE DU SERVICE HISTORIQUE DE LA MARINE, CHÂTEAU DE VINCENNES / REPRODUÇÃO

FIGURA 4.2 Caravelas do século XVI representadas por Théodore de Bry.

O mercantilismo orientou a organização da produção de bens nas novas colônias, que passaram a constituir uma economia complementar, produzindo segundo os interesses dos mercados europeus. O comércio com essas colônias era monopolizado pelas metrópoles.

As áreas coloniais tornaram-se periféricas do sistema capitalista mundial por meio do estabelecimento de uma **Divisão Internacional do Trabalho (DIT)**. Naquela época, as nações especializaram-se na produção de determinadas mercadorias. Aos países ricos coube a produção e a comercialização de produtos manufaturados, enquanto as colônias tornaram-se produtoras, fornecedoras e exportadoras de produtos primários, como açúcar, café, fumo, algodão e minérios. (O capítulo 7 desta unidade traz mais informações sobre a DIT.)

O comércio intercontinental, antes restrito à Europa, à Ásia e a algumas áreas da África, ampliou-se e mudou de qualidade. Além de artigos de luxo (como seda, perfumes, porcelanas e especiarias) passou-se a comercializar intensivamente produtos de maior consumo (como rum, tecidos e armas — que iam da Europa para a África), bem como pessoas escravizadas, levadas da África principalmente para a América. Da América, por sua vez, eram enviados tabaco, açúcar e metais preciosos para a Europa.

No século XVI, o Brasil foi integrado a esse sistema mundial, tornando-se fornecedor de matérias-primas e, por muito tempo, o espaço brasileiro organizou-se segundo os interesses do colonizador português.

Durante séculos, guiados pelo **colonialismo**, isto é, pela política de ocupação de territórios e implantação de colônias, os europeus lançaram-se sobre esses territórios, escravizando povos nativos, a fim de organizar o sistema de ***plantations*** — grandes plantações monocultoras voltadas à exportação — e empreender a extração de diversas riquezas. Dessa forma, o sistema colonial contribuiu, de um lado, para a acumulação de riquezas e **capital** nos países colonialistas e, de outro, para a manutenção das precárias condições de vida das populações dos países colonizados e de sua subordinação ao mercado internacional impedindo, inclusive, sua industrialização. (Estudaremos mais sobre as *plantations* no capítulo 21.)

As grandes desigualdades econômicas e sociais existentes atualmente entre os países devem-se, em boa parte, ao desenvolvimento do capitalismo em escala mundial.

4 O CAPITALISMO INDUSTRIAL: ETAPAS DA REVOLUÇÃO INDUSTRIAL

A Primeira Revolução Industrial

A expansão comercial e a ampliação da economia de mercado permitiram à Europa acumular capital, que foi empregado em investimentos e na mecanização da produção. Essa revolução técnica, marcada pela substituição da manufatura pela maquinofatura — com a utilização do carvão, da máquina e do transporte a vapor —, impulsionou as indústrias têxtil, naval e siderúrgica, ampliando ainda mais a economia de mercado. Observe a figura 4.3.

FIGURA 4.3 Concentração populacional, de capitais e dos meios de produção eram condições ideais apresentadas pelas cidades inglesas no início do século XIX para o desenvolvimento da indústria e de outras atividades não-agrárias. A gravura, de 1877, representa uma fábrica de tecidos e seus arredores em Yorkshire, Inglaterra.

SPENCER ARNOLD-STRINGER / HULTON ARCHIVE-GETTY IMAGES

Nesse primeiro período (conhecido como **Primeira Revolução Industrial**), que ocorreu entre a segunda metade do século XVIII e meados do século XIX, a Inglaterra tomou a dianteira, pois contava com equipamentos, capital e estabilidade política.

Do setor têxtil, a mecanização estendeu-se à metalurgia, aos transportes, à agricultura e a outros setores da economia. As fábricas já começavam a empregar grande número de trabalhadores.

Com a invenção dos trens a vapor e a construção de estradas de ferro, era possível ir muito mais longe transportando mais mercadorias, em tempo muito menor.

Desde o século XVII e, principalmente, durante o século XVIII, a doutrina econômica liberal, ou **liberalismo econômico** passou a ter muitos seguidores na Europa. Essa doutrina defendia que o Estado deveria se limitar a garantir a propriedade privada e a livre iniciativa, como bases para o desenvolvimento econômico. A lei da oferta e da procura de mercadorias se encarregaria de regular os mercados. O liberalismo econômico caracterizou essa fase do capitalismo, conhecida como **capitalismo industrial**.

Pode-se dizer que o capitalismo produziu um novo espaço geoeconômico: um espaço de produção industrial, agrícola, pecuária e extrativa; um espaço de troca (comercial) e um espaço de circulação de riquezas. As cidades se desenvolviam e ganhavam novos equipamentos (iluminação, praças, portos, ruas etc.) à medida que recebiam novos moradores. O capitalismo propiciou também uma nova função para as cidades: a produção industrial.

A Segunda Revolução Industrial

A grande revolução no modo de produzir mercadorias teve início na Inglaterra e se espalhou para outros países da Europa (França e Alemanha), além dos Estados Unidos e do Japão.

A partir de meados do século XIX (período conhecido como **Segunda Revolução Industrial**), as invenções se multiplicavam, provocando grandes transformações. Surgia um novo mundo, um novo estilo de vida. No início do século XX, os automóveis também começaram a fazer parte das paisagens desse novo e incrível mundo tecnológico. Observe a figura 4.4.

FIGURA 4.4 • SEGUNDA REVOLUÇÃO INDUSTRIAL

HULTON-DEUTSCH COLLECTION / CORBIS-STOCK PHOTOS

1858
A geladeira nº 1 é concebida e produzida pelo francês Ferdinand Carré. Na foto, "moderna" geladeira na Inglaterra, em meados do século XX.

CORBIS-STOCK PHOTOS

1876
O inventor estadunidense de origem inglesa Alexander Graham Bell faz a primeira ligação telefônica. Na foto, telefone de 1905.

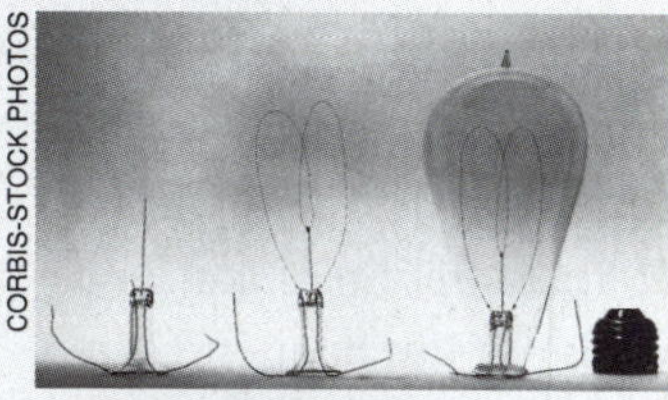
SCHENECTADY MUSEUM: HALL OF ELECTRICAL HISTORY FOUNDATION / CORBIS-STOCK PHOTOS

1879
A lâmpada elétrica surge nos Estados Unidos no laboratório de Thomas Edison. Observe, na foto, as várias partes de uma lâmpada de 1910, nos EUA.

CID

1901
O italiano Guglielmo Marconi inaugura a era do rádio, transmitindo sinais entre a Inglaterra e os Estados Unidos. Foto de rádio do começo do século XX.

CID

1938
O iconoscópio, peça fundamental da câmara de tevê, é montado pelo russo Vladimir Zworykin. Televisão de meados do século XX.

BETTMANN / CORBIS-STOCK PHOTOS

1946
O computador começa a funcionar no laboratório de John Mauchly e John Eckart, nos Estados Unidos. Foto de computador de 1955 (EUA).

Grandes modificações ocorreram, por exemplo, nas condições de vida das pessoas, na velocidade e na qualidade dos transportes. Essas inovações, entre outras, aceleraram o contato entre culturas e a reorganização do espaço capitalista.

Nessa fase, o Estado passou a participar cada vez mais da economia, criando uma infra-estrutura em setores considerados estratégicos e que exigiam altos investimentos, abrindo caminho para o capital privado, além de investir em políticas sociais e de intervir em crises econômicas.

Para equipar as unidades produtoras com as novas tecnologias, era necessário aumentar o espaço de produção, despendendo grandes somas de capital. Como as pequenas e médias empresas não podiam arcar com essas despesas, elas faliram ou se uniram a outras, formando grandes empresas, altamente lucrativas. Algumas dessas grandes empresas passaram a dominar determinados ramos de produção, dando origem aos oligopólios, trustes, cartéis etc. Leia o texto do boxe.

Concentrações econômicas empresariais

Monopólio é o domínio do mercado de um determinado produto ou serviço por uma única empresa ou pelo Estado (monopólio estatal).

O domínio do mercado por um pequeno grupo de empresas chama-se **oligopólio**.

Com a finalidade de aumentar ainda mais os lucros, acabar com pequenas concorrentes e impor preços, muitas empresas se fundem, formando os **trustes**, que passam a controlar um produto desde a matéria-prima necessária à fabricação do produto, até a sua distribuição. Embora proibidos em muitos países (por meio das leis antitrustes), na prática os trustes continuam a existir, ainda que de modo disfarçado. Ao monopolizarem o mercado, impedem a prática da livre concorrência.

Os grandes trustes muitas vezes se unem e formam um **cartel**, defendendo medidas de interesse comum ou de vantagens recíprocas, por exemplo, para controlar ou dominar a produção de determinado(s) produto(s), dividir mercados, estabelecer preços etc. Embora em alguns países haja leis de restrição à formação de cartéis, estes geralmente têm caráter internacional e, em alguns casos, são formados até mesmo por países.

5 CAPITALISMO FINANCEIRO OU MONOPOLISTA

No início do século XX, a livre concorrência ficou para trás e o capitalismo tornou-se cada vez menos competitivo e mais monopolista. Empresas ou países monopolizavam o comércio. Teve início a fase do **capitalismo financeiro** ou **monopolista**.

Financiando a expansão dos investimentos em novas tecnologias, os bancos adquiriam cada vez mais importância, pois além de fazerem empréstimos às empresas, paralelamente investiam no comércio e na indústria. O resultado foi o surgimento do **capital financeiro** (composto de ações, certificados, títulos etc. — que podem ser convertidos em dinheiro), que passou a dominar e controlar a economia dos países, com isso, adquirindo cada vez mais poder.

No final do século XIX, as grandes empresas que tinham filiais em diversos países eram chamadas **multinacionais**. Mais recentemente passaram a ser denominadas empresas **transnacionais**, termo mais apropriado, pois apesar de manterem vínculos com o país de origem, atingem mercados que ultrapassam suas fronteiras e seus capitais não se vinculam a uma nacionalidade.

Imperialismo e descolonização

Também no final do século XIX, as potências capitalistas iniciaram a disputa pela redivisão e incorporação de novos territórios. Essa nova fase expansionista, caracterizada pelos monopólios e pelo domínio do capital financeiro, ficou conhecida como **imperialismo**.

A necessidade de matérias-primas e de formação de novos mercados consumidores determinou a chamada **corrida imperialista**. Lugares distantes, antes isolados, pouco a pouco se renderam e foram incorporados ao capitalismo mundial. O modo de vida de populações inteiras, dos mais distantes lugares do planeta, se desestruturou para reestruturar-se conforme os preceitos da economia de mercado.

Os continentes asiático e africano haviam sido alvos da cobiça expansionista do século XVI, embora as potências da época tenham se limitado a estabelecer feitorias no litoral, a fim de possibilitar o comércio. No século XIX, porém, os países imperialistas, além de dividir entre si o território desses continentes, impuseram a dependência econômica aos países da América Latina. Essa nova modalidade de colonialismo, que se diferenciava daquele do século XVI pelo fato de garantir mercados por meio da dependência econômica, é chamada **neocolonialismo**.

O mapa-múndi constantemente se modificava. O mundo era redividido pelos centros de poder: inicialmente Inglaterra e França, seguidas por Bélgica, Alemanha, Itália e Rússia, que também disputavam mercados.

Na primeira metade do século XX, essa disputa entre países por áreas coloniais e de influência, e por expansão de mercados, acabou envolvendo as potências da época em dois conflitos mundiais: a Primeira e a Segunda Guerra Mundial. O uso das novas tecnologias chegou à guerra. As batalhas, que antes ocorriam principalmente na terra, atingiram os céus (figura 4.5) e se intensificaram nos mares.

FIGURA 4.5 Novas tecnologias, como submarinos, bombas e aviões, passam a ser utilizadas nas guerras. Batalha aérea da Segunda Guerra Mundial, em 1942.

CORBIS-STOCK PHOTOS

Terminadas essas duas guerras, que levaram ao enfraquecimento geopolítico dos países europeus, surgiram diversos movimentos de libertação nacional nas colônias africanas e asiáticas que buscavam, entre outros objetivos, autonomia política e econômica. Ocorreu então um rápido processo de **descolonização** desses continentes, dando origem a dezenas de países independentes. Observe na figura 4.6 as modificações decorrentes desse processo.

FIGURA 4.6 • DESCOLONIZAÇÃO AFRO-ASIÁTICA

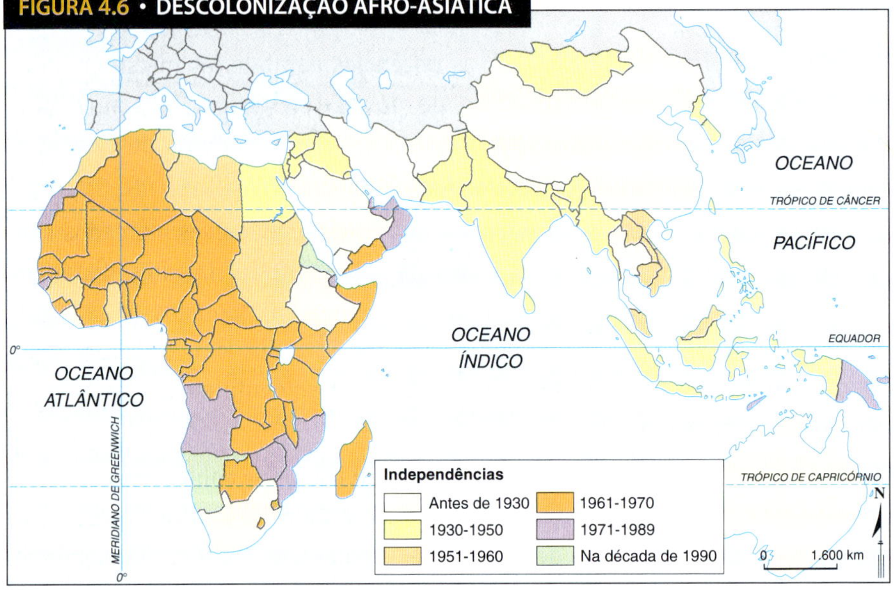

Fonte: CHALIAND, Gérard e RAGEAU, Jean-Pierre. *Atlas politique du XXe siècle*. Paris: Seuil, 1988. p. 75 (com atualizações).

A Terceira Revolução Industrial (ou Revolução Informacional)

No final do século XIX, os princípios do liberalismo econômico já entravam em contradição com a nova realidade da economia capitalista (formação de monopólios, concentração de renda etc.). Nas primeiras décadas do século XX, o Estado tornou-se o principal agente centralizador e orientador da economia dos países, sem abalar a autonomia das empresas privadas. Novas idéias redefiniram os pressupostos do liberalismo clássico e propunham como medida para a recuperação das crises cíclicas do capitalismo e para a solução do problema do desemprego o incremento da produção e dos investimentos públicos. Essa política, sintetizada pelo economista John Maynard Keynes, ficou conhecida como **keynesianismo**. Suas idéias influenciaram o desenvolvimento da participação do Estado na promoção de benefícios sociais, o chamado **Estado de bem-estar social**.

Após as duas Guerras Mundiais, já na segunda metade do século XX, o mundo capitalista se reorganizou e retomou o crescimento. Atividades como a informática, a química fina, a biotecnologia e a pesquisa espacial foram criadas ou ampliadas.

Os avanços tecnológicos proporcionaram precisão, rapidez nas informações e facilidade de comunicação, provocando novas transformações no sistema capitalista. Teve início, assim, em meados da década de 1970, a **Terceira Revolução Industrial**, ou **Revolução Informacional**. Observe a figura 4.7.

FIGURA 4.7 • EVOLUÇÃO DA TECNOLOGIA DA INFORMÁTICA

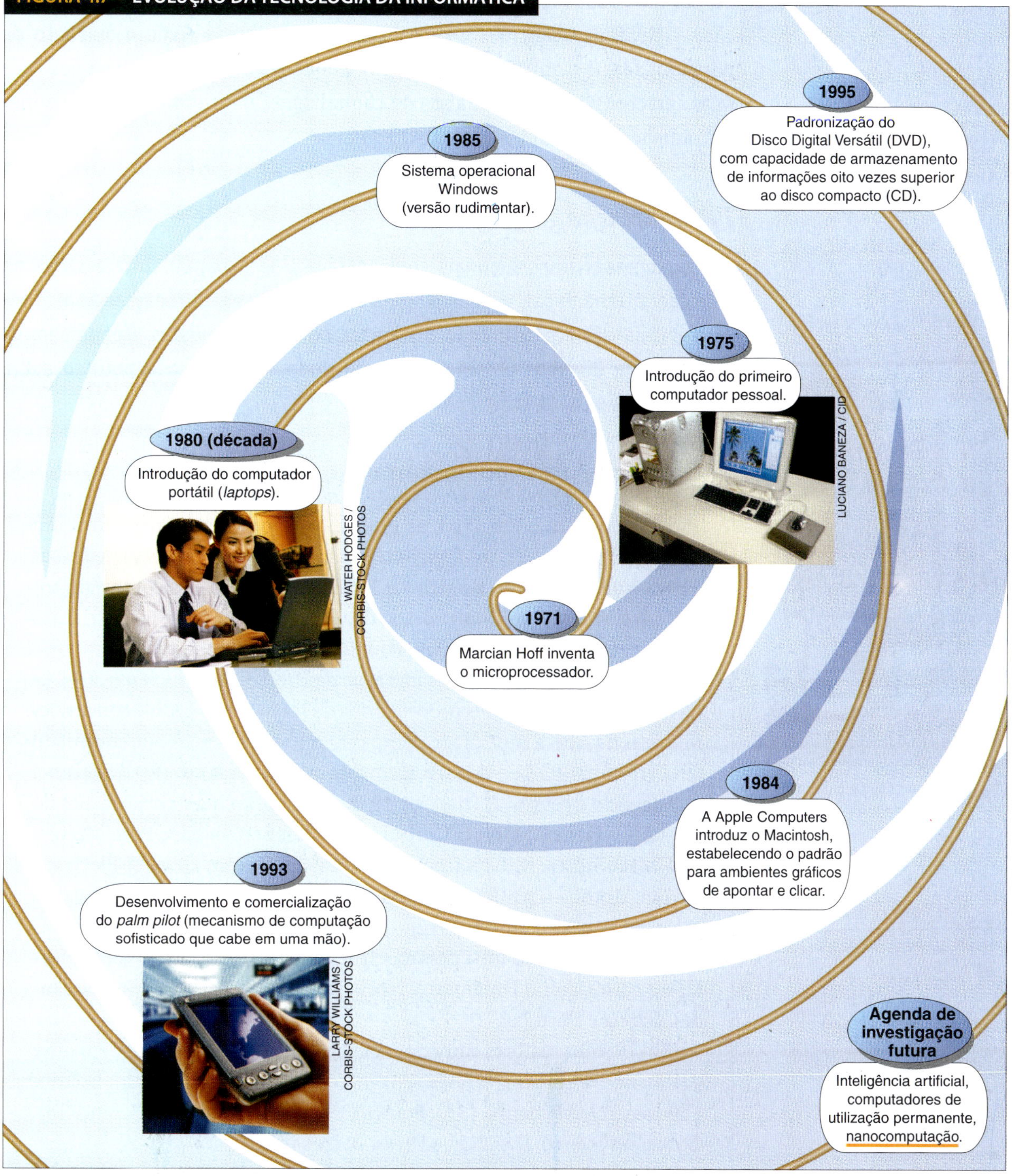

Fonte: *Relatório do desenvolvimento humano 2001*. Nova Iorque: ONU/Pnud, 2001. p. 32.

Nas indústrias, o processo produtivo acelerou-se com a automação da produção, baseada no uso de computadores e braços mecânicos.

Flexibilização da economia

A partir da década de 1970, o capitalismo passou por profundas mutações. Começou a surgir a idéia de que, para contornar as crises econômicas — comuns no século XX — seria necessária uma maior flexibilização geográfica do capital e das empresas transnacionais e no âmbito do trabalho e da produção. A **flexibilização**, neste caso, pode ser entendida como o aumento de possibilidades e a aptidão para várias finalidades ou aplicações. Vejamos agora as características desta prática do capitalismo financeiro, que ficou conhecido também como **capitalismo flexível**.

FIGURA 4.8 Prédio da General Motors em Detroit, no estado de Michigan, EUA.

BILL PUGLIANO / GETTY IMAGES

Flexibilização geográfica

As empresas transnacionais continuaram a se expandir. Interessadas no mercado internacional, elas ampliaram suas atividades, ultrapassando as fronteiras nacionais e percorrendo distâncias nunca antes vistas. Dominaram os mercados de diversos países, exercendo poder econômico e político sobre eles. Leia o texto do boxe.

Corporações transnacionais

Desde a década de 1980, as grandes corporações aumentaram seu faturamento e tornaram-se gigantescas também pelo processo de fusões e anexações, acelerado a partir de 1998. Atualmente elas controlam todos os setores da economia: desde o cultivo agrícola até a industrialização de produtos, passando pelo comércio em grande escala.

Por exemplo, segundo o *Relatório do desenvolvimento humano 2004*, da ONU, alguns dos maiores proprietários de fazendas de gado e concessões mineiras da África Austral são companhias transnacionais que controlam também os parques de vida selvagem e de safaris, em nome do ecoturismo.

Segundo a revista *Fortune*, de 1998, as dez principais corporações do mundo — General Motors Corporation, DaimlerChrysler, Ford Motors, Wal-Mart Stores, Mitsui, Itochu, Mitsubishi, Exxon, General Electric e Toyota Motor — ganharam juntas naquele ano 1,2 trilhão de dólares, valor 50% maior que o Produto Interno Bruto (PIB) brasileiro. O faturamento de cada uma dessas empresas compara-se ao PIB de importantes países, como Dinamarca, Noruega, Polônia, África do Sul, Finlândia, Grécia e Portugal.

Em 1996, as maiores empresas transnacionais localizavam-se em nove países, que detinham 96% de seus lucros: Japão (62 empresas), Estados Unidos (52), Alemanha (23), França (19), Grã-Bretanha (11), Suíça (8), Coréia do Sul (6), Itália (5) e Países Baixos (4).

Vale lembrar que muito pouco dos benefícios dessas atividades fica para os habitantes locais.

Observe na figura 4.9 a sede das maiores empresas transnacionais, segundo dados de 2001.

»

»

FIGURA 4.9 • SEDE DAS MAIORES EMPRESAS TRANSNACIONAIS (2001)

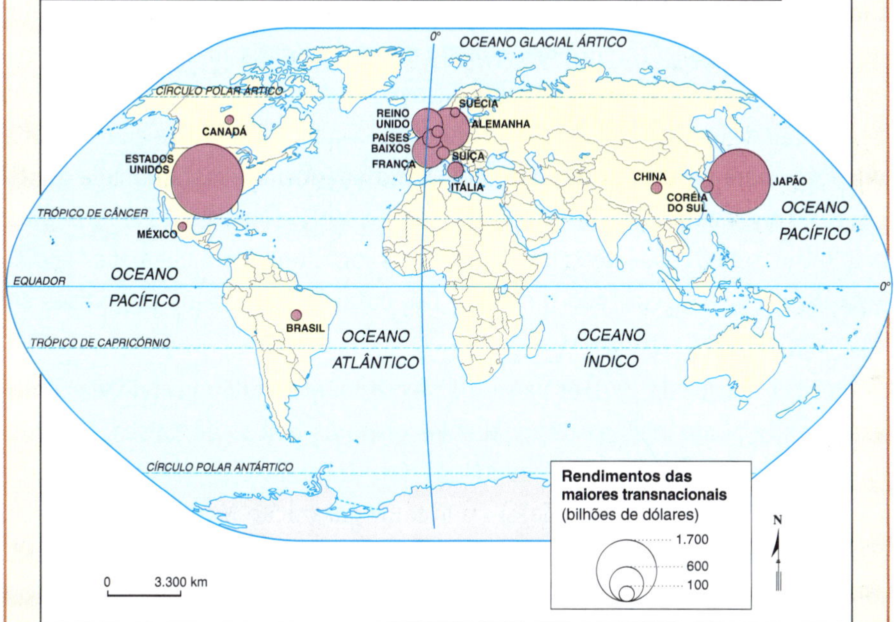

Fonte: FRÉMY, Dominique e FRÉMY, Michèle. *Quid 2002*. Paris: Robert Laffont, 2001.

As pesquisas em informática, química fina e biotecnologia reforçaram e facilitaram o processo de monopolização, pois os países mais ricos e as grandes empresas dominavam (e ainda dominam) a tecnologia de ponta, monopolizando suas patentes e manipulando boa parte da economia mundial.

Flexibilização da produção e do capital financeiro

As novas tecnologias em computação e em telecomunicações e as facilidades nos transportes permitiram uma expansão ainda maior das empresas transnacionais, tornando possível, por exemplo, a localização de unidades produtoras de peças em diversos países e continentes, de acordo com vantagens fiscais e de custos, além de mão-de-obra e matéria-prima baratas.

Assim, tornou-se possível espalhar o processo produtivo juntando-se as peças provenientes de diversos lugares na montagem do produto final. Os produtos deixaram de ter nacionalidade definida. Evidentemente, aos países desenvolvidos continuou cabendo a produção de peças que requerem mais tecnologia. Dessa forma, a tradicional DIT sofreu modificações.

O capital financeiro adquiriu maior mobilidade e fluidez. Uma rede financeira expandiu-se pelo mundo. O setor financeiro ampliou seu controle sobre o setor produtivo e passou a usufruir grande poder e autonomia em relação aos bancos centrais nacionais e às instituições oficiais.

Um volume cada vez maior do **capital produtivo** — que se compõe de investimentos de longo prazo aplicados na instalação de unidades produtivas, na compra de equipamentos, em investimentos imobiliários, na fabricação de produtos, entre outros — passou a ser destinado à especulação financeira.

Fundos de pensão e de seguros passaram a operar nos mercados sem a intermediação das instituições financeiras oficiais. Atualmente, os investidores realizam transações em nível global com o auxílio da informática. Os controladores desses **capitais voláteis** fazem investimentos especulativos que podem sair de um país de uma hora para outra, via internet. Basta que se aperte um botão para produzir imenso desequilíbrio financeiro e instabilidade política. Foi o que aconteceu no México no final de 1994 e em 1995. Em nove dias, oito bilhões de dólares deixaram aquele país, ocasionando o chamado "**efeito tequila**": a queda, em todo o mundo, das cotações de títulos dos países em desenvolvimento.

Desde a década de 1970 os países pobres têm aumentado seu endividamento, acentuando ainda mais as desigualdades entre os blocos de países. Organismos internacionais, como o Fundo Monetário Internacional (FMI) e o Acordo Geral de Tarifas e Comércio (Gatt) — atual Organização Mundial do Comércio (OMC) — instituições controladas principalmente pelos países ricos, passaram a fornecer empréstimos e a interferir cada vez mais no destino dos países menos desenvolvidos. Para poder receber empréstimos, os países devem satisfazer uma série de exigências e realizar programas de **ajuste estrutural**, como privatizações. Observe a figura 4.10.

FIGURA 4.10 • QUE VOZES CONTAM NO FMI E NO BANCO MUNDIAL

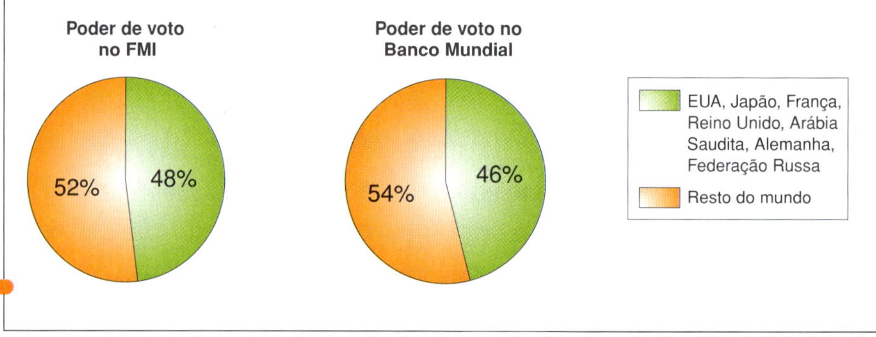

Cerca de metade do poder de voto no FMI e no Banco Mundial encontra-se nas mãos de sete países.

Fonte: *Relatório do desenvolvimento humano 2002*. Nova Iorque: ONU/Pnud, 2002. p. 113.

Flexibilidade, organização do trabalho e dos processos produtivos

Desde a Primeira Revolução Industrial a manufatura foi sendo substituída pela produção em massa e padronizada das fábricas.

No início do século XX, o empresário Henry Ford introduziu em suas fábricas de automóveis inovações no processo de produção que ficou conhecido como **regime fordista**, cuja finalidade era produzir mais em tempo menor. Observe algumas características deste modelo.

- Divisão e hierarquização do trabalho, de modo que cada trabalhador realiza apenas uma etapa do processo produtivo.

- No sistema de linha de montagem, uma esteira move as peças enquanto o trabalhador permanece fixo, realizando tarefas específicas, simples e repetitivas.
- Os trabalhadores não precisam de muita qualificação.
- Os produtos finais são homogêneos, de qualidade padronizada e com preço relativamente baixo.

O engenheiro Frederick Taylor sistematizou o processo fordista propondo a separação entre trabalho intelectual e manual. Como o regime fordista incorporou a doutrina de Taylor, passou a ser também chamado **fordista/taylorista**. Observe a figura 4.11.

BETTMANN / CORBIS-STOCK PHOTOS

FIGURA 4.11 O filme *Tempos modernos*, de Charles Chaplin, estreou em 1936. Era um protesto contra a desumanização e a repetição mecânica de tarefas. Como disse Chaplin num discurso: "a máquina que produz em grande escala tem provocado a escassez. Mais do que máquinas, precisamos de humanidade, mais do que inteligência, precisamos de afeição e doçura".

Durante muito tempo o modelo fordista predominou na produção industrial. A inflexibilidade deste modelo — no qual cada operário deve entrar no ritmo repetitivo e na rotina da esteira de montagem — acarretou problemas, como defeitos em alguns produtos, obrigando a serem despendidas enormes somas com fiscalização e controle de qualidade. Além disso, para que alguma mudança fosse inserida no produto, era necessária a reestruturação total das máquinas e da linha de montagem. Com o passar do tempo, essa organização burocrática e hierárquica do trabalho foi, em muitos lugares, substituída por uma organização mais ágil.

O chamado **modelo pós-fordista** que caracteriza o capitalismo flexível foi introduzido na economia a partir de experiências realizadas na década de 1950 na fábrica Toyota, no Japão. Este modelo é também chamado **toyotista**. Eis algumas de suas características.

- Utiliza máquinas de ajustes flexíveis, tornando possíveis modificações rápidas, difíceis de realizar no esquema fordista/taylorista. Também possibilita a adaptação a mudanças tecnológicas e à demanda de novos produtos.
- Permite reduzir custos e fugir da padronização rígida e massificada do fordismo, diversificando e variando a produção. Este processo, chamado ***just in time*** (tempo justo) ou **customização**, fornece mercadorias sob encomenda, com as características personalizadas segundo as necessidades do mercado e da demanda.
- Torna possível reduzir os estoques, abundantes no regime fordista.
- Facilita a desconcentração espacial da atividade industrial.
- Baseia-se numa reestruturação produtiva, com inovações tecnológicas, organizacionais e de gestão. Propõe a **reengenharia**, ou seja, a reestruturação radical dos processos de uma empresa com a finalidade de alcançar maior desempenho e produtividade, adotando medidas, como: definição de uma missão, treinamento, substituição de funcionários por outros mais adequados às mudanças, trabalho em equipe etc.

FIGURA 4.12 Linha de montagem da Toyota em Tsutsumi, Japão, 2003.

FILE-TOSHIFUMI KITAMURA / AFP PHOTO

- Estimula a polivalência (capacidade de executar diferentes tarefas) e a atualização dos funcionários fixos, aumentando sua participação e responsabilidade na empresa. Com isso, economiza-se com controle de qualidade, pois o trabalho é supervisionado e fiscalizado pela própria equipe. Essa vigilância coletiva permite o controle e a cobrança do desempenho de todos, pois as falhas individuais prejudicam o resultado final, fruto do trabalho coletivo. O objetivo passa a ser a qualidade total.

Nesse sistema, a grande maioria dos funcionários passa para o **regime terceirizado** de trabalho (contratação de terceiros para desempenhar trabalhos menos essenciais à empresa). Como é um trabalho temporário, não conta com os benefícios destinados aos empregados permanentes, o que debilita a organização dos trabalhadores e enfraquece os sindicatos. O desemprego, marca das sociedades desde a automação da produção, acentua-se a partir de então.

O papel do Estado

O capitalismo financeiro tem como principal sustentáculo ideológico o **neoliberalismo**, que propõe, basicamente, total liberdade às leis de mercado e mudanças no papel do Estado, limitando sua intervenção na economia. Observe outras características do Estado nessa fase.

- Deixa de ser o regulador da economia, iniciando uma fase de **desregulamentação**, ou seja, de eliminação das normas ou regras que podem impedir a expansão e a ação das empresas.
- De protetor das economias nacionais, passa a promover a abertura dessas economias para o mercado externo, reduzindo e até eliminando taxas alfandegárias sobre as importações.
- Assegura liberdade de ação ao capital internacional.
- Reduz cada vez mais suas obrigações com os investimentos sociais, como em educação e saúde, característica do Estado de bem-estar social da fase anterior. Esse novo modelo é chamado **Estado mínimo**.
- Passa a garantir a **privatização** das empresas estatais (ou seja, a venda de uma empresa pública para uma particular), entregando-as a grandes grupos.

A venda de companhias estatais é uma condição imposta pelo FMI e pelo Banco Mundial em troca de ajuda econômica. Essa estratégia é parte do **programa de flexibilização** proposto por tais organismos com o objetivo de abrir novos campos de gestão para o capital privado (educação, saúde, construção, fornecimento de água e energia, telecomunicações etc.).

Neste capítulo, vimos que o capitalismo e a economia de mercado expandiram-se gradativamente pelo mundo. É possível dizer que a partir da segunda metade do século XX o capitalismo acentuou a tendência de internacionalização e de conexão entre o Estado e o grande capital, dando início à fase da **globalização**, que estudaremos detalhadamente no próximo capítulo.

No quadro a seguir sintetizamos as principais características das fases do capitalismo.

PRINCIPAIS CARACTERÍSTICAS DAS FASES DO CAPITALISMO			
	Capitalismo comercial	**Capitalismo industrial**	**Capitalismo financeiro**
Período aproximado	Século XVI ao final do século XVIII.	Final do século XVIII ao final do século XIX.	Final do século XIX ao século XXI.
Principal prática econômica	Mercantilismo.	Liberalismo econômico.	Keynesianismo. Neoliberalismo.
Escala espacial	Formação de impérios e colonialismo.	Soberania dos Estados-nações e neocolonialismo.	Imperialismo, domínio do capital financeiro e das transnacionais, globalização.
Principal papel do Estado	Intervenção na economia.	Regulação da economia, defesa da propriedade e da livre-concorrência.	Abertura da economia para as transnacionais, desregulamentação, flexibilização, Estado de bem-estar social, Estado mínimo.
Centro de decisões	Nacional.	Nacional.	Supranacional.
Principais inovações tecnológicas	Técnicas de navegação, transportes marítimos e armamentos.	1ª Rev. Industrial: máquina a vapor. 2ª Rev. Industrial: motores, química, trens elétricos, automóveis, petróleo, aparelhos eletrônicos.	3ª Rev. Industrial: computação, química fina, telecomunicações, robótica, biotecnologia.
Mercado (prática predominante)	Protecionismo alfandegário.	Barreiras alfandegárias.	Internacionalização da economia.
Tendências marcantes na organização do trabalho	Artesanal e personalizado.	Produção em massa e padronizada (fordismo/taylorismo).	Toyotismo, inovações, ajustes flexíveis, *just in time*.
Aspecto determinante da economia	Expansão comercial.	Produção industrial.	Período tecnocientífico.
Principais espaços de referência	Portugal, Espanha, Inglaterra, Holanda e França.	Grã-Bretanha, França, Alemanha, EUA e Japão.	EUA, Japão, União Européia e Tigres Asiáticos.

Praticando e Aprendendo

Organizando o conteúdo

1. A partir da leitura do capítulo, sintetize o que foi apresentado sobre as relações e os meios de produção no capitalismo.

2. Organize um quadro, listando pelo menos duas características do trabalho em cada fase do capitalismo (comercial, industrial e financeiro).

3. Quais são as diferenças entre as principais políticas ou práticas econômicas que orientaram cada fase do capitalismo?

4. Cite duas diferenças entre os processos de produção fordista/taylorista e toyotista.

»

5. Observe a paisagem abaixo.

Porto de Bristol, na Inglaterra, em representação do início do século XVII.

a) Cite três características da organização deste espaço.

b) O que a imagem nos revela sobre a atividade econômica da época?

6. Sobre as transformações tecnológicas ocorridas no mundo desde o final do século XIX:

a) Organize uma lista de eletrodomésticos presentes em sua casa.

b) Faça uma pesquisa sobre o autor e o ano de invenção de dois aparelhos listados.

c) Cite duas inovações tecnológicas que, na sua opinião, mudaram a vida e a rotina das pessoas. Explique por quê.

7. No mapa abaixo estão os principais produtos do comércio mundial no século XVIII.

a) A partir da análise das principais mercadorias produzidas na Europa, na América do Norte, na América Espanhola, no Brasil e na África, explique a Divisão Internacional do Trabalho (DIT).

b) Analise o fluxo de saída de pessoas da África e fale de sua importância no projeto colonial.

c) A partir da interpretação do mapa, explique a frase abaixo.

> "As economias periféricas subdesenvolvem-se em proveito das economias industrializadas do centro."
>
> SALAMA, Pierre. *O processo de subdesenvolvimento*. Petrópolis: Vozes, 1976.

• PRINCIPAIS PRODUTOS DO COMÉRCIO MUNDIAL (SÉCULO XVIII)

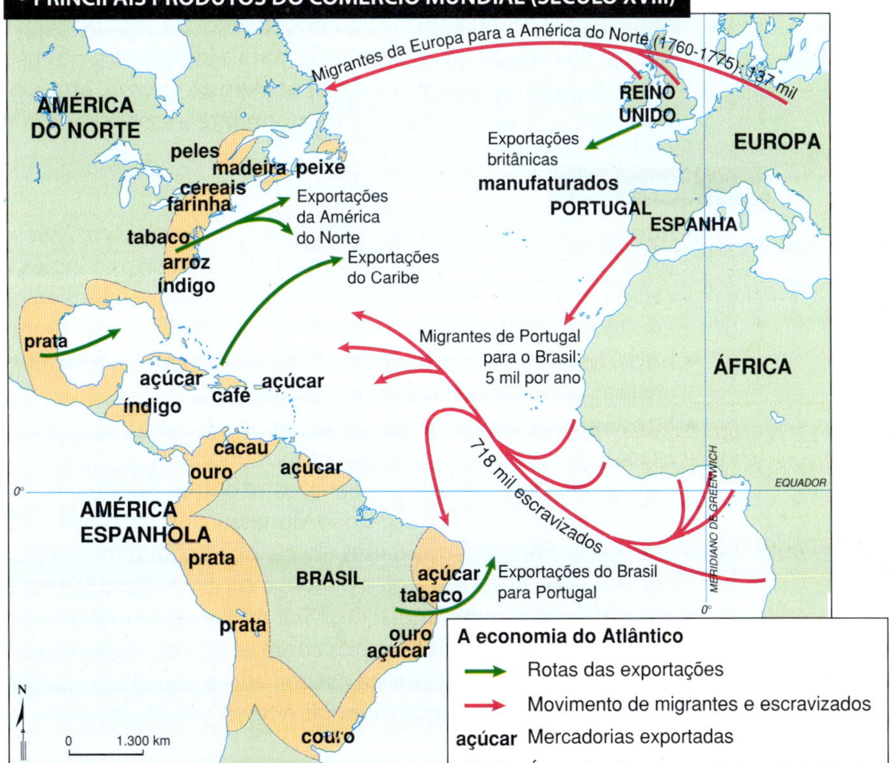

Fonte: *Atlas da história do mundo*. Folha de S.Paulo/The Times, 1995. p. 194.

O QUE MAIS HÁ PARA VER

Livros

- ANDRADE, Manuel Correia de. *Imperialismo e fragmentação do espaço*. 6. ed. São Paulo: Contexto, 2002. (Col. Repensando a Geografia)
- CARMO, Paulo Sérgio do. *O trabalho na economia global*. São Paulo: Moderna, 2004. (Col. Polêmica)
- _____. *A ideologia do trabalho*. São Paulo: Moderna, 2004. (Col. Polêmica)
- FARIA, Sheila de Castro. *A colônia brasileira:* economia e diversidade. São Paulo: Moderna, 2004. (Col. Polêmica)
- NOVAES, Carlos Eduardo e RODRIGUES, Vilmar. *Capitalismo para principiantes*. 27. ed. São Paulo: Ática, 2003.
- SINGER, Paul. *O capitalismo:* sua evolução, sua lógica e sua dinâmica. 10. ed. São Paulo: Moderna, 1993. (Col. Polêmica)

Filmes

- *Desmundo* (Brasil, 2003); dir. Alain Fresnot; distr. Columbia Pictures; 100 min. No Brasil de 1570 chega um grupo de mulheres enviadas pela rainha de Portugal a fim de se casarem com os colonizadores. Uma dessas mulheres é entregue em casamento a um senhor de engenho português, que a leva para vivier com ele. Revoltada, ela planeja diversas fugas.
- *Mediterrâneo* (Itália, 1991); dir. Gabriele Salvatores; distr. Flashstar; 96 min. Durante a Segunda Guerra Mundial, soldados italianos ocupam uma ilha grega no Mar Mediterrâneo. Ao chegarem, o navio e o rádio quebram e o grupo passa a viver na ilha, criando vínculos com a população local.
- *Nos braços de estranhos: histórias de Kindertransport* (EUA, 2000); dir. Mark Jonathan Harris; distr. Skywalker/Sabine Films/U.S. Holocaust Museum; 118 min. No final da década de 1930, pouco antes da Segunda Guerra Mundial, dez mil crianças judias são enviadas para a Inglaterra pelos próprios pais a fim de fugirem do regime nazista. Por meio de fotos de arquivos e entrevistas, mostra o que aconteceu posteriormente a essas crianças e seus pais.

Sites

- http://www.culturabrasil.pro.br/revolucaoindustrial.htm Apresenta conceitos básicos sobre a Revolução Industrial, o pioneirismo inglês, a mecanização da produção e ainda indica livros para leitura complementar. Acesso em: 28 abr. 2005.
- http://www.diplo.com.br Edição brasileira do *Le monde diplomatique*, com análises geopolíticas. Acesso em: 25 jul. 2005.
- http://www.economiabr.net/teoria_escolas/ Revista eletrônica de Economia. Explica conceitos desta ciência, como: monopólio, oligopólio, trustes, cartel, neoliberalismo e teoria keynesiana, entre outros. Acesso em: 28 abr. 2005.
- http://www.imf.org/ *Site* do Fundo Monetário Internacional (FMI). Apresenta diversas notificações dos países envolvidos e o andamento das ajudas monetárias. Disponível em inglês, francês e espanhol. Acesso em: 28 abr. 2005.
- http://www.obancomundial.org/ *Site* do Banco Mundial, com disponibilidade para baixar diversos textos sobre economia, agricultura e educação, entre outros. Também explica os indicadores existentes para contrair empréstimos junto ao Banco Mundial. Acesso em: 28 abr. 2005.

5.

Globalização e desintegração dos países socialistas

1 Crise e reestruturação do capitalismo

Nas últimas três décadas do século XX o crescimento industrial dos países capitalistas, ocorrido no pós-guerra, entrou em exaustão. Contribuíram para essa crise, por um lado, o aumento no desemprego, o empobrecimento de parte da população mundial e a diminuição de demanda do consumo e, por outro, a superprodução global e o declínio da margem de lucro do capital.

Com a crise mundial do sistema capitalista, buscou-se uma forma de reestruturar as economias dos Estados-nações. A solução encontrada pelos principais centros de poder (países capitalistas ricos, empresas transnacionais, FMI e Banco Mundial) foi a adoção dos princípios neoliberais, expostos no capítulo anterior. Grande parte dessas medidas foi definida em 1989, em uma conferência denominada **Consenso de Washington**.

Todas essas medidas, tais como a liberalização dos mercados, a abertura da economia, o domínio do capital financeiro e das empresas transnacionais, a introdução de novas tecnologias para elevar a produtividade e facilitar a comunicação (produtos da Terceira Revolução Industrial) e a adoção do Estado mínimo possibilitaram uma maior interdependência econômica mundial. Esta nova etapa do desenvolvimento do capitalismo financeiro é chamada **globalização**. Vejamos como este processo se desenvolveu.

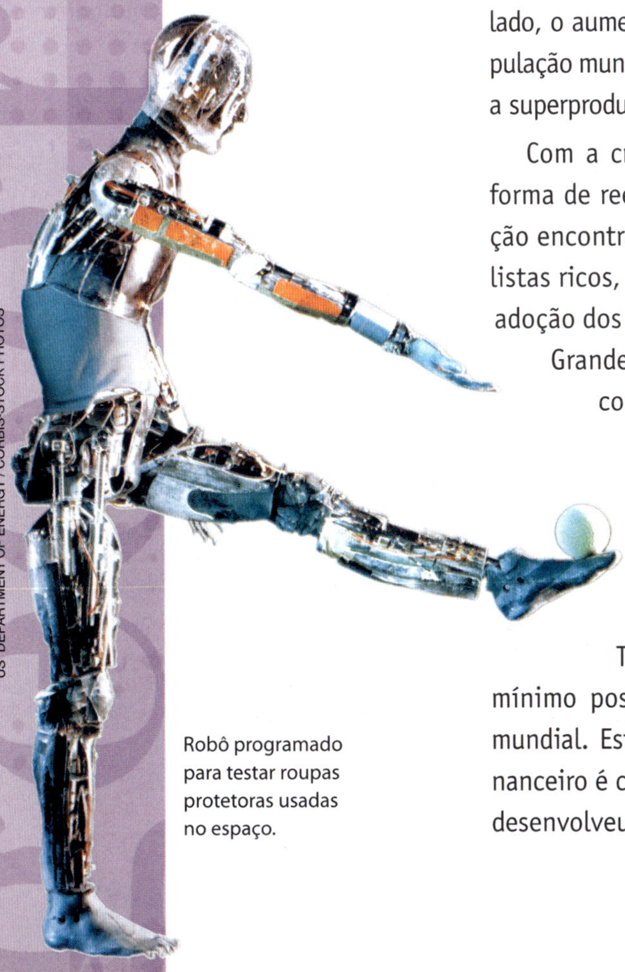

US DEPARTMENT OF ENERGY / CORBIS-STOCK PHOTOS

Robô programado para testar roupas protetoras usadas no espaço.

2 ORIGENS E CARACTERÍSTICAS DA GLOBALIZAÇÃO

Desde que as sociedades estabeleceram contatos entre si, houve troca de informações, de técnicas e de cultura. Em determinados períodos da história humana esses contatos foram acelerados.

As Grandes Navegações e as expansões colonialista e imperialista foram alguns dos momentos que permitiram, principalmente aos europeus, expandirem sua civilização e ampliar os **espaços de lucro** (obtenção de mercados, locais de investimento e fontes de matérias-primas).

No entanto, foi a partir da segunda metade do século XX que se intensificou o processo de globalização com o aumento da mobilidade das atividades das transnacionais, a introdução de novas tecnologias da informação e das telecomunicações (com dimensões planetárias), a expansão global da produção e do capital e a interligação acelerada dos mercados.

Trata-se de um processo em curso, uma nova fase do capitalismo financeiro e do imperialismo, comandado pelas grandes empresas transnacionais, que procuram abrir novos mercados. O poder dessas empresas ultrapassa cada vez mais o poder das economias nacionais.

A **globalização** é, portanto, um conjunto de mudanças que estão ocorrendo em nível mundial na esfera econômica, financeira, comercial, social, cultural e nos sistemas produtivos, intensificando a inter-relação dos países e dos povos. Ela implica também uma grande uniformização de padrões econômicos e culturais. Observe a figura 5.1.

Vale ressaltar que nem todos os países se inserem na economia global no mesmo ritmo.

ML SINIBALDI / CORBIS-STOCK PHOTOS

FIGURA 5.1 Costumes tradicionais do Oriente misturam-se a um novo estilo de vida ocidental. Casamento no Camboja, em 2003.

O papel das técnicas na globalização: a criação de redes

Até a Primeira Revolução Industrial, o processo de internacionalização foi lento. A partir do século XX, a padronização de hábitos de consumo foi feita por meio de uma mídia poderosa, utilizando os meios de comunicação de massa.

O processo de globalização só se tornou possível com a utilização dos avanços tecnológicos (meio tecnocientífico), que possibilitaram a maior aceleração já vista. As novas tecnologias de informação e comunicação permitem o processamento e o armazenamento de grande quantidade de informação e sua distribuição a todos os países. Formam-se então as **redes técnicas** que possibilitam a circulação de idéias, do capital, de pessoas e de mercadorias num ritmo acelerado, criando uma interconexão dos lugares em tempo simultâneo. Leia o texto do boxe.

A globalização da cultura

"A Terceira Revolução Industrial teria produzido um 'meio técnico-científico' (SANTOS, 1985) e um 'ciberespaço' pautado em relações ditas em 'tempo real' através das 'infovias', interligando instantaneamente os diferentes espaços do planeta [...]. Cria-se assim um novo conjunto de **redes informacionais**, dentre as quais a internet é o exemplo mais expressivo [...]. Começa assim a ser forjada, ao lado de uma globalização econômico-financeira, uma espécie de 'cultura global' pautada na cibernética e nas múltiplas conexões que ela permite ativar.

[...] a mídia e as grandes empresas tornam-se agentes preferenciais, fornecendo novas referências culturais para a identidade social através de esferas como o lazer (o cinema e os *westerns* americanos), o vestuário (a universalização do *jeans*) e a alimentação (as redes de *fast-food*)."

HAESBAERT, Rogério (org.). *Globalização e fragmentação no mundo contemporâneo*. Rio de Janeiro: EdUFF, 1998. p. 18 e 20.

Entre as novas tecnologias resultantes da Terceira Revolução Industrial que têm permitido maior rapidez no processamento e na transmissão de informações podemos citar os satélites, a **microeletrônica** (grande redução do peso e da dimensão dos componentes eletrônicos, com capacidade de agrupar em circuitos microscópicos diversos componentes de maior potência), a informática, as telecomunicações e a utilização de **cabos de fibra ótica** (que permitem alta velocidade nas transmissões).

Informações, hábitos e técnicas que levavam anos ou décadas para ir de um continente a outro passaram a chegar instantaneamente.

FIGURA 5.2 A cultura ocidental de consumo se disseminou pelo mundo criando padrões mundiais. Supermercado em Kyoto, no Japão, 1999.

GIDEON MENDEL / CORBIS-STOCK PHOTOS

A globalização se faz sentir não só na esfera econômica. Ao longo do século XX, a globalização do capital foi conduzindo à globalização da informação, dos padrões culturais e de consumo. Observe a figura 5.2, na página anterior.

Outro fator que contribuiu para a expansão do capitalismo e da globalização foi o desmantelamento do sistema socialista, que era liderado pela ex-União Soviética. Vejamos mais detalhes sobre este processo.

3 A PRODUÇÃO DO ESPAÇO GEOGRÁFICO NO SOCIALISMO

Inicialmente o socialismo era apenas um conjunto de idéias contra a exploração de uma classe social por outra e contra o capitalismo pelo fato de este sistema ter feito do capital, do lucro, dos interesses materiais e da competição seus principais objetivos. Os principais teóricos do socialismo, Karl Marx (1818-1883) e Friedrich Engels (1820-1895), propunham um sistema econômico alternativo, o **comunismo**, que centralizasse o poder e redistribuísse os recursos através de medidas como o planejamento estatal, a abolição da propriedade privada, a formação de uma sociedade sem classes, a igualdade salarial, a emancipação da humanidade por meio do retorno às atividades em que a produção associativa estivesse controlada e voltada para o trabalhador, e não este para aquela.

Desde o final do século XIX as idéias socialistas ou comunistas de Engels e Marx, denominadas **marxismo**, deram origem a diversos movimentos políticos.

No século XX, o socialismo foi instituído como sistema político. Em 1917, a classe trabalhadora russa, liderada por Lênin e pelos bolcheviques, fez eclodir uma revolução que resultou na constituição do primeiro país socialista do mundo: a Rússia. Observe a figura 5.3. Em 1922 formou-se a **União das Repúblicas Socialistas Soviéticas** — ou **União Soviética (URSS)** —, inicialmente composta por Rússia, Ucrânia, Belarus, Azerbaijão, Armênia e Geórgia.

FIGURA 5.3 Durante a Primeira Guerra Mundial, a insatisfação social na Rússia aumentava e as idéias socialistas se espalhavam. Na foto, manifestantes marcham pelas ruas de Petrogrado (São Petersburgo) durante a Revolução Russa, em 1917.

CORBIS-STOCK PHOTOS

O **modo de produção socialista** ou **socialismo** (também conhecido por **comunismo**) apresenta as seguintes características:

- a propriedade privada dos meios de produção é substituída pela propriedade social, agora pertencente ao Estado e controlada pelos trabalhadores;
- o Estado tem a função de distribuir bens e serviços de acordo com as necessidades de cada indivíduo;
- o poder do povo é exercido por intermédio de conselhos (**sovietes**, na URSS) e do Estado socialista, que passa a planejar a economia, estipulando o que produzir e como fazê-lo. Vale lembrar que a simples intervenção do Estado na economia não caracteriza o socialismo, tampouco o comunismo, mas sim o **capitalismo de Estado**.

É importante lembrar que houve diferentes modalidades de socialismo nos diversos países que adotaram esse regime.

4 CAPITALISMO *VERSUS* SOCIALISMO: A GUERRA FRIA

Depois da Segunda Guerra Mundial, o socialismo se expandiu, sendo adotado por outros Estados europeus além da União Soviética: Polônia, Bulgária e Iugoslávia (todos em 1945), Romênia (1947), Tchecoslováquia (1948), República Democrática Alemã e Hungria (ambas em 1949). O socialismo foi instituído também em países asiáticos, como Mongólia (1921), Coréia do Norte (1948), China (1949), Vietnã do Norte (1950), Camboja (1951) e Laos (1975). Na África, em Angola e Moçambique (ambos em 1975). Na América, em Cuba (1959).

A reorganização econômica do mundo capitalista depois da Segunda Guerra Mundial foi comandada pelos Estados Unidos com o auxílio de diversas estratégias, planos e instituições (Plano Marshall, FMI, Tratado de Roma etc.).

Temendo a expansão do socialismo para o Ocidente, o governo dos Estados Unidos financiou a recuperação econômica de alguns países destruídos pela guerra. O **Plano Marshall**, posto em prática a partir de 1947, fornecia alimentos, matérias-primas, capitais, projetos, técnicos e tecnologia para ajudar na recuperação desses países, fortalecendo e consolidando a influência estadunidense no mundo.

A destruição e o enfraquecimento geopolítico das grandes potências capitalistas européias e do Japão após a guerra, somados ao avanço do socialismo, possibilitaram um confronto tecnológico e econômico e a divisão do mundo entre dois modos de produção, entre duas superpotências emergentes e ideologicamente antagônicas. Tendo de um lado os Estados Unidos (líder do bloco capitalista) e do outro a União Soviética (líder do bloco socialista), houve uma **bipolarização** do mundo.

A URSS preocupava-se em expandir o sistema socialista para outros países a fim de garantir suas conquistas internas, enquanto os EUA preocupavam-se em manter seus mercados compradores e o sistema capitalista mundial, que passaram a liderar.

Os dois blocos tentavam manter suas áreas de influência com a formação de alianças econômicas — como o **Mercado Comum Europeu (MCE)**, do lado capitalista, e o **Conselho de Ajuda Econômica Mútua (Comecom)**, extinto em 1991), do lado socialista. Os dois blocos formaram organizações militares, em aliança com diversos países: do lado capitalista, a **Organização do Tratado do Atlântico Norte (Otan)**, fundada em 1949, comandada pelos EUA, e, do lado socialista, o **Pacto de Varsóvia** (estabelecido em 1955 e extinto em 1991), comandado pela URSS.

Esse período de conflitos e hostilidades ficou conhecido como **Guerra Fria**, pois constituía uma guerra não-declarada.

Observando a figura 5.4, podemos avaliar a situação de tensão existente entre as duas potências, evidenciada na localização de seus mísseis e bases militares.

FIGURA 5.4 • GUERRA FRIA: TENSÕES ENTRE AS DUAS SUPERPOTÊNCIAS

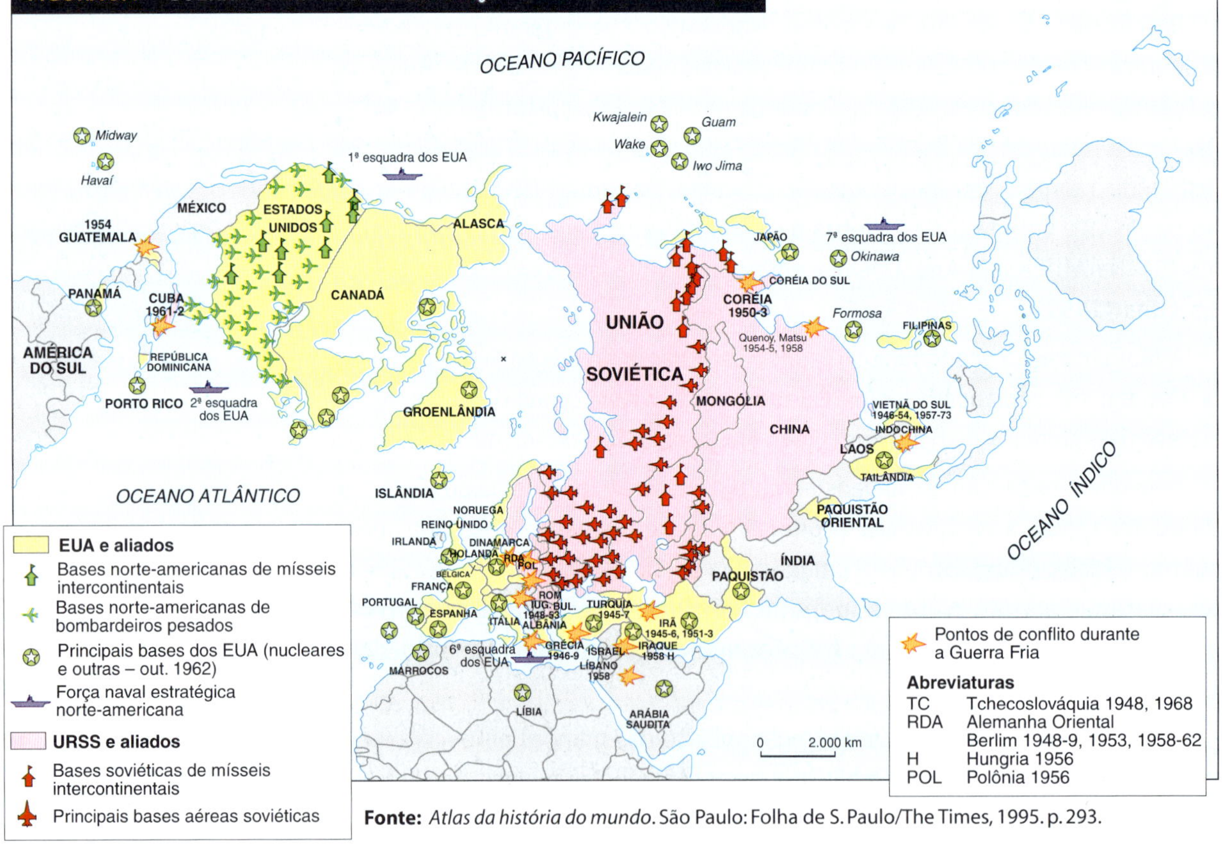

Fonte: *Atlas da história do mundo*. São Paulo: Folha de S. Paulo/The Times, 1995. p. 293.

Observe agora alguns fatos que marcaram esse período de hostilidades entre as duas superpotências.

- Em 1945, no final da Segunda Guerra, a Coréia foi dividida pelo paralelo 38° em duas zonas de ocupação. Em 1948 foram criados dois Estados. De 1950 a 1953, desenrolou-se a **Guerra da Coréia**, em que a China e a URSS apoiaram a Coréia do Norte (socialista), e os EUA, a Coréia do Sul (capitalista).
- Em 1959, Cuba tornou-se socialista, contrariando interesses estadunidenses na ilha. Em 1961, exilados cubanos treinados pela Agência de Inteligência Americana (CIA) desembarcaram na Baía dos Porcos, em Cuba, numa tentativa frustrada de restabelecer o antigo regime capitalista.
- A Alemanha, dividida desde 1949 em República Federal da Alemanha (capitalista) e República Democrática Alemã (socialista), tornou-se um símbolo da Guerra Fria. Em 1961, as autoridades orientais ergueram o **Muro de Berlim**. O imenso paredão, que dividia a cidade em duas partes, tentava deter a grande migração rumo ao lado Ocidental que, estimulado pelo Plano Marshall, mostrava-se mais próspero.
- As duas grandes potências passaram a disputar a primazia de chegar ao espaço, dando início à **corrida espacial**. Em 1961, a URSS liderou o primeiro vôo tripulado. Em 1969, o primeiro homem desceu na Lua (um estadunidense). Observe a figura 5.5.
- Em 1963 os EUA se envolveram na **Guerra do Vietnã**, numa ofensiva contra o avanço do socialismo na região.
- Com o fim das duas guerras mundiais e a explosão pelos Estados Unidos de duas bombas atômicas, uma sobre Hiroshima e outra sobre Nagasaki, no Japão, teve início a **corrida armamentista** entre os EUA e a URSS. Como as duas potências desenvolveram grande poder bélico, passou a vigorar o chamado "**equilíbrio do terror**", que contribuiu para que um enfrentamento nuclear não ocorresse de fato.

CID

FIGURA 5.5 Em 1969 os Estados Unidos exibiam a foto do primeiro homem a pisar em solo lunar: Neil Armstrong.

5 A DESINTEGRAÇÃO DOS PAÍSES SOCIALISTAS

O desenvolvimento do socialismo, modo de produção fundamentado na idéia de igualdade social e na planificação da economia, permitiu que muitos países obtivessem conquistas, sobretudo na área social.

O planejamento econômico resultou em industrialização e aumento da produção, embora os países socialistas não tenham conseguido acompanhar a economia de mercado. Os investimentos em infra-estrutura e indústrias de base possibilitaram um grande crescimento econômico, por exemplo, à URSS. No entanto, a produção de bens de consumo ficou para trás.

O Estado foi o agente centralizador e planificador das economias socialistas, regulando, administrando e distribuindo a produção e definindo padrões de consumo. No entanto, alguns fatores contribuíram para a dissolução da maior parte dos países socialistas:

- A supercentralização estatal, que funcionou como uma faca de dois gumes. Por um lado, permitiu uma produção acessível a toda a população, eliminando diversos intermediários presentes na economia de mercado. Por outro lado, o controle excessivo, a corrupção e a inexistência de concorrência, entre outros, fizeram subir o custo da produção.
- As estruturas burocráticas, o excessivo controle estatal, o regime de partido único, que anulavam as liberdades individuais dos cidadãos comuns e geravam uma falta de perspectiva coletiva, limitando o desenvolvimento, alem dos privilégios da classe dirigente.
- A dificuldade de competir e ingressar na economia mundial, devido à baixa qualidade dos produtos.

Diversos protestos criaram as condições para as mudanças estruturais que passaram a ocorrer a partir da década de 1980 na maior parte dos países socialistas. Teve início uma onda de reformas políticas, sociais e econômicas que visavam não apenas corrigir as distorções, como também adotar práticas típicas do capitalismo (livre iniciativa, propriedade privada, economia de mercado, pluripartidarismo etc.), na tentativa de superar o relativo atraso econômico e tecnológico.

Tudo isso contribuiu para a derrocada do socialismo no Leste europeu. Durante este processo, alguns países da Europa Oriental mergulharam em turbulências políticas e militares, como a Tchecoslováquia e a Iugoslávia. Duas novas repúblicas surgiram a partir da fragmentação da Tchecoslováquia. A antiga Iugoslávia mergulhou numa sangrenta guerra civil. Observe na figura 5.6 e no quadro na página ao lado outros fatos desse período.

PETER TURNLEY / CORBIS-STOCK PHOTOS

FIGURA 5.6 Momento histórico: a derrubada do Muro de Berlim, símbolo da Guerra Fria e da separação entre os blocos capitalista e comunista. Na foto, soldados assistem à destruição do Muro de Berlim, em novembro de 1989.

Em 1991 a URSS deixou de existir. Em seu lugar surgiu a Federação Russa (tradicionalmente chamada de Rússia) e foi criada a **Comunidade dos Estados Independentes (CEI)**, que passou a coordenar 12 das 15 ex-repúblicas soviéticas. Em 1992, com o **programa de transição** para o capitalismo, iniciou-se na Federação Russa o processo de desestatização e de liberalização econômica, que deu origem a problemas como inflação, recessão, desemprego e crescimento da criminalidade.

IMPLOSÃO DO SOCIALISMO NO LESTE EUROPEU	
País	**Fato**
Alemanha Oriental	Em 1989, o Muro de Berlim, símbolo da Guerra Fria, é derrubado.
Bulgária	Estabelecimento do pluripartidarismo, em 1988, e início das reformas econômicas liberais, a partir de 1990.
Hungria	Dissolução do PC, em 1989, e abandono do socialismo, em 1990.
Polônia	Operários poloneses, reunidos no sindicato independente Solidariedade, derrubam o monolitismo do Partido Comunista (PC). Lech Walesa, do Solidariedade, é eleito presidente em 1990.
Romênia	Uma revolução derruba o regime de Ceaucescu, que é executado junto com sua mulher em 1989.
Tchecoslováquia	A Revolução de Veludo termina com o regime socialista de forma não-violenta, em 1989. Divisão do país (1993) em República Tcheca e Eslováquia.
URSS	Mikhail Gorbatchev inicia em 1985 a abertura política (***glasnost***) e a reestruturação econômica (***perestroika***). Dissolução da URSS (1991) e formação da Comunidade dos Estados Independentes (CEI).
Países que se tornaram independentes	Ucrânia (1990) e países bálticos (Estônia, Lituânia e Letônia), em 1991.

Com a desintegração da URSS e o colapso do socialismo, muitos novos países surgiram no cenário mundial. Observe a figura 5.7.

A atual Sérvia e Montenegro, desde 2002, forma uma união de dois Estados praticamente independentes, mantendo a defesa e a política externa em conjunto. A província de Kosovo, pertencente à Sérvia e Montenegro, permanece sob administração da ONU.

FIGURA 5.7 • ESTADOS CRIADOS COM A DESINTEGRAÇÃO DOS PAÍSES SOCIALISTAS

Antigo país socialista	Novos Estados
Tchecoslováquia	República Tcheca (1) e Eslováquia (2).
Iugoslávia	Sérvia e Montenegro (3), Eslovênia (4), Croácia (5), Bósnia-Herzegovina (6) e Macedônia (7).
União Soviética	Federação Russa (8), Ucrânia (9), Lituânia (10), Letônia (11), Estônia (12), Belarus (13), Moldova (14), Geórgia (15), Armênia (16), Azerbaijão (17), Cazaquistão (18), Uzbequistão (19),Tadjiquistão (20), Turcomenistão (21) e Quirguistão (22).

Fontes: *Calendario atlante De Agostini 2000*. Novara: Istituto Geografico De Agostini, 1999; *L'état du monde 2001*. Paris: La Découverte, 2000.

O fim da Guerra Fria

Desde 1985, com a ascensão ao poder do líder Mikhail Gorbatchev, na URSS, a tensão entre as duas superpotências começou a diminuir. Com a queda do Muro de Berlim e o desmantelamento dos países socialistas, a Guerra Fria terminou, pondo fim ao sistema bipolar que dividia o mundo entre duas superpotências, entre o capitalismo e o socialismo.

As mudanças no Leste europeu levaram a Otan a propor, em 1994, um programa de cooperação militar na Europa, a **Parceria pela Paz**. A Rússia se opôs, mas em 1998 assinou a ampliação da aliança, marco formal do fim da Guerra Fria. A partir de 1999, a Polônia, a República Tcheca e a Hungria passaram a integrar essa organização como países-membros.

Todos estes acontecimentos, aliados ao esfacelamento da URSS em 15 repúblicas, trouxeram à luz um grave problema: o contingente nuclear armazenado durante anos de Guerra Fria. Leia o texto do boxe abaixo.

Potências nucleares

Depois de negociações e tentativas de desarmamento, após o final da Guerra Fria, muitas potências se comprometeram a reduzir seus arsenais nucleares. Com o objetivo de evitar uma guerra nuclear, em 1970 foi firmado o **Tratado de Não-Proliferação Nuclear** (**TNP** ou **NTP**, em inglês) que proíbe o desenvolvimento, a produção, o armazenamento, a comercialização e o uso de armas nucleares e ainda prevê o desarmamento dos países que já as possuem. Este tratado foi ratificado em 2002 por 188 países.

Os **Tratados de Redução de Armas Estratégicas** (**Start**, em inglês) também têm contribuído para a redução dos arsenais.

No entanto, ainda vivemos em um mundo perigoso. Por volta de 40 países possuem capacidade técnica e material para desenvolver armas nucleares de destruição em massa; mais de 15 nações contam com mísseis balísticos de curto alcance e aproximadamente 20 países têm programas de armas químicas.

Os Estados Unidos e a Federação Russa são as grandes potências nucleares do planeta, seguidas por França, China e Reino Unido. A Índia e o Paquistão possuem armas nucleares. Israel, embora nunca tenha realizado testes, é considerada uma potência nuclear, pois calcula-se que tenha um importante arsenal. Suspeita-se que alguns países (Irã, Líbia) mantenham programas nucleares secretos. A Coréia do Norte retirou-se do TNP em 2003 e anunciou que possui a bomba atômica. O Irã autorizou inspeções em suas instalações em 2003 e suspendeu as atividades de enriquecimento de urânio (utilizado para fazer a bomba atômica).

O final da Guerra Fria e a desestruturação dos países socialistas foram fatores decisivos que abriram campo para uma maior expansão do capitalismo, do neoliberalismo e da globalização.

6 CONSEQÜÊNCIAS DA GLOBALIZAÇÃO

Com a globalização, houve, a partir dos anos 1980, um crescimento do comércio mundial. No entanto, a acentuada concorrência capitalista cria um espaço econômico mais instável, que exige competitividade. Os países subdesenvolvidos participaram com apenas 30% desse comércio.

Está ocorrendo maior concentração de riquezas: os países ricos ficam mais ricos e os pobres, mais pobres. Essa concentração de renda explica-se, entre outros motivos, pela redução das tarifas de importação, que beneficiou muito mais os produtos exportados pelos mais ricos. Os países mais pobres não têm conseguido exportar produtos agrícolas para os mais ricos, pois estes subsidiam a produção interna.

Com o declínio das taxas de crescimento econômico e com a crise da economia capitalista, os resultados da globalização são dramáticos. Para os países pobres, os custos sociais da globalização são muito altos, pois ela tem ocasionado a minimização do valor da mão-de-obra e o aumento do desemprego e, por conseqüência, dos excluídos. Observe a figura 5.8. Soma-se a isso o desenvolvimento tecnológico, com a automação da produção e a dispensa de um número maior de trabalhadores. O desemprego que afasta trabalhadores de seu emprego apenas em situações de crise é chamado **desemprego conjuntural**. No período da globalização tem predominado, especialmente nos países mais pobres, o **desemprego estrutural**, que afasta os trabalhadores de seus empregos por um longo período.

FIGURA 5.8 Segundo o Pnud 2004, cerca de 1,1 bilhão de pessoas no mundo vivem com menos de US$ 1 por dia. Na foto, moradias precárias em Dhaka, Bangladesh, 1999.

DAVID H. WELLS / CORBIS-STOCK PHOTOS

Para concorrer com o capital externo, as empresas nacionais são obrigadas a diminuir custos, reduzir salários e demitir funcionários. A mão-de-obra menos qualificada é descartada e adota-se a prática da terceirização do trabalho, eliminando-se muitos dos direitos dos trabalhadores.

Mesmo nos países desenvolvidos os trabalhadores estão sendo prejudicados. As transnacionais reduzem seus custos reduzindo salários, aumentando a jornada de trabalho e eliminando conquistas sindicais. Observe a tabela.

EVOLUÇÃO DAS TAXAS DE DESEMPREGO EM ALGUNS PAÍSES[1] (em %)

País	1996	1998	1999
EUA	5,4	4,5	4,2
Canadá	9,7	8,4	8,1
Brasil	4,6[2]	7,6	7,8
Colômbia	8,8[2]	15,3	19,7
Federação Russa	9,3	11,9	14,1
Lituânia	6,2	6,4	8,1
Alemanha	8,9	9,4	8,8

[1] Metodologia: Pesquisa domiciliar por amostragem e Bancos de recolocação.
[2] Dados de 1995.

Fontes: Cepal, OIT e OCDE.

Como se pode ver, a globalização não beneficiou a todos. A riqueza concentra-se nas mãos de poucos. Os grupos com rendimentos mais elevados tornaram-se muito mais ricos e as desigualdades sociais aumentaram. Nos anos 1990, milhares de pessoas foram lançadas na pobreza e outras continuaram a viver na miséria. Observe a figura 5.9.

FIGURA 5.9 Cena de desigualdade social, comum nos centros urbanos, até mesmo nos países desenvolvidos. Estados Unidos, 2001.

DANIEL GARCIA / AFP / GETTY IMAGES

Desta forma, a globalização tem gerado duas tendências contraditórias. Se, de um lado, necessita de novos mercados consumidores, de outro consolida uma economia baseada em mão-de-obra barata (principalmente a dos países em desenvolvimento), reduzindo o poder de compra de grande parcela da população mundial.

Muitos problemas sociais surgiram com a redução dos salários e a deterioração das condições de trabalho. A globalização tem aumentado a migração de pessoas dos países pobres para os países ricos (estudaremos melhor as migrações no capítulo 25). A economia informal ganhou espaço, aumentando o tempo e o volume de trabalho, mas tornando-se a única opção para muitos desempregados, principalmente nos países subdesenvolvidos. Esses países contam também com falta de escolas e assistência social, entre outras carências. Um dos resultados mais palpáveis é o aumento da violência.

Praticando e Aprendendo

Organizando o conteúdo

1. Observe a foto e responda às questões.

LYNSEY ADDARIO / CORBIS-STOCK PHOTOS

Fast-food em Riad, Arábia Saudita, 2003.

a) É possível identificar na foto o encontro de diferentes culturas?

b) Que papel desempenharam as inovações tecnológicas na aceleração do contato entre os povos?

2. Leia o texto abaixo. Em seguida, responda às questões.

> "A primeira revolução que se denominou socialista veio a ocorrer em 1917, na Rússia. Fazendo face a incríveis obstáculos, os comunistas russos puseram termo à autocracia czarista, venceram uma guerra civil (na qual catorze países estrangeiros intervieram contra), socializaram a indústria, coletivizaram a agricultura, levaram a cabo (com sucesso) a transformação de um país de economia atrasada, analfabeta e rural para uma economia predominantemente urbana, de elevados índices educacionais e industrialmente desenvolvida [...]."
>
> HUNT, E. K. e SHERMAN, Howard J. *Economia comparada.* Mundo socialista, URSS, China, Iugoslávia. Petrópolis: Vozes, 1977.

a) Quais eram os objetivos propostos pelos teóricos do socialismo?

b) Cite dois motivos que levaram a URSS a se desviar das propostas iniciais de alcançar os objetivos do socialismo.

c) Em 1999, o desemprego já atingia 14,2% dos russos e 35% deles viviam abaixo da linha de pobreza. Analisando a experiência socialista da URSS, que problemas a transição para o capitalismo trouxe?

3. Cite duas características do modo de produção socialista.

4. A disputa conhecida como Guerra Fria teve grandes momentos de tensão. Com base nisso, responda:

a) Que fatos políticos deram origem à Guerra Fria?

b) Quais foram as principais organizações políticas e militares surgidas após a Segunda Guerra Mundial?

5. Discuta com seus colegas as conseqüências do processo de globalização para os países mais pobres e para o mercado de trabalho.

Ampliando o conhecimento

O trabalho e a introdução de novas tecnologias.

Leia o texto para responder às questões 6, 7 e 8.

Nova era

"As alterações no mercado de trabalho no decorrer deste século [século XX], em especial nos últimos 30 anos, a 'Terceira Revolução Industrial', criaram o que tem sido chamado de 'sociedade global de risco', caracterizada, entre outros aspectos, pelo desemprego estrutural.

Os sindicatos têm sido lentos para responder aos desafios da globalização e da substituição acelerada do trabalho humano pelo de computadores, que vêm atingindo os três setores econômicos.

[...] os Estados capitalistas perderam o medo da revolução comunista internacional, que em oito décadas havia justificado uma série de concessões deles para os trabalhadores. [...]

Na maioria dos países do Ocidente, o temor de que a escassez de benefícios sociais poderia criar instabilidade propícia para a disseminação de idéias marxistas fez com que quase todos os governos investissem em educação, saúde e habitação públicas e criassem redes de segurança contra o desemprego e para a aposentadoria.

Essa situação mudou depressa e radicalmente nos últimos vinte anos.

Tempo de trabalho cai, mas não para todos

Vamos trabalhar menos no futuro, como prevêem alguns teóricos? Provavelmente sim. Mas essa previsão não valerá para todos. Os dados mostram que ao longo deste século [século XX] a carga de trabalho média caiu a dois terços ou mesmo à metade, dependendo do país. O problema é saber quem vai se beneficiar dessa tendência. Para entender melhor a situação, vale lembrar a velha piada: se uma pessoa comeu um frango e a outra, nenhum, na média ambas comeram meia ave. Do mesmo modo, a regra secular de diminuição da jornada de trabalho exclui uma parte significativa da humanidade."

Folha de S.Paulo, 30 maio 1999.
Caderno especial Ano 2000: Trabalho.

6. Procure no texto três fatos que contribuem para a deterioração das condições de trabalho e para o aumento do desemprego.

7. Consulte o texto do capítulo e diferencie o desemprego conjuntural do desemprego estrutural.

8. Segundo dados da *Folha de S.Paulo* de 30 de maio de 1999, no Brasil a média de trabalho, em 1996, era de 2.102 horas anuais; nos EUA era de 1.951 horas; no Japão, de 1.899 horas, e na Holanda, de 1.372 horas.

a) Comparando esses dados, discuta o "mito de macunaíma", segundo o qual o brasileiro é preguiçoso.

b) A diminuição da jornada de trabalho irá beneficiar os trabalhadores de qual grupo de países?

O QUE MAIS HÁ PARA VER

Livros

- ARBEX JR., José. *Guerra Fria:* terror de Estado, política e cultura. São Paulo: Moderna, 1997. (Col. Polêmica)
- BRIGADÃO, Clóvis e RODRIGUES, Gilberto M. A. *Globalização a olho nu:* o mundo conectado. 2. ed. São Paulo: Moderna, 2004. (Col. Polêmica)

- CARMO, Paulo Sérgio do. *O trabalho na economia global*. 2. ed. São Paulo: Moderna, 2004. (Col. Polêmica)
- CHIAVENATO, Júlio José. *Ética globalizada e sociedade de consumo*. 2. ed. São Paulo: Moderna, 2004. (Col. Polêmica)
- COELHO, Lauro Machado. *O fim da União Soviética:* dez anos que abalaram o mundo. São Paulo: Ática, 1996. (Col. História em movimento)
- IANNI, Octávio. *A sociedade global*. Rio de Janeiro: Civilização Brasileira, 1993.
- NAVES, Márcio Bilharinho. *Marx:* ciência e revolução. São Paulo: Moderna, 2004. (Col. Logos)

Filmes

- *Adeus, Lênin!* (Alemanha, 2003); dir. Wolfganger Becker; distr. Sony Pictures Classics; 118 min. Em Berlim Oriental, no ano de 1989, uma mulher entra em coma pouco antes de o Muro ser derrubado. Quando ela desperta, um ano mais tarde, sua cidade está totalmente modificada. Seu filho, temendo que o choque da descoberta abale sua saúde, usa de todos os meios para ocultar o fato.
- *Novos rumos: o pós-guerra* (Brasil, 1991); dir. Mirella Martinelli; distr. Instituto Cultural Itaú; 19 min. Este documentário aborda o pós-guerra, quando o mundo foi dividido em dois blocos. O Brasil, alinhado com os EUA, viveu um período de modernização econômica e cultural. Imagens da época, recriações do cotidiano e depoimentos reconstroem o espírito daquele momento, quando a televisão passou a ser um veículo de comunicação revolucionário.
- *Olga* (Brasil, 2004); dir. Jayme Monjardim; distr. Lumière; 141 min. História real da militante comunista judia Olga Benário Prestes. Aos quinze anos, ela já participava do Partido Comunista Alemão. Treinada no Exército Vermelho, em Moscou, em 1928, foi designada a cuidar da segurança pessoal do capitão brasileiro Luís Carlos Prestes, por quem se apaixona. Presa junto com ele pela polícia de Getúlio Vargas (em 1936), Olga — grávida de sete meses — foi deportada para a Alemanha, onde morreu em uma câmara de gás em 1942.
- *11'09"01 — 11 perspectivas* (EUA, 2002); dir. Alejandro González Iñárritu; distr. Prisvideo; 134 min. O filme mostra onze visões sobre o atentado ocorrido em Nova Iorque em 11 de setembro de 2001. Traz momentos de reflexão, liberdade de expressão e busca de consciência nesse mundo globalizado.

Sites

- http://www.culturaemtopicos.hpg.ig.com.br/geo.htm Portal educacional e cultural com artigos sobre as fases do capitalismo, o socialismo e a ordem mundial. Acesso em: 20 jun. 2005.
- http://resistir.info/ *Site* no qual é possível ler diversos textos com críticas à atualidade econômica, política e social do mundo. Outros temas: soberania, estatização petrolífera, imperialismo norte-americano, Alca. Acesso em: 28 abr. 2005.
- http://www.tvcultura.com.br/aloescola/historia/guerrafria/index.htm Apresenta o contexto geral da Guerra Fria, seu começo e seu fim, os ideais do capitalismo e do socialismo, o armamentismo e a corrida espacial, bomba atômica, Otan, Pacto de Varsóvia, Sputinik-1, Nasa, pacifismo, terrorismo, entre outras questões. Acesso em: 28 abr. 2005.

6.

A NOVA ORDEM MUNDIAL E OS BLOCOS ECONÔMICOS

1 A NOVA ORDEM MUNDIAL

Considera-se que o conjunto de características econômicas, políticas e sociais que predominam durante certos períodos históricos e produzem hegemonias políticas, reorientando o fluxo econômico mundial de acordo com os interesses das nações dominantes, constituem uma determinada **ordem internacional**.

Com a competição econômica, política e tecnológica existente entre os países capitalistas por áreas de influência — após a desintegração dos países socialistas e o fim da Guerra Fria —, novos pólos econômicos de poder se consolidaram.

F. DAMM / ZEFA / CORBIS-STOCK PHOTOS

Bandeira da União Européia (superior) e dos quinze países que inicialmente faziam parte dela.

Esta reestruturação dos países estabeleceu uma **nova ordem mundial**, correspondente ao capitalismo financeiro globalizado. O sistema bipolar da Guerra Fria foi substituído por um novo sistema, pretensamente **multipolar**, que se caracteriza pela hegemonia de países que apresentam elevada produtividade, competitividade e domínio técnico, científico e militar. Predomina a liderança de países como os EUA, a Alemanha e o Japão, aglutinados em pólos nos quais se acelera a concentração do capital.

Além do domínio econômico e político, o confronto ideológico que marcava a Guerra Fria foi substituído pelo predomínio ideológico exercido por meio de uma poderosa mídia globalizada, que se utiliza de computadores (internet) e dos meios de comunicação para estimular o consumo e o comércio.

A fim de obter mais força, influência e poder econômico, os países de todo o mundo se reúnem em organizações multilaterais. Atualmente, três megablocos econômicos supranacionais constituem, na realidade, um **sistema tripolar**. O primeiro bloco é liderado pelos Estados Unidos, o segundo é formado a partir da constituição da **União Européia (UE)** e o terceiro surge com o fortalecimento da **Cooperação Econômica da Ásia e do Pacífico (Apec)**, um bloco econômico liderado pelo Japão. Observe a figura 6.1.

2 OS MEGABLOCOS ECONÔMICOS

O bloco econômico norte-americano

Na América do Norte, Canadá e EUA uniram-se a partir de 1988 e, em 1993, receberam a adesão do México, consolidando o comércio daquela região. Em 1994 entrou em vigor o **Acordo de Livre Comércio da América do Norte (Nafta** — em inglês, *North American Free Trade Agreement*), cujo objetivo é eliminar as barreiras alfandegárias entre aqueles países.

As principais vantagens para os EUA e o Canadá foram o aumento da competitividade em um ambiente global de blocos comerciais emergentes, os benefícios aos consumidores devido aos baixos preços das mercadorias produzidas no México (caracterizado pela mão-de-obra barata), além da garantia das vendas ao mercado interno mexicano.

O México, por sua vez, obteve acesso aos mercados estadunidense e canadense, crescimento econômico e aumento na entrada de divisas para cumprir suas obrigações com os credores internacionais. Apesar disso, o principal beneficiário ainda são os EUA, que realizam quase metade das vendas externas do bloco.

KIM JAEHWAN / AFP PHOTO

FIGURA 6.1 Ministros do Comércio de 21 países-membros em reunião da Apec na Coréia do Sul, em junho de 2005.

Observe na figura 6.2 outros dados sobre o Nafta e sua área de influência.

FIGURA 6.2 • NAFTA (2004)

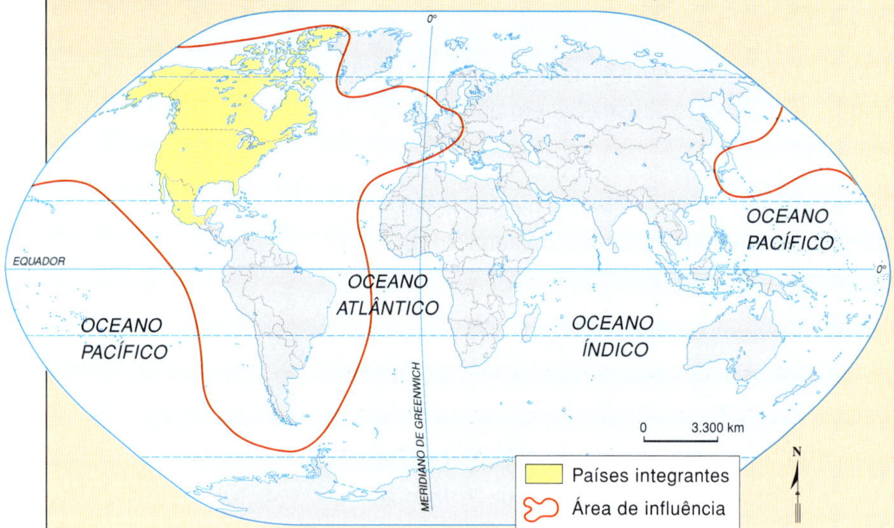

Nafta (Acordo de Livre Comércio da América do Norte)
Fundação: em negociações a partir 1988, entrou em vigor em 1994.
Objetivos: eliminação das barreiras alfandegárias; integração das economias dos países-membros.
Integrantes: EUA, Canadá e México.
População: 424.274.000
Área: 21.557.900 km²

Fontes: *Calendario atlante De Agostini 2004*. Novara: Istituto Geografico De Agostini, 2003; *L'état du monde 2004*. Paris: La Découverte, 2003.

Em 1994 foi proposta a **Área de Livre Comércio das Américas**, a **Alca**, com data de concretização até 2007. Entre seus objetivos estão a reunião de todos os 34 países americanos (exceto Cuba), integrando os mercados americanos e eliminando barreiras alfandegárias. O acordo também prevê a regulamentação do sistema de compras dos governos, dos serviços, dos direitos de propriedade intelectual, além de estabelecer regras com relação às políticas agrícola, de subsídios e de concorrência.

Os estadunidenses têm grande interesse em fechar estas negociações, pois precisam exportar mais para cobrir seu déficit comercial.

Quando consolidado, este organismo deverá preservar a hegemonia política e econômica dos EUA, que não têm se mostrado dispostos a abrir mão de sua legislação protecionista em nome de acordos com outros países.

Os EUA na geopolítica mundial

Desde o início do século XX, os estadunidenses têm se empenhado em conquistar uma posição hegemônica no cenário mundial. Como vimos no capítulo anterior, os EUA comandaram a reestruturação política do mundo capitalista no pós-guerra. Desta forma, estenderam sua esfera de poder geopolítico e econômico a todos os continentes por meio de estratégias de controle direto ou indireto (por exemplo, oferecendo benefícios às classes dirigentes de alguns países), tornando-se uma **superpotência**.

A partir da década de 1990, com a globalização, este país conseguiu chegar mais perto de constituir um poder imperial mundial, principalmente por meio do controle das instituições financeiras internacionais como o FMI e o

Banco Mundial. Nos primeiros anos do século XXI, podemos notar a tendência a uma mudança na intervenção geopolítica estadunidense, que passa a ser mais militar e direta. Veremos mais sobre este assunto no capítulo 8.

O bloco econômico europeu

Durante séculos, os países europeus comandaram o processo de expansão do capitalismo: desde a fase mercantil no século XVI, quando formaram vastos impérios, passando pela Primeira Revolução Industrial e pelo imperialismo no século XIX. Terminadas as duas grandes guerras do século XX, os países europeus estavam economicamente arrasados.

Com o objetivo de se fortalecer e eliminar obstáculos aduaneiros entre os países-membros, de modo a fazer frente ao poderio econômico estadunidense, os países europeus se uniram, criando diversos blocos econômicos. Observe alguns deles:

- **Benelux**, em 1944, composto por **Bé**lgica, Países Baixos (Holanda ou ***Ne****dherlands*) e **Lux**emburgo. A abolição de tarifas alfandegárias ampliou o mercado consumidor destes países.
- **Comunidade Européia do Carvão e do Aço (Ceca)**, em 1952, formada por Alemanha, França, Itália, Bélgica, Países Baixos e Luxemburgo, com o objetivo de estabelecer um mercado comum para a siderurgia, o carvão, o ferro e o aço.
- **Comunidade Econômica Européia (CEE)** ou **Mercado Comum Europeu (MCE)**, em 1957, formada a partir da assinatura do **Tratado de Roma** e composta por França, Itália, Alemanha Ocidental, Países Baixos, Bélgica e Luxemburgo. A finalidade era eliminar obstáculos aduaneiros entre os países-membros. Em razão de suas ligações com os países da Comunidade Britânica, o Reino Unido não fazia parte dessa instituição. Somente em 1973 Inglaterra, Irlanda e Dinamarca ingressaram no MCE. Na década de 1980 aderiram Grécia, Portugal e Espanha. Áustria, Finlândia e Suécia ingressaram em 1995.

O MCE foi o início de um grande sonho europeu: a formação da **União Européia (UE)**, que representa o estágio mais avançado do processo de formação de blocos econômicos no contexto da globalização. O **Tratado de Maastrich**, assinado em 1991, entrou em vigor em 1993, estabelecendo os fundamentos da integração desta poderosa comunidade.

Formada inicialmente pelos 15 Estados que compunham o MCE (Alemanha, França, Itália, Países Baixos, Bélgica, Luxemburgo, Reino Unido, Irlanda, Dinamarca, Grécia, Portugal, Espanha, Áustria, Finlândia e Suécia), em maio de 2004 mais dez países passaram a integrar a União Européia, formando o maior bloco comercial do mundo. Além de Malta e Chipre, passaram a fazer parte outros oito países que pertenciam ao antigo bloco comunista: Polônia, Eslovênia, Eslováquia, Hungria, República Tcheca, Estônia, Lituânia e Letônia. Observe a figura 6.3.

YVES HERMAN / REUTERS-NEWSCOM

FIGURA 6.3 O dia 1º de maio de 2005 foi uma ocasião de celebrações pela ampliação da União Européia, que passou a contar com mais de 450 milhões de habitantes, em uma área que vai da península escandinava, passando pelos Estados bálticos, até as ilhas mediterrâneas (Malta e Chipre). Balões formando o logotipo do euro. Bruxelas, Bélgica, 2001.

As palavras proferidas pelo presidente da Comissão Européia, Romano Prodi, na solenidade de admissão dos dez novos países dão uma idéia da importância desse organismo:

"Na nova ordem mundial, dominada por uma única superpotência e pela dinâmica da globalização, nosso futuro depende de nossa capacidade para permanecer unidos. Apenas seremos capazes de manter e desenvolver nossa independência no mundo, nossos valores e nosso modelo de desenvolvimento econômico, político e social se estivermos unidos." (AFP. Disponível em: http://noticias.uol.com.br/ultnot/afp/).

A União Européia é o segundo bloco econômico mundial em termos de PIB. Além de promover relações econômicas privilegiadas entre os países-membros, permite a livre circulação de pessoas. O Tratado de Maastrich estabeleceu acordos de segurança e de política exterior, assim como a necessidade de ratificação por todos os países de uma Constituição para o bloco, já elaborada em junho de 2004.

Com representantes de todos os países-membros, a União Européia conta com instituições como Parlamento, Comissão e Conselho europeus.

Em janeiro de 1999 foi lançado o **euro**, moeda unificada utilizada em transações financeiras. Em 2002 as moedas nacionais de 12 dos 15 países que compunham inicialmente a UE — com exceção de Reino Unido, Suécia e Dinamarca — foram extintas e substituídas pelo euro. Os bancos centrais desses países, conhecidos como **zona do euro**, foram centralizados pelo Banco Central Europeu. Observe a figura 6.4.

Os mais novos membros decidirão, por meio de plebiscito, se adotarão ou não o euro. A adesão à nova moeda, assim como a aceitação de novos membros na União Européia, está condicionada a uma prática de contenção de gastos públicos, inflação baixa, entre outros procedimentos. Bulgária, Romênia e Turquia são os novos pretendentes a ingressar no bloco. Observe na figura 6.5 outros dados da UE e a extensão de sua área de influência.

FIGURA 6.4 Apresentação da moeda de 1 euro durante conferência da União Européia em Bruxelas, 1998.

ATTILA SEREN / AFP

Apesar de ter sido dado um importante passo em termos de reestruturação da política internacional, das relações diplomáticas e do intercâmbio cultural e tecnológico, ainda falta muito para a Europa se transformar em um verdadeiro Estado supranacional. Embora um dos objetivos da UE seja proporcionar um ambiente de paz na Europa, este continente ainda se defronta com diferenças econômicas, divergências e conflitos étnicos e territoriais seculares que impedem a unificação total. Veremos mais sobre os outros países europeus no capítulo 8.

Observe na figura 6.5 o bloco europeu e sua área de influência, que abrange grande parte da África, o Oriente Médio e a região dos Balcãs.

FIGURA 6.5 • UNIÃO EUROPÉIA (2004)

UE (União Européia)
Fundação: 1993 (sucessora do MCE, fundado em 1957).
Objetivos: integração econômica e política; eliminação de barreiras; criação de um banco central da comunidade e de uma moeda (o euro) em substituição às moedas dos países-membros; livre circulação de pessoas, mercadorias, capitais e mão-de-obra; melhorias nas condições de vida dos cidadãos.
Integrantes: inicialmente composta por Alemanha, Áustria, Bélgica, Dinamarca, Espanha, Finlândia, França, Grécia, Irlanda, Itália, Luxemburgo, Países Baixos, Portugal, Reino Unido e Suécia. Em maio de 2004 passaram a integrar a UE os seguintes países: Polônia, Eslovênia, Eslováquia, Hungria, República Tcheca, Estônia, Lituânia, Letônia, Malta e Chipre.
População: 452 milhões de habitantes
Área: 3.970.500 km²

Fontes: *Calendario atlante De Agostini 2004*. Novara: Istituto Geografico De Agostini, 2003; *L'état du monde 2004*. Paris: La Découverte, 2003.

O bloco econômico japonês ou asiático

O Japão sempre tentou evitar a interferência das potências estrangeiras ocidentais expansionistas. Para tanto, após a segunda metade do século XIX implementou políticas econômicas de modernização, visando ao desenvolvimento econômico.

Arrasado pelas guerras, depois da Segunda Guerra Mundial (auxiliado pelos EUA) o Japão alcançou uma posição invejável no cenário mundial. Além de ultrapassar alguns de seus principais concorrentes do bloco capitalista (como Reino Unido, França e Alemanha), transformou-se na segunda maior economia mundial e no mais importante rival econômico da maior potência capitalista do mundo, os EUA.

Após se recuperar dos principais efeitos das guerras, o Japão passou a realizar investimentos econômicos e financeiros em países da região, entre eles os **Tigres Asiáticos**, grupo composto por Coréia do Sul, Taiwan, Hong Kong (China) e Cingapura. Este grupo, que recebeu investimentos para conter o avanço comunista durante a Guerra Fria, destacou-se entre os países subdesenvolvidos, apresentando elevadas taxas de crescimento e melhoria no nível socioeconômico, em conseqüência das exportações de produtos eletrônicos, automóveis etc. O Japão tem investido também na China e nos **Novos Tigres Asiáticos** (Malásia, Indonésia, Filipinas e Tailândia).

Apesar da presença dos EUA na Apec, o Japão lidera o bloco de países asiáticos.

Observe na figura 6.6 que o bloco asiático abrange grande parte das ilhas do Pacífico, a Oceania, a China, a Rússia, a Mongólia e o Sudeste asiático, além do Chile e dos países do NAFTA.

FIGURA 6.6 • APEC (2004)

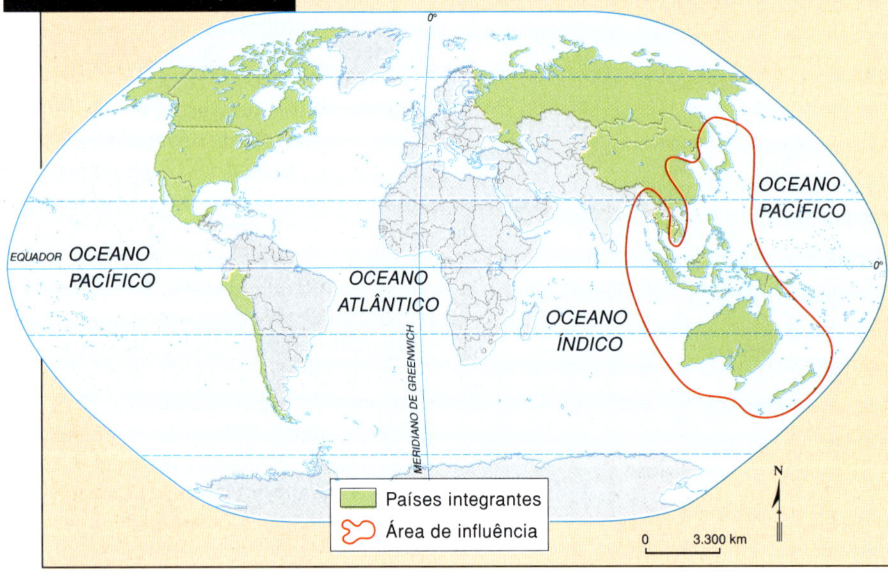

Apec (Cooperação Econômica da Ásia e do Pacífico)
Fundação: 1993
Objetivos: abertura de mercados entre os países-membros; estabelecimento de uma zona de livre comércio até 2020.
Integrantes: Austrália, Brunei, Canadá, Chile, China, Cingapura, Coréia do Sul, EUA, Filipinas, Hong Kong (China), Indonésia, Japão, Malásia, México, Nova Zelândia, Papua Nova Guiné, Peru, Rússia, Tailândia, Taiwan e Vietnã.
População: 2,6 bilhões de habitantes
Área: 62.305.955 km²

Fontes: *Calendario atlante De Agostini 2004*. Novara: Istituto Geografico De Agostini, 2003; *L'état du monde 2004*. Paris: La Découverte, 2003.

3 ORGANIZAÇÕES INTERNACIONAIS E REGIONAIS

A ONU e os desafios diplomáticos modernos

Após o fim da Primeira Guerra Mundial, em 1920, foi formada a **Liga das Nações** com o objetivo de manter a paz e a justiça internacionais. Ainda assim, este organismo não conseguiu evitar a Segunda Guerra Mundial.

Em 1945, as funções e atribuições dessa Liga foram transferidas para a **Organização das Nações Unidas (ONU)**. Esta organização de caráter internacional, que reúne quase todos os países do mundo (atualmente são 191 Estados-membros) e tem como objetivos manter a paz, defender os direitos humanos e promover o desenvolvimento dos países mais pobres, desempenhou um importante papel durante a Guerra Fria, mas não conseguiu evitar muitos conflitos e guerras, nem defender povos ameaçados. De outro lado, muitas são as situações em que a ONU tem contribuído para a manutenção de injustiças, como no caso da Líbia, à qual impôs severas sanções econômicas em 1992, e do Iraque, ao qual decretou embargo econômico em 1990, e que durou até 2003.

Nos últimos tempos a ONU tem sido controlada pelos países mais ricos, como os EUA, o Reino Unido e a França, com grande participação da Federação Russa e da China, todos membros permanentes de seu Conselho de Segurança. Este conselho, composto por estes cinco países permanentemente e mais dez escolhidos bienalmente, tem poder para decidir sobre a paz e a segurança mundiais.

Desde a década de 1990, em plena era da globalização, e apesar da maior riqueza e das tecnologias modernas, o IDH de 20 países sofreu reversão, diferentemente da década de 1980, quando apenas 3 países estavam nessa situação. Segundo o *Relatório do desenvolvimento humano 2004*, em 46 países as pessoas são mais pobres hoje do que eram em 1990 e, em 25 países, há mais pessoas passando fome hoje do que há uma década.

Observe no gráfico ao lado que, apesar de em muitos grupos de países o IDH ter avançado, as diferenças entre esses países continuaram e até mesmo se acentuaram.

FIGURA 7.5 • DISPARIDADES MUNDIAIS NO IDH (2003)

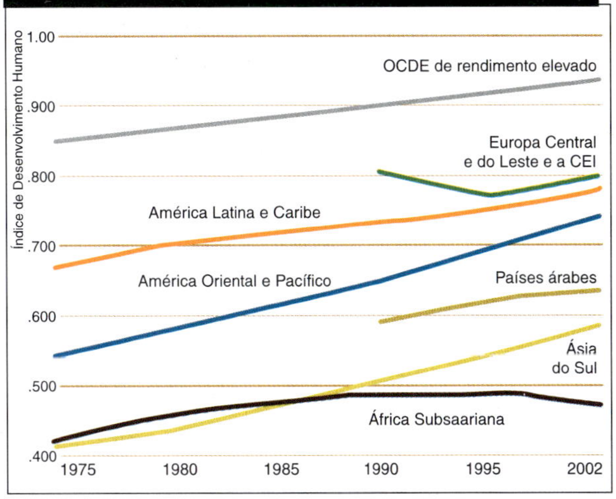

Fonte: *Relatório do desenvolvimento humano 2004*. Nova Iorque: ONU/Pnud, 2004. p. 134.

2 OS GRANDES CONJUNTOS DE PAÍSES

Países centrais ou desenvolvidos

São chamados desenvolvidos os países mais ricos e industrializados do mundo. Esse conjunto é formado por Estados Unidos, Canadá, Japão, Austrália, Nova Zelândia, Israel e pela maioria dos países da Europa Ocidental.

Veja as principais características dos países desenvolvidos.

- **Produção industrial** – Têm um parque industrial poderoso e diversificado, apresentando os maiores valores de produção industrial e a maior concentração de indústrias de ponta (informática, aeroespacial, tecnologia nuclear, bioindústria etc.). Observe a figura 7.6.
- **Tecnologia** – Estão na vanguarda da pesquisa e da inovação tecnológica. Segundo o *Relatório do desenvolvimento humano 2001*, os países ricos detêm 97% das patentes mundiais. Dos pagamentos de *royalties* e direitos de licenças no mundo em 1999, 54% foram para os Estados Unidos e 12% para o Japão.

GEORGES GOBET / AFP PHOTO

FIGURA 7.6 Visão frontal de parte do Super-jumbo, o maior avião do mundo, no hangar da empresa Airbus em Blagnac, França, 2004.

- **Consumo** – Constituem as maiores taxas de consumo *per capita*, ou seja, os habitantes desses países são os que têm melhores condições de adquirir e usufruir os bens e os serviços disponíveis no mundo moderno.
- **Comércio mundial** – Exportam principalmente produtos industrializados e de tecnologia avançada e importam produtos do **setor primário** (produtos agropecuários e minérios), além de alguns produtos industrializados. São sedes das maiores empresas transnacionais do planeta.

THE COVER STORY / CORBIS-STOCK PHOTOS

FIGURA 7.7 No Japão, 5,4% da população ativa estava desempregada em 2002. Na foto, desempregados protestam contra a política econômica do governo. (Japão, 2000.)

- **Urbanização** – São sociedades predominantemente urbanas que têm um moderno **setor terciário** da economia (comércio e serviços), como empresas financeiras, do setor de propaganda e *marketing*, laboratórios que desenvolvem novas tecnologias etc. Sediam os principais bancos internacionais e são os maiores investidores de capitais no exterior.

Apesar de terem elevada renda *per capita*, indicadores socioeconômicos favoráveis (ou positivos) e desigualdades sociais internas não tão marcantes, os países ricos apresentam aumento da concentração de renda, crescimento do desemprego e ampliação de ondas migratórias, provenientes das áreas mais pobres. Observe a figura 7.7.

O destino dos países socialistas

Entre os poucos países socialistas que restaram no mundo, estão China, Cuba, Vietnã e Coréia do Norte.

China

Desde o final da década de 1970 a **China** vem apresentando um surto de crescimento econômico decorrente da efetivação de uma série de reformas. Essas medidas — chamadas **economia socialista de mercado** —, sem abandonar o socialismo, iniciaram com sucesso um processo de reestruturação econômica: modernização dos setores econômicos, melhoria tecnológica de empresas estatais, incentivo à propriedade privada no campo etc.

Além dessas medidas foram criadas as **Zonas Econômicas Especiais (ZEE)** e os portos livres, regiões nas quais a economia de mercado pode se desenvolver. Tais áreas — abertas aos investimentos estrangeiros — oferecem incentivos fiscais e isenção alfandegária para equipamentos, absorvendo tecnologias e experiências administrativas avançadas. Elas geram um crescimento econômico que acaba dinamizando a economia de todo o país.

A China, cuja economia é a que mais cresce no mundo, tende a se transformar numa grande potência no século XXI. Por meio do controle da inflação, tornou-se um país receptor de investimentos estrangeiros, contando com superávit em sua balança comercial. Ao longo dos últimos quinze anos suas exportações aumentaram em mais de dez vezes e foram obtidas importantes melhorias nos níveis de saúde e educação.

A ilha de Hong Kong, cedida ao Reino Unido em 1842, voltou à soberania da China em 1997 como Região Administrativa Especial. Sendo o quarto mercado financeiro do mundo e o porto mais movimentado da Ásia, Hong Kong ampliou a abertura para o mercado e o poder econômico chinês. Observe a figura 7.8. Ainda assim, têm ocorrido muitos protestos contra o autoritarismo do governo da China.

TIBOR BOGN / CORBIS-STOCK PHOTOS

FIGURA 7.8 Após um século e meio de domínio britânico, Hong Kong, atualmente um território com autonomia administrativa sob soberania da China, é um importante centro financeiro e pólo do capitalismo. Vista de Hong Kong em 2000.

Cuba

Desde 1960, Cuba tenta sobreviver ao embargo comercial imposto pelos Estados Unidos por ter tomado atitudes prejudiciais ao capital estadunidense. Com o fim da URSS (sua principal aliada e investidora), Cuba sofreu uma sensível diminuição na produção industrial e no comércio. Mesmo assim, apresenta indicadores sociais favoráveis, como a diminuição da mortalidade infantil e do desemprego, o aumento da longevidade e dos gastos com saúde e educação. Além disso, tem apresentado avanços científicos nas áreas de biotecnologia e medicina.

Embora tenha ampliado a participação do capital externo em sua economia a partir de 1995, Cuba resiste em adotar medidas de liberalização do regime, mantendo independência política do mundo capitalista.

Vietnã e Coréia do Norte

Embora permaneçam socialistas, Vietnã e Coréia do Norte têm avançado na transição para a economia de mercado. O Vietnã vem adotando medidas neoliberais desde a década de 1990, tendo fechado um acordo comercial com os EUA.

Na década de 1990 a Coréia do Norte passou por graves crises econômicas e catástrofes naturais que provocaram fome e a morte de milhares de pessoas. Nesses primeiros anos do século XXI seus governantes têm promovido mudanças e modernização econômica. Apesar das tentativas de reaproximação, suas relações diplomáticas com os EUA permanecem tensas. Leia o texto do boxe.

Pobreza humana

Segundo o Programa das Nações Unidas para o Desenvolvimento (Pnud), a **pobreza** humana se define pela negação de oportunidades básicas para o desenvolvimento humano, refletida em baixa expectativa de vida, ausência de educação elementar, falta de meios materiais, liberdade e dignidade, e exclusão social.

O Banco Mundial utiliza, para comparações internacionais, uma **linha de pobreza** estabelecida em 1 dólar estadunidense como valor mínimo necessário por dia para uma pessoa sobreviver. Sugere para a América Latina e Caribe 2 dólares norte-americanos por dia. Para o Leste europeu e as repúblicas da ex-União Soviética, tem sido usada uma linha de pobreza de 4 dólares norte-americanos por dia. Na comparação entre países industrializados, tem sido usada uma linha de pobreza correspondente à dos EUA, que é de 14,40 dólares por dia.

Outros países socialistas têm enfrentado problemas para manter a economia planificada e continuam apresentando baixo padrão de vida, com poucas perspectivas de desenvolvimento, como é o caso de Camboja, Angola e Laos.

Camboja, Angola e Laos

O Camboja (cuja população, em sua maioria, trabalha na agricultura) tenta direcionar sua economia para o ramo de confecção e exportação de roupas, setor que tem apresentado grande desenvolvimento.

Após 40 anos entre conflitos pela independência e guerra civil, Angola tenta reconstruir sua economia com base na produção de petróleo.

O Laos ainda tem por base econômica a agricultura, mas tenta uma lenta abertura para o mercado.

Economias de transição

Os antigos países socialistas que atualmente realizam a liberalização econômica e política, implementando a economia de mercado, instituindo a propriedade privada e a privatização de empresas estatais estão sendo chamados de **economias de transição**. Essa transição tem sido problemática e apresentado dificuldades, como o aumento do desemprego e da inflação. Isso não ocorria no regime socialista, pois os índices de inflação eram baixos e havia a política do "**pleno emprego**", que procurava garantir emprego para todos. Na economia privatizada de mercado, o lucro e a rentabilidade estão acima dessas políticas, gerando grande desemprego. Como conseqüência, a desigualdade de renda e a pobreza aumentam em um ritmo sem precedentes, como podemos constatar na figura 7.9.

FIGURA 7.9 • A POBREZA NAS ECONOMIAS EM TRANSIÇÃO

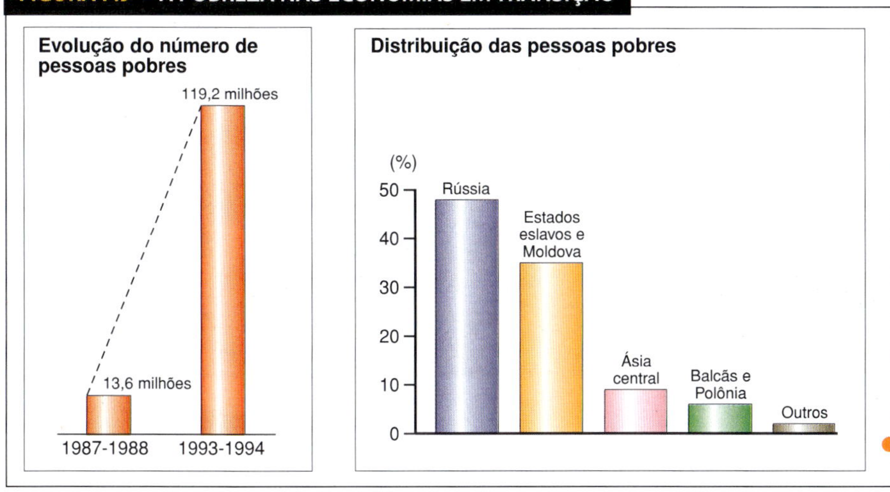

Fonte: *Relatório sobre o desenvolvimento mundial 1997.* Washington, D. C. Banco Mundial, 1997.

A incidência da pobreza por insuficiência de renda aumentou 7 vezes desde 1988, empurrando mais de 105 milhões de pessoas para baixo da linha de pobreza.

Vejamos agora algumas características das economias de transição:

- Entre os países que têm obtido sucesso com a transição está a antiga Alemanha Oriental, hoje incorporada à nova Alemanha, uma das grandes potências mundiais.
- Outros países que, apesar de contarem com alguns problemas de desemprego ou inflação, vêm crescendo a cada ano e têm conseguido manter bons níveis de igualdade entre a sua população são: a República Tcheca, a Eslovênia (que apresenta um moderno parque industrial e a maior renda *per capita* entre os ex-países socialistas); a Eslováquia, a Hungria, a Polônia (todas admitidas recentemente na União Européia); a Croácia (que se recuperou de uma guerra civil e mantém bons níveis de desenvolvimento).
- Os países bálticos — Letônia, Lituânia e Estônia (também membros da UE a partir de 2004) — se recuperaram após um período de hiperinflação e queda na produção.
- Outro grupo que ainda apresenta altas taxas de pobreza, desemprego e criminalidade, mas começa a mostrar algum crescimento, é composto de Uzbequistão, Turcomenistão e Cazaquistão. Este último recupera-se a partir da produção de petróleo e de investimentos externos. Ainda neste grupo incluem-se a Romênia (participação do capital externo e modernização industrial) e a Bulgária (embora seja bem menos industrializada).
- A Armênia, o Azerbaijão, a Geórgia, o Tadjiquistão e o Quirguistão, embora tentando se recuperar, enfrentam graves problemas econômicos e sociais.

Vale ressaltar que todas essas economias de transição realizaram privatizações e adotaram uma postura neoliberal, o que colaborou para o aumento das desigualdades, dos níveis de pobreza e de criminalidade, além de piorar as condições de saúde e educação, antes de responsabilidade do Estado.

PETER BLAKELY-SABA / CORBIS-STOCK PHOTOS

FIGURA 7.10 As altas taxas de desemprego e a estagnação econômica aumentaram a pobreza da população das ex-repúblicas soviéticas. Na foto, distribuição de comida para retirantes chechenos em Grozny, Chechênia. (Federação Russa, 2000.)

- Na Federação Russa, com a transição, a maior parte da população perdeu em qualidade de vida. O IDH caiu de 0,813 em 1980 para 0,795 em 2002. Nos anos 1990 as exportações diminuíram, as indústrias de base foram fechadas ou vendidas para corporações transnacionais, o desemprego atingiu 14% da população economicamente ativa e 35% das pessoas atualmente vivem abaixo da linha de pobreza. Em 1996, a soma dos rendimentos dos 5% mais ricos era igual à soma da renda dos 60% mais pobres, o que demonstra o crescimento das desigualdades e o controle do país por uma pequena elite financeira — antigos burocratas do regime soviético — que enriqueceu com a adesão à economia de mercado. Além disso, a proliferação das máfias e os movimentos separatistas ameaçam a estabilidade política da Federação Russa. Observe a figura 7.10.

Mercados emergentes

Os **países de industrialização parcial e tardia** ou **novos países industrializados** (**NPIs** ou, em inglês, **NICs** *Newly Industrialized Countries*) são também chamados **países em desenvolvimento**, os quais, a partir da globalização, ficaram conhecidos como **mercados emergentes**.

Alguns desses países se industrializaram na década de 1950 com base no capital estatal — acompanhado ou não da entrada das transnacionais — e caracterizam-se pela dependência da economia externa. Exportam para os países desenvolvidos mercadorias produzidas com baixo nível tecnológico ou com tecnologia intermediária (microcomputadores, produtos eletrônicos etc.), têm razoável mercado consumidor interno e apresentam elevação nas taxas de crescimento econômico.

Fazem parte deste grupo China (que já estudamos), Coréia do Sul, Taiwan, Zona Especial de Hong Kong (China) e Cingapura (conhecidos como Tigres Asiáticos), e os países mais industrializados da América Latina (Brasil, Argentina e México). Alguns deles formam enclaves econômicos e zonas francas.

Tigres Asiáticos

A partir dos anos 1980 os Tigres Asiáticos experimentaram grande crescimento do PIB e aumento das exportações. Uma vez ligados aos mercados mundiais, atraíram investimentos estrangeiros, principalmente japoneses e estadunidenses, tirando vantagem dos avanços tecnológicos. Observe a figura. 7.11.

PAUL RUSSELL / CORBIS-STOCK PHOTOS

FIGURA 7.11 A cidade-Estado de Cingapura é um importante centro comercial e financeiro mundial. Com uma renda *per capita* superior a 24 mil dólares, seus habitantes têm um dos mais altos padrões de vida do mundo. Centro comercial de Cingapura, 1999.

Os Tigres Asiáticos iniciaram sua industrialização com base no modelo de **plataformas de exportação**: atração de empresas transnacionais cuja produção é exportada para outros países nos quais o produto final é montado. Os investimentos estrangeiros foram canalizados lucrativamente para a constituição de uma indústria nacional completa e para a valorização do potencial humano: passaram a abastecer o mercado mundial com produtos de tecnologia avançada — como computadores, automóveis e aparelhos eletrônicos —, a preços muito vantajosos, pois são produzidos por mão-de-obra barata, embora qualificada, devido aos investimentos em educação.

Esses países contam com baixa inflação e pequena dívida externa, além de apresentarem melhorias socioeconômicas, como nível médio salarial alto e sistema educacional eficiente.

Emergentes na América Latina

Brasil, Argentina e México iniciaram seu processo de industrialização com a **substituição das importações** — ou seja, produzindo para o mercado interno o que antes era importado — por meio do estabelecimento de indústrias nacionais e transnacionais.

Estes países, bastante industrializados, e que apresentam renda *per capita* intermediária e mercados consumidores razoáveis, se ajustaram ao processo de globalização e ao neoliberalismo de maneiras diferenciadas, tendo em comum a permanência de grandes problemas, como a elevada dívida externa e a desigualdade social, por exemplo.

No caso do Brasil, a ênfase ao desenvolvimento industrial deu-se nos anos 1950 e início dos anos 1960, período em que o problema da distribuição de renda se agravou. Observe na figura 7.12 outros países com desigualdades na distribuição de renda.

FIGURA 7.12 • DISTRIBUIÇÃO DE RENDA NO MUNDO (2002)

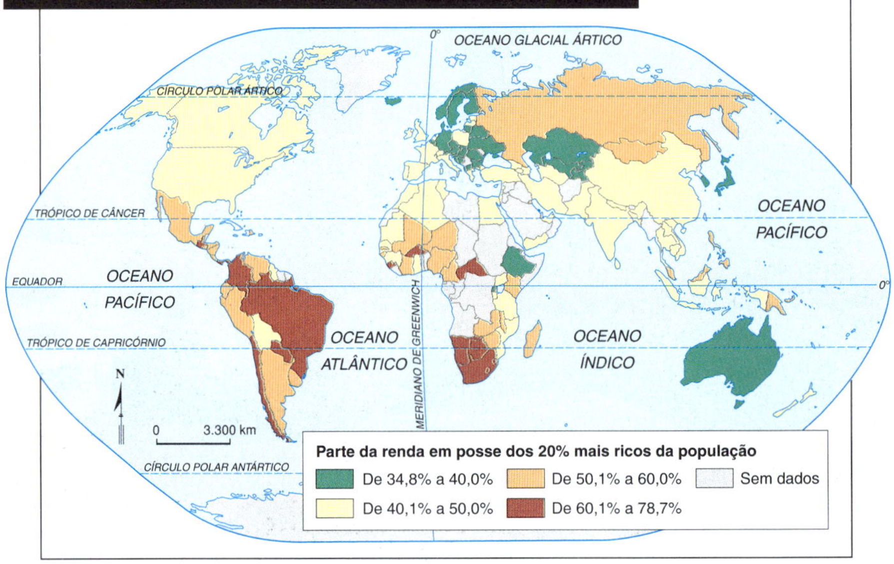

Fonte: *Relatório do desenvolvimento humano 2004*. Nova Iorque: ONU/Pnud, 2004. p. 188-191.

Países de industrialização recente

Num nível intermediário situam-se os **países de industrialização recente** (aqueles que se industrializaram a partir dos anos 1970), como Chile, República Dominicana, Índia, Turquia, Ilhas Maurício, **Novos Tigres Asiáticos** (Malásia, Indonésia, Filipinas e Tailândia), África do Sul, Egito, Venezuela, Colômbia, Peru, Argélia e Marrocos. Se, de um lado, esses países têm aumentado suas exportações e, alguns deles, diversificado a produção de manufaturados, de outro, ainda têm de conviver com muitos problemas sociais.

Na Indonésia e na Malásia, a partir dos anos 1970, as estratégias de crescimento adotadas aumentaram as oportunidades econômicas para os pobres, incluindo a distribuição de terras. Muitos recursos provenientes do crescimento econômico foram aplicados na melhoria da saúde, da educação e da qualificação profissional das pessoas.

Já a Índia apresenta grande desenvolvimento em seu potencial tecnológico, a ponto de, nas últimas décadas do século XX, ter se transformado em fronteira de expansão e acumulação capitalista. O caso da Índia é emblemático pois, apesar disso, os setores modernos têm de conviver com o atraso e o país situa-se em 127º lugar em IDH (0,595) e tem uma baixa renda *per capita* (2.670 dólares).

Países produtores de petróleo

O petróleo ainda dá aos países produtores, como a Arábia Saudita e o Kuwait, uma posição geopolítica de destaque. No entanto, suas economias oscilam de acordo com o preço do petróleo.

Países subdesenvolvidos ou periféricos

Este grupo engloba todos os **países pobres e pouco industrializados**, tanto os capitalistas da África Subsaariana, da América Latina e do Sul da Ásia como os ex-Estados socialistas asiáticos (com exceção daqueles já estudados). Observe a figura 7.13.

WENDY STONE / CORBIS-STOCK PHOTOS

FIGURA 7.13 A população da África Subsaariana vivencia problemas sociais graves, como fome, privação de rendimentos e de acesso a saneamento básico. Além disso, em nove países da região ocorreram violentos conflitos na década de 1990. Na foto, moradias precárias em Nairóbi, no Quênia, 2001.

Nesse extremo estão os inúmeros países que pouco têm se beneficiado com o neoliberalismo, a expansão dos mercados e o avanço tecnológico. Com baixa renda *per capita* e participação da indústria no PIB inferior a 10%, tais países ficam cada vez mais marginalizados e ao sabor dos mercados mundiais, uma vez que os preços dos produtos primários atingiram seu valor mais baixo em um século e meio.

Mesmo alguns desses países tendo apresentado ligeiro crescimento nas exportações, dificilmente atraem investimentos estrangeiros vultosos e, além dessas dificuldades, apresentam um quadro preocupante de desenvolvimento humano.

A ONU (Pnud) considera 54 países no mundo como prioridade máxima ou alta, pois apresentam progresso insuficiente para atingir os **objetivos de desenvolvimento do milênio**. Leia o boxe.

Objetivos do milênio

Os objetivos, estabelecidos em 2000 pelos 189 países-membros presentes na Cúpula do Milênio, promovida pela ONU, junto com uma série de compromissos que visam melhorar o destino da humanidade no século XXI, propõem 8 objetivos:

1. **Erradicar a extrema pobreza e a fome** – Um bilhão e duzentos milhões de pessoas sobrevivem com menos do que o equivalente a 1 dólar por dia (medidos pela paridade do poder de compra de cada moeda nacional). Como a renda é muito baixa, não têm capacidade de consumo e passam fome.
2. **Atingir o ensino básico universal** – Cento e treze milhões de crianças no mundo não vão à escola.
3. **Promover a igualdade entre os sexos e a autonomia das mulheres** – As mulheres representam dois terços dos analfabetos no mundo. Oitenta por cento dos refugiados são mulheres e crianças.
4. **Reduzir a mortalidade infantil** – Onze milhões de bebês morrem por ano de causas diversas.
5. **Melhorar a saúde materna** – Nos países pobres, de cada 48 partos, morre uma mãe.
6. **Combater o HIV/Aids, a malária e outras doenças** – Epidemias vêm causando mortes, destruindo gerações e ameaçando qualquer possibilidade de desenvolvimento.
7. **Garantir a sustentabilidade ambiental** – Um bilhão de pessoas não têm acesso à água potável.
8. **Estabelecer uma Parceria Mundial para o Desenvolvimento** – Muitos países pobres gastam mais com o pagamento dos juros de suas dívidas do que para superar seus problemas sociais.

Segundo o *Relatório do desenvolvimento humano 2004*, entre os 27 países de prioridade máxima, 21 localizam-se na África Subsaariana, 3 pertencem aos países árabes. A Ásia do Sul, a Ásia Oriental e a América Latina contam com 1 país cada uma. Dos 27 países de prioridade alta, a África Subsaariana tem 17; os países árabes têm 3; a Ásia Oriental tem 2; a Europa Central, do Leste, a CEI, a Ásia do Sul e a América Latina têm 1 cada.

Dos vinte países que sofreram uma reversão no IDH (desde 1990), treze encontram-se na África Subsaariana. Esses países contam com poucos recursos para promover o acesso ao saneamento básico e erradicar a fome e a pobreza. A epidemia de Aids reduziu a expectativa de vida dessas populações de forma drástica, chegando a baixá-la para 40 anos ou menos em países como Angola, República Centro-Africana, Lesoto, Moçambique, Serra Leoa, Suazilândia e Zimbábue.

Desigualdades mundiais

Como vimos, as oportunidades mundiais estão desigualmente distribuídas entre as pessoas, entre os países e mesmo entre regiões de um mesmo país (China, Índia e Brasil, por exemplo).

Quanto às **desigualdades entre os países**, de acordo com o *Relatório do desenvolvimento humano* temos a seguinte situação:

- **Comércio internacional desigual** – Com muitos dos países mais pobres dependendo das exportações de ***commodities*** (mercadorias em estado bruto ou produtos primários), os preços reais das mercadorias nos anos 1990 foram 45% mais baixos do que os praticados nos anos 1980.
- **PNB *per capita*** – Apenas 27 países alcançaram um crescimento do PNB *per capita* de 3,7% ao ano no período 1990-2000. Para a maioria dos países da África Subsaariana e do antigo bloco socialista, o PNB *per capita* decresceu, como podemos constatar na figura 7.14.

FIGURA 7.14 • EVOLUÇÃO DAS DISPARIDADES MUNDIAIS NO RENDIMENTO (1975-2000)

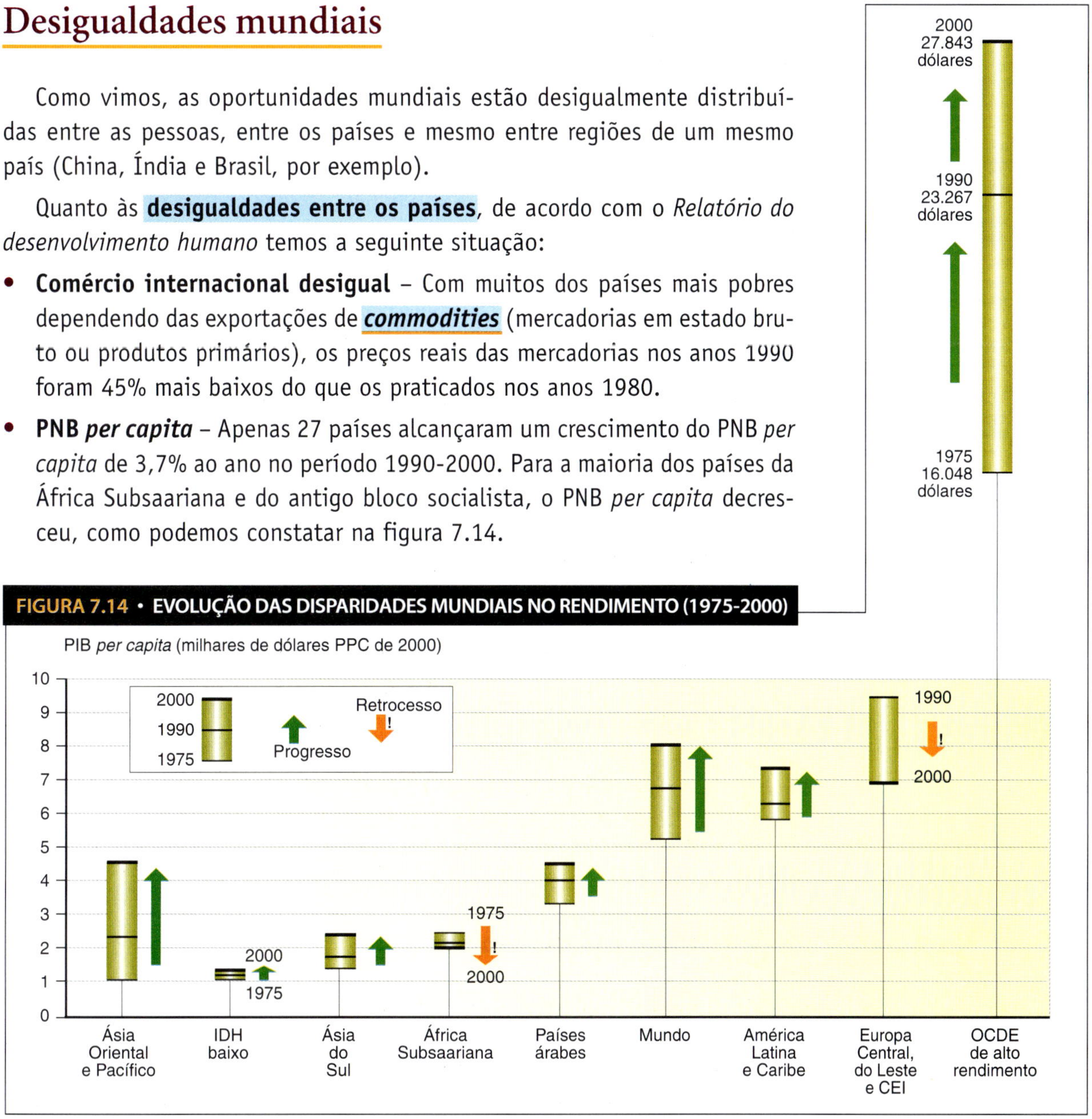

Fonte: *Relatório do desenvolvimento humano 2002.* Nova Iorque: ONU/Pnud, 2002. p. 19.

- **Investimentos** – Mais da metade dos países em desenvolvimento tem sido excluída do investimento estrangeiro direto. A maior parte dos investimentos circula em países desenvolvidos; apenas 25% dos investimentos vão para os países subdesenvolvidos.
- **Dívida externa** – Os países pobres estão altamente endividados e não conseguem pagar suas dívidas. Eles dependem de novos investimentos externos de instituições como o FMI e o Banco Mundial.
- **Consumo e meio ambiente** – Os países industrializados modernos são os consumidores dominantes, mas as populações dos países mais pobres do mundo pagam, proporcionalmente, o preço mais elevado, já que entre as conseqüências da industrialização estão a poluição e a degradação das terras, das florestas, dos rios e dos oceanos que constituem suas fontes de sustento.

FIGURA 7.15 • CONSUMO MUNDIAL POR GRUPO DE PESSOAS

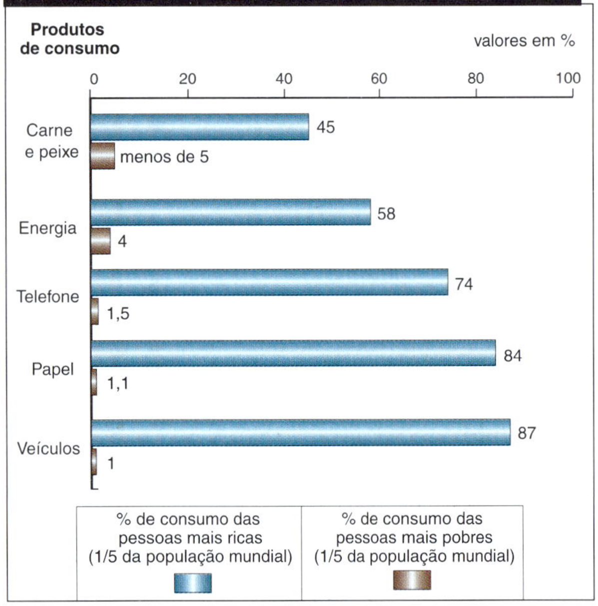

Fonte: *Relatório do desenvolvimento humano 1999.* Nova Iorque: ONU/Pnud, 1999.

Com relação às **desigualdades entre as pessoas**, o *Relatório do desenvolvimento humano* aponta:

- **Emprego –** Muitas pessoas estão excluídas das oportunidades de emprego, pois o mercado mundial de trabalho está cada vez mais voltado para os profissionais altamente qualificados.
- **Consumo** – Bilhões de pessoas dos países subdesenvolvidos nem sequer chegam a satisfazer suas necessidades básicas de consumo. Na figura 7.15 podemos observar essas disparidades de consumo mundial entre as pessoas mais ricas e as mais pobres.
- **Saúde e educação** – Dos 4,4 bilhões de pessoas que viviam em países em desenvolvimento, em 1998, cerca de três quintos estavam em comunidades sem saneamento básico; um terço carecia de água potável; um quarto não tinha habitação adequada; um quinto não tinha acesso aos serviços de saúde; um quinto das crianças era malnutrida e não chegava a concluir os estudos básicos (*Relatório do desenvolvimento humano 1998*).

Veja na figura 7.16 as disparidades na alimentação entre os países, especialmente os altos índices de população subnutrida na África Subsaariana.

FIGURA 7.16 • ALIMENTAÇÃO (1997)

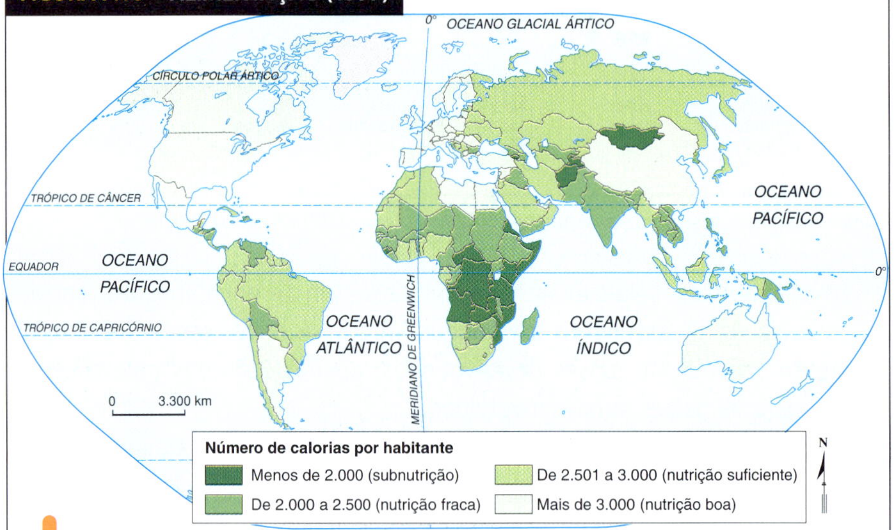

Fonte: *Calendario atlante De Agostini 2003.* Novara: Istituto Geografico De Agostini, 2002.

Apesar do crescimento econômico de muitos países subdesenvolvidos, persistem as condições de pobreza e de fome, principalmente na África, seguida pela Ásia e pela América Latina. O caso de Mali, na África, é um exemplo de crescimento sem desenvolvimento. Embora este país apresente uma elevação na sua taxa de crescimento econômico, continua sendo um dos mais pobres do mundo.

Praticando e Aprendendo

Organizando o conteúdo

1. A partir dos anos 1990, com o fim da Guerra Fria, a divisão em três "mundos" cedeu lugar a outra, expressa no mapa abaixo.

• PAÍSES DO NORTE E DO SUL

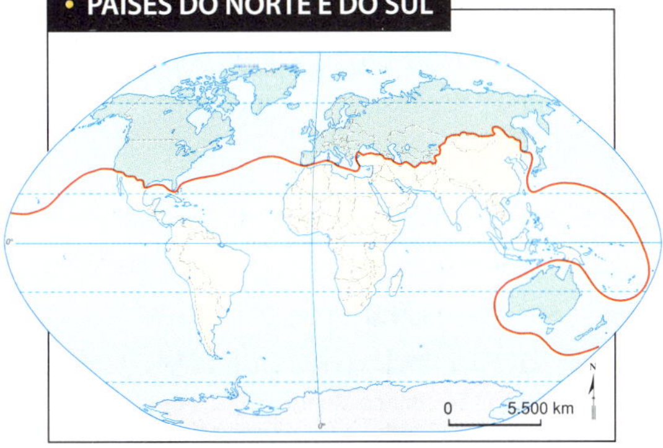

Fonte: *Relatório do desenvolvimento humano 2002.* Nova Iorque: ONU/Pnud, 2002.

a) Por que razão não se mostra apropriado, hoje, falar em Primeiro, Segundo e Terceiro Mundo?

b) Em que se baseia a divisão estabelecida no mapa acima?

2. Leia o texto a seguir:

As calamidades e a oportunidade

"Falo de calamidades porque o dilúvio que se acaba de abater sobre Moçambique é apenas a ponta do *iceberg*, um elo de uma cadeia de calamidades, algumas bem mais tenazes, com que Moçambique vai se defrontar nas próximas décadas. Por essa razão, é incorreto considerar as inundações como uma calamidade natural. O que torna o drama de Moçambique particularmente excruciante é o nível de subdesenvolvimento sobre o qual se abateram as chuvas torrenciais. Aí residem duas das maiores calamidades que Moçambique vai enfrentar na próxima década: a pobreza absoluta e a Aids. Segundo os dados do *Relatório do desenvolvimento humano 1999*, que será publicado no próximo mês de abril, em 1997, 69% da população de Moçambique vivia abaixo da linha de pobreza absoluta, definida como meio dólar por pessoa por dia. Mas o mais grave é que em duas das províncias mais duramente atingidas pelas cheias, Sofala e Inhambane, essa percentagem era de 88% e 83%, respectivamente. Se a incidência da pobreza não for, entretanto, reduzida, em 2010 haverá 16,8 milhões de pessoas em pobreza absoluta, tantas quanto a população atual do país. Por outro lado, Moçambique, com 0,3% da população mundial, conta atualmente com cerca de 5% a 6% da população mundial infectada com o vírus HIV. [...]

Se as previsões atuais sobre o impacto da Aids se concretizarem, a esperança de vida ao nascer dos moçambicanos diminuirá cerca de oito anos, de 43,5 anos em 1999 para 35,4 em 2010. É essa a verdadeira dimensão das calamidades que se abatem sobre Moçambique. As inundações são tragicamente uma oportunidade. [...]

Entre 1996 e 1998, enquanto o PIB *per capita* nominal rondou os US$ 215, a dívida externa oficial rondou os US$ 325 *per capita*. Acresce que a dívida externa de Moçambique é injusta. Uma enorme percentagem dos créditos é, de fato, financiamento a fundo perdido de empresas estrangeiras. Outra parte dos créditos é gasta em assistência técnica estrangeira e outra ainda nas importações dos países credores ou doadores. Nem 10% do dinheiro atribuído entra, de fato, no país."

SANTOS, Boaventura de Sousa. *Folha de S.Paulo*. São Paulo, 21 mar. 2000.

a) Quais características analisadas no texto indicam o estado de subdesenvolvimento de Moçambique?

b) Por que o autor acha incorreto considerar as inundações uma calamidade natural?

c) Moçambique foi colônia de Portugal, tendo conseguido sua independência em 1975, sob um governo de orientação socialista. Mergulhado em uma guerra civil, em 1990 iniciou a volta à economia de mercado. De que forma o passado desse país explica a sua situação atual?

Analise atentamente o mapa para responder à questão 3.

• MORTALIDADE INFANTIL

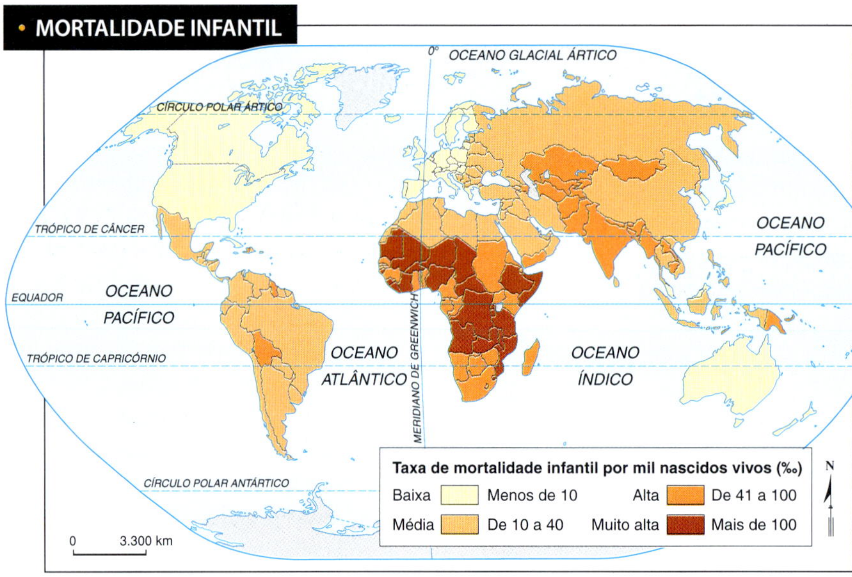

Fonte: *Relatório sobre o desenvolvimento mundial 2002.* Washington, D. C.: Banco Mundial, 2002.

3. Segundo dados da Unesco (maio de 1999), cerca de 60% dos 4,4 bilhões de habitantes dos países subdesenvolvidos são privados de infra-estrutura sanitária de base. Cerca de um terço não tem acesso à água potável e um quarto não dispõe de moradias decentes. Observe a figura acima.

a) Em grupos, discuta com seus colegas qual a relação entre a situação de extrema pobreza e as elevadas taxas de mortalidade infantil que podemos observar no mapa.

b) Analise o mapa e responda: Quais países apresentam situação mais grave?

4. Sobre os objetivos de desenvolvimento do milênio, responda:

a) Quais são esses objetivos?

b) Na sua opinião, qual a importância do estabelecimento desses objetivos?

Ampliando o conhecimento

Analisando o desmoronamento do socialismo.

Leia o texto para responder às questões 5, 6 e 7.

Os ex-países socialistas

"Na ex-União Soviética e no Leste europeu, o desmoronamento da planificação centralizada e, em muitos casos, a ausência de instituições públicas eficazes para amortecer o choque da economia de mercado geraram um empobrecimento e um retrocesso social sem equivalente no mundo. O número de pobres (calculado a partir de um limite de US$ 4 por dia) aumentou mais de 150 milhões em sete anos — mais do que as populações reunidas da França, Reino Unido, Países Baixos e Escandinávia.

Na Rússia, a crise financeira de 1998 mergulhou 20 milhões de pessoas na pobreza. Na Romênia e na Bulgária, 5% da população vivem agora com menos de US$ 1 por dia. Esses países em transição foram os únicos do mundo onde a renda nacional diminuiu em relação a 1990 — em proporções enormes, às vezes de até 60%. [...]

O Estado deve retomar o seu papel de regulador

O Estado socialista intervinha em tudo. Após a sua queda, o pêndulo inclinou-se demais no sentido inverso. Com freqüência, por reação ideológica ao passado, as antigas estruturas foram desmanteladas com excessivo ardor. Acontece, porém, que o Estado tem um papel fundamental a desempenhar na transição, como o estão demonstrando os países da Europa Central. Liberação excessiva significa monopólios

»

privados, fugas maciças de capitais, desigualdades em uma dimensão intolerável e perda de confiança no mercado, como decorrência das fraudes financeiras."

O Correio da Unesco. Rio de Janeiro: FGV/Unesco, maio 1999. p. 30-31.

5. Retire do texto um indicador que comprova que as condições de vida da população dos ex-países socialistas pioraram.

6. De acordo com o texto, quais são as conseqüências da liberalização excessiva para a economia de um país?

7. Segundo o texto, qual é o papel do Estado no controle dos problemas sociais?

O QUE MAIS HÁ PARA VER

Livros

- ALVES, Júlia Falivene. *A invasão cultural norte-americana*. 25. ed. São Paulo: Moderna, 2003. (Col. Polêmica)
- ARBEX JR., José. *A outra América:* apogeu, crise e decadência dos Estados Unidos. 6. ed. São Paulo: Moderna, 1995. (Col. Polêmica)
- CHOSSUDOVSKY, Michel. A *globalização da pobreza:* impactos das reformas do FMI e do Banco Mundial. São Paulo: Moderna, 1999.
- MONTANARI, Valdir e STRAZZACAPPA, Cristina. *Globalização:* o que é isso, afinal? 2. ed. São Paulo: Moderna, 1998. (Col. Desafios)
- MORIN, Edgard. *Saberes globais e saberes locais:* o olhar transdisciplinar. Rio de Janeiro: Garamond, 2001. (Col. Idéias sustentáveis)
- OLIC, Nelson Bacic e CANEPA, Beatriz. *Geopolítica da América Latina*. 2. ed. São Paulo: Moderna, 2004. (Col. Polêmica)

Filmes

- *A caminho de Kandahar* (Irã, 2001); dir. Mohsen Makhmalbaf; distr. Lumière; 85 min. Uma jornalista afegã vai morar no Canadá. Quando recebe uma carta de sua irmã, que pretende se suicidar, retorna ao seu país. O percurso até a aldeia em que moram seus parentes é um retrato do país sob o governo talibã.
- *1992 – O ano em imagens* (EUA, 1992); dir. CNN; distr. CNN; 106 min. Documentário feito pela rede de televisão CNN retratando os fatos que marcaram o ano de 1992, como a fome na Somália, a ECO-92 e a questão do meio ambiente, entre outros assuntos.

Sites

- http://www.pnud.org.br/home/ Programa das Nações Unidas para o Desenvolvimento no Brasil. O *site* apresenta os objetivos, projetos e programas para as diversas regiões do Brasil, entre outros temas. Acesso em: 28 abr. 2005.
- http://www.tvcultura.com.br/aloescola/historia/guerrafria/guerra11/terceiromundo-americas.htm O *site* trata da América Latina e América do Norte desde a década de 1950 até a atualidade. Acesso em: 28 abr. 2005.
- http://www.undp.org.br/default1.asp?par=1 Disponibiliza, para *download*, o Atlas de Desenvolvimento Humano no Brasil, contendo relatórios de desenvolvimento humano, tabelas, entre outros assuntos. Acesso em: 28 abr. 2005.
- http://pt.wikipedia.org/wiki/IDH Explica a origem da sigla IDH e os cálculos efetuados para a obtenção deste índice, além de dados sobre renda *per capita*, educação, esperança de vida, analfabetismo, entre outros. Acesso em: 28 abr. 2005.

8.

PLURALIDADE CULTURAL, CONFLITOS REGIONAIS E MUNDIAIS

1 HOMOGENEIZAÇÃO E PLURALIDADE CULTURAL

No mundo globalizado ocorre a unificação em larga escala de propaganda, informação, processos produtivos, técnicas etc. A impressão que se tem é a de um mundo homogêneo, com a superação das fronteiras nacionais; um mundo no qual é possível encontrar, seja na Ásia, na América ou na Europa, os mesmos *jeans*, as mesmas redes de *fast-food*.

Tendo isso em vista, é possível falar, atualmente, na existência de um Sistema Mundial ou de uma Sociedade Global? Para tanto, seria necessária uma interconexão de todo o planeta nos mais variados aspectos, sejam culturais, sociais, de consumo, com relação aos gostos etc. Leia o texto do boxe.

SUPERSTOCK / KEYSTONE

Criança com lhama em Cuzco, Peru, 2000.

Sociedade global e cultura local

"A globalização aumentou, de um modo sem precedentes, os contactos entre os povos e os seus valores, idéias e modos de vida. As pessoas viajam mais freqüentemente e mais extensamente. Atualmente, a televisão chega a famílias nas áreas rurais mais remotas da China. Da música brasileira em Tóquio aos filmes africanos em Bangkok, passando por Shakespeare na Croácia, por livros acerca da história do mundo árabe em Moscou e pelas notícias do mundo da CNN em Amã, as pessoas divertem-se com a diversidade da era da globalização. Para muitas pessoas, esta nova diversidade é estimulante, e até capacitante, mas para outras é inquietante e incapacitante. Receiam que o seu país esteja a tornar-se fragmentado, que os seus valores estejam a perder-se à medida que cada vez mais imigrantes trazem novos costumes e

»

» que o comércio internacional e os meios de comunicação modernos invadem todos os cantos do mundo, tirando o lugar à cultura local. Alguns até prevêem um cenário aterrorizador de homogeneização cultural — com as diversas culturas nacionais a darem lugar a um mundo dominado pelos valores e símbolos ocidentais. Terão o crescimento econômico e o progresso social de significar adoção de valores ocidentais dominantes?"

Relatório do desenvolvimento humano 2004.
Nova Iorque: ONU/Pnud, 2004. p. 96.

Além da continuidade da existência dos Estados-nações, existem fatos concretos que impedem essa mundialização total, como a definição dos territórios, a língua, os costumes, a diversidade cultural e as particularidades regionais e étnicas dos povos. Veja a figura 8.1.

FIGURA 8.1 Apesar da universalização dos mercados e do consumo, a diversidade cultural ainda marca os lugares do mundo. Africano na Reserva Nacional de Masai Mara, Quênia, em 2000.

Se, de um lado, a informação globalizada — somada à massificação da cultura — retira a identidade individual, de outro alimenta a busca de identificações. Desta forma assistimos, na era da globalização, a uma explosão de movimentos de afirmação de nacionalidades e de procura de identidade étnica, cultural e religiosa.

O problema das nacionalidades

Um Estado pode ser formado por grupos com múltiplas identidades, que falam mais de uma língua, professam mais de uma religião e, apesar disso, ter uma população que convive em harmonia, influenciando-se reciprocamente. É o caso dos suíços, que falam várias línguas, ou dos holandeses, que se dividem em católicos e protestantes, e ainda assim constituem uma nação.

Essa convivência, contudo, nem sempre é harmoniosa. Alguns **Estados multinacionais** abrigam em seu território povos ou nacionalidades minoritárias que têm uma cultura distinta da dominante; são as chamadas **minorias nacionais**, as quais, em geral, lutam por sua soberania.

A Ásia na geopolítica mundial

O conflito árabe-israelense

FIGURA 8.5 • TERRITÓRIOS ÁRABES E ISRAELENSES

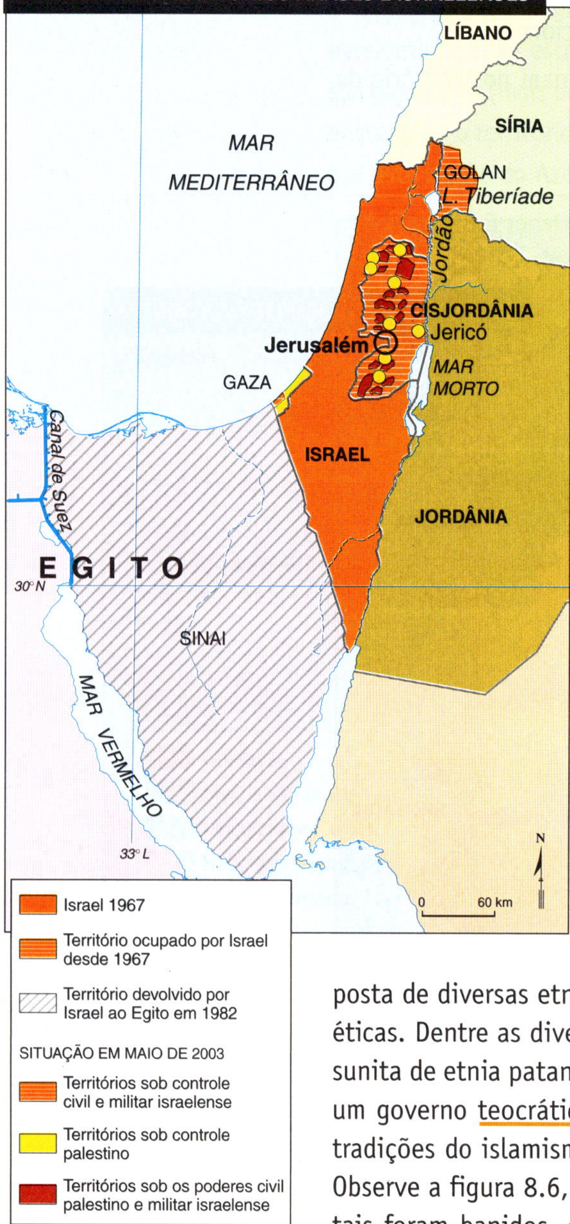

Fonte: *L'état du monde 2004.* Paris: La Découverte, 2003. p. 217.

No **Oriente Médio**, os confrontos decorrentes das invasões estrangeiras e do expansionismo prolongam-se até os dias atuais, envolvendo Israel, Palestina, Síria, Líbano, Egito e Jordânia.

Após a Segunda Guerra Mundial, muitos judeus voltaram para o território que ocupavam e de onde haviam sido expulsos há quase dois mil anos. Em 1948 a ONU aprovou a partilha da Palestina entre judeus e árabes, constituindo o Estado de Israel. Nas guerras que se sucederam o território do Estado árabe-palestino desapareceu, sendo incorporado por Israel, pela Jordânia (Cisjordânia) e pelo Egito (Faixa de Gaza). Na **Guerra dos Seis Dias**, em 1967, o Estado de Israel ocupou a Cisjordânia, a Faixa de Gaza, além das Colinas de Golan, que pertenciam à Síria, e Jerusalém Oriental. Os árabes-palestinos passaram a lutar pelo reconhecimento e pela demarcação de fronteiras que configurassem um Estado palestino independente. Observe na figura 8.5 os territórios disputados entre os dois povos.

Outros conflitos na Ásia

O Sudoeste da Ásia também é uma área de muita tensão. O Afeganistão tem sido objeto de invasões desde a Antigüidade, resultando uma população composta de diversas etnias. De 1979 a 1989 o país foi invadido por forças soviéticas. Dentre as diversas forças que enfrentaram o invasor, o **Talibã** (milícia sunita de etnia patane) se impôs, dominando o país. Seguiu-se a formação de um governo teocrático **fundamentalista islâmico** que propunha a volta às tradições do islamismo e a adoção do *Alcorão* como Constituição do Estado. Observe a figura 8.6, na página ao lado. Desta forma, muitos valores ocidentais foram banidos, o que representou um limite à expansão da cultura do Ocidente, da sociedade de consumo e da globalização. Leia o texto do boxe.

O islamismo

O **islamismo** é a segunda religião no mundo em número de adeptos, conhecidos também como **muçulmanos** ou **maometanos**. Seus praticantes seguem os ensinamentos de **Maomé** (ou Mohammed), um profeta que viveu entre os anos de 570 e 632, nascido em Meca, na Arábia Saudita. Seus ensinamentos foram transcritos no *Alcorão*. Adotam o monoteísmo e a crença em Alá, seu Deus, e pregam a bondade, a generosidade e a justiça, entre outros princípios.

»

Embora o islamismo tenha nascido entre os árabes, atualmente os países com maior número de seguidores são Indonésia, Paquistão, Bangladesh e Irã, todos não-árabes. Sendo praticado por 20% da população mundial e, em 60 países, pela maioria da população, reúne cerca de 1,3 bilhões de pessoas no mundo.

Divide-se em dois grandes grupos: os **sunitas** (cerca de 85% dos adeptos) estão, por exemplo, na Arábia Saudita, na Síria, na Indonésia e no Paquistão; os **xiitas** (por volta de 15% dos praticantes) localizam-se no Irã e no Iraque.

Um dos princípios do islamismo trata da difusão da fé, atitude conhecida como ***jihad*** (ou "Guerra Santa"), pois diz que aquele que morrer convertendo infiéis irá direto para o paraíso. Este princípio foi fundamental na expansão árabe, permitindo a conquista e a islamização de vastos territórios na Ásia, África e Europa, desde o século VII. As **Cruzadas** (século XI ao XIII) foram organizadas pelos cristãos europeus com objetivos semelhantes: conquistar territórios (inclusive islâmicos) e cristianizar sua população.

No final de 2001, o regime radical do talibã foi deposto por uma investida militar comandada pelos EUA. Este país, após sofrer ataques terroristas em 11 de setembro de 2001 nas cidades de Nova Iorque e Washington, declarou que qualquer nação que abrigasse terroristas seria considerada inimiga. No Afeganistão escondiam-se membros da **Al Qaeda**, organização terrorista criada por Osama bin Laden em 1989. Ele, um saudita que participou do levante contra a URSS no Afeganistão, foi treinado e abastecido de armas pelos estadunidenses, dos quais inicialmente era aliado.

Como se vê, os países islâmicos têm relações diplomáticas com os países ocidentais de variadas maneiras, podendo estar aliados ou não.

SHAUL SCHWARZ / CORBIS-STOCK PHOTOS

FIGURA 8.6 A interpretação dos ensinamentos de Maomé de que a mulher deve ser recatada levou a uma radicalização do regime talibã, no qual as mulheres foram proibidas de ir à escola, trabalhar, ver filmes e televisão, assim como obrigadas a vestir a burca, cobrindo-se completamente. Na foto, mulheres usando burca no Afeganistão, 2004.

A maioria da população no Irã é xiita. Em 1979, após a deposição de seu governante — que era apoiado pelos EUA —, a nação foi declarada uma República Islâmica. O Iraque, então apoiado pelos estadunidenses, iniciou uma guerra contra o Irã, que durou até 1988, deixando mais de 700 mil mortos. As tensões continuaram e, em 2002, o Irã foi acusado de manter um programa nuclear secreto. Em 2004, diversos indícios reforçaram as suspeitas da pretensão de esse país fabricar bombas atômicas.

Durante a guerra contra o Irã, Saddam Hussein, governante do Iraque, recebeu ajuda dos EUA e de outros aliados, entre eles o Kuwait (país que conta com grandes reservas de petróleo). Em 1990, o Iraque invadiu o Kuwait e foi vencido na **Guerra do Golfo**, numa coligação de países chefiados pelos EUA. A partir de então, o Iraque passou de aliado a inimigo dos EUA. Desde 1991 o Iraque foi submetido a sanções e inspeções impostas pela ONU e tudo indicava que tivesse abandonado seu programa nuclear. No entanto, em 2003, sob a alegação de que o Iraque possuiria ou estaria desenvolvendo armas de destruição em massa, os EUA e o Reino Unido invadiram o país, mesmo sem o apoio da comunidade internacional.

As tensões permanecem no território iraquiano, pois militantes islâmicos têm atacado aliados e instituições internacionais que estejam cooperando com os estadunidenses no país. Nesta situação os EUA têm precisado da ajuda de outros países e organizações, como a ONU, para estabilizar o Iraque.

O Iraque é um bom exemplo de que, na geopolítica mundial, a presença de recursos naturais é um forte motivo para o início de uma guerra: o país tem a segunda maior reserva de petróleo do Oriente Médio, a qual, após a invasão, passou a ser controlada pelos EUA.

Observe no mapa 8.7 as principais áreas de conflito mundial e suas causas.

FIGURA 8.7 • CONFLITOS ATUAIS NO MUNDO

Fontes: FRÉMY, Dominique e FRÉMY, Michèle. *Quid 2002*. Paris: Robert Laffront, 2001; *L'état du monde 2003*. Paris: La Découverte, 2002.

Em 2003 a Coréia do Norte abandonou o Tratado de Não-Proliferação Nuclear e, em 2005, admitiu possuir armas nucleares. Os EUA romperam com o tratado de desnuclearização da península coreana e a tensão entre as duas nações tem crescido.

A Índia e o Paquistão lutam pela posse de territórios e pela redefinição das fronteiras na **Caxemira**. Essa região, de maioria muçulmana, foi incorporada à Índia em 1947 e posteriormente dividida entre China, Índia e Paquistão. Apesar do cessar-fogo em 2003, ela continua sendo foco de conflitos entre a Índia (maioria de religião hindu) e o Paquistão (maioria muçulmana). Esses dois países contam com armas nucleares. A população da Caxemira indiana quer a reunificação com o Paquistão.

A África e seus problemas

No século XX a África passou por um processo de descolonização (como já vimos no capítulo 4). Muitos dos novos países formados mergulharam em uma prolongada guerra civil, como Moçambique (1975-1992) e Angola (1961-2002), que tiveram suas economias arrasadas e um saldo de 2 milhões de mortos.

Na maioria dos países da África (principalmente na Subsaariana), conflitos étnicos — incentivados, muitas vezes, por países estrangeiros que utilizam a política de "dividir para dominar" —, e disputas por territórios e recursos naturais têm provocado uma sucessão de guerras civis. Esses fatores, somados à dependência das exportações de produtos primários e à grande incidência de doenças, entre outros, têm agravado a situação de pobreza e fome, além de piorar o nível de desenvolvimento nesse continente (em 2003, quase a metade de sua população vivia abaixo da linha de pobreza).

A diversidade étnica, presente na maioria dos Estados africanos, advém do fato de que os colonizadores — interessados em territórios e riquezas — não respeitaram identidades para definir as fronteiras.

Observe alguns conflitos na África.

No Sudão, uma guerra civil que dura desde 1950 entre muçulmanos e cristãos já provocou 2 milhões de mortes. Em 2004, com a intervenção dos EUA, os grupos em conflito tentavam chegar a um acordo.

Em Ruanda (região rica em diamante, ouro, estanho etc.), em 1994, tiveram início conflitos entre a minoria étnica tutsi e a maioria hutu, que liderou o processo de independência. Estimulado pelos colonizadores belgas, este conflito já deixou mais de 1 milhão de mortos (90% da minoria tutsi). Milhares de refugiados tiveram de se espalhar pelos países vizinhos. Observe a figura 8.8.

FIGURA 8.8 Fugindo da guerra, iniciada em 1994, milhares de pessoas saíram de Ruanda e se refugiaram no Zaire (atual República Democrática do Congo) e na Tanzânia. Na foto, estrada de Ruanda com refugiados do campo de Kibumba em Goma, República Democrática do Congo, 1999.

PETER TURNLEY / CORBIS-STOCK PHOTOS

Na República Democrática do Congo (RDC), antigo Zaire, a presença dos hutus tem sido motivo para rebeliões no país. Os governos de Uganda e Ruanda apoiaram os rebeldes que tomaram o poder em 1997. Em 1998, os novos governantes romperam com seus antigos aliados e pediram apoio a Angola, Zimbábue e Namíbia. Eclodiu uma nova guerra civil na RDC e os antigos aliados (Uganda e Ruanda) apoiaram os novos rebeldes. Em 2003 foi assinado um acordo de paz. No entanto, os combates prosseguiam em 2004.

Em Burundi, desde 1994 uma guerra civil entre as etnias hutu e tutsi já deixou milhares de mortos e refugiados.

Como se vê, rivalidades étnicas, riquezas naturais (como o diamante) e até mesmo o tráfico de armas têm envolvido diversos países africanos em conflitos.

América Latina

Na América Latina, uma guerra civil na Colômbia colocou em lados opostos o governo (que contava com a ajuda dos EUA) e guerrilheiros de esquerda e grupos paramilitares de direita. A guerrilha atua no país desde 1964. Na década de 1980, organizaram-se quadrilhas que passaram a viver do tráfico de drogas, formando cartéis, como o de Cali e o de Medellín.

Cuba tem conseguido sobreviver ao fim da URSS, mas os EUA pressionam para que haja mudanças políticas e econômicas, por meio do embargo comercial, em vigor há mais de 40 anos.

No Haiti, 80% da população vive abaixo da linha de pobreza. Após um prolongado período de ditadura (1957-1986), caracterizado por perseguições, corrupção e crueldades, foram realizadas eleições em 1990. O presidente eleito foi deposto no mesmo ano e, em 1994, voltou ao país com o apoio da ONU e dos EUA, sendo reeleito em 2000. Em 2004, uma insurreição obrigou-o a renunciar e um alto funcionário da ONU (ligado aos EUA) assumiu o comando do país até as eleições, previstas para 2005. Uma força de paz comandada pelo Brasil foi enviada pela ONU a fim de controlar a situação. Observe a figura 8.9.

THONY BELIZAIRE / AFP PHOTO

FIGURA 8.9 Soldado brasileiro da força de paz da ONU ajuda criança na cidade de Gonairees, no Haiti, em 2004.

Estados Unidos: intervenções e poder de ataque

Já vimos que, após o fim da Guerra Fria, os EUA firmaram-se como única superpotência, fortalecendo sua liderança mundial, calcada cada vez mais em ações unilaterais. Segundo o Sipri, em 2003 foi registrado um aumento mundial de 11% em despesas armamentistas, num total de 956 bilhões de dólares, sendo que 47% correspondem aos gastos dos EUA em suas missões no Afeganistão, no Iraque e na guerra contra ações terroristas. Esses números chegam perto dos maiores gastos da Guerra Fria, em 1987.

Desde a década de 1990, os EUA vêm intensificando suas ações militares, com intervenções na Guerra do Golfo (1991), na Somália (1992-1994), no Haiti (1994 e 2004), na Iugoslávia (1995), no Sudão (1998), em Kosovo (1999), no Afeganistão (1998 e 2001) e no Iraque (2003).

Após os ataques sofridos em setembro de 2001, como já vimos, os EUA invadiram o Afeganistão, adotando uma postura unilateral e dispensando o apoio de outros países e de organizações como a ONU. Desenvolveram a **Doutrina Bush**, pela qual justificam intervenções ou ataques preventivos a países suspeitos de apoiar ações terroristas ou de possuir armas químicas, biológicas ou nucleares (como na invasão ao Iraque em 2003), mesmo sem o aval de organizações internacionais. O mapa abaixo (figura 8.10) mostra as principais bases militares estadunidenses, estrategicamente localizadas em todos os continentes.

FIGURA 8.10 • BASES MILITARES DOS EUA (2002)

Fonte: *L'Atlas du monde diplomatique*. Paris: Le monde diplomatique, s.d. p. 96.

Conflitos indígenas no mundo

Se apesar de séculos de colonização, guerras e doenças alguns povos nativos e indígenas em todos os continentes conseguiram sobreviver e preservar sua cultura, atualmente isso é quase impossível.

Isso porque, desde a Revolução Industrial e, principalmente, na era da globalização, aumentou a necessidade de expansão e de exploração de novos espaços de lucro, como, por exemplo, para a obtenção de matérias-primas minerais (como o petróleo), o que afetou o modo de vida dessas populações. Leia o texto do boxe e observe a figura 8.11.

A indústria extrativa e os povos indígenas

"Porque muitos dos recursos naturais intactos do mundo estão localizados em territórios de povos indígenas, a difusão mundial de investimentos na indústria mineira e a sobrevivência dos povos indígenas estão inextricavelmente ligados [veja a figura 8.11]. Essas tendências aumentaram a pressão sobre os territórios dos povos indígenas, resultando em desalojamentos forçados na Colômbia, Gana, Guiana, Indonésia, Malásia, Peru e nas Filipinas. Se as atuais tendências se mantiverem, a maioria das grandes minas pode acabar por estar em território de povos indígenas."

Relatório do desenvolvimento humano 2004. Nova Iorque: ONU/Pnud, 2004. p. 86.

FIGURA 8.11 • EVOLUÇÃO DOS INVESTIMENTOS EM INDÚSTRIA EXTRATIVA (1988-1997)

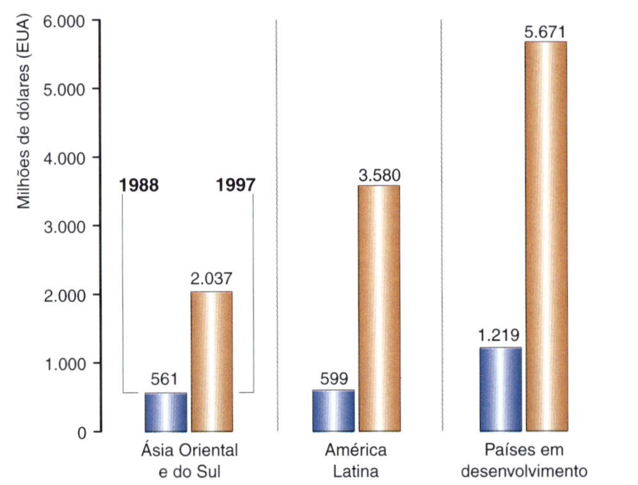

Fonte: *Relatório do desenvolvimento humano 2004.* Nova Iorque: ONU/Pnud, 2004. p. 86.

Na América, na África, na Ásia e na Oceania, grupos indígenas marginalizados lutam pelo direito de preservar sua cultura e seu modo de vida, exigindo que sua identidade seja reconhecida e aceita num mundo globalmente integrado.

HAROLDO PALO JR / KINO

A Terra manifesta sua força e beleza. Colhereiros e jaburus (espécies de aves) em lagoa no Pantanal (MS), 2000.

UNIDADE III

PAISAGENS NATURAIS: DINÂMICA, UTILIZAÇÃO E IMPACTOS

CAPÍTULO 9 OS IMPACTOS DA ATIVIDADE HUMANA SOBRE O AMBIENTE, 140

CAPÍTULO 10 A TERRA: MOVIMENTOS, ESTRUTURA E EVOLUÇÃO, 153

CAPÍTULO 11 A DINÂMICA DA LITOSFERA: O RELEVO E SEUS AGENTES, 170

CAPÍTULO 12 MINERAIS, ROCHAS E SOLOS, 189

CAPÍTULO 13 A ATMOSFERA E SUA DINÂMICA: O TEMPO E O CLIMA, 205

CAPÍTULO 14 CLIMA, BIODIVERSIDADE E FORMAÇÕES VEGETAIS, 226

CAPÍTULO 15 AS GRANDES PAISAGENS NATURAIS DA TERRA, 243

CAPÍTULO 16 UTILIZAÇÃO E DEGRADAÇÃO DE FLORESTAS, RIOS E MARES, 260

9.

Os impactos da atividade humana sobre o ambiente

1 Tecnologia, consumo e degradação ambiental

Desenvolvimento tecnológico e meio ambiente

Até o final do século XVIII, nem o número de pessoas nem a tecnologia disponível tinham força suficiente para modificar os sistemas da Terra (ar, água, seres vivos). Foi somente nos últimos 200 anos, sobretudo com a Revolução Industrial e o grande aumento populacional, que a atividade humana começou a afetar o meio ambiente de forma significativa, assumindo proporções assustadoras nos últimos 50 anos.

Mico-leão-dourado, Rio de Janeiro, RJ.

LUCIANO CANDISANI / KINO

A revolução tecnológica permitiu que a humanidade alcançasse níveis cada vez mais elevados de desenvolvimento científico e educacional. No entanto este processo avançou pouco no sentido de resolver problemas básicos da humanidade (como a pobreza) e desenvolver formas de utilização menos predatórias da natureza. Ao contrário, aprimorou técnicas de intervenção e apropriação dos recursos naturais — na maior parte das vezes agressivas —, aumentando e diversificando a poluição e os impactos ambientais. Observe a figura 9.1.

CORTESIA NASA / GSFC / LARC / JPL, MISR TEAM

FIGURA 9.1 Imagem aérea de Rio Branco, no Acre, mostrando parte da Floresta Amazônica (verde), onde se vêem as marcas da extensa devastação (marrom) e um foco de fumaça de queimada ao Norte (julho de 2000).

LEMBRETE

Por **poluição ambiental** devemos entender o resultado de qualquer tipo de ação ou obra humana capaz de provocar deterioração ou degradação do meio ambiente. Existe outra definição, muito interessante, segundo a qual "poluição é muito de alguma coisa no lugar errado". Por exemplo, fosfatos e outros nutrientes são essenciais às plantas ou à vida aquática, porém, se utilizados em quantidades excessivas, passam a ser prejudiciais, podendo, inclusive, provocar desastres ecológicos.

Consumo e natureza

Com o aumento da população mundial, cresceram também a quantidade e a variedade de produtos e bens utilizados, e as pressões sobre o meio ambiente.

Segundo o relatório denominado *Estado do mundo 2004*, da ONG Worldwatch Institute (WI), "conforme um estudo recente, 1,7 bilhão de pessoas — 27% da humanidade — já entraram na sociedade de consumo. Desse grupo, aproximadamente 270 milhões estão nos Estados Unidos e no Canadá, 350 milhões na Europa Ocidental e 120 milhões no Japão. Porém, quase metade dos consumidores mundiais vive agora nos países em desenvolvimento, incluindo 240 milhões na China e 120 milhões na Índia — cifras que dispararam dramaticamente nas últimas duas décadas à medida que a globalização introduziu milhões de pessoas no mercado de bens de consumo, fornecendo ao mesmo tempo tecnologia e capital necessários para sua produção e disseminação".

O fato de a Índia e a China contarem mais de 1 bilhão de habitantes cada relativiza estes dados. O mesmo relatório nos informa que "o grande contingente de consumidores da China e da Índia constitui apenas 16% da população, enquanto na Europa esta cifra atinge 89%. Efetivamente, na maioria dos países em desenvolvimento, a classe de consumidores representa menos da metade da população — às vezes, muito menos". Observe na tabela que os 11,6% da população mundial que vivem na América do Norte e na Europa Ocidental respondem por 60,2% do consumo privado global, enquanto a terça parte da humanidade, que vive no Sul da Ásia e na África Subsaariana, representa apenas 3,2% deste consumo.

GASTOS COM CONSUMO E POPULAÇÃO POR REGIÃO (2000) em %

Região	Participação nos gastos mundiais do consumo privado	Participação na população mundial
Estados Unidos e Canadá	31,5	5,2
Europa Ocidental	28,7	6,4
Leste da Ásia e Pacífico	21,4	32,9
América Latina e Caribe	6,7	8,5
Europa Oriental e Ásia Central	3,3	7,9
Sul da Ásia	2,0	22,4
Austrália e Nova Zelândia	1,5	0,4
Oriente Médio e África do Norte	1,4	4,1
África Subsaariana	1,2	10,9

Fonte: WORLDWATCH INSTITUTE. *Estado do mundo 2004*. Salvador: UMA, 2004. p. 7.

As formas de poluição e degradação ambientais muitas vezes são locais, mas elas também atingem escala global. Dois exemplos de que a poluição não distingue fronteiras: em 1986, nuvens radioativas provenientes da explosão de um reator da usina nuclear de Chernobyl, situada em Kiev (Ucrânia), se espalharam por vários países europeus; em 1989, o naufrágio do navio Exxon Valdez produziu **marés negras** (marés tingidas pelo petróleo) no litoral do Alasca.

Fica claro que a pressão que o crescimento sem precedentes do consumo exerce sobre o ambiente ameaça muitos dos países e das pessoas que menos consomem.

O *Relatório do desenvolvimento humano 1998*, encomendado pelo Programa das Nações Unidas para o Desenvolvimento, observa que "os países industrializados modernos são os consumidores dominantes, mas a população dos países mais pobres do mundo paga, proporcionalmente, o preço mais elevado — pela poluição e pela degradação das terras, das florestas, dos rios e dos oceanos que constituem o seu sustento. A esmagadora maioria dos que morrem por efeito da poluição do ar e da água são habitantes pobres de países em desenvolvimento. São também os mais afetados pela desertificação e serão os mais atingidos pelas inundações, as tempestades e as quebras nas colheitas, devido ao aquecimento da atmosfera no nível mundial. Também em todo o mundo, os pobres geralmente vivem nas proximidades das fábricas poluentes, das estradas com maior trânsito e dos locais de despejo de lixo [...]". (Disponível em: http://www.undp.org.br/HDR/Hdr98/Press/consumidores.html. Acesso em: 23 jul. 2005.) Observe a figura 9.2, na página ao lado.

FIGURA 9.2 A população pobre consome menos, mas paga um alto preço pela poluição e pela contaminação ambiental. Favela na beira de uma ferrovia em Calcutá, na Índia, em 2000.

Crescimento econômico e alteração do equilíbrio natural

Segundo dados da publicação *Financiamento do desenvolvimento mundial 2004*, do Banco Mundial, o crescimento econômico mundial aumentou de 1,8% em 2002 para 3,7% em 2004. A taxa de crescimento dos países em desenvolvimento, estimada em 4,8% em 2003, passou a 5,4% em 2004, superando o recorde de 5,2% atingido no ano 2000.

Aquecer a economia geralmente significa dizer que estão sendo realizados mais empreendimentos envolvendo uma maior utilização de recursos naturais. No atual modelo de crescimento da grande maioria dos países, os fatores econômicos têm grande peso nos avanços e retrocessos dos índices de degradação ambiental. Podemos citar como exemplos desta relação entre fatores que alimentam o crescimento econômico mas que, em geral, causam impactos ambientais, o aumento no uso de energia, o aumento do consumo e da produção industrial, a expansão de áreas agrícolas com a conseqüente ocupação de áreas com vegetação nativa etc.

A rápida expansão do setor de comunicações, da informação e do comércio mundial está provocando uma difusão global da sociedade Ocidental de consumo para lugares distantes do planeta. Produtos ocidentais supérfluos como cigarros, bebidas e redes de *fast-food* começaram a ter ampla aceitação nos ex-países socialistas, nas economias de transição e em países anteriormente com cultura fechada ao mundo Ocidental. Assistimos, assim, a uma rápida globalização do consumo, com o aumento da circulação de bens e, conseqüentemente, da utilização de recursos naturais. Leia o texto do boxe a seguir.

A economia e a ecologia

"A Divisão de População das Nações Unidas calcula que a população mundial crescerá 41% até 2050, atingindo 8,9 bilhões de pessoas. Da mesma forma que a crescente aquisição de aparelhos eletrodomésticos e automóveis pode acabar com a economia de energia conquistada pelas melhorias de eficiência, esse aumento nos números humanos ameaça neutralizar qualquer avanço na redução do volume de bens que cada pessoa consome. Por exemplo, mesmo que o americano comum coma 20% menos carne em 2050 do que comia em 2000, o consumo total de carne nos Estados Unidos será aproximadamente 5 milhões de toneladas superior em 2050 devido, unicamente, ao crescimento populacional. [...]

Realmente, a própria existência do desperdício, ou refugo no sentido mais tradicional — seja de domicílios, minas, canteiros de obras e fábricas —, demonstra que as economias industriais são falhas em seus projetos. Contrastando com os bens e serviços produzidos pelos milhões de outras espécies do nosso planeta, que geram subprodutos úteis e não refugo sem valor, as economias humanas são projetadas sem muita atenção aos resíduos da produção e do consumo.

O impacto dessa falha é gigantesco, a começar pelo extrativismo. Por cada tonelada aproveitável de cobre, por exemplo, são descartadas 110 toneladas de restos rochosos e minérios. À medida que os metais rareiam, o refugo tende a aumentar: para se obter o ouro necessário para fazer uma aliança de casamento, são produzidas cerca de 3 toneladas de resíduo tóxico. [...]

É certo então, tanto sob uma perspectiva ambiental quanto econômica, que é chegada a hora para uma alteração de curso. Mas será que uma recalibração é viável? Certamente, um grande e repentino declínio no consumo provavelmente faria a economia mundial cair em parafuso. Porém é muito mais provável que uma economia menos consumista venha a surgir gradativamente. Isso daria tempo para uma reorientação de como funciona uma economia, dando às empresas uma oportunidade de se ajustarem."

WORLDWATCH INSTITUTE. *Estado do mundo 2004*. Salvador: UMA, 2004. p. 6, 18 e 146.

2 AÇÕES EM DEFESA DO MEIO AMBIENTE E DA QUALIDADE DE VIDA

Os problemas relacionados ao meio ambiente são muito antigos, mas tanto a percepção das reais conseqüências da utilização indevida dos recursos naturais e dos efeitos globais dessas agressões quanto a reação a eles são fatos bem mais recentes.

A partir de 1972, com a realização da **Conferência Mundial sobre o Meio Ambiente Humano** ou **Conferência de Estocolmo**, na Suécia — patrocinada pela ONU —, começou a se configurar a consciência da relação entre crescimento econômico e meio ambiente. Nesta conferência foram estabelecidos princípios para orientar os povos na conservação do meio ambiente.

Anos mais tarde, em julho de 1992, no Rio de Janeiro, realizou-se a Conferência Mundial sobre o Meio Ambiente e Desenvolvimento, a **ECO-92** ou **Rio-92**, da qual participaram 114 chefes de Estado, além de representantes de organismos internacionais, como o FMI e o Banco Mundial. O principal objetivo da Rio-92 foi examinar a possibilidade de estabelecer direitos e obrigações gerais dos Estados em matéria ambiental. Os dois documentos mais importantes aprovados foram a Carta da Terra e a Agenda 21. Leia o texto do boxe.

Carta da Terra e Agenda 21

A **Carta da Terra** é uma declaração de princípios que tem por finalidade orientar o comportamento econômico e ecológico dos povos e das nações quanto ao desenvolvimento e ao meio ambiente.

A **Agenda 21** é um programa de ações para os governos que estabelece metas e diretrizes de aliar o desenvolvimento aos objetivos de conter a degradação ambiental e permitir a continuidade da vida no planeta.

Em setembro de 2002 realizou-se em Johannesburgo (África do Sul) a **Conferência das Nações Unidas sobre o Desenvolvimento Sustentável**, também conhecida como **Rio + 10**. Chefes de Estado de todo o mundo reuniram-se novamente, desta vez para avaliar os dez anos decorridos desde a Rio-92. A conclusão foi que houve avanços de legislação, regulamentos e conscientização em todas as partes do globo. Em contrapartida, as ações concretas foram muito poucas. Atualmente há em todo o mundo inúmeras **organizações não-governamentais (ONGs)** e partidos políticos dedicados à defesa ambiental.

ANTÔNIO GAUDÉRIO / FOLHA IMAGEM

FIGURA 9.3 Para separar o ouro do cascalho o garimpeiro utiliza mercúrio, correndo o risco de contaminar as águas. Rio Xingu, Altamira, PA, 2003.

Desenvolvimento sustentável e socioambiental

Sabemos que, num mundo industrializado e com grande aumento populacional, dependemos cada vez mais dos recursos naturais. No entanto, aliar o crescimento à conservação de recursos é um grande desafio para toda a humanidade.

O termo **desenvolvimento insustentável** tem sido muito utilizado para definir as atividades que "diminuem a capacidade a longo prazo da Terra de dar condições à vida, ou põem em risco os sistemas naturais (inclusive o solo, a água, o ar e os organismos vivos) que dão condições à vida". (CORSON, Walter H. *Manual global de ecologia*. São Paulo: Augustus. 1993. p. 6).

A partir da segunda metade do século XX surgiram visões e propostas antagônicas em relação à utilização dos recursos naturais do planeta. A idéia **desenvolvimentista**, que predominou nas décadas de 1950 a 1970, considerava infinita a possibilidade de utilização dos recursos naturais, mesmo dentro de um sistema finito. Mas os alarmes a respeito da vulnerabilidade da natureza logo desfizeram a idéia de um planeta inesgotável. Observe a figura 9.3.

Paralelamente surgiram movimentos ecologistas que preconizavam uma alternativa mais natural para a sociedade, propondo o **preservacionismo**, cuja idéia era manter praticamente intocáveis os ecossistemas naturais. Atualmente mostra-se quase impossível manter um ambiente intocado, pois com o desenvolvimento industrial e o crescimento da população, a demanda por recursos naturais como água, energia, minerais etc é crescente. É necessário que o desenvolvimento técnico da humanidade ofereça também soluções inteligentes para um ambiente mais saudável e equilibrado.

LES STONE-ZUMA / CORBIS-STOCK PHOTOS

FIGURA 9.4 Pessoas alojadas sobre as árvores em manifestação da ONG Greenpeace contra o desmatamento de floresta em Petersburg, no Sudoeste do Alasca (agosto de 2004).

Tentando compatibilizar crescimento econômico, industrial e do consumo com a utilização da natureza, a corrente conservacionista propôs a **conservação de recursos**, que corresponde ao uso mais racional possível dos materiais e substâncias utilizados na produção de bens de consumo. Neste caso estariam, por exemplo, o emprego de menor quantidade de materiais e a produção de bens de consumo de maior durabilidade (redução dos descartáveis).

Em 1987 a ONU publicou o relatório *Nosso futuro comum*, que definia o **desenvolvimento sustentável** ou **sustentabilidade**, ou ainda **ecodesenvolvimento**, cuja meta era aliar o crescimento econômico à proteção do meio ambiente. Propunha a exploração ambiental de forma planejada, racional e limitada, satisfazendo as necessidades da população, mas respeitando os limites dos recursos necessários à vida das gerações futuras, por meio da utilização de tecnologias não-agressivas e da manutenção das estruturas básicas dos ecossistemas. Defendia também a partilha do crescimento econômico entre países em desenvolvimento e desenvolvidos.

O **desenvolvimento socioambiental** é uma proposta que visa à adoção, em escala global, de um novo padrão de crescimento econômico conciliando desenvolvimento, justiça social e proteção ambiental, ou seja, promover o avanço socioeconômico sem comprometer o ecossistema local e global. Nessa concepção, a melhoria na qualidade de vida das populações inclui uma atuação responsável na conservação da biodiversidade como patrimônio de todos os seres humanos.

3 A SITUAÇÃO DO PLANETA: BUSCANDO SOLUÇÕES

Anualmente são gastos bilhões de dólares com objetivos militares: guerras, conflitos, segurança de fronteiras e manutenção da paz. Os problemas sociais e ambientais na maior parte das vezes ficam relegados ao segundo plano. Apenas uma pequena parcela do PIB mundial (cerca de US$ 40 trilhões, em 2004) seria suficiente para solucionar muitos problemas sociais e ambientais.

A disputa por recursos naturais — sobretudo água, petróleo, minérios (diamantes, ouro, prata, cobre) e madeira — está na origem de pelo menos um quarto das 49 guerras e grandes conflitos registrados entre 2000 e 2002 (*Estado do mundo 2002*). Em especial para os países pobres, ter em seu território grande riqueza de recursos naturais freqüentemente provoca a ocorrência de guerras e invasões. As lutas por esses recursos e a sua extração têm causado efeitos ambientais e sociais danosos às populações locais.

Também são gastas verdadeiras fortunas para limpar os dejetos tóxicos das indústrias poluidoras, despejados no solo, no ar e nos rios. O mais lógico seria a utilização desses recursos para evitar a degradação ambiental.

Observe no mapa (figura 9.5) os mais importantes problemas ambientais do planeta, e leia as informações do boxe da página 148 sobre algumas tendências globais de degradação dos recursos naturais e do meio ambiente, relacionadas pela publicação *Estado do mundo 2004*.

Fonte: *O mundo hoje*. São Paulo: Ensaio, 1992-1993. p. 34-35.

FIGURA 9.5 • OS PONTOS CRÍTICOS DA TERRA

Pontos críticos

1. Amazônia (queimadas e desmatamento)
2. Cidade do México (poluição atmosférica)
3. Sul da Flórida (crescimento urbano desordenado)
4. América do Norte (chuva ácida)
5. Mar do Norte (poluição por petróleo)
6. Europa (chuva ácida)
7. Chernobyl (acidente nuclear)
8. Mar de Aral (processo de desertificação)
9. Bangladesh (inundações provocadas pelas agressões à natureza)
10. Sopé do Himalaia (poluição causada por turistas)
11. Rio Huang-Ho (poluição por navios)
12. Florestas pluviais e tropicais (desmatamento)
13. Sahel, África (desertificação)
14. Golfo Pérsico (derramamento de petróleo no transporte)
15. Espaço sideral (lixo espacial)
16. Atmosfera terrestre (poluição, buraco na camada de ozônio)

Degradação dos recursos naturais e do meio ambiente

- O consumo global de carvão, petróleo e gás natural foi 4,7 vezes maior em 2002 do que em 1950.
- Mais da metade das terras alagadas do planeta — de pântanos costeiros a baixios interioranos — foi perdida devido, em grande parte, à drenagem ou ao aterro para loteamento ou agricultura.
- Cerca de metade da cobertura florestal original do mundo também já deixou de existir, enquanto outros 30% estão degradados ou fragmentados.
- O nível do mar subiu 10-20 centímetros no século XX (uma média de 1-2 milímetros ao ano) como conseqüência do degelo da massa continental polar e da expansão dos oceanos devido à mudança climática.
- Cerca de 10-20% das terras cultivadas no mundo sofrem algum tipo de degradação, enquanto mais de 70% dos pastos globais estão degradados. Ao longo do último meio século, a degradação do solo reduziu a produção de alimentos em cerca de 13% nas terras cultivadas e 4% nos pastos.
- Em 1999, o pescado total foi 4,8 vezes o volume de 1950. Apenas nos últimos 50 anos as frotas de traineiras pescaram pelo menos 90% de todos os grandes predadores oceânicos — atum, marlim, peixe-espada, tubarão, bacalhau, halibut, arraia e linguado.
- O bombeamento excessivo da água subterrânea está causando declínio dos lençóis freáticos em regiões agrícolas chave na Ásia, África do Norte, Oriente Médio e Estados Unidos. A qualidade da água também está se deteriorando devido ao escoamento de fertilizantes e pesticidas, produtos petroquímicos que vazam de tanques de armazenagem, solventes clorados, metais pesados despejados pelas indústrias e lixo radioativo de usinas nucleares.

Fonte: *Estado do mundo 2004*. Salvador: UMA, 2004. p. 19.

FIGURA 9.6 Computadores jogados no lixo ao lado de uma loja de produtos eletrônicos em Honolulu, Havaí, EUA, 2003.

GETTY IMAGES

É urgente uma mudança nos padrões produtivos e na concepção de consumo: fabricar produtos mais duráveis, evitando substituições, reduzir o uso de descartáveis e de produtos com **obsolescência programada** (em que o produto deixa de funcionar após um tempo predeterminado) são algumas das medidas necessárias. É possível também reduzir ou eliminar problemas ambientais por meio da reorientação da tecnologia para fins de conservação dos recursos e um melhor planejamento na sua utilização. No entanto, a questão da preservação do meio ambiente envolve muitos interesses e afeta o bem-estar social dos países desenvolvidos e das elites dos países subdesenvolvidos. Observe a figura 9.6.

Uma proposta alternativa, conhecida como **berço-a-berço**, indica como solução criar sistemas integrados e fechados. Nesse sistema, todos os subprodutos de uma indústria são aproveitados por outra: os materiais circulam num ciclo perpétuo de produção, recuperação e refabricação, movidos pela energia renovável do Sol. Leia o texto do boxe na página ao lado.

Alternativa berço-a-berço

"Imaginemos um mundo onde tudo que fazemos, usamos e consumimos nutre a natureza e a indústria — um mundo onde o crescimento é bom e a atividade humana gera uma pegada ecológica agradável e restauradora.

Embora isso possa parecer heresia para muitos no mundo do desenvolvimento sustentável, as qualidades destrutivas do sistema industrial moderno de berço-a-túmulo podem ser consideradas como resultado de um problema fundamental de planejamento, e não a conseqüência inevitável do consumo e da atividade econômica. Efetivamente, o bom planejamento — o planejamento ético, baseado nas leis da natureza — pode transformar o fazer e consumir numa força regeneradora.

Esse novo conceito de planejamento — conhecido como berço-a-berço — vai além da modernização dos sistemas industriais para redução de seus efeitos danosos. Abordagens convencionais à sustentabilidade freqüentemente fazem do uso eficiente de energia e materiais seu objetivo final. Embora possa ser uma estratégia útil de transição, tende a reduzir os impactos negativos sem transformar a atividade danosa. A reciclagem de carpetes, por exemplo, pode reduzir o consumo, porém, caso o forro contenha PVC, como a maioria dos forros de carpetes, o produto reciclado ainda está numa viagem só de ida para o aterro, onde se transforma em resíduo perigoso.

O planejamento berço-a-berço, por outro lado, oferece um arcabouço onde os ciclos efetivos e regenerativos da natureza proporcionam modelos para projetos humanos totalmente positivos. Dentro dessa estrutura podemos criar economias que purificam o ar, a terra e a água; que dependem da receita solar e não geram nenhum resíduo tóxico; que utilizam materiais seguros e sadios, reabastecendo o planeta e sendo eternamente reciclados, e que geram benefícios que realçam toda a forma de vida.

Ao longo da última década, a estrutura berço-a-berço evoluiu constantemente da teoria à prática. No mundo industrial, está se criando um novo conceito de materiais e de fluxos de materiais. Da mesma forma que ocorre no mundo natural, onde o 'resíduo' de um organismo circula através de um ecossistema, proporcionando alimento para outras criaturas vivas, os materiais de berço-a-berço circulam em ciclos de laço fechado, fornecendo nutrientes para a natureza ou a indústria.

[...] Honeywell está lançando uma fibra de carpete de alta qualidade chamada *Zeftron Savant*, feito da fibra de *nylon* 6, perpetuamente reciclável. Zeftron Savant foi projetada para ser recuperada e repolimerizada (retornada a suas resinas constituintes) para transformar-se num novo material para novos carpetes. Na realidade, a Honeywell pode recuperar o velho e convencional nylon 6 e transformá-lo em Zeftron Savant, ou seja, uma efetiva reciclagem 'ascendente', e não 'descendente', de um material industrial. O nylon é 'rematerializado', e não 'desmaterializado' — um produto verdadeiramente berço-a-berço."

WORLDWATCH INSTITUTE. *Estado do mundo 2004*. Salvador: UMA, 2004. p. 130-131.

O Worldwatch Institute estima que 14 milhões de empregos foram gerados por uma economia ambientalmente sustentável no mundo todo. Exemplo de empregadoras são as indústrias de material reciclável, de novas fontes de energia renováveis (indústria de aquecedores solares, de energia eólica) etc. Observe a figura 9.7.

WGNER SANTOS / KINO

FIGURA 9.7 Usina eólica, que utiliza a força do vento para gerar energia, em Fernando de Noronha, PE, 2002.

Somente nas últimas décadas a humanidade acordou para as causas ambientais, embora ainda não tenha atingido maturidade na gestão ambiental. O equilíbrio entre sociedade e natureza depende muito da união entre fatores como consciência, ações governamentais e atuação da sociedade organizada. Também é importante a utilização dos meios tecnocientíficos na solução desses problemas. Para tanto, antes de tudo, é necessário dominar o conhecimento das leis da natureza.

Nos próximos capítulos desta unidade estudaremos os recursos naturais da Terra, as leis de funcionamento da natureza, a poluição e degradação de ecossistemas, e a busca de soluções para tais problemas. Analisaremos exemplos das inúmeras (e cada vez mais preocupantes) interferências do homem na natureza, como o lixo e os acidentes atômicos, a exploração irracional e o esgotamento dos recursos naturais, a alteração do clima local e global, a destruição de espécies de plantas e animais, a degradação dos recursos hídricos, a poluição do ar e os métodos predatórios de agricultura, entre outros.

Veremos também de que forma esses problemas podem ser amenizados ou até eliminados mediante a utilização de práticas corretas, como a exploração dos recursos de forma racional, a adoção de práticas conservacionistas na agricultura e na exploração da vegetação, a utilização de fontes alternativas de energia etc.

Praticando e Aprendendo

Organizando o conteúdo

1. Leia o texto e responda.

> "A tecnologia tem estado no coração do progresso humano desde os tempos mais antigos. Os nossos antepassados pré-humanos preparavam varas para alcançar alimentos, usavam folhas para apanhar água e atiravam pedras quando estavam zangados, tal como os chimpanzés fazem hoje. A primeira espécie humana chama-se *homo habilis* (o 'homem hábil'). Os seus fósseis, com mais de 2,5 milhões de anos, jazem ao lado de pedras lascadas, as primeiras incontestáveis ferramentas de pedra."
>
> (*Relatório do desenvolvimento humano 2001*. Nova Iorque: ONU/Pnud, 2001. p. 27.)

a) Discuta com seus colegas: A tecnologia é uma marca e uma identidade humana?

b) Relacione a utilização indevida dos avanços tecnológicos com a destruição ambiental.

c) Em que período da história humana a poluição ambiental atingiu proporções assustadoras?

2. O atual modelo econômico estimula o consumo crescente de bens materiais. Quais são as conseqüências deste fato para a natureza?

3. Segundo o relatório *Estado do mundo 2004*, apenas 12% da população mundial que vive na América do Norte e na Europa responde por 60% do consumo privado global, enquanto a » terça parte da humanidade, que vive no Sul da Ásia e na África Subsaariana, representa apenas 3,2%. Em sua opinião, de que forma a população de países pobres paga um alto preço pelo consumo nos países ricos?

4. A Rio-92 foi um importante encontro internacional que analisou conjuntamente as questões ambientais e desenvolvimentistas.

a) Na sua opinião, qual a importância de encontros e fóruns internacionais na resolução de problemas nestas áreas?

b) Pesquise na mídia e discuta com seus colegas os avanços e recuos nas decisões tomadas pelos países nas últimas conferências mundiais sobre o meio ambiente.

5. Relacione as colunas:

a) Preservacionismo	Uso mais racional dos materiais e substâncias utilizados na produção de bens de consumo.
b) Conservacionismo	Promover o avanço socioeconômico sem comprometer o ecossistema local e global.
c) Desenvolvimento socioambiental	Manter praticamente intocáveis os ecossistemas naturais.

6. Explique a proposta berço-a-berço e dê sua opinião a respeito de sua viabilidade e da responsabilidade de cada um nesta proposta.

7. Sugestões para discussão em grupo e debate em classe: Na opinião do grupo, como seria um novo conceito de desenvolvimento necessário à saúde ambiental e ao avanço social? Será que teremos de deixar os atuais problemas ambientais por herança às gerações futuras? Como cada um pode contribuir para a melhoria da situação ambiental?

Ampliando o conhecimento

Discutindo a transparência nas decisões ambientais.

Leia o texto e responda às questões.

"Várias catástrofes ambientais já foram produzidas por emissões repentinas e acidentais de substâncias tóxicas vazadas de indústrias químicas, refinarias, navios petroleiros e outras. Em diversos países as leis prevêem planos de emergência, direito de a comunidade saber dos riscos a que está exposta, além do pagamento de indenizações. "Mas nem sempre a lei se coloca com tanta generosidade a serviço da ética social. Acontece que a lei e as instituições sofrem a influência de importantes interesses específicos."

(*O Correio da Unesco*. Rio de Janeiro: FGV/Unesco, jul. 1998. p. 16).

8. Procure em jornais e revistas notícias sobre vazamentos acidentais que tenham prejudicado o meio ambiente, os trabalhadores ou a comunidade local.

9. Analise no artigo quais medidas podem ser tomadas pela empresa poluidora, pelas autoridades e pela população local.

10. Faça um levantamento de empresas que possam causar danos ambientais ou sociais no município em que você mora. Procure saber se elas têm investido em tecnologias mais seguras e se informam a população dos riscos e das medidas preventivas.

11. Discuta com seus colegas: Quais devem ser os deveres e as responsabilidades das empresas e das autoridades quanto aos riscos de acidentes? Quais são os direitos das comunidades que vivem em áreas de risco de acidentes?

O QUE MAIS HÁ PARA VER

Livros

- BARBIERI, Edison. *Desenvolver ou preservar o ambiente?* São Paulo: Cidade Nova, 1996. (Col. Pensar mundo unido)
- BRANCO, Samuel Murgel. *O meio ambiente em debate*. 3. ed. São Paulo: Moderna, 2004. (Col. Polêmica)
- KUPSTAS, Marcia (org.). *Ecologia em debate*. São Paulo: Moderna, 1999. (Col. Debates na escola)
- MINC, Carlos. *Ecologia e cidadania*. São Paulo: Moderna, 2004. (Col. Polêmica)
- NOVAES, Washington. *A década do impasse:* da Rio-92 à Rio+10. São Paulo: Estação Liberdade/Instituto Sócio Ambiental, 2002.
- THE EARTH WORKS GROUP. *50 coisas simples que as crianças podem fazer para salvar a Terra.* 9. ed. São Paulo: José Olympio, 2002.

Filmes

- *Ecologia* (Inglaterra); distr. Encyclopaedia Britannica Educational Corporation; 40 min. Este documentário transmite noções básicas de ecologia, como o funcionamento das cadeias alimentares, o crescimento da população de plantas e animais, e o fator antrópico nessas mudanças.
- *Terra do mar* (Brasil, 1997); dir. Mirella Martinelli e Eduardo Caron; distr. Warner Bros.; 82 min. O documentário mostra o cotidiano de várias vilas de pescadores no litoral Sul do estado de São Paulo. O filme combina paisagens paradisíacas, beleza, harmonia e a relação equilibrada entre o homem e a natureza, em contrapartida com a loucura da vida urbana.

Sites

- http://www.ambientebrasil.com.br *Site* do portal Ambiente Brasil. Exibe informações *on-line* constantemente atualizadas sobre diversos temas que envolvem o meio ambiente, como agropecuária, biopirataria, fauna, resíduos, entre outros. Tem glossário e página de legislações referentes aos temas. Acesso em: 5 maio 2005.
- http://www.greenpeace.org.br Endereço eletrônico da organização Greenpeace com notícias, programas, guia do consumidor, informações, mapa de contaminação, manejo sustentável etc. Acesso em: 25 jun. 2005.
- http://www.mma.gov.br/ *Site* do Ministério do Meio Ambiente. Trata de temas como: Agenda 21, Carta da Terra, Amazônia, assuntos internacionais, biodiversidade, florestas, desenvolvimento sustentável, educação ambiental, recursos hídricos, entre outros. Acesso em: 5 maio 2005.
- http://www.socioambiental.org/ *Site* do Instituto Sócio Ambiental, ONG que atua na área de preservação e conservação ambiental há mais de 30 anos. Apresenta diversos textos sobre desmatamentos na Amazônia, Mata Atlântica, Cerrado, entre outros biomas. Divulga campanhas de proteção ambiental. Tem biblioteca com mapas, legislação e documentos na íntegra. Acesso em: 16 abr. 2005.
- http://www.wwf.org.br/amazonia/default.htm Endereço eletrônico da seção Brasil da organização ambientalista não-governamental WWF, uma das maiores redes mundiais de conservação da natureza. Divulga projetos e campanhas de preservação, além de trazer informações gerais sobre meio ambiente. Acesso em: 25 jun. 2005.
- http://www.wwiuma.org.br Página brasileira da organização Worldwatch Institute, que luta por uma sociedade ambientalmente sustentável. Disponibiliza notícias, artigos, boletins informativos etc. Acesso em: 25 jun. 2005.

10.

A TERRA: MOVIMENTOS, ESTRUTURA E EVOLUÇÃO

1 MOVIMENTOS DA TERRA

A impressão que se tem é que o planeta Terra está parado. No entanto, com sua forma geóide, ou seja, achatada nos pólos e abaulada no Equador, ela realiza diversos movimentos. Dentre eles, os que mais afetam a vida no planeta são os de rotação e translação.

Movimento de rotação: o dia, a noite e os fusos horários

A Terra gira em torno de si mesma — ou de um eixo imaginário que passa pelos pólos — num movimento conhecido como **rotação**. Esse movimento dura 24 horas ou, mais precisamente, 23 horas, 56 minutos e 4 segundos, a uma velocidade de 1.666 km/h na altura do Equador. Nos pólos, a velocidade de rotação é nula.

Esse movimento interfere na circulação atmosférica e no movimento das correntes marítimas. É também responsável pelo achatamento dos pólos, pela dilatação da região equatorial e pelos dias e noites: enquanto no lado da Terra que está voltado para o Sol é dia, no outro é noite.

Stonehenge, na Inglaterra, data da pré-história. Provavelmente era um observatório astronômico.

SARAH JACKSON: EDIFICE / CORBIS-STOCK PHOTOS

Da Terra, temos a impressão de que o Sol "aparece" todos os dias em lugares próximos ao Leste e "desaparece" em locais próximos ao Oeste de onde estamos. Trata-se de um **movimento aparente**, pois na realidade é a Terra que, ao executar o seu movimento de rotação, gira de Oeste para Leste, dando-nos a impressão de que é o Sol que se move ao redor dela.

Com base no movimento de rotação, os seres humanos determinaram as horas e os fusos horários. Devido ao seu formato, a Terra pode ser dividida em 360° ou 360 meridianos. Como demora aproximadamente 24 horas para dar um giro em torno de si mesma, a cada hora ela gira a distância de 15 meridianos ou 15° em relação ao Sol. Com base nesse fato, o globo terrestre foi dividido em 24 fusos horários, cada um deles equivalendo a 1 hora, 15 meridianos ou 15° de longitude.

Adotou-se como fuso de referência o de **Greenwich** (localidade situada nos arredores de Londres, na Inglaterra), para indicar a hora oficial mundial ou hora GMT (*Greenwich Meridian Time*). Esse fuso é formado pela soma de 7,5° a Leste e 7,5° a Oeste do Meridiano de 0° ou de Greenwich.

Como a Terra gira de Oeste para Leste, vemos o Sol primeiro a Leste. Portanto, as horas estão sempre adiantadas no sentido Leste, diminuindo para Oeste. Cada fuso a Leste de Greenwich indica uma hora a mais, e cada fuso a Oeste, uma hora a menos.

O meridiano escolhido para dar início à contagem de um novo dia foi o de 180° (o antimeridiano internacional), que é considerado a **linha internacional de data**, pois nele se processa a mudança de um dia para outro. Foi escolhido um lugar pouco habitado, pois se um viajante cruzar essa linha no sentido Oeste-Leste, ele deve acrescentar um dia (24 horas) à data atual e, se cruzá-la no sentido Leste-Oeste, deve subtrair um dia.

FIGURA 10.1 • OS FUSOS HORÁRIOS NO MUNDO

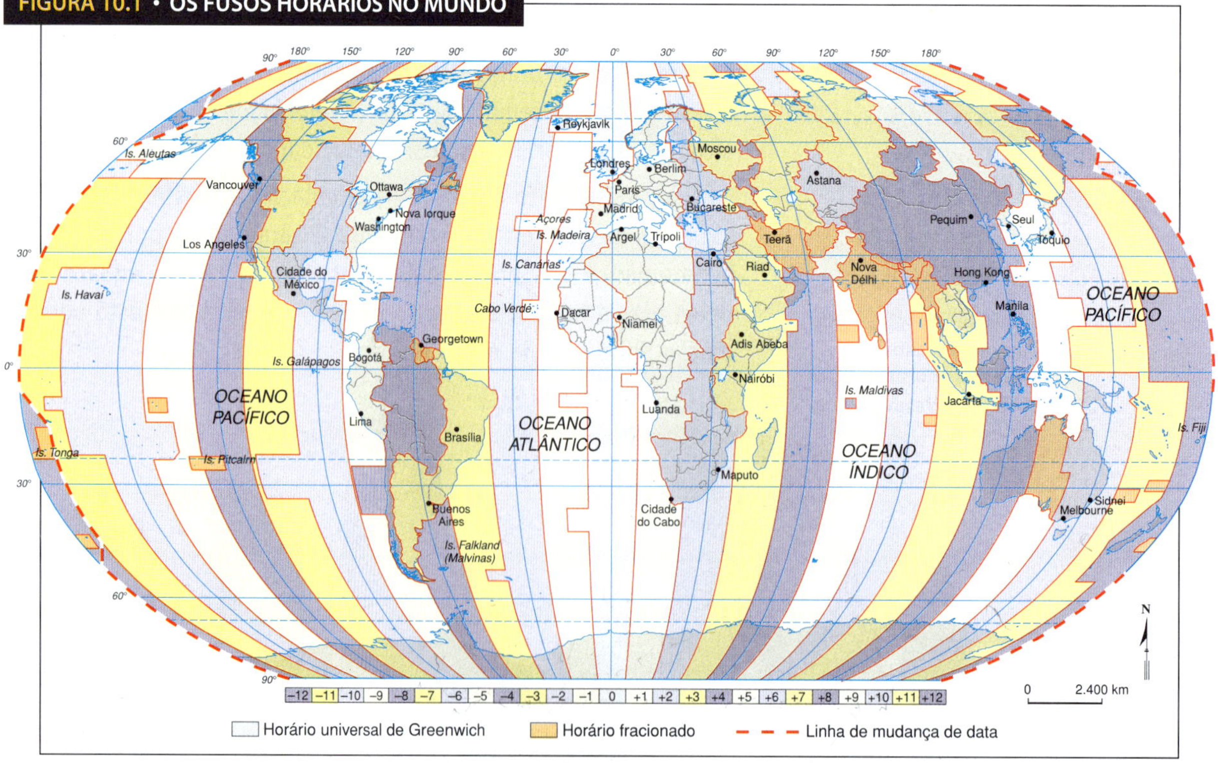

Fonte: *Atlas geográfico escolar / IBGE*. 2. ed. Rio de Janeiro: IBGE, 2004. p. 40.

Observe na figura 10.1 que existe uma linha correspondente ao **limite teórico** e outra correspondente ao **limite prático**. Este último é um recurso mundialmente utilizado para obter uma maior uniformização dos horários, no sentido de evitar que pequenos países e Estados tenham horários diferentes em seu território. Observe ainda que, se em Greenwich é 0 hora, em Sidnei, na Austrália (fuso 10 a Leste), são 10 horas e no Rio de Janeiro (fuso 3 a Oeste) são 21 horas.

Fusos horários no Brasil

Devido à grande extensão Leste-Oeste de seu território, o Brasil tem quatro fusos horários, (observe a figura 10.2), todos situados a Oeste de Greenwich e, portanto, com horários sempre atrasados em relação a Londres. O fuso horário do Brasil que determina a hora oficial do país (hora legal ou hora de Brasília) corresponde ao segundo fuso brasileiro ou ao terceiro fuso a Oeste de Greenwich, portanto com três horas a menos em relação a Londres.

FIGURA 10.2 • BRASIL: FUSOS HORÁRIOS

Fonte: *Atlas geográfico escolar/IBGE*. 2. ed. Rio de Janeiro: IBGE, 2004. p. 96.

Movimento de translação

É o movimento que a Terra, bem como os demais planetas, executam ao redor do Sol. A trajetória (caminho) percorrida chama-se **órbita** e tem forma ligeiramente oval, ou seja, elíptica. Devido a esta forma, a distância entre o Sol e a Terra varia durante o ano, sendo de 147,1 milhões de quilômetros quando o planeta encontra-se mais próximo do Sol (**periélio**), e de 152,1 milhões de quilômetros quando a Terra está mais distante do Sol (**afélio**).

Essa órbita mede cerca de 930 milhões de quilômetros e é percorrida pela Terra em 365 dias e 6 horas ou, mais precisamente, 365 dias, 5 horas, 48 minutos e 48 segundos, a uma velocidade média de 29,9 km/s.

A principal conseqüência do movimento de rotação é a sucessão dos dias e das noites; no caso da translação, é a ocorrência das **estações do ano**, períodos durante os quais, dependendo da posição da Terra em relação ao Sol, os hemisférios Norte e Sul do planeta poderão ser igual ou desigualmente iluminados. Isso, como já visto, tem grande influência na vida em geral e também nas atividades humanas em particular.

Pode-se perguntar: Por que existem as estações do ano? Elas existem por duas razões:

1ª) Os planos do Equador e da órbita terrestre (**plano da eclíptica**) não coincidem, resultando numa inclinação da ordem de 23° 27'. Ou seja, o eixo imaginário da Terra está inclinado em relação ao plano da eclíptica.

2ª) Durante a translação, a Terra ocupa diferentes posições em relação ao Sol, expondo sua superfície aos raios solares de maneira diferenciada. Observe a figura 10.3.

FIGURA 10.3 • O MOVIMENTO DE TRANSLAÇÃO E AS ESTAÇÕES DO ANO

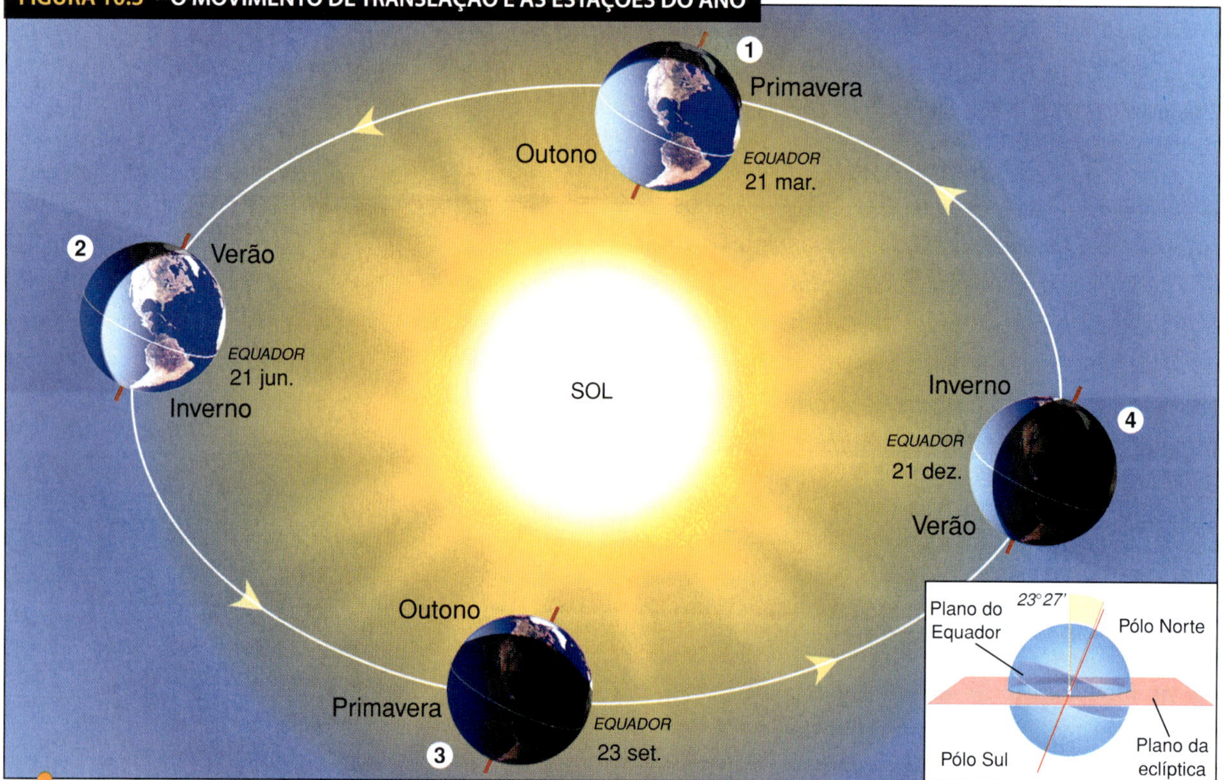

Fonte: *Geoatlas Larousse*. Paris: Larousse, 1984.

As posições 1 e 3 da Terra correspondem aos equinócios, e as posições 2 e 4, aos solstícios. No detalhe, a inclinação do eixo da Terra em relação ao plano de sua eclíptica.

Só há duas ocasiões em que os dois hemisférios são igualmente iluminados e recebem de maneira eqüitativa a energia solar. Essas épocas do ano são conhecidas como **equinócios** (noites e dias iguais). Ocorrem aproximadamente em 21 de março (início do outono no Hemisfério Sul e da primavera no Hemisfério Norte) e em 23 de setembro (início da primavera no Hemisfério Sul e do outono no Hemisfério Norte). Nessas datas, o Sol encontra-se perpendicular (ângulo de 90°), ao meio-dia, sobre a linha do Equador. Os dias e as noites duram exatamente 12 horas cada, pois os dois hemisférios recebem igual insolação.

Por volta do dia 21 de março, no Hemisfério Sul, vemos o Sol, ao meio-dia, cada vez mais baixo no horizonte em relação ao Norte (esta direção é a mais iluminada e aquecida no inverno do Hemisfério Sul), até aproximadamente o dia 21 de junho, quando o Sol se encontra na altura do Trópico de Câncer. Nessa data, inicia-se o verão no Hemisfério Norte e o inverno no Hemisfério Sul. Esta época é conhecida por **solstício**, isto é, época em que os hemisférios Norte e Sul da Terra são desigualmente iluminados (a Terra mantém-se inclinada em relação ao plano de sua órbita). O solstício de verão no Hemisfério Sul ocorre próximo a 21 de dezembro, quando o Sol se encontra na altura do Trópico de Capricórnio. Por esta razão, no verão os dias são mais longos e as noites, mais curtas; no inverno, acontece o contrário.

CURIOSIDADE

E se a Terra não se movesse?

"Se isso acontecesse, não teríamos noites e dias e um lado da Terra ficaria intensamente aquecido e outro muito frio. Haveria, provavelmente, tempestades muito violentas e furacões, em razão da interação entre ar quente de um lado e ar frio de outro. Os ventos e a temperatura seriam tão rigorosos que a vida seria impossível.

Se a Terra não se movesse ao redor do Sol, não teríamos as estações do ano; as estrelas nunca seriam visíveis num dos hemisférios do céu, porque a luz solar estaria permanentemente presente e as ofuscaria. Um dos efeitos mais diretos da rotação da Terra é o nascer e o pôr-do-sol. Porém, o ponto que o Sol surge a cada dia no horizonte Leste depende da translação inclinada da Terra. Quando o Hemisfério Sul da Terra se inclina para o Sol, este nasce a Sudeste e se põe a Sudoeste; quando se inclina para o lado oposto ao Sol, este nasce a Nordeste e se põe a Noroeste."

Investigando a Terra. São Paulo: McGraw-Hill do Brasil, 1973. p. 93. v. 1.

2 IDADE E EVOLUÇÃO DA TERRA

A questão da idade da Terra vem sendo objeto de especulação desde tempos remotos. Só foi possível calculá-la a partir da descoberta da radioatividade de alguns elementos, o que permitiu determinar a idade das rochas que formam a crosta terrestre (leia o texto do boxe).

Como se determina a idade de um fóssil

A idade dos fósseis pode ser determinada por meio do teor de carbono radioativo (C^{14}) neles presente. Os seres vivos absorvem carbono da atmosfera. Essa absorção cessa quando eles morrem e o C^{14} neles contido começa a se desintegrar para formar o nitrogênio.

Todo elemento radioativo tem o que se chama **meia-vida**, ou seja, perde metade de seus átomos por decomposição num certo período de tempo; depois metade da metade, e assim sucessivamente.

Conhecida a velocidade dessa desintegração (a meia-vida do C^{14} é de 5.730 anos), é possível estabelecer a idade de um fóssil pela contagem de seu carbono radioativo. A figura abaixo mostra o ritmo de desintegração do C^{14}.

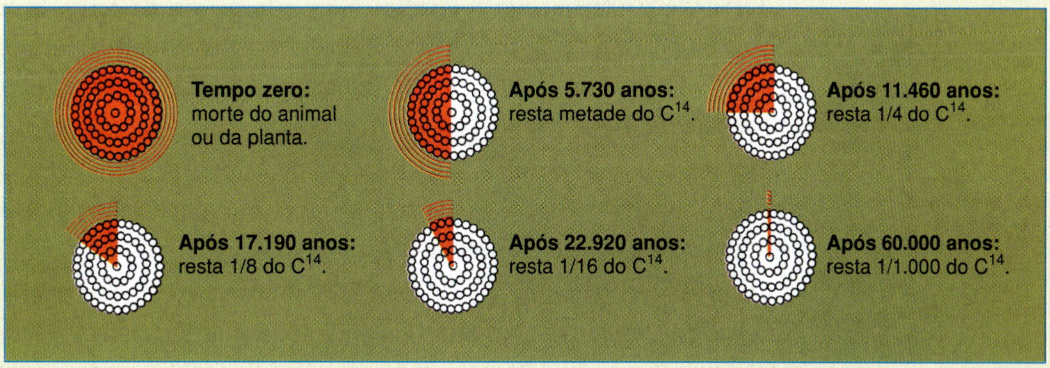

Na Groenlândia, por exemplo, foram encontradas rochas de 3,8 bilhões de anos, o que levou a concluir que a Terra tem entre 4,5 e 5 bilhões de anos, pois milhões de anos se passaram desde a sua formação, em estado gasoso e superaquecido, até a solidificação das primeiras rochas. Outro exemplo é um meteorito no Arizona, datado em 4,6 bilhões de anos. Como se supõe que os planetas e os meteoritos se formaram no mesmo período, acredita-se que essa seja a idade da Terra.

MUÑOZ ROBREDO / CID

A ciência que estuda a constituição e a evolução física da Terra é a **Geologia**. Por meio da análise de rochas e fósseis, isto é, de restos ou vestígios biológicos preservados em rochas, pode-se saber muito sobre o passado da Terra. Observe a figura 10.4.

FIGURA 10.4 No processo de formação das rochas sedimentares, quando ocorreu a deposição dos sedimentos, restos de vegetais e animais (como o peixe da foto) que viveram há milhões de anos podem ter sido soterrados e petrificados. Muitas vezes ficou nas rochas apenas o registro de marcas ou pegadas desses seres. Fóssil encontrado no Wyoming, EUA.

Eras geológicas

Após sua formação, a Terra passou por um longo período de resfriamento, transformando-se de uma massa gasosa aquecida em um planeta dotado de ar, água, rochas, minerais e solo, isto é, em condições que tornaram possível a existência da vida.

Para sistematizar o estudo da evolução da Terra, dividiu-se a sua idade em eras, períodos, épocas, idades e fases.

O quadro da página 159 apresenta as **eras geológicas** e seus respectivos períodos e tempo decorrido, bem como a presumível evolução dos seres vivos desde seus primórdios até o aparecimento dos seres humanos. Como os acontecimentos vêm do passado para o presente, para ler corretamente o quadro é preciso começar pela parte de baixo, em que estão representados os eventos mais antigos.

Vamos entender melhor o quadro. Após a formação da Terra, os minerais densos afundaram e se concentraram no centro constituindo o núcleo do planeta. Os minerais mais leves formaram uma fina crosta que foi aos poucos se resfriando, dando origem às rochas.

Os gases que escapavam formaram a atmosfera. Quando a temperatura diminuiu, o vapor de água aí contido se precipitou, ocorrendo grandes dilúvios que deram origem aos mares e oceanos.

As primeiras formas de vida apareceram no mar, na Era Pré-Cambriana, que começou 3,9 bilhões de anos atrás. No entanto, a vida demorou a se desenvolver plenamente. Foi só há 600 milhões de anos (Era Paleozóica, Período Cambriano) que os seres vivos começaram a se diversificar, evoluindo dos invertebrados primitivos e das plantas marinhas para peixes, anfíbios, répteis e insetos. No Período Siluriano apareceram as plantas terrestres e as florestas de samambaias e coníferas, que, mais tarde, quando soterradas, originaram o carvão fóssil (Período Carbonífero). Na Era Mesozóica surgiram os mamíferos primitivos, as aves e as plantas com flores. Na era Cenozóica, Período Quaternário, ocorreu o desenvolvimento dos mamíferos e dos seres humanos. Muitas espécies de plantas e animais evoluíram, ao passo que outras, como os dinossauros, por exemplo, se extinguiram.

ESCALA GEOLÓGICA DE TEMPO

Eras	**Períodos**	**Épocas**	**Tempo decorrido** (anos)	**Formas de vida**	
				Vegetal	Animal
CENOZÓICA (vida atual)	Quaternário	Holoceno	11 mil	Plantas como as de hoje	Seres humanos
		Pleistoceno	1,5 milhão		
	Terciário	Plioceno	12 milhões	Pinheiros	Mamíferos, Pássaros, Insetos, Primatas, Répteis
		Mioceno	23 milhões		
		Oligoceno	35 milhões		
		Eoceno	55 milhões		
		Paleoceno	70 milhões		
MESOZÓICA (vida intermediária)	Cretáceo		135 milhões	Angiospermas; Desenvolvimento dos gimnospermas	Peixes, Pássaros, Répteis marinhos, Sáurios, Anfíbios répteis, Caramujos
	Jurássico		180 milhões		
	Triássico		220 milhões		
PALEOZÓICA (vida antiga)	Permiano		270 milhões	Criptógamas; Algas marinhas	Primeiros répteis e anfíbios, Primeiros insetos, Primeiros peixes, Crustáceos, Invertebrados, Moluscos e crustáceos (trilobitas)
	Carbonífero		350 milhões		
	Devoniano		400 milhões		
	Siluriano		430 milhões		
	Ordoviciano		490 milhões		
	Cambriano		600 milhões		
PRÉ-CAMBRIANO (vida primitiva)	Proterozóica	Algonquiano	3,9 bilhões	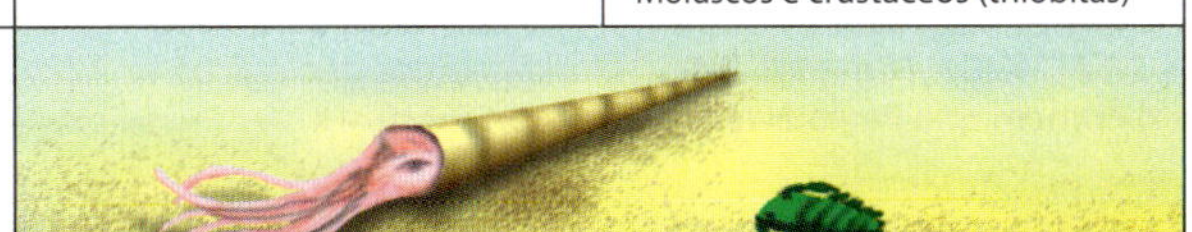	
	Arqueozóica	Arqueano		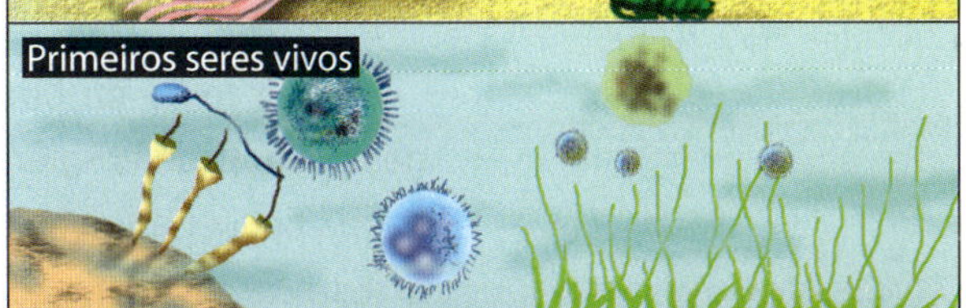	
Início da Terra Azóica (sem vida)			± 4,5 bilhões		

Fonte: LEINZ, Viktor e AMARAL, Sérgio Estanislau do. *Geologia geral*. 12. ed. São Paulo: Nacional, 1995. p. 27.

Quanto à evolução física ou estrutural da Terra, é possível observar no quadro abaixo a constituição de algumas formas de relevo características de cada era geológica. Aqui também encontramos grandes transformações: os continentes se separaram, cadeias de montanhas surgiram e desapareceram. O clima no planeta sofreu enormes mudanças e períodos de intenso frio (**glaciações**) se alternaram com períodos mais quentes.

EVOLUÇÃO FÍSICA OU ESTRUTURAL DA TERRA

Eras	Características ou acontecimentos	
	Gerais	No Brasil
CENOZÓICA	Quaternário: aparecimento dos seres humanos, glaciações. Terciário: mamíferos, formação dos dobramentos modernos (Alpes, Andes, Himalaia, Rochosas).	Quaternário: formação de bacias sedimentares (Pantanal, Amazônica etc.). Terciário: formação de bacias sedimentares terciárias. Atividade vulcânica e formação de ilhas oceânicas (Fernando de Noronha, Trindade etc.).
MESOZÓICA	Répteis gigantescos, mamíferos e aves. Intensa atividade vulcânica. Início da separação dos continentes. Formação de bacias sedimentares e de petróleo.	Atividades vulcânicas no Sul do país (derrames de lavas, formação de petróleo e dos terrenos basálticos que originaram o solo terra roxa). Formação de bacias sedimentares.
PALEOZÓICA	Vida aquática, invertebrados. Peixes, anfíbios e vegetação nos continentes. Desenvolvimento do processo de sedimentação. Formação de jazidas carboníferas.	Formação de bacias sedimentares antigas. Soterramento de florestas e formação das jazidas carboníferas do sul do país.
PRÉ-CAMBRIANA (Proterozóica e Arqueozóica)	Seres unicelulares (algas e bactérias). Formação de escudos cristalinos (rochas magmáticas e metamórficas). Formação de minerais metálicos. Formação das rochas mais antigas (magmáticas) e dos dois primeiros continentes.	Formação dos escudos cristalinos (Brasileiro e Guiano). Formação das jazidas de minerais metálicos. Formação das serras do Mar e da Mantiqueira.
AZÓICA	Resfriamento da Terra, ausência de vida.	

Fontes: LEINZ, Viktor e AMARAL, Sérgio Estanislau do. *Geologia geral*. 12. ed. São Paulo: Nacional, 1995. p. 27; ALMEIDA, Fernando F. de. Os fundamentos geológicos. In: AZEVEDO, Aroldo de (org.). *Brasil:* a terra e o homem. São Paulo: Nacional, 1968. p. 55-110. v. I.

Leia o texto do boxe Curiosidade, a seguir. Analisando a escala de tempo geológico podemos perceber que a história das sociedades humanas corresponde a uma pequena fração de tempo da história do planeta. Em outras palavras: se a história da Terra correspondesse a uma jornada de 4.500 quilômetros, a história da humanidade, nos últimos 2 mil anos, corresponderia a apenas dois metros. Este fato ajuda a compreender o tempo que foi necessário para a formação dos recursos naturais e os limites das ações humanas no processo de transformação da natureza.

CURIOSIDADE

Vamos considerar que a Terra tenha cerca de 5 bilhões de anos e comparar a escala de tempo geológica com uma caminhada em direção ao tempo passado. Veja o que aconteceria.

"Se um homem caminhasse com passos de um metro, e se cada passo correspondesse a mil anos, após 2 passos estaria na época de Jesus Cristo; mais mil e poucos metros encontrar-se-ia com os primeiros homens existentes sobre a face da Terra. Teria de caminhar 600 quilômetros para chegar à idade dos mais antigos registros de vida no nosso planeta, ou seja, ao início da Era Paleozóica. Para chegar aos primórdios da formação da crosta da Terra, sua caminhada seria de 4.500 quilômetros (dando-se uma idade de 4,5 bilhões para as rochas mais antigas)."

LEINZ, Viktor e AMARAL, Sérgio Estanislau do. *Geologia geral*. 12. ed. São Paulo: Nacional, 1995. p. 34.

Estrutura da Terra

Nosso planeta ainda não se resfriou totalmente. Dos 6.400 quilômetros, aproximadamente, que separam a superfície da Terra de seu núcleo, o ser humano perfurou cerca de 12 quilômetros. Da superfície para o interior do planeta, a cada 33 metros de profundidade das camadas superficiais há um aumento médio de 1 °C na temperatura, que é o chamado **grau geotérmico**.

Os elementos que constituem a Terra foram se agrupando em camadas concêntricas com diferentes composições químicas, segundo seu peso e densidade. Quanto maior for a profundidade, maior será a densidade, devido à pressão.

Como as camadas inferiores da Terra não são acessíveis a observações diretas, as hipóteses são elaboradas a partir de informações obtidas em escavações e sondagens. Métodos indiretos de investigação como a sismologia e a comparação com meteoritos indicam a constituição aproximada do interior da Terra. A **sismologia** estuda o comportamento das ondas sísmicas (vibração, velocidade e trajeto) ao atravessarem as diversas partes internas do planeta, indicando suas características. Os **meteoritos** (corpos do espaço interplanetário caídos na superfície terrestre) são correlacionados às diferentes camadas internas da Terra, pressupondo-se que tiveram a mesma origem e evolução. Observe na figura 10.5 uma das interpretações sobre a estrutura interna da Terra.

FIGURA 10.5 • ESTRUTURA INTERNA DA TERRA

Sial: de 15 a 25 km; predomínio de rochas graníticas e dos elementos **si**lício e **al**umínio.

Sima: de 30 a 50 km; predomínio de rochas basálticas e dos minerais **si**lício e **ma**gnésio.

Manto: 1.200 km; ± 3.400 °C

Camada intermediária: 2.900 km; ±4.000 °C.

Núcleo ou nife: 6.370 km; + de 4.000 °C; predomínio de **ní**quel e **fe**rro.

Fonte: LEINZ, Viktor e AMARAL, Sérgio Estanislau do. *Geologia geral*. 12. ed. São Paulo: Nacional, 1995. p. 17.

3 A DERIVA DOS CONTINENTES E A TECTÔNICA DE PLACAS

Analisando um planisfério podemos notar que a costa Leste da América do Sul tem uma forma que quase se encaixa na forma da costa Oeste da África. Alfred Wegener (1880-1930) estudou esta questão e, em 1910, elaborou uma hipótese que tentava explicar o arranjo e a distribuição das massas continentais atuais: a **Teoria da Deriva Continental** ou da **Translação dos Continentes**, também conhecida como **Teoria de Wegener**. Na década de 1960, um grupo de cientistas — reunindo diversas evidências para tentar explicar como esse processo teria ocorrido — elaborou a **Teoria da Tectônica de Placas**.

Teoria da Deriva Continental

Além do contorno dos continentes, outras evidências reforçavam a Teoria de Wegener. No Brasil e na África foram encontrados fósseis de plantas e de animais semelhantes que não poderiam ter se desenvolvido de modo independente. O mesmo ocorreu na América do Norte e no Oeste da Europa. Wegener agrupara os continentes, desenhando-os como um só bloco próximo ao Pólo Sul, porque as rochas do Período Carbonífero estavam cobertas de gelo, evidenciando uma situação polar dessas massas continentais. Marcas deixadas pelas geleiras indicavam que elas se moviam a partir da África.

De fato, supõe-se que as massas menos densas e mais leves do sial flutuam e se deslocam no substrato mais denso do sima até que ocorra um equilíbrio das camadas. Volte a observar a figura 10.5. Esse fenômeno recebe o nome de isostasia (*iso*, "igual"; *stásis*, "equilíbrio").

FIGURA 10.6 Vista de picos nevados na Cordilheira dos Andes, em Santiago, Chile, 2004.

IARA VENANZI / KINO

Os cientistas supõem que a América do Norte estava ligada à Eurásia (Europa e Ásia) e a América do Sul estava ligada à África. A Austrália e a Antártida também estavam unidas ao mesmo conjunto, e a Índia, por sua vez, estava perfeitamente encaixada entre a África e a Austrália atuais.

De acordo com a Teoria de Wegener, no final do Período Carbonífero existia uma única e gigantesca massa continental que ele denominou **Pangéia** (*pan*, "todo"; *gea*, "terra"), da qual teriam resultado, inicialmente, dois continentes menores. Observe outras divisões dos continentes nas figuras 10.7, 10.8 e 10.9.

A colisão dos continentes ou a compressão de suas bordas deram origem às grandes cordilheiras atuais, tais como as Montanhas Rochosas e os Andes (no Oeste da América), os Alpes e o Himalaia (no Sul da Eurásia), a cadeia do Atlas (no Norte da África) etc. Observe a figura 10.6.

Na época em que foi exposta, a Teoria de Wegener não foi aceita, pois não havia nenhuma indicação de que os continentes se movessem, nem uma explicação razoável para tal fato.

FIGURA 10.7 • DIVISÃO DA PANGÉIA

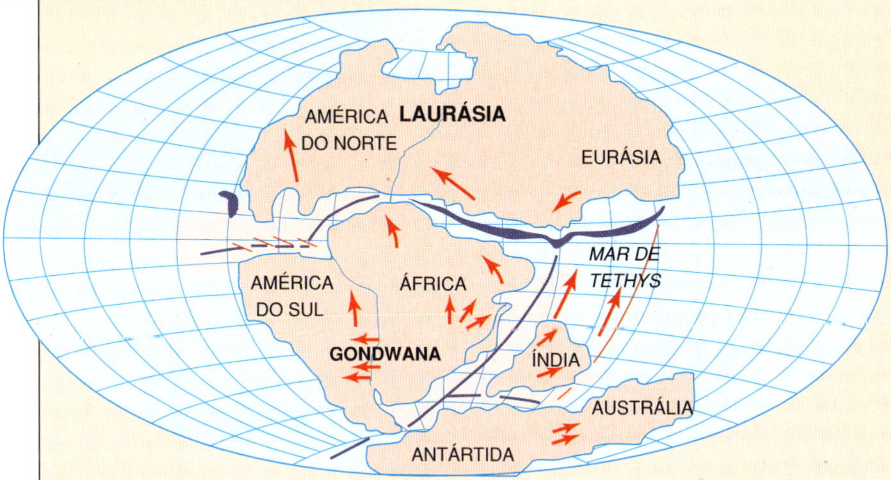

Supõe-se que entre 180 e 200 milhões de anos (mais ou menos a partir do Período Jurássico), os continentes começaram a se afastar, tanto na direção Oeste (América) quanto em direção à linha do Equador. Formaram-se dois supercontinentes: Laurásia e Gondwana. Observe que a América do Norte afastou-se da África e da América do Sul, e a Índia separou-se da Antártida, indo em direção à Ásia.

FIGURA 10.8 • PANGÉIA DESFIGURADA

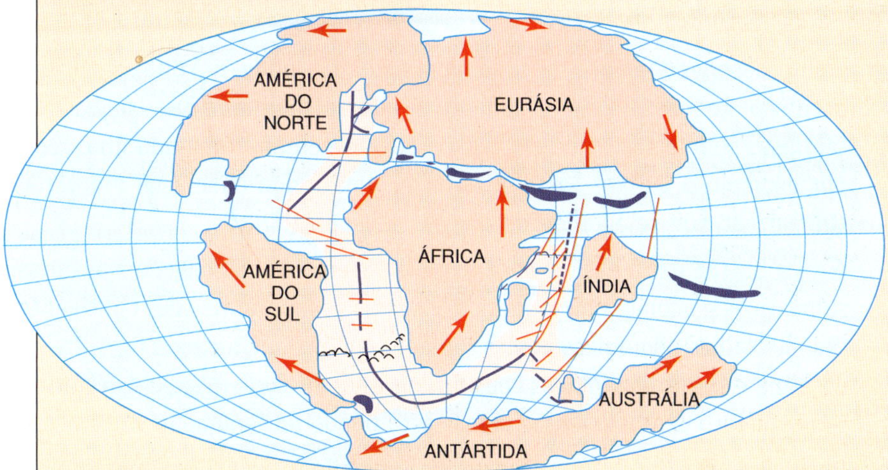

Há 65 milhões de anos (no início do Terciário), a América do Sul separou-se da África e, a seguir, a América do Norte separou-se da Laurásia. A Índia continuava a se deslocar em direção à Ásia. A Austrália e a Antártida mantinham-se ligadas.

FIGURA 10.9 • DISTRIBUIÇÃO ATUAL DOS CONTINENTES

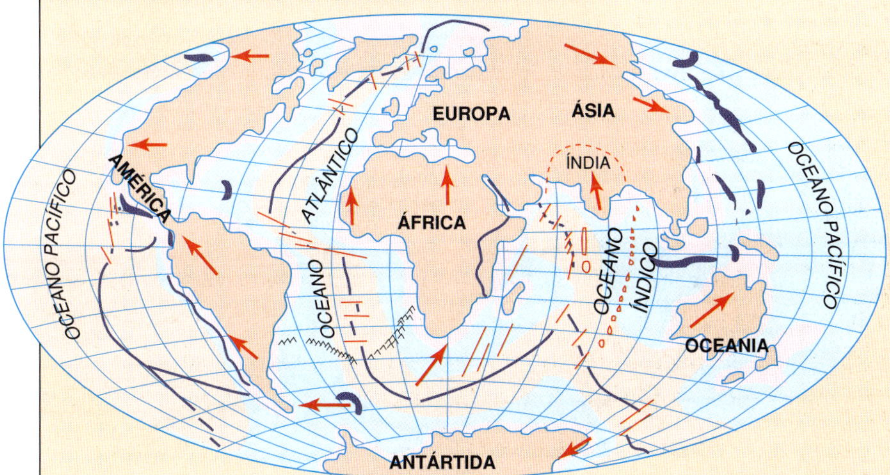

Finalmente, nos últimos 65 milhões de anos, as Américas se juntaram, a Austrália separou-se da Antártida e a Índia "chocou-se" com a Ásia, formando a Cordilheira do Himalaia. A Groenlândia afastou-se da América e os continentes ficaram separados pelos oceanos.

Fonte: *Atlas of the world*. Oxford: Oxford University Press, 1988. p. 10.

LEMBRETE

Uma parte das ilhas e dos arquipélagos são fragmentos deixados para trás durante o deslocamento dos continentes. As Ilhas Britânicas ou a de Madagáscar são chamadas **ilhas continentais**, por estarem sobre a plataforma continental ou serem restos de antigos continentes. As **ilhas isoladas** ou **oceânicas** são as que aparecem em meio ao oceano, não tendo relação direta com os continentes. Elas podem ser de origem vulcânica ou biológica (como os corais). Alguns exemplos são a Nova Zelândia e as ilhas ao Leste da Ásia.

Teoria da Tectônica de Placas

Novos estudos e descobertas geológicas levaram à **Teoria da Tectônica de Placas**, que considera que a crosta terrestre ou litosfera está dividida e se movimenta em grandes placas. Com isso, praticamente comprovaram a teoria de Wegener e conseguiram explicar como esse processo ocorre.

Analisemos algumas das evidências e descobertas que vieram comprovar a Teoria da Tectônica de Placas.

- Com o desenvolvimento da sondagem acústica, pôde-se conhecer o fundo oceânico. Realizou-se o mapeamento das **dorsais submarinas**, cadeias montanhosas submersas cujos picos mais altos emergem formando ilhas, como por exemplo a **Dorsal Meso-Atlântica**, uma longa cadeia de montanhas submarinas que se estende de norte a sul, no Atlântico.
- A distribuição das áreas de vulcanismo e terremotos coincide com as dorsais submarinas e acompanha as grandes cadeias de montanhas dos continentes. Grandes falhas geológicas nessas regiões sugerem que a crosta terrestre está dividida em grandes placas, que foram denominadas **placas tectônicas**. O movimento dessas imensas placas está ligado ao fenômeno vulcânico.

Observe na figura 10.10 que o território brasileiro ocupa uma posição central na **Placa Sul-Americana**, área onde em geral não se verificam terremotos muito intensos e atividade vulcânica. Estes dois fenômenos costumam ocorrer nas bordas das placas tectônicas.

FIGURA 10.10 • PLACAS TECTÔNICAS E ÁREAS DE INSTABILIDADES GEOLÓGICAS

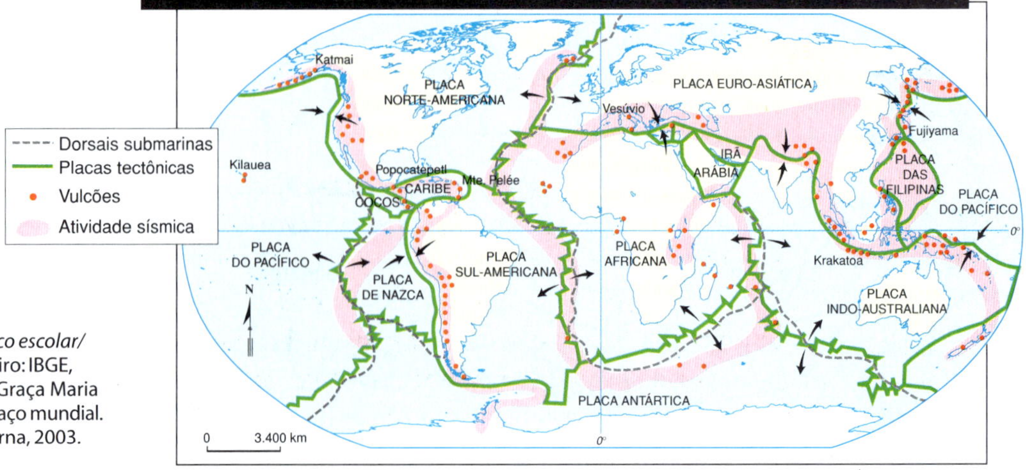

Fontes: *Atlas geográfico escolar/IBGE*. 2. ed. Rio de Janeiro: IBGE, 2004. p. 66; FERREIRA, Graça Maria L. *Atlas geográfico:* espaço mundial. 2. ed. São Paulo: Moderna, 2003. p. 77.

- No meio das cadeias oceânicas descobriu-se a formação de um assoalho novo. Materiais provenientes de regiões profundas jorravam das falhas no meio dos oceanos e empurravam duas placas, uma para cada lado, indicando que os oceanos estariam se abrindo. Recentemente satélites comprovaram esse movimento, conhecido como **expansão do assoalho oceânico**, calculado em cerca de dois centímetros por ano. Leia as informações do boxe.

Como se dá o movimento das placas tectônicas?

"[...] A litosfera é constituída por placas semi-rígidas que derivam umas em relação às outras sobre a **astenosfera** subjacente [uma camada parcialmente fundida ao manto]. Este processo é conhecido como **tectônica de placas**. Quando duas placas se separam, formam-se ***rifts*** (fendas) na crosta. No meio dos oceanos, esse movimento resulta na expansão dos fundos oceânicos e na formação das cadeias oceânicas; nos continentes, a expansão da crosta pode formar ***rift valleys*** (vales de afundamento). Quando as placas se movem uma em direção à outra, pode ocorrer **subducção**: uma das placas é forçada a mergulhar sob a outra. No meio dos oceanos, esse processo dá origem às fossas oceânicas, atividade sísmica e arcos de ilhas vulcânicas. As montanhas podem formar-se onde há subducção da crosta oceânica sob a crosta continental ou onde os continentes colidem. As placas podem também deslizar uma ao longo da outra — como ao longo da falha de San Andrea [Califórnia, EUA], por exemplo [...]."

FIGURA 10.11 • MOVIMENTO DAS PLACAS

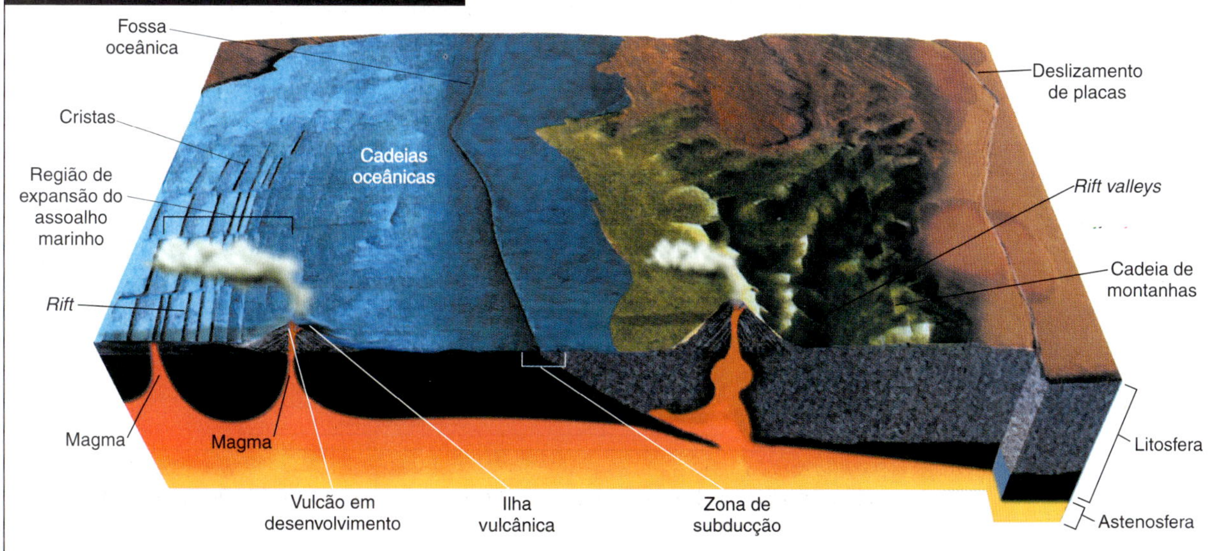

Fonte: *A Terra*. 6. ed. São Paulo: Ática, 1998. p. 12. (Col. Atlas Visuais)

A partir da Teoria da Tectônica de Placas ficou fácil entender diversos fenômenos. Forças provenientes do interior da Terra fazem com que as placas se desloquem, provocando várias deformações e fenômenos em seus limites externos, como o surgimento de dobramentos, falhas, erupções vulcânicas e terremotos. As áreas geologicamente instáveis da crosta terrestre (Andes, Rochosas, Himalaia etc.) nada mais são do que o resultado de tais colisões ou seccionamentos das placas. Nesses choques, muitos sedimentos marinhos foram incorporados aos continentes.

4 ESTRUTURA GEOLÓGICA

A **estrutura geológica** (conjunto de rochas que formam o subsolo), as formas de relevo e os demais elementos naturais (clima, vegetação, hidrografia) resultam da dinâmica processada e comandada pela própria natureza ao longo do tempo.

Bacias sedimentares, crátons e dobramentos

Os continentes são formados por três tipos básicos de estrutura geológica: as bacias sedimentares, os crátons ou blocos cratônicos e os dobramentos ou cordilheiras. Observe o mapa da estrutura geológica do planeta (figura 10.12).

FIGURA 10.12 • PLANISFÉRIO: ESTRUTURA GEOLÓGICA

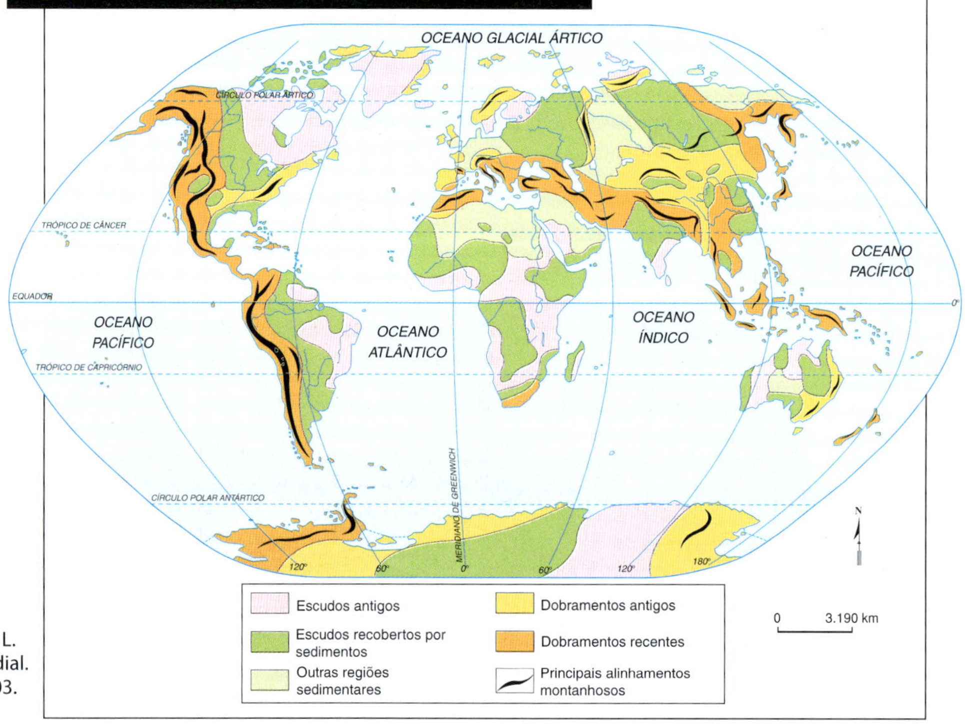

Fonte: FERREIRA, Graça Maria L. *Atlas geográfico:* espaço mundial. 2. ed. São Paulo: Moderna, 2003. p. 77.

As **bacias sedimentares** são depressões preenchidas por detritos ou sedimentos provenientes de áreas vizinhas (montanhas, planaltos etc.). São consideradas antigas aquelas formadas nas eras Paleozóica e Mesozóica e, em geral, estão associadas à ocorrência de combustíveis fósseis (petróleo, carvão mineral etc.). As bacias sedimentares recentes formaram-se na Era Cenozóica.

Normalmente as camadas de sedimentos depositados nas bacias estão dispostas de forma horizontal. Exemplos de bacias sedimentares: Amazônica, Parisiense, Russa e Australiana.

Os **crátons** ou **blocos cratônicos** são estruturas geológicas muito antigas, a base dos continentes, onde o relevo original sofreu forte desgaste. Pertencem à Era Pré-Cambriana, quando existia uma única massa continental. Podem ser classificados em escudos cristalinos e plataformas.

- Os **escudos cristalinos** correspondem aos primeiros núcleos de rochas emersas desde o início da formação da crosta terrestre. Por ação da erosão, podem aflorar e ficar expostos. Constituídos de rochas muito antigas (magmáticas e metamórficas), são áreas estáveis com relação à tectônica. Podem apresentar jazidas de minerais metálicos. Os principais escudos são o Canadense, o Brasileiro, o Guineano, o Escandinavo e o Siberiano.
- As **plataformas** correspondem às áreas cratônicas mais baixas, que foram recobertas de sedimentos, como a Plataforma Sul-Americana.

Os **dobramentos** resultam de enormes pressões exercidas no sentido horizontal contra as camadas de rochas que apresentam certa plasticidade, provocando-lhes o encurvamento. Essa pressão ocorreu, por exemplo, com a colisão de duas placas, quando os continentes se separaram, formando as cadeias montanhosas ou as cordilheiras. Há dois tipos de dobramentos: os **modernos** (ou **recentes**) e os **antigos**.

- Os **dobramentos modernos** (ou **recentes**) são grandes curvamentos côncavos e convexos que existem desde a Era Cenozóica (Terciário), há aproximadamente 60 milhões de anos. Foram formados por **movimentos tectônicos**, também chamados **movimentos orogenéticos** (provocados por forças do interior da Terra que atuam de modo lento e prolongado na crosta), e são responsáveis pela formação de **cordilheiras** ou dobramentos (Alpes, Andes, Rochosas, Himalaia). Essas áreas são geologicamente instáveis e por isso estão sujeitas a vulcanismos e terremotos.
- Os **dobramentos antigos** foram formados em eras geológicas mais antigas, como a Pré-Cambriana e a Paleozóica. São exemplos desse processo a Serra do Espinhaço e os Montes Apalaches. Observe a figura 10.13.

FIGURA 10.13 Os Montes Apalaches são exemplo de relevo antigo, desgastado e rebaixado pela erosão. Virgínia, EUA.

TIMOTHY HEARSUM / GETTY IMAGES

Praticando e Aprendendo

Organizando o conteúdo

1. Observando a figura 10.3, da página 156, responda:

a) Em qual situação ocorre o inverno? E o verão? Essas estações estão relacionadas com o solstício ou com o equinócio?

b) Quais são os períodos e as datas em que ambos os hemisférios se encontram igualmente iluminados?

2. Os fusos horários são uma criação humana ou da natureza? Justifique sua resposta.

3. Observe o esquema e explique a formação das montanhas do Himalaia.

• A FORMAÇÃO DO HIMALAIA

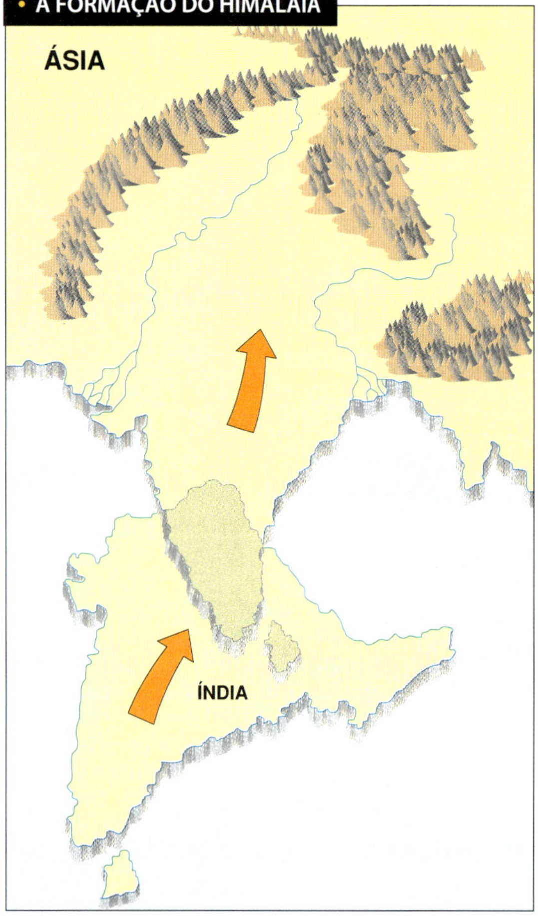

Fontes: ENS, Hendrik Herman e MORAES, Paulo Roberto. *A história da Terra*. São Paulo: Harbra/Anglo, 1997. p. 50; *A Terra*. 6. ed. São Paulo: Ática, 1998. p. 16. (Col. Atlas Visuais)

4. Em relação ao horário de Greenwich, as horas do Brasil estão adiantadas ou atrasadas? Por quê?

5. Qual a hora local em Sidnei (Austrália) e na Cidade do México (México), quando em Brasília são 10 horas? Consulte o mapa da página 154 para responder à questão.

6. Em quais eras geológicas ocorreram os seguintes fenômenos:

   a) desenvolvimento dos grandes répteis e formação do petróleo.

   b) desenvolvimento dos mamíferos, formação dos dobramentos modernos e glaciações.

   c) formação das bacias sedimentares e carboníferas e surgimento dos peixes.

   d) aparecimento do homem.

   e) formação das rochas magmáticas e surgimento dos primeiros seres vivos.

   f) resfriamento da Terra e ausência de vida.

7. Coloque os acontecimentos listados nos itens a/b/c/d/e/f da questão anterior em ordem crescente (do mais antigo para o mais recente).

8. Em 540 a.C., o filósofo grego Xenófanes, ao encontrar conchas marinhas nos cumes de montanhas, imaginou que estas pudessem ter estado no fundo do mar em alguma época.

   a) Relacione esta idéia do filósofo grego com as teorias da Deriva Continental e da Tectônica de Placas.

   b) Na sua opinião, por que a teoria de Xenófanes não foi levada a sério na época?

9. Observe o mapa das placas tectônicas na página 164 (figura 10.10) e responda:

   a) Em que placa tectônica se localiza o Brasil?

   b) Explique por que não há ocorrências de vulcões e grandes terremotos no território brasileiro.

   c) Qual é a causa de as grandes cadeias montanhosas da América ocorrerem na sua parte Oeste? (Observe as setas do mapa para responder.)

10. Explique os processos de subducção e de formação dos *rifts* e quais as conseqüências desses processos.

Ampliando o conhecimento

Analisando evidências e formulando hipóteses.

Leia o texto e responda à questão.

Há cerca de 65 milhões de anos, uma grande mudança aconteceu na Terra, provocando a extinção dos dinossauros e de grande número de plantas e animais.

11. Considere as descobertas a seguir para tentar elaborar uma hipótese, ou seja, uma sugestão provisória sobre o que originou a extinção.

a) As camadas de rochas com 65 milhões de anos apresentam uma grande quantidade de irídio (metal raro), superior às das camadas mais antigas ou mais recentes.

b) Esse fato foi constatado em todo o mundo.

c) Na Terra, o irídio se concentra principalmente no núcleo ferroso.

d) O irídio é uma matéria comum nos meteoritos.

12. Após a catástrofe, os mamíferos, que antes não podiam competir com os grandes dinossauros, tiveram a chance de se multiplicar, ocorrendo o desenvolvimento das espécies atuais, inclusive o homem.
Considere a afirmação acima para julgar uma possível grande catástrofe como positiva ou negativa. Justifique sua resposta.

O QUE MAIS HÁ PARA VER

Livros

- *A Terra.* 6 ed. São Paulo: Ática, 1998. (Col. Atlas Visuais)
- BRANCO, Samuel Murgel e BRANCO, Fábio Cardinale. *A deriva dos continentes.* São Paulo: Moderna, 2004. (Col. Polêmica)
- ENS, Hendrik Herman e MORAES, Paulo Roberto. *A história da Terra.* São Paulo: Harbra/Anglo, 1997.
- GRALLA, Preston. *Como funciona o meio ambiente.* São Paulo: Quark Books, 1998. (Col. Ciências)

Filme

- *Fósseis e Idade do Gelo* (Inglaterra, 1987); distr. Encyclopaedia Britannica Educational Corporation; 35 min. Documentário que mostra a Paleontologia como uma das ciências modernas mais fascinantes. Exibe paleontólogos em trabalho de campo e em laboratório examinando e interpretando diversos tipos de fósseis. Mostra também a busca de recursos naturais, como o petróleo e o carvão, assim como anomalias na superfície terrestre que indiquem a Era do Gelo nos tempos pré-históricos.

Sites

- http://www.centroastronomico.com.br Centro de estudos do universo, com imagens de galáxias, da Terra vista do espaço, do Sol, dos planetas etc. Acesso em: 5 maio 2005.
- http://geocities.yahoo.com.br/geologo98/deriva.html *Site* que trata da origem da Terra e sua estrutura, por meio de provas documentais e evidências geológicas. Acesso em: 5 maio 2005.
- http://www.ibge.gov.br/ibgeteen/atlasescolar/apresentacoes/formacaodoscontinentes.swf *Site* do IBGE que apresenta explicações sobre a formação dos continentes abordando conceitos como Pangéia, Placas Tectônicas e Deriva Continental. Acesso em: 5 maio 2005.
- http://www.miniweb.com.br/Geografia/Artigos/geologia/Terra%20-%20Caracter%EDsticas.htm Aborda diversas características do planeta Terra, como solstícios, equinócios, diferentes climas, a sísmica e o interior da Terra etc. Acesso em: 5 maio 2005.

11.

A DINÂMICA DA LITOSFERA: O RELEVO E SEUS AGENTES

1 OS TIPOS DE RELEVO

O **relevo** corresponde às diversas configurações da crosta terrestre (montanhas, planaltos, planícies, depressões etc.). A **altitude** das formas de relevo (distância vertical de um ponto em relação ao nível dos oceanos) é medida em metros e pode ser positiva (acima do nível do mar) ou negativa (abaixo do nível do mar).

Existem diversas classificações das formas de relevo. Elas consideram, entre outros elementos, a estrutura, a constituição, as origens, o estágio (ou idade) etc. A partir da altitude, da morfologia, dos processos dinâmicos predominantes em sua formação, entre outros fatores, o relevo pode receber a denominação montanha, planalto, planície ou depressão.

JUCA MARTINS / OLHAR IMAGEM

Relevo arenítico desgastado pela erosão em Vila Velha, PR, 1985.

Observe o planisfério com as principais formas de relevo (figura 11.1).

FIGURA 11.1 • PLANISFÉRIO: RELEVO

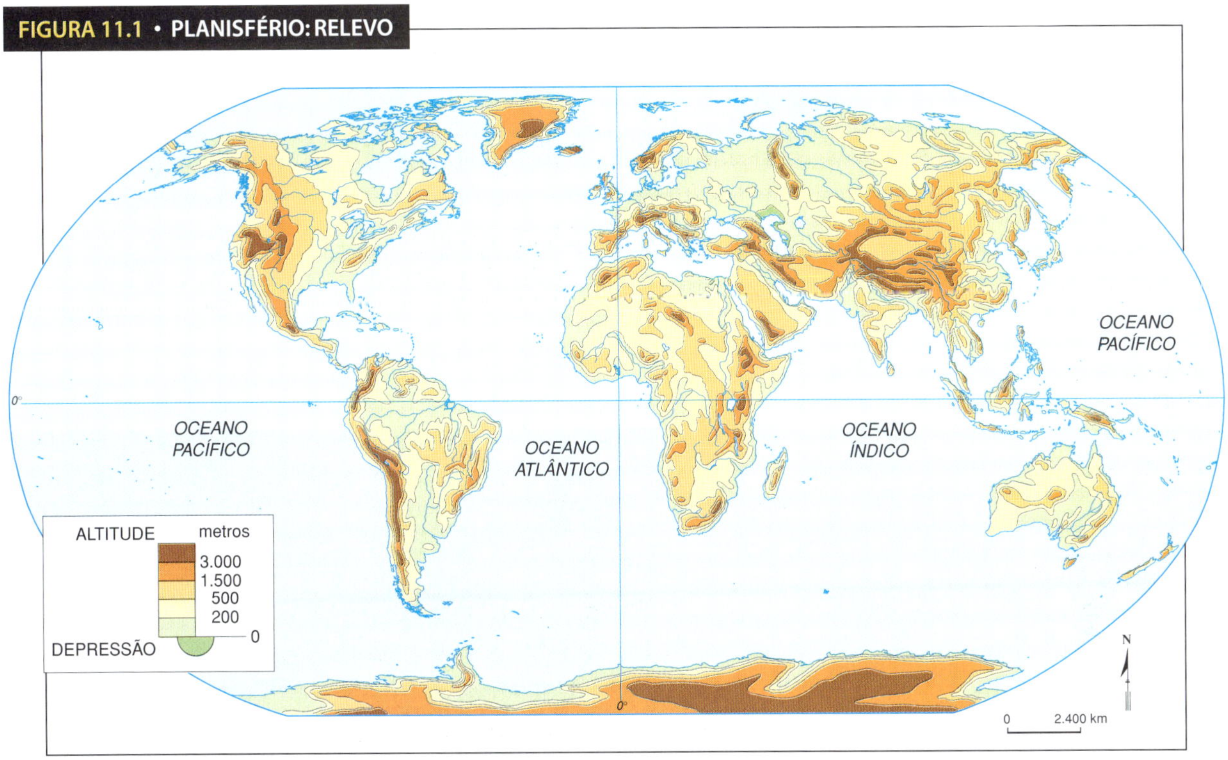

Fonte: *Atlas geográfico escolar/IBGE.* 2. ed. Rio de Janeiro: IBGE, 2004. p. 62.

As áreas em verde-claro representam as **planícies**, superfícies pouco acidentadas, mais ou menos planas, geralmente situadas a poucos metros do nível do mar, embora possam ocorrer em altitudes maiores. Nessas áreas, os processos de deposição de sedimentos superam os processos de erosão. Por serem formadas pelo acúmulo contínuo de sedimentos, as planícies são formas de relevo relativamente recentes. Observe a figura 11.2.

FIGURA 11.2 O Pantanal é uma extensa planície de áreas alagáveis. Corumbá, Mato Grosso do Sul, 1998.

HAROLDO PALO JR / KINO

Quanto à situação, as planícies podem ser classificadas em:

- **Costeiras** ou **marinhas** – próximas aos oceanos;
- **Continentais** – nas proximidades de rios (**planície aluvional** ou **fluvial**), lagos (**planície lacustre**) ou na parte baixa entre montanhas (**planície de piemonte**).

As áreas em amarelo e tons alaranjados, no planisfério (figura 11.1), correspondem aos **planaltos**, superfícies mais ou menos planas, nas quais os processos de erosão predominam e superam os de sedimentação. Situam-se normalmente acima de 200 metros, podendo ultrapassar os 2 mil metros de altitude. Nas bordas dos planaltos, muitas vezes aparecem escarpas ou *cuestas*, comumente denominadas **serras**. Observe a figura 11.3.

FRANKLIN NOLLA / KINO

FIGURA 11.3 Elevações íngremes de topo plano aparecem em relevo de planalto como na Chapada Diamantina, em Palmeiras, Bahia, em 2000.

As **montanhas**, representadas no mapa em marrom, são grandes elevações naturais do terreno, constituídas de agrupamentos de morros e vales. Os principais tipos de montanha resultam de processos como a movimentação das placas tectônicas, que provocam dobramentos, falhas e vulcanismo. Quanto à idade, as montanhas podem ser jovens (geralmente constituídas no Terciário), assumindo formas agudas (Alpes e Andes, por exemplo — figura 11.4, na página ao lado), ou velhas (constituídas nas primeiras eras), apresentando-se então rebaixadas e com formas suavizadas (Serra do Mar, entre outras).

FIGURA 11.4 Cadeia de montanhas jovens com picos nevados em Sutton, no Alasca, 2000.

Outra forma de relevo que também merece destaque corresponde às **depressões continentais**, que podem ser absolutas ou relativas. São consideradas **depressões absolutas** aquelas que, em áreas continentais, situam-se abaixo do nível do mar, ou seja, abaixo de 0 m de altitude. É o caso do Mar Morto, no continente asiático, localizado a 395 metros abaixo do nível do mar.

São consideradas **depressões relativas** aquelas que estão situadas abaixo do nível das regiões vizinhas, porém acima do nível do mar, em altitudes que em geral variam de 100 a 500 metros. Constituem superfícies com inclinação suave, decorrentes de prolongados processos de erosão como, por exemplo, a Depressão da Amazônia Ocidental, no Brasil. Observe a figura 11.5.

FIGURA 11.5 Paisagem típica de depressão. Raso da Catarina, na Bahia, em 1997.

Há uma grande variedade de formas de relevo que apresentam extensões menores, como cristas, cavernas, chapadas e outras. Observe a figura 11.6.

A disciplina científica que estuda as formas de relevo, sua origem, estrutura e os processos responsáveis por sua evolução é a **Geomorfologia**.

O relevo resulta da combinação de diversos fatores, dentre os quais podemos distinguir dois grandes conjuntos, denominados **agentes do relevo**, que modificam interna e externamente a configuração da crosta terrestre.

FIGURA 11.6 Estalactites na gruta Lapa Doce, no Parque Nacional da Chapada Diamantina, Bahia.

ADRIANO GAMBARINI / OLHAR IMAGEM

2 OS AGENTES INTERNOS DO RELEVO E A FORMAÇÃO DAS PAISAGENS NATURAIS

Os **agentes internos** (ou **endógenos**) do relevo são processos estruturais, como o tectonismo, o vulcanismo, os terremotos, que atuam intensamente do interior para a superfície da Terra, às vezes com grande violência e rapidez, criando ou modificando a fisionomia do relevo. Esses processos estão relacionados ao movimento das placas tectônicas e a fenômenos magmáticos.

Tectonismo ou movimentos tectônicos

Os **movimentos tectônicos**, também chamados **diastrofismos** (distorções), são provocados por forças do interior da Terra que atuam de forma lenta e prolongada na crosta terrestre. Ocasionam, entre outras deformações, falhas e dobramentos na superfície, produzindo diversos tipos de relevo.

Quando essas forças atuam verticalmente sobre camadas de rochas resistentes e de pouca plasticidade, os blocos continentais podem se fraturar, se deslocar, sofrer levantamentos ou abaixamentos, constituindo as **falhas** ou **falhamentos**, ou seja, as diversas rupturas e desnivelamentos das camadas do relevo. Esses movimentos verticais são chamados **epirogenéticos**. Observe as figuras 11.7 e 11.8.

FIGURA 11.7 • PRINCIPAIS TIPOS DE FALHA

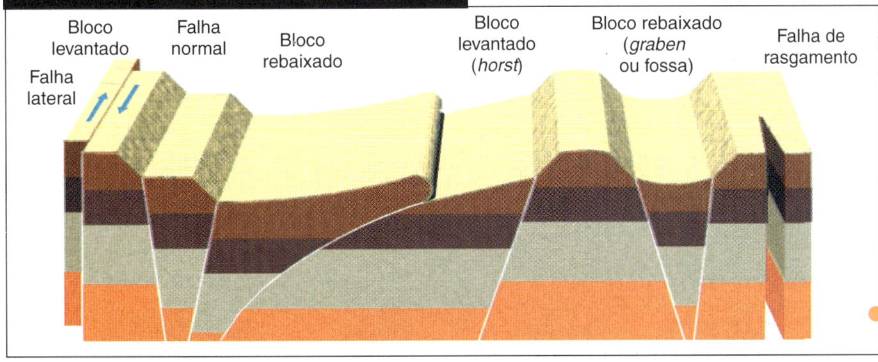

Principais tipos de falha resultantes de movimentos epirogenéticos.

Fonte: FONT-ALTABA, M. e ARRIBAS, San Miguel A. *Atlas de geologia*. 2. ed. Rio de Janeiro: Livro Ibero-americano, 1980. p. D-3.

TOM BEAN / CORBIS-STOCK PHOTOS

FIGURA 11.8 Forças descomunais provenientes do interior da Terra podem provocar falhas de milímetros ou quilômetros nas rochas. Na falha de San Andreas, Califórnia (EUA), o movimento ocorreu no sentido lateral, deixando marcas visíveis na paisagem. San Luis OBispo, 1999.

Quando as pressões são exercidas de forma horizontal sobre as camadas de rochas de maior plasticidade, provocam o encurvamento das camadas rochosas — os **dobramentos** ou **dobras**, podendo formar montanhas e cordilheiras. Os movimentos horizontais são chamados **orogenéticos** (observe a figura 11.9). Uma dobra é formada de duas partes: a côncava ou sinclinal e a convexa ou anticlinal. As dobras podem estar associadas às falhas, compondo as grandes cordilheiras de dobramentos, como os Alpes, os Pirineus, a Serra Nevada, o Himalaia, os Andes etc. Esses altos maciços montanhosos são constituídos de sedimentos depositados em antigos mares, eventualmente intercalados por rochas metamórficas e magmáticas, que foram comprimidos e dobrados por movimentos orogenéticos do Período Terciário, até emergirem do fundo do mar.

FIGURA 11.9 • DOBRAMENTOS

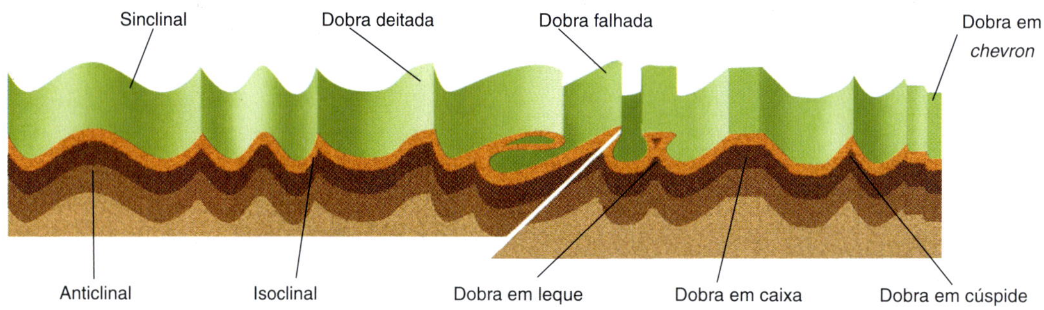

Fonte: FONT-ALTABA, M. e ARRIBAS, San Miguel A. *Atlas de geologia*. 2. ed. Rio de Janeiro: Livro Ibero-americano, 1980. p. D-2.

Vulcanismo

O magma pastoso presente no interior da Terra ainda hoje continua a se resfriar lentamente, solidificando-se. Os gases liberados nesse processo acumulam-se e pressionam a crosta até rompê-la nas partes menos resistentes. **Vulcanismo** é a atividade de expulsão do material magmático do interior para a superfície. **Vulcão** é a montanha formada a partir das erupções, com uma cratera pela qual saem **lavas** (material magmático em estado de fusão), fragmentos de rochas, cinzas, gases e vapores.

O material vulcânico que se acumula na superfície forma o chamado **relevo vulcânico** ou relevo postiço, que geralmente tem forma de cone e altura muito variável. Observe na figura 11.10 as partes que compõem um vulcão.

Os vulcões que entram constantemente em erupção são denominados **ativos** e os que se encontram sem atividade são denominados **extintos**. A maioria dos vulcões localiza-se nas bordas das placas tectônicas, principalmente ao longo das costas oceânicas, sendo menos comum a ocorrência de vulcanismo no interior dos continentes. Onde as placas colidem, ocorrem as erupções mais violentas. Onde elas se separam, as erupções são menos explosivas.

FIGURA 11.10 • ESQUEMA GERAL DE UM VULCÃO

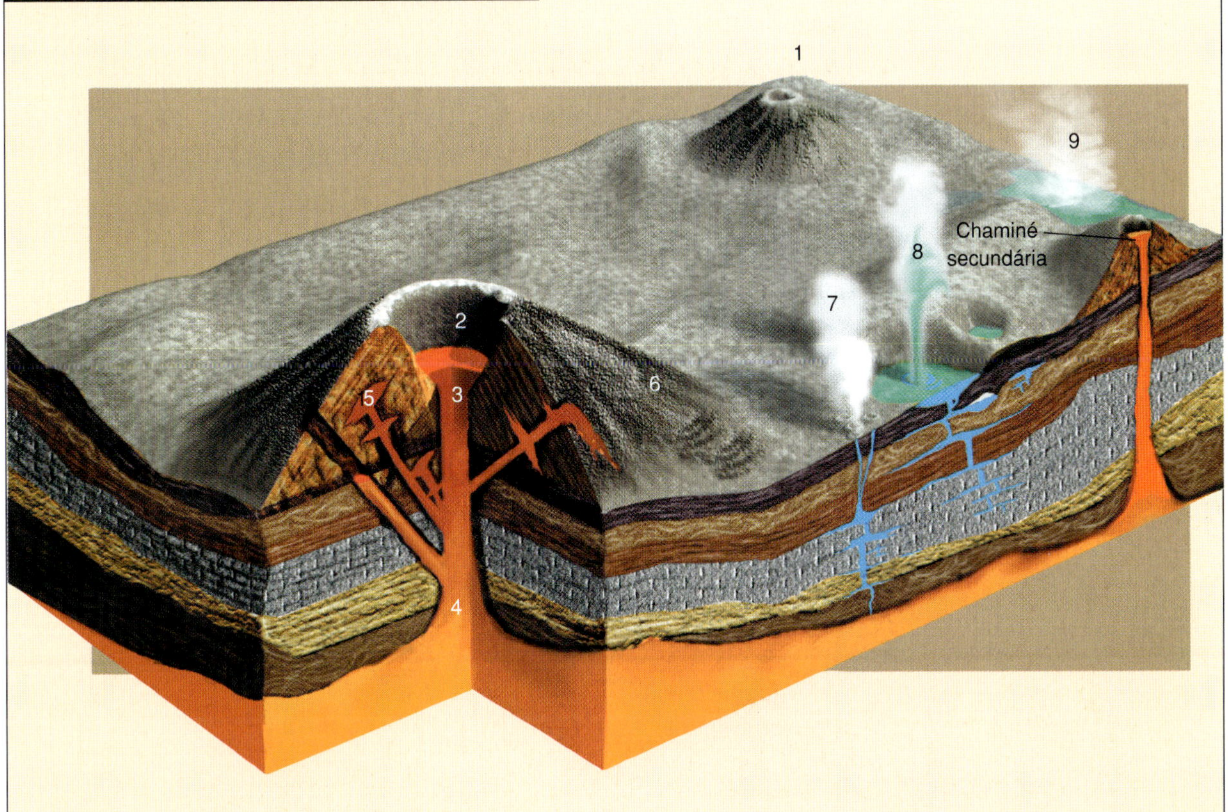

1. Edifício ou cone vulcânico: montanha formada pelo acúmulo de materiais magmáticos. **2. Cratera:** cavidade superior (boca). **3. Chaminé ou conduto**: abertura ou fenda pela qual os materiais são expelidos do interior para a superfície. **4. Caldeira ou câmara magmática**: bolsão ou cavidade profunda preenchida pelo magma. **5. Lacólito**: intrusão de magma com estreitamento inferior e alargamento da massa superior. **6. Material piroclástico**: blocos, pedras, fragmentos de lava solidificada. **7. Gases sulfurosos. 8. Gêiser**: as rochas quentes do subsolo aquecem a água, aumentando a pressão. Jatos de água e vapor quentes são expelidos de forma contínua ou intermitente. **9. Fumarolas**: nuvens ardentes provenientes da água superaquecida, com temperaturas que podem alcançar 800 °C.

Fonte: *A Terra*. 6. ed. São Paulo: Ática, 1998. p. 19. (Col. Atlas Visuais)

BRYAN PARSLEY / NEXTFOTO

FIGURA 11.11 Além das lavas, muitas vezes com temperaturas superiores a 1.000 °C, os vulcões expelem cinzas que cobrem extensas áreas. Monte Bromo e Monte Semaru (ao fundo em erupção), em Semaru, Java (Indonésia), 2000.

Observe na figura 11.12 as duas áreas que concentram a maior parte dos vulcões:

- **Círculo de Fogo do Pacífico** – Concentra cerca de 80% dos vulcões e forma um alinhamento que vai desde a Cordilheira dos Andes até as Filipinas, passando pelas costas ocidentais da América do Norte e pelo Japão.
- **Círculo de Fogo do Atlântico** – Abrange América Central, Antilhas, Cabo Verde, Mediterrâneo e Cáucaso.

No quadro abaixo estão listadas algumas erupções vulcânicas famosas e suas conseqüências.

FIGURA 11.12 • DISTRIBUIÇÃO MUNDIAL DOS VULCÕES

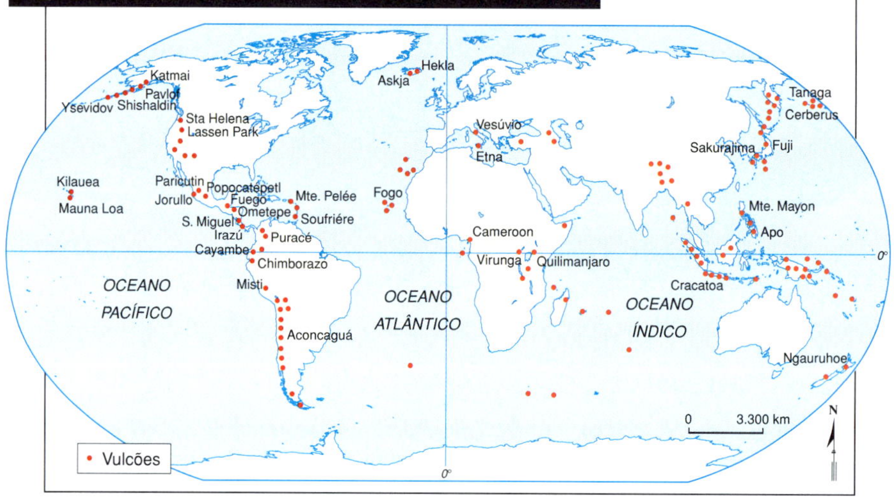

Fonte: *Atlas geográfico escolar/IBGE*. 2. ed. Rio de Janeiro: IBGE, 2004. p. 66.

ERUPÇÕES VULCÂNICAS FAMOSAS

Vulcão	Ano	Conseqüências
Vesúvio (Itália)	79 d.C.	A explosão de gases e a queda de cinzas soterraram a cidade de Pompéia, matando seus habitantes, mesmo os que haviam se refugiado dentro de suas casas.
Krakatoa (Ilha de Java, Indonésia)	1883	Desaparecimento de 2/3 da ilha, formação de ondas gigantescas, morte de 80 mil pessoas. Nuvens escuras e poeira atingiram camadas altas da atmosfera, interferindo na luminosidade de diversos lugares do mundo.
Mont Pelée (Martinica)	1902	Uma avalanche de fogo invadiu a cidade. Morreram cerca de 30 mil pessoas.
Saint Helens (EUA)	1980	Devastação da vegetação num raio de 500 km.
Nevado del Ruiz (Colômbia)	1985	Matou pelo menos 25 mil pessoas.
Pinatubo (Filipinas)	1991	Foi considerada uma das maiores erupções vulcânicas do século XX, acarretando a morte de pelo menos 800 pessoas. O material lançado na atmosfera circundou o globo em três semanas e cobriu 42% do planeta dois meses após a erupção.
Usu (Hokkaido, Japão)	2000	Rochas incandescentes e nuvens de fumaça foram lançadas a até 3.200 m de altura. Quinze mil pessoas foram retiradas de suas casas.

Vulcanismo no Brasil

Atualmente não existem vulcões ativos no Brasil. Entretanto, em épocas geológicas passadas, o país foi palco de diversas atividades vulcânicas. A mais recente ocorreu na Era Cenozóica (Terciário), levando à formação de ilhas oceânicas, tais como Trindade, Fernando de Noronha, São Pedro e São Paulo. Observe estas áreas na figura 11.13.

FIGURA 11.13 • VULCANISMO NO BRASIL

Símbolos	Era	Área de ocorrência
•	Cenozóica (Terciário)	Ilhas oceânicas e interior do Nordeste.
★	Mesozóica e Cenozóica	Poços de Caldas (MG); Itatiaia e Cabo Frio (RJ); São Sebastião e Cananéia (SP); Lajes (SC).
▬	Mesozóica	Derrames basálticos na Bacia do Paraná. Diabásicos encobertos nas bacias Amazônica e do Parnaíba.

Fonte: POPP, José H. *Geologia geral*. Rio de Janeiro: Afiliada, 1998. p. 212.

Na Era Mesozóica a atividade vulcânica foi muito intensa no Brasil, destacando-se as seguintes ocorrências:

- em Poços de Caldas e Araxá (MG), São Sebastião (SP), Itatiaia e Cabo Frio (RJ) e Lajes (SC);
- na Região Sul houve um dos maiores derrames basálticos do mundo, abrangendo uma área de 1 milhão de km^2, que vai desde o estado de São Paulo até o Rio Grande do Sul, onde diversas manifestações podem ser observadas na região de Torres, tais como as belíssimas falésias basálticas;
- nos planaltos e chapadas da Bacia do Paraná os derrames basálticos que ocorreram deram origem ao fértil solo terra roxa;
- em algumas áreas da Bacia Amazônica também houve atividades vulcânicas.

Abalos sísmicos ou terremotos

São movimentos naturais da crosta terrestre que se propagam através de vibrações. Podem ser percebidos diretamente pelas pessoas ou por meio de instrumentos especiais, os **sismógrafos**, que captam as ondas sísmicas.

Anualmente registram-se em média 1 milhão de abalos sísmicos, dos quais cerca de 5 mil são perceptíveis diretamente pelo ser humano e vinte a trinta produzem efeitos danosos.

A intensidade dos terremotos é bastante variável. Os fatores que mais influem nessa intensidade são a distância entre o local de origem do terremoto dentro da crosta ou foco (**hipocentro**) e o local onde ele se manifesta na superfície (**epicentro**), e a heterogeneidade das rochas. Quanto maior a distância, menor a intensidade, e quanto mais resistentes as rochas, menores os danos.

Atualmente, a escala mais utilizada para medir a intensidade dos abalos sísmicos é a **Escala Richter**, que mede a quantidade de energia liberada em cada terremoto.

Nessa escala, os números mais baixos correspondem aos terremotos de menor intensidade. Além disso, um terremoto de índice 5 não é aquele que liberou cinco vezes mais energia que o de índice 1, porque a quantidade de energia liberada cresce geometricamente. Por exemplo, a energia liberada por um terremoto de índice 8 equivale à energia liberada por 216 mil abalos de índice 5. Observe a figura 11.14.

PALLAVA BAGLA / CORBIS-STOCK PHOTOS

FIGURA 11.14 Dependendo da intensidade e do local (epicentro) onde se manifestam, os terremotos podem, em alguns segundos, ocasionar grandes destruições, como em Ahmadabad, Gujarat, na Índia, em janeiro de 2001, quando morreram mais de vinte mil pessoas.

Segundo um relatório de 2005 do Banco Mundial e do Instituto da Terra, da Universidade de Colúmbia (EUA), cerca de 3,4 bilhões de pessoas vivem em áreas onde pelo menos um desastre natural pode afetar gravemente suas vidas.

O grande número de perdas humanas pode dar uma idéia das proporções catastróficas alcançadas por alguns terremotos, como os ocorridos em Lisboa (1755, 60 mil mortes), Krakatoa, Indonésia (1883, 80 mil mortes), São Francisco (1906, 1 milhão de vítimas), Tóquio (1923, 200 mil mortos) e China, Guatemala, Itália, Chile etc. (1976, 700 mil mortes no total).

Os efeitos dos terremotos sobre o relevo podem ser de grandes proporções. Normalmente provocam deslizamentos, desmoronamentos, formação de fendas no solo, entre outros.

A ocorrência de terremotos está ligada a três tipos de causas: desmoronamentos internos, vulcanismo e tectonismo.

A figura 11.15 ilustra a origem dos terremotos e seus efeitos.

FIGURA 11.15 • ORIGEM E PROPAGAÇÃO DOS TERREMOTOS

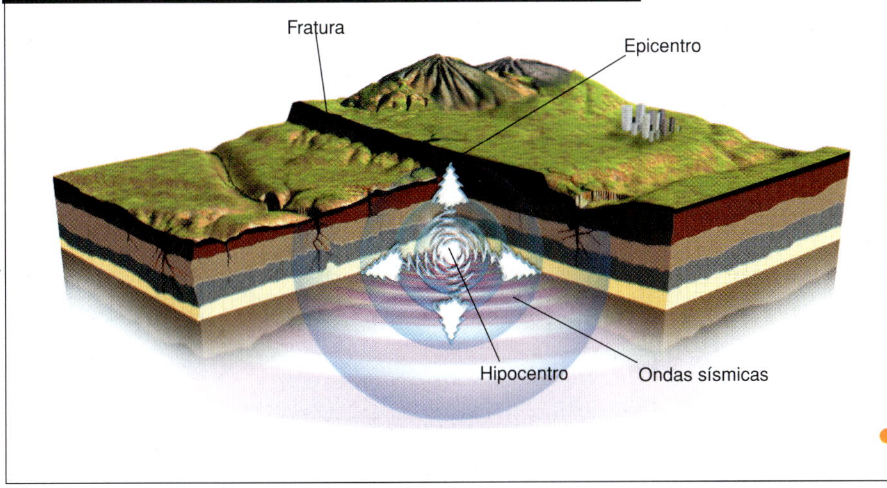

Fonte: PARKER, Steve; MORGAN, Sally; STEELE, Philip. *Quase tudo sobre o mundo*. São Paulo: Impala, 1998. p. 14.

As tensões acumuladas por longo período de tempo provocam a ruptura das camadas de rochas, às vezes seguida da formação de fraturas. Em conseqüência, ocorre uma propagação de ondas sísmicas ou tremores, que se manifestam em determinados lugares da superfície terrestre.

- **Desmoronamentos internos** – O desmoronamento de camadas de rochas no interior da Terra costuma provocar terremotos geralmente locais e de pequena intensidade. No Brasil, esse tipo de tremor de terra tem sido registrado de forma esporádica nos estados de Minas Gerais, Rio de Janeiro, Rio Grande do Norte e Ceará. Às vezes, os terremotos são provocados também pela acomodação das camadas de sedimentos, devido ao seu próprio peso. Este parece ser o caso de alguns tremores ocorridos na cidade de São Paulo.
- **Causas vulcânicas** – São explosões internas ou acomodações de materiais nos bolsões ou vazios que surgem após a expulsão do magma do interior da Terra. Os terremotos provocados por essas causas costumam ser também de pequena intensidade.
- **Causas tectônicas** – Nas bordas das placas tectônicas é que ocorrem os maiores e mais violentos terremotos. Verifica-se uma grande coincidência entre a localização dos terremotos e as áreas vulcânicas e tectônicas. Cerca de 42% dos epicentros situam-se no Círculo de Fogo do Pacífico, 25% nos Alpes, Apeninos, Atlas e Himalaia e 23% nas regiões de falhas, como os Balcãs e a África Oriental.

FIGURA 11.16 Um terremoto de 9 graus na escala Richter, com epicentro no Oceano Índico, perto da ilha indonésia de Sumatra, gerou os tsunamis que devastaram o Sudoeste asiático, em dezembro de 2004. Além de atingir duramente a Índia, a Indonésia e o Sri Lanka, seus efeitos se estenderam à costa Leste da África. Imagem de satélite do litoral do Sri Lanka antes e depois de ser atingido pelas ondas gigantes.

Os tremores de terra submarinos, provocados por deslocamentos de placas ou por erupções de vulcões submersos, são chamados **maremotos** e podem provocar outro tipo de fenômeno com conseqüências catastróficas: os **tsunamis**, conjunto de ondas de grande comprimento e velocidade (chegando a atingir 900 km/h) que em águas profundas não têm mais do que um metro de altura. Quando invadem as áreas litorâneas, têm sua velocidade e comprimento reduzidos e sua altura aumentada, tornando-se gigantescas. Essas ondas podem atingir até 50 metros de altura e avançar por quilômetros, destruindo quase tudo pelo seu caminho. Os tsunamis podem ser precedidos por uma súbita variação (subida ou descida) do nível do mar. São mais freqüentes nos mares do Pacífico, do Índico e do Japão. Observe na figura 11.16 o tsunami que atingiu a Ásia recentemente, provocando uma catástrofe com mais de 220 mil mortes.

FOTOS: DIGITALGLOBE AFP PHOTO

3 OS AGENTES EXTERNOS DO RELEVO E A FORMAÇÃO DAS PAISAGENS

O relevo terrestre encontra-se em permanente evolução. Suas formas, criadas pelos agentes internos, sofrem constantemente a ação de **agentes externos** ou **exógenos**: das águas, do vento, do mar, das geleiras e dos seres vivos. Esses agentes realizam um trabalho escultural ou de modelagem da paisagem terrestre e têm atuação contínua e prolongada.

Apesar de esses processos atingirem toda a superfície terrestre, é fundamental entender que a participação de cada um dos agentes difere bastante de acordo com a área em que atua. Por exemplo, nas regiões de elevadas latitudes e altitudes, o trabalho do gelo é muito mais importante do que o dos demais agentes; nos desertos (como o Saara), o trabalho do vento é que sobressai; nas regiões equatoriais (como a Amazônia), o trabalho das águas é fundamental.

O conjunto de processos que provocam a alteração e a decomposição das rochas — resultado da ação dos agentes externos — recebe o nome de **intemperismo** ou **meteorização**. Podem ser químicos (quando sua constituição é alterada), físicos (atuação mecânica da água, do vento, da temperatura) e biológicos (ação dos seres vivos). O processo de modelagem da paisagem, de remoção e transporte de sedimentos é chamado **erosão**. A deposição deste material em um novo local é denominada **sedimentação**.

Em síntese, podemos dizer que o intemperismo, a erosão e a sedimentação realizam ação dupla: por um lado, efetuam o desgaste e a destruição das rochas e do relevo e, por outro, são responsáveis pelo transporte e deposição desse material em outros lugares, exercendo assim um papel de construção do relevo. Analisemos alguns tipos de agentes do relevo.

- **Rios** – A erosão provocada pelos rios recebe o nome de **erosão fluvial**. Em seu curso, os rios escavam leitos, formam vales, destroem e transportam sedimentos, depositando-os e formando novas feições de relevo, como, por exemplo, as planícies e os **deltas** (depósitos de sedimentos na foz de um rio, que o levam a se dividir para desembocar). A desembocadura do rio por um só canal recebe o nome de **estuário**.
- **Geleiras** – O trabalho realizado pelas geleiras chama-se **erosão glaciária**. Grandes blocos de gelo se movem lentamente, por ação da gravidade, causando desgastes nas rochas. As geleiras cavam profundos vales em forma de "U" ou "V", estes últimos conhecidos como **fiordes**. O congelamento (provocando dilatação dos materiais) e o degelo também atuam sobre o relevo, fragmentando as rochas por ação mecânica. Os sedimentos acumulados nos sopés das montanhas são chamados **morainas**. Veja nas figuras 11.17 e 11.18 o trabalho de modelagem das paisagens realizado pelas geleiras e pelos rios.

FIGURA 11.17 • O TRABALHO DAS GELEIRAS E DOS RIOS MODELANDO PAISAGENS

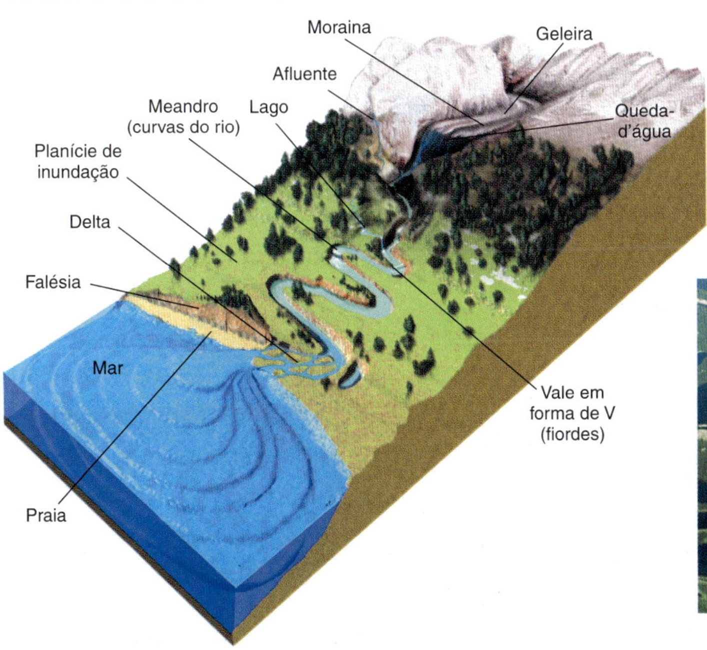

Fonte: *A Terra*. 6. ed. São Paulo: Ática, 1998. p. 41. (Col. Atlas Visuais)

FIGURA 11.18 Os rios escavam os terrenos e depois depositam os sedimentos nas planícies e nos deltas, fertilizando-os. Vista aérea dos sedimentos depositados pelo Rio Negro em Anavilhanas, arquipélago fluvial composto de mais de 400 ilhas. Amazonas, 2002.

- **Chuvas** – A erosão decorrente das chuvas é denominada **erosão pluvial**. Além de provocarem grandes desbarrancamentos, as **enxurradas** (escoamento superficial das águas das chuvas) e as **torrentes** (curso de água periódico, provocado pela chuva) desgastam o terreno e formam depósitos sedimentares.
- **Ventos** – Seu trabalho no relevo recebe o nome de **erosão eólica**. A figura 11.19 ilustra o trabalho de modificação das formas de relevo realizado pelo vento, e as paisagens formadas nesse processo como os *canyons* e as dunas.

FIGURA 11.19 • AS PAISAGENS EM LUGARES ÁRIDOS

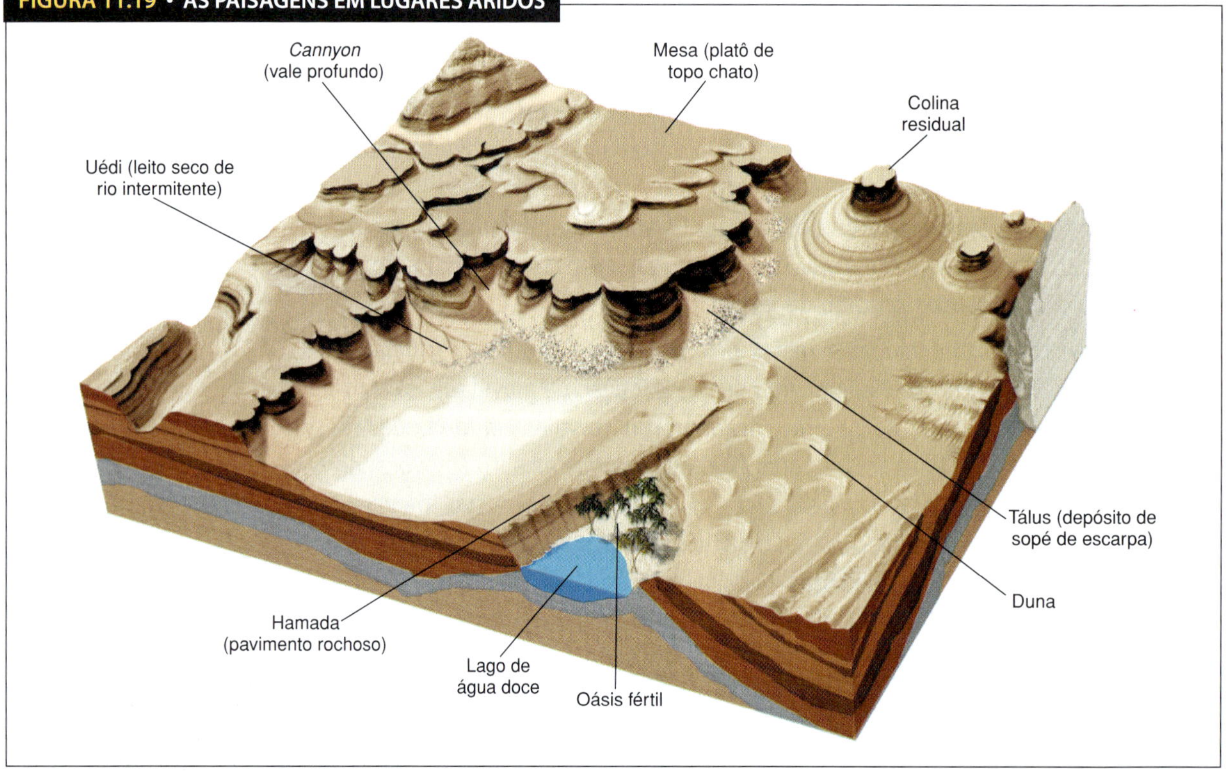

Fonte: *A Terra*. 6. ed. São Paulo: Ática, 1998. p. 35 (Col. Atlas Visuais)

IARA VENANZI / KINO

FIGURA 11.20 No Brasil, as falésias podem ser formadas por rochas sedimentares (barreiras sedimentares do litoral nordestino), magmáticas (costões ou falésias cristalinas do litoral sudeste-sul) e vulcânicas (falésias basálticas do litoral sul do país). Barreira sedimentar no litoral de Porto Seguro, Bahia, 2002.

- **Mar** – O trabalho de modificação das formas do relevo realizado pelo mar nas áreas litorâneas, transformando — e por vezes mudando muito rapidamente — as paisagens, chama-se **erosão marinha**. A partir da deposição de sedimentos formam-se as **praias**, os **tômbolos** (depósitos de areia que ligam uma ilha ao continente). Podem se formar também as **restingas**, os cordões arenosos ou as barras, que são faixas de areia depositada paralelamente ao litoral, podendo originar **lagunas** ou **lagoas costeiras**. Como resultado do trabalho de destruição, denominado **abrasão marinha**, formam-se as **falésias** (costas altas e abruptas). Observe nas figuras 11.20 e 11.21 estas formas de relevo.

FIGURA 11.21 • O MAR FORMA PAISAGENS

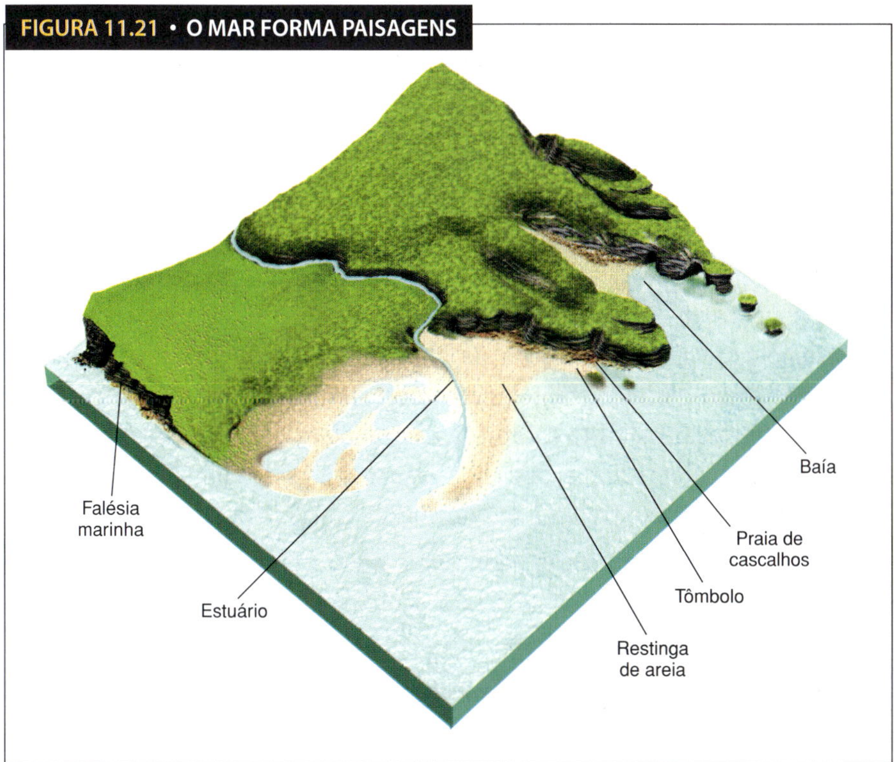

Fonte: *A Terra*. 6. ed. São Paulo: Ática, 1998. p. 47 (Col. Atlas Visuais)

A ação dos seres vivos sobre o relevo

Diversos seres vivos atuam sobre o relevo, modificando-o. Animais (seres humanos, tatus, formigas, minhocas etc.) e raízes de plantas escavam a terra, podendo provocar fendas profundas no solo e nas rochas, contribuindo para a sua desagregação.

As plantas têm um papel importante como protetoras dos solos: fornecem matéria orgânica e impedem sua destruição, protegendo-os também contra as oscilações de temperatura. O acúmulo de areia e carapaças de animais marinhos dá origem aos recifes, que podem ser de **arenito** ou coral.

A intervenção humana sobre a superfície terrestre, modificando paisagens, construindo e destruindo formas de relevo, recebe o nome de **erosão antrópica**. Por contribuírem para acelerar os processos naturais, essas ações também são conhecidas como **erosão acelerada**. Além da ocupação direta, ações indiretas como o desmatamento e os cortes de barrancos para a construção de estradas causam grandes desequilíbrios e aceleram a erosão superficial, como podemos observar na figura 11.22.

FIGURA 11.22 O trabalho humano transforma a paisagem e acelera os processos naturais. Desbarrancamento na Rodovia Rio-Santos, em Angra dos Reis, Rio de Janeiro, 2002.

ERNESTO CARIÃO / AG. O DIA-AE

4 REPRESENTAÇÃO DOS FATOS RELATIVOS À DINÂMICA TERRESTRE

As imagens produzidas por satélites são uma valiosa ferramenta para a melhor compreensão dos detalhes da superfície de nosso planeta e do monitoramento da ação humana sobre o meio ambiente. Tal recurso permite, por exemplo, avaliar a evolução da exploração dos recursos naturais em atividades como garimpo, mineração e desmatamentos. A análise das imagens de satélites possibilita a detecção de problemas e riscos envolvidos em atividades agrícolas, na abertura de estradas, no crescimento da população urbana e um maior controle na vigilância de fronteiras.

Muitas imagens de satélites permitem a obtenção de informações sobre a geomorfologia do terreno, os solos e a geologia, permitindo o mapeamento das feições geológicas e estruturais. Observe nas imagens de satélite da figura 11.23 a evolução da ocupação humana e a destruição da vegetação (verde) e o aumento das áreas desmatadas.

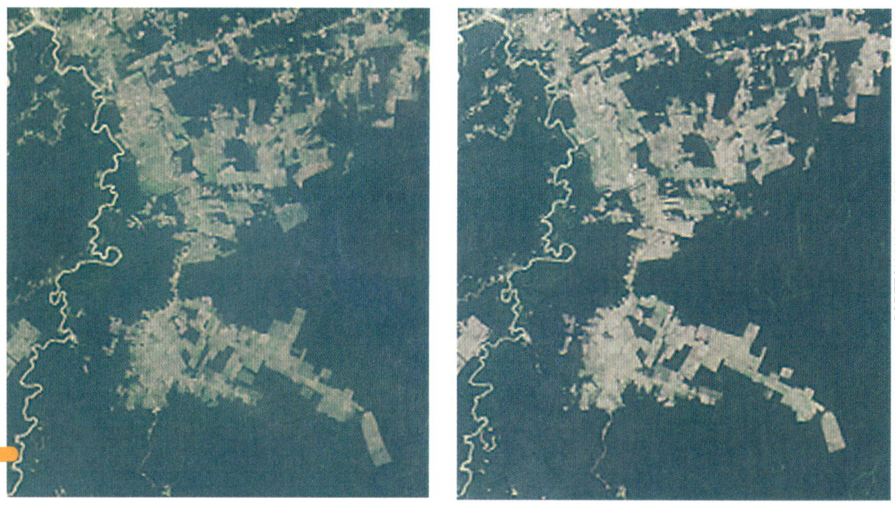

CORTESIA NASA / GSFC / LARC / JPL, MISR TEAM

FIGURA 11.23 Imagem de Satélite de Rio Branco, no Acre. A imagem da esquerda é de 28/7/2000 e a da direita é de 29/6/2001.

Praticando e Aprendendo

Organizando o conteúdo

1. Analise o mapa da figura 11.1 e responda às questões:

a) Em todos os continentes existem planícies? Pesquise e cite um exemplo em cada continente.

b) Em todos os continentes existem planaltos? Pesquise e cite um exemplo em cada continente.

c) Cite uma cadeia montanhosa em cada um dos seguintes continentes: América, África, Ásia e Europa.

2. Analise a foto e responda:

CLAUDIO LARANGEIRA / KINO

Lago de Furnas, Capitólio, MG, 2000.

a) Que tipo de processo podemos associar à formação deste relevo: movimentos epirogenéticos ou orogenéticos?

b) Como você chegou a esta conclusão?

3. Explique as principais diferenças entre os dobramentos e os falhamentos quanto à pressão exercida e à resistência das rochas.

4. Leia o texto abaixo e responda às questões.

"O que causa tais fenômenos? Podemos descartar as teorias dos deuses vingativos, dos espíritos de fogo e demais do gênero. Aristóteles era da opinião de que havia ar preso em vários pontos subterrâneos, sendo que as ocasionais descargas desse ar causavam os terremotos. As pessoas, entretanto, conforme começaram a refletir sobre as erupções vulcânicas e os terremotos, notaram que a grande maioria deles ocorria em áreas específicas."

ASIMOV, Isaac. *111 questões sobre a Terra e o espaço*. São Paulo: Nova Cultural/Best Seller/Círculo do Livro, 1991. p. 56.

a) Compare a explicação de Aristóteles sobre as causas dos terremotos com a explicação dada atualmente pela ciência.

b) De que forma podemos relacionar vulcanismo e placas tectônicas com os terremotos?

c) Que conseqüências esses fenômenos podem ter para o ser humano?

5. A que tipos de agentes podemos associar as formas de relevo citadas abaixo?

a) Vales em "U".

b) Deltas.

c) *Canyons*.

d) Tômbolos.

e) Dunas.

f) Falésias.

Ampliando o conhecimento

Analisando um ambiente fluvial.

6. Descreva um rio da região onde você mora quanto aos seguintes aspectos:

a) Características gerais: nome, traçado (linear ou em curvas), condição (principal ou afluente).

b) Relevo (planície, planalto).

c) Leito (pedregoso ou arenoso).

d) Curso (com quedas bruscas, cascatas ou cachoeiras).

e) Nascente (a que distância aproximada está de sua região).

f) Desembocadura (do tipo delta ou estuário, onde desemboca e a quantos quilômetros de sua região).

g) Alterações que provoca no relevo (desbarrancamentos, enchentes).

h) Utilização (irrigação, indústria, transporte, abastecimento de água etc).

7. Elabore um texto em forma de reportagem com as conclusões obtidas a partir da pesquisa da questão anterior, com o tema "Características e problemas do rio da minha região".

O QUE MAIS HÁ PARA VER

Livros

- KOHLER, Pierre. *Vulcões, sismos e deriva dos continentes*. Portugal: Bertrand, 1985.
- MENDONÇA, Francisco. *Geografia física: ciência humana?* São Paulo: Contexto, 1989. (Col. Repensando a Geografia)
- SUERTEGARAY, Dirce Maria A. (org.). *Terra* – feições ilustradas. Porto Alegre: Editora da UFRGS, 2003.
- TEIXEIRA, Wilson; TAIOLI, Fábio; FAIRCHILD, Thomas (org.). *Decifrando a Terra*. 2. ed. São Paulo: Oficina de Textos, 2001.

Filmes

- *Carteiro das montanhas* (China, 1998); dir. Huo Jianqi; 90 min. O filme mostra a história de um carteiro e seu filho, que o sucederá devido à sua idade avançada. Assim, o filho passa a acompanhar o pai a pé pelas montanhas chinesas entregando as correspondências, enquanto trocam experiências. Excelente fotografia.
- *O inferno de Dante* (EUA, 1997); dir. Roger Donaldson; distr. Universal Pictures/UIP; 108 min. O filme mostra uma pequena cidade ao pé de um vulcão há muitos anos inativo, mas que começa a dar indícios de que entrará em erupção. Um geólogo é chamado e tem início um conflito entre interesses econômicos e ambientais.

Sites

- http://www.igc.usp.br/geologia/a_terra.php *Site* do Instituto de Geociências da USP. Traz texto sobre a estrutura interna da Terra, sua dinâmica, tectônica de placas, cadeia Meso-Oceânica, vulcões e terremotos. Acesso em: 6 maio 2005.
- http://www.igc.usp.br/geologia/tsunami/ Página que traz texto sobre tsunamis, sua definição e fotos do tsunami ocorrido em dezembro de 2004 na Ásia. Acesso em: 5 maio 2005.
- http://www.miniweb.com.br/Geografia/Artigos/geologia/erosao.html Traz texto sobre a erosão solar, um fenômeno que ocorre no Brasil e que influencia nas produções agrícolas dos trópicos. Acesso em: 5 maio 2005.

12.

MINERAIS, ROCHAS E SOLOS

1 INTRODUÇÃO

A **crosta terrestre** é uma camada pouco espessa (30 km, em média) e muito importante. Em sua parte superficial encontra-se a quase totalidade dos seres vivos e é dela que o homem retira grande parte dos recursos naturais: minerais metálicos (ouro, ferro etc.), minerais energéticos (carvão, petróleo etc.), rochas (mármore, granito etc.), entre outros.

Dos oito principais elementos químicos que compõem a crosta terrestre, dois são encontrados em grande quantidade: o oxigênio e o silício. Observe na figura 12.1 a composição média da crosta terrestre e a participação dos elementos químicos.

FIGURA 12.1 • COMPOSIÇÃO QUÍMICA DA CROSTA TERRESTRE

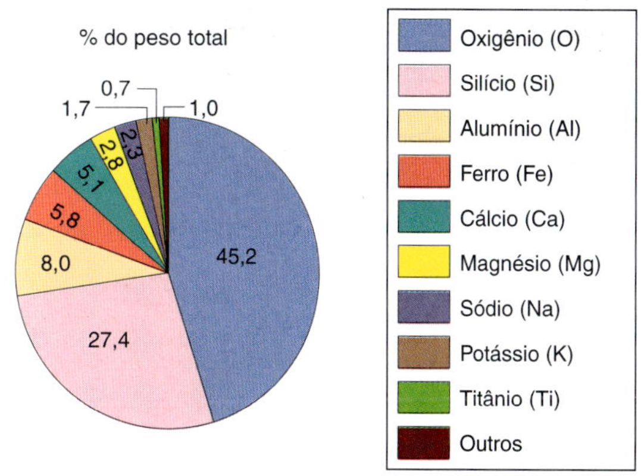

Fonte: BROWN, Geoff e outros. *Os recursos físicos da Terra* – Bloco 1 – Recursos, economia e geologia: uma introdução. Campinas: Ed. da Unicamp, 1994. p. 33. (Séries Manuais)

Embora alguns elementos químicos possam ser encontrados na natureza em estado puro — como o ouro e a prata —, em geral eles se combinam, formando compostos que dão origem aos minerais. Estes, por sua vez, também se agrupam, formando as rochas.

JUCA MARTINS / OLHAR IMAGEM

Davi, de Michelângelo, estátua, feita em mármore (rocha metamórfica) no século XVI.

O quartzo, por exemplo, é um mineral formado pelos elementos químicos oxigênio e silício, enquanto o granito é uma rocha formada pelos minerais quartzo, feldspato e mica. Observe o quadro.

EXEMPLOS DE ELEMENTOS QUÍMICOS E A COMPOSIÇÃO DE ALGUNS MINERAIS E ROCHAS					
Elementos químicos		**Minerais**		**Rochas**	
Oxigênio	1	1 3 7	Feldspato A	A B C	Granito
Silício	2	1 2	Quartzo B	A B C E	Riólito
Alumínio	3	1 2 3 7	Mica C	A F	Basalto
Ferro	4	5	Calcita D	A F	Diabásio
Cálcio	5	2 4 5 8	Anfibólio E	D	Calcário
Sódio	6	4 8	Piroxênio F		
Potássio	7				
Magnésio	8				

2 MINERAIS

CID

FIGURA 12.2 Os minerais, como o quartzo da foto, podem desenvolver estrutura cristalina, na qual os átomos encontram-se regularmente dispostos, ordenados segundo um sistema fixo.

Mineral é um elemento ou composto químico natural, resultante de processos inorgânicos, encontrado na crosta terrestre. Os minerais têm composição química definida, ou seja, apresentam sempre a mesma composição. Atualmente, podem-se produzir minerais artificialmente. Observe na figura 12.2 um dos minerais mais abundantes.

Com exceção do mercúrio e da água, os minerais são encontrados em estado sólido. Eles apresentam graus de dureza diferentes: os mais duros riscam os de dureza igual ou menor. Para comparar a dureza dos minerais, utiliza-se a **Escala de Mohs**, que vai da dureza 1 à 10. Observe no quadro abaixo, à esquerda, que o talco só risca outro talco. O diamante risca todos os outros minerais e só é riscado por outro diamante.

ESCALA DE MOHS	
1 Talco	6 Ortoclásio
2 Gipsita	7 Quartzo
3 Calcita	8 Topázio
4 Fluorita	9 Coíndon
5 Apatita	10 Diamante

Fonte: BRANCO, Pérsio de Moraes. *Glossário gemológico*. Porto Alegre: Sagra, 1992. p. 72.

Atualmente são conhecidos aproximadamente 2.400 minerais. Apenas alguns são comuns, como quartzo, feldspato, mica, piroxênio, anfibólio e formam a maior parte das rochas da crosta terrestre.

Os minerais podem ser classificados em dois grandes grupos:

- **metálicos** — que podem ser abundantes como ferro, manganês, alumínio e magnésio e escassos como cobre, mercúrio, chumbo, estanho, ouro, prata e urânio.
- **não-metálicos** — como quartzo, feldspato, apatita, enxofre etc.

3 ROCHAS

Após a formação da Terra, o magma superficial resfriou-se lentamente e se consolidou, originando as primeiras rochas. O processo de formação das rochas é contínuo e se estende até os dias atuais. Mas o que é rocha? **Rocha** é um agregado natural composto por um ou mais minerais. De acordo com sua origem, as rochas são classificadas em três tipos fundamentais: magmáticas ou ígneas, sedimentares e metamórficas.

Rochas magmáticas ou ígneas

São formadas pelo resfriamento e pela solidificação do magma pastoso. Grande parte dessas rochas é bastante antiga e resistente, constituindo o embasamento rochoso dos continentes (**escudos cristalinos**). Entre elas predominam o granito e o diabásio. Outra parte forma-se constantemente a partir do derrame de **lavas**, ou seja, do material magmático pastoso expelido pelos vulcões.

As **rochas ígneas ou magmáticas** podem ser intrusivas ou plutônicas e extrusivas ou vulcânicas.

As **intrusivas**, **abissais** ou **plutônicas** formam-se no interior da Terra pela lenta solidificação do magma. Devido à sua lenta formação, são compostas por cristais de **minerais macroscópicos**, de granulação grosseira. São exemplos o granito (figura 12.3), o sienito, o diorito, o gabro.

ALEX SALIM

FIGURA 12.3 Rocha magmática intrusiva, o granito, formado em profundidade, se resfria lentamente, originando cristais grandes.

As **extrusivas**, **efusivas** ou **vulcânicas** resultam da solidificação rápida do material magmático (lava), quando em contato com a atmosfera durante o vulcanismo. Como a solidificação é rápida, os minerais não têm tempo de formar cristais macroscópicos (como no caso das rochas magmáticas intrusivas), originando, então, uma massa mais homogênea, denominada **massa afanítica**, de granulação fina, como, por exemplo, o basalto.

Rochas sedimentares

Sabemos que a superfície da Terra sofre contínua ação dos agentes erosivos (águas correntes, ventos etc.) que desgastam as rochas e as transformam em detritos ou partículas de vários tamanhos, chamados **sedimentos**. A deposição desses sedimentos origina as bacias sedimentares, ambientes propícios à ocorrência de fósseis e de combustíveis orgânicos (carvão, petróleo etc.).

No processo de formação das **rochas sedimentares**, os sedimentos se acumulam e se consolidam em camadas ou estratos, como podemos observar na figura 12.4.

CID

FIGURA 12.4 Rochas sedimentares no Parque Estadual de Goosenecks, Utah (EUA). A ação erosiva em rochas sedimentares forma os ***canyons***: vales profundos, com paredes verticais. A diferença entre o fundo do vale e a superfície pode chegar a 1.800 m.

A deposição dos sedimentos ou de detritos de outras rochas forma as **rochas sedimentares dendríticas** como o arenito e a argila. Quando ocorre por meio de processos químicos, formam-se **rochas sedimentares de origem química**, como as estalactites e estalagmites das grutas. A deposição e o acúmulo de detritos orgânicos formam as **rochas sedimentares de origem orgânica**, de que é exemplo o carvão mineral.

Rochas metamórficas

Resultam de transformações (**metamorfismos**) sofridas pelas rochas magmáticas e sedimentares. Essas mudanças ocorrem quando as rochas são submetidas ao calor e à pressão do interior da Terra. A rocha transformada adquire novas características, podendo ocorrer a recristalização ou a formação de novos minerais, além de modificações na sua estrutura e alterações na sua composição.

Observe alguns exemplos de metamorfismo no quadro.

EXEMPLOS DE METAMORFISMO

Rocha inicial	Rocha transformada (metamórfica)
Arenito (sedimentar dendrítica)	Quartzito
Calcário (sedimentar orgânica ou química)	Mármore
Granito (magmática intrusiva)	Gnaisse

Ciclo das rochas

Ao longo da história geológica da Terra, as rochas estão se formando e se modificando constantemente. Na figura 12.5 podemos constatar como rochas antigas são transformadas em rochas novas num processo conhecido como **ciclo das rochas**.

FIGURA 12.5 • O CICLO DAS ROCHAS

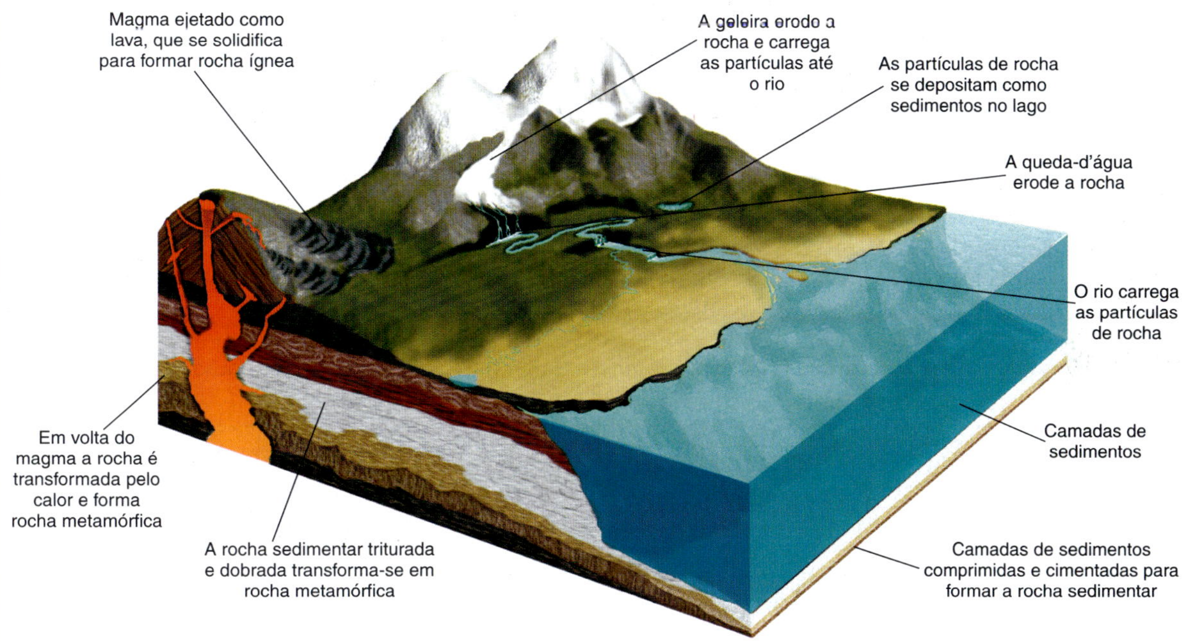

Fonte: *A Terra*. 6. ed. São Paulo: Ática, 1998. p. 20-21. (Col. Atlas Visuais)

4 PANORAMA MUNDIAL DAS MATÉRIAS-PRIMAS MINERAIS

Utilização dos minerais e das rochas

Se observarmos à nossa volta, constataremos que muitos dos objetos foram fabricados a partir dos minerais e das rochas. Do simples cascalho — quase em estado bruto —, passando pela areia e argila (utilizados em construções), até os elementos químicos extraídos dos minerais, quase todos os elementos conhecidos têm alguma utilidade comercial.

Os metais não são encontrados puros no solo. Eles fazem parte da composição dos minerais. O mineral do qual se pode extrair economicamente um ou mais metais é denominado **minério**. Observando o quadro da página 194, conheça alguns exemplos de minérios de grande importância no mundo atual.

MINERAIS IMPORTANTES: CARACTERÍSTICAS E UTILIZAÇÃO		
Minério/mineral	**Características**	**Utilização**
Ferro/magnetita, limonita, hematita, itabirita, siderita	Muito importante na atualidade. Ocorre em abundância. O processo de fundição requer minério de ferro, carvão (coque ou lenha), calcário e calor.	Siderurgia (o aço é uma liga de ferro e carbono que pode conter outros minerais de liga), construção, ferramentas.
Manganês/pirolusita	Pode entrar na composição do aço. Matéria-prima industrial.	Siderurgia, fabricação de pilhas, vidros, trilhos.
Alumínio/bauxita	Uso relativamente recente. Leve, não-corrosivo, de alta condutibilidade.	Indústria automobilística, aeronáutica.
Cobre/calcopirita, malaquita, cuprita	Combinado com o estanho para formar o bronze.	Cabos, fios.
Chumbo/galena	Metal não abundante. Conhecido desde a Antigüidade.	Tubulações, placas, baterias, isolante de radiação, munição.
Estanho/cassiterita	Reveste a parte interna das latas para proteger o ferro da oxidação.	Liga para aço, folha-de-flandres, latas.
Níquel/pentlandita, guarnierita	Elemento raro (0,01 da crosta terrestre).	Liga para aço e niquelação

Extração mundial de minerais

A localização das jazidas minerais depende dos processos de formação das rochas. Grande parte dos minerais metálicos, pedras preciosas e ornamentais encontram-se em áreas de movimentação de placas, de atividades vulcânicas e nos **núcleos cratônicos** (terrenos cristalinos e proterozóicos).

Nas áreas sedimentares encontram-se os sedimentos resultantes da decomposição das rochas, que foram transportados e depositados por ação do vento, da água etc. É o caso de arenitos, cascalhos, pedras ornamentais e outros. As áreas sedimentares também favorecem a preservação de restos orgânicos e sua transformação em combustíveis fósseis.

Atualmente, para localizar jazidas minerais, as empresas utilizam — além das informações geológicas — dados de imagens aéreas enviadas por satélites, que revelam características das formações rochosas e sua associação a depósitos minerais.

Os recursos minerais servem de apoio ao desenvolvimento de um país. A distribuição das jazidas minerais é muito irregular e nem sempre o país possuidor do minério é o que mais se beneficia com seu uso econômico.

Desprovidos de capital, tecnologia e indústrias de base, alguns países subdesenvolvidos limitam-se a fornecer matérias-primas aos países desenvolvidos, que buscam o controle de reservas minerais dentro e fora de seus territórios. Os primeiros vendem as matérias-primas a preços baixos e as recebem de volta na forma de produtos industrializados a preços muito mais elevados. Portanto, podemos dizer que ter o minério nem sempre é o mais importante. De maior importância é saber como aproveitá-lo e possuir os meios para tanto.

Observe no mapa (figura 12.6) que os países subdesenvolvidos são responsáveis por grande parte da produção de recursos minerais. No entanto, esses produtos são adquiridos e controlados em sua quase totalidade por companhias transnacionais e consumidos pelos países desenvolvidos. Além disso, tais recursos são, muitas vezes, pouco explorados: por exemplo, os países subdesenvolvidos detêm 66% das reservas mundiais de bauxita, mas só extraem 4% do alumínio.

FIGURA 12.6 • PRODUÇÃO MUNDIAL DOS PRINCIPAIS MINERAIS (1999)

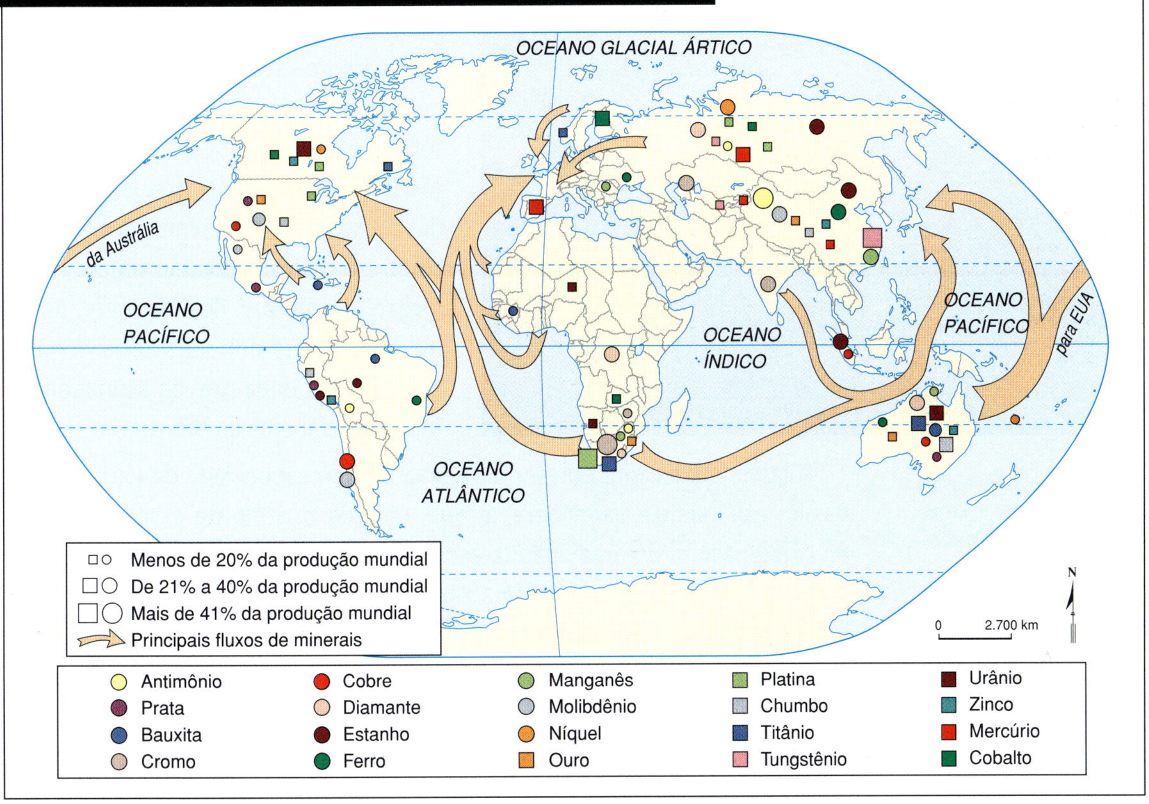

Fontes: *L'état du monde 2004*. Paris: La Découverte, 2003. p. 79-81; FERREIRA, Graça Maria L. *Atlas geográfico*: espaço mundial. 2. ed. São Paulo: Moderna, 2003. p. 98.

O Brasil ocupa posição de destaque na produção mundial de diversos minérios: é o segundo produtor mundial de ferro e o quarto produtor mundial de bauxita, estanho e manganês.

Recursos naturais e extrativismo mineral

Recursos naturais são todos os elementos encontrados na natureza potencialmente utilizados pelos seres humanos, tais como a energia solar, o ar, as rochas, os minerais, o solo, a água e os vegetais, entre outros.

Os **recursos minerais** são substâncias inorgânicas extraídas da Terra e que têm utilidade como matéria-prima. Embora não sejam propriamente minerais, os combustíveis fósseis podem ser incluídos nesta categoria.

O **extrativismo**, a mais antiga atividade humana, consiste na retirada de recursos da natureza (minerais, vegetais, animais) pelo homem.

Com o advento do capitalismo industrial, o consumo e a exploração dos recursos minerais utilizados como matéria-prima aumentaram muito. Toda vez que um recurso mineral é extraído ocorre uma alteração no ciclo natural. O **extrativismo mineral**, pela escala em que é realizado, é em grande parte responsável pela degradação da natureza.

WAGNER SANTOS / KINO

FIGURA 12.7 A humanidade é um dos principais agentes de mudanças no planeta. As atividades mineradoras provocam grande impacto sobre o meio ambiente, como a destruição das florestas e dos ecossistemas, mudanças no solo e nos rios, além do esgotamento das reservas minerais. Mineração de manganês na Serra do Navio, no Amapá, em 1999.

Muitos recursos naturais apresentam a capacidade de se auto-renovar. Alguns exemplos são a energia solar, o ar, os vegetais e a água (que retorna à natureza por meio do ciclo hidrológico). Outros recursos, quando usados, se esgotam, não retornam à natureza ou têm um ritmo de reposição muito lento (dependem do ciclo das rochas). Eles são removidos do ciclo natural e transformados em objetos, como é o caso dos metais, dos minerais, do petróleo e do carvão mineral. Observe na figura 12.7 alguns impactos da atividade humana sobre o meio ambiente.

A humanidade tem apresentado uma grande capacidade de extrair recursos. Assim, atualmente, considera-se que, quando o ritmo de extração é superior ao ritmo natural de reposição, temos um **recurso natural não-renovável**. Se o recurso é reposto com a mesma rapidez de sua exploração comercial, temos um **recurso natural renovável**. A exploração irracional dos recursos leva ao seu esgotamento. Observe o quadro.

EXPECTATIVA DE DURAÇÃO DAS RESERVAS DE DETERMINADOS RECURSOS MINERAIS

Mineral	Expectativa de duração
Sal, magnésio	Quase infinita.
Cal, silício	Mais de milhares de anos.
Potassa, minério de manganês, cobalto	Mais de 200 anos.
Minério de ferro, cromita, feldspato	100 a 200 anos.
Bauxita (minério de alumínio), fosfato, níquel	50 a 100 anos.
Cobre, mercúrio, zinco, chumbo	Menos de 50 anos.

Fonte: CAMERON, Eugene N. At the crossroads. In: *Manual global de ecologia*. São Paulo: Augustus, 1993. p.180.

Para solucionar o problema da extinção dos recursos minerais, a humanidade terá de se preocupar em recuperar áreas degradadas e explorar mais racionalmente as áreas mineradoras, além de procurar substitutos para minerais escassos.

5 OS SOLOS: FORMAÇÃO, DISTRIBUIÇÃO E DEGRADAÇÃO

O **solo**, a camada superficial da crosta terrestre, é composta de materiais minerais e orgânicos. A ciência que trata de seu estudo é a **pedologia**.

Os solos se formam inicialmente pela desintegração das rochas por ação do **intemperismo** (agentes físicos, químicos e biológicos), que dão origem aos componentes minerais. Posteriormente, a decomposição e a incorporação de elementos orgânicos animais e vegetais (chamados **húmus**) dão fertilidade aos solos.

Solos de diversos tipos formam-se a partir da ação conjugada de vários fatores, como: temperatura, vento, águas correntes, topografia, vegetação, tipo de **rocha matriz** (rocha que origina o solo) etc.

Horizontes ou camadas do solo

A figura 12.8 mostra a evolução de um solo e seus respectivos **horizontes**, identificados pelas letras O, A, B e C, que estão situados acima da rocha matriz (R). A figura mostra também o **perfil do solo**, no qual se pode ver a seqüência vertical dos horizontes ou camadas. No quadro você pode observar as principais características dos horizontes.

FIGURA 12.8 • EVOLUÇÃO E PERFIL DE UM SOLO

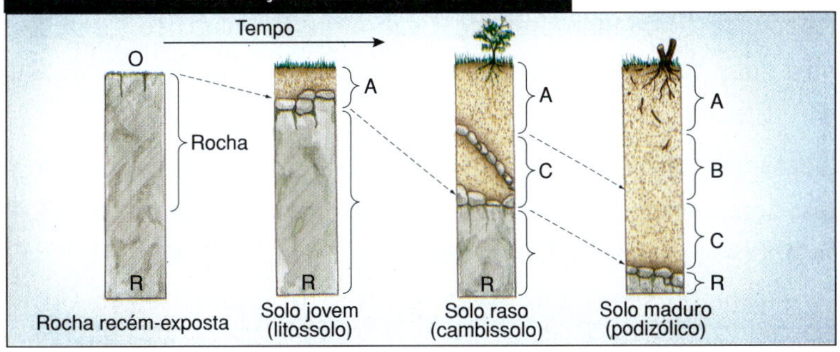

Fonte: FONT-ALTABA, M. e ARRIBAS, San Miguel. *Atlas de geologia*. Rio de Janeiro: Livro Ibero-americano, 1980. p. E-1; GUERRA, Antônio Teixeira. *Dicionário geológico e geomorfológico*. Rio de Janeiro: IBGE, 1972.

CARACTERÍSTICAS DOS HORIZONTES DO SOLO

	Características
O	É o horizonte superficial. Apresenta mais de 20% de húmus ou matéria orgânica (animal e vegetal) em diferentes graus de decomposição.
A	Contém maior quantidade de matéria orgânica decomposta e misturada com elementos naturais. Sofre perdas de minerais (ferro e alumínio). Nas áreas cultivadas, está em contato direto com a atmosfera. Contém as raízes dos vegetais.
B	Bastante intemperizado, corresponde ao subsolo. Pouco afetado pela erosão natural e pela ação do homem. Pouca matéria orgânica e cor geralmente vermelha ou amarela. Recebe materiais do A.
C	Rocha fragmentada, chamada **regolito**, material decomposto proveniente da rocha matriz.
R	Rocha matriz ou rocha inalterada.

Composição, fertilidade e classificação dos solos

Os solos apresentam quatro componentes fundamentais: elementos e partículas minerais (potássio, fósforo), além das partículas de argila e areia; **matéria orgânica** (responsável pela fertilidade e pela vida dos micro-organismos, os quais, além de fixar o nitrogênio do ar no solo, restituem o nitrogênio, o fósforo e o enxofre para o solo quando se decompõem); água (por meio dela as plantas absorvem elementos nutrientes do solo); ar (o oxigênio contido no ar atmosférico é fundamental para a respiração das raízes dos vegetais).

Os solos estão agrupados em três categorias quanto aos elementos responsáveis pela sua formação: zonais, interzonais e azonais.

- Os **solos zonais** compreendem aqueles em que o principal elemento responsável por sua formação é o clima. São solos bem formados (maduros) e geralmente apresentam os horizontes (A, B e C) bem caracterizados.

  Alguns exemplos e características dos solos zonais são: latossolo (clima quente e úmido; pobre em mineral); podzol (clima temperado ou frio; fértil, mas ácido); brunizen ou de pradaria (clima temperado subúmido, bastante fértil); desértico (clima árido, arenoso, pouco fértil); tundra (clima frio, fertilidade média).

- Os **solos interzonais** sofrem a influência preponderante do relevo local ou da rocha de origem. Como exemplos, podemos citar: hidromórfico (alagado; fértil quando drenado); salino ou halomórfico (local árido ou semi-árido, baixa fertilidade); grumossolo (topografia plana, argiloso, boa fertilidade).
- Os **solos azonais** são os que não apresentam características bem desenvolvidas. Geralmente são solos recentes, desprovidos do horizonte B. Podem apresentar-se sem os horizontes B e C (é o caso dos litossolos). Veja exemplos e características dos solos azonais: litossolo (relevo inclinado); regossolo (colinas e declives suaves); aluvial (sedimentos fluviais, raso); cambissolo (com incipiente desenvolvimento de horizonte B).

  Quanto à origem, os solos podem ser:

- **eluviais** – formados no próprio local, a partir da desagregação e da decomposicão das rochas (massapê e terra roxa, por exemplo);
- **aluviais** – quando são formados pelo acúmulo de materiais transportados pelas águas correntes (solos de várzeas e de deltas fluviais, por exemplo) e pelos ventos (solos de *loess*, entre outros).

  Com relação à cor, a maior parte dos solos pode ser agrupada em três tipos:

- **escuros** ou **orgânicos** – com grande presença de matérias orgânicas e alto valor agrícola;
- **avermelhados** e **amarelados** – forte presença de óxido de ferro;
- **claros** – fraca presença ou ausência de matéria orgânica.

Distribuição geográfica dos solos férteis

Os solos mais férteis do mundo são os escuros e avermelhados, presentes nas estepes da Ucrânia (solo negro de ***tchernozion***), na Europa Central, nas pradarias do Canadá e dos Estados Unidos e no Pampa argentino, entre outras regiões. O ***loess***, um solo muito procurado para a agricultura na Europa (França, Bélgica, Holanda, Alemanha etc.) e na China, é formado por sedimentos depositados pelo vento e apresenta coloração amarelada, sendo constituído de argila e rico em calcário.

No Brasil, os solos mais férteis são o **massapê**, escuro, orgânico, originário da decomposição do granito (São Paulo) e do calcário (Zona da Mata nordestina), e o **terra roxa** dos planaltos e chapadas da Bacia do Paraná (castanho-avermelhado e vulcânico), formado pela decomposição do basalto e do diabásio. Atualmente os dois tipos de solo encontram-se bastante exauridos pelas prolongadas monoculturas da cana-de-açúcar e do café, respectivamente.

Degradação dos solos

A **erosão**, no caso dos solos, consiste na sua retirada ou no transporte de parte de seus componentes. Os principais agentes da erosão dos solos são a água das chuvas e das enxurradas, o vento, os animais e também o ser humano. A aceleração do ritmo de erosão produz condições anormais: voçorocas, queda de barreiras, inundações em campos e cidades ribeirinhas.

Nas áreas equatoriais (clima úmido), os solos sofrem o processo de **lixiviação**, ou seja, eles são lavados e muitos de seus minerais escoados pelas águas das chuvas, abundantes nessas regiões. O processo de **assoreamento** dos rios (depósito de sedimentos em seu leito), assim como a lixiviação, podem ser amenizados e até mesmo impedidos se a cobertura vegetal for mantida.

O solo necessita de um tempo muito longo para se formar, e seu equilíbrio é bastante delicado. Mesmo dispondo de inúmeros recursos e técnicas de conservação, a humanidade infelizmente tem contribuído muito mais para a destruição dos solos do que para a sua conservação ou recuperação, como podemos observar na figura 12.9.

WERNER RUDHART / KINO

FIGURA 12.9 A queimada é um exemplo de degradação dos solos bastante comum em países tropicais como o Brasil. Floresta Amazônica (AM), 2002.

A degradação dos solos provocada pela ação humana decorre de uma série de práticas inadequadas: cobertura da terra produtiva com construções, desmatamento, queimadas, exploração excessiva, monoculturas prolongadas, não-utilização de terraceamento e curvas de nível e outras, ocasionando o esgotamento do solo, a erosão, a perda de nutrientes e de matéria orgânica.

A falta de conservação do solo leva o agricultor, principalmente nos países pobres, a utilizar mais insumos químicos (adubos, por exemplo), que podem ser levados para os rios pelas águas das chuvas, comprometendo a vida aquática. Quando mal administrados, esses insumos contaminam também os alimentos e, direta ou indiretamente, toda a vida da região, como pássaros, insetos etc.

O comprometimento dos solos

A expansão das áreas de cultivo se defronta com diversos problemas, como relevo, fertilidade dos solos, limitações climáticas, erosão, entre outros.

Observe na figura 12.10 que somente 11% das terras do planeta não apresentam nenhuma limitação para a agricultura. Além da baixa fertilidade e de outros problemas, também o grau de acidez pode ser um fator limitante.

FIGURA 12.10 • LIMITAÇÕES AO DESENVOLVIMENTO DA AGRICULTURA NO MUNDO

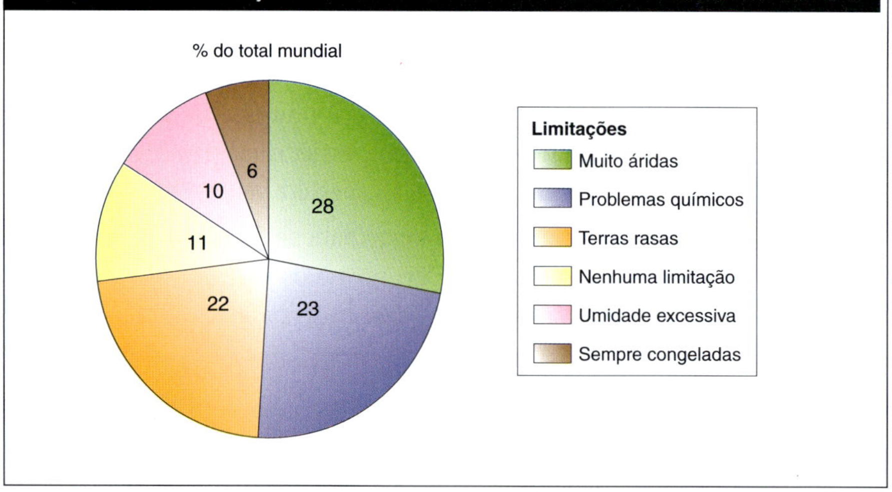

Fonte: LEPSH, Igo F. *Formação e conservação do solo*. São Paulo: Oficina de texto, 2002. p. 122.

A acidez e a alcalinidade dos solos são medidas por seu **pH** (potencial de hidrogênio), numa escala que vai de 0 a 14. O pH da água pura é igual a 7, sendo também o pH ideal para os solos (nem ácido, nem alcalino). A **acidez** se expressa pelo número de íons de hidrogênio que um solo contém. Os **solos ácidos** têm um pH baixo (abaixo de 7) e os **solos alcalinos** ou **básicos** têm um pH alto (acima de 7). Tanto a acidez quanto a alcalinidade dos solos são problemas para a agricultura, necessitando de corretivos, como a adição de calcário para os solos ácidos e de enxofre para os solos básicos.

Em áreas de clima intertropical (com estação chuvosa e seca alternadas) e relevo plano, verifica-se o processo de **laterização**: com a lixiviação intensa dos solos, muitos minerais são levados pelas águas, ocorrendo uma concentração de hidróxidos de alumínio e de ferro. Este último dá ao solo uma coloração avermelhada e um pH alto (de 8 ou 9). Como resultado desse processo, forma-se a **laterita** (crosta endurecida), e os solos ficam pouco férteis. No Brasil, o solo laterítico é denominado **canga** e aparece principalmente nas chapadas da Região Centro-Oeste.

Outro grave problema é a **salinização** do solo, que ocorre em áreas de clima árido e semi-árido ou naquelas cobertas por oceanos em eras geológicas passadas. Com a constante irrigação (utilizada na agricultura) o solo pode se tornar improdutivo. Quando a água evapora, deixa depósitos de sal. Observe no mapa (figura 12.11) as principais causas que comprometem os solos no planeta.

FIGURA 12.11 • O COMPROMETIMENTO DOS SOLOS NO MUNDO

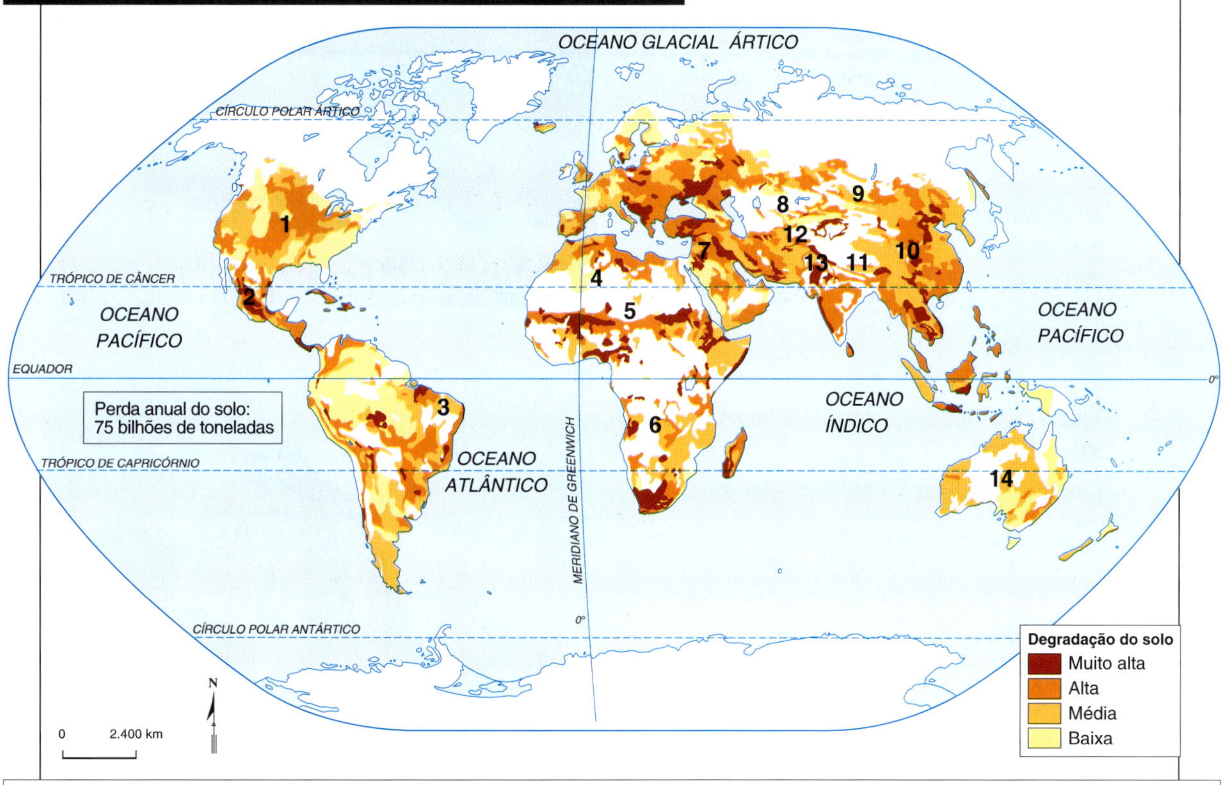

Pontos-chaves de erosão

1 **Estados Unidos:** Pressão insustentável sobre os solos de cultivo de grãos.
2 **México:** Sofre erosão e secas.
3 **Nordeste brasileiro:** 40 milhões de pessoas sobrecarregam terras frágeis.
4 **Norte da África:** Erosão acentuada apesar da tentativa de conter o avanço do deserto por meio de cinturões de árvores.
5 **Sahel:** Provavelmente a pior área de erosão eólica da Terra.
6 **Botsuana-Namíbia:** O excesso de gado acelera a erosão.
7 **Oriente Médio:** A erosão, um problema de séculos, se alastra com muito mais rapidez atualmente.
8 **Ásia Central:** Excesso de gado e descaso administrativo.
9 **Mongólia:** O crescente número de pessoas e o aumento dos rebanhos sobrecarregam o meio ambiente.
10 **Yang-Tsé:** A China perde, segundo estimativas, 5 bilhões de toneladas ao ano de *loess*, solo de grande fertilidade.
11 **Base do Himalaia:** Área de grande erosão.
12 **Beluquistão** (região do Paquistão a Noroeste do Rio Indo): A pecuária tradicional e os grandes rebanhos são os responsáveis pela deterioração.
13 **Rajastão** (estado da Índia, a Noroeste, cuja capital é Jaipur): As secas estão se tornando um fenômeno permanente.
14 **Austrália:** Longas secas agravadas por excesso de gado.

Fonte: MYERS, Norman e outros (org.). *Gaia: el atlas de la gestión del planeta*. Madri: Tursen/Hermann Blume, 1994. p. 37; atualizado com base em: *National Geographic*, set. 2002. Encarte A saúde do planeta.

Praticando e Aprendendo

Organizando o conteúdo

1. Organize um esquema para explicar o ciclo das rochas, utilizando as palavras dos quadros abaixo.

rochas

rocha magmática rocha sedimentar
rocha metamórfica

processos

ação do magma erosão sedimentação
resfriamento solidificação
aumento de temperatura e pressão

2. Observe os elementos abaixo e separe-os em três grupos: rochas, minerais e elementos químicos.

quartzo	basalto	diamante
oxigênio	sódio	magnésio
granito	cálcio	diabásio
mica	mármore	potássio
feldspato		

3. A quais minerais podemos associar os usos citados abaixo?

a) Fabricação de aço e folha-de-flandres.

b) Fabricação de aço e pilhas.

c) Minério de alumínio.

d) Cabos, fios e liga para o bronze.

4. Leia o texto e responda às questões.

"Da massa de cobre que é transportada anualmente por processos superficiais, somente uma fração mínima acabará eventualmente em um depósito altamente concentrado que pode ser lavrado. Cobre é mobilizado para usos industriais muito mais rápido do que é movimentado por processos naturais."

BROWN, Geoff e outros. *Os recursos físicos da Terra* – Bloco 1 – Recursos, economia e geologia: uma introdução. Campinas: Ed. da Unicamp. 1994. p. 72. (Séries Manuais)

a) Que fatores determinam que um recurso seja renovável ou não-renovável?

b) Como você classificaria o cobre? Por quê?

5. Observe as figuras abaixo e identifique a que mostra uma rocha magmática e a que mostra uma rocha sedimentar. Descreva as diferenças que existem entre elas e diga como você identificou as rochas.

CID

Ardósia amarela.

IARA VENANZI / KINO

Morro do Corcovado, Rio de Janeiro (RJ), 2004.

6. O que é e como se forma o solo?

7. Observe os dois perfis de solo abaixo.

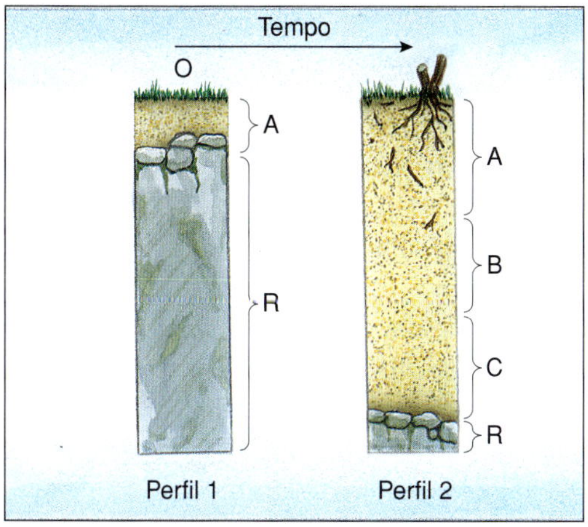

a) Compare os dois perfis de solo e descreva as diferenças entre eles.

b) Como você classificaria os dois perfis: zonais, interzonais ou azonais? Justifique.

8. As características descritas nos itens de *a* a *e* correspondem a quais horizontes do solo?

a) Rocha matriz ou rocha não-alterada.

b) Horizonte superficial, com mais de 20% de matéria orgânica.

c) Matéria orgânica decomposta e misturada com elementos minerais. Contém as raízes dos vegetais.

d) Bastante intemperizado, pouco afetado pela erosão e pouca matéria orgânica.

e) Material decomposto, proveniente da rocha matriz.

9. Qual a importância da presença de matéria orgânica nos solos?

10. Observe os elementos abaixo e diga quais contribuem para a degradação dos solos.

a) Monocultura prolongada.

b) Queimadas.

c) Proteção de encostas.

d) Utilização de terraceamento e curvas de nível.

e) Lixiviação.

f) Exploração intensiva.

Ampliando o conhecimento

Analisando um esquema e tirando conclusões.

Observe o esquema e responda às questões.

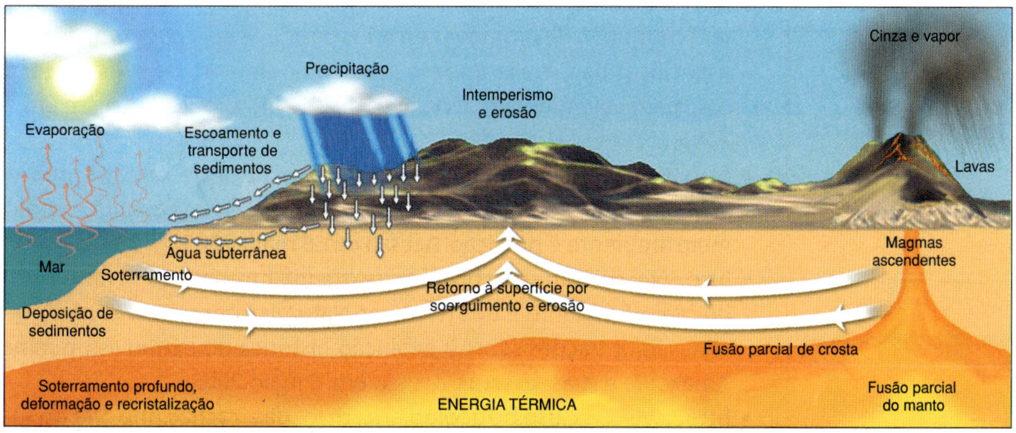

Fonte: BROWN, Geoff e outros. *Os recursos físicos da Terra* – Bloco 1 – Recursos, economia e geologia: uma introdução. Campinas: Ed. da Unicamp. 1994. p. 48. (Séries Manuais)

11. Em quais dos lugares mostrados no esquema podem se formar rochas magmáticas, metamórficas e sedimentares?

12. Quais dos tipos de rocha acima dependem de processos que ocorrem no interior da Terra? Justifique.

13. Que rochas se formam a partir de processos que ocorrem externamente, na superfície terrestre? Quais são esses processos?

O QUE MAIS HÁ PARA VER

Livros

- CAMPANHA, Vilma Alves e MORAES, Paulo Roberto. *Recursos minerais*. São Paulo: Harbra/Anglo, 1997.
- CANTO, Eduardo Leite do. *Minerais, minérios, metais:* de onde vêm e para onde vão? São Paulo: Moderna, 2004. (Col. Polêmica)
- ___. *Minerais ao alcance de todos*. São Paulo: BEI, 2004. (Col. Entenda e aprenda)
- MCLEISH, Ewan. *A expansão dos desertos*. São Paulo: Scipione, 1993.
- SOARES FILHO, Francisco Carlos. *Rochas, minerais e pedras preciosas do Brasil:* dicionário analítico ilustrado. São Paulo: CPA, 1989.

Filmes

- *Ameaça subterrânea* (EUA, 1997); dir. Felix Enriquez Alcala; distr. Warner Home Video; 100 min. Agente federal investiga a morte de um amigo. As pistas o levam a uma pequena cidade rural onde muitos dos habitantes estão ficando doentes. Ele descobre que a região abriga diversas minas de carvão e que elas servem de depósito para toneladas de resíduos sólidos.
- *Erin Brockovich, uma mulher de talento* (EUA, 2000); dir. Steven Soderbergh; distr. Universal Pictures/Columbia TriStar Pictures; 145 min. Erin trabalha num pequeno escritório de advocacia. Quando descobre que a água de uma cidade no deserto está sendo contaminada e espalhando doenças entre seus habitantes, convence seu chefe a deixá-la investigar o assunto. Junto com os habitantes da cidade, move um processo contra a empresa poluidora no valor de 333 milhões de dólares.

Sites

- http://www.cnps.embrapa.br/ *Site* da Embrapa — Unidade Solos — que tem o objetivo de promover estudos básicos e aplicados em todas as áreas específicas da Ciência do Solo para entendimento de seus processos físicos, químicos, mineralógicos, biológicos e hidrológicos. Acesso em: 6 maio 2005.
- http://www.gpca.com.br/gil/art002.htm Trata de temas como erosão, assoreamento e desertificação, além de conter outros assuntos, como água, meio ambiente e poluição. Acesso em: 6 maio 2005.
- http://www.ibama.gov.br/resex/textos/h8.htm *Site* do Instituto Brasileiro do Meio Ambiente e dos Recursos Naturais Renováveis (Ibama), que traz várias informações sobre a evolução histórica do extrativismo mineral na Amazônia e suas reservas. Acesso em: 6 maio 2005.
- http://www.igc.usp.br/geologia/o_ciclo_das_rochas.php *Site* do Instituto de Geociências da Universidade de São Paulo, que apresenta texto sobre o ciclo das rochas, especificando rochas ígneas, sedimentares e metamórficas. Acesso em: 5 maio 2005.

13.

A ATMOSFERA E SUA DINÂMICA: O TEMPO E O CLIMA

1 COMPOSIÇÃO E CAMADAS DA ATMOSFERA

Com espessura de aproximadamente 600 quilômetros, a **atmosfera** é a camada gasosa que envolve e acompanha a Terra em todos os seus movimentos, devido à força da gravidade. É composta de vários gases, como o nitrogênio (78%), o oxigênio (21%), o argônio (0,93%) e outros (0,07%), além de vapor de água, partículas de pó, microorganismos, fumaça e cinza vulcânicas. Atualmente somam-se à atmosfera diversos elementos químicos estranhos à sua composição original, que podem prejudicar a saúde humana. É o que denominamos **poluição do ar**.

Os gases mais pesados concentram-se na camada mais próxima da superfície terrestre, ao passo que os mais leves estão mais distantes. À medida que aumenta a altitude, a atmosfera torna-se cada vez mais rarefeita (o que explica a sensação de falta de ar em altitudes mais elevadas). A 80 quilômetros de altitude o oxigênio é quase inexistente, pois, por ser um gás pesado, se mantém em altitudes mais baixas. Leia o boxe a seguir.

Imagem da Terra obtida a partir do satélite *Galileo*, em dezembro de 1990.

SPL / STOCK PHOTOS / CORTESIA NASA

Camadas da atmosfera

Da parte mais externa da atmosfera até a superfície terrestre, temos as seguintes camadas:

- **Exosfera** – É a camada mais externa da atmosfera. Começa a mais ou menos 600 quilômetros de altitude, e seus limites superiores são imprecisos. Nessa camada, a inexistência de ar permite temperaturas elevadíssimas (mais de 1.000 °C), razão pela qual as naves espaciais devem ser construídas com materiais super-resistentes.
- **Ionosfera** – Prolonga-se da mesosfera até cerca de 600 quilômetros. O ar é muito rarefeito e carregado de **íons** (partículas eletrizadas que têm a propriedade de refletir as ondas de rádio), o que permite captar essas ondas provenientes de lugares distantes na Terra. É nessa camada que os meteoros — popularmente chamados estrelas cadentes — se desintegram.
- **Mesosfera** – Dá início à chamada atmosfera superior e vai da estratosfera até 80 quilômetros de altitude. Ao contrário do que ocorre na estratosfera, aqui a temperatura diminui com a altitude (o ar é muito rarefeito), podendo atingir -90 °C no limite superior.
- **Estratosfera** – Estende-se a partir da troposfera até cerca de 50 quilômetros. Ao contrário do que ocorre na troposfera, aqui a temperatura aumenta com a altitude, chegando a atingir cerca de 2 °C na parte superior. O vapor de água é quase inexistente e, como conseqüência, não há nuvens. Essa camada é particularmente importante devido à presença do **gás ozônio**, que filtra a maior parte dos raios ultravioleta emitidos pelo Sol. Se não fosse o ozônio, morreríamos pela ação dos raios ultravioleta.
- **Troposfera** – Atinge até cerca de 10 quilômetros de altitude e concentra 75% dos gases e 80% da umidade atmosférica (vapor de água e cristais de gelo que formam as nuvens). É a camada que nos envolve diretamente e na qual ocorrem as perturbações atmosféricas. Na troposfera, a temperatura diminui em média 6,5 °C/km à medida que nos elevamos, podendo atingir -60 °C na parte superior, chamada **tropopausa**.

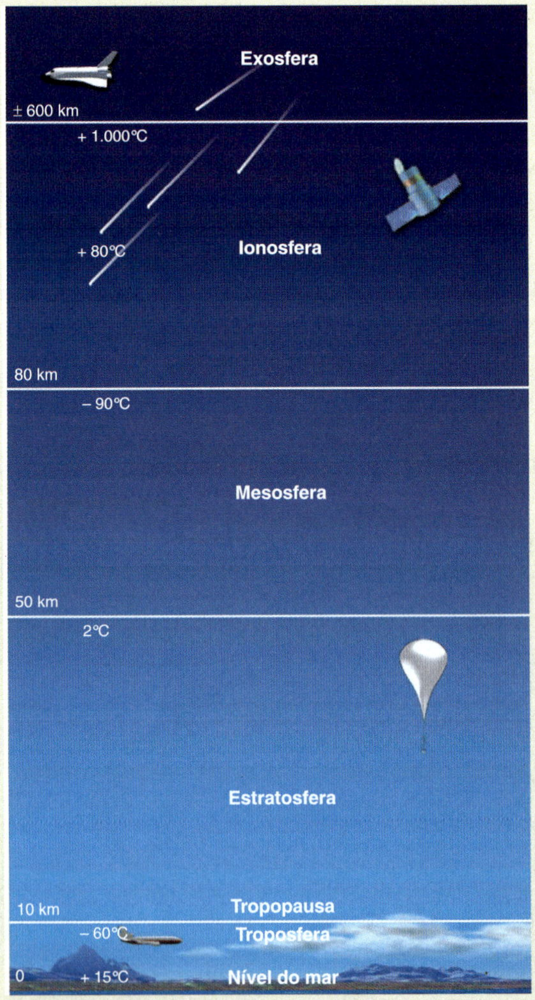

Fonte: *Enciclopédia da Ciência*. São Paulo: Globo, 1993. p. 45.

A atmosfera, entre outras funções, protege a superfície da Terra contra o impacto direto de meteoros e evita que o calor recebido do Sol durante o dia retorne rapidamente ao espaço, impedindo variações bruscas de temperatura e permitindo a vida no planeta.

2 TEMPO E CLIMA

Tempo e clima são a mesma coisa? Vejamos.

Quando em determinado momento do dia dizemos, por exemplo, que está quente e úmido, estamos nos referindo ao **tempo**, ou seja, às condições atmosféricas ou meteorológicas (temperatura, umidade, chuva, ventos etc.) de um determinado lugar em um dado momento. Essas condições podem mudar de um instante para outro ou dentro de poucas horas, e nesse caso o tempo já não será o mesmo. Portanto, o tempo é algo momentâneo ou de curta duração.

O **clima** é algo duradouro, que não muda de um momento para outro. É uma sucessão habitual dos tipos de tempo num determinado lugar da superfície terrestre. Ele equivale a um padrão geral das condições atmosféricas e às variações das estações do ano em uma região durante um período de mais ou menos 30 anos. Por exemplo, quando dizemos que Manaus é uma cidade quente e úmida, estamos nos referindo ao clima dessa cidade, que é equatorial. Porém no decorrer dos dias do ano, Manaus conhecerá vários tipos de tempo.

A televisão, o rádio e o jornal nos fornecem diariamente a previsão do tempo e não do clima. A figura 13.1 é um exemplo de previsão do tempo nas diversas regiões do país. Nela, a barra horizontal mostra a pluviosidade e os símbolos representam as condições do tempo. Observe as imagens de satélite que permitem monitorar o tempo pela observação do deslocamento das massas de ar, calcular a direção e a intensidade dos ventos, verificar a possibilidade de chuvas etc.

FIGURA 13.1 • PREVISÃO DO TEMPO NO BRASIL EM 14/3/2003

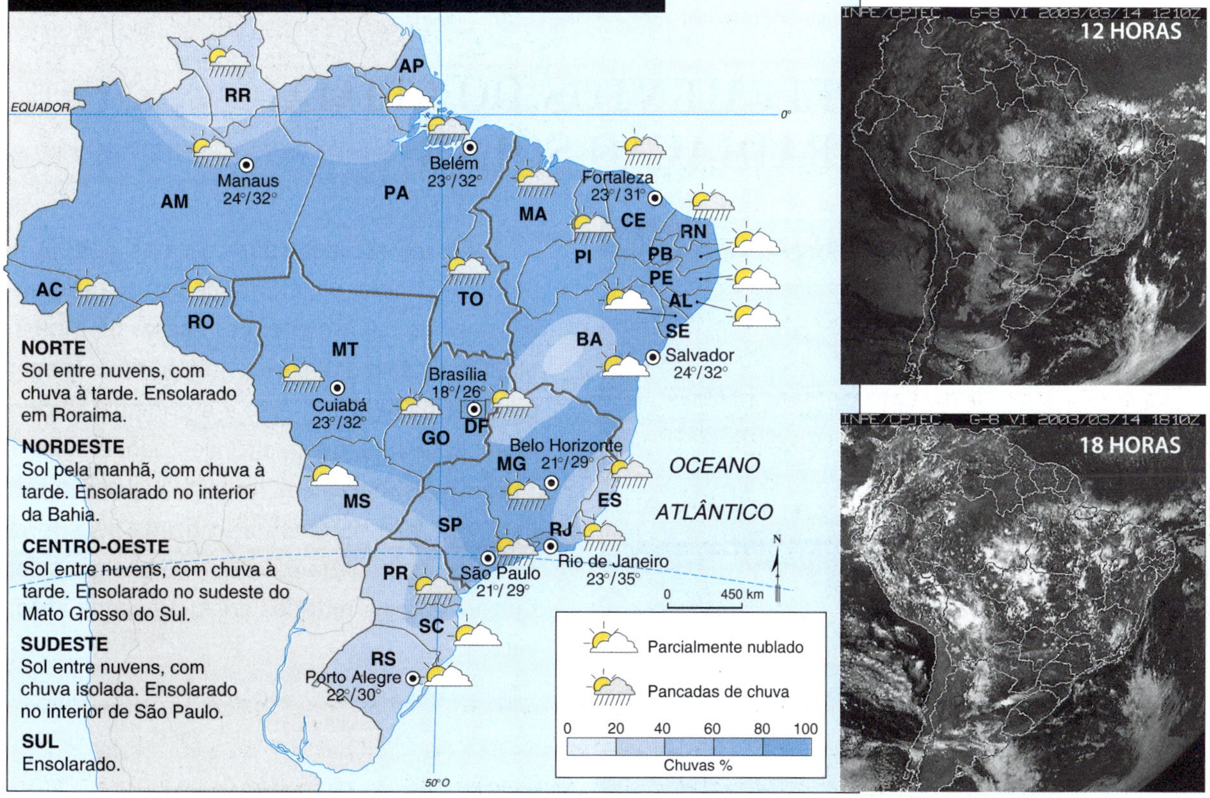

Fontes: Inpe; *Folha de S.Paulo*; *O Estado de S. Paulo*, 14 mar. 2003.

Apesar de ser duradouro, o clima não é imutável. As diversas regiões da Terra já conheceram, em épocas remotas, diferentes tipos de clima.

O estudo do clima implica o conhecimento e a análise de inúmeros elementos que o compõem (temperatura atmosférica, umidade, massas de ar, pressão atmosférica, ventos) e de fatores que o influenciam (relevo, vegetação, massas líquidas, correntes marítimas, translação da Terra, presença de cidades), além da utilização de diversos instrumentos.

Como podemos perceber, o estudo do clima apresenta grande complexidade, visto que seus elementos e os fatores que têm influência sobre ele são bastante dinâmicos e nem sempre facilmente previsíveis.

CURIOSIDADE

Por que o céu é azul?

"Sabemos que a luz é formada pela união de várias cores. Ao entrar em contato com a atmosfera, a luz se espalha devido às partículas existentes no ar. Porém, as ondas de cada cor espalham-se de forma diferente, dependendo do seu comprimento. Quanto mais curtas, mais dispersas elas se tornam. O comprimento da onda azul faz com que ela se espalhe o suficiente para dar ao céu a tonalidade que vemos. Já no final da tarde, o Sol ilumina a superfície obliquamente, obrigando os raios a fazerem um caminho mais longo para chegar ao solo. Tal fato dispersa quase totalmente a luz azul e torna visível a vermelha, que possui um comprimento maior, dando-nos o espetáculo do pôr-do-sol."

Disponível em: http://www.terra.com.br/curiosidades

3 ELEMENTOS DO CLIMA: RADIAÇÃO SOLAR

Todos os estudos sobre o clima partem do Sol, que libera constantemente quantidades enormes de calor e energia. Apesar de o nosso planeta receber apenas um milionésimo da energia emitida pelo Sol, este é o principal responsável pelo funcionamento de todo o sistema Terra-atmosfera. O Sol fornece a quase totalidade (99,9%) da energia utilizada pela Terra. A figura 13.2 ilustra o destino da energia solar: tanto a energia refletida como a energia absorvida.

FIGURA 13.2 • BALANÇO ENERGÉTICO DA RADIAÇÃO SOLAR

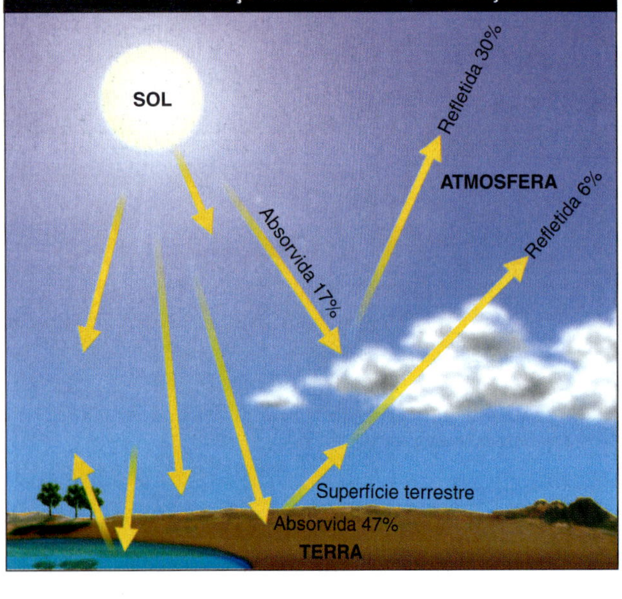

Fonte: ATKINSON, B.W. e GADD, Alan. *O tempo*. Lisboa: Círculo de Leitores, 1990. p. 47.

A análise da figura 13.2 mostra que a média do balanço global do sistema Terra-atmosfera é positivo, ou seja, o percentual de energia absorvida pela atmosfera e pelos oceanos e terras é de 64% (47% pela superfície terrestre e 17% pela atmosfera e pelas nuvens), sendo muito superior ao de energia refletida, que é de 36% (30% pela atmosfera e pelas nuvens e 6% pela superfície da Terra). Assim, enquanto a Terra apresenta balanço positivo (absorção superior à reflexão), a atmosfera apresenta balanço negativo (reflexão superior à absorção). Essas quantidades são apenas uma média, pois a quantidade de radiação solar que chega ao solo varia em diferentes latitudes, como veremos adiante. Além disso, existem variações na quantidade de nuvens nos diferentes lugares da Terra. Observe a figura 13.3.

FRANCIS NADAL YUSTE / CID

RICARDO CAVALCANTI / KINO

WERNER RUDHART / KINO

FIGURA 13.3 Nos desertos, onde são encontradas as mais altas temperaturas da superfície terrestre, a nebulosidade é baixa e a quantidade de radiação recebida é superior à das áreas equatoriais, onde a nebulosidade é alta. A neve reflete mais de 90% da luz solar, retendo pouco calor na superfície e provocando temperaturas muito baixas. À esquerda, no alto, dunas no Deserto do Saara, no Marrocos; acima, Torres del Paine, Cordilheira dos Andes, Chile, 2003; à direita, Parque Nacional do Pico da Neblina, Amazonas, 2000.

A principal importância do que acabamos de ver é que a energia solar é o motor que impulsiona o clima. Ela é utilizada pelo mecanismo climático para fazer evaporar a água existente na Terra, aquecer a atmosfera e, conseqüentemente, movimentá-la.

4 ELEMENTOS DO CLIMA: TEMPERATURA ATMOSFÉRICA

FIGURA 13.4 • TEMPERATURAS MÁXIMAS E MÍNIMAS

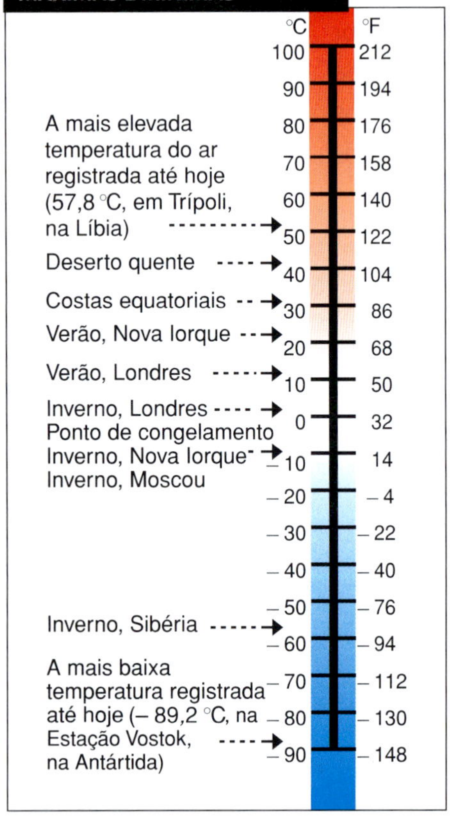

A **temperatura atmosférica** é um dos elementos climáticos mais importantes. Corresponde ao estado térmico do ar atmosférico, ou seja, aos estados de frio e de calor da atmosfera. Ela é medida por meio de aparelhos chamados **termômetros**. Para medi-la, os meteorologistas utilizam dois tipos de termômetro: o de máximas (à base de mercúrio) e o de mínimas (à base de álcool). Observe na figura 13.4 as mais altas e as mais baixas temperaturas já registradas.

Quanto às **escalas de temperatura** (Celsius e Fahrenheit), a mais utilizada em todo o mundo é a Celsius (ou centígrada). Essa escala fixa o ponto de congelamento da água (ponto de gelo) em 0 °C e o ponto de ebulição (ponto de vapor) em 100 °C. Na escala Fahrenheit, esses valores são de 32 °F e 212 °F, respectivamente. Portanto, 0 °C = 32 °F e 100 °C = 212 °F.

A temperatura varia não apenas de um lugar para outro, mas também em um mesmo lugar no decorrer do tempo (decorrer de um dia, por exemplo). Dentre os fatores responsáveis por sua variação ou distribuição destacamos a latitude, a altitude, a distribuição dos continentes e oceanos na Terra, o relevo, as chuvas, os ventos, a vegetação, as correntes marítimas e a urbanização.

Variação da temperatura com a latitude, a altitude e o relevo

A variação da temperatura de acordo com a latitude se deve fundamentalmente à forma geóide da Terra. A insolação é maior no Equador, onde os raios solares incidem perpendicularmente à superfície, provocando maior aquecimento. A temperatura diminui em direção aos pólos devido à maior inclinação dos raios solares, que faz com que haja maior reflexão e menor absorção de calor. A regra geral, portanto, é a seguinte: a temperatura diminui com o aumento da latitude, como nos mostra a figura 13.5, na página ao lado.

A altitude exerce grande influência sobre a temperatura. Veja por que isso acontece: o calor é irradiado da superfície terrestre para "cima", e a atmosfera se aquece por **irradiação**. Quanto maior a altitude, mais rarefeito se torna o ar (devido à menor densidade de moléculas), ocorrendo menor irradiação, menor retenção de calor e menores temperaturas. À medida que nos elevamos, a temperatura cai aproximadamente 1 °C a cada 200 metros.

FIGURA 13.5 • INCIDÊNCIA DOS RAIOS SOLARES SOBRE A TERRA

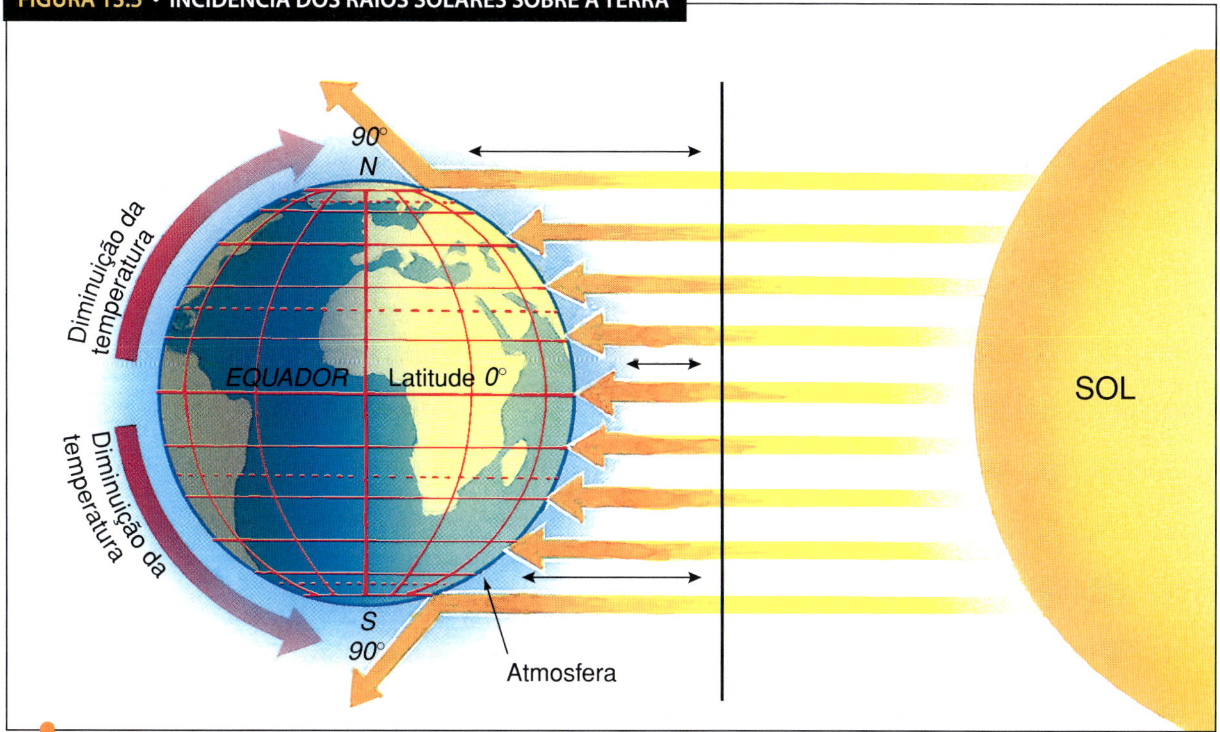

Próximo ao Equador, os raios solares percorrem uma distância menor e incidem perpendicularmente sobre a Terra (resultando em maior temperatura). Nos pólos, os raios solares percorrem uma distância maior, com incidência muito inclinada (resultando em menor temperatura).

Nas regiões tropicais, de modo geral muito quentes, a presença de serras, chapadas e planaltos é um importante fator amenizador da temperatura. No caso do Brasil, é o que ocorre, por exemplo, nas serras do Mar e da Mantiqueira e no Planalto da Borborema. Nas regiões temperadas (normalmente mais frias), a elevação da altitude (nos Alpes, por exemplo) acentua ainda mais o rigor da temperatura. Observe a tabela.

EXEMPLOS DE VARIAÇÃO DE TEMPERATURA COM A ALTITUDE

Cidade	Altitude	Média térmica anual (°C)
Florianópolis (SC)	Nível do mar	20,5
Palmas (PR)	1.080 m	15,2

O relevo também pode facilitar ou dificultar a passagem das massas de ar. As grandes planícies norte-americanas facilitam a entrada das massas de ar polar. No Brasil, o "corredor" formado pela planície Platina e pelo vale do Rio Paraná pode permitir que a massa polar chegue até a Amazônia, provocando a chamada **friagem**, caracterizada por queda brusca na temperatura. Já na parte oeste da América, como está ilustrado na figura 13.6, na página seguinte, as altas cadeias de montanhas dificultam a passagem das massas de ar marítimas e, dessa forma, contribuem para a formação de desertos.

FIGURA 13.6 • INFLUÊNCIA DO RELEVO NO CLIMA

As massas de ar úmidas que vêm do oceano são barradas pelo relevo, provocando chuvas do lado Ocidental e seca do lado Oriental.

Fonte: ATKINSON, B. W. e GADD, Alan. *O tempo*. Lisboa: Círculo de Leitores, 1990. p. 32.

Variação da temperatura nos continentes e oceanos

A distribuição das massas líquidas (oceanos) e sólidas (continentes) exerce influência muito acentuada sobre a temperatura. A razão fundamental é que o comportamento térmico das rochas é diferente do comportamento da água: de um lado, os continentes se aquecem e se esfriam mais rapidamente que os oceanos; de outro, as águas demoram mais para se aquecer, mas conservam o calor por mais tempo. Em decorrência disso, as variações de temperatura nos continentes são mais acentuadas que nos oceanos.

Devemos também considerar que, quanto mais distante uma área continental estiver do oceano (ou de sua influência), serão ainda maiores as oscilações térmicas (esse fenômeno recebe o nome de **continentalidade térmica**). O caso do Deserto do Saara é exemplar. Nessa área, de aproximadamente 7 milhões de km^2, as **amplitudes térmicas** (diferença entre as temperaturas máximas e mínimas) são muito acentuadas, podendo oscilar entre 40 °C e 50 °C durante o dia e 5 °C ou menos à noite. Outro exemplo seria o caso dos dois hemisférios: como o Hemisfério Norte possui área continental muito maior que a do Hemisfério Sul, seus verões são mais quentes e os invernos mais frios que os deste hemisfério.

LEMBRETE

Média térmica é a média aritmética das temperaturas. Pode ser diária, mensal e anual.

Isotermas são linhas que, em um mapa, unem os pontos de igual temperatura média.

Distribuição mundial da temperatura

Como já vimos no capítulo 10, no solstício de verão no Hemisfério Sul (21 de dezembro) o Sol se encontra na altura do Trópico de Capricórnio, e no solstício de verão no Hemisfério Norte (21 de junho) o Sol se encontra na altura do Trópico de Câncer. Assim, os paralelos delimitam, *grosso modo*, **zonas climáticas** na Terra. A figura 13.7 nos mostra a zona tropical (entre os trópicos de Capricórnio e de Câncer), as zonas temperadas ou climas de latitudes médias (entre os trópicos e os círculos polares) e as zonas polares (círculos polares).

FIGURA 13.7 • PLANISFÉRIO: ZONAS CLIMÁTICAS

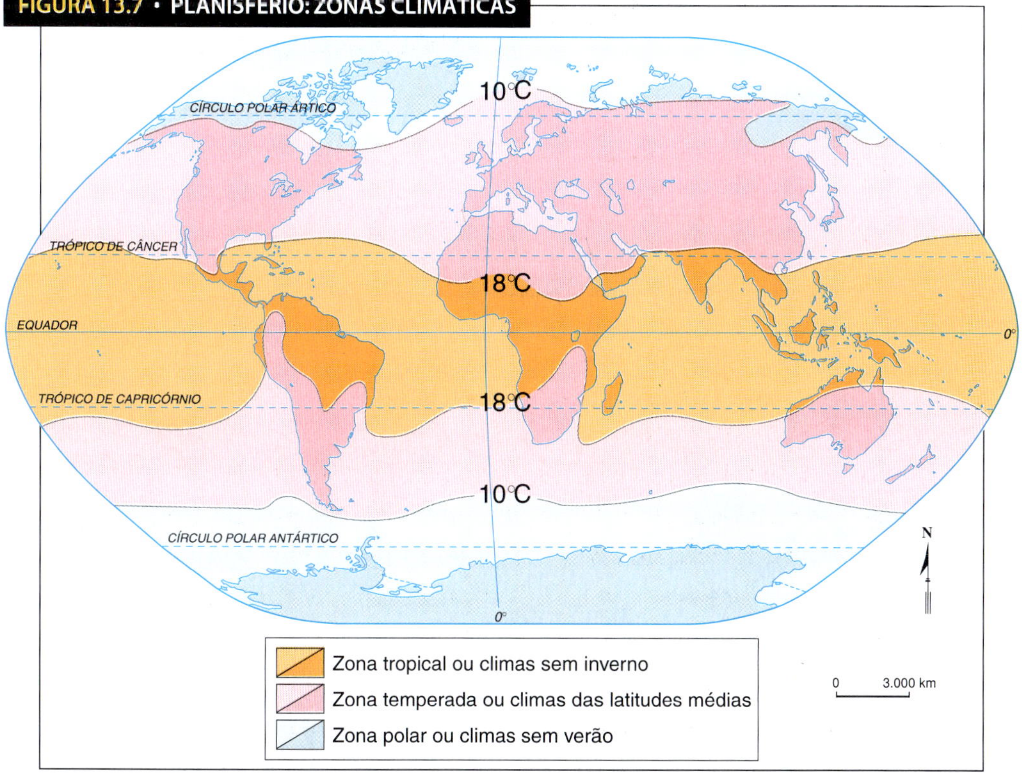

Fonte: *Atlante geografico metodico De Agostini*. Novara: Istituto Geografico De Agostini, 1995.

5 INFLUÊNCIA DAS CORRENTES MARÍTIMAS NO CLIMA

Porções de água que se deslocam pelos oceanos, apresentando temperatura, salinidade, pressão e velocidade próprias, as **correntes marítimas** são resultado de diversos fatores, como ventos, movimento de rotação da Terra, diferenças de salinidade e temperatura das águas e conformação das bacias oceânicas.

As **correntes quentes** formam-se nas áreas equatoriais e migram para as altas latitudes, onde irradiam calor para o ar atmosférico. As **correntes frias** formam-se nas áreas polares, migram para as baixas latitudes e provocam a queda da temperatura nas áreas litorâneas próximas de seu trajeto.

Observe na figura 13.8 a corrente quente do Golfo, ou *Gulf Stream*, que ameniza o clima do litoral europeu e impede o congelamento das águas do Atlântico Norte no inverno. As correntes marítimas também influem na umidade. Observe as correntes frias de Humboldt e da Califórnia, que esfriam o ar atmosférico ao longo de seu trajeto.

Além disso, as correntes marítimas influem na umidade. As massas de ar quente provenientes do Pacífico se resfriam ao passar sobre essas correntes, ocasionando condensação e chuvas. Elas chegam secas ao litoral e ao interior da América do Sul e do Norte, sendo, junto com outros fatores, responsáveis pela existência dos desertos do Atacama, mexicano e do Colorado.

FIGURA 13.8 • CORRENTES MARÍTIMAS

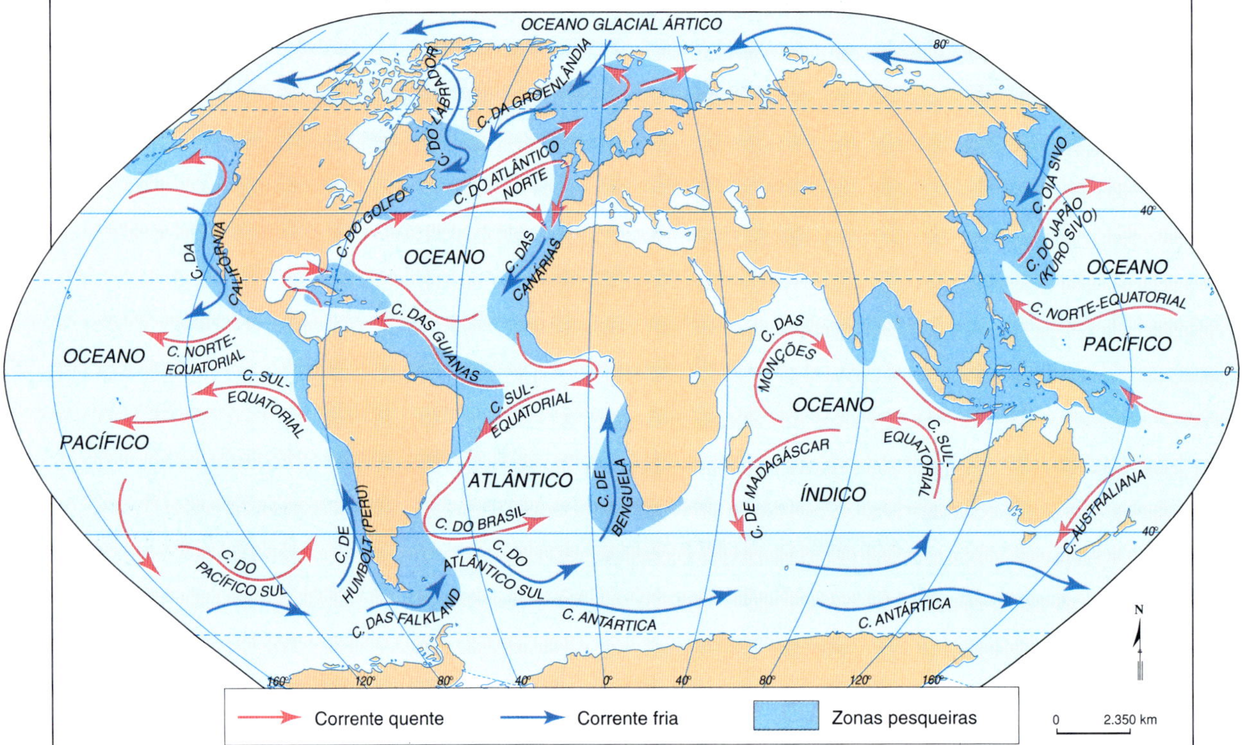

Fonte: *Atlas geográfico escolar/IBGE*. Rio de Janeiro: IBGE, 2004. p. 67.

Observe na figura 13.8 que as principais áreas pesqueiras do mundo se localizam em locais de encontro entre correntes frias e quentes. Para compensar o movimento das águas superficiais, as águas profundas são transportadas verticalmente para cima — fenômeno conhecido como **ressurgência** —, trazendo sedimentos ricos em nutrientes. A iluminação solar aumenta a atividade biológica, concentrando **plâncton** (microorganismos animais e vegetais) e atraindo grande quantidade de peixes.

6 ELEMENTOS DO CLIMA: A ÁGUA NA ATMOSFERA

Ciclo hidrológico

Uma parcela significativa da água existente na Terra encontra-se em permanente circulação, constituindo o chamado **ciclo da água** ou **ciclo hidrológico**, cuja importância é vital para a **biosfera** (camada biológica). Com esse ciclo, parte da água existente na superfície terrestre (oceanos, mares, rios etc.) e nos vegetais é transferida para a atmosfera sob a forma de vapor de água, por meio da **evaporação** (das superfícies líquidas) e da **evapotranspiração** (dos vegetais). Na atmosfera, após a condensação do vapor, a água retorna para a superfície sob a forma líquida (chuva) ou sólida (neve e granizo). Parte dessa água infiltra-se no solo, formando o **lençol freático**, camada de água subterrânea situada sobre um terreno ou rocha impermeável.

Pela ordem de importância, os principais reservatórios de água que integram o ciclo hidrológico são oceanos, geleiras, águas subterrâneas, lagos, rios, atmosfera e biosfera. Veja a figura 13.9.

FIGURA 13.9 • CICLO HIDROLÓGICO

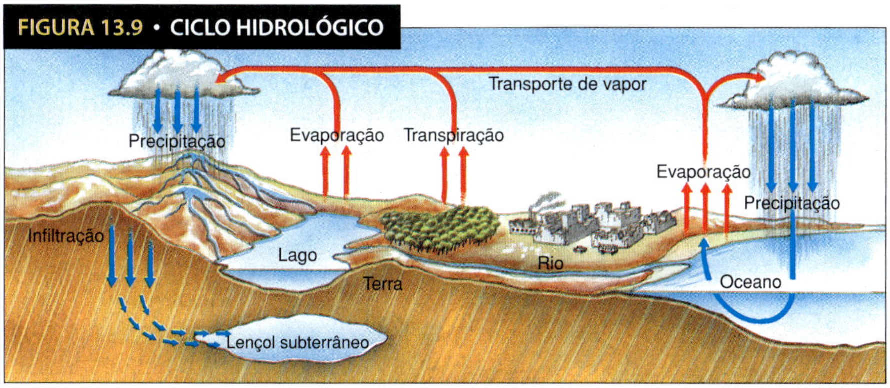

Fonte: *Atlante geografico moderno De Agostini*. Novara: Istituto Geografico De Agostini, 1998. p. 16-17.

Umidade atmosférica

Apesar de o vapor de água representar apenas cerca de 2% da massa atmosférica, sua importância para o clima e o tempo é muito grande, porque:

- a condensação e as precipitações dependem dele;
- sua quantidade na atmosfera determina a possibilidade de ocorrerem ou não precipitações;
- ao absorver as radiações do Sol e da Terra, desempenha o papel de regulador térmico;
- interfere no conforto dos seres humanos. Por exemplo: o clima da Amazônia (muito úmido) e o do Deserto do Saara (muito seco) são ambos desconfortáveis. Quando a umidade do ar é muito baixa, as mucosas do corpo humano ficam ressecadas; quando é muito alta, propicia a proliferação de fungos, bactérias e mofo, que podem ser prejudiciais à saúde.

A umidade normalmente diminui com o aumento da altitude (além da troposfera, o vapor é quase inexistente) e da latitude (as regiões equatoriais, de baixas latitudes, são mais úmidas). O aparelho utilizado para medir a umidade atmosférica chama-se **higrômetro**.

Umidade absoluta é a quantidade de vapor de água existente na atmosfera em um dado momento. Quando a atmosfera recebe a quantidade limite de vapor de água, dizemos que foi atingido o **ponto de saturação** ou o **ponto de orvalho**, que varia de acordo com a temperatura.

A relação entre umidade absoluta do ar e seu ponto de saturação nos fornece a **umidade relativa** do ar, que é medida em porcentagem. Se a umidade absoluta e o ponto de saturação forem, por exemplo, de 10 gramas e de 20 gramas, respectivamente, a umidade relativa será de 50%. A atmosfera estará saturada somente quando a umidade relativa atingir 100%. Nesse caso, ocorrerá precipitação.

Nuvens e precipitações atmosféricas

As **nuvens** originam-se de pequenas gotas de água (ou gelo) que flutuam em suspensão nas camadas mais elevadas da troposfera. Elas se formam pela condensação do vapor de água.

Embora os diferentes tipos de nuvens, em geral, apareçam associados, há quatro tipos básicos: **cirros**, **cúmulos**, **estratos** e **nimbos.** Veja as fotos da figura 13.10.

FIGURA 13.10

IARA VENANZI / KINO

Cirros – São as nuvens mais altas (8 quilômetros ou mais de altitude) e que apresentam aspecto fibroso.

IARA VENANZI / KINO

Cúmulos – Situam-se entre 2 e 6 quilômetros de altitude e são semelhantes a flocos de algodão. Quando associadas aos nimbos, podem provocar temporais e chuvas de granizo.

GEORGE D. LEPP / CORBIS-STOCK PHOTOS

Estratos – Situam-se entre 500 e 1.000 metros de altitude e têm a forma de camadas horizontais.

CID

Nimbos – São as nuvens mais baixas e geralmente escuras. Provocam chuvas.

Se a condensação ocorrer próximo à superfície, formando gotículas suspensas no ar, teremos o nevoeiro ou neblina, conhecidos como **precipitações superficiais**.

O resfriamento do ar durante a noite faz com que o vapor de água irradiado do solo se condense na superfície, originando o **orvalho** (gotas de água sobre as plantas e outros objetos localizados ao relento).

Outra possibilidade é a **geada**, que ocorre quando a temperatura da superfície atinge zero grau e o orvalho se transforma em uma fina camada de gelo.

Quando o vapor de água se condensa muito acima da superfície terrestre, temos a formação de nuvens responsáveis pelas chamadas **precipitações atmosféricas não-superficiais**, representadas pela neve, pelo granizo e pela chuva.

A **neve** resulta da cristalização do vapor de água no interior ou um pouco abaixo das nuvens. O acúmulo de neve nas regiões frias (regiões polares e altas montanhas) é responsável pela formação das geleiras.

O **granizo** é constituído por gelo. Sua formação deve-se às fortes **correntes convectivas** (movimento vertical do ar), que realizam o transporte das gotas de água para as camadas mais elevadas e mais frias, onde se dá o congelamento. A precipitação do granizo (chuva de pedra) ocorre durante o verão, por ocasião de trovoadas ou momentos de tempestade. Ele é capaz de provocar danos consideráveis, principalmente na agricultura.

A **chuva** é a mais comum das precipitações e a mais benéfica para a humanidade e para os demais seres vivos. Ela resulta do contato entre uma nuvem saturada de vapor de água e uma camada de ar frio. Em geral, consideramos três os tipos de chuva (figura 13.11).

LEMBRETE

Pluviômetro é o aparelho que mede a quantidade de chuva, expressa em milímetros de altura.

Isoietas são as linhas que unem pontos de igual pluviosidade.

FIGURA 13.11 • TIPOS DE CHUVA

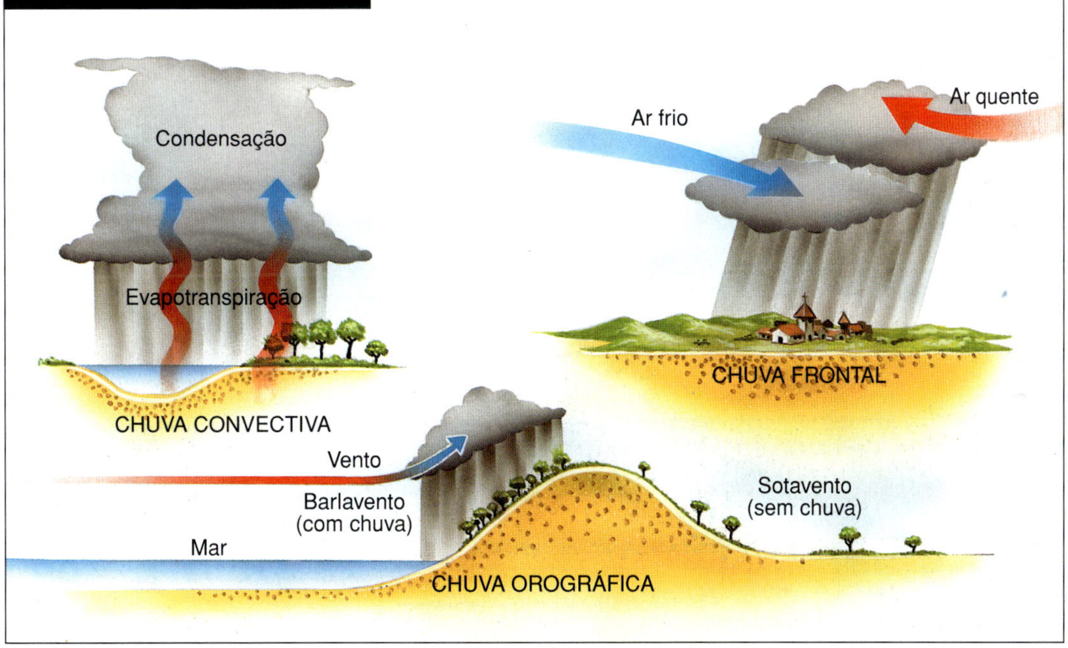

Fonte: FORSDYKE, A. G. *Previsão do tempo e clima*. 2. ed. São Paulo: Melhoramentos/Edusp, 1978. p. 60.

- **Convectiva** – Resulta da ascensão do ar que, ao entrar em contato com as camadas de ar frio, sofre condensação e se precipita. Geralmente é intensa (forte), rápida, acompanhada de trovões e, às vezes, granizo (chuva de verão ou equatorial).
- **Frontal** – Forma-se do encontro de uma massa de ar frio (frente fria) com uma massa de ar quente (frente quente). É menos intensa e mais duradoura.
- **Orográfica (ou de relevo)** – É resultante do deslocamento horizontal do ar, que, ao entrar em contato com as regiões elevadas (serras e montanhas), sofre condensação e conseqüente precipitação.

Distribuição geográfica das chuvas

A ocorrência das chuvas é bastante irregular, quer seja do ponto de vista de sua distribuição geográfica (mundial ou regional), quer seja em relação às épocas do ano. As causas dessa irregularidade são muitas: diferenças de latitude, temperatura e pressão atmosférica nas diferentes porções da Terra; influência do relevo, das correntes marítimas e dos oceanos e continentes; atuação das massas de ar etc. Analise na figura 13.12 as regiões do mundo de maior e menor precipitação.

De modo geral, podemos afirmar que as chuvas são abundantes nas regiões equatoriais, moderadas nas regiões temperadas e fracas nas regiões polares; a pluviosidade é maior nas proximidades dos oceanos do que no interior dos continentes.

FIGURA 13.12 • DISTRIBUIÇÃO MUNDIAL DAS CHUVAS

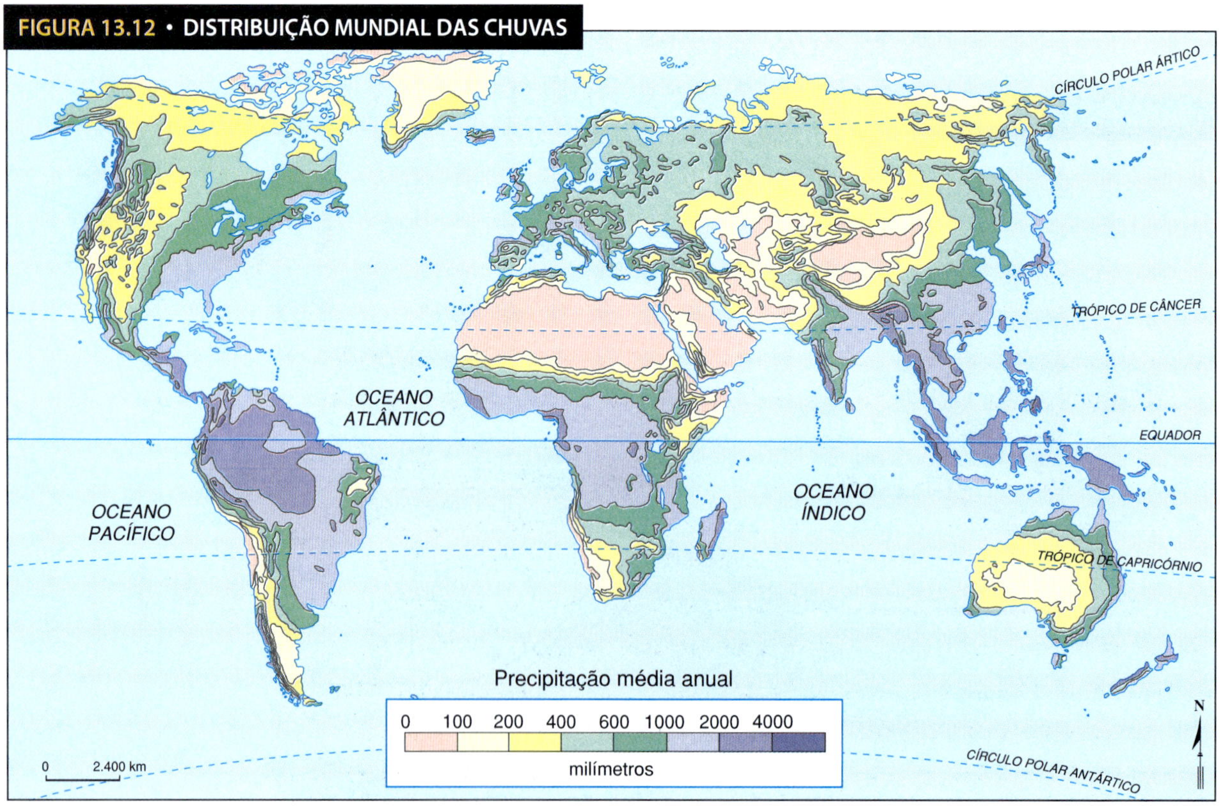

Fonte: *Atlas of the world*. Londres: Time Books, 1997. prancha 2.

7 ELEMENTOS DO CLIMA: PRESSÃO ATMOSFÉRICA, VENTOS E MASSAS DE AR

Ter peso e estar em constante movimento são duas dentre as inúmeras características da atmosfera.

A famosa experiência do físico italiano Evangelista Torricelli (1608-1647) comprovou que o ar exerce uma pressão sobre os corpos (**pressão atmosférica**), cuja força é igual ao peso de uma coluna de mercúrio de 1 centímetro de diâmetro e 76 centímetros de altura, ao nível do mar. Quando a altitude aumenta, a altura da coluna de mercúrio diminui. Isso mostra que a pressão atmosférica diminui com o aumento da altitude.

Além de variar devido à altitude, a pressão atmosférica varia também devido à temperatura: à medida que a temperatura se eleva, o ar torna-se mais rarefeito (por causa da dilatação de suas moléculas), portanto, com menor pressão. Quando a temperatura diminui, o ar torna-se mais denso (devido à compressão de suas moléculas) e, conseqüentemente, com maior pressão. Como veremos, as áreas de alta pressão (mais frias) são dispersoras de ar, e as áreas de baixa pressão (mais quentes), receptoras de ar.

LEMBRETE

O aparelho utilizado para medir a pressão chama-se **barômetro**.

As linhas que unem os pontos de igual pressão em um mapa são chamadas **isóbaras**.

O ar em movimento

Vento é o ar atmosférico em movimento. O ar se move horizontalmente (em superfície e altitude) e também verticalmente, por causa das diferenças de temperatura e de pressão entre os diversos locais da Terra. Os ventos sempre sopram das áreas de alta pressão, chamadas **anticiclonais** (dispersoras de ventos), para as áreas de baixa pressão, ou **ciclonais** (receptoras de ventos). Como a pressão é maior nas áreas de menor temperatura (ou mais frias), o vento sai dessas áreas e vai em direção às áreas de maior temperatura, que apresentam menor pressão. Quanto maior for a diferença de pressão entre as regiões, maior será a velocidade do vento, podendo ocorrer, nessas situações, vendavais ou ventos mais fortes, que recebem diferentes nomes, conforme o local e a intensidade: **ciclone**, **furacão**, **tornado** ou **tufão**. Observe a figura 13.13, na página seguinte.

FIGURA 13.13 Podendo atingir até 300 km/h, os furacões são ventos que se movimentam circularmente em torno de áreas de baixa pressão (áreas ciclonais). Eles podem arrancar árvores, levantar animais e veículos, além de provocar grandes destruições. Na foto, furacão no Kansas, EUA, 1999.

Os **alísios** são ventos que, em superfície, sopram dos trópicos para o Equador (área ciclonal, de convergência de ventos). Nas áreas equatoriais, o ar quente (mais leve) e úmido sobe. Em altitude, o ar esfria e retorna aos trópicos, formando os **contra-alísios.**

Características geográficas específicas dão origem a ventos especiais, regionais e locais, como, por exemplo, as monções e as brisas.

Em virtude das diferenças de temperatura e pressão entre as massas continentais e marítimas, as **monções** de verão sopram do mar (alta pressão) para o continente asiático (baixa pressão), levando nuvens e chuvas. No inverno, as áreas de alta pressão passam a se situar no continente asiático, invertendo a direção dos ventos e provocando um período seco: são as monções de inverno. As chuvas abundantes, provocadas pelas monções de verão, têm muita importância para a numerosa população asiática, pois permitem grande produção agrícola, principalmente de arroz, alimento básico na região.

Observe na figura 13.14 que, durante o dia, as **brisas** sopram do oceano para o continente (brisa marítima). Durante a noite, elas sopram do continente para o oceano (brisas continentais).

FIGURA 13.14 • BRISA MARÍTIMA (DURANTE O DIA) E BRISA CONTINENTAL (DURANTE A NOITE)

Fonte: *Atlante geografico moderno De Agostini.* Novara: Istituto Geografico De Agostini, 1998. p. 36.

Massas de ar e frentes

Massas de ar são grandes porções de ar que costumam se originar em áreas extensas e homogêneas, como as planícies, os oceanos e os desertos. Em seu processo de formação, adquirem as características (umidade e temperatura) da área de origem. Ao se movimentarem, as massas de ar tanto influenciam as áreas sobre as quais estão se deslocando, como podem adquirir as características dessas áreas. Por exemplo: se uma massa de ar frio e úmido passa sobre uma área de temperatura mais elevada, essa área sofre queda de temperatura e o tempo fica instável, podendo chover. Isso acontece com freqüência no Sul e no Sudeste do Brasil, especialmente durante o inverno. Por outro lado, se a área for mais fria que a massa de ar, esta sofrerá esfriamento por baixo e tenderá a gerar tempo estável.

Veja no quadro a seguir a classificação das massas de ar que caracterizam os vários climas da Terra e que determinam os diferentes tipos de tempo no decorrer do ano.

CLASSIFICAÇÃO DAS MASSAS DE AR

Tipo principal	Subtipo	Área de origem	Características originais
Polar (P)	Polar marítima (PM)	Oceanos (acima de 50° de latitude).	Fria, úmida e instável.
	Polar continental (PC)	Antártida e áreas continentais mais próximas do Pólo Norte.	Fria, seca e estável.
Tropical (T)	Tropical marítima (TM)	Oceanos (proximidade dos trópicos).	Quente e úmida, estável na parte leste do oceano e instável a oeste.
	Tropical continental (TC)	Desertos tropicais (Saara, Australiano etc.).	Quente, seca e estável.
Equatorial (E)	Equatorial marítima (EM)	Oceanos (proximidade do Equador).	Quente e úmida.
	Equatorial continental (EC)	Continentes (proximidade do Equador).	Quente e geralmente úmida.

As **frentes** são áreas de transição entre duas massas de ar. O encontro de duas massas de ar, uma fria — geralmente seca — e outra quente e úmida, provoca mudanças significativas no tempo, trazendo nuvens e chuvas. O ar quente (mais leve) eleva-se por cima do ar frio (mais denso), como podemos observar na figura 13.15. Se o ar frio predominar, teremos uma **frente fria**; se, ao contrário, o ar quente avançar, teremos uma **frente quente**.

FIGURA 13.15 • FRENTE QUENTE / FRENTE FRIA

Fonte: FORSDYKE, A. G. *Previsão do tempo e clima*. 2. ed. São Paulo: Melhoramentos/Edusp, 1978. p. 88-89.

Circulação geral da atmosfera

A **circulação geral da atmosfera**, também chamada primária, é responsável pela existência das grandes zonas climáticas (polares, temperadas e tropical). O mecanismo de circulação geral da atmosfera desenvolve-se por meio de circuitos ou módulos circunscritos a cada uma das zonas climáticas.

Observe na figura 13.16 que existem seis módulos, três em cada um dos hemisférios. Dentro dos limites de cada módulo, o mecanismo de circulação atmosférica tende a se repetir a cada ano. Correntes convectivas dão voltas e se encontram em diferentes latitudes, redistribuindo calor e umidade na superfície terrestre, dando a cada zona climática suas características fundamentais e produzindo paisagens vegetais diversificadas (florestas, desertos, pradarias etc.). Por exemplo: a zona tropical é normalmente quente e úmida e as zonas polares continentais são frias e secas. Observe novamente a figura 13.16.

FIGURA 13.16 • CIRCULAÇÃO GERAL DA ATMOSFERA

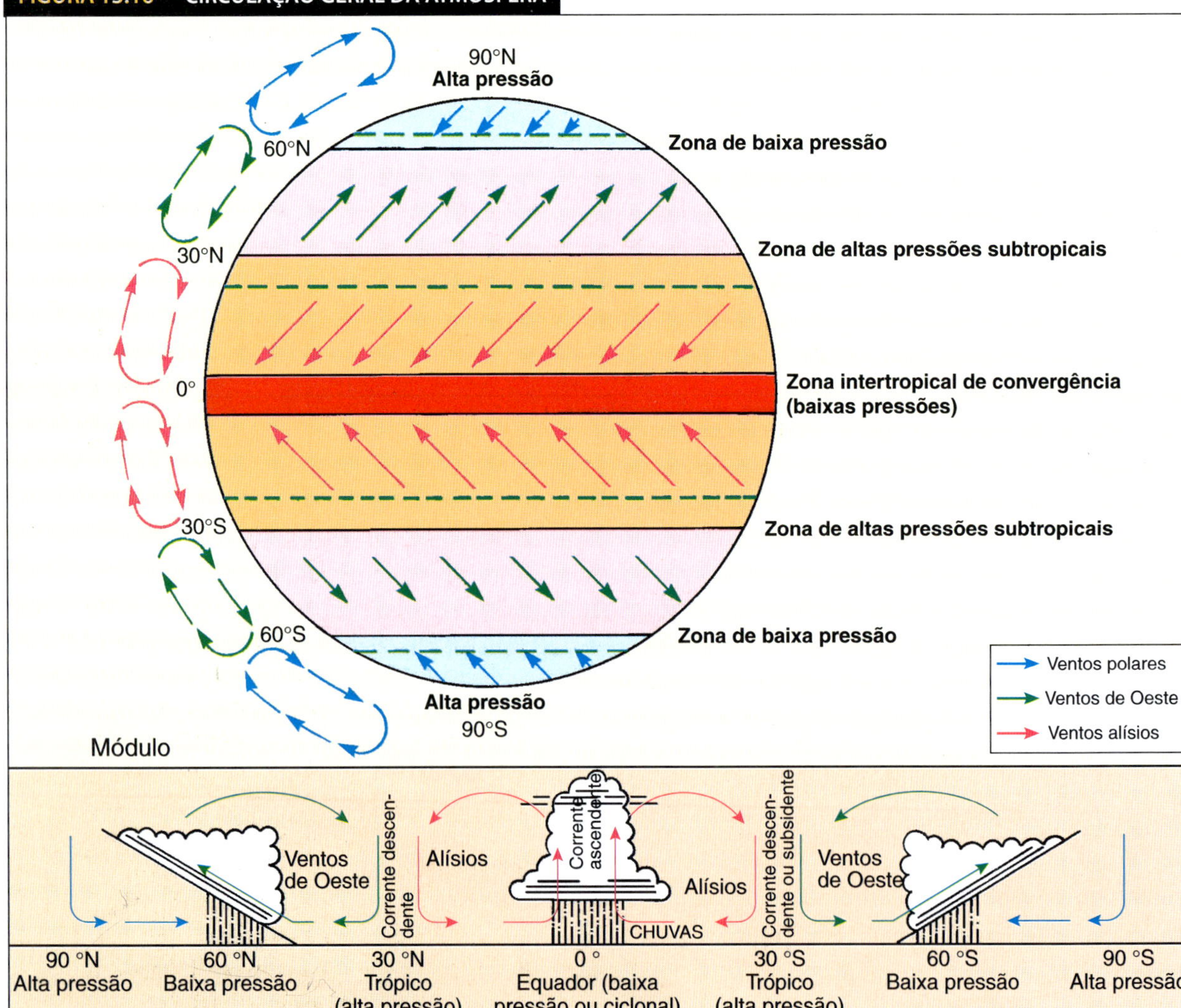

Fonte: *Investigando a Terra*. São Paulo: McGraw-Hill do Brasil, 1980. p. 178.

Além dessa circulação geral ou primária, que ocorre em zonas latitudinais e que determina o padrão geral ou global dos climas (zonais ou latitudinais), existem as circulações secundária e terciária, menos abrangentes em relação às grandes zonas climáticas. Elas são representadas, por exemplo, pelos anticiclones (furacões), pelos ventos monçônicos, que abrangem áreas menores (circulação secundária), e pelos ventos locais, que abrangem áreas bem mais restritas ou limitadas (circulação terciária). No último caso estão, por exemplo, os ventos **pampeiro** e **minuano** (na Argentina e no Sul do Brasil, respectivamente), o **simum** (Saara, no Norte da África) e as **brisas**.

Assim, podemos concluir que, enquanto a circulação geral determina os tipos gerais de clima (polar, tropicais, temperados), a circulação secundária, somada a outros fatores como relevo, vegetação e correntes marítimas, explica as variações regionais ou os subtipos climáticos.

Praticando e Aprendendo

Organizando o conteúdo

1. Organize um quadro com as seguintes características de cada camada atmosférica: altitude; composição; principais fenômenos.

2. Analisando o quadro que você construiu, responda:

a) Qual é a camada atmosférica mais importante para a vida na Terra? Por quê?

b) Qual é o comportamento geral da temperatura, com o aumento da altitude?

3. Qual é a diferença entre clima e tempo?

4. De que forma a energia solar é responsável pelas diferenças entre temperatura, ventos, pressão e precipitações nos diversos locais da Terra?

5. Explique como os fatores abaixo são responsáveis pela variação da temperatura de um lugar para outro:

a) Latitude.

b) Distribuição de oceanos e mares.

c) Correntes marítimas.

d) Relevo.

6. Explique as condições de ocorrência dos três tipos de chuva: frontal, convectiva e orográfica (ou de relevo).

Ampliando o conhecimento

Conhecendo tecnologias de investigação do tempo.

Leia o texto a seguir e responda às questões 7, 8 e 9.

A importância da previsão do tempo

Desde idades remotas a humanidade se preocupou em observar e sistematizar informações sobre o tempo e o clima. Foram organizados muitos calendários usando como referências as estações do ano e a época de plantio e colheita. Mas foi só a partir do momento em que a humanidade pôde pesquisar o ar em altitudes maiores — com a invenção do balão de ar quente, no século XVIII — que se tornou possível compreender muitos dos mecanismos atmosféricos.

Atualmente, podemos obter notícias sobre o tempo em qualquer jornal. Podemos ver diariamente, na imprensa, imagens de satélite e de radar. Existe uma colaboração entre os países do mundo para a coleta e a troca de informações de superfície sobre o tempo.

Para produzir uma carta do tempo mundial, é preciso que as informações sejam colhidas simultaneamente em estações meteorológicas de diversos países. Essas » informações são chamadas sinópticas, ou seja, vistas ao mesmo tempo. Além das informações de superfície, são realizadas sondagens de altitude com balões, nos continentes e nos oceanos. Estações meteorológicas oceânicas, em navios especialmente equipados, enviam importantes informações, uma vez que as tempestades mais violentas formam-se nos oceanos. Relatórios enviados por tripulantes de aviões também fornecem informações importantes sobre o tempo.

As imagens enviadas pelos satélites que captam radiações infravermelhas fornecem dados sobre a temperatura, a umidade, as nuvens e sua movimentação. Todas as informações são enviadas para supercomputadores nos centros de previsão meteorológica.

Embora as previsões estejam sujeitas a erros, pois é difícil considerar todas as variáveis que podem exercer influência sobre o tempo (uma mínima mudança nas condições iniciais pode alterar as conseqüências finais), atualmente possuímos meios de prever o tempo com certa exatidão. Essas informações são importantes para o trânsito nas rodovias e nos aeroportos e auxiliam a agricultura, pois indicam as áreas de ocorrência de tempestades, geadas, neblinas, ciclones, inundações etc.

7. Descreva as etapas de coleta de informações superficiais, nos oceanos e em altitude, necessárias para produzir uma carta do tempo mundial, e quais os meios técnicos utilizados para consegui-las.

8. Apesar de toda a tecnologia utilizada, por que as previsões do tempo estão sujeitas a erros?

9. De que forma as informações obtidas pelos centros meteorológicos sobre tempestades e furacões podem evitar catástrofes?

10. Observando a quantidade de nuvens na região em que você mora, faça uma previsão para o tempo. É possível ocorrer chuvas? Por quê?

11. Em grupos, coletem nos meios de comunicação (jornais, TVs, rádios e internet) informações sobre o tempo em seu município durante uma semana. Nos dias correspondentes, observem se as previsões estavam corretas ou não. Façam um levantamento do número de erros e acertos.

O QUE MAIS HÁ PARA VER

Livros

- BAINES, John. *Preserve a atmosfera*. São Paulo: Scipione, 1994. (Col. Preserve o mundo)
- DEMILLO, Rob e SILVA, Tulio Camargo da. *Como funciona o clima*. São Paulo: Quark Books, 1998. (Col. Ciências)
- TOLENTINO, Mario. *O azul do planeta:* um retrato da atmosfera terrestre. 7. ed. São Paulo: Moderna, 1995. (Col. Polêmica)
- ____; ROCHA FILHO, Romeu; SILVA, Roberto Ribeiro. *A atmosfera terrestre*. São Paulo: Moderna, 2004. (Col. Polêmica)

Filmes

- *Espaço e vento* (Inglaterra, 1991); distr. Encyclopaedia Britannica Educational Corporation; 47 min. O documentário mostra o espaço de maneira a compreendermos que há vida neste "vazio" considerado invisível aos olhos humanos. Assim, através de experiências em laboratório, o vento é estudado a fim de obter melhor compreensão de suas características, comportamento e efeitos.

- *Mar em fúria* (EUA, 2000); dir. Wolfgang Petersen; distr. Warner Bros.; 130 min. No litoral dos EUA, os tripulantes de um barco pesqueiro se vêem em meio a uma enorme tempestade formada a partir de três frentes frias e que converge num gigantesco furacão com ondas de mais de 30 metros de altura e ventos de aproximadamente 200 km/h.
- *Twister* (EUA, 1996); dir. Jan De Bont; distr. Warner Bros./Universal Pictures; 116 min. Em Oklahoma (EUA), dois grupos de cientistas rivais planejam entrar para a história colocando sensores em um tornado para coletar informações e prever sua chegada com maior antecedência. Para isso, é necessário ficar o mais próximo possível do tornado. Uma jovem obcecada por essa idéia (após ver seu pai ser sugado por uma tempestade) planeja conseguir seu intento ou morrer tentando.

@ *Sites*

- http://www.cptec.inpe.br/ *Site* do Centro de Previsão de Tempo e Estudos Climáticos. Indicações de previsão do tempo para todo o Brasil com descrição de imagens de satélite, boletins técnicos, salientando a variação das temperaturas e outros assuntos relacionados à temática. Acesso em: 6 maio 2005.
- http://www.iag.usp.br/meteo/meteo_ativida.htm Página do Instituto Astronômico e Geofísico – Departamento de Ciências Atmosféricas, que oferece informações sobre processos e sistemas atmosféricos, dinâmica do tempo e clima. Acesso em: 6 jun. 2005.
- http://www.inmet.gov.br *Site* do Instituto Nacional de Meteorologia, ligado ao Ministério da Agricultura, Pecuária e Abastecimento, que traz previsão do tempo, imagem *on line* do satélite Góes, informações sobre a ocorrência de geadas e de queimadas etc. Acesso em: 6 jun. 2005.
- http://www.mct.gov.br/clima/ Página do Ministério da Ciência e Tecnologia com informações sobre mudanças climáticas, convenções, mecanismos de desenvolvimento limpo e outros assuntos. Acesso em: 6 jun. 2005.
- http://www.portaldoastronomo.org/ *Site* Portal do Astrônomo, contendo imagens, textos sobre o espaço sideral, missões espaciais, dados do sistema solar dentre outros textos. Acesso em: 6 maio 2005.

14.

CLIMA, BIODIVERSIDADE E FORMAÇÕES VEGETAIS

1 CLASSIFICAÇÕES CLIMÁTICAS

Podemos afirmar que não há duas áreas que tenham rigorosamente o mesmo clima, porque ele é dinâmico e envolve uma infinidade de elementos e fatores, sejam eles locais, regionais ou globais. Assim, a classificação climática, a exemplo de tantas outras (como dos solos, das rochas, da vegetação, dos elementos químicos etc.), nada mais é que a tentativa de simplificar ou tornar compreensíveis os complexos modelos climáticos existentes.

As modernas classificações existentes podem ser inseridas em dois grupos fundamentais.

- **Classificações estáticas ou genéricas** – Fundamentam-se no comportamento (médio) dos elementos climáticos ou em suas características gerais, como, por exemplo, a classificação de Köppen, que se baseia fundamentalmente nos elementos climáticos de temperatura e pluviosidade, relacionados com a vegetação.

A **classificação climática de Köppen** apresenta cinco tipos climáticos principais, que são representados por letras maiúsculas; cada um desses climas principais é dividido em subtipos. Letras minúsculas indicam as características adicionais ou complementares de pluviosidade e temperatura, como podemos observar na figura 14.1 e no quadro (ambos na página ao lado).

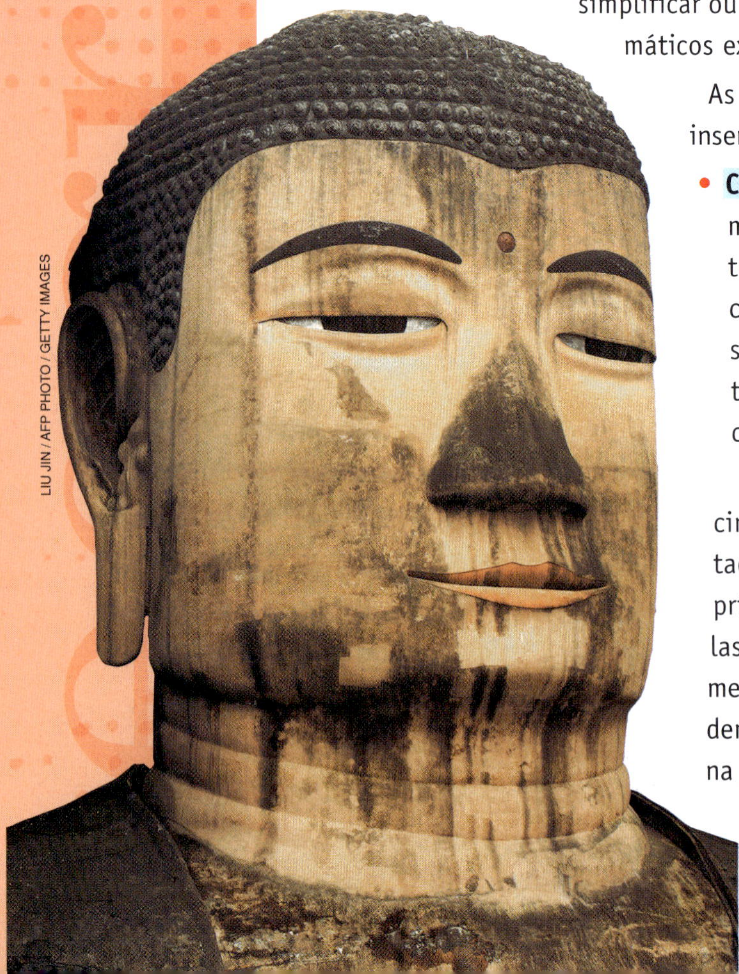

LIU JIN / AFP PHOTO / GETTY IMAGES

Estátua gigante de Buda, na China, danificada pelos efeitos da poluição.

FIGURA 14.1 • **DISTRIBUIÇÃO DOS CLIMAS NO MUNDO, SEGUNDO KÖPPEN**

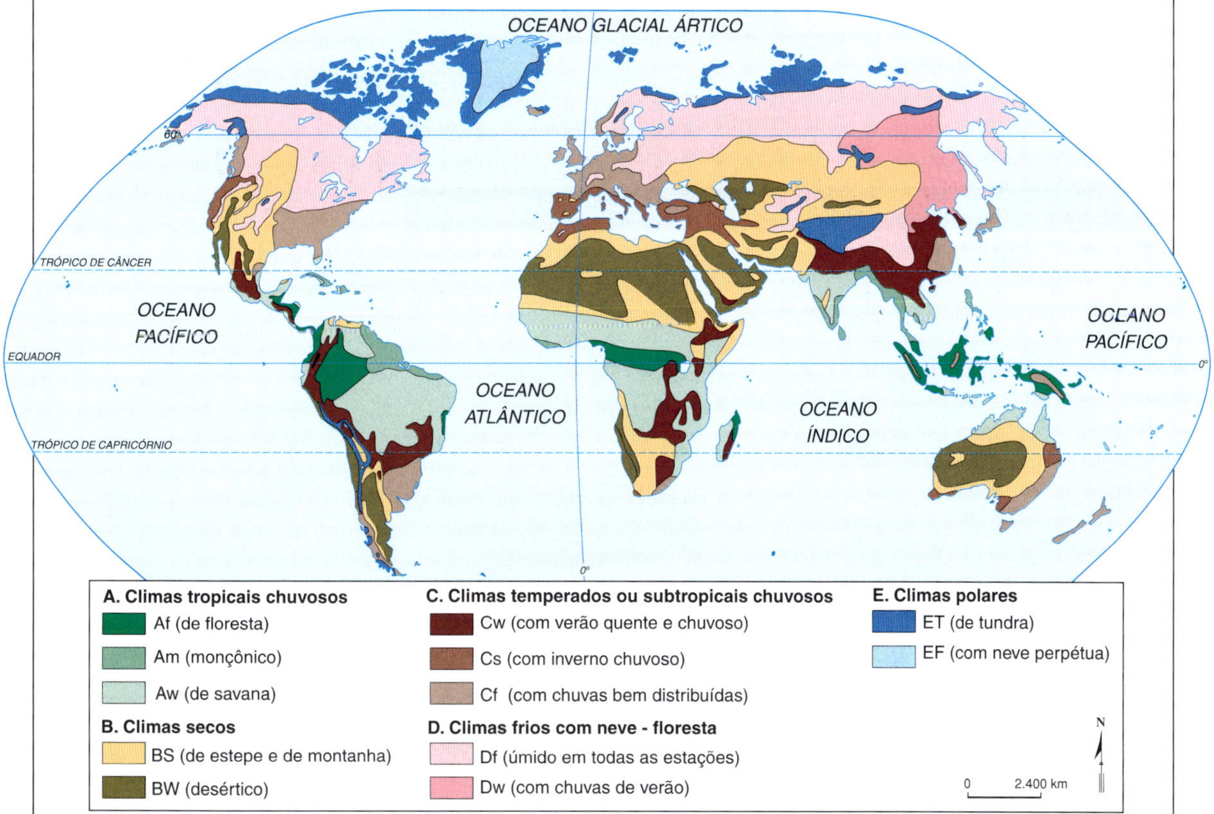

Fonte: *Atlante geografico moderno De Agostini*. Novara: Istituto Geografico De Agostini, 1998. p. 38-39.

CLASSIFICAÇÃO CLIMÁTICA DE KÖPPEN

Tipo climático principal	Variação sazonal de pluviosidade	Característica complementar de temperatura
A = tropical chuvoso **B** = secos (árido e semi-árido) **C** = temperado (ou mesotérmico úmido) **D** = frio com neve (floresta ou microtérmico úmido) **E** = polar	**f** = sem estação seca (sempre úmido) **m** = uma estação seca e chuvas nas demais estações (tipo monçônico) **w** = chuvas de verão **w'** = chuvas de verão e outono **s** = chuvas de inverno e outono **S** = secas de verão **W** = secas de inverno **T** = tundra **F** = neve e gelo perpétuos	**a** = verão quente **b** = verão moderadamente quente (brando) **c** = verão frio **d** = inverno muito frio **h** = quente ou sempre quente **k** = frio moderado

- **Classificações dinâmicas ou genéticas** – Baseiam-se no estudo dos elementos que explicam as causas (a gênese) do clima e de sua dinâmica, como, por exemplo, a **classificação climática de Strahler**, que se fundamenta no controle do clima pelas massas de ar. Observe na figura 14.2 que Strahler distingue três grupos climáticos: os de latitudes baixas, controlados por massas de ar tropicais e equatoriais; os de latitudes médias, controlados por massas de ar tropicais e polares; e os de altas latitudes, controlados por massas de ar polares e árticas ou antárticas.

FIGURA 14.2 • DISTRIBUIÇÃO DOS CLIMAS NO MUNDO, SEGUNDO STRAHLER

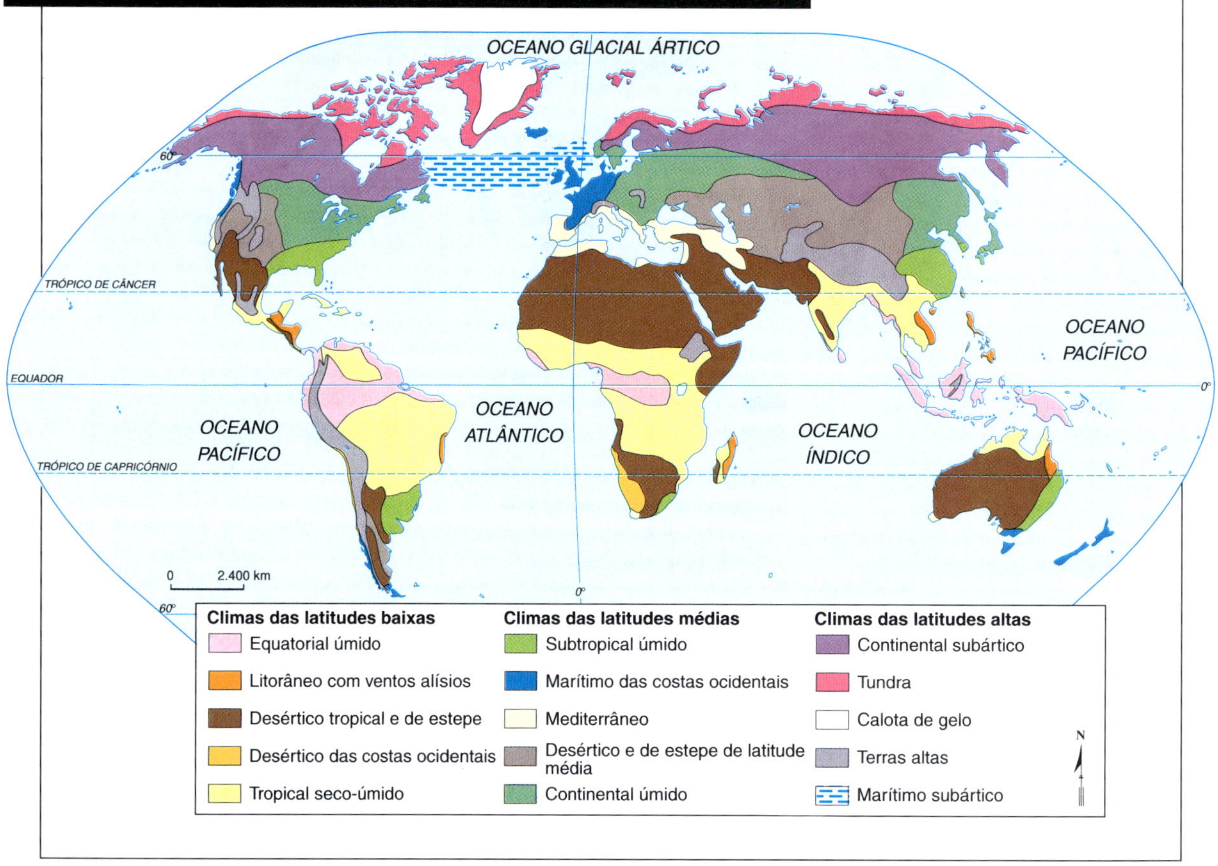

Fonte: *Atlas of the world*. Londres: Times Books, 1997.

2 MUDANÇAS CLIMÁTICAS NATURAIS

O clima da Terra já sofreu muitas mudanças. No passado, ele já esteve mais quente e mais frio. Em tempo geológico relativamente recente, a Terra viveu **períodos glaciais**, em que as geleiras cobriram grandes extensões, atingindo por vezes quase toda a superfície terrestre. Ocorreram também períodos prolongados de secas naturais em diversas regiões da Terra. Um fenômeno observável ainda hoje é o do aumento das manchas solares, que provoca um aquecimento global. A diminuição dessas manchas pode fazer a temperatura na Terra cair até 2 °C. O Sol apresenta um período padrão de 11 anos para cada uma das situações.

Outro fenômeno climático natural de interação entre atmosfera e oceanos, cujas causas ainda não foram totalmente esclarecidas e que tem conseqüências globais, é o ***El Niño*** (numa referência a Jesus, por ocorrer após o Natal): de tempos em tempos, uma enorme quantidade de água superficial do Pacífico (entre a costa peruana e as proximidades da Austrália) se aquece mais que o normal, mudando o padrão do regime dos ventos no mundo, o que provoca secas em algumas regiões (já que as massas de ar aquecido formam barreiras, dificultando o deslocamento das frentes frias, carregadas de umidade) e inundações em outras (pois as frentes frias estacionadas concentram chuvas). Observe na figura 14.3 as áreas de maior influência do *El Niño*.

FIGURA 14.3 • O MISTERIOSO *EL NIÑO*

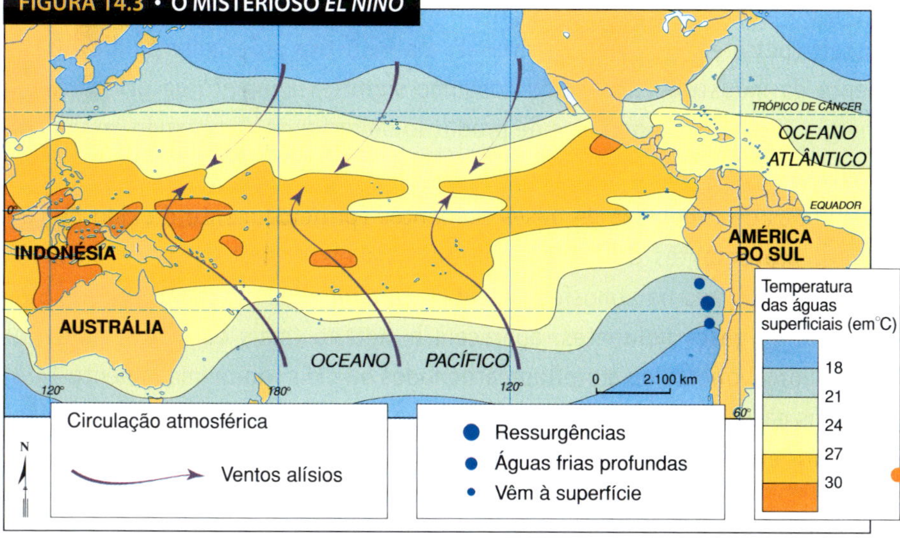

Fonte: *Alexander Pro*. Gotha: Klett-Perthers, 1996. p. 26.

Os ventos alísios não têm força para deslocar as águas quentes superficiais do oceano, que permanecem na costa Oeste da América do Sul. As chuvas caem no Oceano Pacífico, não chegando à Austrália e à Indonésia. O fenômeno da ressurgência não ocorre, por isso diminuem os nutrientes e a quantidade de peixes.

A periodicidade e a intensidade desse evento variam bastante. O *El Niño* ocorre aproximadamente a cada 4 anos, podendo durar de seis a dezoito meses. Os mais intensos ocorreram em 1982-1983 e 1997-1998.

Em outros períodos pode predominar o ***La Niña***, um fenômeno oceânico-atmosférico com características opostas ao *El Niño*, e que se caracteriza por um esfriamento anormal nas águas superficiais do Oceano Pacífico tropical.

Microclimas

Certas regiões da Terra apresentam um clima peculiar, restrito e isolado da região ao seu redor: são os **microclimas**. Como exemplo podemos citar as áreas florestadas nas quais as árvores retêm a radiação solar. A temperatura em seu interior se mantém fresca, podendo chegar a ser até 5 °C mais baixa que a temperatura exterior.

Já as grandes cidades e metrópoles encontram-se cobertas por porções de ar quente situadas a aproximadamente 120 metros de altura. Formam-se as **ilhas de calor**, também um tipo de microclima. Isso acontece, entre outras causas, porque a ausência de vegetação e a combustão de motores aumentam a emissão de calor e a poluição do ar, ao mesmo tempo em que a circulação do ar é limitada pela presença de muitas áreas com concreto, asfalto e prédios. A temperatura pode ficar até 6 °C acima da encontrada em áreas verdes circundantes.

Como vimos, o clima muda naturalmente, mas também existem muitas e importantes mudanças provocadas pelo homem, como estudaremos a seguir.

3 POLUIÇÃO ATMOSFÉRICA

As principais causas da poluição atmosférica são a queima de combustíveis fósseis (petróleo, carvão, gás natural) e a indústria propriamente dita. O aumento da industrialização e do consumo significa aumento da utilização de energia, de matérias-primas e de produção de resíduos, resultando, assim, em maior poluição.

Bilhões de toneladas de gases poluentes (principalmente dióxido de carbono), provenientes da queima de combustíveis fósseis e de florestas, são lançados todo ano na atmosfera. Além do carbono, que constitui cerca de 50% do total de gases poluentes, aparecem o metano (mais ou menos 18%), os clorofluorcabonetos ou clorofluorcarbonados ou CFCs (aproximadamente 14%) e outros gases (ozônio etc.), com 13%. Veja no gráfico (figura 14.4) as regiões de maior emissão de gases poluentes na atmosfera.

FIGURA 14.4 • EMISSÕES ANUAIS DE CARBONO E CFC

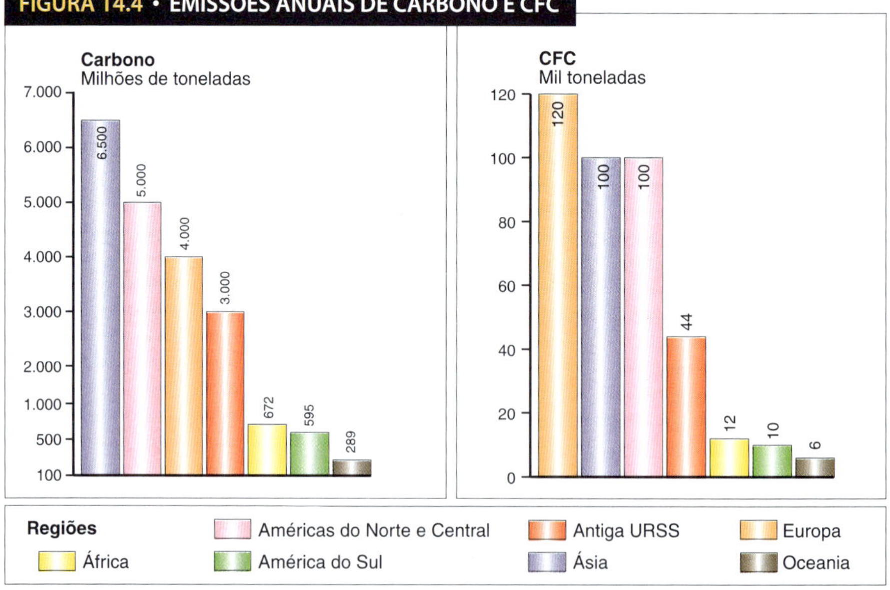

Fonte: NAGLE, Garret e SPENCER, Kris. *Advanced geography*. Oxford: Oxford University Press, 1997. p. 137.

Entre os diversos problemas causados pela poluição, que estão relacionados ao futuro de nosso planeta, podemos mencionar a destruição da camada de ozônio, aumento do efeito estufa, as chuvas ácidas e os desequilíbrios climáticos.

O buraco na camada de ozônio

Diversas mudanças climáticas bruscas já ocorreram no mundo, como as ondas de calor nos anos 1980, considerada a década mais quente do século XX. Embora as ondas de calor possam estar relacionadas a processos naturais, não há dúvida de que os gases produzidos pela atividade humana e lançados na atmosfera contribuem para o aumento da temperatura média da Terra.

O **gás ozônio**, presente naturalmente na estratosfera (reveja o boxe da página 206), desempenha uma função de extrema importância: ele filtra cerca de 70% a 90% dos raios ultravioleta emitidos pelo Sol. Não fosse a presença da camada protetora de ozônio, os raios ultravioleta atingiriam diretamente a Terra e, em conseqüência, teríamos uma elevação de temperatura tão violenta que destruiria qualquer forma de vida aqui existente. No entanto, é preciso lembrar que, no nível do solo, o ozônio é uma forma perigosa de poluição, exercendo ação tóxica sobre vegetais e seres humanos. Observe na figura 14.5 como age a camada de ozônio.

FIGURA 14.5 • A CAMADA DE OZÔNIO

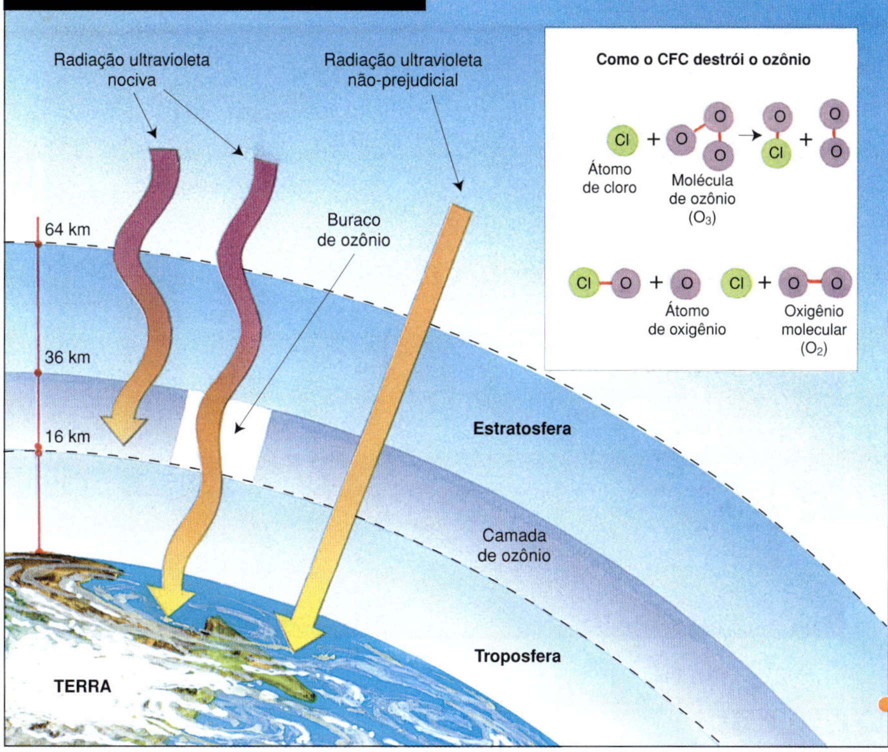

Devido à diminuição da camada do gás ozônio, a radiação ultravioleta nociva atinge a Terra com mais intensidade.

Fonte: *Atlante geografico moderno De Agostini*. Novara: Istituto Geografico De Agostini, 1998. p. 14-15.

Atualmente, muito se discute o problema da destruição da camada de ozônio. A diminuição desta camada ameaça a saúde humana, podendo provocar doenças, como câncer de pele, queimaduras, envelhecimento precoce, catarata ocular e imunodeficiência. Mas ela também afeta a flora e a fauna, além de influir no clima do planeta.

Desde 1974, estudos associam a destruição do ozônio estratosférico ao maciço e descontrolado uso dos **CFCs**, um grupo de gases utilizados principalmente nos sistemas de refrigeração e na produção de aerossóis (*sprays*), solventes, isopor etc.

Uma vez presentes na atmosfera e submetidos a reações químicas (liberação de íons de cloreto na estratosfera) e a reações com outros gases, os CFCs — compostos de cloro (Cl), flúor (F) e carbono (C) — adquirem a propriedade de destruir o ozônio. Estudos recentes comprovaram uma diminuição de 3% a 4% da camada de ozônio na Antártida, originando o chamado **buraco na camada de ozônio.** A quase totalidade dos CFCs presentes na atmosfera dessa região provém dos países industrializados e é transportada pela circulação atmosférica (massas de ar).

Em 1987, no **Protocolo de Montreal** (Canadá), 24 países desenvolvidos assinaram um compromisso de redução da produção de CFC, substituindo-o por gases menos nocivos. De fato, o uso desses gases tem se reduzido e o buraco na camada de ozônio pode diminuir ou mesmo desaparecer se forem mantidas as providências estabelecidas também em outras convenções mundiais (Estocolmo, na Suécia, 1972; Rio de Janeiro, 1992; Kyoto, no Japão, 1997 etc.).

O buraco na camada de ozônio é detectável por meio de imagens de satélites, como podemos observar na figura 14.6.

NASA / SPL-STOCK PHOTOS

FIGURA 14.6 Imagem de setembro de 2004 feita por satélite de monitoramento da Nasa que mostra o buraco na camada de ozônio sobre a Antártida (mancha azul). Este buraco é conseqüência da emissão de gases ao longo de anos, em todo o planeta.

Efeito estufa

Os gases presentes em excesso na atmosfera — principalmente o dióxido de carbono (CO_2) — permitem a passagem da luz solar, mas bloqueiam a irradiação do calor da Terra, impedindo-o de voltar ao espaço. Esse fenômeno, chamado **efeito estufa**, pode provocar a elevação da temperatura média terrestre. Ele é semelhante ao que ocorre no interior de um automóvel estacionado com os vidros fechados em local ensolarado, ou nas estufas de vidro utilizadas por muitos agricultores de países com invernos rigorosos: o vidro (que é um isolante térmico) deixa passar a luz solar, mas impede a saída do calor. Observe na figura 14.7 como este processo ocorre e veja mais informações no quadro da página 233.

FIGURA 14.7 • EFEITO ESTUFA

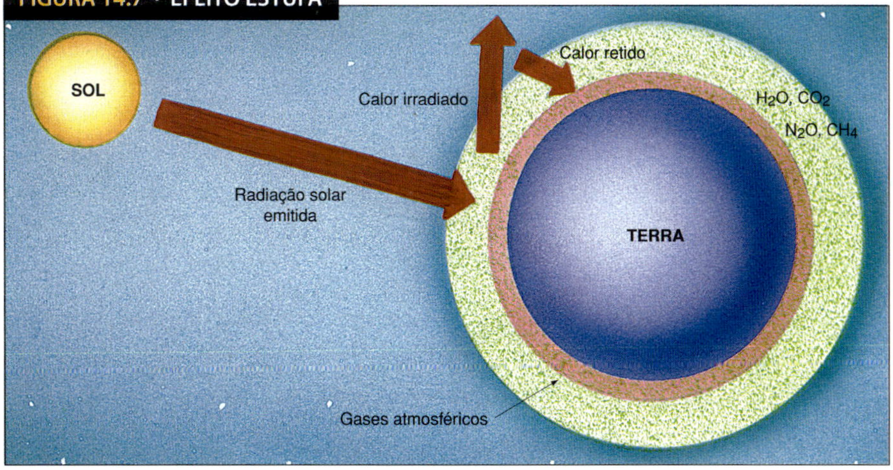

Fontes: *A Terra*. 6. ed. São Paulo: Ática, 1998. p. 55. (Col. Atlas Visuais); NAGLE, Garret e SPENCER, Kris. *Advanced geography*. Oxford: Oxford University Press, 1997. p. 142.

GASES ESTUFA: FONTES E PARTICIPAÇÃO[1] NO AQUECIMENTO ESTUFA

Gás	Principais fontes	Participação (em %)
Dióxido de carbono	Queima de combustíveis fósseis, desflorestamento.	50
Corofluorcarbonetos (CFC) e outros halocarbonetos	Refrigerativos, solventes, isolantes, espumantes, propulsores aerossóis, outros usos industriais e comerciais.	20
Metano	Gás eliminado pelo gado e por outros animais, vermes, combustíveis fósseis, queima de madeira, depósitos de lixo, arrozais, pântanos, charcos.	16
Ozônio troposférico	Combustíveis fósseis.	8
Óxido nitroso	Combustíveis fósseis, solos, queima de madeira e resíduos de plantações.	—

[1] Contribuições relativas estimadas.

Fonte: *Manual global de ecologia*. São Paulo: Augustus, 1993. p. 231.

Aquecimento global

Estudos mostram que nos últimos 100 anos a temperatura média da Terra sofreu uma elevação de 0,6 °C e, se a atual taxa de poluição atmosférica persistir, a previsão é de que, entre os anos 2025 e 2100, a temperatura sofrerá um aumento de 2,5 a 5,8 °C. É o chamado **aquecimento global**, que pode trazer, entre outras conseqüências, a alteração das paisagens vegetais das diferentes regiões terrestres e o derretimento das massas de gelo (calotas polares), provocando a elevação do nível global dos oceanos e mares (de 0,30 a 1m), e o alagamento e desaparecimento de inúmeras cidades e regiões litorâneas. A maior parte dos cientistas considera que muitas alterações dos padrões climáticos também se relacionam ao fenômeno do aquecimento global como, por exemplo, a intensa ocorrência de furacões, o aumento da temperatura na superfície do mar (criando mais vapor de água e alterando a seqüência e a intensidade das chuvas, provocando inundações), além das ondas de calor (como as que ocorreram na Europa em 2003).

Observe na figura 14.8 (na página seguinte) uma das ilhas sujeitas a inundações.

FIGURA 14.8 A ilha de Fongafale, na foto, é capital do Estado de Tuvalu e faz parte do Atol de Funafuti, formado por 30 ilhas no Pacífico e que já ficou inundado por marés de 3,2 metros de altura. O ponto mais alto da ilha está 4,5 metros acima do nível do mar. Nessas ocasiões, assim como nas grandes marés de lua cheia, ondas gigantes alagam a maior parte da ilha, obrigando seus habitantes a deixar o país em barcos (como nômades no mar) e retornar quando baixa a maré. Além disso, a água salgada inunda as plantações e contamina a água potável.

As conseqüências serão muito intensas nos países pobres que apresentam clima tropical (quente e chuvoso) e menos recursos tecnológicos. Segundo o *Relatório do desenvolvimento humano 1998*, um quinto da população mundial, que vive em países de renda mais elevada, contribui em 53% para as emissões de dióxido de carbono. O quinto da população mais pobre contribui com apenas 3% das emissões, mas vive nas comunidades mais vulneráveis às inundações costeiras.

"O aumento de um metro do nível do mar, devido ao aquecimento mundial da atmosfera, poderia causar a redução de 17% da superfície terrestre de Bangladesh, ainda que este país seja responsável por apenas 0,3% das emissões mundiais. No Egito, 12% de seu espaço territorial — espaço este habitado por sete milhões de pessoas — poderia ficar imerso sob as ondas do mar. O aumento do nível do mar ameaça também a habitabilidade de pequenos países insulares, como as Maldivas e o Tuvalu." (Disponível em http://www.undp.org.br/HDR/Hdr98/Press/consumidores.html)

A solução para o problema do aumento do efeito estufa parece muito difícil, pelo menos a curto e médio prazos, porque ele resulta principalmente da queima de combustíveis fósseis (petróleo, gás, carvão), que representam a base da industrialização e da civilização atuais. Os países mais industrializados são os maiores consumidores de energia e de combustíveis para automóveis. Eles possuem 87% dos veículos existentes em todo o mundo, enquanto os mais pobres têm menos de 1%.

Em 1950 havia no mundo 70 milhões de veículos (carros, caminhões e ônibus); em 2004 já havia mais de 500 milhões. A cada ano somam-se a esse total 11 milhões de veículos, que jogam no ar mais de 900 milhões de toneladas de CO_2 por ano.

Todas essas conseqüências poderão ser evitadas ou amenizadas se os países passarem a controlar principalmente a emissão de dióxido de carbono.

Diante das evidências a respeito das mudanças climáticas, em dezembro de 1997 foi realizada a **Conferência de Kyoto**. Os países participantes decidiram estabelecer um protocolo com medidas para diminuir o uso de substâncias geradoras de gases que provocam o aumento do efeito estufa. O compromisso assumido por mais de 180 países participantes da conferência foi reduzir em 5,2%, no período 2008-2012, a emissão de gases tóxicos em relação aos níveis de 1990. Em outubro de 2004, com a adesão da Rússia, superou-se o mínimo exigido de 55% das emissões globais, e o protocolo pôde finalmente entrar em vigor. No entanto, a resistência dos Estados Unidos constitui um grande obstáculo ao cumprimento das metas do protocolo. Leia o texto do boxe.

O Protocolo de Kyoto e o comércio de ar puro

O acordo de Kyoto não está atingindo seus objetivos, pois os países ricos conseguiram saídas de emergência ou fachadas que lhes permitem continuar com o atual modelo de poluição; as grandes transnacionais de energia e da indústria automobilística se opõem a qualquer redução obrigatória de emissões. Todas essas mudanças afetarão a vida econômica e o consumismo excessivo, ameaçando os interesses das transnacionais. Já sabemos que com a globalização muitos governos perdem o poder, enquanto os capitais industrial e financeiro se tornam cada vez mais os verdadeiros centros de decisão do mundo atual.

Assim foi introduzido no protocolo o **comércio de emissões**, ou seja, os países pobres que desenvolverem projetos (Unidades de Redução de Emissões ou UREs) para reduzir suas emissões de carbono podem repassar o saldo aos países ricos, compensando-lhes suas emissões excedentes. Em outras palavras, ricos passarão a comprar os direitos de poluir daqueles que estiverem abaixo de sua cota, por um preço inferior ao que teria custado a despoluição. Assim, desde 2000, os países ricos recebem certificados de redução por conta das ações realizadas pelos países pobres. Este último grupo de países ficará cada vez mais dependente das determinações dos primeiros, abrindo-se grandes oportunidades de negócios na compra e venda das **Reduções Certificadas de Emissões (RCE)**, que ficam sujeitas ao mercado de *commodities*.

Os objetivos estabelecidos na Conferência de Kyoto ficaram muito abaixo do necessário para deter possíveis mudanças climáticas. Para evitar maiores problemas futuros é necessário reduzir de forma drástica as emissões de poluentes atmosféricos, sendo necessária uma mudança total no sistema industrial e energético mundial, utilizando-se fontes de energias limpas e não poluentes, energias renováveis, de menor impacto ambiental, e redução do consumo energético.

Muitos países se recusam a homologar o protocolo, pois teriam de mudar sua matriz energética, o que poderia significar a perda de vantagens e a revisão das metas de crescimento econômico. É o caso da Austrália, grande exportadora de carvão mineral.

Os Estados Unidos, que respondem por um quarto das emissões mundiais dos gases de estufa, desfizeram o compromisso assumido, utilizando, entre outros argumentos, incerteza científica sobre o assunto e tornando o protocolo em grande parte inoperante. Até 2004 o governo dos EUA nem sequer admitia que as emissões de dióxido de carbono e outros gases seriam as razões mais prováveis para o aquecimento global registrado nas últimas três décadas. A partir dessa controvérsia sobre as causas e as conseqüências do efeito estufa, o governo estadunidense passou a rejeitar as restrições de emissões. No entanto, pesquisadores do governo dos EUA já aceitaram as conclusões de cientistas de outros países e comprovaram os riscos do aquecimento para o seu próprio país. Observe no mapa (figura 14.9) que os Estados Unidos são o principal emissor de CO_2 na atmosfera.

FIGURA 14.9 • EMISSÃO DE CO_2 NO MUNDO

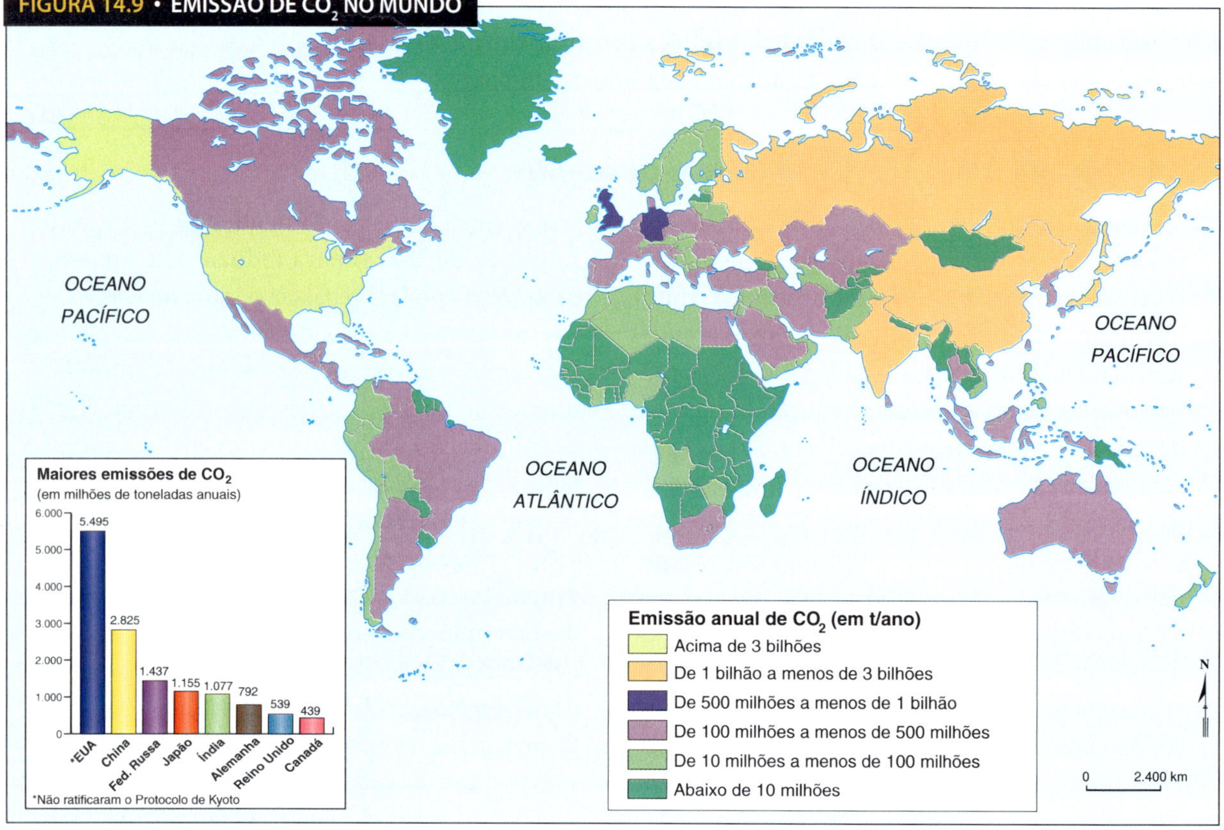

Fonte: *Almanaque Abril.* São Paulo: Abril, 2004. p. 169.

Chuvas ácidas

As **chuvas ácidas** também constituem um sério problema de agressão ao meio ambiente. Trata-se de precipitações de gotas de água (chuva, neblina) carregadas de ácidos nítrico e sulfúrico.

Embora alguns fenômenos naturais — por exemplo, erupções vulcânicas — possam aumentar a acidez da chuva, esses ácidos resultam principalmente de reações químicas que ocorrem na atmosfera a partir da presença do enxofre e do nitrogênio lançados à atmosfera pelas indústrias, pela queima de carvão, pelos veículos etc.

A ação corrosiva do ácido atinge não somente as edificações, os rios, os lagos, as represas, os veículos, entre outras coisas, mas também todos os seres vivos, causando, por exemplo, problemas respiratórios nos seres humanos. Observe nas figuras 14.10 e 14.11 como ocorre este fenômeno e quais são suas conseqüências.

FIGURA 14.10 • CHUVA ÁCIDA: DISPERSÃO E DEPOSIÇÃO

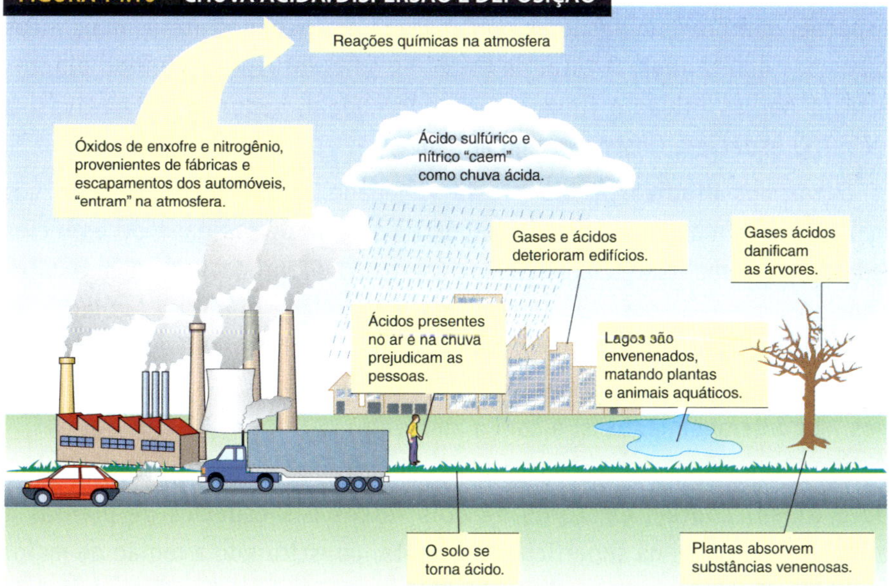

Fonte: NAGLE, Garret e SPENCER, Kris. *Advanced geography*. Oxford: Oxford University Press, 1997. p. 141.

RICHARD A. COOKE / CORBIS-STOCK PHOTOS

FIGURA 14.11 A chuva ácida carrega metais tóxicos, principalmente o alumínio, contaminando as águas e o solo, matando animais, provocando danos nas árvores como, por exemplo, queda de folhas e redução da copa. Na foto, floresta danificada por chuva ácida na Carolina do Norte, EUA, 1999.

Em certas regiões altamente industrializadas, como os EUA e a Europa, a ação das chuvas ácidas é tão violenta que centenas de rios, lagos e represas não têm mais nenhuma forma de vida. No Brasil, até recentemente, a maior e mais famosa região industrial poluidora do meio ambiente era a de Cubatão (SP). Após diversas ações conjuntas entre indústrias poluidoras e organismos públicos, grande parte dos problemas, como chuva ácida, poluição dos rios, destruição da vegetação da Serra do Mar e população afetada por problemas respiratórios, foram reduzidos.

4 BIODIVERSIDADE E ECOSSISTEMAS

Já foram identificadas cerca de um milhão e meio de espécies vivas (animais e vegetais) no planeta. A partir de estudos e estimativas, os cientistas calculam que possa haver de 5 milhões a mais de 30 milhões de espécies que povoam desde as profundezas dos oceanos até os mais altos picos das montanhas. O total de espécies de plantas — incluindo plantas altas e baixas (algas e fungos) — pode chegar, segundo estimativas, a 473.900 espécies. Observe a figura 14.12.

Chamamos **biodiversidade** a essa variedade de vida que sobrevive nos mais diversos ambientes. Ela é composta por uma **diversidade de espécies** (indivíduos semelhantes, com capacidade para se reproduzir entre si e naturalmente) que, por sua vez, apresentam **diversidade genética** (variação na informação genética entre indivíduos da mesma espécie) e **diversidade ecológica** (diferentes comunidades biológicas como florestas, desertos, rios, oceanos, que interagem entre si e com o ambiente).

Observe na figura 14.13, na página ao lado, que as áreas tropicais, incluindo o Brasil, contêm em torno de dois terços das espécies de plantas e animais existentes na superfície do planeta, constituindo a região de maior biodiversidade do mundo. Isso se deve ao fato de estas áreas estarem localizadas em baixas latitudes, nas quais predominam grande luminosidade, temperaturas elevadas e alta pluviosidade. Além disso, as florestas também são responsáveis pela manutenção dessas condições climáticas. Por exemplo, a **evapotranspiração** das plantas (trocas gasosas decorrentes da respiração e da fotossíntese dos vegetais, junto com a eliminação do vapor de água resultante da transpiração) ajuda a manter o ciclo da água.

FIGURA 14.12 A Mata Atlântica, vegetação exuberante e atualmente bastante degradada, ocupa a porção Oriental do Brasil. Na foto, trecho da Mata Atlântica no Parque Estadual Carlos Botelho, no Vale do Ribeira (SP), 1999.

FABIO COLOMBINI

As atividades humanas estão tendo um grande impacto sobre a biodiversidade do planeta. Na Grã-Bretanha, por exemplo, 71% das espécies de borboletas, 54% dos pássaros e 28% das plantas tiveram suas populações seriamente reduzidas ou foram extintas nos últimos 40 anos. Estes dados se assemelham aos da extinção em massa ocorrida há 65 milhões de anos, quando provavelmente um meteoro atingiu o planeta e aniquilou os dinossauros.

A estreita ligação que existe entre os seres vivos e o meio ambiente resulta em sistemas complexos. **Ecossistema** é o conjunto de seres vivos e de fatores ambientais de uma determinada área que interagem em equilíbrio, realizando trocas de energia e de matéria. As florestas, a caatinga, a tundra, os cerrados, os rios, os oceanos, os lagos e até um tronco de árvore podre são exemplos de ecossistemas. A soma de todos os ecossistemas existentes na Terra forma a **biosfera** (camada que engloba os seres vivos). Leia o texto do boxe na página ao lado.

15.

AS GRANDES PAISAGENS NATURAIS DA TERRA

1 REGIÕES POLARES

As regiões polares localizam-se além dos paralelos de 66° de latitude Norte e Sul. Constituem as áreas situadas ao redor dos pólos Norte e Sul e são representadas pelas regiões ártica e antártica.

Vegetação de carnaúbas às margens do Rio Parnaíba, Piauí, 1999.

MARCO ANTÔNIO SÁ / KINO

Região ártica

Observe na figura 15.1 que esta região abrange o extremo Norte da Europa, da Federação Russa e do Canadá e a quase totalidade da Groenlândia. A maior parte da região é formada pelo Oceano Glacial Ártico e por diversos mares. Grande parte das águas acha-se coberta por gelo, constituindo as chamadas **banquisas** (formadas por congelamento das águas superficiais do mar), que conferem uma uniformidade característica a todo o território ártico.

FIGURA 15.1 • REGIÃO ÁRTICA

Fonte: *Atlas universel Bordas*. Paris: Bordas, 1991. p. 57.

Quanto ao seu quadro natural, temos:

- **Clima polar** – É o elemento mais característico da região. Nas proximidades do pólo, a média térmica no inverno é de cerca de −35 °C e no verão pode alcançar 10 °C. Devido à maior altitude, em Verkhoiansk (Sibéria, Rússia) a temperatura já alcançou, de modo excepcional, −72 °C. As precipitações (em geral, na forma de neve) raramente ultrapassam os 200 milímetros anuais (semelhante ao que ocorre nos desertos).

A figura 15.2 mostra como o movimento de translação da Terra e a inclinação do eixo terrestre são responsáveis pela pouca distribuição de luz e calor na região e pelos grandes períodos sem iluminação nos pólos, resultando em temperaturas das mais baixas do planeta.

FIGURA 15.2 • DIA E NOITE DURAM SEIS MESES NOS PÓLOS

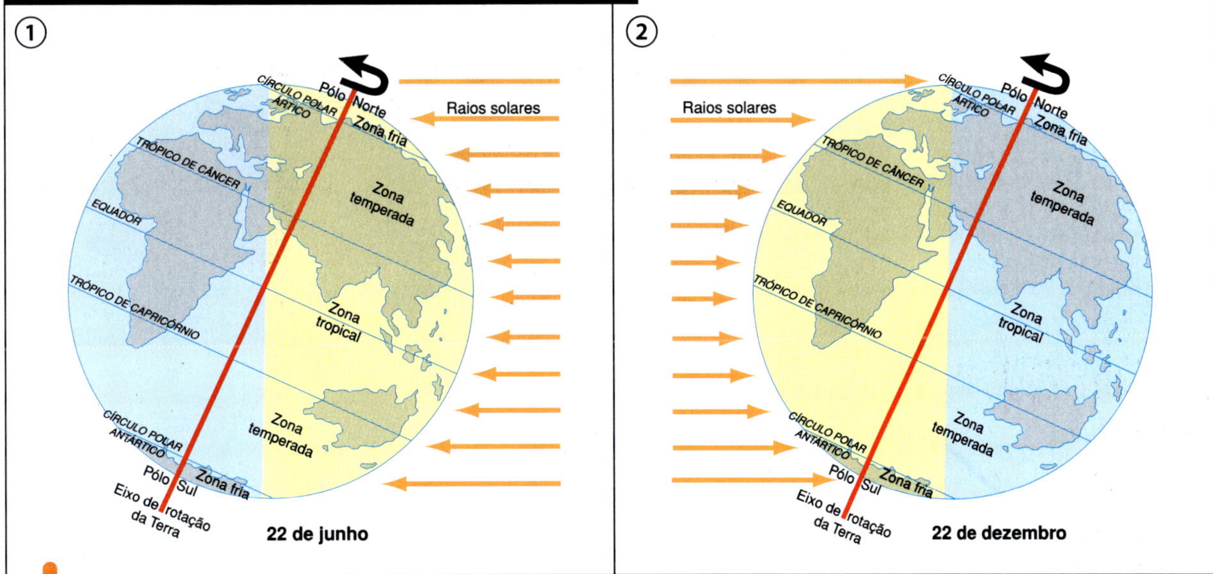

1 Em 22 de junho é verão no Hemisfério Norte e inverno no Hemisfério Sul. Toda a região a partir do Círculo Polar Ártico permanecerá iluminada 24 horas por dia, durante 6 meses. No Círculo Polar Antártico a escuridão durará 6 meses.
2 Em 22 de dezembro a situação se inverte: é inverno no Pólo Norte e verão no Pólo Sul.

Fonte: *Enciclopédia ilustrada de pesquisa* – Conhecer 2000. São Paulo: Nova Cultural, 1995. p. 117. v. 7.

- **Vegetação e solos** – Durante o inverno a vegetação deixa de existir. No verão, com o degelo, desenvolve-se, nas áreas mais frias, a **tundra**, formada de pequenos arbustos e gramíneas (musgos e liquens), como podemos observar na figura 15.3. Nessa região os solos são muito pobres de nutrientes.
- **Fauna** – Destacam-se o urso polar, a rena e o boi almiscarado (terrestres); a foca, a baleia e o leão-marinho (aquáticos).

HIROSHI HIGUCHI / KINO

FIGURA 15.3 Apesar do frio, a vida está presente. No verão das regiões polares, quando o sol nunca se põe, a tundra reaparece e serve de alimento aos animais que lá vivem. Tundra na Islândia, 1998.

- **Presença humana** – Entre os habitantes nativos destacam-se os esquimós (Alasca, Canadá e Groenlândia), os samoiedas (Eurásia) e os lapões (Escandinávia), que vivem basicamente da caça e da pesca.

A presença de povos não-nativos já é uma realidade entre os povos árticos e está relacionada, por exemplo, à extração mineral (ouro e petróleo no Alasca e na Sibéria, e ferro na Escandinávia), ao contrabando de peles e ao comércio.

A penetração dos produtos industrializados e a conseqüente alteração dos costumes e do ambiente também já se fazem presentes, como podemos observar na figura 15.4, na página seguinte.

STAFFAN WIDSTRAND / CORBIS-STOCK PHOTOS

FIGURA 15.4 Cada vez mais a cultura local tem cedido lugar à tecnologia. Na foto, esquimós em trenó moderno junto a outro tradicional, na ilha de Baffin, Canadá, 1995.

Região antártica

Essa região é quase toda ocupada pelo continente antártico, com área de 14 milhões de km^2. Cerca de 95% da superfície do continente encontra-se coberta por uma grossa camada de gelo, com espessura média de 2.000 metros, como podemos observar no mapa da figura 15.5. Se esse gelo (que representa aproximadamente 70% da água doce do planeta) derretesse, o nível dos oceanos se elevaria aproximadamente 50 metros.

FIGURA 15.5 • ANTÁRTIDA: RECURSOS MINERAIS E BASES CIENTÍFICAS

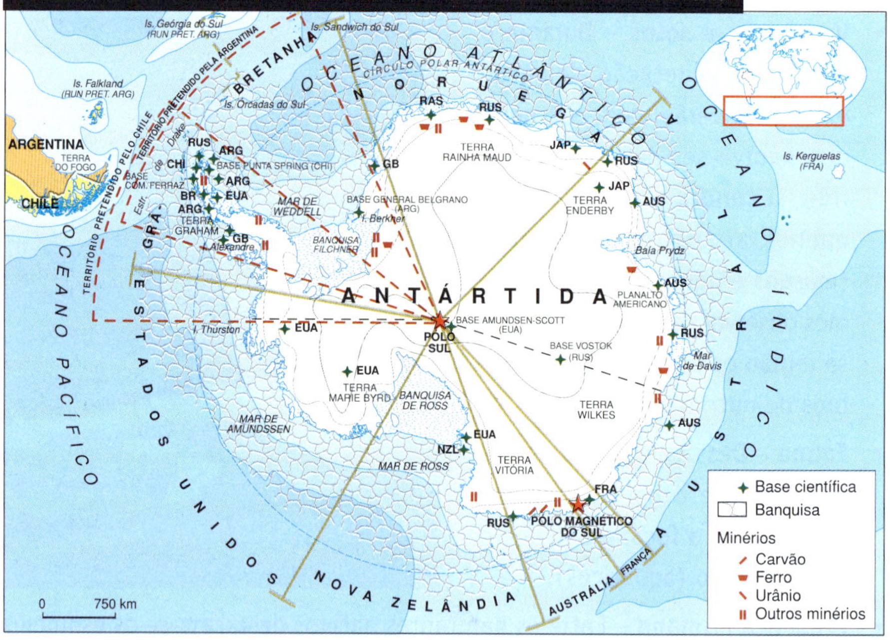

Fonte: FERREIRA, Graça Maria L. *Atlas geográfico*: espaço mundial. 2. ed. São Paulo: Moderna, 2003. p. 63.

A altitude máxima da Antártida é de aproximadamente 5.100 metros. Ela é considerada a região mais fria do planeta. Ali foi registrada a temperatura mais baixa de que se teve conhecimento: -89,2 °C, na estação Vostok.

- **Clima** – Caracteriza-se por baixíssimas temperaturas (principalmente no inverno) e precipitações escassas. Nessa região originam-se massas de ar frio e fortes ventos. As médias térmicas apresentam, no mês mais frio, cerca de -25 °C no interior. No mês mais quente, as temperaturas chegam a 0 °C no litoral.

Observe a figura 15.6, que apresenta um **climograma** de clima polar. Este tipo de gráfico representa as variações de temperatura (linha vermelha) e de precipitação média (colunas azuis) de um local (neste caso, do Alasca), ao longo dos meses do ano. O climograma mostra, por exemplo, os meses mais frios e os meses mais chuvosos.

FIGURA 15.6 • CLIMA POLAR (ALASCA, EUA)

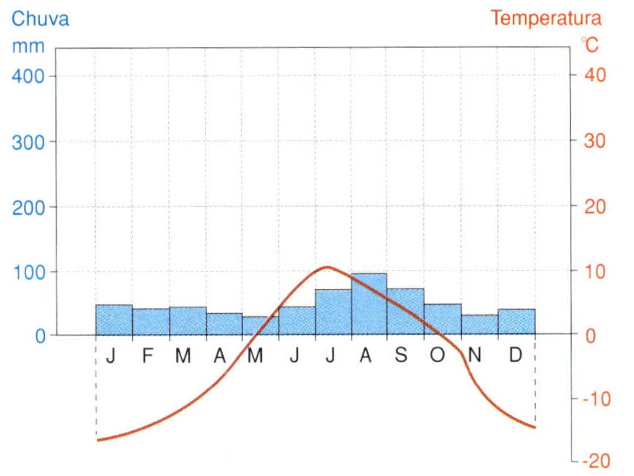

Fonte: *Atlas of the world*. Londres: Times Books, 1997. p. 3-4.

- **Vegetação, solos e fauna** – Apenas musgos, liquens e alguns invertebrados são encontrados no continente, uma vez que o rigor climático dificulta a formação de solos e o desenvolvimento de plantas e animais. Em compensação, a região litorânea apresenta fauna bastante rica, devido principalmente à grande quantidade de **krill** (espécie de camarão, muito nutritivo), que alimenta baleias, peixes, focas e pingüins.
- **Recursos minerais** – O subsolo da Antártida é bastante rico em recursos minerais (ouro, cobre, ferro, urânio, carvão, petróleo etc.), mas sua exploração é proibida.
- **Presença humana** – A Antártida é a única das grandes regiões naturais da Terra que ainda está desabitada. A primeira expedição ao continente ocorreu em 1820 (Rússia), seguida por diversas outras expedições, além de alguns aventureiros. O primeiro ser humano a alcançar o Pólo Sul foi o norueguês Roald Amundsen, em 1911, desencadeando, a partir de então, várias reivindicações da posse territorial do continente.
- **Acordos, conferências e reivindicação de posse** – Embora 26 países possuam bases de pesquisa científica e outros (como Austrália, França, Noruega, Reino Unido, Nova Zelândia, Chile e Argentina) reivindiquem a posse de parcelas do continente, até o momento nenhum deles detém legal ou oficialmente sua posse total ou parcial. Em 1961 entrou em vigor o **Tratado da Antártida**, assinado inicialmente por doze países e que depois recebeu a adesão de mais de trinta nações, incluindo o Brasil.

Em 1991 entrou em vigor o **Protocolo de Madri**, que proíbe por 50 anos a exploração econômica da Antártida, com a finalidade de assegurar a proteção ambiental. Pesquisadores que estudam a região descobriram a existência de um buraco na camada de ozônio sobre esta área, assunto que abordamos no capítulo 14.

Em 1982 o Brasil criou uma legislação regulamentando as pesquisas e organizou sua primeira expedição oficial à região. Navios oceanográficos brasileiros realizam pesquisas no continente e o país mantém ali uma base de estudos, a **Estação Comandante Ferraz**.

2 REGIÕES TEMPERADAS

Observe na figura 15.7 que as regiões ou **zonas temperadas** situam-se entre os trópicos e os círculos polares.

FIGURA 15.7 • PLANISFÉRIO: REGIÕES TEMPERADAS

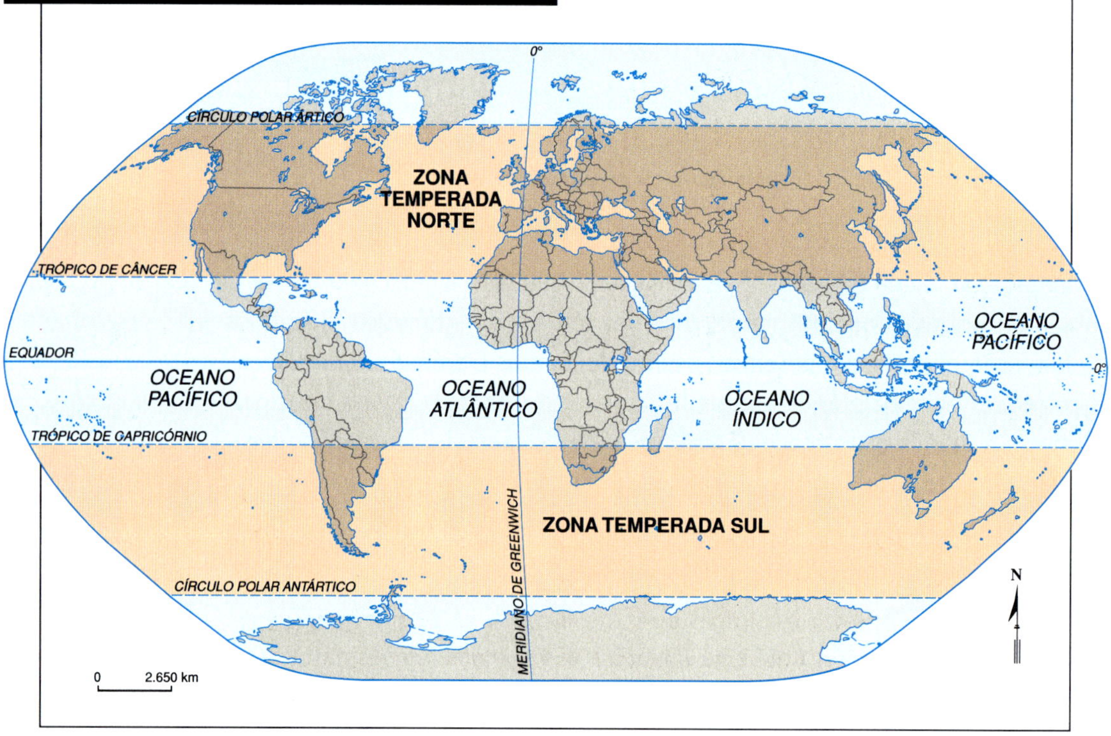

Fonte: Elaborado pelos autores.

Das duas regiões temperadas existentes, somente a zona temperada Norte (Europa, parte da América do Norte e da Ásia e norte da África) aparece plenamente caracterizada, por ser constituída em sua maior parte de **terras emersas** (continentes e ilhas).

Quanto à zona temperada Sul, as terras emersas constituem apenas o extremo sul da África, parte da América do Sul e da Oceania (Austrália e Nova Zelândia). Boa parte dessas terras não é tipicamente temperada: são, na verdade, áreas subtropicais. É o caso do Sul do Brasil que, embora esteja dentro da zona temperada, não tem as estações do ano e a ocorrência de neve tão bem caracterizadas como ocorre nas áreas tipicamente temperadas.

Clima

Estações do ano bem definidas e invernos rigorosos com neve são as principais características desse clima. O **clima temperado** ocorre nas seguintes áreas do mundo: Europa, maior parte da América do Norte, Ásia (exceto Sul e Sudeste), Sul da América do Sul, extremos Norte e Sul da África, Nova Zelândia e parte da Austrália.

Os principais tipos de clima temperado são:

- **Temperado continental** – Ocorre entre as latitudes de 45° e 55°, aproximadamente. Caracteriza-se por apresentar invernos rigorosos e elevadas amplitudes térmicas anuais. As precipitações anuais variam de 500 a 1.200 milímetros e concentram-se no verão e na primavera. Ocorre em parte da Federação Russa e nas pradarias da América do Norte. Analise o climograma na figura 15.8.
- **Temperado mediterrâneo** – Ocorre nas costas ocidentais dos continentes (Califórnia (EUA), Chile, África do Sul e Austrália) e principalmente no Sul da Europa e no Norte da África, nas proximidades do Mar Mediterrâneo. Apresenta verões quentes e secos e invernos amenos e chuvosos. As precipitações variam de 300 milímetros (nas regiões mais secas) a 900 milímetros por ano.

FIGURA 15.8 • CLIMA TEMPERADO CONTINENTAL ÚMIDO FRIO (MOSCOU, RÚSSIA)

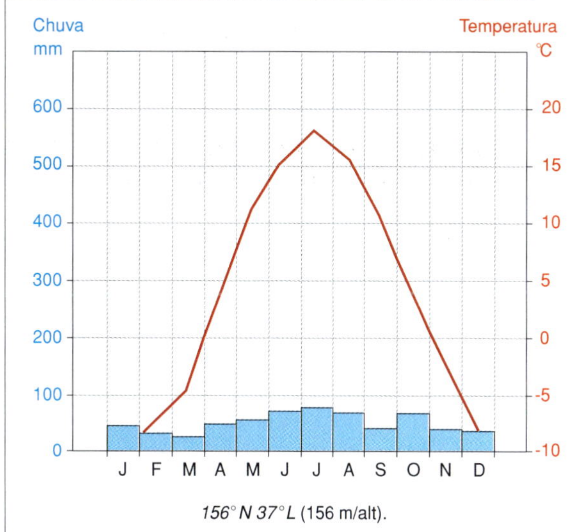

Fonte: *Atlas of the world*. Londres: Times Books, 1997. p. 3-4.

- **Temperado marítimo** ou **subtropical úmido** – Ocorre no Noroeste europeu, nas Ilhas Britânicas, no Leste dos EUA, no Nordeste da Argentina, no Leste da Região Sul do Brasil, no Leste da Austrália e da China, no Japão etc. Os verões são moderadamente quentes e os invernos são amenizados pela ação das correntes marítimas quentes do Golfo ou *Gulf Stream* (Leste dos EUA e Noroeste europeu), Brasileira (Leste e Sul do país), Kuro Sivo (Leste do Japão) etc. As precipitações variam de 500 a 2.500 milímetros por ano e concentram-se no inverno.

São também encontrados nas zonas temperadas climas do tipo **árido** e **semi-árido**. Eles aparecem nas seguintes áreas: Deserto de Góbi (na Mongólia e no Norte da China), deserto da Ásia Central (Casaquistão), Deserto da Patagônia (Sul da Argentina) e Centro-Oeste dos EUA, entre outras.

Vegetação

De Norte para Sul, os principais tipos de vegetação são: floresta de coníferas, como a **taiga** siberiana (formada de pinheiros, faias, olmos etc.) e a floresta canadense (largamente utilizada na produção de papel e celulose); floresta temperada (esta, muito devastada); estepes e pradarias; vegetação herbácea com solos de grande fertilidade (*tchernozion*); vegetação mediterrânea (composta de oliveiras, castanheiras etc.). Convém lembrar que, devido à antigüidade e à intensidade da ocupação humana (especialmente na zona temperada Norte), a vegetação natural foi bastante devastada. Observe a figura 15.9.

FIGURA 15.9 Floresta temperada na Suíça, em 1999. As árvores perdem as folhas no outono para suportar o frio do inverno.

HIROSHI HIGUCHI / KINO

As florestas de coníferas, por serem mais homogêneas, não correm tanto perigo de extinção. Observe na figura 15.10 a paisagem formada por esta floresta. Por serem compostas predominantemente de uma única espécie arbórea, o pinheiro, são mais fáceis de serem repostas, ao contrário das florestas tropicais, que contam com grande diversidade de espécies.

FIGURA 15.10 Floresta de coníferas em Pavlovich, Federação Russa, 2000. As coníferas constituem a vegetação característica das regiões temperadas frias. Exemplos desta vegetação, a floresta canadense e a taiga siberiana (na Rússia) são as mais extensas do mundo.

3 REGIÕES TROPICAIS OU ZONA INTERTROPICAL

A **zona intertropical** está situada entre as latitudes 23° 27′30″ Norte e Sul do Equador, ou seja, entre os trópicos de Câncer e de Capricórnio, como podemos observar na figura 15.11. As principais regiões tropicais são a África (exceto os extremos Norte e Sul), a Ásia das monções (Sul e Sudeste asiáticos), o Norte da Austrália, o México, a América Central e a maior parte da América do Sul (centro e Norte), além de centenas de ilhas dos oceanos Pacífico, Atlântico e Índico.

FIGURA 15.11 • PLANISFÉRIO: ZONA INTERTROPICAL

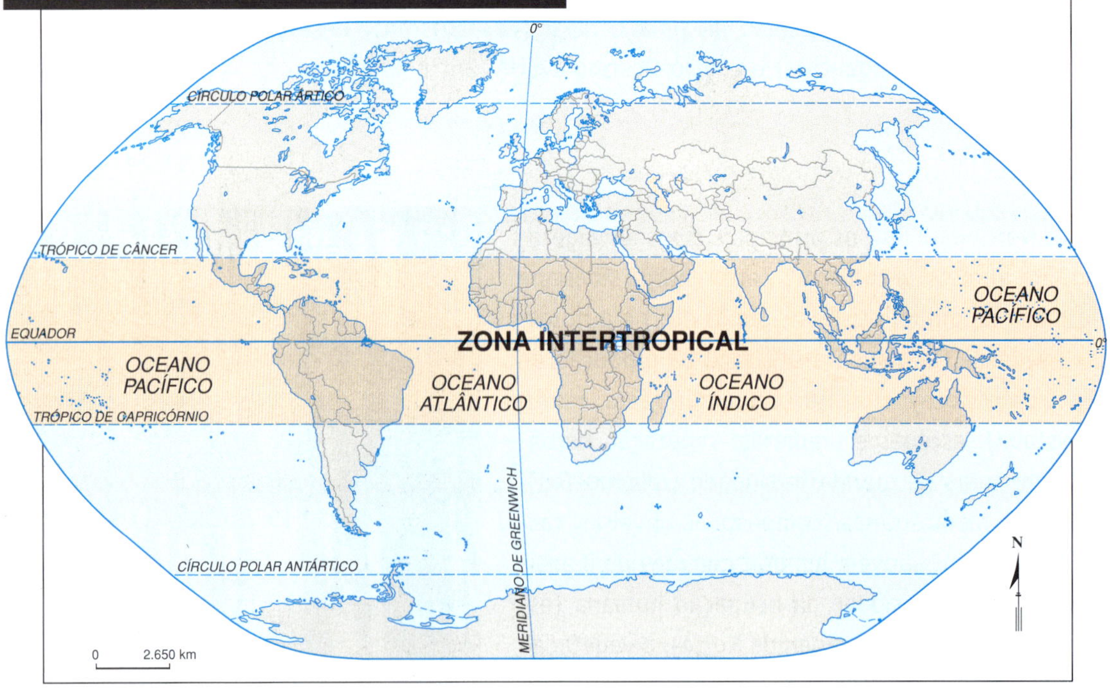

Fonte: Elaborado pelos autores.

Clima e vegetação

Quanto ao **clima tropical**, a principal característica dessas regiões é o predomínio de temperaturas elevadas, bem como a ausência de uma estação propriamente fria. O principal elemento diferenciador dos subtipos climáticos é a pluviosidade (e às vezes a altitude). Assim, vamos encontrar, por exemplo, clima quente e úmido, quente e seco e tropical de altitude.

Vejamos a seguir os principais subtipos do clima tropical e suas respectivas formações vegetais.

- **Clima tropical úmido ou chuvoso** – Também conhecido como **clima equatorial**. Ocorre em áreas de baixas latitudes e baixas altitudes, como a Amazônia. As precipitações são abundantes na maior parte do ano e as temperaturas elevadas (chegam a 40 °C, com médias anuais superiores a 24 °C). As amplitudes térmicas anuais são baixas (inferiores a 3°C) e a evaporação é muito elevada.

A vegetação exuberante, do tipo perene, higrófita e latifoliada (veja a figura 15.12), serve de ***habitat*** (local onde vivem os indivíduos de uma espécie) para diversos animais e plantas.

FABIO COLOMBINI

FIGURA 15.12 Floresta Amazônica, Amazonas, 2001. A maior formação vegetal tropical do mundo compõe uma densa cobertura que abriga milhares de espécies coexistindo no mesmo espaço e dependendo umas das outras.

Apesar dessa abundância de vida, as florestas tropicais geralmente têm solos pobres. A riqueza de nutrientes se encontra nas plantas e nos animais, por meio da ocorrência de trocas energéticas entre eles. A maior parte desta enorme quantidade de matéria orgânica não chega a se incorporar ao solo, pois antes que isso ocorra, é levada pelas chuvas freqüentes e torrenciais, comuns nessas regiões.

- **Clima tropical alternadamente úmido e seco** – É o mais típico e ocorre, por exemplo, no Brasil central. Sua principal característica é a alternância das estações úmida (com chuvas no verão) e seca (no inverno). A amplitude térmica é mais elevada que no clima equatorial, e a precipitação é inferior tanto à do clima equatorial quanto à do monçônico. As formações vegetais típicas são a **savana** (na África) e o **cerrado** (no Brasil central). Veja na figura 15.13 a paisagem da savana.

LUDOVIC MAISANT / CORBIS-STOCK PHOTOS

FIGURA 15.13 A savana, formação vegetal arbustiva tropical da África, é o *habitat* de animais de grande porte. Quênia, 2002.

- **Clima tropical monçônico** – Ocorre principalmente no Sul e no Sudeste da Ásia (Ásia das monções) e no litoral Leste da África. Apresenta verões quentes, com chuvas abundantes ou torrenciais, e invernos secos. As chuvas provêm dos ventos úmidos que sopram do oceano para o continente (monções de verão), e as secas são decorrentes dos ventos secos que sopram do continente para o oceano (monções de inverno). A vegetação é constituída de florestas densas e úmidas (florestas tropicais).
- **Clima tropical árido e semi-árido** – Ocorre normalmente próximo aos trópicos, nas zonas de altas pressões subtropicais. As temperaturas são muito elevadas (estão entre as mais altas do mundo), e as precipitações, muito baixas e mal distribuídas. As principais áreas de ocorrência são Norte do México, Sudoeste dos EUA (regiões desérticas e semidesérticas), Norte da África (Deserto do Saara), Oriente Médio (Deserto da Arábia Saudita), Noroeste da Índia (Deserto de Thar), Norte do Chile e Sul do Peru (Deserto de Atacama), Sudoeste da África (Deserto de Kalahari), Austrália central (desertos australianos) e a Região Nordeste brasileira (sertão). A vegetação é do tipo desértico ou xerófita.

Observe as figuras 15.14 e 15.15. Embora ambas sejam climogramas de cidades das regiões tropicais, note que as chuvas e as temperaturas diferem bastante nos dois gráficos.

FIGURA 15.14 • CLIMA TROPICAL ÚMIDO OU EQUATORIAL (CINGAPURA, CINGAPURA)

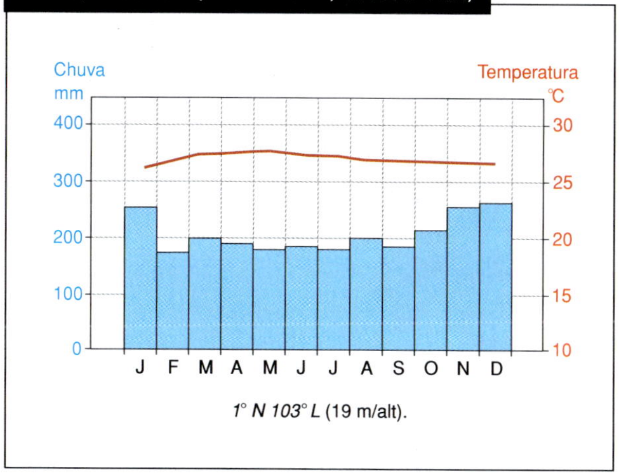

Fonte: *Atlas of the world*. Londres: Times Books, 1997. p. 3-4.

FIGURA 15.15 • CLIMA TROPICAL ÁRIDO (LIMA, PERU)

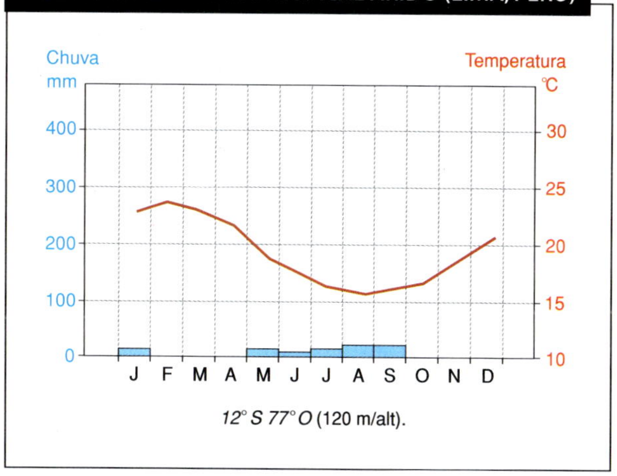

Fonte: *Atlas of the world*. Londres: Times Books, 1997. p. 3-4.

4 REGIÕES DESÉRTICAS

Deserto é uma área ou região natural com escassa precipitação e cobertura vegetal praticamente nula ou reduzida a algumas plantas isoladas, com solos em geral rochosos ou arenosos. Observe na figura 15.16 diferentes paisagens desérticas.

HANS STRAND / CORBIS-STOCK PHOTOS

WILLIAM MANNING / CORBIS-STOCK PHOTOS

FIGURA 15.16 As regiões desérticas não são constituídas somente de grandes extensões de areia e ambientes inóspitos, como o da foto à esquerda, das dunas, no deserto arenoso na Namíbia, África, 2001. Os desertos podem nos surpreender pela quantidade e variedade de vida animal e vegetal, como ocorre, por exemplo, no deserto de Chihuahuan, no Texas, EUA (à direita), 2002.

As regiões desérticas podem ser quentes ou frias. Observe o mapa da figura 15.17 (página seguinte). Os desertos quentes situam-se entre as latitudes 20° e 40° tanto ao Sul como ao Norte, locais em que as massas de ar seco impedem a entrada de frentes frias, que trazem chuvas. Geralmente os dias são quentes e as noites são frias, pois a falta de vapor na atmosfera impede a retenção de calor. O relevo, a continentalidade, a presença de correntes marítimas e a ação antrópica são alguns dos fatores responsáveis pela formação dos desertos.

FIGURA 15.17 • DESERTOS E ÁREAS EM RISCO DE DESERTIFICAÇÃO NO MUNDO

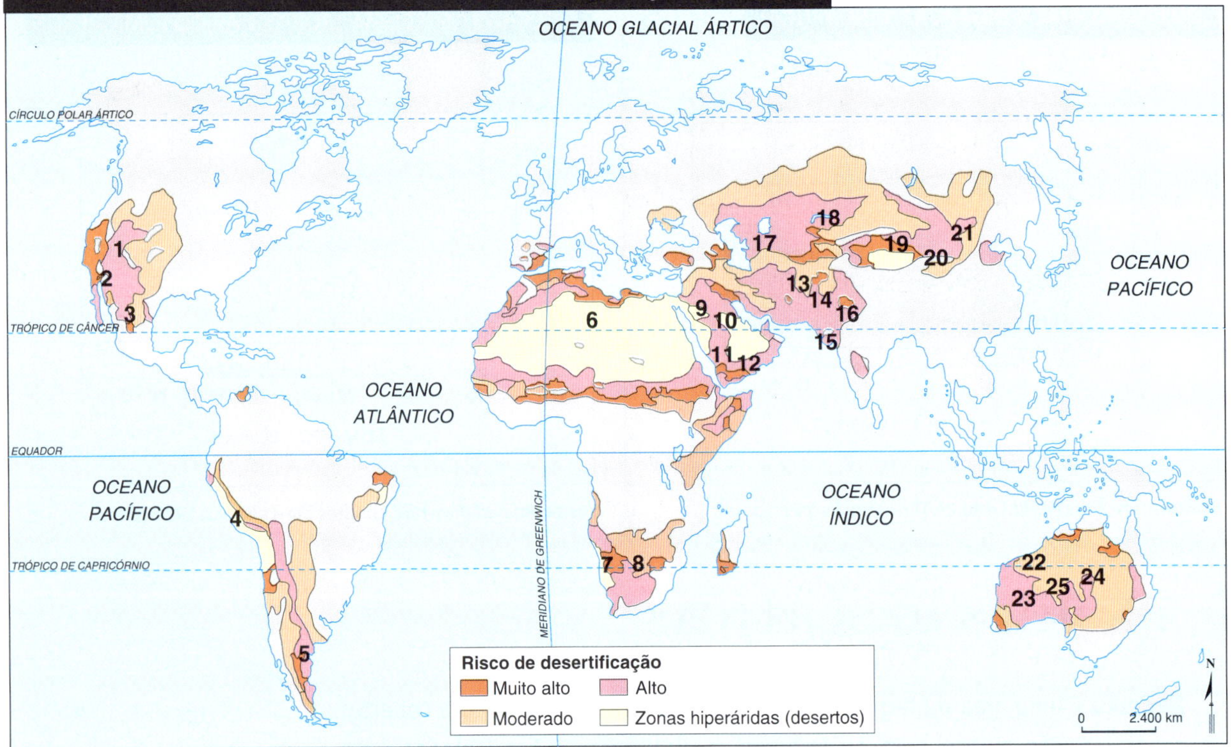

Desertos

1. Grande Bacia e Mojave	**6.** Saara	**11.** Arábico	**16.** Dacht-i-Margo	**21.** Góbi
2. Sonora	**7.** Namib	**12.** Rub al-Khali	**17.** Karakoum	**22.** Grande deserto de Areia
3. Chihuahua	**8.** Kalahari	**13.** Dacht-e-Kavir	**18.** Kyzylkoum	**23.** Gibson
4. Atacama	**9.** Nefoud	**14.** Dacht-e-Lut	**19.** Takla-Makan	**24.** Simpson
5. Patagônia	**10.** Nedjd	**15.** Thar	**20.** Bacia de Tsaidam	**25.** Grande deserto de Vitória

Fonte: CORSON, Walter H. *Manual global de ecologia*. São Paulo: Augustus, 1993. p. 78; *Os caminhos da Terra*. São Paulo: Azul, set. 1996. p. 42-43.

Quanto à aridez, o **clima desértico** pode ser classificado em:

- **extremamente árido**, como o Deserto do Saara (quente), que pode ficar até 1 ano sem receber chuva, tem poucas plantas e uma superfície varrida por ventos;
- **árido**, como os desertos de Góbi (frio) e Australiano (quente), que apresentam escassa precipitação anual;
- **semi-árido**, como o sertão do Nordeste brasileiro, que apresenta maior precipitação (longa estação seca seguida de breves chuvas) e maior cobertura vegetal do que as regiões anteriormente citadas.

Outros fatores que caracterizam os desertos são:

- **Temperatura** – Nos desertos quentes as máximas podem chegar a 40 °C ou mais (a mais alta foi de 58 °C, no Saara) e as mínimas a 0 °C ou menos, resultando em elevadíssimas amplitudes térmicas.
- **Chuvas** – Os índices pluviométricos anuais variam muito, podendo oscilar entre 0 e 500 milímetros ou mais.
- **Rios** – São **temporários** ou **intermitentes** (secam durante uma parte do ano), também chamados **ueds**. A exceção fica por conta do Rio Nilo, na África, um rio **perene** (nunca seca).

- **Ventos** – A atuação dos ventos é freqüente e muito marcante. Eles provocam erosão e acumulação de areia, formando extensas planícies e grandes elevações chamadas **dunas** ou **ergs**.
- **Relevo** – Localizam-se em planícies montanhosas e extensos planaltos rochosos, denominados **hamadas** (desertos de pedras).
- **Solos** – São ressequidos, ricos em sais minerais e pobres em matéria orgânica.
- **Fauna e flora** – Adaptam-se para capturar e conservar a água escassa. Presença de plantas xerófitas. Certas plantas absorvem água através de raízes que penetram profundamente no solo. Grossas coberturas externas evitam a perda de água, tanto em animais como em vegetais.
- **Ocupação humana e econômica** – A ocupação tradicional é feita por povos nômades e baseia-se na criação extensiva (carneiros, cabras, camelos etc.), no cultivo junto aos oásis e na extração de certos frutos (por exemplo, tâmaras). A ocupação moderna inclui a exploração de recursos minerais (ouro, cobre, petróleo etc.).

Desertificação

Atividades humanas como a substituição da vegetação florestal por áreas de cultivo (com o manejo incorreto dos solos) e de pastagens, e a expansão dos rebanhos (com o impacto das patas do gado sobre os solos) em ecossistemas frágeis (cuja capacidade de regeneração é baixa) aceleram a erosão dos solos e a redução das precipitações, originando a **desertificação**. Observe na figura 15.18 as áreas dos continentes onde o uso inadequado da terra transformou terras férteis em áreas com alto risco de desertificação.

FIGURA 15.18 • CAUSAS DA DESERTIFICAÇÃO

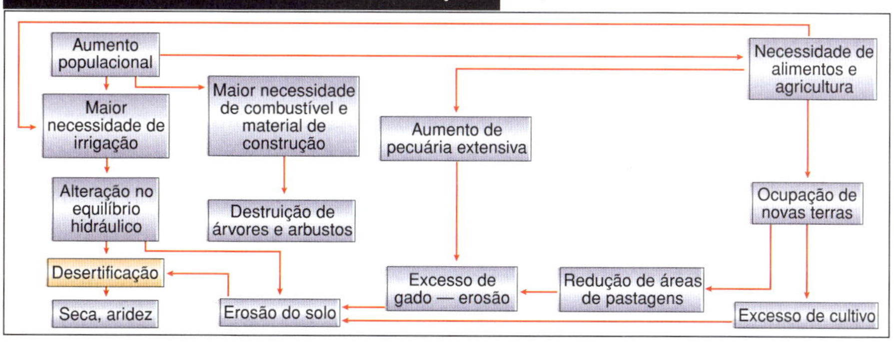

Fonte: NAGLE, Garret e SPENCER, Kris. *Advanced geography*. Oxford: Oxford University Press, 1997. p. 140.

Contando com meios materiais e conhecimentos técnicos é possível preservar melhor os solos dessas regiões. Modernas técnicas de irrigação têm permitido transformar regiões improdutivas em verdadeiros pomares altamente produtivos. Como exemplos, podemos citar o Deserto de Negev (Israel), o Deserto do Colorado (EUA) e os desertos do Sul da Federação Russa.

5 REGIÕES MONTANHOSAS

JOHN VAN HASSELT / CORBIS-STOCK PHOTOS

FIGURA 15.19 Situado no Nepal, com 8.850 metros de altitude, o Monte Everest, em foto de 2002, é a montanha mais alta da Terra.

O ambiente montanhoso é muito diferente das áreas circunvizinhas e varia bastante, em decorrência, por exemplo, da altitude, da latitude e da direção dos ventos. À medida que a altitude aumenta, ocorre gradativa diminuição da temperatura e da pressão atmosférica. O ar torna-se mais rarefeito, e o oxigênio, cada vez mais escasso, razão pela qual as pessoas não adaptadas às grandes altitudes estão sujeitas ao chamado "mal das alturas": dor de cabeça, tontura, fraqueza e até morte. A maior elevação do mundo é o Monte Everest (mostrado na figura 15.19), situado na Cordilheira do Himalaia, entre o Tibete e o Nepal. Possui 8.850 metros de altitude, e seu topo foi alcançado pela primeira vez em 1953 por dois alpinistas ingleses.

Nas áreas de latitudes muito elevadas (regiões polares), as temperaturas são normalmente muito baixas e o gelo já está presente praticamente desde o nível do mar, o que impede a existência de paisagens muito diferenciadas, mesmo com a variação de altitude.

Nas regiões de baixas latitudes, ao contrário, temos uma sucessão de paisagens diferentes, desde o nível do mar até o topo das montanhas. A sucessão das paisagens é de certa forma semelhante à encontrada a partir do Equador em direção aos pólos: passa-se de um ambiente quente e úmido com florestas densas ao nível do mar para um ambiente frio, árido e desprovido de vegetação no topo das montanhas. Reveja no capítulo 14 a figura 14.15 (página 240).

Ocupação das montanhas

A princípio, a altitude representa um obstáculo à ocupação humana. Mas nem sempre isso ocorre. Por exemplo, uma região montanhosa situada em altitudes de 2 mil metros ou mais, com baixa latitude e dispondo de amplos vales, bacias ou altiplanos, poderá ser atraente à ocupação humana. Desta forma, é possível falar em montanhas que repelem e montanhas que atraem o ser humano.

Na Europa, por exemplo, a partir dos 60° de latitude dificilmente encontraremos um povoado a mais de mil metros de altitude, ao passo que no México e nos países andinos a maior parte da população vive acima de 2 mil metros de altitude. É que essas áreas oferecem um clima do tipo temperado, solos férteis, boa pluviosidade, menor incidência de doenças tropicais e intensa atividade mineradora (ouro, prata, cobre etc.). Observe a paisagem de um povoado nas montanhas na figura 15.20, na página ao lado.

PABLO CORRAL V / CORBIS-STOCK PHOTOS

FIGURA 15.20 Cidade de Quito, capital do Equador, situada na Cordilheira dos Andes, nas proximidades do vulcão ativo Cotopaxi. Foto de 1998.

CURIOSIDADES

- O povoado de maior altitude do mundo é Aucanquilcha, no Chile, situado a 5.334 metros.
- A cidade de maior altitude do mundo é Cerro del Pasco, no Peru, situada a 4.375 metros.
- A capital de maior altitude do mundo é La Paz, na Bolívia, localizada a 4 mil metros.
- A Cidade do México (capital do México), uma das cidades mais populosas do mundo, está situada a 2.240 metros de altitude.

Praticando e Aprendendo

Organizando o conteúdo

1. Explique a duração dos dias e das noites polares e relacione esse fato ao clima da região.

2. Sobre o continente antártico, responda:
   a) Cite duas características do clima e da vegetação desta região.
   b) Que tipo de atividade é permitida na região?
   c) Que acordo regulariza as atividades na Antártida?

3. Qual das alternativas não corresponde ao clima temperado?
   a) Estações do ano bem definidas e invernos rigorosos com neve.
   b) Ocorre na Europa, parte da América do Norte, Sul da América do Sul, extremos Norte e Sul da África.
   c) Seus principais subtipos climáticos são temperado continental, temperado mediterrâneo, temperado marítimo ou subtropical úmido.
   d) Ocorre em áreas de baixas latitudes e baixas altitudes, como a Amazônia, por exemplo.
   e) Seus principais tipos de vegetação são floresta de coníferas, floresta temperada, estepes e pradarias e vegetação mediterrânea.

4. O clima é um dos elementos fundamentais na caracterização das paisagens naturais. Analise as diferenças entre as temperaturas e as chuvas dos climogramas 1 e 2 e caracterize a paisagem de cada um.

• DENVER (COLORADO, EUA)

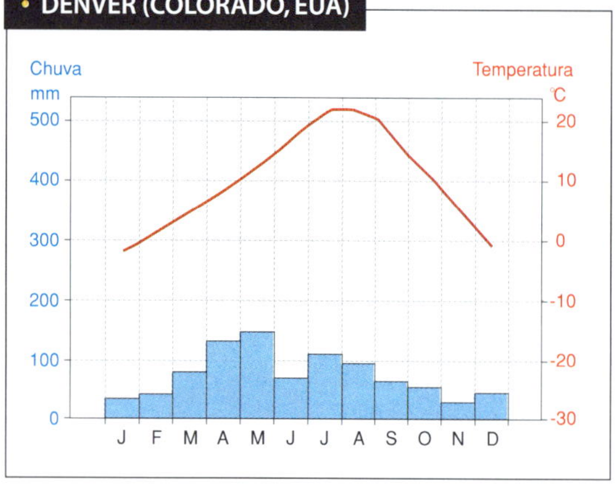

Fonte: *Atlas of the world*. Londres: Times Books, 1997. p. 3-4.

• CUIABÁ (BRASIL)

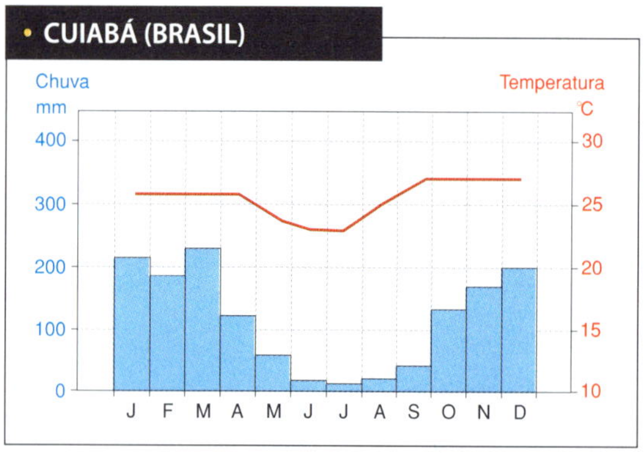

Fonte: *Atlas of the world*. Londres: Times Books, 1997. p. 3-4.

5. Observe a foto.

FIREFLY PRODUCTIONS / CORBIS-STOCK PHTOS

a) Em sua opinião, como é a temperatura e a pluviosidade desta região? Justifique sua resposta.

b) Dê um nome a esta paisagem.

6. Com relação ao aproveitamento agrícola das áreas desérticas e polares:

a) Cite pelo menos um obstáculo à ocupação humana nestas áreas.

b) De que forma estes obstáculos podem ser superados ao menos parcialmente? Exemplifique.

7. Cite três causas da expansão das áreas desérticas no mundo.

8. Cite duas diferenças entre a temperatura, a umidade e a vegetação do clima tropical úmido ou equatorial e do clima tropical árido.

O QUE MAIS HÁ PARA VER

Livros

- ASIKINACK, Bill e SCARBOROUGH, Kate. *Explorando a América do Norte – Canadá e Estados Unidos*. São Paulo: Ática, 2000. (Col. Explorando)
- BRANCO, Samuel Murgel. *O desafio amazônico*. 3. ed. São Paulo: Moderna, 2004. (Col. Polêmica)
- IBAZEBO, Isimeme. *Explorando a África*. São Paulo: Ática, 1997. (Col. Explorando)
- KUPSTAS, Marcia (org.). *Ecologia em debate*. São Paulo: Moderna, 1997. (Col. Debate na escola)
- MCLEISH, Ewan. *A expansão dos desertos*. São Paulo: Scipione, 1993.
- ROOTES, David. *Explorando as regiões polares*. São Paulo: Ática, 1998. (Col. Explorando)

» • SMITH, Kate Darian. *Explorando a Austrália*. São Paulo: Ática, 1998. (Col. Explorando)

Filmes

- *A vida nos pólos* (Inglaterra); distr. Encyclopaedia Britannica Educational Corporation; 46 min. O documentário apresenta a vida nos pólos Norte e Sul. No Ártico, a fauna e a flora lutam pela sobrevivência em uma região de longos invernos. A Antártica, por sua vez, foi um grande desafio a ser alcançado. Após a conquista, o desafio é a sua preservação.
- *Abril despedaçado* (Brasil, 2001); dir. Walter Salles; distr. Miramax Films/ Columbia TriStar do Brasil; 105 min. A história se passa no sertão nordestino na década de 1910. Rapaz é pressionado pelo pai a vingar a morte do filho mais velho. Ao mesmo tempo em que se sente pressionado pela tradição da vingança, sabe que isso acarretará sua própria morte.
- *Ecossistemas – o deserto, a floresta e a água doce* (Inglaterra); distr. Encyclopaedia Britannica Educational Corporation; 30 min. Documentário que mostra uma complexa teia entre os seres vivos e o meio ambiente em diversos biomas, como desertos, florestas e água doce.
- *Em terreno selvagem* (EUA, 1994); dir. Steven Seagal; distr. Warner Bros.; 102 min. Dono de empresa que explora petróleo no Alasca sabota o próprio negócio para encobrir danos que vem causando ao meio ambiente. Um perito chega para investigar o caso e descobre a trama. A partir daí, une-se a um ativista a fim de combater o empresário.
- *O vôo da fênix* (EUA, 2005); dir. John Moore; distr. 20th Century Fox Film Corporation; 113 min. O filme mostra um grupo enviado à Mongólia para buscar uma equipe de exploradores de petróleo. Ao atravessarem o deserto de Góbi, são atingidos por uma tempestade de areia que provoca a queda do avião em que estão. Os sobreviventes tentam então construir um avião a partir dos destroços do anterior.
- *Os intrépidos homens e seus calhambeques maravilhosos* (EUA, 1969); dir. Ken Annakin; distr. Paramount Pictures; 125 min. Em plena década de 1920, um rali envolve participantes de 15 países da Europa. Saindo de diversos pontos daquele continente com destino a Mônaco, os participantes percorrem as diferentes paisagens da Europa.

Sites

- http://www.geocities.com/RainForest/Canopy/1464/ *Site* sobre biogeografia que exibe textos a respeito deste tema, áreas de pesquisa, *links* das principais paisagens brasileiras, material para *downloads*, assim como uma série de referências bibliográficas. Acesso em: 16 abr. 2005.
- http://www.mma.gov.br/port/redesert/desertbr.html Página do Ministério do Meio Ambiente que trata do conceito de desertificação, suas causas e conseqüências. Acesso em: 6 maio 2005.
- http://www.mma.gov.br/port/sbf/dap/antaquec.html *Site* do Programa Antártico Brasileiro que traz as mudanças ambientais e globais observadas e as pesquisas realizadas. Dados divulgados pelo Ministério do Meio Ambiente. Acesso em: 6 maio 2005.

16.

UTILIZAÇÃO E DEGRADAÇÃO DE FLORESTAS, RIOS E MARES

1 AS IMPLICAÇÕES SOCIOAMBIENTAIS DO DESFLORESTAMENTO

Com o aumento populacional e a expansão das áreas agrícolas e de criação de gado, da urbanização, das atividades de extração de madeira e lenha, as florestas em todo o mundo (sejam das regiões frias, temperadas ou tropicais) têm sofrido constantes devastações.

O ritmo acelerado do desflorestamento no mundo (no período compreendido entre 1994 e 2004 foram 16,1 milhões de hectares anuais) tem sido motivo de muita preocupação. O crescimento populacional, a agropecuária e a extração de madeira são as principais razões da destruição. As plantações florestais (utilizadas principalmente no fornecimento de madeira industrial) realizadas no mesmo período ficaram por volta de 3,1 milhões de hectares por ano, ou seja, representam 20% de reposição dos desmatamentos ocorridos.

Vista aérea de delta de rio em Itacaré, litoral sul da Bahia, 2003.

IARA VENANZI / OLHAR IMAGEM

Quanto às florestas tropicais, atualmente sua área original está reduzida à metade. Fonte de madeira, medicamentos e matérias-primas, local de maior biodiversidade no planeta, essas florestas abrigam e sustentam populações humanas nativas nos diversos continentes. Mais de 40% dessas florestas concentram-se em apenas três países: Brasil (26,5%), República Democrática do Congo (9,2%) e Indonésia (6,1%). Se o atual ritmo de desflorestamento for mantido, a maior parte delas desaparecerá em poucas décadas. Observe na figura 16.1 a extensão e a localização dos desflorestamentos. Na figura 16.2, você vê uma área da Floresta Amazônica atingida pelas queimadas.

FIGURA 16.1 • EXTENSÃO DO DESFLORESTAMENTO MUNDIAL

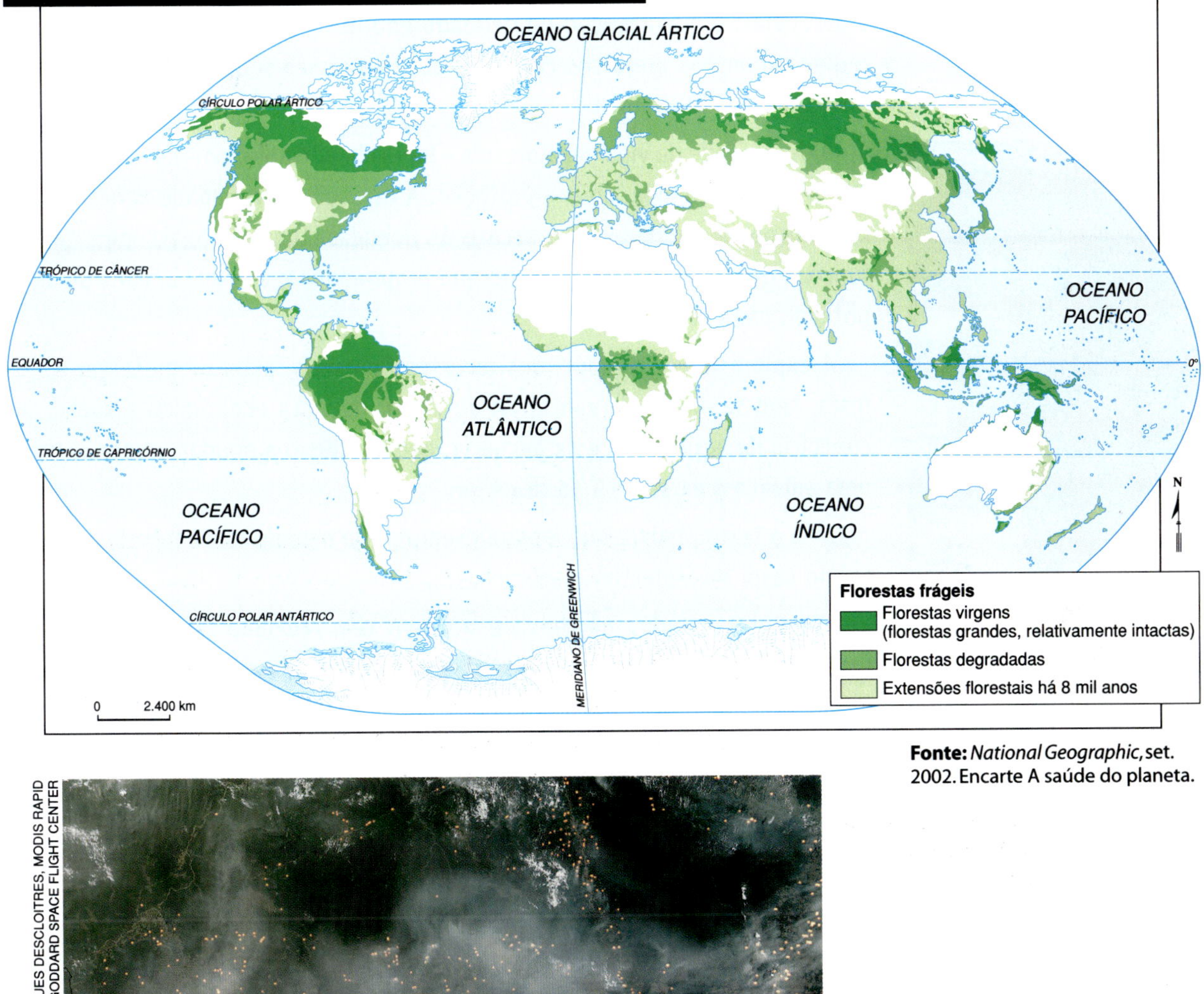

Fonte: *National Geographic*, set. 2002. Encarte A saúde do planeta.

NASA IMAGE COURTESY JACQUES DESCLOITRES, MODIS RAPID RESPONSE TEAM, NASA-GODDARD SPACE FLIGHT CENTER

FIGURA 16.2 Podemos observar na imagem de satélite, de 2004, o contorno Oeste do estado do Mato Grosso, além da fumaça e vários pontos de queimadas próximos ao Rio Xingu, na Floresta Amazônica, indicados pelos pontos amarelos.

A importância das florestas

As florestas são fundamentais ao equilíbrio ambiental e ecológico. Com o desflorestamento, os solos ficam pobres (pois a matéria orgânica é levada pela chuva), ocorrendo erosão (já que as raízes protegem os solos), **assoreamento** dos rios (deposição de sedimentos) e enchentes. As florestas amenizam o clima ao promoverem a troca atmosférica. Sua destruição altera o clima local (com o aumento da temperatura e a ação mais danosa dos ventos, por exemplo) e até o clima global. Soma-se a isso a destruição de madeira e de espécies de plantas e animais de valor inestimável à medicina e essenciais à manutenção do delicado equilíbrio de todo o ecossistema da região, além dos prejuízos causados aos interesses socioeconômicos, à população e à cultura local.

PAULO MIGUEL / FOLHA IMAGEM

FIGURA 16.3 A extração de látex permite que as árvores sejam mantidas. Seringal em Indiana, SP, 1993.

A diversidade da vida nas florestas é muito importante, pois os ecossistemas proporcionam comida, água e proteção. A carência de variedade genética deixa as espécies vulneráveis à seca e às doenças. Uma das mais importantes funções das florestas é a proteção que proporcionam aos mananciais de água potável, cada vez mais escassos.

A exploração sustentável dos recursos florestais, além de preservar a floresta, tem se mostrado vantajosa do ponto de vista econômico e social, ao contrário da agricultura e da pecuária, que dão lucro a poucos, e representam uma ameaça à existência da floresta.

Leia o texto abaixo, que mostra exemplos de manejo sustentável da floresta, no caso, da Floresta Amazônica.

"Recentes estudos no Brasil e no Peru têm revelado que o 'modo mais lucrativo e imediato' de combinar os objetivos de desenvolvimento e conservação é explorar as florestas apenas para produtos como alimentos, óleo, borracha e medicamentos. Os estudos indicaram que as rendas líquidas oriundas de atividades a longo prazo de tais produtos não madeireiros são três vezes maiores do que a extração comercial de madeira ou a abertura de clareiras para a criação de gado." (*Manual global de ecologia*. São Paulo: Augustus, 1993. p. 117.) Observe a figura 16.3.

Com a finalidade de salvaguardar os diversos ecossistemas da ação predatória da humanidade e proteger essas áreas, inúmeras ações têm sido propostas, como a recuperação por meio de reflorestamento (apenas 10% das áreas desmatadas são repostas), a criação de **reservas extrativistas** (extração de vários produtos, exceto madeira) e a redistribuição de terras agrícolas (para evitar que a sobrevivência dependa do extrativismo vegetal). Inúmeros parques e reservas estão sendo implantados em todo o mundo (atualmente, menos de 10% das florestas tropicais são protegidas). Esses espaços são denominados **Unidades de Conservação**. Observe na figura 16.4, na página ao lado, as Unidades de Conservação existentes no Brasil.

FIGURA 16.4 • UNIDADES DE CONSERVAÇÃO

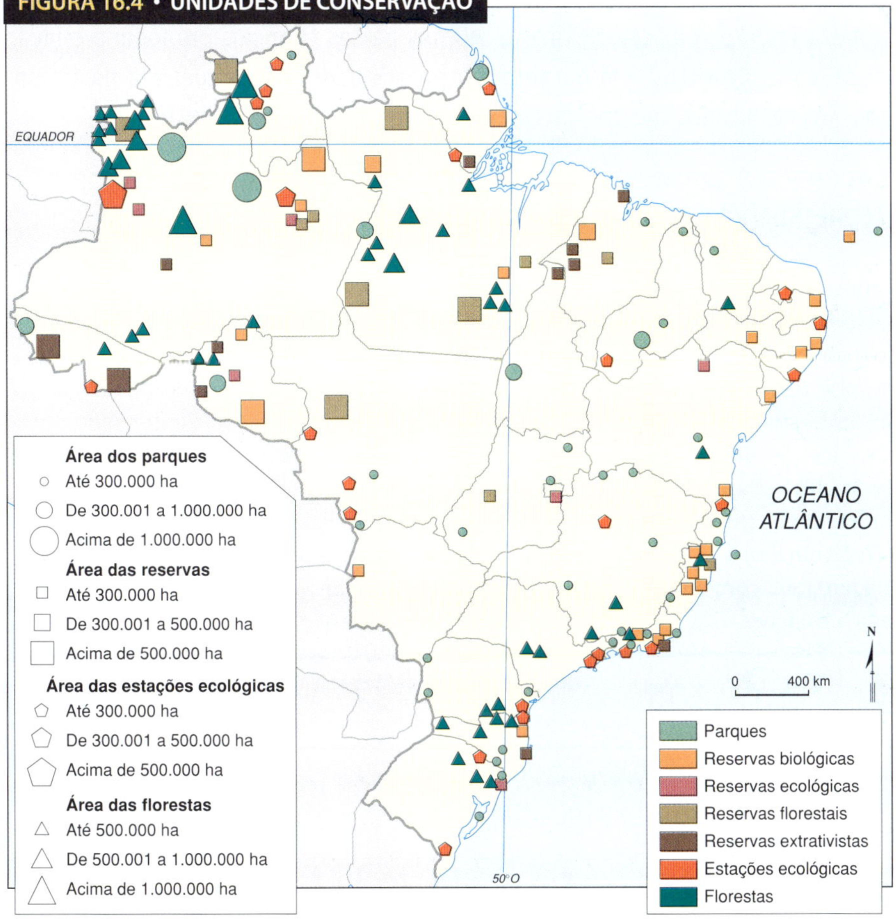

Fonte: *Anuário estatístico do Brasil 2000.* Rio de Janeiro: IBGE, 2001. p. 1.152. v. 60.

Biopirataria

As espécies tropicais — não só as das florestas, mas também as do cerrado, da caatinga e da savana — podem fornecer frutas, vegetais, cera e outros produtos de valor comercial, mas a maior riqueza natural são os **recursos genéticos** existentes nesses ecossistemas tropicais, que constituem o maior banco de genes do planeta.

Diversos medicamentos utilizados atualmente têm origem nas plantas tropicais. Desde a colonização, esses produtos despertaram a cobiça dos conquistadores, que organizavam expedições para coletar as chamadas drogas do sertão.

Atualmente, muitas empresas estrangeiras desenvolvem patentes industriais a partir de descobertas feitas pelos pesquisadores e depois exigem que o país no qual elas se localizam pague pela fabricação do produto. Extração ilegal de plantas e animais e apropriação de material genético de outro país (por meio de patentes) configuram a prática conhecida como **biopirataria**. Esta atividade constitui um saque à biodiversidade das florestas tropicais.

Na Convenção Rio-92 reconheceu-se a soberania de cada nação sobre a riqueza biológica de seu território. Alguns países tropicais propõem a criação de **leis de patentes** que garantam a propriedade intelectual e a participação nos resultados das pesquisas. A este respeito, leia o texto:

O conhecimento enquanto recurso econômico

"A globalização também aumentou a procura de conhecimento enquanto recurso econômico. Os povos indígenas têm um recurso de saber tradicional muito rico sobre plantas com valor medicinal, variedades alimentares que os consumidores procuram e outros conhecimentos valiosos.

Os empresários foram rápidos em ver o potencial do mercado que existirá se puderem patentear e vender esse saber. Assim, o saber tradicional está cada vez mais sendo apropriado indevidamente, com muitas patentes falsamente atribuídas a 'invenções'. [...]

Os países em desenvolvimento raramente têm recursos para contestar falsas patentes em jurisdições estrangeiras — e os povos indígenas, menos ainda. Um estudo de Março de 2000 concluiu que tinham sido concedidas 7 mil patentes pelo uso não autorizado do conhecimento tradicional, ou pelo desvio de plantas medicinais.

Mas os grupos indígenas estão cada vez mais afirmativos. A globalização tornou mais fácil para os grupos indígenas organizarem-se, recolherem fundos e entrarem em rede com outros grupos de todo o mundo."

Relatório do desenvolvimento humano 2004. Nova Iorque: ONU/Pnud, 2004. p. 83.

2 RIOS: FORMAÇÃO E UTILIZAÇÃO

FIGURA 16.5 • DISTRIBUIÇÃO DA ÁGUA NO MUNDO

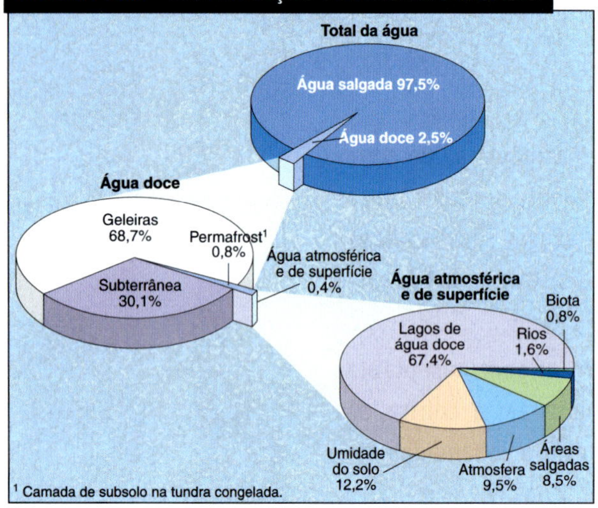

Fonte: *National Geographic*, set. 2002. Encarte A saúde do planeta.

Podemos considerar a Terra um "planeta água", pois ela cobre três quartos da superfície terrestre. No entanto, 97,5% dessas águas se encontram nos oceanos e mares, isto é, são salgadas. Os 2,5% restantes são águas doces, dos quais quase 70% estão retidos nas calotas polares e nas geleiras. Apenas 0,4% das águas doces encontram-se na atmosfera, nos rios, nas plantas e nos animais. Observe os gráficos da figura 16.5.

A água tem grande importância histórica. Muitos povos se instalaram às margens dos rios por causa de seu papel no abastecimento de água, no transporte, na irrigação de áreas agrícolas, no fornecimento de energia etc.

O ciclo hidrológico é o responsável natural pela circulação constante que permite o reabastecimento de água.

Os **rios** são correntes líquidas que resultam da concentração de água em vales. Podem originar-se de **fontes subterrâneas** que se formam com as águas das chuvas, de **nascentes** (lugar onde a água aflora), do transbordamento de lagos ou da fusão de neves e geleiras.

O **curso do rio** (caminho que o rio percorre da nascente à foz) pode ser dividido em três partes: **curso superior** (próximo à nascente), no qual predomina a erosão; **curso médio**, com predomínio do trabalho de transporte e de modelagem das vertentes; **curso inferior**, no qual predominam os processos de sedimentação. Observe a figura 16.6.

FIGURA 16.6 • BACIA HIDROGRÁFICA

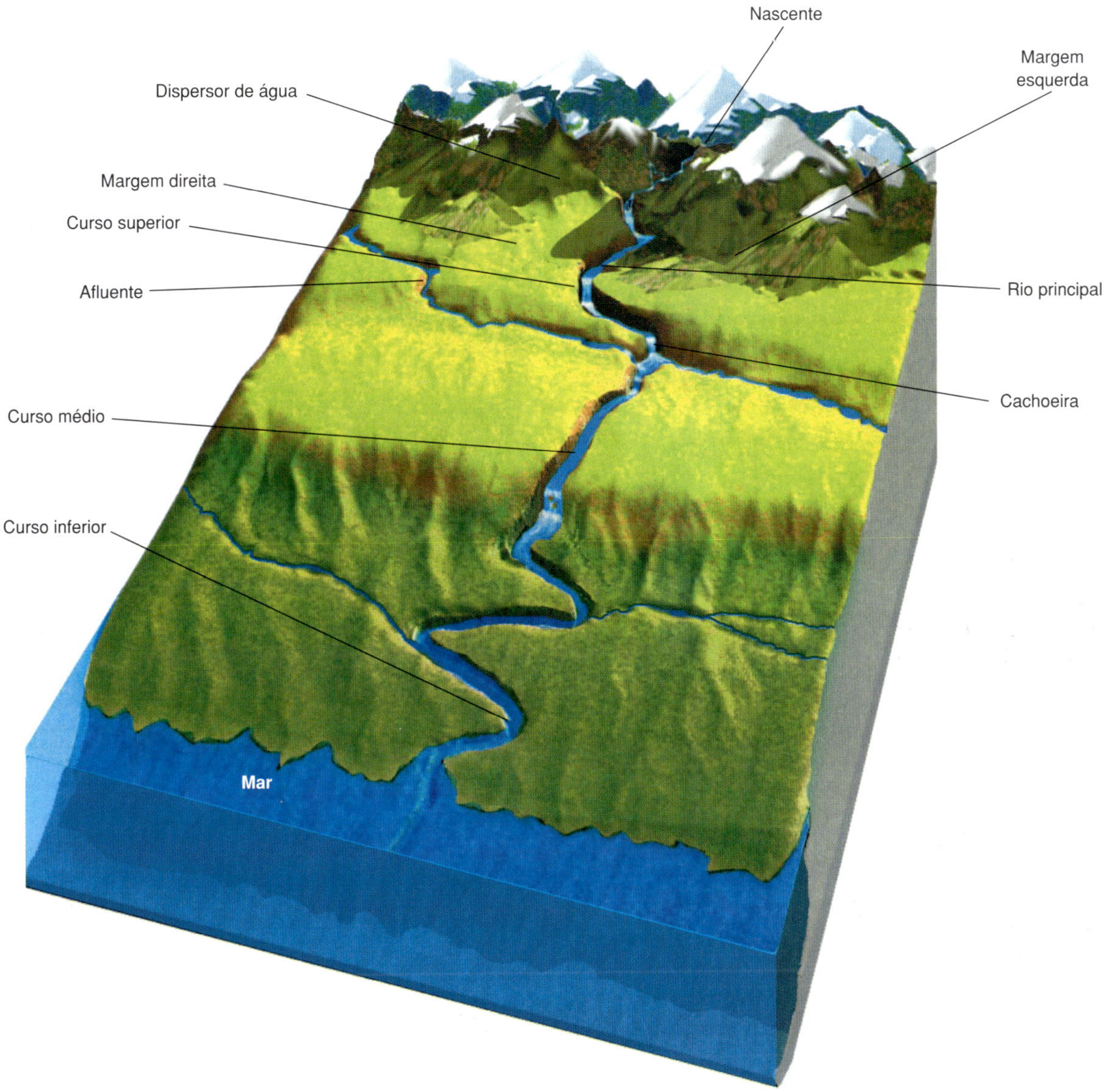

Fonte: NAGLE, Garret e SPENCER, Kris. *Advanced geography*. Oxford: Oxford University Press, 1997. p. 22.

Denominamos **bacia hidrográfica** o conjunto de terras drenadas pelas águas de um rio principal e seus **afluentes** (rios que desembocam em outro). As águas dos rios de uma ou mesmo de duas bacias hidrográficas são separadas pelos **divisores de águas**, que podem ser morros, cristas ou elevações. Chamamos **dispersoras de águas** as áreas onde nascem os cursos de água.

As bacias hidrográficas são os reservatórios de chuva do planeta, pois captam as precipitações pluviais e canalizam-nas para riachos, rios, lagos e lençóis subterrâneos.

A questão das águas

Nas regiões desérticas e semidesérticas a escassez de chuvas e água é um grave problema. Nas áreas tropicais e equatoriais, onde o índice pluviométrico é elevado, a água ainda existe em abundância.

Considerada um recurso inesgotável (renovável pelo ciclo natural de evaporação e de chuva), a água do planeta foi consumida, desperdiçada e poluída de forma irresponsável, principalmente nas últimas décadas.

As águas superficiais e subterrâneas, em especial as que se encontram próximo às regiões industrializadas, estão seriamente poluídas. Centenas de rios e lagos dessas áreas não têm mais qualquer tipo de vida, o que provoca doenças e mortes no interior dos continentes, além de contaminar os oceanos. Observe a figura 16.7

MARCOS PERON / KINO

FIGURA 16.7 A consciência ecológica sobre a importância da manutenção dos ambientes livres de resíduos e de lixo é uma meta a ser alcançada pela humanidade. Na foto vemos a poluição do Rio Tietê em Pirapora do Bom Jesus, SP, 2003.

Os agentes poluidores são inúmeros e variam do mercúrio empregado nos garimpos e dos agrotóxicos agrícolas aos esgotos residenciais e industriais.

As ações humanas têm afetado também o sistema de renovação dos recursos hídricos: as bacias hidrográficas já perderam mais da metade de sua cobertura vegetal original, acarretando a redução no volume das águas. Dessa forma, o principal problema na atualidade não é a escassez de água e sim a diminuição da quantidade de água potável, devido à falta de saneamento, e a utilização das águas na irrigação, responsável por dois terços do consumo global.

Principalmente a partir dos processos de industrialização e urbanização, e do avanço da agricultura, da pecuária e da produção de energia elétrica, os suprimentos de águas superficiais e subterrâneas de todo o mundo têm sido poluídos com descargas de detritos, esgotos, infiltração de produtos químicos utilizados pela agricultura no solo, resíduos industriais etc. Soma-se a isso o desvio de água para a agricultura e sua utilização para a geração de energia.

Segundo o relatório da ONU *Alcançando os objetivos de desenvolvimento do milênio*, de 2004, um em cada seis habitantes da Terra (cerca de 1 bilhão de pessoas) não tem água potável para beber e dois em cada cinco não dispõem de acesso a saneamento básico. Somente na África Subsaariana, 42% da população não tem água segura. A falta de água limpa causa anualmente a morte de 4 milhões de crianças devido a doenças como cólera e malária.

A irrigação agrícola (essencial para a produção de alimentos) feita de forma descontrolada somada ao aumento do consumo urbano fazem com que em muitos países os lençóis subterrâneos diminuam em até 1 metro ao ano, reduzindo, assim, a oferta de água e provocando secas cada vez mais dramáticas.

Observe na figura 16.8 as áreas de abundância e de escassez de água e os cursos de água poluídos.

FIGURA 16.8 • EXCESSO, ESCASSEZ E POLUIÇÃO DAS ÁGUAS

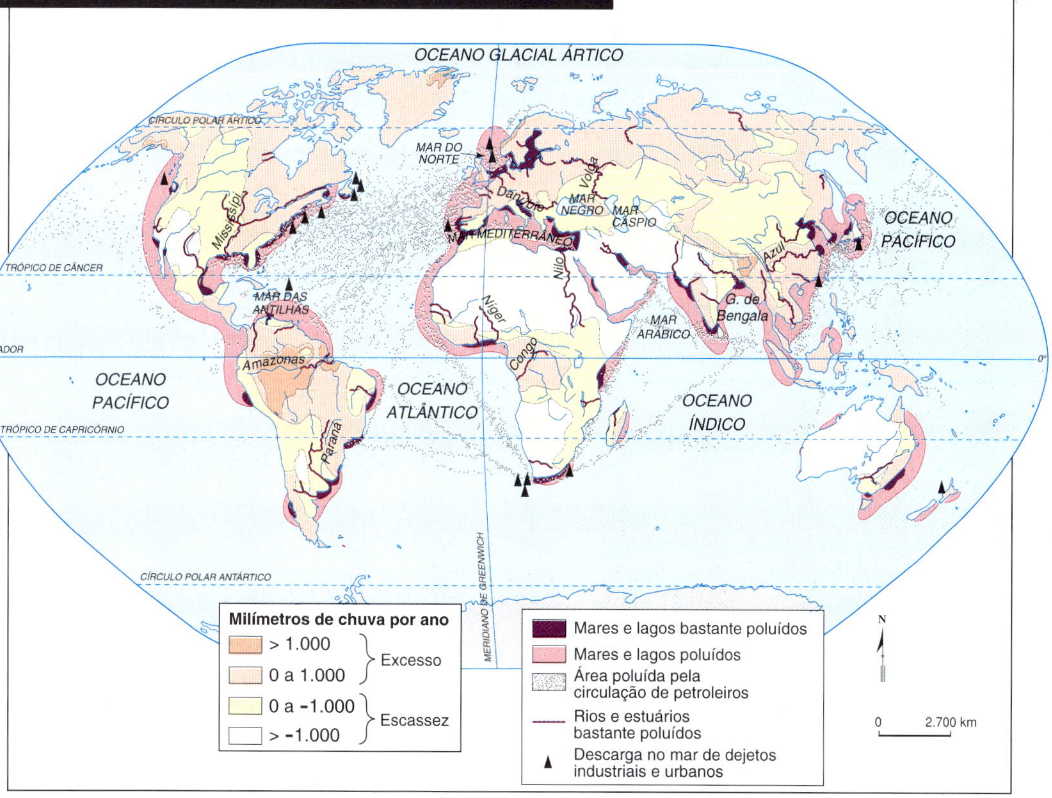

Nota: As áreas de escassez recebem menos precipitação de chuvas do que a necessária para a manutenção da vegetação local; já as áreas com excesso recebem adequadamente ou além.

Fontes: *Manual global de ecologia*. São Paulo: Augustus, 1993. p. 158; FERREIRA, Graça Maria L. *Atlas geográfico:* espaço mundial. 2. ed. São Paulo: Moderna, 2003. p. 84; *National Geographic*, set. 2002. Encarte A saúde do planeta.

CURIOSIDADES

- Uma pessoa pode viver cerca de um mês sem comer, mas apenas uma semana sem beber água.
- Cerca de 70% de nosso corpo é constituído de água.
- Na maioria dos países em desenvolvimento, as mulheres e as crianças percorrem em média de 10 a 15 km diariamente para buscar água.
- Cerca de 34 mil pessoas morrem a cada dia por afecções ligadas à água, como diarréia ou vermes parasitários.
- Cada pessoa necessita em média de 5 litros de água por dia para beber e cozinhar e de 25 litros para a higiene pessoal.
- Mais de 40% das águas fluviais, das rochas-reservatórios e dos lagos concentram-se em seis países: Brasil, Rússia, Canadá, EUA, China e Índia. Em compensação, mais de 40% da superfície terrestre não dispõe de mais do que 2% de água.

O Correio da Unesco. Rio de Janeiro: FGV/Unesco, abr. 1999.

A escassez de água doce no mundo torna este recurso um foco de interesses internacionais e de conflitos entre países. Além da competição por seus escassos recursos hídricos, a água tem se transformado em arma de guerra: as instalações hidráulicas dos inimigos são objetivos estratégicos. Concretamente a água tem sido motivo de tensões em três grandes eixos fluviais: na **Bacia do Rio Nilo**, envolvendo Egito, Sudão e Etiópia; na **Bacia dos rios Tigre e Eufrates**, motivo de disputa entre Turquia, Iraque e Síria; na **Bacia do Rio Jordão**, foco de tensões entre Líbano, Síria, Israel e Jordânia.

Estima-se que em 2005 1,8 bilhão de pessoas (30% da população mundial) das regiões mais críticas vivam em absoluta falta de água, o que aumenta as tensões e as guerras.

A maioria das soluções técnicas propostas para o problema — construção de barragens, dessalinização da água, captação da água da neve e sua condução através de aquedutos para as regiões secas — tem alto custo econômico e ambiental. Leia o texto do boxe.

Dessalinização: solução ou sintoma?

"Um número crescente de cidades está recorrendo à água do mar dessalinizada ou à água salobra como prevenção à futura escassez hídrica. Existem atualmente cerca de 9.500 usinas de dessalinização em todo o mundo, com uma capacidade instalada estimada de 11,8 bilhões de metros cúbicos por ano — 0,3% do atual consumo mundial.

Um processo intensivo no uso de energia, a dessalinização está concentrada no Golfo Árabe e Oriente Médio, ricos em petróleo, responsáveis por cerca da metade da capacidade global. Entretanto, tanto as necessidades energéticas quanto os custos vêm caindo com a melhoria das tecnologias, e a capacidade mundial de dessalinização está se expandindo a uma taxa anual de cerca de 11%. O projeto israelense de gerar até metade do seu abastecimento urbano de água [por meio] da dessalinização até 2008 poderá efetivamente liberar outros mananciais para uma distribuição eqüitativa com os palestinos.

[...] Não faz muito sentido dessalinizar o mar e, no processo, lançar mais gases de estufa na atmosfera, quando a redução de desperdícios e o aumento da eficiência poderão suprir água com melhor custo/benefício e menor dano ecológico."

WORLDWATCH INSTITUTE. *Estado do mundo 2004*. Salvador: UMA, 2004. p. 66.

O Brasil reúne as maiores bacias hidrográficas do planeta, contando com 13% de toda a água doce do mundo. Mas no país essa água também é desigualmente distribuída: há abundância de águas de superfície e subterrâneas na região amazônica (70% das águas) e problemas de escassez na Região Nordeste (3% das águas). A Região Centro-Oeste conta com 15% das águas e as regiões Sul e Sudeste com 6%. Ao todo, o desperdício de água chega a 46%, o que exige um novo procedimento cultural.

3 OCEANOS E MARES: UTILIZAÇÃO E DEGRADAÇÃO DOS RECURSOS

A superfície terrestre mede 510 milhões de km^2, dos quais 360 milhões (3/4 ou mais de 70%) estão cobertos pelas águas oceânicas e marítimas. O restante (cerca de 150 milhões de km^2) corresponde às terras emersas (continentes e ilhas).

Embora a massa líquida oceânica seja uma só, costuma-se dividi-la em grandes porções chamadas **oceanos**. Os oceanos e mares cobrem cerca de três quintos da área do Hemisfério Norte e quatro quintos do Hemisfério Sul. Existem quatro oceanos — Pacífico, Atlântico, Índico e Glacial Ártico — delimitados pelas terras emersas. O Oceano Glacial Antártico é, na verdade, um prolongamento do Atlântico, do Pacífico e do Índico.

Os principais oceanos

O **Oceano Pacífico** é o mais extenso de todos: mede 165 milhões de km^2 e banha duas grandes potências: Estados Unidos e Japão. Nele estão as maiores profundidades conhecidas e uma infinidade de ilhas e arquipélagos (havaiano, nipônico, filipino, polinésio, melanésio, micronésio, entre outros). Limita-se a Leste com o continente americano e a Oeste com a Ásia e a Oceania. Tem uma ampla abertura na parte Sul e, ao Norte, comunica-se com o Oceano Ártico pelo Estreito de Bering.

O **Oceano Atlântico** mede aproximadamente 82 milhões de km^2 e é o segundo em extensão. É relativamente estreito e alongado, apresentando a forma de um grande "S". Limita-se a Leste com a Europa e a África e a Oeste com a América. Sua porção Norte é particularmente importante porque liga as duas áreas de maior intercâmbio comercial e econômico do mundo: a América do Norte e a Europa Ocidental. Possui os maiores e alguns dos mais importantes portos do mundo e apresenta diversas ilhas e arquipélagos (britânico, Antilhas, Bahamas etc.).

O **Oceano Índico**, com aproximadamente 73 milhões de km^2, é menor que o Atlântico e o Pacífico. Limita-se a Leste com o Sudeste Asiático e a Oceania, a Oeste com a África e ao Norte com a Ásia, tendo também ampla abertura ao Sul. Por estar situado em boa parte entre os trópicos de Câncer e de Capricórnio, é o mais tropical dos oceanos.

MARK RENDERS / GETTY IMAGES

FIGURA 16.9 A modernização e a mecanização dos portos permitem maior eficiência e competitividade. Porto de Antuérpia, Bélgica

Os mares

São porções de água salgada situadas nas áreas costeiras (porções dos próprios oceanos) ou no interior dos continentes. Têm características físico-químicas próprias e são influenciados pelas condições ambientais das áreas vizinhas.

Existem três tipos de mares:

- **Abertos ou costeiros** – Quando estão ligados aos oceanos por amplas aberturas, como, por exemplo, o Mar do Norte, o Mar das Antilhas e o Mar Arábico.
- **Mediterrâneos ou interiores** – Quando se unem aos oceanos ou a outros mares por meio de pequenas aberturas chamadas **estreitos** ou **canais**, como os mares Mediterrâneo, Negro, Vermelho e Báltico.
- **Fechados ou isolados** – Quando não se comunicam com os oceanos nem com outros mares. Exemplos: Mar Morto, Mar Cáspio e o Mar de Aral.

Observe a figura 16.10.

FIGURA 16.10 • TIPOS DE MAR

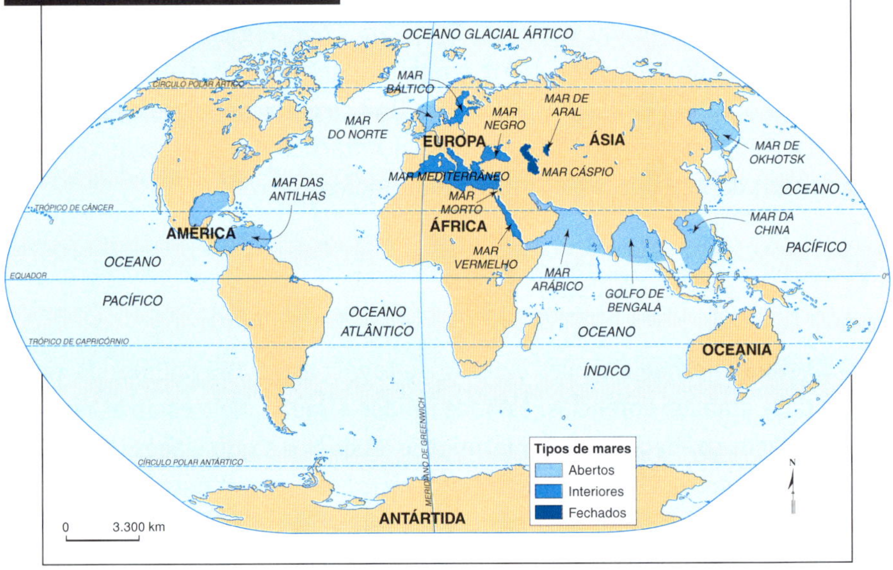

Fonte: *Atlas geográfico escolar/ IBGE*. 2. ed. Rio de Janeiro: IBGE, 2004. p. 62.

CURIOSIDADES

- Nos oceanos existem grandes quantidades de sais, transportados pelas chuvas e rios desde o início da formação dos mares. O cloreto de sódio (de onde se extrai o sal de cozinha) aparece em maior abundância (77,5%) e vem das rochas magmáticas e erupções vulcânicas.
- De 1,5 bilhão de anos até hoje, a **salinidade** (quantidade de sais dissolvidos na água do mar) não tem aumentado. A maresia é um dos fatores que mantêm esse equilíbrio. A salinidade é mais pronunciada nos lugares onde a evaporação é intensa (próximo a desertos) e menor no litoral de áreas em que há mais chuvas do que evaporação.
- O **Mar Morto**, situado entre Israel e Jordânia, em área desértica, tem evaporação superior ao recebimento de água. Tem este nome por apresentar salinidade tão alta que impede a vida marinha. É o mais salgado de todos os mares e situa-se numa **depressão absoluta**, a 395 metros abaixo do nível do mar.

Ecossistemas marinhos

A biodiversidade presente nos oceanos e mares é comparável à existente nas florestas tropicais. Metade dessa diversidade se encontra ao longo das costas e dos litorais, que são áreas rasas, ricas em nutrientes trazidos pelos rios e pelo fenômeno da ressurgência, que ocorre nas áreas de correntes marítimas.

Os **ecossistemas marinhos** mais importantes estão nas regiões costeiras, como, por exemplo, nas ilhas, nos **mangues** (áreas situadas em regiões tropicais alagadas pelas marés), nos **pântanos** salgados (terras de áreas temperadas alagadas pelas marés), nos estuários, nas lagunas e lagoas costeiras e nos **recifes de corais** (ecossistemas formados por animais e plantas). Todos eles reúnem complexas cadeias de vida e servem como *habitat* e local de procriação para várias espécies.

Concentrando grande parte da fauna marinha, a vida nestes locais encontra-se comprometida por situarem-se no limite entre o continente e o oceano. É o que ocorre, por exemplo, no Brasil, com as lagoas costeiras, as lagunas e os manguezais, que deveriam permanecer intocados, pois são classificados como áreas de preservação permanente.

CID

FIGURA 16.11 Para se desenvolverem, os recifes de corais necessitam de águas quentes e claras. Neles, a vida marinha se prolifera. A mineração de corais para extração de calcário tem colocado em risco esse ecossistema.

Utilização e ameaças aos recursos marinhos

Além de fornecer a maior parte dos peixes que consumimos, os oceanos e mares fornecem minérios como fósforo, cálcio, manganês, ferro, titânio, além do calcário das conchas. Já a força das ondas e das marés tem sido utilizada na geração de energia. Por séculos, os oceanos têm servido à navegação, ligando áreas e continentes distantes. Atualmente, o transporte marítimo movimenta mais de dois terços do tráfego mundial.

Como conseqüência, em todas as regiões do mundo a vida existente nos oceanos e mares tem sido ameaçada. Há até bem pouco tempo considerados gigantescas reservas de alimento, os oceanos e mares transformaram-se em verdadeiros depósitos de lixo produzidos pelos seres humanos.

Vejamos as principais causas dessa degradação.

- Aumento das áreas urbanas no litoral, com alta concentração populacional e ocupação por empreendimentos imobiliários e turísticos.
- Lançamento de esgotos não tratados e poluentes químicos industriais, agrícolas e domésticos nos solos e nos rios, que acabam chegando ao mar. Em 2005 havia 150 "**zonas mortas**" ou carentes de oxigênio nos mares e oceanos do planeta, devido, principalmente, ao lixo e à grande quantidade de nitrogênio originado no uso excessivo de fertilizantes agrícolas e das emissões de gases poluentes por veículos e indústrias. Esta combinação dá origem

ao fenômeno da **maré vermelha**: o nitrogênio estimula a proliferação de algas, que afundam no mar e se decompõem por ação dos microorganismos, usando grande parte do oxigênio disponível, impedindo a passagem dos raios solares e dificultando a sobrevivência de outras espécies marinhas.

- Diminuição do número de peixes, ostras e demais espécies devido à pesca predatória, à contaminação e aos baixos níveis de oxigênio na água. Todos estes fatores provocam o envenenamento e a morte de peixes, mariscos, aves e até mesmo pessoas que deles se alimentam, causando também problemas econômicos para os que têm na pesca sua fonte de sustento.
- Despejo de lixo atômico.
- Lançamento de material plástico (sacos de lixo, garrafas), resíduos, partículas e detritos como microfibras, acrílico, náilon e outros fragmentos plásticos, resultantes da degradação de objetos maiores ao longo de décadas.
- Assoreamento e aumento de sedimentos trazidos pelos rios em virtude dos desflorestamentos.
- Derramamento de óleo proveniente de acidentes com navios petroleiros.

Observe a figura 16.12.

FIGURA 16.12 • OS OCEANOS: RIQUEZAS E AMEAÇAS

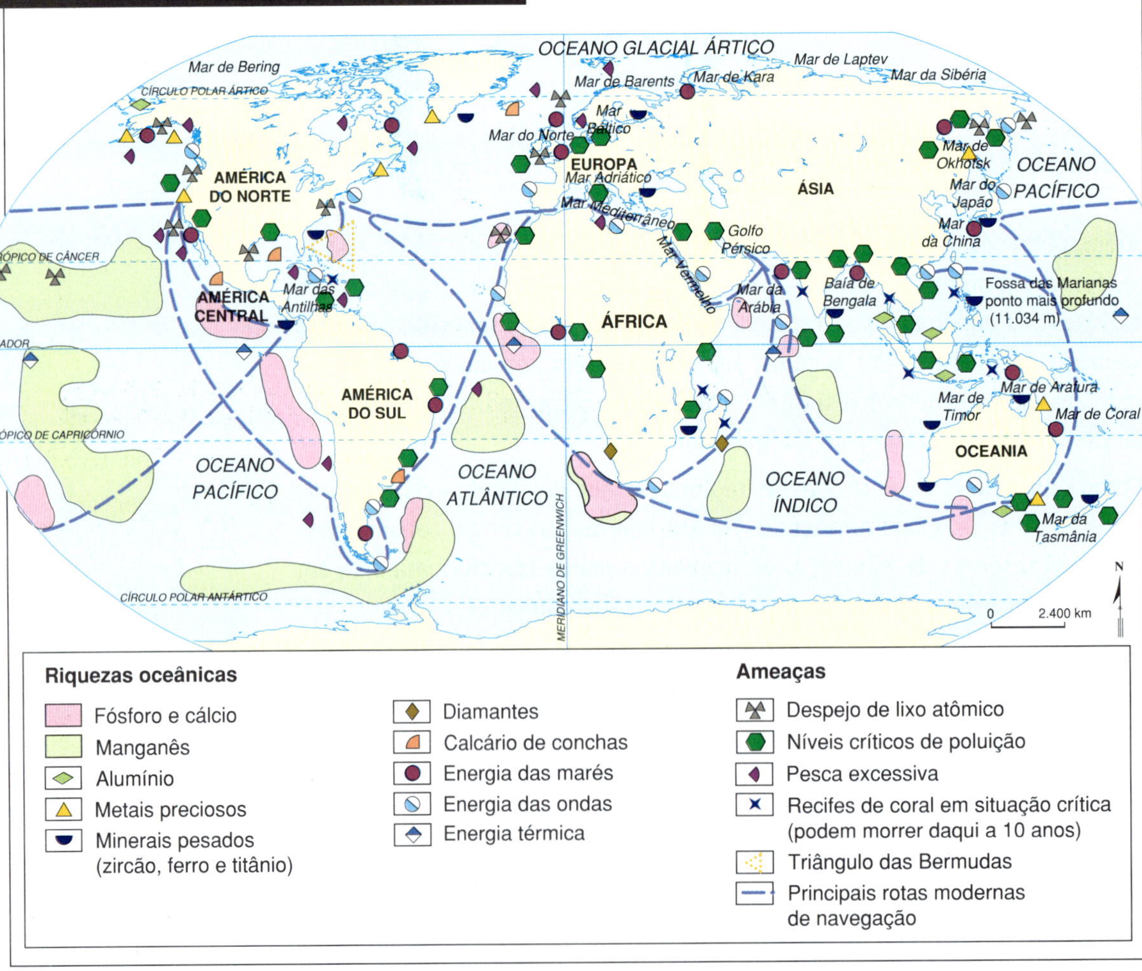

Fonte: *Folha de S.Paulo*, 17 maio 1998. Caderno especial Oceanos.

Canais oceânicos e estreitos

Muitos mares e oceanos comunicam-se por meio de **canais naturais** (passagens que permitem sua comunicação) ou de **estreitos** (canais naturais que ligam dois mares). Estas áreas, situadas em pontos chaves (locais que fazem esta ligação), são consideradas importantes na manutenção de posições bélicas, sendo por isso chamadas **áreas estratégicas**. Observe no mapa da figura 16.13 as passagens estratégicas do planeta.

FIGURA 16.13 • PASSAGENS ESTRATÉGICAS

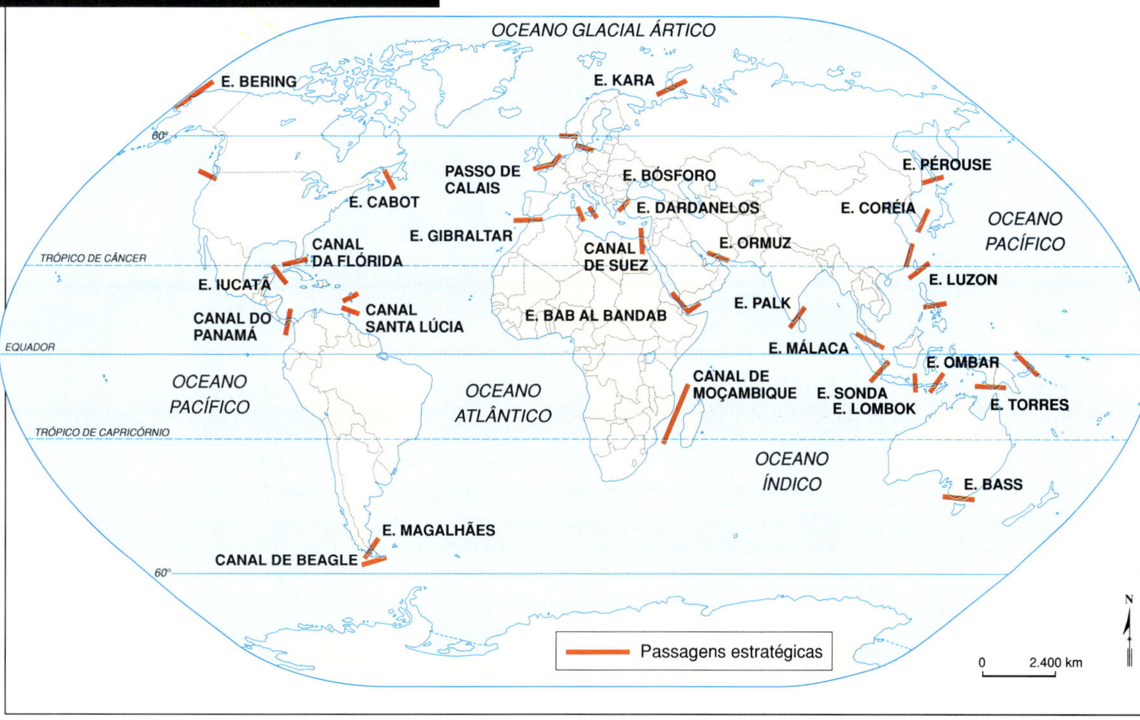

Fonte: FERREIRA, Graça Maria L. *Atlas geográfico:* espaço mundial. 2. ed. São Paulo: Moderna, 2003. p. 5.

Existem também canais artificiais, entre os quais se destacam o de Suez e o do Panamá.

O **Canal de Suez** liga o Mar Vermelho ao Mar Mediterrâneo e, portanto, os oceanos Atlântico e Índico. Situado em território egípcio, sua construção — obra do francês Ferdinand de Lesseps — foi iniciada em 1859 e concluída em 1869. Ele mede 160 quilômetros de extensão e sua largura varia de 80 a 150 metros, com profundidade média de 11 metros. Sua construção facilitou enormemente as comunicações entre a Europa e o Oriente, evitando-se contornar toda a África. Veja a figura 16.14.

FIGURA 16.14 • DELTA DO NILO E CANAL DE SUEZ

Fonte: *Atlas of the world*. Londres: Times Books, 1997. p. 106.

O **Canal do Panamá** liga os oceanos Atlântico e Pacífico, no Istmo do Panamá, permitindo aos navios encurtar a distância entre as costas Leste e Oeste da América. Sua construção foi iniciada pelo francês Ferdinand de Lesseps em 1879 e concluída pelos norte-americanos em 1914.

Em 1904, com a independência do Panamá, os Estados Unidos adquiriram os direitos de construção e também a concessão perpétua do canal mediante pagamento àquele país de uma indenização, além de uma quantia anual. Após um longo período de conversações e reivindicações por meio das quais o Panamá visava a devolução do canal, chegou-se a um acordo pelo qual o governo dos EUA devolveu o canal ao Panamá em dezembro de 1999. Veja a figura 16.15.

FIGURA 16.15 • CANAL DO PANAMÁ

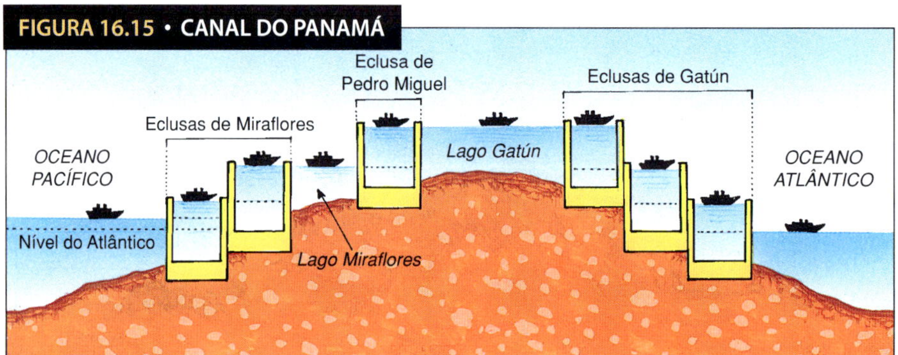

Com 82 quilômetros de extensão e 152,4 metros de largura, a travessia do Canal do Panamá leva cerca de 18 horas. As portas das comportas (três de cada lado) são fechadas e as válvulas de enchimento são abertas, elevando os navios até o nível do Lago Gatún. Do outro lado o processo é inverso, com o fechamento das válvulas e o esvaziamento das comportas, descendo o navio.
O Canal do Panamá desempenha importante papel estratégico e econômico ao evitar que os navios dêem a volta ao redor da América do Sul para atingir o outro oceano.

Praticando e Aprendendo

Organizando o conteúdo

1. Sobre o desflorestamento tropical:

a) Cite 3 causas dos desflorestamentos.

b) Dê pelo menos duas vantagens do manejo sustentável das florestas.

2. Leia o texto a seguir e responda.

"Duas espécies da flora brasileira usadas como remédios por índios da Amazônia — o cunani e a tipir — foram patenteadas nos EUA e na Inglaterra pelo pesquisador inglês Conrad Gorinsky. A substância retirada do cunani tem o poder de 'anestesiar' os peixes, facilitando a pesca. Já o tipir é um anticoncepcional usado pelas índias. Gorinsky teria se aproveitado da confiança que tinha conquistado entre alguns índios da Amazônia."

Os caminhos da Terra, abr. 2000. p. 10. Seção Volta ao Mundo.

a) A qual atividade o texto se refere?

b) Que problema o texto aponta? Em sua opinião, qual a melhor forma de resolvê-lo?

3. O que são e como se formam os rios?

4. Observe o esquema e escreva um texto sobre os problemas que essas atividades podem causar aos rios.

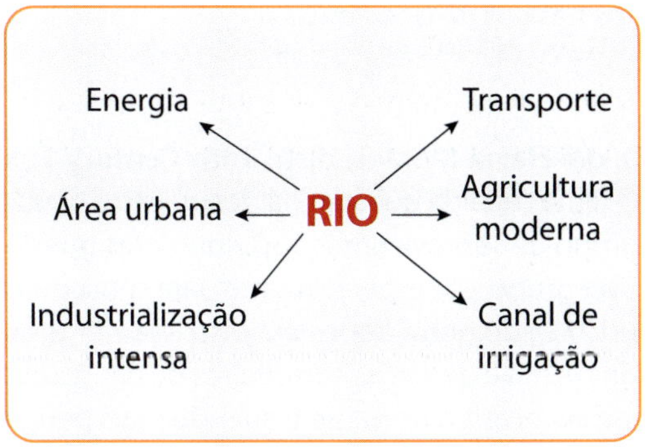

5. Quais são os principais oceanos da Terra? Cite uma característica de cada um deles.

6. Qual a importância do Canal de Suez e do Canal do Panamá?

7. Observe o mapa da figura 16.12, na página 272.
   a) Quais são as principais ameaças aos oceanos?
   b) Dê 3 exemplos de oceanos e mares muito atingidos por níveis críticos de poluição.
   c) Cite dois problemas que afetam o litoral brasileiro.

Ampliando o conhecimento

Analisando os efeitos do uso inadequado das águas.

8. Procure em jornais, revistas e internet notícias sobre a poluição das águas. Elabore um relatório sobre a situação, respondendo:
   a) Qual foi o poluente lançado nas águas?
   b) Que tipo de prejuízo este acidente causou ao meio ambiente?
   c) Qual é a empresa ou o organismo responsável pela poluição?
   d) Que medidas foram tomadas pela empresa para a despoluição das águas?
   e) Que medidas foram tomadas pelos organismos governamentais?
   f) Em sua opinião, teria sido possível evitar esta tragédia ambiental? Justifique.
   g) Procure saber o que a empresa teria de gastar para não poluir e quais foram os custos da despoluição.
   h) Você acha que as medidas tomadas para solucionar o problema foram suficientes? Justifique sua resposta.

O QUE MAIS HÁ PARA VER

Livros

- BAINES, John. *Preserve os oceanos*. São Paulo: Scipione, 1995. (Col. Preserve o mundo)
- BANKS, Martin. *Preserve as florestas tropicais*. 5. ed. São Paulo: Scipione, 1997. (Col. Preserve o mundo)
- BOTTELSON, Elza. *A agonia das florestas:* as conseqüências da destruição florestal. (Relatório para a Comissão Independente sobre Assuntos Humanitários Internacionais). 2. ed. Petrópolis: Vozes, 1992. (Col. Ecologia & Ecosofia)
- BRANCO, Samuel Murgel. *Água:* origem, uso e preservação. 2. ed. São Paulo: Moderna, 2003. (Col. Polêmica)
- CARUSO, Rubens. *Água, vida*. Campinas: Fundação Cargill, 1998.
- CHIAVENATO, Júlio José. *O massacre da natureza*. 11. ed. São Paulo: Moderna, 2004. (Col. Polêmica)
- GOLDEMBERG, José. *SOS planeta Terra:* o efeito estufa. São Paulo: Brasiliense, 1990.
- SÃO PAULO. *Conhecer para conservar:* as Unidades de Conservação do Estado de São Paulo. São Paulo: Terra Virgem; Secretaria do Meio Ambiente do Estado de São Paulo, 1999.

»

- ____. *A água no olhar da História*. São Paulo: Secretaria do Meio Ambiente do Estado de São Paulo, 1999.
- TUREKIAN, Karl K. e SKINNER, Brian J. *O homem e o oceano*. São Paulo: Edgard Blücher, 1996. (Col. Textos básicos de Geociências)

Filmes

- *Acquária* (Brasil, 2003); dir. Flávia Moraes; distr. 20th Century Fox Film Corporation; 103 min. O filme trata da questão da destruição do meio ambiente retratando um grupo de sobreviventes após inúmeras guerras que devastaram o planeta. Este grupo luta especialmente para conseguir água.
- *Amargo pesadelo* (EUA, 1972); dir. John Boorman; distr. Warner Bros.; 109 min. Um grupo de amigos resolve descer as corredeiras de um rio que será represado. À medida que avançam, o rio vai se tornando mais perigoso.
- *Amazônia em chamas* (Brasil, 1994); dir. John Frankenheimer; 128 min. História baseada na vida do seringueiro Chico Mendes, que lutou na região amazônica pela preservação do meio ambiente aliada ao desenvolvimento sustentável.
- *Espelho d'água – uma viagem no Rio São Francisco* (Brasil, 2004); dir. Marcus Vinicius Cezar; distr. Copacabana Filmes; 105 min. Um fotógrafo em crise viaja pelo Rio São Francisco e fica conhecendo a cultura, as lendas e as pessoas que vivem ao longo do rio.
- *Rios e lagos* (Inglaterra); Encyclopaedia Britannica Educational Corporation; 46 min. O documentário apresenta um estudo da ação dos rios Colorado e Mississípi (EUA), na formação e transformação do relevo. Mostra também como o lançamento de esgotos, fertilizantes e resíduos industriais podem prejudicar os lagos, influenciando no seu rápido envelhecimento.

@ *Sites*

- http://fpa.tvcultura.com.br/aloescola/ciencias/maravista/index.htm
Página que trata do ecossistema marinho, traz textos sobre sua formação, poluição e preservação, os manguezais e sua exploração, a cadeia alimentar, as marés, os corais, entre outros. Acesso em: 6 maio 2005.
- http://www.agua.bio.br/ *Site* da Associação Guardiã da Água. Nele são apresentados diversos textos, todos relacionados à água: ciclo, tipos, dicas de economia no seu uso, poesia, projetos e parcerias sobre o tema, saneamento, poluição, água subterrânea, entre outros. Acesso em: 16 abr. 2005.
- http://www.ana.gov.br/ *Site* oficial da Agência Nacional de Águas. Contém textos sobre gestão de recursos hídricos, comitês de bacias hidrográficas, usos múltiplos da água, assim como dicas de melhor uso dos recursos hídricos e legislação sobre o tema. Acesso em: 6 maio 2005.
- http://www.ibama.gov.br/ *Site* do Instituto Brasileiro do Meio Ambiente e dos Recursos Naturais Renováveis. Apresenta diversos projetos nacionais com vista à conservação e preservação ambiental, atos declaratórios ambientais, acervo bibliográfico, Unidades de Conservação brasileiras etc. Acesso em: 5 maio 2005.
- http://www.igc.usp.br/geologia/aguas_subterraneas.php
Página do Instituto de Geociências da USP que traz um texto sobre águas subterrâneas, seus conceitos e sua formação. Acesso em: 6 maio 2005.

LESTER LEFKOWITZ / CORBIS-STOCK PHOTOS

Produção, circulação e consumo se integram no mundo moderno. Rodovia nos EUA, em 1998.

UNIDADE IV

O ESPAÇO MUNDIAL DA PRODUÇÃO E DA CIRCULAÇÃO

CAPÍTULO 17 INDÚSTRIA I: AS TRANSFORMAÇÕES NO ESPAÇO, 278

CAPÍTULO 18 INDÚSTRIA II: DESENVOLVIMENTO INDUSTRIAL DOS PAÍSES, 294

CAPÍTULO 19 A PRODUÇÃO, O USO E A GEOPOLÍTICA DA ENERGIA, 320

CAPÍTULO 20 AGROPECUÁRIA MUNDIAL I: PAISAGEM RURAL, TECNOLOGIA E ECOLOGIA, 343

CAPÍTULO 21 AGROPECUÁRIA MUNDIAL II: SISTEMAS AGRÍCOLAS E PRODUÇÃO, 357

CAPÍTULO 22 O COMÉRCIO MUNDIAL E A GLOBALIZAÇÃO, 371

CAPÍTULO 23 REDES DE COMUNICAÇÃO, DE TRANSPORTE E TURISMO, 389

17.

Indústria I: as transformações no espaço

1 Conceito e evolução da indústria

Indústria é a atividade por meio da qual os seres humanos transformam matéria-prima em produtos semi-acabados (matérias-primas para outros produtos) ou em produtos acabados. Sua importância é tão grande nos dias atuais que quase tudo o que consumimos e utilizamos é processado ou produzido por ela.

Além de oferecer empregos, a indústria produz capital, desenvolve o comércio, os transportes e os serviços, dinamizando a economia. Um país industrializado pode suprir muitas de suas necessidades internas de consumo, reduzir suas importações e aumentar suas exportações.

Quanto à evolução histórica da indústria, podemos reconhecer três estágios fundamentais: o artesanato, a manufatura e a maquinofatura.

Telhado da antiga fábrica de tecidos Moinho Santista, no bairro do Belém, em São Paulo, SP, 2005.

CARLOS LUVIZARI / CID

Artesanato – Estágio em que o produtor (artesão) executa sozinho todas as fases da produção e até mesmo a comercialização (em geral local) do produto. Não há uma maior divisão social do trabalho nem o emprego de máquinas, somente o uso de ferramentas simples. O artesanato predominou até por volta do século XVII, mas ainda pode ser encontrado em todas as partes do mundo. Observe a figura 17.1.

CAROLINE PENN / CORBIS-STOCK PHOTOS

FIGURA 17.1 O artesão sozinho realiza todas as etapas da produção, desde a aquisição e o preparo da matéria-prima até a obtenção do produto final e sua venda. Feira popular de tecidos de fabricação artesanal em Lusaka, Zâmbia, 1998.

Manufatura – Apesar de a expressão "manufaturado" ser freqüentemente empregada para designar os produtos industrializados, a manufatura corresponde ao estágio intermediário entre o artesanato e a maquinofatura. Nesse estágio, já ocorre a divisão do trabalho (cada operário realiza uma tarefa ou se responsabiliza por parte da produção), mas a produção ainda depende fundamentalmente do trabalho manual, embora sejam empregadas algumas máquinas simples. A manufatura caracterizou a fase inicial do capitalismo, sobretudo nos séculos XVII e XVIII. De um modo geral, nessa fase o artesão deixou de ser o responsável por todas as etapas da produção e se transformou em assalariado. O capital e os meios de produção já eram propriedade de um patrão.

Maquinofatura – É o estágio atual, iniciado no século XVIII com a Revolução Industrial. Pode ser caracterizada pelo emprego maciço de máquinas e fontes de energia modernas (carvão mineral, petróleo etc.), produção em larga escala, e grande divisão e especialização do trabalho. Em muitos casos, a divisão do trabalho é tão grande ou específica que o trabalhador perde a noção do todo ou do produto final. Em outros casos, o processo está tão modernizado que a mão-de-obra é quase inexistente, sendo a produção realizada quase totalmente por robôs.

Há muitas diferenças na forma como cada país se integra ou se integrou a esse processo, conforme veremos adiante e no capítulo 18.

Classificação das indústrias

As indústrias podem ser classificadas de acordo com vários critérios, como a maneira de produzir, a quantidade de matéria-prima ou tecnologia empregada na produção, entre outros.

Levando em conta a maneira de produzir, temos as **indústrias extrativas**, que utilizam meios financeiros e técnicas modernas para extrair recursos naturais (como, por exemplo, minérios, madeira, pescado); as **indústrias de beneficiamento** ou **de processamento**, que beneficiam ou refinam produtos (por exemplo, beneficiamento de cereais e refinarias de petróleo – petroquímica); a **indústria de construção** (como a construção civil); a **indústria de transformação** (de calçados, de computadores, entre outras), que transforma ou reelabora a matéria-prima.

Quanto à quantidade de matéria-prima e de energia empregadas na produção, podemos falar de **indústrias leves** (bebidas, produtos farmacêuticos etc.), que consomem menos energia e matérias-primas, e de **indústrias pesadas** (máquinas, navios, veículos), que, por exigirem vultosos investimentos em energia e matéria-prima, contaram inicialmente com capital estatal ou pertencem a grandes grupos empresariais.

Quanto à tecnologia empregada, temos as **indústrias tradicionais**, características da Primeira Revolução Industrial, que ainda empregam bastante mão-de-obra, operam em regime fordista e utilizam tecnologia tradicional; as **indústrias dinâmicas**, como a informática, a aeroespacial e outras, que dependem mais de tecnologia moderna e capital, requerendo menos mão-de-obra, porém mais qualificada.

Quanto ao destino dos produtos, podemos dividir a indústria em dois grandes grupos:

- **de bens de produção** – São aquelas que produzem bens para outras indústrias. Podem ser de dois tipos. As **indústrias de bens intermediários**, que produzem matérias-primas que servirão de base para outras indústrias, como, por exemplo, a extrativa mineral, a petroquímica, a siderúrgica, a metalúrgica, a do cimento e a química de base; as **indústrias de bens de capital**, ou de **equipamentos**, que produzem equipamentos para outras indústrias, ou seja, são responsáveis, em parte, pelo funcionamento destas. São exemplos as indústrias que produzem máquinas, motores, material de transporte e outros equipamentos. Observe a figura 17.2.

PAUL A. SOUDERS / CORBIS-STOCK PHOTOS

FIGURA 17.2 A siderurgia é uma das mais importantes indústrias de transformação. Interior de indústria siderúrgica em Ontário, Canadá, 1999.

- **de bens de consumo** – São as indústrias que produzem bens (mercadorias) para uso e consumo da população, como, por exemplo, a indústria têxtil, a alimentícia, a de móveis etc. Geralmente localizam-se nas proximidades dos centros consumidores.

As indústrias de bens de consumo, por sua vez, podem ser divididas em indústrias de **bens de consumo duráveis** (automóveis e eletrodomésticos, por exemplo) e de **bens de consumo não-duráveis** (alimentos, calçados, roupas e remédios, entre outros).

2 FATORES DE LOCALIZAÇÃO INDUSTRIAL: CONCENTRAÇÃO E DESCONCENTRAÇÃO

O papel das técnicas e as transformações na indústria e nas paisagens

Dentre outros assuntos, o capítulo 4 tratou das fases da Revolução Industrial, que gerou profundas transformações nas paisagens, como resultado do progresso da técnica aplicada à indústria. As inovações tecnológicas na esfera da produção de bens e serviços engendraram novas formas de organização social no trabalho e no consumo, criando novos arranjos espaciais.

A partir da industrialização, o espaço geográfico se modificou radicalmente: cidades e regiões inteiras nasceram e se organizaram. A função comercial exercida pelas cidades na Baixa Idade Média cedeu lugar à função industrial, o que fortaleceu a divisão territorial do trabalho não só entre o meio rural e o urbano, mas também entre as cidades, que passaram a constituir diversas redes urbanas. Em alguns lugares, a produção em larga escala deu origem à sociedade de consumo; em outros, a ampliou.

Num primeiro momento, a industrialização restringiu-se aos países desenvolvidos. Da Inglaterra, onde se originou na segunda metade do século XVIII, ela se expandiu para os demais países europeus (no século XIX), além dos EUA, do Japão e da Rússia. A etapa em que ocorreu a industrialização dos atuais países desenvolvidos é chamada **industrialização clássica**. Durante muito tempo a industrialização foi um privilégio das grandes potências, que fizeram desta atividade uma forma de domínio, pois países e colônias dependiam de seus fornecimentos.

MARCOS PERON / KINO

FIGURA 17.3 Fábrica de suco de laranja em Matão, SP, 2004.

A expansão da indústria e a nova divisão internacional do trabalho

A etapa relativa à industrialização dos países subdesenvolvidos, que ocorreu após a Segunda Guerra Mundial, é chamada **industrialização tardia** ou **retardatária**, assunto abordado também no capítulo 7.

Inicialmente estes países se apoiaram nas indústrias de bens de consumo não-duráveis (alimentícia, têxtil, de vestuário). Foi o caso de Brasil, México, Argentina, África do Sul, Índia, Coréia do Sul, Taiwan e Cingapura. Observe a figura 17.3.

O surgimento deste novo grupo de países tornou ultrapassada a tradicional Divisão Internacional do Trabalho (DIT). Na realidade, atualmente diferentes divisões internacionais do trabalho coexistem e se sobrepõem. Desde a década de 1960 os países ricos têm transferido indústrias para os países em desenvolvimento, os quais, por oferecerem vantagens, como salários mais baixos, proximidade de fontes de matérias-primas e energia a custos vantajosos, passaram a ter um surto de industrialização.

Com a Terceira Revolução Industrial a divisão do trabalho se faz por meio do domínio do conhecimento técnico-científico, estabelecendo uma **nova divisão internacional do trabalho**, formada por três conjuntos de países:

- os países **ricos industrializados** ou **centrais**, que fabricam e exportam todos os tipos de produtos, se especializaram na indústria de ponta, apresentando um setor terciário predominante. As **indústrias de ponta** ou de **alta tecnologia** são dinâmicas, utilizam tecnologia sofisticada e trabalho qualificado, e fornecem, entre outros, produtos dos seguintes ramos: informática (computadores), telecomunicações, *lasers*, eletroeletrônicos, química fina, biotecnologia, tecnologia nuclear, engenharia genética e aeroespacial.
- os **industrializados semiperiféricos**, que fabricam e até exportam produtos com tecnologia tradicional, como a indústria têxtil, a siderurgia, mas ainda exportam produtos agrícolas, matérias-primas brutas minerais e vegetais. É o caso do Brasil, México, África do Sul, Índia, Coréia do Sul, Taiwan e Cingapura, por exemplo.
- os **não-industrializados periféricos**, que continuam exportando basicamente produtos primários (por exemplo, a maioria dos países africanos, boa parte dos asiáticos e parte dos latino-americanos).

Observe a figura 17.4, que apresenta a distribuição geográfica das indústrias.

FIGURA 17.4 • DISTRIBUIÇÃO DAS INDÚSTRIAS NO MUNDO (2000)

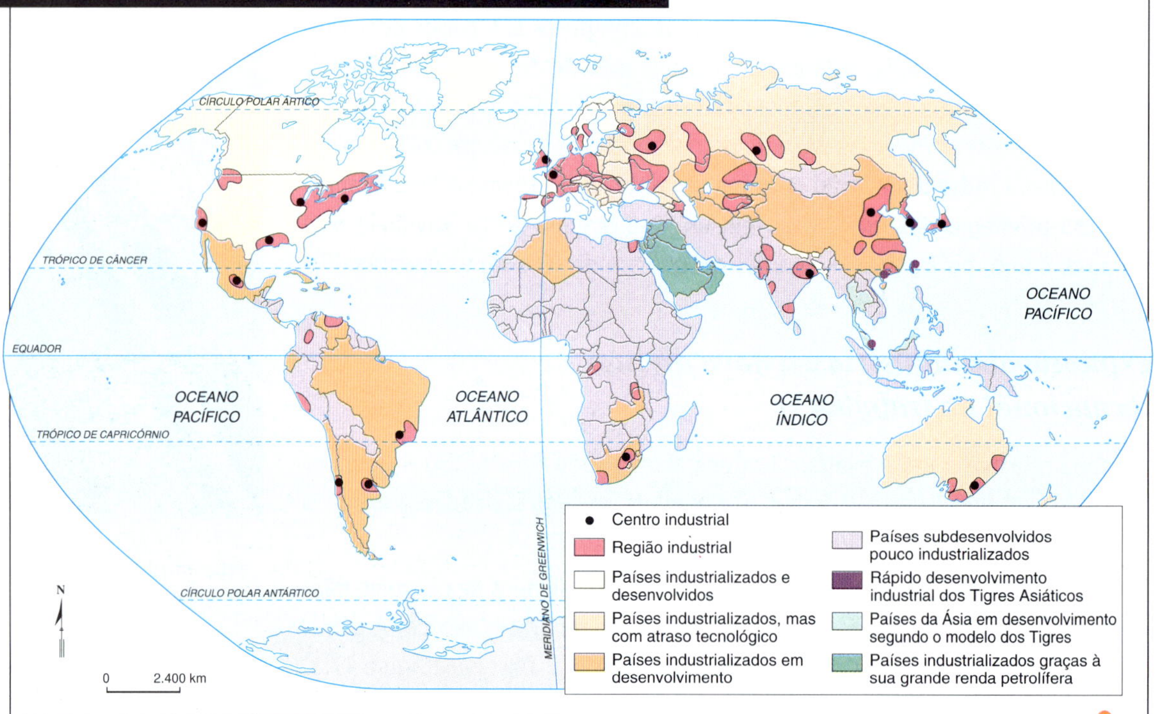

Fontes: *Brasil: uma visão geográfica nos anos 80.* Rio de Janeiro: IBGE, 1988; FERREIRA, Graça Maria L. *Atlas geográfico:* espaço mundial. 2. ed. São Paulo: Moderna, 2003. p. 100; *Store Verdens — Atlas.* Oslo: Kunnskapsforlagets, 1997 (com atualização).

O Brasil e os países industrializados em desenvolvimento ou semiperiféricos caracterizam-se por exportar produtos que agregam tecnologia tradicional. O Japão, industrializado e desenvolvido, depende de matérias-primas (compradas a baixo custo), mas agrega-lhes alta tecnologia. A solução para o crescimento econômico não é simplesmente exportar grande volume de mercadorias, o que os países periféricos e semiperiféricos fazem desde o século XVI. Para ocorrer entrada significativa de divisas, é preciso agregar tecnologia.

Concentração industrial

As indústrias tradicionais (as primeiras a se formarem, pouco automatizadas e que empregavam muita mão-de-obra) procuravam se instalar em áreas que ofereciam o maior número ou a melhor combinação possível de fatores necessários à produção (fontes de energia, capitais, mão-de-obra abundante, transporte eficiente para fornecimento de matéria-prima e escoamento de mercadorias) e à comercialização de produtos (mercado consumidor). Procuravam assim obter o menor custo de produção e distribuição possível, para ter o máximo de lucro. Em geral, encontravam estas condições nas proximidades das fontes de matéria-prima e de energia.

Durante a Primeira Revolução Industrial (meados do século XVIII e primeira metade do XIX), inúmeras cidades industriais surgiram próximas às regiões carboníferas (fonte de energia mais utilizada na época) da Inglaterra (Yorkshire, Lancashire, Midlands), da Alemanha (Vale do Ruhr), da França (Alsácia, Lorena), da Rússia (Donetz) e da Polônia (Silésia).

Durante a Segunda Revolução Industrial (segunda metade do século XIX), com o desenvolvimento de novos meios de transporte e o surgimento de novas fontes de energia, como o petróleo e as quedas d'água (energia hidrelétrica), mais facilmente transportáveis, o carvão foi perdendo importância como fator determinante na localização industrial. Surgiram, assim, novas áreas industriais.

Na segunda metade do século XX, as concentrações de indústrias tradicionais eram importantes pólos econômicos, constituindo verdadeiros complexos, tal a quantidade e a variedade de indústrias que as compunham. Alguns exemplos são o ***manufacturing belt*** (cinturão das indústrias), localizado no Nordeste dos Estados Unidos, e as concentrações industriais da Europa Ocidental (veja a figura 17.5) e do Japão, assim como a concentração industrial localizada no Sudeste do Brasil.

FIGURA 17.5 Middlesbrough é um importante centro industrial no Reino Unido, localizado próximo às jazidas de carvão do centro do país. Foto de 2004.

ASHLEY COOPER / CORBIS-STOCK PHOTOS

Concentrações financeiras

Paralelamente à formação de grandes concentrações industriais que deram origem a espaços urbanos polarizados (as cidades e as megalópoles), ocorreu a **concentração financeira**, também chamada **concentração econômica** ou **empresarial**. A concentração financeira começou a se acentuar no final do século XIX com a formação de trustes e cartéis, que pretendiam monopolizar o mercado, conforme vimos no capítulo 4.

Embora atualmente o monopólio seja raro, na prática as transnacionais recorrem a vários artifícios ou expedientes com a finalidade de dominar os mercados. Além do constante aumento do faturamento, na década de 1990 as grandes corporações aceleraram os processos de fusão. Leia o texto do boxe.

Conglomerados, *holdings*, *joint ventures* e *dumping*

Conglomerados são grupos de empresas que se associam, atuando em diferentes setores ou ramos da economia para evitar prejuízo total em um setor. Em geral, nenhuma destas empresas fornece elementos à linha de produção das demais. É o caso, por exemplo, de um conglomerado que atue nos setores do petróleo, do alumínio, da agropecuária e de seguros.

O Grupo Rockefeller (EUA) é um dos maiores conglomerados do mundo. Dele participam algumas das maiores transnacionais (Esso, IBM, GE, Alcoa, Boeing, Kodak, Caterpillar etc.) e um dos maiores bancos do mundo (Chase Manhattan Bank).

Holding é uma concentração vertical de empresas em que uma grande empresa ou organização controla outras menores geralmente pela aquisição majoritária de suas ações. Sua função básica não é produzir, mas administrar as outras empresas. As transnacionais são normalmente controladas por uma *holding*, que pode estar situada no país-sede ou em outro país.

Além desses tipos, existem as *joint ventures*: duas empresas de nacionalidades diferentes, mas do mesmo ramo de produção, que se articulam para operar num mesmo mercado. Visando conquistar o mercado, essas empresas em geral pressionam — e por vezes eliminam — o empresariado local e outros concorrentes, vendendo produtos a preços baixos (às vezes menores que o custo). A propaganda e o *marketing* (estudo de mercado) constituem os meios para tal ação. Essa prática recebe o nome de *dumping*.

Desconcentração industrial

Atualmente muitas das tradicionais regiões industriais já não são os pólos industriais mais importantes. Nos Estados Unidos, por exemplo, a indústria moderna situa-se nos estados do Sul (Texas, Louisiana, Mississípi) e na Califórnia. No Sudeste brasileiro o setor de serviços já ultrapassa o setor industrial. A Europa Ocidental e o Japão têm exportado muitas indústrias para os chamados "países emergentes" da América Latina e da Ásia.

No pós-guerra, empresas transnacionais estadunidenses, européias e, posteriormente, japonesas estiveram à frente do processo de estabelecimento de modernas regiões industriais em países dos continentes africano, asiático e latino-americano, multiplicando o número de suas filiais e modificando as paisagens destas regiões.

Principalmente após a Segunda Guerra Mundial, acentuou-se este processo de **desconcentração industrial:** as indústrias têm abandonado áreas tradicionais (com custos de produção elevados), em busca de maiores vantagens, principalmente em áreas que ofereçam variedade de recursos naturais, mão-de-obra e energia baratas e abundantes, mercado consumidor expressivo, atuação sindical fraca ou inexistente, ineficiência ou falta de legislação de proteção ao meio ambiente, concessões, isenções de impostos, incentivos fiscais etc. A modernização dos meios de comunicação permite vender produtos e serviços com maior facilidade (via internet, por exemplo) para qualquer parte do mundo, sem estar fisicamente próximo aos grandes centros de consumo ou às fontes de matérias-primas. As redes de comunicação permitem administrar e controlar, simultaneamente, empresas em todo o mundo.

As indústrias têxtil, siderúrgica e de bebidas, por exemplo, têm transferido suas fábricas para os países subdesenvolvidos, em busca de mão-de-obra mais barata. Mesmo as indústrias de base, tradicionalmente situadas em locais com matérias-primas abundantes — de modo a reduzir gastos com transporte —, nas últimas décadas afastaram-se desses locais e, em muitos países centrais, aproximaram-se do litoral.

Com a modernização das comunicações e dos transportes, matérias-primas provenientes do interior ou de outros países podem chegar rapidamente aos portos, nas proximidades dos quais se instalam siderúrgicas, petroquímicas etc. Desta forma, é possível exportar mercadorias com a mesma facilidade.

Assim, as indústrias se espalham pelos continentes e já não precisam mais se localizar nos corredores das áreas produtoras, o que dificultava muito o transporte até o mercado de consumo. Observe a figura 17.6.

FIGURA 17.6 Ao redor dos grandes portos concentram-se indústrias e grandes cidades que atraem cada vez mais população. Terminal de porto com contêineres em Long Beach, Califórnia (EUA), 2001.

MACDUFF EVERTON / CORBIS-STOCK PHOTOS

3 A INDÚSTRIA NA ERA DA GLOBALIZAÇÃO

No pós-guerra os diversos avanços tecnológicos e a internacionalização da economia iniciaram a fase da Terceira Revolução Industrial, também chamada Tecnológica ou Informacional (tema já abordado no capítulo 4).

Nas últimas décadas do século XX também ocorreram modificações na forma de produzir. Como já vimos no capítulo 4, o modelo fordista/taylorista foi, em muitos lugares, substituído pelo modelo toyotista. A capacidade de adaptar ou flexibilizar a produção (modelo toyotista) passou a ser mais valorizada do que as divisões rígidas na produção (fordismo/taylorismo). Os produtos e sua fabricação tornaram-se cada vez mais complexos, impondo a necessidade de integrar indústrias e laboratórios de pesquisa, o que levou a tecnologia a ocupar um lugar cada vez mais importante na produção industrial. Isso não significa que o modelo fordista tenha desaparecido com o surgimento do pós-fordismo; mas que se transferiu para os países emergentes e periféricos.

KATHARINA HESSE / GETTY IMAGES

FIGURA 17.7 Produção industrial controlada digitalmente em empresa japonesa com unidade na China. Yinchuan, China, 2004.

Outra transformação significativa foi a criação e a ampliação da **indústria de ponta**, ou indústria de alta tecnologia, com a utilização de máquinas de ajuste flexível, que oferecem modificações rápidas no processo produtivo. Essas indústrias dependem de inovações constantes e, portanto, de investimentos em pesquisas científicas e tecnológicas. Observe a figura 17.7.

Beneficiando-se dos progressos nos transportes e nas comunicações, a produção industrial se espalhou por vários continentes, tornando possível a separação entre a concepção e a execução do produto. Leia o texto do boxe.

Empresa global e o fim do *made in*

"Apesar de ter sua sede empresarial em Portland, nos Estados Unidos, a Nike não produz tênis nesse país.

A Nike vende tênis no mundo todo, mas não tem uma só fábrica nem emprega nenhum operário. Ela compra os calçados de indústrias instaladas principalmente no leste asiático. Essa é uma característica essencial de uma empresa global: a facilidade para identificar locais onde existam as condições mais atraentes para as suas operações.

Até bem pouco tempo, os tênis da Nike traziam algumas dessas inscrições: *Made in China*, *Made in Korea*, *Made in Thailand*, *Made in Indonesia*, *Made in Brazil* etc. No entanto, a tendência atual das empresas transnacionais é produzir seguindo um padrão comum nos diversos países. Essa prática tende a colocar um fim à identidade nacional dos produtos, o chamado ***made in***."

Folha de S.Paulo, 2 fev. 1997. Caderno especial Globalização.

Com a globalização, as grandes indústrias deixaram de ter o espaço local e regional como base, ultrapassando as fronteiras nacionais. Componentes de um produto podem ter origem em países diferentes, pois as corporações aproveitam as vantagens comparativas das economias nacionais. Qualquer desvantagem pode acarretar a troca do fornecedor ou mesmo a transferência de unidades produtoras inteiras.

Estabeleceu-se uma nova lógica de localização, a partir de uma **divisão territorial das indústrias.** As indústrias de ponta concentram-se nos países centrais ou desenvolvidos. As economias de maior avanço tecnológico criam novos produtos e investem na comercialização mundial por meio de estratégias de *marketing*. Elas atuam no cotidiano das pessoas, articulando continentes inteiros com os mesmos produtos e as mesmas imagens. Atualmente, esse tipo de indústria é em parte responsável pela preponderância de um país sobre outro.

A produção em larga escala, mesmo utilizando altos níveis de automação, é realizada nos países periféricos, em grande parte dos quais ainda se usa o sistema fordista de produção e o emprego de mão-de-obra abundante.

O setor terciário, a ciência e a indústria

Com a globalização, os estabelecimentos industriais também sofreram mudanças. As fábricas subsistem, mas foram criados grandes estabelecimentos industriais que se especializaram na produção e na difusão de tecnologias, pesquisas e *marketing*, ou são sede das grandes empresas, nas quais se tomam decisões importantes.

Verifica-se assim uma maior interdependência entre o setor secundário e o terciário, pois as indústrias necessitam de tecnologia, de centros de testes e de desenvolvimento de programas, assim como da informática, de transporte rápido e de consultoria para vendas e exportações. Leia o texto do quadro e observe a figura 17.8.

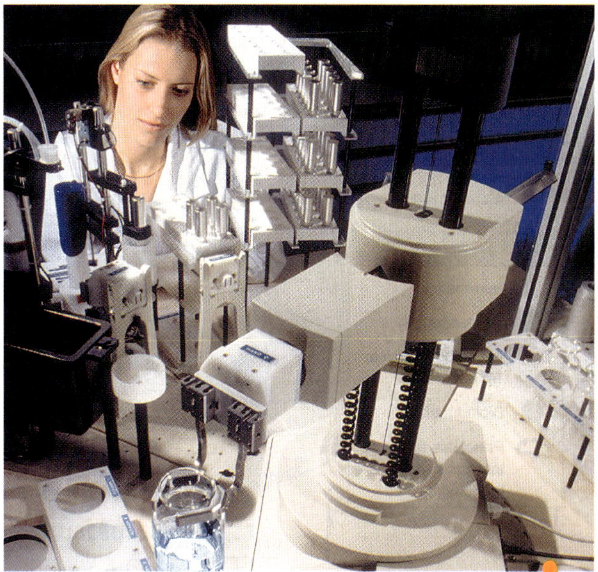

FIREFLY PRODUCTIONS / CORBIS-STOCK PHOTOS

FIGURA 17.8 Necessários à indústria no mundo contemporâneo, laboratórios modernos e equipados descobrem a cada dia um potencial imenso de novas aplicações técnicas. Laboratório de biotecnologia nos Estados Unidos, em 1999.

LEMBRETE

As atividades econômicas geralmente são classificadas em três setores:

- **Setor primário** – Compreende a agricultura, a pecuária, a caça, a pesca e o extrativismo.
- **Setor secundário** – Compreende as atividades industriais (transformação, mineradora e construção civil).
- **Setor terciário** ou **de prestação de serviços** – Abrange o comércio, os bancos, as empresas públicas, os transportes, a educação, a propaganda etc. Este setor complementa os dois primeiros, pois permite ou induz ao consumo dos produtos e exerce um papel fundamental no aumento da produtividade.

Atualmente, com a revolução tecnocientífica, há uma tendência a dividir os setores de atividade econômica em quatro, incluindo o **setor quaternário**, que abrange a pesquisa de alto nível (biotecnologia, robótica, aeroespacial etc.) desenvolvida em universidades, laboratórios e empresas.

Novos materiais industriais e meio ambiente

A humanidade viveu milhares de anos sem muitas das invenções que só surgiram no século XIX ou no XX, como carros, telefones, energia elétrica, aparelhos elétricos. Atualmente, estes e muitos outros produtos são considerados imprescindíveis para a maior parte da sociedade.

Um dos materiais que hoje faz parte do cotidiano das pessoas é o plástico, por sua leveza e capacidade de ser modelado, transformando-se em qualquer tipo de artefato. Pesquisas conduziram também à criação de outros **materiais sintéticos**, ou seja, materiais não existentes na natureza, como náilon, acrílico (resistente e transparente), PVC, poliésteres, polietileno, clorofluorcarboneto (CFC) e silicone, entre outros.

FIGURA 17.12 Embalagens plásticas descartadas acabam contaminando os rios. Rio Tietê em Santana do Paraíba, SP, 2000.

ISA / KINO

Todo esse desenvolvimento tecnológico tem provocado crescentes problemas de contaminação do meio ambiente. Os CFCs, por exemplo, atacam a camada de ozônio na estratosfera, causando sérios danos ambientais. Os materiais sintéticos, por não serem **biodegradáveis**, isto é, por não se decompor naturalmente no ambiente por ação de microorganismos, provocam poluição nos solos, nos rios e até mesmo nos oceanos, onde muitas vezes acabam sendo despejados. Além disso, podem apresentar toxicidade, por exemplo, quando utilizados em embalagens, ou durante seu processo de fabricação. Observe a figura 17.12.

Desemprego

Se, por um lado, as inovações tecnológicas introduzidas nas indústrias aumentaram a produtividade, por outro, reduziram o número de empregos, o que implica sérias questões sociais. Enquanto grande parte dos empregos e das unidades de produção foram transferidos para os países subdesenvolvidos, nos países centrais a diminuição dos empregos na indústria foi parcialmente compensada pelo aumento das vagas no setor terciário. Desta forma, as inovações tecnológicas acabaram com alguns postos de trabalho, mas deram origem a outros, em novos setores da economia. Observe a figura 17.13, na página ao lado.

De modo geral, as inovações tecnológicas têm provocado desemprego em todos os grupos de países. Isso ocorre até mesmo no setor terciário, uma vez que a tecnologia da informação invade o setor de serviços, automatizando bancos, escritórios, comércio, telecomunicações etc. Os computadores, além de diminuir a participação humana, permitem a produção programada e variada; a robotização reduz os custos na produção e permite realizar atividades que envolvem risco de segurança ou ocorrem em locais de difícil acesso ao ser humano, como dutos ou o fundo do mar (instalação de equipamentos).

SALOMON CYTRYNOWICZ / OLHAR IMAGEM

FIGURA 17.13 A informatização é uma realidade em todos os setores da economia. Centro de telecomunicações da Embratel, RJ, 2000.

Esse processo provoca o desemprego estrutural, que afasta do mercado de trabalho uma grande massa de população durante períodos mais ou menos prolongados, atingindo principalmente jovens (pela dificuldade de acesso ao primeiro emprego) e trabalhadores de pouca qualificação técnica. Este assunto foi abordado também no capítulo 5.

4 CONCLUSÃO

Embora seja verdade que a atividade industrial provocou transformações e avanços tecnológicos e sociais jamais vistos em toda a história da humanidade, propiciando bem-estar e enriquecimento, não deixa de ser verdade também que essa mesma atividade deixou à margem do progresso e do bem-estar inúmeros países e muitos milhões de pessoas.

É importante citar que a atividade industrial tem provocado danos praticamente irreparáveis à natureza e à humanidade, sendo exemplos a grande utilização de energia e matérias-primas e a poluição. De fato, o meio ambiente nunca esteve tão ameaçado, o que deve nos deixar bastante temerosos em relação ao futuro.

Praticando e Aprendendo

Organizando o conteúdo

1. O que é indústria? Qual a importância econômica e social desta atividade para um país?

2. Analisando a figura 17.4, na página 282, cite duas regiões de grande concentração industrial em cada continente.

3. Diferencie a industrialização clássica da industrialização tardia ou retardatária.

4. Compare os principais fatores que determinaram a localização industrial até o início do século XX e após a Segunda Guerra Mundial. Explique tais ocorrências.

5. Considere os países fictícios apresentados no quadro abaixo:

PAÍS A	PAÍS B	PAÍS C
Conta apenas com uma pequena área industrial.	Tem diversos tecnopólos diferenciados (informática, tecnologia militar, aeroespacial, bioindústria etc.) em diversas regiões do país.	Com uma importante área industrial, tem apenas um tecnopólo (aeroespacial).

a) Qual desses países é desenvolvido? Como você chegou a esta conclusão?

b) Cite um tipo de indústria que pode haver no país C. Justifique sua resposta.

c) Como você caracterizaria o país A?

6. Que vantagens os países subdesenvolvidos oferecem à instalação de indústrias em seus territórios? Cite exemplos.

7. Diferencie as indústrias tradicionais das indústrias de ponta.

8. "A ciência tem se colocado a serviço daqueles que pagam e não a serviço das necessidades mundiais." Cite exemplos que confirmem esta afirmação, se possível referentes à região em que você vive.

Ampliando o conhecimento

Discutindo benefícios e problemas do avanço tecnológico.

9. Em grupos, levando em consideração o que vocês estudaram nos capítulos anteriores e suas vidas cotidianas, citem três avanços tecnológicos que vocês gostariam que houvesse no mundo nos próximos dez anos. Justifiquem suas escolhas.

10. Leiam o item "Novos materiais industriais e meio ambiente", neste capítulo, e procedam a um debate sobre o tema: Os avanços tecnológicos sempre trazem benefícios para a humanidade?

O QUE MAIS HÁ PARA VER

Livros

- BECKOUCHE, Pierre. *Indústria: um só mundo*. 5. ed. São Paulo: Ática, 1998. (Col. Geografia hoje)
- CARLOS, Ana Fani A. *Espaço e indústria*. 6. ed. São Paulo: Contexto, 1994. (Col. Repensando a Geografia)
- FERRER, Florencia. *Reestruturação capitalista:* caminhos e descaminhos da tecnologia da informação. São Paulo: Moderna, 1998. (Col. Paradoxos)

- IANNONE, Roberto Antônio. *A revolução industrial*. 5. ed. São Paulo: Moderna, 1994. (Col. Polêmica)
- KUCINSKI, Bernardo. *O que são multinacionais*. 14. ed. São Paulo: Brasiliense, 1996. (Col. Primeiros Passos)
- MARQUES, Paulo. *A tecnologia no cotidiano*. São Paulo: Diagrama & Texto, 1986.
- MENDONÇA, Sônia Regina de. *A industrialização brasileira*. 2. ed. São Paulo: Moderna, 2004. (Col. Polêmica)
- POCHMANN, Marcio. *O emprego na globalização:* a nova divisão internacional do trabalho. São Paulo: Boitempo, 2001. (Col. Mundo do trabalho)
- ROSSO, Sadi Dal. *O debate sobre a redução da jornada de trabalho*. São Paulo: Abet, 1998. (Col. Mercado de trabalho). v. 5.

Filmes

- *Inteligência artificial* (2000); dir. Anthony Hoffman; distr. Revista Isto É (Col. Grandes Temas); 36 min. O documentário apresenta uma entrevista com Marvin Minsky, cientista respeitado mundialmente que atua na área de inteligência artificial. Ele fala do potencial dos computadores e do cérebro humano.
- *O operário* (Espanha, 2004); dir. Brad Anderson; distr. Paramount Classics/ UIP; 102 min. Um homem que trabalha numa fábrica tem como principal objetivo manter o emprego. Porém sua saúde física e mental está cada vez mais prejudicada devido ao cansaço e a alguns acontecimentos no ambiente de trabalho.
- *Oliver Twist* (Inglaterra, 1948); dir. David Lean; distr. Eagle-Lion Films Inc./ United Artists; 111 min. O filme mostra a história de um garoto nascido em um orfanato e que é vendido ao dono de uma funerária, onde trabalha com enterro de crianças. Após uma briga com o patrão ele foge para Londres e se une a um grupo de crianças que praticam pequenos furtos.
- *Ver-te-ei no inferno* (EUA, 1970); dir. Martin Ritt; distr. Paramount Pictures; 123 min. O filme passa-se na Pensilvânia em 1876. Mostra um agente da polícia que é enviado a uma comunidade de irlandeses a fim de desmascarar uma sociedade secreta que combate o capitalismo por meio da sabotagem.

Sites

- http://www.cni.org.br/ *Site* da Confederação Nacional da Indústria. Disponibiliza informações sobre a indústria brasileira, abordando questões sobre contribuição nacional, legislação, e as indústrias e sua qualidade e profissionalidade. Acesso em: 10 maio 2005.
- http://www.desenvolvimento.gov.br/sitio/inicial/index.php Página do Ministério do Desenvolvimento, Indústria e Comércio Exterior. Apresenta textos sobre a política industrial brasileira, micro e pequenas empresas, além de assuntos referentes à balança comercial brasileira. Acesso em: 10 maio 2005.
- http://www.inpe.br/ *Site* do Instituto Nacional de Pesquisas Espaciais. Traz textos sobre ciências espaciais, atmosféricas, geoprocessamento, satélites, observação da Terra e tecnologias de maneira geral, além de apresentar programas para *downloads* e biblioteca virtual. Acesso em: 6 maio 2005.

18.

INDÚSTRIA II: DESENVOLVIMENTO INDUSTRIAL DOS PAÍSES

Interior de indústria alimentícia em São Paulo, SP, 1997.

DELFIM MARTINS / PULSAR

1 INTRODUÇÃO

Os países centrais continuam a se desenvolver industrialmente, pois rapidamente adotam modernas condições de produção, desenvolvem novas tecnologias e contam com mercados dinâmicos e financiamentos. Estados Unidos, Canadá, Alemanha, França, Reino Unido, Itália e Japão, as grandes potências industriais do mundo moderno, são responsáveis por 71% das exportações industriais da atualidade. O **Grupo dos Sete**, ou **G-7**, é formado por essas sete potências. O **G-8** inclui a Federação Russa.

2 A INDÚSTRIA NOS ESTADOS UNIDOS

Independentes da Inglaterra em 1776 e contando com um território inicial de menos de 1 milhão de km² (as Treze Colônias da costa atlântica) e pouco mais de 2 milhões de habitantes, os EUA conseguiram se tornar a maior potência industrial e econômica do mundo em menos de 150 anos.

Decorridos 80 anos de sua independência, já haviam ampliado o território inicial para 8 milhões de km². Com a compra do Alasca (pertencente à Rússia) em 1867 e a incorporação do Havaí em 1898, os EUA passaram a contar com uma área de 9.372.614 km² (quarto maior território mundial), estendendo-se desde o Atlântico até o Pacífico.

Terminadas a expansão, a conquista territorial e a guerra entre o Norte e o Sul (Guerra de Secessão, de 1861 a 1865), o governo estadunidense estabeleceu uma política protecionista e estimulou o desenvolvimento industrial. Os principais fatores favoráveis à consolidação do país como potência imperialista foram:

- abundância de recursos naturais;
- prática expansionista;
- participação do governo na ocupação e na expansão territorial, doando terras (*Homestead Act*, em 1862) e impulsionando a marcha para o Oeste;
- desenvolvimento dos transportes, em especial a implantação de uma importante malha ferroviária ligando o Leste ao Oeste;
- aniquilamento de milhares de nativos;
- grande afluxo de imigrantes, como mostra a figura 18.1;
- acúmulo de capitais;
- progresso tecnológico.

A crise econômica e industrial, dos países europeus envolvidos na Primeira Guerra Mundial serviu para dinamizar a indústria estadunidense. A prosperidade dos EUA foi interrompida por um período recessivo conhecido como **Grande Depressão**, que culminou com a quebra da Bolsa de Nova Iorque em 1929. A economia passou a se recuperar com a política conhecida como ***New Deal***, que consistia numa maior intervenção do Estado na economia, promovendo reformas econômicas e sociais e buscando combater o desemprego e revigorar a economia. Esta política foi aplicada pelo presidente Franklin Roosevelt entre 1933 e 1939. A partir de 1937, às vésperas da Segunda Guerra Mundial, a indústria bélica deu impulso decisivo à recuperação estadunidense. O país não tinha conflitos internos e contava com um parque industrial capaz de fornecer, com rapidez e em larga escala, os equipamentos bélicos e os combustíveis exigidos pelos aliados. Nessa época, os EUA produziam mais da metade dos produtos manufaturados do mundo. A entrada do país na guerra em 1941, depois do ataque do Japão à base naval de Pearl Harbor, deu novo impulso ao *New Deal* e reforçou o domínio dos EUA no mundo.

BETTMANN / CORBIS

FIGURA 18.1 Representação de imigrantes judeus chegando a Nova Iorque, nos EUA, 1892.

Depois de 1945 os EUA mantiveram o ritmo de crescimento, principalmente devido à reconstrução da Europa Ocidental (por meio do Plano Marshall) e do Japão, além das necessidades de abastecimento de um mercado interno em rápida expansão.

A partir da década de 1950, novos fatores manteriam o ritmo industrial estadunidense:

- a Guerra Fria, que fez com que o governo impulsionasse a fabricação de material bélico;
- o desenvolvimento das pesquisas aeroespaciais;
- a expansão mundial das empresas estadunidenses (as transnacionais), sustentadas pela política imperialista do país etc.

Esse quadro se manteve até o início da década de 1970, quando surgiram os primeiros sintomas de desaceleração da economia estadunidense. Entre outros motivos deste declínio, podemos citar o déficit de sua balança comercial (em virtude do aumento das importações devido ao grande consumo interno), a redução na produção da indústria armamentista e o rápido crescimento econômico de outras potências, tais como Japão e Alemanha, que depois das guerras privilegiaram a indústria civil.

Atualmente os EUA produzem um quinto dos bens manufaturados do mundo. Um terço de toda a sua produção industrial é feita fora de seu território (transnacionais). Apesar de sua participação no montante da indústria mundial ter sofrido redução devido, entre outros fatores, ao rápido crescimento e competitividade de outros países (como os Tigres Asiáticos), os EUA ainda são o maior pólo mundial de investimentos, contando com o maior parque industrial do mundo, de grande potencial tecnológico.

Distribuição geográfica das indústrias nos EUA

A indústria estadunidense desenvolveu-se inicialmente no Nordeste e nas proximidades dos Grandes Lagos. Chamada ***manufacturing belt***, esta área de industrialização antiga ainda é a maior e a mais extensa área industrial dos EUA. Nela encontramos quase todos os tipos de indústria, embora sejam predominantes a siderúrgica, a mecânica, a metalúrgica (automobilística), a petroquímica, a alimentícia e a têxtil. Observe a figura 18.2.

FIGURA 18.2 • ESTADOS UNIDOS: PRINCIPAIS ÁREAS INDUSTRIAIS (2002)

Fontes: SERRYN, Pierre. *Atlas universel Bordas*. Paris: Bordas, 1998. p. 198-199; atualizado com base no *Calendario atlante De Agostini 2004*. Novara: Istituto Geografico De Agostini, 2003. p. 933.

Atualmente, novas áreas industriais se destacam nas proximidades do Golfo do México (siderúrgica, petroquímica, aeroespacial, automobilística); na Flórida (aeroespacial, eletrônica e petroquímica) e no litoral do Pacífico, compreendendo Los Angeles (siderúrgica, petroquímica, automobilística, têxtil), São Francisco e Seattle.

Entre os tecnopólos destacam-se o Silicon Valley, o Silicon Prairie, o Silicon Beach e o Electronic Highway. Observe novamente a figura 18.2.

De acordo com o *Calendario atlante De Agostini 2004* os Estados Unidos ocupam a seguinte posição na produção industrial mundial de alguns produtos selecionados: primeiro produtor mundial de pneus e veículos comerciais; segundo lugar em fibra de algodão; terceiro em tecido de algodão, cimento e automóveis; quarto em televisores; quinto em pesca.

3 A INDUSTRIALIZAÇÃO NO JAPÃO

O Japão ou *Nippon* ("sol nascente") é um país de civilização milenar, marcada em seus primórdios por forte influência cultural da China.

Alternando longos períodos de governo imperial e militar (xogunato), foi somente no século XVI que os japoneses fizeram contato com os povos ocidentais (europeus, especificamente). Esses contatos resultaram da presença, no Japão, de comerciantes e missionários católicos portugueses (1543), depois espanhóis e holandeses.

Pode-se dizer que somente a partir dessa época os japoneses se iniciaram nas artes da construção naval de maior porte e da navegação de longo curso, e conheceram as armas de fogo utilizadas pelos europeus. Entretanto, por razões políticas e religiosas, de 1637 (xogunato de Tokunawa) a 1853 (abertura do comércio ao Ocidente), o Japão permaneceu praticamente isolado do resto do mundo, evitando a interferência das potências expansionistas ocidentais.

País de estrutura feudal, economia agrícola e regime militar, após 1868, com a subida ao poder do jovem imperador Matsuhito (início da Era Meiji), o Japão abriu-se definitivamente para o Ocidente, dando início ao processo de industrialização e modernização que conhecemos atualmente. Observe a figura 18.3.

ASIAN ART & ARCHAEOLOGY, INC./ CORBIS-STOCK PHOTOS

FIGURA 18.3 Ilustração do final do século XIX representando a modernização industrial do Japão ocorrida na Era Meiji.

Para tanto, foi necessário romper com as estruturas arcaicas até então dominantes no país. Em outras palavras, procedeu-se a uma verdadeira revolução em quase todas as estruturas e setores essenciais ao desenvolvimento do país: extinção dos domínios feudais e da hierarquia social, modernização do Estado, criação de infra-estrutura industrial, profunda e rigorosa reforma educacional, preparação de educadores, técnicos e cientistas, rigorosa disciplina moral, forte apelo ao nacionalismo etc.

A Era Meiji (1868-1912)

Nesta fase, as empresas industriais foram constituídas pelas antigas famílias enriquecidas no período anterior por meio do comércio, da renda fundiária ou mesmo da manufatura, lembrando que uma das mais tradicionais do país é a manufatura têxtil. Essas famílias formaram, no início, quatro grandes grupos empresariais familiares, os chamados ***zaibatsu***: Mitsubishi, Mitsui, Sumitomo e Yasuda.

Sendo um país carente de recursos naturais, como ferro e carvão, e tendo em vista seu rápido crescimento industrial, o Japão lançou-se à corrida imperialista-colonialista. Em 1894 provocou uma guerra contra a China (pelo domínio da Coréia), derrotando-a em 1895. Ocupou, então, a porção Nordeste da China (Manchúria), que é rica em minérios. Em 1904-1905 foi a vez da Rússia. Ao avançar sobre as áreas de interesse do Japão (Manchúria, Coréia etc.), a Rússia acabou sendo derrotada pelos japoneses, perdendo parte das Ilhas Sakalinas.

Assim, o Japão acabou por conquistar uma considerável área (cerca de 300 mil km^2) para satisfazer suas necessidades econômicas (matérias-primas e mercados consumidores). O resultado foi que o Japão chegou à Primeira Guerra Mundial na condição de importante potência mundial, marcando definitivamente sua presença entre as principais potências.

A industrialização japonesa após a Segunda Guerra Mundial

Após a derrota na Segunda Guerra Mundial, em 1945, o Japão ficou sob a ocupação militar dos EUA até 1951, quando foi assinado o Tratado de Paz de São Francisco, na Califórnia. As principais conseqüências econômicas da Segunda Guerra Mundial para o Japão foram:

- queda na produção industrial;
- perda do domínio de áreas produtoras de matérias-primas industriais;
- dissolução dos conglomerados empresariais (*zaibatsu*);
- destruição de grande parte de seu parque industrial, das ferrovias e das instalações portuárias;
- proibição de produzir armamentos;
- controle das atividades econômicas pelos Estados Unidos até 1951.

A reconstrução do parque fabril japonês só ocorreu após 1950. Durante a década de 1950 os esforços foram canalizados para a normalização das atividades industriais do país. Para esse empreendimento, o Japão contou com vultoso financiamento externo, principalmente dos EUA. Em 1960 o país iniciou a retomada do crescimento industrial, realizando o chamado "milagre japonês". Na década de 1980, o Japão já se colocava entre os maiores produtores industriais do mundo.

Os fatores que possibilitaram a rápida expansão industrial japonesa foram a abertura de mercado nos moldes estadunidenses, a intensa exploração dos trabalhadores, a qualificação de uma grande parcela da abundante mão-de-obra, a elevada poupança interna, a importação de matéria-prima industrial (petróleo, ferro, carvão, bauxita, cobre etc.), a redução quase total dos gastos militares, a reorganização dos grandes trustes (*zaibatsu*) e os financiamentos externos. A intervenção do governo (representado pelo poderoso Ministério da Indústria e do Comércio Exterior), que organizou o sistema produtivo, além de fornecer financiamentos e subsídios, foi decisiva para o impulso industrial.

O sucesso do avanço industrial japonês deveu-se, além desses fatores, à reestruturação e à modernização da organização industrial e ao domínio do processo de fabricação. Observe, a seguir, outras características da industrialização japonesa.

- **Destino da produção** – Investiu-se na produção em larga escala para conquistar o mercado externo, principalmente o asiático.
- **Tecnologia** – Antes no papel de importador, o Japão passou a dominar gradativamente a produção de tecnologia e a aplicá-la na fabricação de produtos mais complexos. Passou, por exemplo, da eletrônica à produção de circuitos integrados, depois para as telecomunicações e para a informática, até chegar à indústria aeroespacial. Atualmente produz mercadorias utilizando tecnologia de ponta e tem papel de destaque no mercado e na comunidade científica internacional, dominando ramos importantes, como o de supercomputadores e robótica, além de se destacar na microeletrônica e na informática. Observe a figura 18.4.

FIGURA 18.4 A robótica do Japão é um dos ramos industriais mais desenvolvidos do país e do mundo. Indústria automobilística em Oppama, Japão, 1999.

TOM WAGNER / CORBIS-STOCK PHOTOS

Reino Unido

O Reino Unido é formado pela união dos três estados que compõem a ilha da Grã-Bretanha — Inglaterra, Escócia (desde 1707) e País de Gales (desde 1536) — e pela Irlanda do Norte (ou Ulster, incorporada à união em 1800), que luta por sua independência. As Ilhas Britânicas, por sua vez, são formadas pelo Reino Unido somado à República da Irlanda (ou Eire). Observe a figura 18.12.

FIGURA 18.12 • A ARITMÉTICA BRITÂNICA

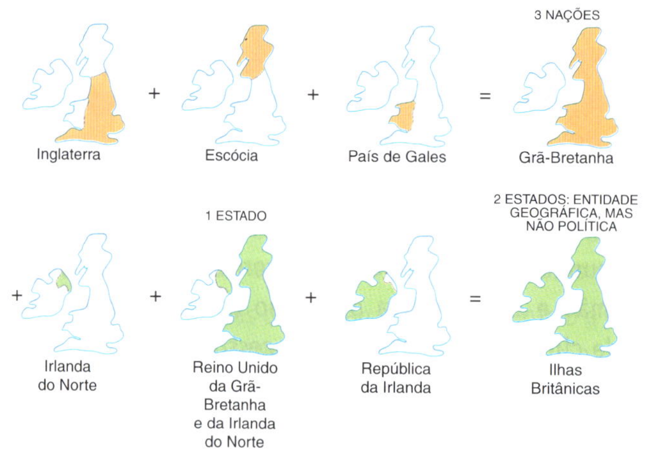

Fonte: *Calendario atlante Geografico De Agostini 2004*. Novara: Istituto Geografico De Agostini, 2003. p. 625-626.

A primeira indústria a se desenvolver na Inglaterra foi a têxtil, na segunda metade do século XVIII, sendo que os primeiros teares eram produzidos artesanalmente.

As indústrias inglesas instalaram-se inicialmente no centro do país, próximas às jazidas de carvão de Yorkshire, Lancashire, Midlands, entre outras, áreas industriais tradicionais, atualmente em decadência.

Durante mais de um século a Inglaterra dominou com exclusividade a produção industrial, organizada para viabilizar a maior concentração de capitais. Observe a figura 18.13.

FIGURA 18.13
Representação do interior de uma indústria têxtil na Inglaterra, cerca de 1840.

AKG-IMAGES / STOCK PHOTOS

Possuidora de carvão, capital e tecnologia, a Inglaterra (e posteriormente as demais nações desenvolvidas) fortaleceu gradativamente as indústrias de base, somando-as ao domínio sobre as indústrias de bens de consumo (como a têxtil).

Na Segunda Revolução Industrial, as indústrias passaram a ser instaladas perto de portos como Liverpool, Glasgow e Londres.

Na condição de maior potência industrial e imperial, a Inglaterra passou a importar, principalmente de suas colônias de clima temperado, alimentos e matérias-primas que seriam transformadas industrialmente para abastecer os mercados interno e mundial. A concentração e a acumulação de capitais permitiram ao capitalismo britânico criar trustes e cartéis e estabelecer monopólios e oligopólios. O acirramento das disputas pelos mercados consumidores e pelos domínios coloniais entre as principais potências européias acabou contribuindo para a eclosão das duas guerras mundiais do século XX.

Após as guerras mundiais ocorreu o enfraquecimento econômico e industrial do Reino Unido e a conseqüente perda de sua hegemonia mundial em favor dos Estados Unidos, a nova potência mundial emergente.

O Reino Unido foi também superado pelos países que apresentaram um grande desenvolvimento tecnológico, industrial e econômico a partir da década de 1960, como o Japão e a Alemanha, e mais recentemente pela França e pela Itália.

Atualmente, as regiões metropolitanas de Londres e Birmingham são os principais centros industriais, polarizando cidades menores. Abrigam modernas e diversificadas indústrias como a automobilística, a mecânica de precisão, a eletrônica, a aeronáutica, a de transporte etc.

É importante ressaltar que o Reino Unido ainda é uma das grandes potências da União Européia, embora resista em adotar a moeda única, o euro, em substituição à libra esterlina. Ultimamente tem se alinhado com os Estados Unidos, como no caso dos bombardeios contra o Iraque (1991, 1998 e 2003), a Iugoslávia (1999) e o Afeganistão (2001).

Em 2002, o PIB do Reino Unido era o quarto do mundo. De acordo com o *Calendario atlante De Agostini 2004*, é o oitavo produtor mundial de automóveis e o décimo de pneus. Observe a figura 18.14 com as principais áreas industriais do Reino Unido.

FIGURA 18.14 • REINO UNIDO: PRINCIPAIS ÁREAS INDUSTRIAIS E RECURSOS MINERAIS (2002)

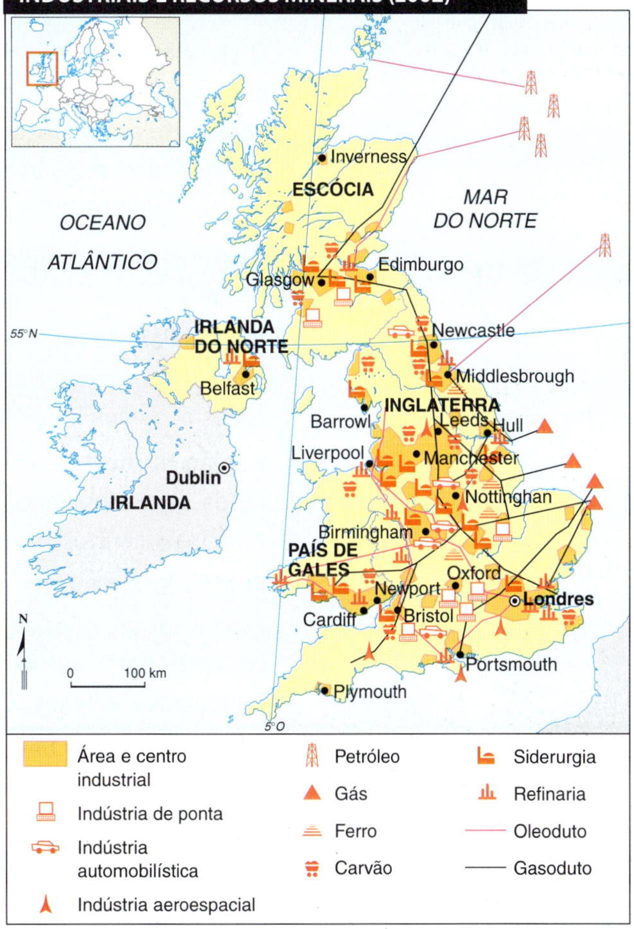

Fontes: SERRYN, Pierre. *Atlas universel Bordas*. Paris: Bordas, 1998. p. 62; atualizado com base no *Calendario atlante De Agostini 2004*. Novara: Istituto Geografico De Agostini, 2003. p. 836.

França

A França só iniciou sua industrialização de forma sistemática a partir da segunda metade do século XIX. Esse retardamento industrial deveu-se a alguns obstáculos, tais como a longa duração do Antigo Regime, que só foi derrubado pela Revolução Francesa em 1789, o fato de a França ser um país rural ainda no século XVIII, a tradição de pequenas indústrias artesanais (que dificultou a acumulação de grandes capitais) e a demora em iniciar a exploração de carvão mineral.

Com o aproveitamento das jazidas de ferro e de carvão do Noroeste e do Norte do país, a siderurgia e a metalurgia tiveram grande desenvolvimento. A exemplo do Reino Unido, a França também organizou um importante império colonial para se abastecer de matérias-primas e ampliar seu mercado consumidor.

Após a Segunda Guerra Mundial, vários fatores aceleraram o crescimento e a modernização da indústria francesa. Os principais foram:

- o rápido crescimento e a concorrência da indústria alemã;
- o aumento populacional resultante do crescimento da taxa de natalidade e do retorno de grandes contingentes populacionais das ex-colônias, pressionando o mercado de trabalho;
- a ajuda financeira dos EUA (por meio do Plano Marshall).

O crescimento industrial francês foi acompanhado pela modernização do setor energético, desde a indústria carbonífera e a implantação de hidroelétricas nos Alpes até a construção de usinas nucleares. Uma das características desta nova fase foi o desenvolvimento de setores altamente sofisticados, com a incorporação de tecnologias bastante avançadas.

Atualmente, o parque industrial francês distribui-se por quatro áreas principais.

- **Região Parisiense** – Continua a ser a mais importante região industrial da França, com indústrias diversificadas e modernas. Encontram-se aí quase todos os ramos industriais, do têxtil ao aeronáutico.
- **Região Nordeste** – Principal área siderúrgica, importante quanto aos produtos derivados de carvão e de ferro, e da indústria química. Tem como principais centros Nancy, Lorena e Estrasburgo.
- **Região Norte** – Trata-se de uma região carbonífera de grande diversificação industrial, onde se destacam os ramos siderúrgico, metalúrgico, químico, têxtil entre outros. Os principais centros industriais são Amiens, Lille, Dunquerque e Reims. Observe as figuras 18.15 e 18.16, ao lado.
- **Região de Lyon** – Destaca-se pelas indústrias de bens de produção, química e mecânica de precisão.

Além destas regiões, destacam-se os tecnopólos de Nice e Toulouse (aeroespacial).

A França é a quarta produtora mundial de pneus e automóveis, a sétima produtora mundial de rádios e a oitava produtora de veículos comerciais (*Calendario Atlante De Agostini 2004*). Observe novamente a figura 18.15.

FIGURA 18.15 • FRANÇA: PRINCIPAIS ÁREAS INDUSTRIAIS E RECURSOS MINERAIS (2002)

Fontes: SERRYN, Pierre. *Atlas universel Bordas*. Paris: Bordas, 1998. p. 50; atualizado com base no *Calendario atlante De Agostini 2004*. Novara: Istituto Geografico De Agostini, 2003. p. 505.

CHARLES JEAN MARC / CORBIS-SIGMA-STOCK PHOTOS

FIGURA 18.16 Indústria localizada em Ile de France, França, 1997.

Itália

A exemplo da Alemanha, a Itália só conheceu o desenvolvimento industrial após sua unificação política, em 1870. Mesmo assim, a industrialização do país foi prejudicada e até retardada em relação aos outros países europeus em virtude, sobretudo, da escassez de energia e de matérias-primas (jazidas de carvão e de ferro).

Antes da Segunda Guerra Mundial a Itália já possuía os setores têxtil e alimentício bastante evoluídos, mas as indústrias de base (siderurgia e outras) ainda estavam pouco desenvolvidas.

Ao término da guerra, o desenvolvimento industrial italiano sofreu grande incremento, principalmente com a entrada de capitais estadunidenses (Plano Marshall) e a ampliação do mercado consumidor.

FIGURA 18.17 • ITÁLIA: PRINCIPAIS ÁREAS INDUSTRIAIS E RECURSOS MINERAIS (2002)

Fontes: SERRYN, Pierre. *Atlas universel Bordas*. Paris: Bordas, 1998. p. 118; atualizado com base no *Calendario atlante De Agostini 2004*. Novara: Istituto Geografico De Agostini, 2003. p. 190-204.

Nas últimas décadas, contando com a ajuda de capital externo, forte participação do Estado e avanço tecnológico, o país modernizou e diversificou seu parque industrial. Apresenta o quinto maior PIB do mundo (2002).

País marcado por grande contraste geoeconômico entre o norte (industrial) e o sul (agrícola), a Itália apresenta seu parque industrial concentrado no norte do país, onde se destacam Turim, Bolonha (indústria automobilística), Milão (centro industrial, financeiro e comercial), Gênova (indústria naval) e Veneza (siderurgia). Na porção central (Roma e proximidades) destacam-se os ramos têxtil, mecânico, automobilístico e químico.

A Itália é a terceira produtora mundial de pneus, a quarta de automóveis, a sétima de rádios e a oitava de papel. Observe as figuras 18.17 e 18.18.

FIGURA 18.18 Construção de barcos em Lavagna, próximo a Gênova, Itália, 2000.

GIDEON MENDEL / CORBIS-STOCK PHOTOS

6 A FEDERAÇÃO RUSSA E A COMUNIDADE DOS ESTADOS INDEPENDENTES (CEI)

A análise do passado histórico mostra que, em comparação com os países europeus ocidentais, a Rússia sempre foi marcada por considerável atraso social, político e econômico, decorrente, entre outras, das seguintes causas:

- excesso de poder e riqueza nas mãos do Estado, em contraste com a situação de miséria da grande massa de camponeses e trabalhadores em geral;
- existência de uma nobreza formada não por meio da produção de riquezas ou do poder econômico, mas pelos favores do próprio Estado;
- militarização do Estado e da sociedade;
- inexistência ou extrema dificuldade de mobilidade (ascensão) social dos camponeses;
- longos períodos de isolamento em relação ao restante do mundo.

Às vésperas da Primeira Guerra Mundial, a Rússia era um país pouco industrializado. Além disso, grande parte de sua frágil indústria era dominada por capitais estrangeiros e estava quase totalmente concentrada na Ucrânia (Donbass), em Moscou e em São Petersburgo.

A expansão industrial da Rússia socialista

O desenvolvimento industrial da Rússia (principal república da URSS a partir de 1922, denominada Federação Russa depois de 1991) só ocorreu de fato após a criação e a implantação do primeiro Estado socialista do mundo. Apesar de desencadeada em outubro de 1917, foi somente em 1921 que a Revolução Socialista de fato se consolidou. A partir de então, a reorganização da indústria e da própria economia do país — seriamente afetadas pela Primeira Guerra Mundial e pela guerra civil (1918-1921) — começou a ser feita por meio da implantação da **Nova Política Econômica (NEP)**.

Durante o período de vigência da NEP (1921-1927), o governo restaurou algumas práticas capitalistas; entretanto, tal fato não impediu que essa política alcançasse grande sucesso econômico. Nesse período, aproveitando as grandes jazidas minerais e combustíveis do país, os maiores investimentos foram dirigidos aos setores considerados fundamentais, como a produção de matérias-primas, energia e aquisição de maquinaria pesada, além da produção de alimentos.

Por serem setores estratégicos e necessários à defesa do país, a indústria de base (siderurgia, metalurgia, química, energia etc.) e o ramo dos transportes tiveram grande desenvolvimento, enquanto as indústrias de bens de consumo ficaram relegadas a segundo plano.

A partir de 1928 teve início a planificação econômica. Com a implantação de planos qüinqüenais, sob a orientação e o controle do Estado soviético, o desenvolvimento industrial foi grande, até ser seriamente abalado pela Segunda Guerra Mundial. Do final da guerra até 1950 os esforços concentraram-se em reconstruir e reinstalar o parque industrial semidestruído. A partir daí, os principais objetivos passaram a ser: a produção de equipamentos industriais, agrícolas e bélicos e o desenvolvimento do setor aeroespacial. Na década de 1960, a URSS já era a segunda potência industrial do mundo.

A Rússia após o fim da União Soviética

Após meio século de crescimento o império soviético se desmantelou e a situação se modificou muito. A transição para o capitalismo deixou graves seqüelas. O capital internacional não investiu significativamente na compra e na modernização das indústrias e das empresas estatais. Muitas delas viraram sucata ou tiveram de fechar as portas, lançando seus trabalhadores nas filas de desempregados. Os conflitos étnicos se multiplicaram. O fim do Comecom (mercado comum do bloco socialista) agravou ainda mais a situação, pois as matérias-primas e os produtos industrializados deixaram de ser comercializados entre esses parceiros comerciais.

Mesmo assim, a Federação Russa é a quarta produtora mundial de energia elétrica, a quinta de fibras artificiais e a oitava de cimento (*Calendario atlante De Agostini 2004*).

A Rússia, junto com onze das quinze repúblicas que constituíam a União Soviética, formaram, em 1991, a **Comunidade dos Estados Independentes (CEI)**. Com a liberação dos preços, o fim dos subsídios e as privatizações desordenadas, os problemas e a crise econômica se agravaram e a qualidade de vida tem piorado não só na Federação Russa, mas em todas as repúblicas que compunham a URSS, além dos países da Europa Oriental. Dificuldades econômicas internas, queda nas exportações e declaração de moratória fizeram da Federação Russa o centro de uma crise financeira de alcance internacional em 1998.

Os países da CEI ainda possuem um grande arsenal nuclear e aeroespacial. No entanto, o atraso tecnológico e a falta de conservação das indústrias e do material bélico podem gerar desastres, assim como acidentes nucleares e ecológicos. Observe as figuras 18.19 e 18.20, na página ao lado.

TUTOV YURI / CORBIS SYGMA-STOCK PHOTOS

FIGURA 18.19 Submarino nuclear russo Kursk, que afundou em 12 de agosto de 2000 no Mar de Barents. Apesar de o governo russo ter informado que não havia armas nucleares a bordo, a tragédia, que levou à morte 118 marinheiros, alerta para os perigos de acidentes nucleares e o aumento do lixo nuclear no Ártico. Foto de 2000.

FIGURA 18.20 • CEI: PRINCIPAIS REGIÕES INDUSTRIAIS E RECURSOS MINERAIS (2002)

Fontes: SERRYN, Pierre. *Atlas universel Bordas*. Paris: Bordas, 1998. p. 124; atualizado com base no *Calendario atlante De Agostini 2004*. Novara: Istituto Geografico De Agostini, 2003. p. 866.

7 OS NOVOS PAÍSES INDUSTRIALIZADOS

Nos países de industrialização tardia o processo industrial resultou fundamentalmente da internacionalização do capital e da expansão mundial das empresas transnacionais após a Segunda Guerra Mundial. Alguns deles já dispõem de parques industriais relativamente grandes, complexos e diversificados, sendo que em alguns setores (aço, cimento, tecidos e automóveis, por exemplo) suas produções aproximam-se e até mesmo ultrapassam a produção de alguns países desenvolvidos de industrialização mais antiga.

Os principais países subdesenvolvidos industrializados — China, Brasil, México, Turquia, Índia, Tigres Asiáticos e Novos Tigres — apresentam muitas diferenças entre si.

Tigres Asiáticos

A industrialização de Coréia do Sul, Taiwan, Cingapura e Hong Kong (China), além de tardia (final da década de 1980, já na era da globalização), foi também explosiva. Em poucas décadas, o espaço e a economia se modificaram: surgiram modernas metrópoles e centros empresariais, foram implantadas empresas exportadoras etc. Entre 1960 e 1980, o crescimento médio anual do PIB atingiu o excelente desempenho de aproximadamente 8%. De 1990 a 1996 o incremento anual da produção industrial desses países foi de 10,6%.

O avanço da industrialização deveu-se principalmente à expansão das transnacionais, à oferta de mão-de-obra abundante, barata e disciplinada, às políticas governamentais favoráveis (incentivos fiscais, facilidades para exportações e remessas de lucros para o exterior) e à especialização inicial em mercadorias que demandavam tecnologia tradicional (têxtil, calçados, brinquedos), além da exportação de bens de consumo e dos altos investimentos externos. Incorporando novas tecnologias, os Tigres Asiáticos passaram a produzir e exportar mercadorias de valor mais elevado, como eletrônicos, máquinas elétricas e, posteriormente, computadores, automóveis etc.

- **Coréia do Sul**

Neste grupo de países, a Coréia do Sul, com uma indústria dinâmica e diversificada, destaca-se no setor de eletrônica, calculadoras e telecomunicações, sendo a segunda produtora mundial de televisores, pneus e navios, a quinta produtora mundial de automóveis e a sétima produtora de veículos comerciais (*Calendario atlante De Agostini 2004*). Na Coréia do Sul tem ocorrido um crescimento espetacular de grandes empresas transnacionais, como a Daewoo, a Sandgong, a Samsung e a Hyundai.

- **Taiwan**

Também conhecida como Formosa, tem se destacado na produção industrial, ocupando a terceira posição na produção mundial de bicicletas, a quinta em rádios e a oitava em navios e tecidos de algodão. Em 2001, contudo, o país foi atingido por uma grave recessão em decorrência da queda na demanda por produtos de alta tecnologia e da desaceleração da economia dos Estados Unidos.

Novos Tigres

Constituído por Malásia, Indonésia, Filipinas e Tailândia, o bloco dos Novos Tigres não conta com o mesmo dinamismo dos Tigres Asiáticos, mas tentam trilhar o mesmo caminho. Seu crescimento industrial deu uma arrancada no final dos anos 1980 em razão, principalmente, de uma política agressiva de diminuição de impostos e favorecimento às transnacionais.

Observe na figura 18.21 a estrutura das exportações de produtos industrializados dos Tigres e dos novos Tigres Asiáticos.

FIGURA 18.21 • TIGRES E NOVOS TIGRES ASIÁTICOS: ESTRUTURA DAS EXPORTAÇÕES (1960-2000)

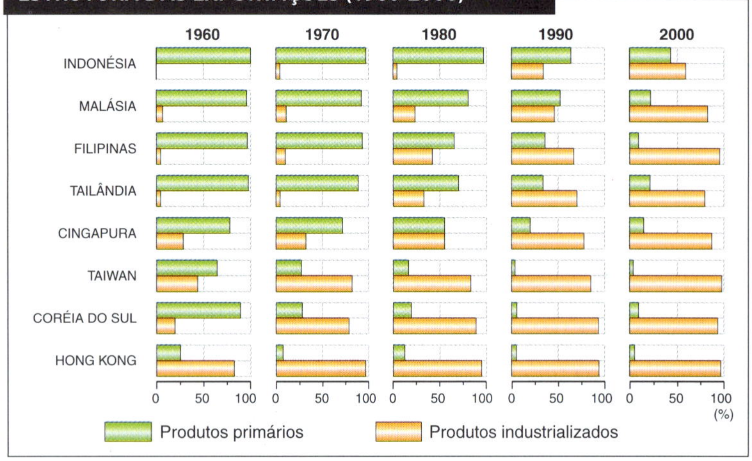

Fonte: FERREIRA, Graça Maria L. *Atlas geográfico:* espaço mundial. 2. ed. São Paulo: Moderna, 2003. p. 72.

China

No final da década de 1970, a China empreendeu uma série de reformas (economia socialista de mercado), dando início a um processo de reestruturação econômica e modernização dos setores econômicos (assunto estudado também no capítulo 7). O renascimento das empresas privadas privilegiou as áreas litorâneas. Foram criadas zonas francas, as **Zonas Econômicas Especiais (ZEE)**, abertas à economia internacional e aos investimentos estrangeiros. Nelas, empresas e indústrias se beneficiam de taxas alfandegárias e de fiscalização reduzida ou nula, e realizam a terceirização industrial (em geral, montagem de produtos). Todas estas reformas propiciaram ao país um crescimento médio superior a 10% ao ano a partir de 1978. Observe a figura 18.22. Contudo, houve um aprofundamento das desigualdades sociais e regionais.

Seguindo o caminho dos Tigres Asiáticos, a China tem atraído vultosos capitais e recebido investimentos estrangeiros no setor produtivo, pois sua mão-de-obra está entre as mais baratas do mundo, além de contar com abundância de matéria-prima mineral e energia de baixo custo.

A China é a primeira produtora mundial de tecidos e fibras de algodão, bicicletas, papel, televisores, rádios, cimento e pesca; a segunda produtora de energia elétrica; a terceira em veículos comerciais e navios; a quinta em tratores (*Calendario atlante De Agostini 2004*). Observe a figura 18.23.

JON HICKS / CORBIS-STOCK PHOTOS

FIGURA 18.22 A modernização econômica é visível nas paisagens urbanas da China. Centro de Convenções em Xangai, China, 2003.

FIGURA 18.23 • CHINA: REGIÕES INDUSTRIAIS (2002)

Fontes: SERRYN, Pierre. *Atlas universel Bordas*. Paris: Bordas, 1998. p. 151; atualizado com base no *Calendario atlante De Agostini 2004*. Novara: Istituto Geografico De Agostini, 2003. p. 387.

Índia, México e Brasil

Exemplos de industrialização tardia, estes países impulsionaram seus setores industriais permitindo a entrada de empréstimos de transnacionais, como o Brasil, ou desenvolvendo o protecionismo e a intervenção estatal na formação do parque industrial, como a Índia. A indústria se tornou um setor de peso na economia desses países.

A **Índia** é a segunda produtora mundial de têxteis, fio de algodão, fibras artificiais, bicicletas, e cimento, e a quarta em pesca (*Calendario atlante De Agostini 2004*). As principais indústrias da Índia situam-se no nordeste do país (metalúrgica pesada) e em Mumbai (indústria leve).

O **México** tem implantado ao longo de sua fronteira com os EUA diversas zonas francas que funcionam como **montadoras** ou "maquiladoras" para as indústrias estadunidenses. Utilizando mão-de-obra barata, essas indústrias importam peças, montam o produto final e exportam com isenção de impostos. Volte a observar a figura 18.2. O México é o quinto produtor mundial de veículos comerciais e o sétimo de bicicletas.

O **Brasil**, possuidor de um grande mercado interno e abundantes recursos naturais, tem uma indústria diversificada e conta com um desenvolvido setor de alta tecnologia (aeronáutica, telecomunicações, energia nuclear, informática etc.). O primeiro tecnopólo brasileiro formou-se no município paulista de São José dos Campos, onde foram instalados o Instituto Tecnológico da Aeronáutica (ITA), o Instituto Nacional de Pesquisas Espaciais (Inpe) e a Empresa Brasileira de Aeronáutica (Embraer). Outros tecnopólos se instalaram em regiões de universidades públicas, como São Carlos e Campinas (SP), Rio de Janeiro (RJ), Curitiba (PR), Florianópolis (SC) e Campina Grande (PB).

O Brasil é o sexto produtor mundial de cimento, pneus, bicicletas, e o sétimo de automóveis, tratores e televisores (*Calendario atlante De Agostini 2004*).

Praticando e Aprendendo

Organizando o conteúdo

1. O que é o G-7 e que países o compõem?
2. Cite três fatores que favoreceram o desenvolvimento industrial dos EUA.
3. Relacione a expansão industrial dos EUA com as duas guerras mundiais.
4. Qual é a importância do Japão na economia mundial?
5. Cite duas características que fazem da porção Oeste da Alemanha, especialmente o Vale do Ruhr, a região industrial mais importante do país.
6. A Inglaterra foi pioneira na Revolução Industrial e dominou por mais de um século a produção industrial mundial. Quando teve início seu enfraquecimento econômico e industrial? Que potências a ultrapassaram?

»

7. Diferencie estas regiões européias: Grã-Bretanha, Reino Unido e Ilhas Britânicas.

8. Após meio século de crescimento, houve o desmantelamento do império soviético. Que conseqüências a transição para o capitalismo trouxe à indústria russa?

9. O que são ZEE? Como elas propiciaram o crescimento da economia chinesa?

O QUE MAIS HÁ PARA VER

Livros

- *A acumulação do capital*. São Paulo: Loyola, 1982. (Col. Brasil dos trabalhadores). n. 4.
- MENDONÇA, Sônia Regina de. *A industrialização brasileira*. 2. ed. São Paulo: Moderna, 2004. (Col. Polêmica)
- POMAR, Wladimir. *China* – o dragão do século XXI. São Paulo: Ática, 1996. (Col. História em movimento)

Filmes

- *Fábrica de loucuras* (EUA, 1986); dir. Ron Howard; distr. Paramount Pictures; 108 min. Moradores de pequena cidade norte-americana mobilizam-se após o fechamento da fábrica de automóveis que emprega boa parte da população local. O filme enfatiza o choque cultural instalado com a chegada dos japoneses, que concordam em assumir a empresa falida, mas aplicando os métodos orientais de trabalho.
- *Tempos modernos* (EUA, 1936); dir. Charles Chaplin; distr. United Artists; 87 min. Trabalhador inventa uma máquina revolucionária que supostamente trabalha em seu horário de almoço na linha de montagem e é internado num sanatório. Quando sai, se vê desempregado e, para piorar, é confundido com um comunista, líder de um protesto operário.

Sites

- http://www.bndes.gov.br/conhecimento/relato/sucata.pdf Página do *Site* do Banco Nacional de Desenvolvimento Econômico e Social que traz texto sobre a indústria do ferro e do aço, suas ofertas e inovações no mercado. Acesso em: 10 maio 2005.
- http://www.city.toyohashi.aichi.jp/por/index_g.html *Site* das indústrias localizadas na cidade de Toyohashi, no Japão, que trata de seus principais produtos e da questão do intercâmbio entre universidades e indústria. Acesso em: 10 maio 2005.

19.

A PRODUÇÃO, O USO E A GEOPOLÍTICA DA ENERGIA

1 INTRODUÇÃO

Nos primórdios de sua história o ser humano utilizava apenas a energia dos próprios músculos. Com o decorrer do tempo passou a usar também outras fontes de energia, tais como a força animal (boi, cavalo), o fogo (queima de madeira), a água (rodas d'água) e o vento (moinhos).

A partir do século XVIII, com a Revolução Industrial, o homem passou a utilizar as chamadas **fontes de energia modernas** (carvão mineral, petróleo e gás natural, hidreletricidade, energia atômica ou nuclear), de rendimento muito mais elevado.

Diferentes fontes de energia movimentam a máquina mundial da produção. No entanto, para que possa se beneficiar de uma fonte de energia, determinada sociedade precisa basicamente dominar a tecnologia necessária para empregá-la ou ter condições para adquiri-la. A energia nuclear, por exemplo, exige um nível de desenvolvimento e condições tais que, atualmente, tornam seu uso restrito a poucas sociedades.

Plataforma de petróleo no Rio de Janeiro, 2000.

IARA VENANZI / KINO

2 CLASSIFICAÇÃO DAS FONTES DE ENERGIA

As **fontes de energia primárias**, ou seja, de energia fornecida pela natureza, são classificadas em renováveis e não-renováveis.

- **Fontes de energia renováveis** – São as que têm a possibilidade de se renovar, como a energia solar, a hidráulica, a **eólica** (dos ventos), a das marés e a da **biomassa** (material orgânico em compostagem que, quando em decomposição, libera gases combustíveis; por exemplo, lenha e carvão vegetal). Muitas destas fontes renovam-se naturalmente e, se administradas com cuidado (por meio das práticas de conservação), podem durar indefinidamente.
- **Fontes de energia não-renováveis** – Recebem esta denominação porque se esgotam com o uso. Para que elas se formassem, foram necessários milhões de anos, sob condições específicas da história geológica da Terra que dificilmente voltarão a se repetir. Compreendem os combustíveis fósseis (carvão mineral, petróleo, xisto) e os minerais energéticos e radioativos (como urânio e tório). Observe a figura 19.1.

ATEF HASSAN / REUTERS-NEWSCOM

FIGURA 19.1 A explosão da demanda mundial de combustíveis foi responsável pela crescente importância dos países produtores de petróleo no cenário mundial. Refinaria de petróleo em Basra, Iraque, 2005.

As fontes de energia também podem ser classificadas em **antigas** ou **arcaicas** (força muscular, tanto animal quanto humana, fogo etc.), **modernas** (carvão mineral, petróleo, hidreletricidade e energia nuclear) e **alternativas** (energia solar, eólica, das marés, geotérmica e outras).

A Primeira Revolução Industrial (a partir de 1750) foi movida pela energia do carvão. Na Segunda Revolução Industrial (meados do século XIX e começo do século XX), além do carvão, empregaram-se o petróleo, o gás natural e a energia hidrelétrica. Em meados do século XX, utilizou-se a energia nuclear com finalidades não-pacíficas, no Japão (1945). Posteriormente, apesar da constante ameaça das bombas atômicas durante a Guerra Fria, a energia nuclear tem sido utilizada na geração de eletricidade, embora também comporte o risco de acidentes graves, como veremos adiante.

3 DESIGUALDADES MUNDIAIS NO CONSUMO DE ENERGIA

Um dos grandes problemas do mundo atual é que, com o aumento da população e da produção, aumentou o consumo de energia. O petróleo, o gás natural e o carvão respondem por quase 80% da produção mundial de energia. Por serem ainda a base energética da sociedade industrial, seu consumo aumentou muito nas últimas décadas, principalmente nos países industrializados. E por fazerem parte dos recursos não-renováveis, o estoque mundial destas fontes de energia está ficando escasso.

A utilização mundial de energia quadruplicou nos últimos cinqüenta anos. Apesar disso, quase um terço da população (dois bilhões de pessoas) não dispõe de eletricidade. Assim como o consumo, a distribuição geográfica das fontes de energia no mundo é muito irregular. Observe na figura 19.2 a porcentagem do consumo de fontes de energia no mundo e na tabela da página ao lado o consumo de energia no mundo por regiões.

A seguir estudaremos as principais fontes de energia modernas.

FIGURA 19.2 • CONSUMO DE ENERGIA NO MUNDO, SEGUNDO AS FONTES (2002)

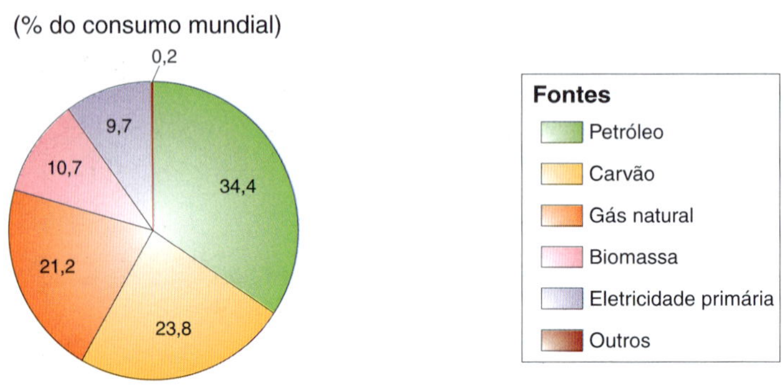

Fonte: *L'état du monde 2004*. Paris: La Découverte, 2003. p. 76.

CONSUMO DE ENERGIA NO MUNDO (em Mtep*) – 2002						
Região	Petróleo e derivados	Combustível sólido**	Gás natural	Biomassa	Eletricidade primária***	Total
América do Norte	973,6	560,5	589,8	85,1	300,6	2.509,7
Europa	646,9	235,2	369,2	63,5	294,3	1.609,1
Ásia do Pacífico	296,1	149,3	86,1	12,5	103,1	647,2
Europa Oriental e ex-URSS	252,3	283,5	547,2	24,0	104,5	1.211,5
América Latina	305,8	27,3	123,5	95,6	64,9	617,1
Ásia em desenvolvimento	678,1	1.048,4	192,5	585,3	104,6	2.608,9
África	107,4	87,6	55,8	213,1	10,1	474,1
Oriente Médio	208,1	9,8	180,5	1,1	1,8	401,3
Total	3.468,4	2.401,6	2.144,7	1.080,4	984,0	10.079,0

* Milhões de toneladas equivalentes de petróleo, unidade de medida de energia.
** Principalmente carvão mineral.
*** Compreende a hidráulica, a nuclear, a geotérmica e as não-renováveis transformadas em eletricidade.

Fonte: *L'état du monde 2004*. Paris: La Découverte, 2003. p. 76.

4 PETRÓLEO

Origem, extração e aproveitamento

O **petróleo** é uma substância oleosa constituída basicamente por uma combinação de hidrogênio e carbono (hidrocarboneto), de densidade inferior à da água. De origem orgânica, formou-se pela deposição de restos animais e vegetais junto com a lama no fundo de ambientes marinhos (litorais, golfos, baías, deltas, antigos mares etc.). Com o decorrer do tempo, a matéria orgânica, já decomposta e coberta por sucessivas camadas de sedimentos, sofreu transformações químicas e bioquímicas dando origem ao petróleo, que pode ser encontrado em bacias sedimentares, em profundidades que variam desde algumas dezenas até centenas ou milhares de metros. Observe na figura 19.3 que a água ocupa a parte inferior, em seguida vem o petróleo e, na parte superior o gás (por ser mais leve e menos denso).

FIGURA 19.3 • TIPO CLÁSSICO DE JAZIMENTO PETROLÍFERO

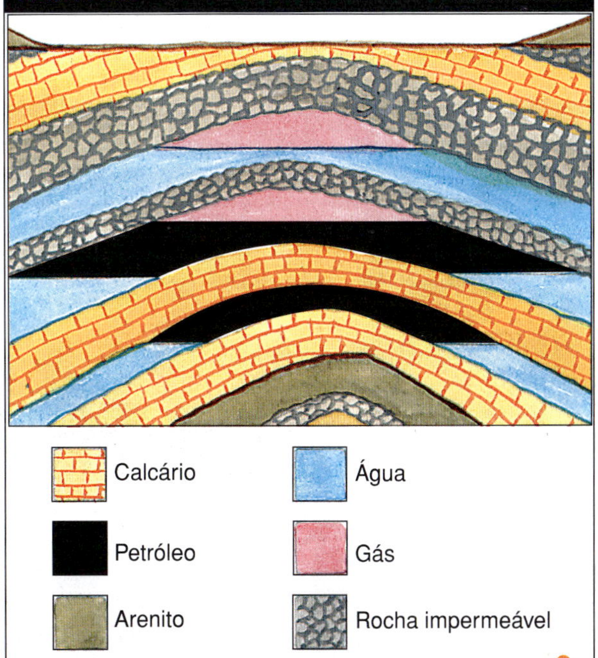

Fonte: LEINZ, Viktor e AMARAL, Sérgio Estanislau do. *Geologia geral*. 12. ed. São Paulo: Nacional, 1995. p. 223.

Rochas impermeáveis permitem a formação de lençóis petrolíferos. Em geral, o petróleo armazena-se em rochas porosas como calcário e arenito.

Para que o petróleo chegue ao consumidor final, são necessárias várias etapas de trabalho, como a pesquisa ou prospecção (localização e avaliação das áreas petrolíferas), a extração (perfuração de poços) e o transporte até as refinarias (geralmente marítimo ou por oleodutos, como você vê na figura 19.4.), onde o petróleo é transformado em subprodutos. Pela destilação do petróleo obtêm-se, por exemplo, gasolina (combustível para veículos e aviões), gases (utilizado para cozinhar etc.), querosene (iluminação, aquecimento, motores), óleo diesel (veículos e máquinas industriais), óleo combustível (máquinas industriais, usinas termelétricas), óleo lubrificante (reduz o atrito nas máquinas) e asfalto (pavimentação, impermeabilização, isolamento).

Além de possuir maior poder calorífico que o carvão, o petróleo tem a vantagem de se apresentar sob a forma líquida, o que facilita sua extração e transporte. Tem aplicações muito diversificadas e seus subprodutos — produzidos pela **indústria petroquímica** —, como fibras sintéticas, objetos de plástico, roupas sintéticas, chicletes, entre outros, estão presentes no dia-a-dia das pessoas.

Devido ao aproveitamento cada vez mais diversificado e ao aumento no consumo, as refinarias — que antes situavam-se junto às áreas de extração — passaram a se localizar próximas aos mercados consumidores. Com isso, o transporte de petróleo bruto substituiu o transporte dos derivados. O Brasil, por exemplo, que no início importava derivados de petróleo, hoje importa petróleo bruto, que é refinado aqui no país.

FIGURA 19.4 O oleoduto é o meio mais seguro e econômico de transportar petróleo. Oleodutos em Bagdá, Iraque, década de 1980.

JACQUES PAVLOVSKY / SYGMA CORBIS-STOCK PHOTOS

A localização das jazidas de petróleo

Não existe consenso no tocante à duração das jazidas de petróleo. As piores previsões têm sido refutadas a partir de novas descobertas e das possibilidades de novas tecnologias de exploração que permitirão extrações em campos difíceis, como as profundezas do oceano e a Sibéria. Alguns cientistas acreditam que a quantidade real de petróleo em um campo acaba sempre sendo muito maior do que o estimado inicialmente. No entanto, por ser um recurso finito e por continuar a ter grande demanda, tudo indica que a produção mundial está perto de chegar ao seu limite. Calcula-se que, mantidas as atuais taxas de consumo, as reservas mundiais conhecidas se esgotarão em cerca de 35 anos. Observe no mapa (figura 19.5) as áreas que possuem as maiores reservas de petróleo e os principais fluxos de exportação e importação.

FIGURA 19.5 • O PETRÓLEO NA ECONOMIA MUNDIAL (2002)

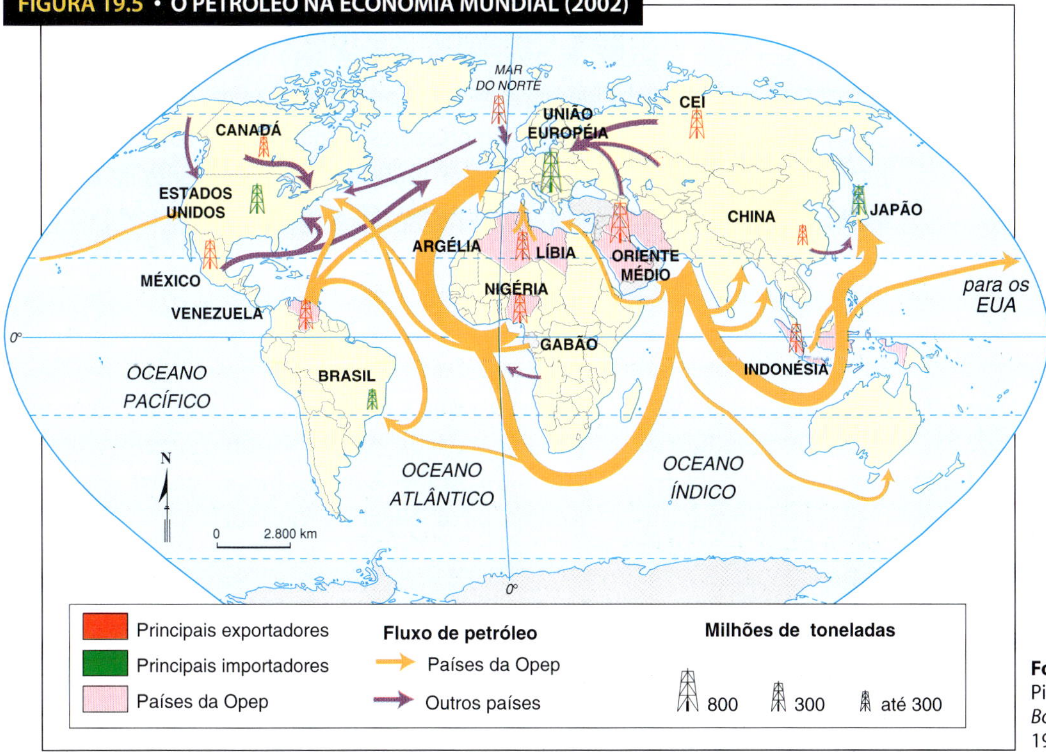

Fonte: SERRYN, Pierre. *Atlas universel Bordas*. Paris: Bordas, 1998. p. 21.

A importância geopolítica do petróleo

Desde a descoberta do "ouro negro" (em 1859, na Pensilvânia, EUA) até o final do século XIX, já estavam estruturados os fundamentos de uma indústria que iria promover uma revolução econômica e tecnológica no mundo: a indústria petrolífera. Utilizado comercialmente há menos de 150 anos, o petróleo tornou-se o combustível mais importante da atualidade.

Em 1928 formou-se o famoso cartel das sete irmãs do petróleo, constituído por cinco empresas estadunidenses (Standard Oil de New Jersey ou Exxon, Texaco, Mobil Oil, Gulf Oil e Standard Oil da Califórnia ou Chevron), uma anglo-holandesa (Royal-Dutch Shell) e por uma estatal britânica (British Petroleum).

A partir daí, as sete irmãs passaram a reinar de modo absoluto no mundo do petróleo, dividindo o mercado mundial e uniformizando o preço do produto. Cada uma das empresas obteve primazia no abastecimento do mercado mais próximo.

Os primeiros obstáculos à marcha do cartel das sete irmãs só começaram a surgir a partir de 1938, com a nacionalização do petróleo mexicano e a criação de uma empresa estatal (Pemex) para explorá-lo. A partir de então, a política de nacionalização do petróleo multiplicou-se, estendendo-se, por exemplo, à Itália, ao Brasil (década de 1950) e à Venezuela (década de 1960).

Os países que não nacionalizaram o seu petróleo passaram a apresentar às empresas do cartel novas exigências legais e econômicas, como a maior participação nos lucros. Algumas empresas, como a Enti Nazionale Idrocarburi (ENI), da Itália, passaram também a explorar petróleo no exterior (Oriente Médio, África etc.), oferecendo aos países produtores participações mais vantajosas nos lucros do que as oferecidas pelo cartel.

A criação da Opep, as crises e a geopolítica do petróleo

Para aumentar o poder de negociação com as sete irmãs e em represália à redução no preço do petróleo imposta pelo cartel (redução de 36% entre 1959 e 1960), cinco dos principais países exportadores de petróleo (Arábia Saudita, Irã, Iraque, Kuwait e Venezuela) criaram, em 1960, por meio do Acordo de Bagdá, a **Organização dos Países Exportadores de Petróleo (Opep)**. Leia o texto do boxe.

A Opep

Responsável por 2/3 das reservas conhecidas e por mais da metade das exportações mundiais de petróleo, a Opep administra a atividade petroleira e controla os preços e o volume da produção nos países que a compõem. É composta de onze países-membros: Arábia Saudita, Argélia, Catar, Emirados Árabes Unidos, Indonésia, Irã, Iraque, Kuwait, Líbia, Nigéria e Venezuela.

FIGURA 19.6 • MAIORES PRODUTORES MUNDIAIS DE PETRÓLEO (2002)

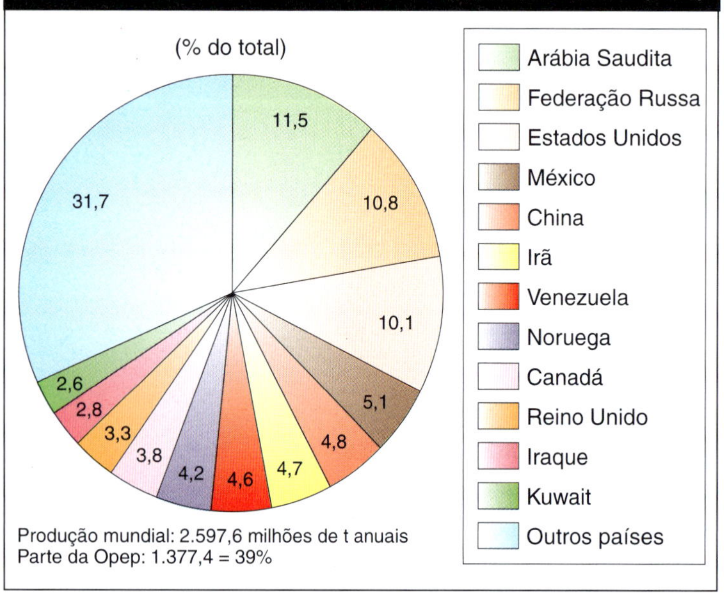

Fonte: *L'état du monde 2004*. Paris: La Découverte, 2003. p. 77.

Embora criada em 1960, foi somente a partir de 1967, em conseqüência da Guerra árabe-israelense, que a Opep ganhou força e importância, fazendo do petróleo sua principal arma.

A ofensiva dos árabes e da Opep incluiu desde reduções no fornecimento de petróleo e ameaça do embargo total, passando pela nacionalização de subsidiárias de multinacionais, até a decretação, em outubro de 1973, de uma drástica elevação do preço do barril de petróleo, que passou de 3 para 12 dólares. Esta medida ficou conhecida como **primeiro choque do petróleo**. A partir de então, os preços subiram continuamente.

Observe na figura 19.6 os maiores produtores mundiais de petróleo.

Como conseqüência do aumento do preço, na década de 1970 houve racionamento de combustível e recessão econômica nos países ou regiões altamente dependentes da importação do petróleo (países da Europa, Japão e países subdesenvolvidos não-produtores de petróleo); rápido enriquecimento dos países exportadores de petróleo e elevação do faturamento das grandes companhias, que possuíam estoques de petróleo.

Os países desenvolvidos conseguiram recuperar suas economias com rapidez. Os países subdesenvolvidos não-produtores de petróleo sofreram as piores conseqüências: atolaram-se em dívidas externas e recessões econômicas que perduram até hoje, principalmente após o **segundo choque do petróleo**, em 1979.

Por ser o principal componente da matriz energética do planeta, o controle do petróleo se tornou uma questão estratégica militar. O final aparentemente próximo das jazidas petrolíferas tem gerado políticas imperialistas e estimulado guerras pelo controle de regiões produtoras. Exemplos dessa política, como já vimos no capítulo 8, foram a Guerra do Golfo (1991), a invasão do Iraque (2003) e os constantes conflitos e tensões no Oriente Médio.

Embora tenham sido encontradas importantes jazidas em países como Cazaquistão, Nigéria, Angola, o Oriente Médio ainda detém as maiores reservas de petróleo (70% do total mundial). Os Estados Unidos, apesar de consumirem 25% do total mundial, dispõem de apenas 2% das reservas (figura 19.8). Observe na figura 19.7 os países dependentes e os auto-suficientes em petróleo.

FIGURA 19.7 • A GEOPOLÍTICA DO PETRÓLEO

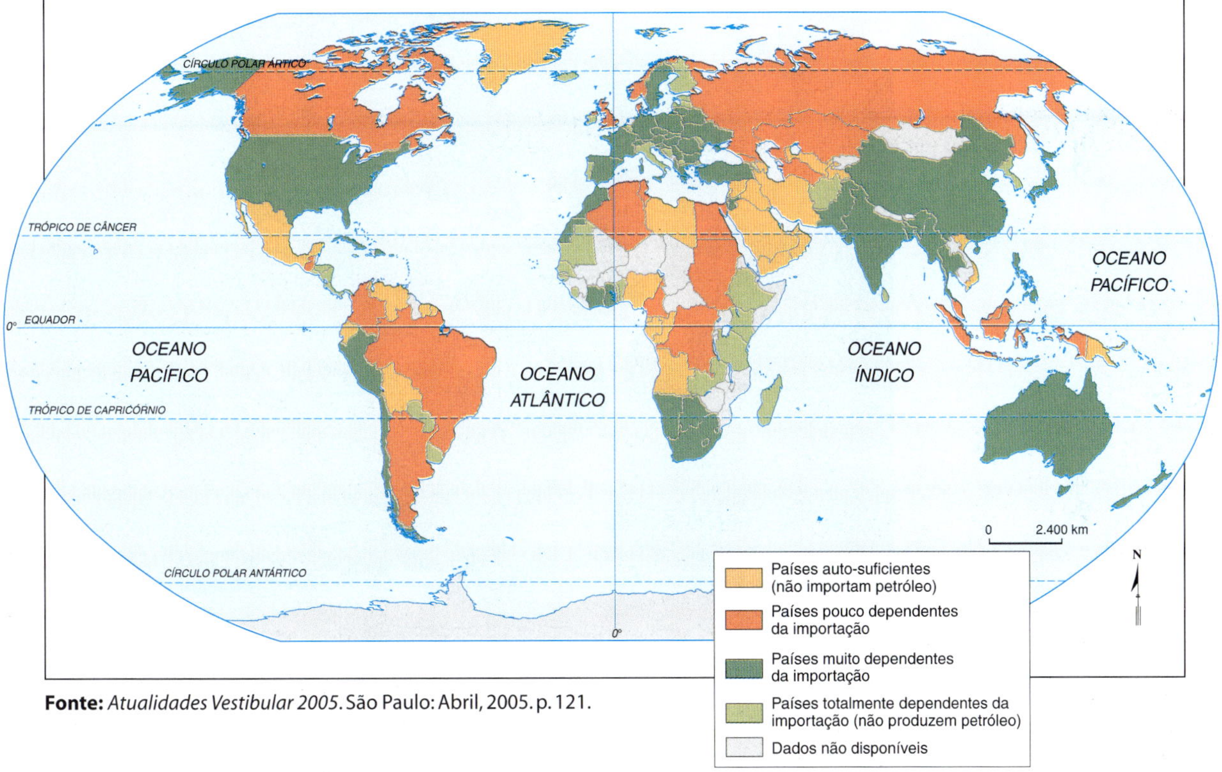

Fonte: *Atualidades Vestibular 2005.* São Paulo: Abril, 2005. p. 121.

FIGURA 19.8 • MAIORES RESERVAS MUNDIAIS DE PETRÓLEO (2003)

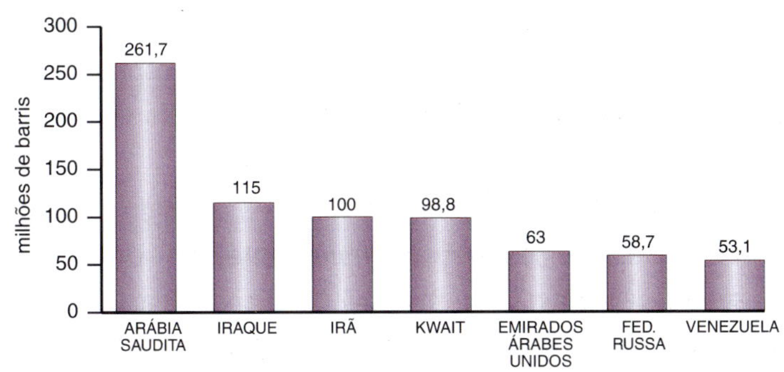

Fonte: *Atualidades Vestibular 2005.* São Paulo: Abril, 2005. p. 120.

Desvantagens no uso do petróleo

A extração, o refino e o transporte do petróleo pressupõem riscos de derramamento acidental ou mesmo proposital (como nas operações de limpeza e descarga de navios), que provocam grandes prejuízos ao meio ambiente, como podemos ver na figura 19.9.

JUAN CASTROMIL / CORBIS-STOCK PHOTOS

FIGURA 19.9 O acidente do navio-tanque Prestige, na Espanha, em 2002, deixou resíduos de petróleo nas pedras da orla marinha, afetando profundamente o ambiente.

A queima de combustíveis fósseis — petróleo, carvão etc. — está entre as principais causas da poluição atmosférica e do aumento do efeito estufa (reveja o capítulo 14).

Além destes problemas, muitos dos derivados do petróleo produzidos pela indústria petroquímica, como plásticos, fibras sintéticas, tintas, corantes e outros, não são biodegradáveis, criando um grande problema para o ambiente: o lixo. Outros subprodutos do petróleo, como fertilizantes, inseticidas, fungicidas e herbicidas, também podem contaminar o meio ambiente.

5 CARVÃO MINERAL

Conceito, formação e tipos

O **carvão mineral**, também conhecido como **carvão de pedra** e **hulha**, é uma substância sólida de origem orgânica, resultante da transformação de restos vegetais soterrados e submetidos a intensa pressão. Os principais depósitos formaram-se durante os períodos Carbonífero e Permiano (Era Paleozóica), há cerca de 350 milhões de anos.

No processo de formação do carvão mineral ocorre gradativa perda de água e oxigênio e aumento de carbono, o que lhe confere maior teor calorífico ou energético. Os estágios ou tipos de carvão mineral, de acordo com o teor calorífico, são **turfa** (deposição e putrefação dos restos vegetais em ambientes de várzea e pântano, com baixo teor calorífico); **linhito** (material escuro, com baixo percentual de carbono); **hulha** ou carvão propriamente dito (substância sólida, de cor negra, que pode ser transformada em coque ou carvão metalúrgico); **antracito** (último estágio, 90% a 96% de teor de carbono, negro, de brilho vítreo e elevada dureza).

Utilização: vantagens e desvantagens

Apesar de ser conhecido há muito tempo, o carvão mineral constituiu-se em fonte de energia básica a partir do final do século XVIII, com a Revolução Industrial, e assim permaneceu até a primeira metade do século XX, quando foi superado pelo petróleo e pela eletricidade de origem hidráulica. O carvão revolucionou a indústria e os transportes devido à sua utilização na navegação e na ferrovia a vapor.

Embora continue sendo uma das mais importantes fontes de energia da atualidade, seu consumo tem diminuído: em 1950, representava 59% do total mundial como fonte de energia, em 1990, 30%, e em 2002, 23,8%. Apesar disso, dado seu alto rendimento na produção de calor, é bastante empregado nas siderúrgicas (carvão coque) e na produção de eletricidade (termelétricas).

A queima de combustíveis fósseis, como o carvão, polui o ar ao lançar na atmosfera componentes químicos, como óxidos sulfúricos, hidrocarbonetos, monóxido de carbono e o dióxido de carbono (CO^2), este último responsável pelo aquecimento do planeta. Entre os danos causados ao meio ambiente, estão a chuva ácida, que provoca a destruição de florestas e a poluição de rios, lagos e solos.

As conseqüências para as pessoas que trabalham diretamente na extração de carvão são sérias, já que a mineração subterrânea é insalubre e provoca sérios danos à saúde dos trabalhadores, como problemas pulmonares decorrentes da aspiração do pó, além do perigo de desabamentos.

O processo de extração, geralmente com perfuração de túneis, deixa profundas cicatrizes nas áreas mineradoras, pois provoca erosão e empobrecimento dos solos, além da contaminação das águas superficiais e subterrâneas por compostos metálicos tóxicos. Para atenuar os impactos negativos sobre o ambiente, são adotadas medidas como o uso de filtros catalisadores e a recomposição paisagística.

Distribuição das jazidas, produção e consumo mundiais

Mais da metade das jazidas carboníferas conhecidas encontra-se no Hemisfério Norte, como podemos observar nas figuras 19.10 (gráfico) e 19.11 (mapa). As principais áreas produtoras estão na China (Hopei, Hunan e Manchúria), nos Estados Unidos (Montes Apalaches), na Índia (Bengala Ocidental, Bihar, Andra Pradesh), na Federação Russa (Donbass, Kuzbass e Karaganda) e na Europa (Saxônia e Bacia do Ruhr, na Alemanha; Yorkshire, na Inglaterra; Alta Silésia, na Polônia). No Hemisfério Sul destaca-se a produção da Austrália (Nova Gales do Sul, Queensland e Austrália Ocidental).

No Brasil, as principais jazidas estão na Região Sul (Vale do Rio Tubarão, em Santa Catarina, e Vale do Rio Jacuí, no Rio Grande do Sul). Nossa produção é insuficiente para o consumo, levando à importação do produto.

FIGURA 19.10 • MAIORES PRODUTORES MUNDIAIS DE CARVÃO MINERAL (2002)

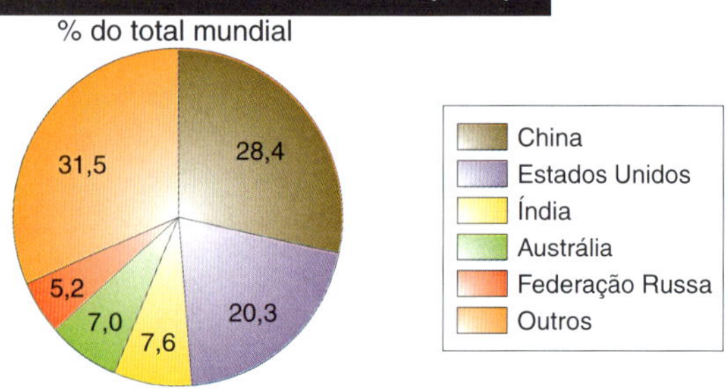

Produção mundial: 4.853,3 milhões de t anuais

Fontes: SERRYN, Pierre. *Atlas universel Bordas*. Paris: Bordas, 1998; *L'état du monde 2004*. Paris: La Découverte, 2003. p. 77.

FIGURA 19.11 • CARVÃO MINERAL: DISTRIBUIÇÃO GEOGRÁFICA DA PRODUÇÃO MUNDIAL (2002)

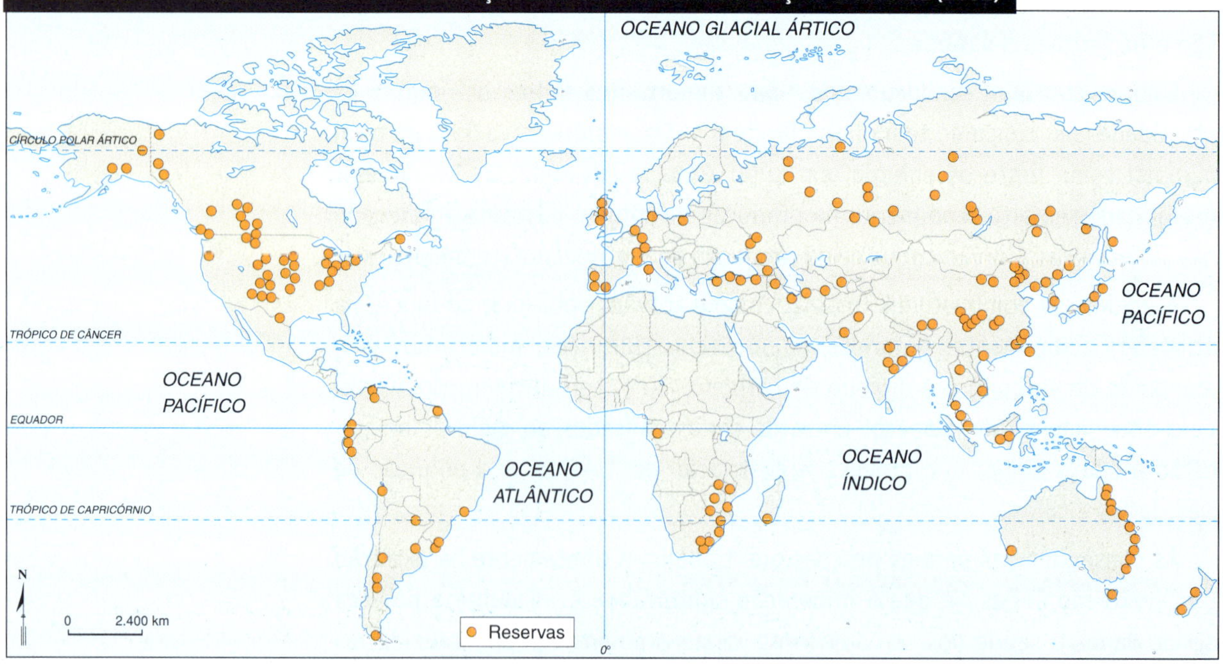

Fontes: SERRYN, Pierre. *Atlas universel Bordas*. Paris: Bordas, 1998; *L'état du monde 2004*. Paris: La Découverte, 2003. p. 77.

6 USINAS TERMELÉTRICAS

Essas usinas, também chamadas **termelétricas convencionais** (para diferenciá-las das nucleares ou termonucleares), são responsáveis pela produção da maior parte da eletricidade utilizada no mundo, empregando principalmente carvão mineral e petróleo como fontes de energia. Isso explica, por exemplo, o predomínio desse tipo de usina nos países e regiões ricas em carvão ou petróleo, como Europa, América do Norte e China, entre outros. Observe na figura 19.12 o esquema de funcionamento de uma termelétrica convencional.

FIGURA 19.12 • TERMELÉTRICA CONVENCIONAL

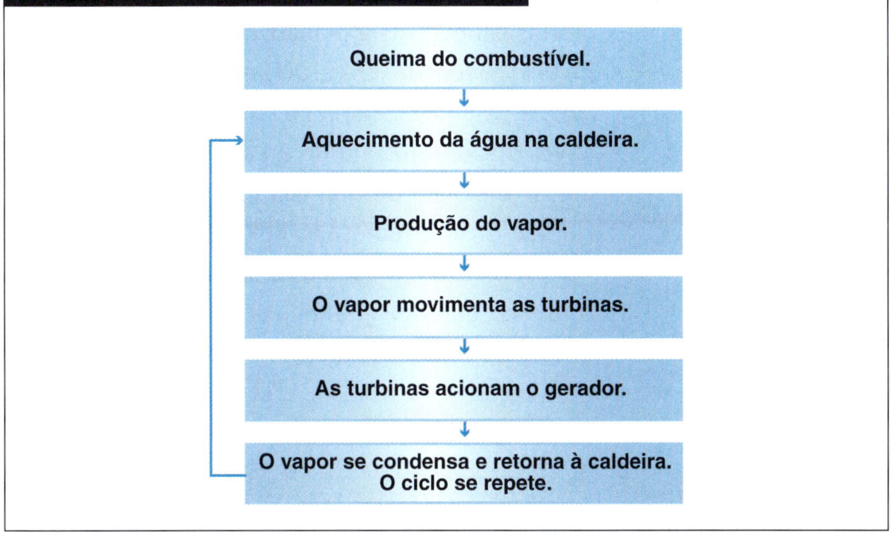

Fonte: Elaborado pelos autores.

A principal vantagem da usina termelétrica é que ela pode ser construída próximo ou junto aos locais de consumo, o que possibilita grande economia nos custos de implantação das redes de transmissão. Por outro lado, tem como maior desvantagem os elevados gastos com sua manutenção e o consumo de combustíveis. Observe a figura 19.13.

PARIS CLAUDE / CORBIS SYGMA-STOCK PHOTOS

FIGURA 19.13 Usina termelétrica em Cote D'Azur, França, 1995.

7 HIDRELETRICIDADE

A utilização da força da água corrente como fonte de energia para a produção de eletricidade teve início por volta de 1860.

FIGURA 19.14 • MAIORES PRODUTORES MUNDIAIS DE HIDRELETRICIDADE (2002)

(% da produção mundial)

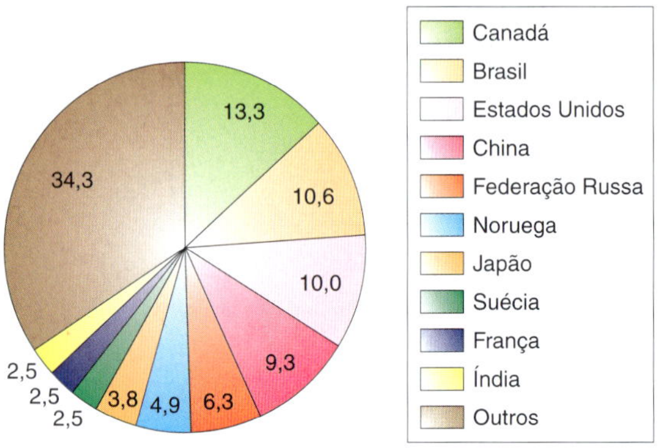

Produção mundial: 2.641,0 TWh

* TWh equivale a um trilhão de watts (unidade de potência de geração ou consumo de máquinas, usinas e sistemas elétricos)

Fonte: *L'état du monde 2004*. Paris: La Découverte, 2003. p. 77.

Atualmente a hidreletricidade encontra-se difundida em todo o mundo, sendo particularmente utilizada nos países que dispõem de grande potencial hidrelétrico. Embora seja uma das formas mais econômicas de se produzir eletricidade, a implantação de uma usina hidrelétrica é relativamente dispendiosa e requer, antes de tudo, a existência de rios caudalosos e planálticos que possuam desníveis (quedas-d'água), pois a água deve ter força suficiente para fazer girar as turbinas. Também deve haver disponibilidade de áreas externas apropriadas à formação de grandes reservatórios de água (já que o rio é represado por meio de barragens). Do reservatório, a água é canalizada em direção às turbinas, que, ao girarem, acionam os geradores. Observe a figura 19.15.

MAURÍCIO SIMONETTI / PULSAR

FIGURA 19.15 Usina hidrelétrica de Jupiá, que faz parte do Complexo Urubupungá, no Rio Paraná, 1998.

São poucos os países que dispõem de condições naturais favoráveis ao aproveitamento em larga escala da hidreletricidade. Entre eles estão o Canadá, os EUA, a China e o Brasil, como podemos observar na figura 19.14. Leia a seguir o boxe Curiosidade.

CURIOSIDADE

- No maior rio da China — Yang Tsé — está sendo construída a Usina de Três Gargantas, que será concluída em 2009, com capacidade de 18.200 MW: ela superará a de Itaipu, atualmente a maior do mundo.
- O lago de 1.084 km^2 formado pela Represa de Três Gargantas submergirá 160 vilas e cidades. Seus 1,3 milhão de habitantes estão sendo removidos e receberão novas casas. A obra permitirá a navegação pelo rio e aumentará em 10% a produção de eletricidade do país, que utiliza usinas a carvão altamente poluidoras. Por outro lado, os efeitos ambientais e socioculturais danosos são muitos: aumento da poluição das águas, soterramento de sítios arqueológicos e históricos, de cidades e de três imensos *canyons*, perigo de transbordamento do rio na época das grandes enchentes etc.

O Brasil, que possui o segundo maior potencial hidráulico do mundo, tem na hidreletricidade sua maior riqueza energética (82,5% da eletricidade produzida em 2001). Embora disponha de potencial hidráulico de cerca de 1,1 milhão de GWh, o país só explora 25,6%.

Vantagens e desvantagens das usinas hidrelétricas

As usinas hidroelétricas utilizam um recurso natural renovável e de custo zero (a água), podendo gerar energia a baixo custo. Sua duração é muito prolongada, e os custos de manutenção são baixos. Além de garantir a geração de energia necessária ao desenvolvimento econômico, as hidrelétricas cumprem um papel social importante, pois podem propiciar o desenvolvimento de atividades como navegação, irrigação de áreas secas ou desérticas, abastecimento de água às populações, piscicultura, esportes e recreação.

Apesar de todas essas vantagens, é importante lembrar que os complexos hidrelétricos (usinas, represas etc.) sempre alteram a paisagem e podem ocasionar impactos ambientais como grandes desmatamentos, prejuízos à flora e à fauna e inundação de áreas verdes. Entre os problemas sociais podemos citar o deslocamento compulsório de populações tradicionais e populações indígenas, a destruição de suas bases territoriais e culturais e dos meios de sobrevivência destas comunidades, obrigando-as a uma reconfiguração socioterritorial. Observe a figura 19.16.

O grande problema é ponderar até que ponto os benefícios trazidos pela energia elétrica compensam os impactos desses empreendimentos.

HAROLDO PALO JR / KINO

FIGURA 19.16 Parque Nacional de Sete Quedas, no Rio Paraná, em 1982, local de grande beleza natural que foi parcialmente alagado com a construção da Usina de Itaipu.

8 ENERGIA NUCLEAR OU ATÔMICA

A energia nuclear tem como principal fonte o mineral radioativo urânio, encontrado na natureza sob a forma de uma mistura de urânio-238 (U^{238}) e urânio-235 (U^{235}), numa proporção de 99,3% e 0,7%, respectivamente.

Como somente o U^{235} é fissionável (capaz de originar uma reação em cadeia) e considerando sua pequena ocorrência na natureza, a solução encontrada foi enriquecê-lo, isto é, aumentar a porcentagem de U^{235} sobre o U^{238}. É por meio desse processo, conhecido como enriquecimento do urânio, que se consegue obter misturas com até 98% de U^{235}. São poucos os países que dominam essa tecnologia e comercializam o urânio enriquecido.

O Brasil, apesar de já contar com duas usinas nucleares em funcionamento — Angra I e II — e possuir grandes reservas de urânio, ainda não tem domínio completo da tecnologia de enriquecimento do urânio. Observe a figura 19.17.

Fissão nuclear e produção de energia

A **fissão nuclear**, processo empregado nas usinas atômicas para gerar eletricidade — e também nas bombas atômicas —, consiste basicamente no seguinte: quando os nêutrons bombardeiam o núcleo do átomo de urânio, este "se quebra", divide-se, ou seja, sofre uma fissão nuclear, que produz mais nêutrons. Estes, por sua vez, atingem outro átomo, que também explode e produz mais nêutrons, e assim sucessivamente, gerando a chamada reação nuclear em cadeia e liberando uma enorme quantidade de energia. Para gerar a mesma quantidade de energia produzida por 1 kg de urânio (U^{235}) são necessárias cerca de 7 toneladas de carvão.

Para o funcionamento dos reatores atômicos que produzem eletricidade a reação é "lenta" (ou seja, controlada). No caso das bombas atômicas, ela é muito rápida e não controlada, resultando em explosão.

Nas usinas termelétricas convencionais, o calor é proveniente da queima de combustíveis (óleo, carvão); nas usinas nucleares, o calor é proveniente da fissão nuclear dos átomos de urânio.

JUCA MARTINS / OLHAR IMAGEM

FIGURA 19.17 Apesar do grande potencial hidráulico, o Brasil desenvolveu um programa nuclear a partir da década de 1960. Usina nuclear de Angra dos Reis, RJ, 2003.

Produção mundial de energia nuclear

O emprego da energia nuclear para fins pacíficos (produção de eletricidade, no caso) teve início em 1956, na Usina de Calder Hall (Inglaterra), onze anos depois de os EUA terem lançado bombas atômicas sobre as cidades japonesas de Hiroshima e Nagasaki.

O maior produtor mundial de urânio é o Canadá (37,2% da produção mundial, em 2002), seguido pela Austrália (20,5) e pelo Níger (8,8).

A energia nuclear é altamente concentrada e de elevado rendimento. Sua expansão se deu após os dois choques do petróleo (1973 e 1979). O temor de novos aumentos levou os países importadores de petróleo — sobretudo os desenvolvidos, que contam com tecnologia moderna — a buscarem alternativas para reduzir sua dependência, em especial do petróleo da Opep.

A produção mundial de nucleoeletricidade já superou a produção de hidreletricidade. No final de 2002, segundo a Agência Internacional de Energia Atômica (AIEA), havia 441 usinas nucleares em operação em 34 países. A maioria das usinas nucleares está concentrada nos EUA, Europa, Japão e Rússia. Observe a figura 19.18 com os maiores produtores mundiais de energia nuclear.

FIGURA 19.18 • MAIORES PRODUTORES MUNDIAIS DE ENERGIA NUCLEAR (2002)

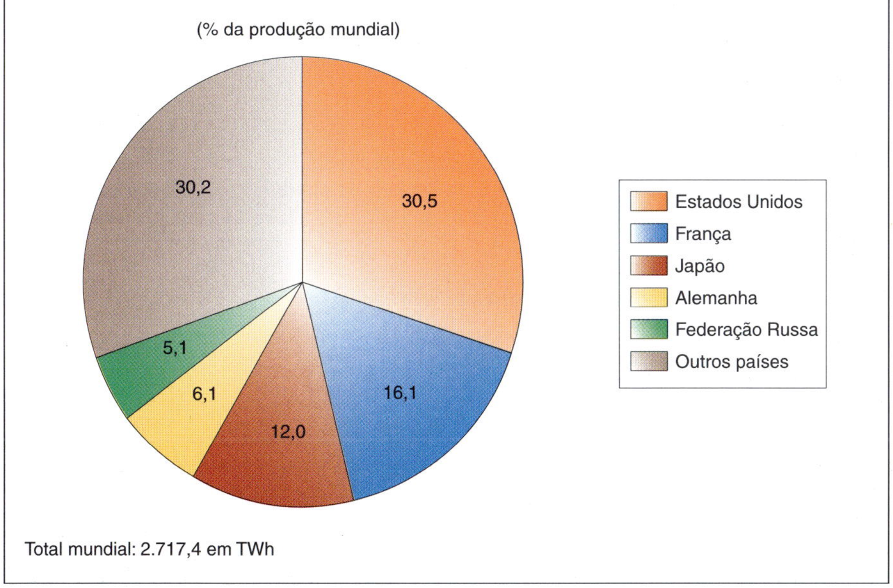

Fonte: *L'état du monde 2004.* Paris: La Découverte, 2003. p. 77.

Em alguns países desenvolvidos (Suécia, Finlândia e Bélgica), a eletricidade nuclear já representa mais de 40% do total da eletricidade produzida. Países recentemente industrializados, como Coréia do Sul, China, Índia, Argentina, Brasil e México, já possuem usinas nucleares em funcionamento. A Coréia do Sul apresenta a maior produção deste grupo (119,1 TWh), sendo responsável por 4,4% da produção mundial, em 2002.

Impactos ambientais provenientes do uso da energia atômica: os acidentes e o lixo nuclear

Entre as vantagens da utilização da energia nuclear está o fato de suas usinas não lançarem partículas poluentes na atmosfera, como as de carvão. No entanto, além dos elevados custos envolvidos na produção de energia nuclear, existem os problemas dos acidentes e da contaminação do meio ambiente, que podem provocar danos irreversíveis à saúde, como câncer, leucemia, deformidades genéticas etc.

Se esquecermos o perigo dos acidentes nucleares e da utilização da energia atômica para fins não-pacíficos (produção de bomba atômica) — que representam um enorme perigo para a humanidade — e considerarmos somente o funcionamento normal das usinas nucleares, restará o problema do destino dos dejetos radioativos. Até agora, mesmo depois de mais de cinqüenta anos de operação dessas usinas, ainda não se encontrou uma forma segura de armazenamento desses resíduos.

Após alguns anos de funcionamento dos reatores (três a cinco anos, no caso de utilização de urânio enriquecido), o material é trocado. Os diversos elementos radioativos não reaproveitáveis são armazenados em recipientes metálicos protegidos por blocos de concreto, pois a radioatividade leva centenas de anos (alguns resíduos levam milênios) para neutralizar a sua toxicidade. O grande problema é determinar onde o lixo nuclear será depositado (atualmente pode ser enterrado ou lançado ao mar), de forma a garantir que as caixas protetoras não serão violadas ou degradadas com o tempo, contaminando o meio ambiente.

YANN ARTHUS-BERTRAND / CORBIS-STOCK PHOTOS

Desde o primeiro acidente, registrado em 1952 em Chalk River, no Canadá, ocorreram muitos outros. Os mais conhecidos — o de Three Mile Island (EUA), em 1979, e o de Chernobyl (Ucrânia), em 1986 — nos dão uma idéia dos perigos que essa forma de energia oferece. Observe a figura 19.19.

Devido a estes acidentes, diversos países, como Suécia, Alemanha, Bélgica, Holanda, Canadá e Itália, têm reduzido seus investimentos em energia nuclear. No entanto, ainda não apresentaram alternativas para substituir a energia que deixará de ser gerada. Leia o texto do boxe.

O acidente de Chernobyl

Em 26 de abril de 1986, o núcleo de um dos reatores da usina atômica de Chernobyl, na Ucrânia, explodiu devido a uma falha no sistema de refrigeração. O mundo soube do acidente, que foi mantido em sigilo, quando a radiação se espalhou e foi percebida em outros países.

O calor — entre 3.000 e 4.000 °C — incendiou o bloco de grafite, provocando uma explosão química e o desmoronamento parcial do prédio. As terras num raio de 5 mil quilômetros ao redor da usina tiveram de ser abandonadas e assim devem permanecer por várias décadas. Cerca de 30 mil pessoas morreram desde então, em conseqüência da radiação recebida. A nuvem de radiação se espalhou por vários países europeus (Alemanha, Polônia, Suécia, Finlândia e outras repúblicas da antiga União Soviética), afetando a saúde de milhões de pessoas (estima-se que 5 milhões contraíram câncer), contaminando as plantas e os animais (inclusive seus subprodutos, como leite, ovos etc.). Muitos produtos (animais e vegetais) foram proibidos para consumo e tiveram de ser eliminados.

FIGURA 19.19 Cidade abandonada (foto de 1999) próxima a Chernobyl, Ucrânia, onde ocorreu o maior acidente nuclear do mundo, em abril de 1986.

9 FONTES DE ENERGIA ALTERNATIVAS

A dependência da sociedade moderna em relação aos combustíveis fósseis tem seus dias contados.

O rápido esgotamento das fontes de energia, principalmente da energia fóssil, o aumento no consumo de combustíveis (para indústrias e transportes), a redução do fornecimento e o embargo do petróleo, assim como a contaminação do meio ambiente, são alguns motivos que têm levado a humanidade a buscar opções de energia mais abundantes e menos poluente — as chamadas **fontes de energia alternativas** —, por exemplo, energia solar, dos ventos, dos oceanos, da biomassa, álcool e **energia geotérmica** (vulcões, gêiseres etc.) entre outras.

- **Energia solar** – A utilização sem danos ao ambiente do abundante fluxo de energia solar representa uma opção bastante viável e capaz de fornecer energia barata e limpa. Muitos países, como Chipre, Israel e Estados Unidos, empregam amplamente este tipo de energia para o aquecimento de água e a obtenção de eletricidade. Observe a figura 19.20. Os países tropicais contam com grande potencial dessa energia limpa e renovável, dada a grande insolação que recebem.

Modernas descobertas, como a da nanotecnologia solar, poderão fornecer energia a uma população mundial sempre crescente.

FIGURA 19.20 A energia solar é uma fonte de energia gratuita, limpa e renovável. Estação de captação de energia solar na Califórnia, EUA, em 2000.

RUSSELL MUNSON / CORBIS-STOCK PHOTOS

- **Energia geotérmica** – Outra grande possibilidade de obtenção de energia para aquecimento ou eletricidade provém do calor do interior da Terra. Novas tecnologias permitem seu uso sem prejuízos ambientais, realizando controle adequado da contaminação das águas e do ar pela emissão de fluidos geotérmicos, que eventualmente podem conter arsênio, mercúrio, boro, amoníaco e outros. Estados Unidos, México, Filipinas, Japão, Itália, Islândia e Nova Zelândia, entre outros países, utilizam este tipo de energia.
- **Energia eólica** – Diversos países, como Estados Unidos, Dinamarca, Grécia, China, Países Baixos e Índia desenvolvem projetos de utilização da energia dos ventos a custos competitivos em relação à energia convencional. Trata-se de uma fonte de energia ilimitada nos lugares que apresentam as condições adequadas e que não emite poluentes no ar durante a operação. Veja a figura 19.21.

FIGURA 19.21 A força dos ventos é uma abundante fonte de energia renovável e disponível em todos os lugares do mundo. Usina eólica na Califórnia, EUA, em 2000.

OWAKI-KULLA / CORBIS-STOCK PHOTOS

- **Energia dos oceanos** – A Noruega tem utilizado a força das ondas na produção de eletricidade, enquanto na França uma usina aproveita a energia das marés. Pesquisas visam tornar possível a obtenção desse tipo de energia em larga escala.

- **Energia da biomassa** – Já estão disponíveis novas tecnologias que possibilitam a obtenção de energia a partir da queima de uma variedade de produtos da biomassa, como plantas, excrementos, madeira, matérias vegetais e animais.

No Brasil, temos um exemplo de importante fonte energética alternativa proveniente da biomassa tropical: o aproveitamento da cana-de-açúcar para a produção de álcool. Já foi provado que é possível sua utilização em larga escala.

A cana-de-açúcar, a mandioca, os açúcares, os amidos, os óleos vegetais (dendê, babaçu, mamona etc.) e a celulose, entre outros, podem ser utilizados na produção de combustível para motores.

10 CONCLUSÃO

Por que, então, não romper com a dependência em relação ao petróleo? Muitos interesses estão em jogo, como os das corporações do petróleo e das empresas automobilísticas, ambas com sede em países centrais, de clima temperado. Por não contarem com a biomassa tropical para a produção de energia alternativa ao petróleo, tais países teriam de depender dos países tropicais. Apesar do esgotamento das fontes energéticas tradicionais, esses países ainda optam por energia suja e não-renovável.

Praticando e Aprendendo

Organizando o conteúdo

1. Escreva no seu caderno qual das alternativas abaixo classifica correta e respectivamente as fontes de energia relacionadas nos quadros A, B, C e D.

Quadro A
carvão mineral, petróleo, hidreletricidade, nuclear

Quadro B
eólica, solar, geotérmica, marés

Quadro C
carvão mineral, petróleo, xisto, urânio

Quadro D
hidráulica, solar, eólica, marés

a) Renováveis, arcaicas, modernas e alternativas.

b) Não-renováveis, modernas, renováveis e alternativas.

c) Modernas, alternativas, não-renováveis e renováveis.

d) Atuais, futuras, não-renováveis e arcaicas.

e) N.d.a.

2. Cite duas vantagens e duas desvantagens na utilização do petróleo como fonte de energia.

3. Reúna-se com seu grupo e comentem a questão energética mundial, levando em conta a situação atual e as perspectivas para o futuro próximo. Façam um relatório com as conclusões do grupo.

4. Faça uma síntese sobre a Opep: data de criação, países-membros, objetivos desta organização e sua força política.

5. Compare a hidreletricidade com a termeletricidade quanto aos recursos utilizados em sua produção, disponibilidade destes recursos e danos ao meio ambiente que cada uma acarreta.

6. Cite três riscos na utilização da energia nuclear.

Ampliando o conhecimento

Analisando a geopolítica da energia e os impactos ambientais.

Leia um trecho da entrevista do secretário de Tecnologia Industrial do Ministério da Indústria e do Comércio (1975-1979), José Walter Bautista Vidal, criador do programa Proálcool, à Revista *Rural* e responda às questões de 7 a 10.

"**Revista Rural:** Por que ele [Proálcool] sofreu um esfriamento?
Vidal: O êxito obtido pelo Brasil foi incontestável. Estávamos preparados para substituir o óleo diesel, derivado do petróleo, pelos óleos vegetais em condições até mais fáceis do que ocorreu com a gasolina. Na realidade, o que queríamos substituir era o petróleo e não apenas um de seus derivados. Quando isso ia se realizar, surgiu o bloqueio devido a pressões internacionais que terminaram impedindo a expansão do programa do óleo diesel, assim como garrotearam o Proálcool cortando o crédito aos pequenos produtores de cana, que representavam cerca de 50% dos fornecedores. Aí faltou álcool, criando o descrédito. [...]

Revista Rural: Qual é o potencial do Brasil para produzir estas outras fontes?
Vidal: É enorme. Somente a área levantada pela Embrapa na Amazônia, apta para o dendê, permitiria a produção de cerca de seis milhões de barris por dia de óleo vegetal, substituto excepcional do diesel artificial obtido do petróleo. Esta produção é equivalente à produção de petróleo da Arábia Saudita antes do bloqueio imposto ao Iraque. Os motores Elsbett, de ciclo diesel, chegam a fazer 40 quilômetros por litro deste combustível, em comparação com 7 e 8 dos motores convencionais. Também existe grande potencial visando a produção de calor e de eletricidade a partir de lenha, carvão vegetal e gás de madeira, este para acionar turbinas de alta eficiência na produção de eletricidade. Também na siderurgia a substituição do carvão mineral importado pelo carvão vegetal é uma excepcional alternativa, limpa e renovável, vinda do campo. Isto representa a solução para a redução do terrível efeito estufa e da chuva ácida."

MOREIRA, Nelson. A energia que vem da natureza.
In: Revista *Rural*. São Paulo: Publicê, 2000.

7. Além da cana-de-açúcar, que outras fontes da biomassa podem ser aproveitadas para a produção de combustível?

8. Por quais motivos as pressões externas inibem a exploração do imenso potencial energético brasileiro?

9. Cite pelo menos dois problemas ambientais que poderiam ser evitados com o desenvolvimento de tecnologias para aproveitamento de fontes de energia alternativas.

10. Discuta com seus colegas:
   a) Como o desenvolvimento de alternativas energéticas a partir da biomassa poderia desenvolver o meio rural brasileiro?
   b) Com quais condições o produtor rural teria de contar para participar destes projetos?

O QUE MAIS HÁ PARA VER

Livros

- BRANCO, Samuel Murgel. *Energia e meio ambiente*. 2. ed. São Paulo: Moderna, 2004. (Col. Polêmica)
- HELENE, Maria Elisa Marcondes. *A radioatividade e o lixo nuclear*. São Paulo: Scipione, 2003. (Col. Ponto de apoio)
- OMETTO, João Guilherme S. *O álcool combustível e desenvolvimento sustentado*. São Paulo: PIC, 1998.
- SCARLATO, Francisco Capuano e PONTIN, Joel A. *Energia para o século XXI*. São Paulo: Ática, 1998. (Col. Geografia hoje)

Filmes

- *Quem sou eu?* (China, 1998); dir. Benny Chan e Jackie Chan; distr. Columbia Pictures/Sony Entertainment Pictures; 120 min. Um soldado, cuja missão é impedir que espiões roubem uma importante fonte de energia, perde a memória durante a missão.
- *Síndrome da China* (EUA, 1979); dir. James Bridges; distr. Columbia Pictures; 117 min. Repórter e cinegrafista de TV lutam para investigar a gravidade de um acidente nuclear divulgado como sendo de pouca importância pela empresa responsável. O filme é visto como premonitório, pois logo após seu lançamento houve um sério vazamento de radiação na usina nuclear de Three Miles Islands, EUA, em março de 1979.

Sites

- http://www.anp.gov.br/ *Site* da Agência Nacional do Petróleo. Contém questões sobre a legislação do uso e da aplicação do petróleo e seus derivados, desenvolvimento tecnológico, dados estatísticos e outras questões. Acesso em: 10 maio 2005.
- http://www.celulaacombustivel.com.br/ *Site* que trata do hidrogênio e suas aplicações, a pesquisa e o desenvolvimento no Brasil, suas fontes, a produção e o incentivo ao uso de energias alternativas. Acesso em: 10 maio 2005.
- http://www.cesp.com.br/usinas/usinas.html *Site* que traz dados sobre algumas usinas hidrelétricas no Brasil. Acesso em: 6 maio 2005.
- http://www.compam.com.br/lixonuclear.htm *Site* sobre questões de reciclagem, lixo nuclear e espacial, tempo de decomposição, compostagem, entre outras. Acesso em: 10 maio 2005.

20.

AGROPECUÁRIA MUNDIAL I: PAISAGEM RURAL, TECNOLOGIA E ECOLOGIA

1 A PAISAGEM RURAL E OS TIPOS DE AGRICULTURA

Até o século XVII, as paisagens rurais eram marcadas por atividades rudimentares e de baixa produtividade. A partir da Revolução Industrial (século XVIII), o desenvolvimento da agropecuária foi muito grande.

Do ponto de vista técnico e científico podemos considerar três etapas principais no desenvolvimento da agricultura: a tradicional, a moderna e a contemporânea.

Plantação de milho em propriedade rural no Vale do Itajaí, SC, em 1996.

STEFAN KOLUMBAN / PULSAR

- **Agricultura tradicional** – Corresponde à agricultura mais antiga, na maioria das vezes de subsistência e de baixa produtividade, que emprega técnicas, recursos e instrumentos rudimentares de cultivo, como energia humana e animal, utilização de enxada, arado e foice. Observe a figura 20.1.

FIGURA 20.1 A agricultura tradicional ainda é praticada em diversas partes do mundo, em especial nos países subdesenvolvidos. É o caso da agricultura itinerante ou sistema de roça (de herança indígena) no Brasil; da *milpa*, na América Central; da *chilemenê*, na África. Na foto, agricultor utilizando arado de tração animal em Cambará do Sul (RS), em 1996.

- **Agricultura moderna** – Produto da Revolução Industrial, originou-se na Inglaterra e data da segunda metade do século XVIII. Caracteriza-se pelo aperfeiçoamento de instrumentos agrícolas como o arado de aço, pelo uso de adubos e corretivos para o solo. A aplicação de ciência e tecnologia foi crescente, principalmente a partir de meados do século XX, acarretando o aumento da produção e da produtividade agrícola. Por isso este período da agricultura ficou conhecido como **Revolução Verde**. Muitos países subdesenvolvidos ainda estão nessa fase.
- **Agricultura contemporânea** – É a fase de maior emprego de técnicas na agricultura e na pecuária, apresentando elevado grau de especialização e integração com a indústria, os mercados, os capitais (ou investimentos) e a ciência. Caracteriza-se pelo emprego de pouca mão-de-obra, normalmente assalariada. O uso cada vez maior de máquinas e produtos industriais levou à industrialização das atividades agropecuárias. Leia o texto do boxe e observe a figura 20.2, na página ao lado.

A área rural e a invasão do capital industrial

Da integração entre os setores agropecuário e industrial surgiram os seguintes tipos de indústria:

- **indústria da agricultura ou agroindústria** – transforma produtos agropecuários em produtos industrializados no próprio local da produção. Por exemplo, as indústrias de laticínios e de óleos vegetais.
- **indústria para a agricultura** – fornece bens de produção (máquinas, equipamentos e produtos químicos — como fertilizantes e pesticidas) para a agricultura.
- **complexos agroindustriais** – articulação ou junção da agropecuária com as chamadas indústrias para a agricultura e agroindústrias. São dominados por grandes empresas transnacionais.

FIGURA 20.2 A agropecuária modernizou-se pela integração ao conjunto da economia, em especial ao setor industrial. Silo de grãos em Luís Eduardo Magalhães (BA), 2004.

2 MUDANÇAS NA AGRICULTURA, TECNOLOGIA E GLOBALIZAÇÃO

A agricultura contemporânea tem passado por grandes mudanças. Observe algumas delas:

- mudanças técnicas – grande utilização de energia, água e **agrotóxicos** (pesticidas, herbicidas, desfolhantes), industrialização do processo agrícola, aplicação de adubos químicos, intensificação das pesquisas;
- submissão ao grande capital – interferência e domínio de grandes empresas e transnacionais na comercialização e industrialização dos produtos agropecuários;
- aumento da produção e de produtores especializados – evolução para a agroindústria e para os complexos agroindustriais;
- aperfeiçoamento dos mecanismos de comercialização e de escoamento da produção;
- mudanças nas relações de trabalho – especialização de funções nas agroindústrias (diferentes do trabalho rural tradicional) e aumento do trabalho assalariado e diarista;
- mudanças na estrutura fundiária – abandono de lavouras de subsistência e o crescente aumento da concentração fundiária.

Os impactos sociais são visíveis: **êxodo rural** (deslocamento de pessoas das áreas rurais para as urbanas), aumento no número de trabalhadores rurais sem terra e sua exclusão social e econômica, ocupação de novas terras, conflitos pela posse da terra, pressão populacional nas cidades e, em alguns países, expulsão de populações nativas ou indígenas.

No Brasil, muitas pessoas abandonam a área rural em busca de trabalho nas cidades. Muitos tornam-se **bóias-frias**, ou seja, trabalhadores temporários (contratados em determinadas épocas, como do plantio e da colheita) e itinerantes (chegam a mudar de estado para trabalhar em determinadas plantações), com baixa remuneração e sem garantias trabalhistas.

Novas tecnologias agropecuárias

O elevado grau de mecanização da agropecuária requer, além da aplicação de capitais e investimentos de grande monta, conhecimentos nas áreas de agronomia, química, biologia, engenharia etc.

Nunca se investiu tanto em pesquisas na área agropecuária quanto nas últimas décadas. Tecnologias incorporadas aos implementos agrícolas desenvolveram e informatizaram colheitadeiras, ordenhadeiras mecânicas e automatizaram a adubação e o plantio. Na área de pesquisas biológicas (vegetal e animal), é possível citar mudanças nos ciclos vegetativo e animal, aumento da produtividade e da concentração de plantas por área, controle de pragas e doenças. As pesquisas no ambiente físico e químico levaram a grandes progressos, como implantação de estufas, irrigações programadas, amadurecedores e aceleradores químicos, técnicas de calagem, de correção dos solos etc. Observe a figura 20.3.

Desde a década de 1970 a união entre a indústria e a agricultura passou a ter como importante aliada a tecnologia de ponta, beneficiando-se da **biotecnologia** (uso integrado da bioquímica, da microbiologia e da engenharia química), da **engenharia genética** (que trabalha com organismos vegetais e animais geneticamente modificados) e da **zootecnia** (técnica de criação e aperfeiçoamento de animais domesticados). A **bioindústria** nasce dos resultados dessas atividades aplicados à alimentação, à manufatura, ao ramo têxtil etc.

Se a mecanização da agricultura deixou desempregada grande massa de trabalhadores rurais, as novas tecnologias genéticas fazem crescer ainda mais o desemprego no campo.

FIGURA 20.3 Modelo de moderna irrigação em plantação de cana-de-açúcar, em Orlândia, SP, 2002.

MARCO ANTÔNIO SÁ / KINO

Transgênicos

Há alguns séculos os agricultores vêm tentando melhorar as espécies de plantas por meio da realização de cruzamentos e da seleção de sementes. No século XX, com o desenvolvimento da **transgenia** (transferência e modificação controlada de genes), foi possível realizar a melhoria genética, com cruzamentos controlados e seleção planejada, revolucionando o processo de produção agropecuária. Espécies animais, vegetais e microorganismos podem doar genes para um organismo receptor. Os genes doados são incorporados ao DNA do organismo receptor, chamado **transgênico** ou **organismo geneticamente modificado (OGM)**, que passa por testes e por um processo de aclimatação até apresentar o resultado desejado e, finalmente, ser lançado na biosfera. Leia o texto do boxe Curiosidade.

CURIOSIDADE

"Em 1997 nasceu uma ovelha. O nome dela era Dolly, e nada em sua aparência indicava que tivesse algo de especial. Mas tinha. Dolly carregava no núcleo de cada célula um código genético roubado de outra ovelha. Ela era um clone [...]. Daí para frente, grupos ao redor do mundo anunciaram o sucesso da experiência com vacas, ratos, porcos, cabras. [...] Pior: e quando clonarem pessoas? Alguém vai querer copiar gente de QI alto para aumentar a inteligência da humanidade. Qualquer um poderá se autoclonar ou copiar algum ente querido morto, fazendo uma espécie de temporão artificial. O que você acha disso? Seja qual for sua resposta, a clonagem é uma realidade. Não se volta atrás quando o assunto é avanço do conhecimento."

Superinteressante. São Paulo: Abril, set. 2001. p. 57.

A ampla aplicação de modificações genéticas tem suscitado diversas polêmicas entre países, agricultores e consumidores. Segundo seus defensores, os OGMs têm as seguintes vantagens:

- **Econômicas** – Transformações nos vegetais para torná-los mais rentáveis, eliminando partes que não são economicamente aproveitáveis; criação de plantas adaptadas a diversos ambientes (solo, clima, altitude, luminosidade); criação de novas matérias-primas (alimentos, manufaturas e têxteis); redução do ciclo vegetativo das plantas e da área cultivada; redução no uso de agrotóxicos e fertilizantes por meio da criação de plantas mais resistentes.
- **Científicas** – Manipulação dos organismos e criação de novos materiais, como o bioplástico; aumento da produtividade e da produção acarretando menores riscos e gastos; eliminação de trabalhos mais pesados de cultivo e colheita; não-utilização do solo, ainda tão necessário à produção, já que muitas plantas poderão ser produzidas em laboratório.
- **Saúde** – Enriquecimento nutritivo dos alimentos; aumento, em certas plantas, da capacidade de combater doenças e estimular o crescimento humano; criação de vacinas comestíveis.

Os adeptos desta linha de raciocínio afirmam que os transgênicos resolveriam o problema da fome no mundo.

Dentre os argumentos dos que são contra a modificação genética de animais e vegetais, pode-se mencionar:

- **Saúde** – Como a alimentação é a base da vida saudável, os alimentos transgênicos poderiam interferir na saúde das pessoas, aumentando os casos de doenças degenerativas e alergias; os alimentos ficariam mais artificiais e, nesse sentido, menos nutritivos; não se conhecem exatamente os efeitos adversos ou tóxicos das plantas transgênicas sobre o organismo (principalmente a longo prazo); algumas pesquisas apontam toxicidade, aumento dos casos de câncer, transferência de genes para parentes silvestres através de cruzamento, surgimento de novas viroses etc.
- **Meio ambiente** – O cultivo de plantas geneticamente modificadas pode alterar a evolução natural com a introdução de espécies que não existiam naturalmente e provocar desequilíbrios no meio ambiente, como empobrecimento da biodiversidade; eliminação de insetos benéficos; desenvolvimento de ervas daninhas resistentes a agrotóxicos; poluição genética (contaminação de organismos por meio da transferência do pólen de uma planta para outra); perda da fertilidade do solo e até extinção de espécies.
- **Econômicas** – Grandes interesses estão em jogo: o aumento das vendas e a redução de gastos beneficiariam grupos empresariais transnacionais (que vendem insumos e tecnologia), aumentando seus lucros; os pequenos proprietários só teriam a perder, pois não têm acesso à tecnologia de ponta; muitas sementes transgênicas são estéreis, o que impede a reutilização de seus frutos como sementes, obrigando os agricultores a comprar novas sementes a cada safra, e tornando-os totalmente dependentes da empresa fornecedora; ao perigo inerente à manipulação da herança genética, soma-se a questão de que oito grandes laboratórios detêm a tecnologia necessária à criação de organismos transgênicos com segurança, daí que apenas eles dominariam esse mercado, formando um oligopólio; a preocupação desses laboratórios é obter colheitas rentáveis, mais do que desenvolver produtos resistentes, que possam ser cultivados, por exemplo, em regiões secas do mundo; o propalado objetivo de se acabar com a fome é questionável, pois o problema não resulta da falta de alimentos, e sim das restrições de acesso a eles. Observe a figura 20.4.

FIGURA 20.4 Voluntários do Greenpeace com os olhos vendados comem alimentos geneticamente modificados, durante uma demonstração em Santiago, Chile, em 2004.

VÍCTOR ROJAS / AFP / GETTY IMAGES

A produção e o consumo de transgênicos já são uma realidade no Brasil. A comercialização desses produtos está sujeita à **Lei de Biossegurança**, que assegura ao consumidor, entre outros, o direito de obter informações claras, corretas e precisas, constantes no rótulo, sobre a composição do produto que está consumindo. O **Protocolo de Cartagena sobre Biossegurança**, firmado em 29 de janeiro de 2000, na Colômbia, entrou em vigor em 11 de setembro de 2003. Este acordo estabeleceu, entre outros pontos, padrões mínimos de segurança no transporte de transgênicos entre países; mecanismos que permitirão maior controle sobre o comércio de transgênicos, como a rotulagem e a documentação detalhada; princípio de precaução a fim de proteger a diversidade biológica natural dos impactos decorrentes da criação de transgênicos.

O mercado europeu tem recusado produtos transgênicos como, por exemplo, a soja, o que levou países como os Estados Unidos, o Canadá e a Argentina, em maio de 2003, a ajuizar uma ação formal na OMC, protestando contra essa política européia e alegando que ela representa uma barreira injusta ao comércio e que impede a livre escolha do consumidor. O Parlamento europeu, cedendo às pressões, aprovou uma lei, em julho de 2003, que vincula a venda desse tipo de produto a uma rotulagem clara.

3 PRODUÇÃO AGRÍCOLA E PERSISTÊNCIA DA FOME

A finalidade primordial da agricultura é a produção de alimentos e matérias-primas. Entretanto, apesar de todos os esforços e progressos realizados pelo ser humano, o número de famintos no mundo, atualmente, continua alto.

Fome não é somente a falta quantitativa de alimentos para satisfazer o apetite. É também a falta de determinados elementos específicos (proteínas, vitaminas, carboidratos e sais minerais) indispensáveis ao funcionamento do organismo e à própria vida. Podemos dizer que fome é a falta de qualquer um dos cerca de quarenta elementos nutritivos indispensáveis à manutenção da saúde. Observe a figura 20.5.

Embora haja divergências em relação à quantidade diária de calorias de que o ser humano necessita, o número mais aceito gira em torno de 2.400 a 2.500 calorias por dia para um indivíduo de atividade física moderada. Segundo dados do *Calendario atlante De agostini 2004*, de um total de 192 países, em 69 deles o consumo médio de calorias diário *per capita* é inferior a 2.500 calorias.

AMIOT CELINE / CORBIS SYGMA-STOCK PHOTOS

FIGURA 20.5 Fome, subnutrição: um verdadeiro quadro de horror e vergonha para a humanidade. As crianças são as que mais sofrem com a falta de alimentos. Danane, Etiópia, 2000.

O Programa Mundial de Alimentos da ONU informa que em 2004 havia no mundo 840 milhões de pessoas com fome e que nos últimos dez anos a população global afetada pela fome cresceu em 60 milhões de pessoas, em 26 países. Observe na figura 20.6 que o problema atinge principalmente a África e a Ásia. A América Latina responde por 6,5% do total mundial (ou 54,8 milhões de pessoas). O Brasil, em situação intermediária, tem entre 5% e 19% de sua população enfrentando o problema da fome.

FIGURA 20.6 • A SUBNUTRIÇÃO NO MUNDO (2000)

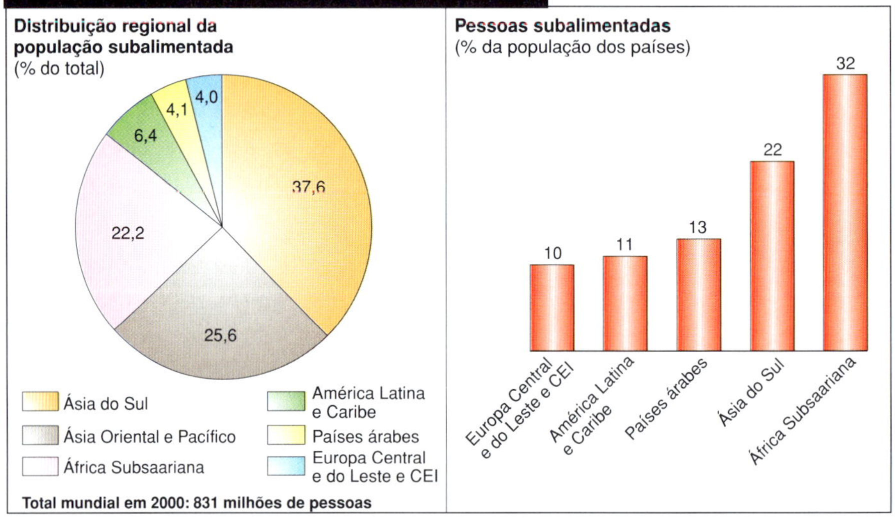

Fonte: *Relatório do desenvolvimento humano 2004*. Nova Iorque: ONU/Pnud, 2004. p. 130 e 180.

Também é grande a diferença do que as famílias gastam com alimentação. Na Tanzânia, por exemplo, onde os gastos *per capita* domésticos foram de US$ 375 em 1998, 67% das despesas familiares destinavam-se à alimentação. Nos Estados Unidos, as despesas domésticas *per capita* foram de US$ 21.515 naquele ano, sendo que apenas 13% foram gastos em alimentação.

Nos países desenvolvidos, as principais causas de mortes têm sido as chamadas "doenças da abundância" (câncer, doenças cardíacas, diabetes), associadas às mudanças alimentares com maior consumo de carnes e outros produtos de origem animal. O problema desta alimentação é a grande ingestão de gorduras saturadas, a ausência de fibras e o aumento no nível de consumo de proteínas, superando as recomendações oficiais.

Por que existe fome no mundo?

A fome no mundo deve-se muito mais a fatores políticos e econômicos — como concentração de renda, por exemplo — do que propriamente à existência de condições naturais adversas à agricultura ou à falta de alimentos. Vejamos os fatos a seguir:

- Quanto ao potencial agrícola, segundo a Organização das Nações Unidas para a Alimentação e a Agricultura (FAO — sigla em inglês para *Food and Agriculture Organization*), mais de um quarto da superfície terrestre está apta para a agricultura.

- Embora em muitos países subdesenvolvidos a economia ainda tenha por base os produtos primários, a maior parte da produção é destinada ao mercado externo, e não para resolver problemas internos de abastecimento.
- Nos últimos 25 anos a agricultura sofreu um significativo processo de modernização (variedades híbridas de sementes, mecanização, modificações genéticas etc.). A oferta recorde e excedente de alimentos é suficiente para alimentar toda a humanidade. A presença da fome reflete o preço dos alimentos, que é alto para grande parcela da população pobre, que não dispõe de renda suficiente para adquiri-los. Ocorre também uma grande inversão de prioridades. Um exemplo é o fato de a maior parte dos grãos, como a soja, produzida nos países subdesenvolvidos ser exportada para alimentar o gado dos países desenvolvidos. Observe na tabela que os recursos destinados para alimentação, saúde e educação são menores do que os gastos com itens supérfluos.

COMPARAÇÃO ENTRE GASTOS ANUAIS EM ITENS DE LUXO E RECURSOS NECESSÁRIOS PARA O ATENDIMENTO DE NECESSIDADES BÁSICAS SELECIONADAS*

Item	Gasto anual	Objetivo social ou econômico	Investimento extra anual necessário
Cosméticos	US$ 18 bilhões	Saúde reprodutiva	US$ 12 bilhões
Ração de animais de estimação*	US$ 17 bilhões	Erradicação da fome	US$ 19 bilhões
Perfumes	US$ 15 bilhões	Alfabetização universal	US$ 5 bilhões
Cruzeiros marítimos	US$ 14 bilhões	Água potável para todos	US$ 10 bilhões
Sorvetes na Europa	US$ 11 bilhões	Vacinação (todas as crianças)	US$ 1,3 bilhão

*Europa e Estados Unidos.

Fonte: WORLDWATCH INSTITUTE. *Estado do mundo 2004*. Salvador: UMA, 2004. p. 11.

- A modernização da agricultura provocou não apenas o desemprego em massa, mas também a elevação do preço da produção e das terras, dificultando o acesso a elas.
- O aumento da produção acarretou queda nos preços dos produtos agrícolas, sempre menos valorizados que os produtos industrializados.
- A produção e a distribuição mundial de alimentos são controladas por companhias transnacionais que também impõem os preços de *commodities* agrícolas no mercado internacional e podem influenciar na criação de leis que as beneficiem, em detrimento dos pequenos agricultores. Dados de 2004 demonstram que seis empresas transnacionais de alimentos controlavam mais de três quartos do mercado global de pesticidas, assim como cinco detinham 90% do comércio mundial de grãos. Entre os grupos agroindustriais de maior faturamento estão a Philip Morris (fumo, EUA), a Unilever (gorduras, Reino Unido e Holanda), a Nestlé (diversos, Suíça), a Pepsico (bebidas não-alcoólicas, EUA), a Monsanto (soja, biotecnologia, EUA), a Parmalat (laticínios, Itália).

4 GEOPOLÍTICA, CONFLITOS E AGRICULTURA

Muitos conflitos no mundo atual se desenvolvem em áreas rurais e têm como fator desencadeante a posse da terra. Especialmente os países subdesenvolvidos apresentam forte concentração de renda e de terras nas mãos de poucas pessoas, e exclusão social e econômica de milhões de outras.

O combate à fome e à pobreza está diretamente relacionado a mudanças na estrutura e nas relações agrárias, à melhoria das técnicas de cultivo e ao aumento da produção agrícola, a uma redistribuição de terras e ao acesso aos demais meios de produção, ou seja, está diretamente relacionado à **reforma agrária**.

Países como Indonésia, Malásia e Coréia do Sul conseguiram reduzir a pobreza incluindo (desde os anos 1970) em suas estratégias de crescimento uma distribuição relativamente eqüitativa das terras.

Por outro lado, guerras e conflitos que devastavam dezenove países no início do século XXI desarticularam grande parte das comunidades rurais (que tiveram de se refugiar em outros países), além de comprometerem a agricultura e o meio ambiente. Em muitos desses países (como Afeganistão, Uganda, Somália e Sudão), além das guerras, catástrofes naturais — como secas — agravam o problema da fome e da miséria. O número de pessoas afetadas pelos dois problemas é impreciso, mas a FAO estima que em 2005 havia 7,2 milhões de habitantes em risco na Etiópia; 3,6 milhões no Sudão; 1,6 milhão na Tanzânia e em Uganda; 580 mil na Somália.

FIGURA 20.7 Soldados da Força Patriótica em Ruanda, 1993.

JOEL STETTENHEIM / CORBIS-STOCK PHOTOS

As guerras não apenas destroem a vida das pessoas, mas interrompem o plantio, o sistema tradicional de trocas de sementes e a transmissão de conhecimentos sobre sua adaptação e melhoramento. Observe a figura 20.7. Com o fim da guerra os agricultores — empobrecidos e sem os vínculos anteriores — geralmente começam a praticar uma agricultura com sementes fornecidas por organismos de ajuda internacional, estranhas às condições e à cultura local. Um exemplo desta situação é o Iraque, país onde o trigo teve sua origem e que apresenta a maior biodiversidade desta cultura. Após a invasão, em 2003, transnacionais adquiriram patentes de trigo transgênico desenvolvido a partir do nativo e pretendem que os agricultores utilizem essas plantas transgênicas.

A variedade de espécies em um local, assim como a diversidade genética dentro de uma mesma espécie são muito importantes. O mapa da figura 20.8 mostra as principais áreas de origem das mais importantes espécies agrícolas. Estas **áreas de origem** (locais onde as plantas foram domesticadas pela primeira vez) são verdadeiros **reservatórios genéticos.**

FIGURA 20.8 • ÁREA DE ORIGEM, RESERVATÓRIOS GENÉTICOS E CONFLITOS

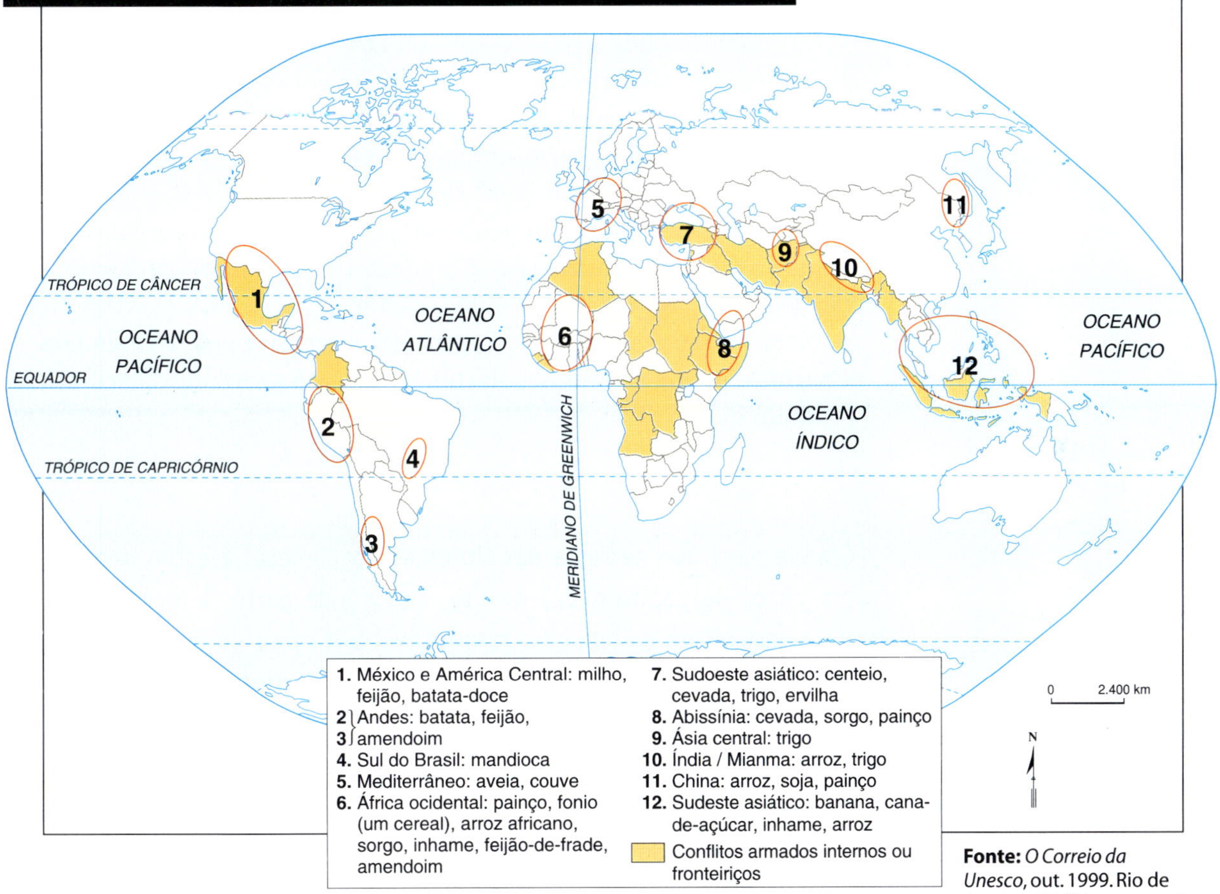

Fonte: *O Correio da Unesco*, out. 1999. Rio de Janeiro: FGV/Unesco. p. 14.

5 AGRICULTURA, ECOLOGIA E DESENVOLVIMENTO SUSTENTÁVEL

O uso de métodos ditos não-sustentáveis de agricultura — como os que empregam fertilizantes químicos, desmatamentos, irrigação excessiva ou imprópria, agrotóxicos — tem provocado grandes agressões ao meio ambiente: erosão, infertilidade, desertificação, mudanças climáticas, contaminação dos solos, dos **aqüíferos** (água subterrânea retida em rochas impermeáveis) de rios e mares, e dos animais, entre eles o homem.

Por exemplo, o uso indiscriminado de agrotóxicos pode acarretar muitos problemas: nas aplicações nem sempre são respeitadas as normas de segurança e esses produtos muitas vezes são comprados sem orientação técnica e aplicados em doses excessivas. Leia o texto do boxe.

Fertilizantes químicos: solução ou problema?

A matéria orgânica é fundamental para o solo, porém insuficiente. As substâncias orgânicas precisam ser transformadas em elementos minerais assimiláveis pelas plantas. Os fertilizantes químicos são utilizados para repor no solo os nutrientes minerais, aumentando a produtividade agrícola.

No entanto, a utilização excessiva ou inadequada desses fertilizantes passou a não significar aumento da produtividade e acarretou a elevação dos custos e dos preços dos produtos, além de prejudicar seriamente o equilíbrio dos solos e o meio ambiente. Metade dos fertilizantes aplicados acabam sendo levados pelas águas, poluindo rios, lençol freático, mares e até o ar (é o caso do óxido nitroso, que contribui para o efeito estufa), além de colocar em risco a saúde da população pela contaminação de alimentos e envenenamentos acidentais.

Apesar do aumento no uso de pesticidas, as pragas e pestes continuam a provocar perdas nas safras, pois com o tempo adquirem resistência aos produtos químicos.

Grande parte das terras e das florestas do planeta já estão degradadas (como vimos no capítulo 12) devido, em grande parte, à agricultura. Em 2004, a agricultura mundial foi responsável por cerca de 70% do consumo de água. O volume de água desviado tem sido superior ao trabalho natural de reposição, permitindo projeções de escassez do produto para irrigação, até 2025.

CRISTINA PEDRAZZINI / SCIENCE PHOTO LIBRARY-STOCK PHOTOS

FIGURA 20.9 Venda de produtos orgânicos (tomates) sem o uso de fertilizantes e pesticidas artificiais.

Existem muitas alternativas à agricultura que não agridem o meio ambiente e tampouco a saúde das pessoas. Em diversos locais do mundo, agricultores conseguem cultivar suas terras respeitando as particularidades regionais, ecológicas e culturais. A **agricultura biológica** ou **orgânica**, diversificada e ecologicamente regeneradora, pode fornecer sustento sadio a milhões de pessoas. As condições necessárias à viabilização desse tipo de agricultura são terra, água e solos sadios. Observe a figura 20.9.

Algumas práticas agrícolas ecológicas podem preservar e até aumentar a matéria orgânica dos solos. São elas:

- uso de técnicas de controle biológico das pragas agrícolas;
- utilização de adubos verdes ou orgânicos, como esterco, resíduos orgânicos etc. Plantas que servirão como adubo verde podem ser plantadas entre as linhas da cultura principal e, quando cortadas, serem deixadas no solo;
- reforço ou acréscimo das reservas de nutrientes a partir da manutenção da biodiversidade da vegetação e do solo;
- respeito às regras e medidas necessárias ao controle da erosão.

Praticando e Aprendendo

Organizando o conteúdo

1. A modernização da agricultura é necessária e importante, pois o contingente de pessoas a serem alimentadas é muito grande e continua crescendo. Qual é o lado negativo da modernização da agricultura em relação ao pequeno produtor e ao trabalhador rural?

2. Que impactos sociais a desestruturação das lavouras de subsistência e o aumento da concentração fundiária provocam?

3. A revolução tecnológica na agricultura permitiu um grande aumento da produtividade e da produção de alimentos. A capacidade de produção tem crescido mais do que a capacidade de absorver alimentos.
   - **a)** O aumento da produção agrícola e o uso da tecnologia conseguiram acabar com a fome? Justifique sua resposta.
   - **b)** Explique dois fatores econômicos e políticos responsáveis pela existência da fome no mundo.
   - **c)** Na sua opinião, que medidas poderiam ser adotadas para resolver o problema da fome no mundo?

Ampliando o conhecimento

Discutindo vantagens e desvantagens da aplicação de modificações genéticas.

Leia o texto a seguir e, em grupos, responda às questões de 4 a 7.

"A União Européia argumenta que podem existir riscos à saúde e ecologia associados a organismos geneticamente modificados (transgênicos) e tem sido reticente na aprovação do uso ou importação desses produtos. O governo dos Estados Unidos não considera os transgênicos perigosos à saúde e o Canadá declarou que não há base científica para a norma da UE. Nos termos da legislação dos transgênicos, adotada pelo Parlamento Europeu em julho de 2003 e que deverá entrar em vigor no início de 2004, a UE estabelece que todos os produtos alimentícios e rações animais que contenham mais de 0,9% de organismos geneticamente modificados sejam rotulados como tal e que todos os produtos alimentícios geneticamente modificados devem ter sua origem determinada."

WORLDWATCH INSTITUTE. *Estado do mundo 2004.* Salvador: UMA, 2004. p. 196.

4. Compare as posturas dos EUA e da União Européia quanto ao comércio e consumo dos transgênicos.

5. Discuta com seu grupo até que ponto a solução de rotular claramente os produtos transgênicos solucionaria o impasse entre os países.

6. O protocolo de Cartagena endossa o direito de os países adotarem medidas acauteladoras para evitar danos ambientais em face de incertezas científicas. Expliquem de que forma o direito comercial internacional pode entrar em choque com os tratados ambientais internacionais.

7. Na opinião do grupo, o desenvolvimento de organismos transgênicos trará benefícios ou problemas para a humanidade? Justifique.

8. Que outras soluções seriam possíveis para a agropecuária?

O QUE MAIS HÁ PARA VER

Livros

- ADAS, Melhem. *A fome: crise ou escândalo?* 2. ed. São Paulo: Moderna, 2004. (Col. Polêmica)
- CHIAVENATO, Júlio José. *Violência no campo: o latifúndio e a reforma agrária*. 2. ed. São Paulo: Moderna, 2004. (Col. Polêmica)
- GRAZIANO, Francisco. *Qual reforma agrária?* Terra, pobreza e cidadania. São Paulo: Geração Editorial, 1996.
- LAMBERT, Mark. *Agricultura e meio ambiente*. 4. ed. São Paulo: Scipione, 1997. (Col. Preserve o mundo)
- MARTINEZ, Paulo. *Reforma agrária: questão de terra ou de gente?* 9. ed. São Paulo: Moderna, 1994. (Col. Polêmica)
- OLIVEIRA, Fátima. *Bioética: uma face da cidadania*. 2. ed. São Paulo: Moderna, 2004. (Col. Polêmica)
- ____. *Engenharia genética: o sétimo dia da criação*. 2. ed. São Paulo: Moderna, 2004. (Col. Polêmica)

Filmes

- *A Ilha do Dr. Moreau* (EUA, 1996); dir. Jonh Frankenheimer; distr. New Line Cinema; 100 min. Piloto de avião que sofre acidente é resgatado e levado para uma ilha onde vive um famoso cientista que faz experiências genéticas com seres humanos e animais.
- *Biotecnologia: esse admirável mundo novo: plantas transgênicas* (Brasil, 1990); dir. Cia. Imagem e Vídeo; distr. Embrapa. O documentário trata da biotecnologia e da pesquisa agrícola, seus conceitos, aplicações e potencialidades. Mostra também as inovações na agropecuária.
- *O sexto dia* (EUA; Canadá, 2000); dir. Roger Spottiswoode; distr. Columbia Pictures/Sony Entertainment Pictures; 124 min. Homem descobre que foi clonado e, com isso, perde sua vida e sua família. A partir daí, tenta desvendar o que aconteceu.

Sites

- http://www4.anvisa.gov.br/agrosia/asp/default.asp *Site* da Agência Nacional de Vigilância Sanitária com enfoque em sistemas de informação sobre agrotóxicos. Exibe lista de agrotóxicos e legislação, entre outras questões. Acesso em: 10 maio 2005.
- http://www.biopirataria.org/ *Site* de ONG que combate a biopirataria, com registro de fatos históricos, íntegra de documentos, protestos, *links* e outros. Acesso em: 10 maio 2005.
- http://www.biotecnologia.com.br/ *Site* de revista eletrônica de biotecnologia que traz artigos, legislação e temas básicos. Acesso em: 10 maio 2005.
- http://www.ctnbio.gov.br/index.php?action=/content/view&cod_objeto=1259 *Site* do Ministério da Ciência e Tecnologia, que contém a Lei de Biossegurança. Acesso em: 10 maio 2005.
- http://www.embrapa.br/ *Site* da Empresa Brasileira de Agropecuária. Exibe textos sobre desenvolvimento sustentável, agronegócio, tecnologias e pesquisas. Acesso em: 10 maio 2005.

21. AGROPECUÁRIA MUNDIAL II: SISTEMAS AGRÍCOLAS E PRODUÇÃO

1 SISTEMAS OU MODOS DE PRODUÇÃO AGRÍCOLAS

A agricultura e a pecuária são atividades milenares e universais praticadas na grande maioria dos países, uma vez que o desenvolvimento tecnológico atual permite superar condições adversas de clima e solo.

Tanto a agricultura como a pecuária podem ser praticadas de forma extensiva ou intensiva. A **agropecuária extensiva** tem na terra o fator decisivo. É praticada em grandes áreas, com pouco capital, geralmente utilizando mão-de-obra reduzida e pouco especializada. A **agropecuária intensiva** caracteriza-se pelo predomínio do capital, utilização de mão-de-obra qualificada e grande mecanização. Entretanto, a forma de se praticar a agricultura, ou seja, o **sistema agrícola**, difere muito de um lugar para outro em virtude das condições socioeconômicas, culturais e técnicas das diferentes coletividades humanas, bem como das influências do meio físico. Vejamos os principais sistemas agrícolas do mundo.

Criação de gado extensiva em Montana, EUA.

ROBERT Y. ONO / CORBIS-STOCK PHOTOS

Agricultura de subsistência e agricultura itinerante

A **agricultura de subsistência**, que atende às necessidades básicas de consumo alimentar dos agricultores e de suas famílias, ainda é praticada em regiões muito pobres do planeta (principalmente na África e na América Latina). Ocorre em pequenas propriedades onde os agricultores não têm capitais nem dispõem de meios técnicos (adubos, máquinas etc.). O excedente da produção pode abastecer centros urbanos. Apesar de os agricultores de subsistência somarem centenas de milhões de pessoas em todo o mundo e estarem entre as pessoas que vivem em extrema pobreza, sem salários e com pequeno envolvimento em transações comerciais, estudos mostram que o grau de subnutrição dos grupos que praticam cultivos de subsistência é menor do que o da mão-de-obra que trabalha em lavouras de exportação. Observe a figura 21.1.

NICOLINO A. BRUM / KINO

FIGURA 21.1 Geralmente praticada com trabalho familiar, a agricultura de subsistência atende às necessidades da família ou do grupo. Na foto, pequeno agricultor cultiva horta em Biritiba-Mirim (SP), 1999.

Na prática da **agricultura itinerante**, o agricultor ateia fogo à mata (queimada) para proceder ao destocamento e à semeadura da terra. O não emprego de adubos e outros recursos técnicos, bem como a ação das chuvas (enxurradas), acarreta o esgotamento precoce do solo, seu conseqüente abandono e a busca de outra área, na qual todo o processo se repete. Caracterizada pelo cultivo de alguns produtos de subsistência, como mandioca, milho, inhame etc., pelo uso de instrumentos tradicionais e pela baixa produtividade, atualmente a agricultura itinerante ocorre sobretudo na América Latina e na África.

Ainda praticada em todas as regiões do Brasil, a **agricultura de roça** é um exemplo de agricultura itinerante e de subsistência. Leia o texto do boxe ao lado.

A **criação nômade** de gado (ou pastoreio) — também itinerante — se desenvolve na África e na Ásia.

Fogo, a fertilidade enganosa

A queimada é utilizada com a finalidade de limpar o terreno, eliminar pragas e ervas daninhas. No entanto, o uso do fogo é altamente prejudicial ao solo.

Em geral, após a queimada ocorre a melhoria na safra, porque as cinzas acrescentam alguns sais solúveis ao solo (potássio e cálcio). No entanto, nos anos seguintes, a chuva carrega esses nutrientes, tornando o solo mais pobre do que antes e provocando o declínio das colheitas.

Agricultura de jardinagem

É praticada no Sudeste da Ásia (Ásia das monções), região superpovoada caracterizada por verões quentes e superúmidos. Trata-se de uma agricultura tradicional que utiliza técnicas mais ou menos aprimoradas (irrigação e adubação) e cuidados especiais em relação aos vegetais e ao solo, atingindo boa produtividade por hectare (obtém-se o máximo de produção no menor espaço e tempo possível).

Apesar de o arroz ser a cultura dominante neste sistema de cultivo, não se trata de uma monocultura, visto que diversos outros vegetais são cultivados. Outras características desse sistema são:

- propriedades muito pequenas e mão-de-obra abundante;
- predomínio das técnicas de adubação e irrigação (natural ou artificial);
- utilização da técnica de **terraceamento**, terraços artificiais (aplainamento em degraus de superfícies inclinadas, interrompendo um declive) que possibilitam a retenção de água e sedimentos. Estes degraus são feitos em curvas de nível, seguindo pontos de um terreno com a mesma altitude. A técnica, além de permitir o cultivo em terrenos inclinados, preserva o solo, evitando a erosão e mantendo sua fertilidade (pois impede que as águas das chuvas carreguem a camada superficial do húmus). Observe a figura 21.2.

FIGURA 21.2 Terraceamento em Ubud, Indonésia, 1999. A agricultura de jardinagem é uma prática agrícola bastante antiga e difundida na Ásia de monções. Ela possibilita a cultura em áreas com declives ou pouca água.

WOLFGANG KAEHLER / CORBIS-STOCK PHOTOS

- intenso trabalho braçal nas fases de adubação, plantio, colheita, construção de diques, terraços e canais de irrigação, e reduzido uso de máquinas;
- utilização intensiva do solo, grande emprego de adubos orgânicos.

Agricultura de *plantation*

Este tipo de agricultura foi introduzido pelos europeus em suas colônias tropicais a partir do século XVI, período que coincide com a decadência do feudalismo e o início da expansão comercial e colonial européia. O sistema de ***plantation*** se opõe à agricultura itinerante e à de jardinagem, que são sistemas nativos (autóctones). Suas principais características são:

- aplicação de grandes capitais na produção de gêneros agrícolas (principalmente tropicais) destinados a abastecer o mercado;
- emprego de **latifúndios** (grandes propriedades rurais) e, em geral, de numerosa mão-de-obra para garantir a produção em larga escala;
- utilização da monocultura agroindustrial.

A *plantation* foi e continua sendo praticada em países tropicais da América Latina, da Ásia e da África, com conseqüências que explicam em grande parte a situação de miséria, atraso e submissão em que se encontram ainda hoje muitos países.

Essas conseqüências são: excessiva concentração de terras (latifúndios), abandono das lavouras de subsistência, desenvolvimento de monoculturas e dependência em relação aos mercados externos, além de instabilidades econômicas, revoltas sociais, esgotamento dos solos etc.

Como exemplos de *plantation* podemos citar a cana-de-açúcar (Brasil e Antilhas), o cacau (Brasil, Gana e Costa do Marfim), o café (Brasil, Colômbia e América Central), o chá (Índia e Sri Lanka), a banana (América Central), a borracha (Malásia, Indonésia e Sri Lanka). Observe a figura 21.3.

FIGURA 21.3 A grande propriedade fundiária e a monocultura exportadora ainda estão presentes em muitas regiões do planeta. Plantação de cana-de-açúcar em Ribeirão Bonito (SP), 2003.

HAROLDO PALO JR / KINO

2 A AGROPECUÁRIA NO MUNDO

As nações industrializadas apresentam alto grau de urbanização e a agropecuária ocupa uma pequena parcela de mão-de-obra. Observe a figura 21.4 com os principais tipos de agricultura e pecuária no mundo.

FIGURA 21.4 • PLANISFÉRIO: AGROPECUÁRIA

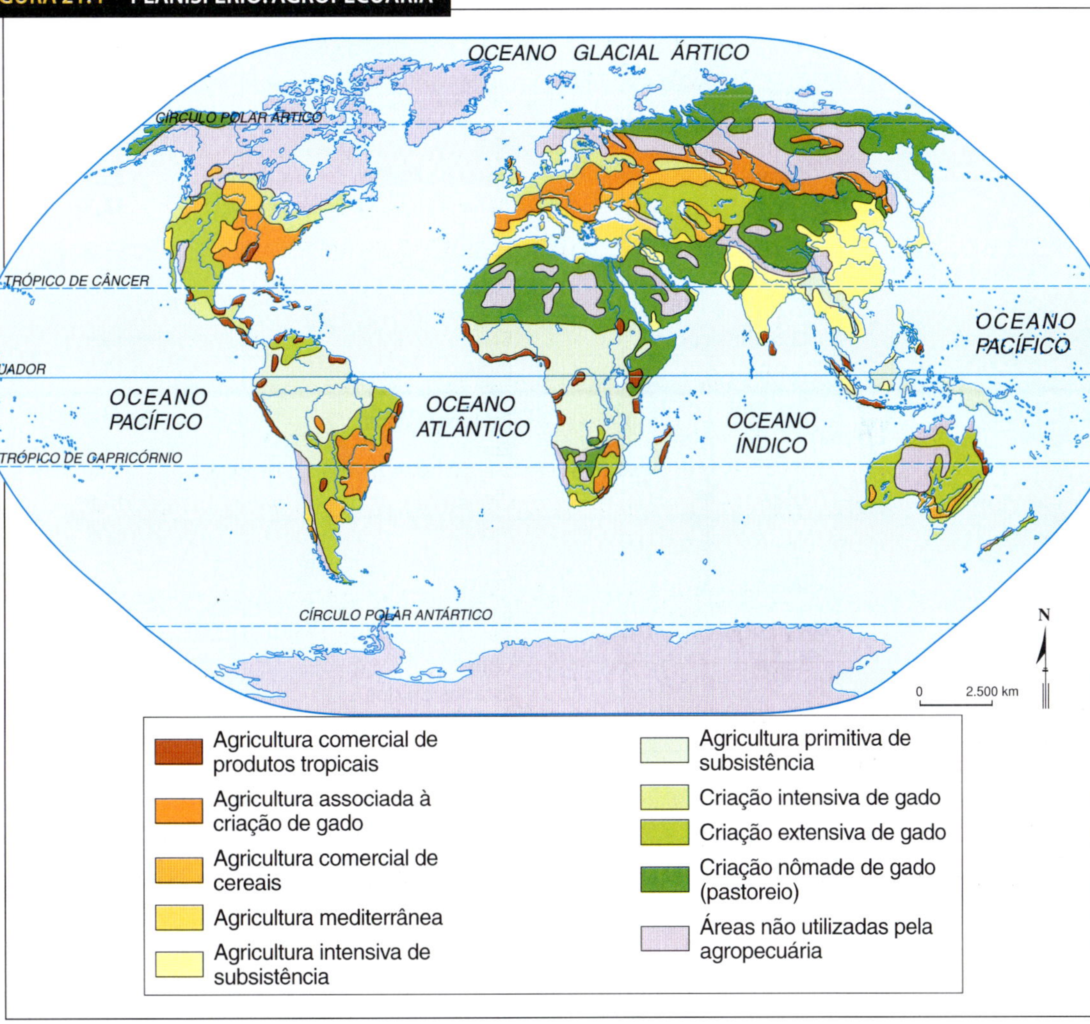

Fonte: FERREIRA, Graça Maria L. *Atlas geográfico:* espaço mundial. 2. ed. São Paulo: Moderna, 2003. p. 81.

A maior parte dos países subdesenvolvidos não-industrializados possui baixos índices de urbanização. Outra parte conta com intensa urbanização em virtude do elevado êxodo rural, que se deve, entre outros fatores, ao baixo padrão de vida no campo.

Nos casos da África e da Ásia, grande parte da população economicamente ativa continua empregada no setor primário, embora esses continentes sejam os que mais apresentam problemas de fome e de subnutrição. Neles, a população rural ultrapassa a média de 62%, chegando a representar mais de 80% da população total em muitos países, como Burkina Faso, Burundi, Etiópia, Ruanda, Malavi, e Uganda, na África, e Butão, Nepal, Camboja e Laos, na Ásia.

Na tabela estão listados os maiores produtores agropecuários mundiais.

AGROPECUÁRIA: MAIORES PRODUTORES MUNDIAIS		
Produto	**Maiores produtores**	**% do total**
Arroz	China Índia	30,5 21,3
Milho	Estados Unidos China Brasil	37,9 20,6 5,8
Batata	China Rússia	21,6 10,3
Cacau	Costa do Marfim Gana	35,5 13,5
Café	Brasil Vietnã	32,4 9,3
Cana-de-açúcar	Brasil Índia	15,9 13,5
Soja	Estados Unidos Brasil	40,6 23,2
Trigo	China Índia	15,5 12,4
Bovino	Índia Brasil	16,0 12,8
Suíno	China Estados Unidos Brasil	49,3 6,2 3,1

Fonte: *Calendario atlante De Agostini 2004*. Novara: Istituto Geografico De Agostini, 2003. p. 138-145.

A agricultura nos países subdesenvolvidos

Os sistemas agrícolas nativos asiático, africano e latino-americano, fundamentados na apropriação e na produção coletivas, foram desorganizados, desde o século XVI, com a inserção destas regiões no modo de produção capitalista.

Como conseqüência, em grande parte desses países predomina uma agricultura de subsistência complementar à *plantation*, esta última desenvolvida nas melhores terras. O aumento da produção se faz, na maioria das vezes, pela extensão da área cultivada, pois não contam com capital e tecnologia modernizadora para promover aumento de produtividade. Esses países ainda constituem sociedades rurais de baixo poder aquisitivo, com mercado interno muito fraco e submissão ao mercado mundial de *commodities*.

Embora os produtos primários representem mais de 50% do PNB de muitos países (como Afeganistão, Burundi, República Centro-Africana, República Democrática do Congo, Etiópia, Guiné-Bissau, Laos, Libéria, Mianma, Serra Leoa e Somália), nem sempre eles são os maiores produtores ou exportadores.

A tecnologia empregada pelos países industrializados na agricultura permite grande produtividade e coloca muitos deles entre os maiores produtores e exportadores mundiais, como é o caso dos EUA.

A agropecuária dos Estados Unidos

O país é o principal representante da **agricultura contemporânea**, com produção excedente, especializada, e essencialmente especulativa e de mercado.

A partir da segunda metade do século XIX, a agricultura dos Estados Unidos alcançou grande desenvolvimento. A preocupação européia com a produção industrial acarretou uma crise generalizada em sua produção agrícola. Devido ao menor custo de produção em relação à Europa, países como EUA, Austrália, Argentina e Canadá passaram a conquistar o mercado europeu de produtos agropecuários.

O desenvolvimento da agricultura estadunidense resultou, portanto, de seu caráter competitivo no plano externo combinado a diversos outros fatores internos, como a abolição da escravatura, a agilidade governamental no processo de acesso à terra, o elevado contingente de imigrantes (sobretudo europeus), a conquista e a expansão territorial (disponibilidade de terras), as grandes extensões de solos férteis (principalmente pradarias) e a rápida modernização e mecanização da agricultura.

Com exceção das regiões Nordeste (de povoamento mais antigo e agricultura semelhante à européia) e da região Sul (lavouras subtropicais de *plantation*), a agricultura estadunidense estruturou-se com base na produção especializada e na média e grande propriedade familiar, os ***farmers***. Observe a figura 21.5.

PETE TURNER / THE IMAGE BANK-STOCK PHOTOS

FIGURA 21.5 Colheita mecanizada de algodão em grande propriedade agrícola feita com modernos métodos de irrigação. Phoenix, Arizona (EUA), 2000.

A produção especializada deu origem aos **cinturões agrícolas (*belts*)**, extensas áreas do território destinadas ao cultivo de um produto principal (monocultura), nas quais se desenvolve uma moderna agricultura comercial, por exemplo, ***wheat belt*** (trigo), ***cotton belt*** (algodão), ***corn belt*** (milho), ***ranching belt*** (pecuária extensiva). Observe a figura 21.5 (página anterior). A associação de produtores permite a integração entre agricultura, comércio e indústria, garantindo contratos de exportação, fornecimento de matérias-primas, utilização de tecnologia, máquinas etc. Os ***green belts*** ou cinturões verdes são pequenas propriedades, geralmente em torno das cidades, nas quais se pratica agricultura intensiva para abastecer os centros urbanos.

Apesar de contar com limitações naturais (montanhas, temperaturas baixas), os Estados Unidos possuem disponibilidade de áreas agrícolas, como as planícies e os baixos planaltos, regiões de solos férteis. A pecuária extensiva é desenvolvida nas regiões áridas e semi-áridas do Oeste do país. Observe o mapa (figura 21.6) com as áreas agropecuárias dos EUA.

FIGURA 21.6 • EUA: USO DO SOLO

Fonte: FERREIRA, Graça Maria L. *Atlas geográfico:* espaço mundial. 2. ed. São Paulo: Moderna, 2003. p. 53.

Apesar de a agropecuária participar em 2002 com apenas 2% do PNB dos Estados Unidos e absorver apenas 2% de sua população economicamente ativa, o país é a principal potência agrícola atual, o maior produtor e exportador mundial de alimentos. Sua agropecuária é muito produtiva, ocupando posição de vanguarda no desenvolvimento de técnicas modernas, como a biotecnologia. A influência estadunidense no comércio agrícola internacional (preços e transações) é tão grande que qualquer mudança na sua política agrícola tem conseqüências mundiais. Observe no quadro da página ao lado dados sobre o desempenho dos EUA na agropecuária mundial.

EUA: PRINCIPAIS PRODUTOS NA AGROPECUÁRIA MUNDIAL (2002)	
Produto/tipo	**Posição mundial**
Milho, sorgo, soja, madeira	1º
Cítricos, suíno	2º
Aveia	3º
Trigo, batata, amendoim, açúcar, tabaco, bovino	4º

Fonte: *Calendario atlante De Agostini 2004*. Novara: Istituto Geografico De Agostini, 2003. p. 138-145.

Quanto aos demais países e regiões cujo sistema agrícola assemelha-se ao dos EUA (agricultura mecanizada, comercial e especializada), podemos citar Canadá, Austrália, África do Sul, Argentina, Região Centro-Sul do Brasil, todos exportadores de cereais (trigo, milho etc.) e outros produtos agropecuários (soja, carne, lã etc.) de grande consumo mundial.

A agricultura européia

O primeiro período de grande desenvolvimento da agricultura européia (por volta de 1780 a 1880) coincide com a primeira fase da Revolução Industrial. Este desenvolvimento deu-se principalmente graças à utilização de técnicas agrícolas como a **rotação de culturas** (técnica que alterna em uma mesma área culturas diferentes ou períodos de cultivo e de repouso, para não esgotar o solo e permitir que os nutrientes sejam repostos). Também se deveu à maior utilização de máquinas e ferramentas agrícolas (fornecidas pela indústria) e ao maior consumo de alimentos pela população. Entretanto, a concorrência cada vez maior dos produtos estrangeiros (mais baratos) levou a agricultura européia a uma grave crise, que teve início no final do século XIX.

O período posterior a essa crise generalizada (agravada pela Depressão econômica de 1929) foi marcado por uma reorganização e modernização da agropecuária européia, cujas principais características foram:

- substituição da tradicional policultura pela agricultura especializada de mercado (trigo, vinho, batata, entre outras);
- melhoria da infra-estrutura do setor agropecuário (armazéns, silos, estábulos, escoamento e comercialização da produção) e maior emprego da mecanização, da adubação química etc.;
- reagrupamento das propriedades (concentração fundiária), maior participação empresarial no setor, maior submissão do produtor ao capital e maior participação do Estado no financiamento da produção;
- difusão do cooperativismo agropecuário (em países como Dinamarca, Países Baixos, Suécia etc.) tanto na compra de insumos agropecuários (adubos, máquina etc.) quanto na comercialização dos produtos.

Essa grande modernização tornou a agricultura européia mais eficiente e competitiva. Entretanto, os países europeus ocidentais continuam sendo, em sua maioria, deficitários na produção de alimentos.

FIGURA 21.7 • UNIÃO EUROPÉIA: PARTICIPAÇÃO NA AGROPECUÁRIA MUNDIAL (2000)

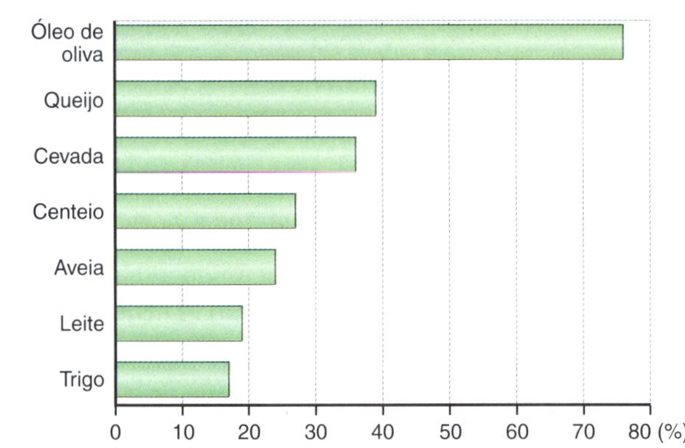

Fonte: *Calendario atlante De Agostini*. Novara: Istituto Geografico De Agostini, 2002. p. 138-145.

Apesar da modernização pela qual passou, a agricultura européia ainda emprega alguns métodos agrícolas clássicos, como a rotação de culturas e a associação agricultura-pecuária. Observe no quadro abaixo os principais produtos da agropecuária européia.

PRINCIPAIS DESTAQUES EUROPEUS NA AGROPECUÁRIA MUNDIAL (2002)

País	Produto/ Posição na produção mundial
França	Cevada (3º), trigo (5º), milho (5º), açúcar (7º)
Alemanha	Cevada (2º), centeio (3º), suíno (4º), trigo (6º), batata (7º)
Espanha	Cevada (5º), cítricos (5º), suíno (5º)
Turquia	Cevada (6º), chá (6º), tabaco (7º)
Polônia	Centeio (2º), aveia (5º), batata (5º)

Fonte: *Calendario atlante De Agostini 2004*. Novara: Istituto Geografico De Agostini, 2003. p. 138-145.

Mudanças na paisagem rural do mundo em transição: Rússia e China

Rússia

A partir da Revolução de 1917 a propriedade privada foi abolida na Rússia e as terras foram coletivizadas. Predominava o modelo de exploração agrícola baseado nos ***kolkhozes*** (fazendas coletivas) e nos ***sovkhozes*** (fazendas estatais).

A antiga-URSS chegou a se tornar uma das maiores potências agropecuárias do mundo (devido a fatores como grande extensão territorial, mão-de-obra numerosa, mecanização etc.), apesar das condições naturais desfavoráveis de grande parte de seu território (secas e invernos muito rigorosos) e da prioridade dada à produção industrial e bélica. A participação do capital estatal foi decisiva nesses avanços.

No período que antecedeu as reformas (1981-1985) que deram origem à transição para a economia de mercado, a União Soviética passou por uma série de insucessos nas colheitas, gastou suas reservas na importação de cereais e não investiu na modernização para ampliar a produção.

A partir de 1990, com os novos planos de transição para a economia de mercado, os *kolkhozes* foram desativados (alguns abandonados), as lavouras foram arrendadas às famílias e as terras do Estado foram privatizadas e distribuídas.

Em 1991 ocorreu a dissolução da União Soviética e a criação da CEI (Comunidade dos Estados Independentes).

Desde a década de 1990 têm sido elaborados planos de organização e modernização de empresas agrícolas adaptadas às regras de mercado. Apesar de todos os problemas, a Rússia, principal Estado da CEI, ainda é uma grande produtora agrícola, destacando-se na produção mundial de cevada, aveia, centeio (primeiro lugar mundial), batata (segundo lugar) e trigo (terceiro lugar). Observe na figura 21.8 a localização das áreas agropecuárias na CEI.

FIGURA 21.8 • CEI: USO DA TERRA

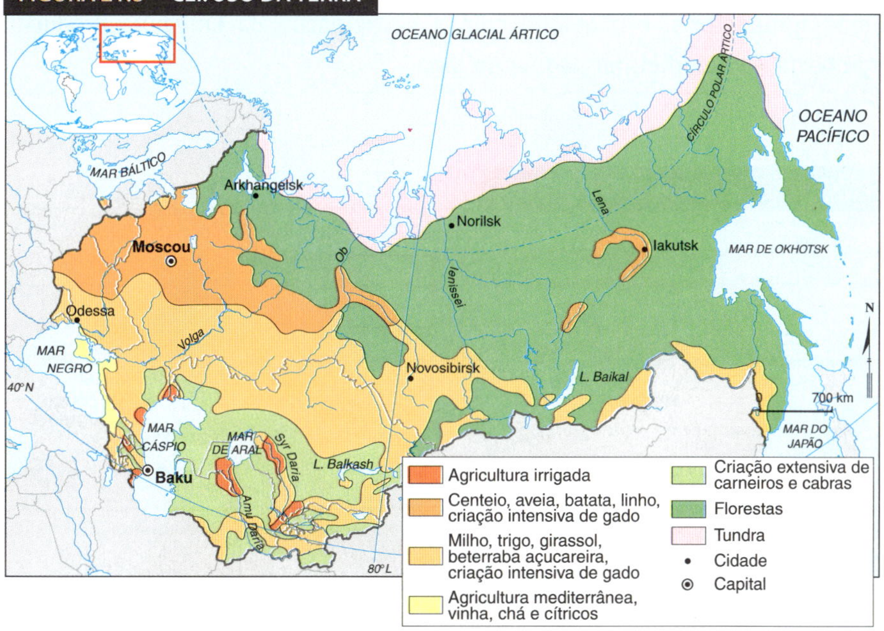

Fonte: FERREIRA, Graça Maria L. *Atlas geográfico:* espaço mundial. 2. ed. São Paulo: Moderna, 2003. p. 69.

China

Após a Revolução Socialista de 1949, a agricultura passou a ser vista como a base do desenvolvimento da China. As terras e seu uso foram coletivizados. As tradicionais práticas de agricultura comunitária deram origem inicialmente às cooperativas agrícolas e, mais tarde (1957), às **comunas populares** (comunidades agrícolas coletivas).

Embora contando com o maior contingente populacional do mundo (mais de 1,2 bilhão de habitantes) e dispondo de condições naturais muito adversas na maior parte de seu território, o desempenho da agricultura chinesa no período pós-revolução foi sem dúvida excelente, contando com grandes projetos de irrigação e recuperação dos solos.

Em 1984 o governo chinês anunciou oficialmente um conjunto de reformas econômicas que vinham sendo experimentadas desde o final da década de 1970: permissão para a exploração individual ou familiar da agricultura, introdução do conceito de lucro nas atividades econômicas, adoção de tecnologias e capitais estrangeiros, estímulo à produtividade do trabalhador, flutuação dos preços, criação do cartão de crédito, criação da Bolsa de Valores, estímulo ao consumo etc.

Quanto à agricultura, e mais especificamente às comunas populares, a principal mudança foi a permissão dada às famílias de explorarem individualmente a terra e comercializarem diretamente a produção excedente. A produção passou a ter três destinos: uma parte é vendida ao Estado, outra é destinada à comunidade local e a terceira é comercializada livremente pela família produtora. Este sistema tem propiciado maior produtividade, maior produção e maiores ganhos.

Inovações científicas e tecnológicas foram introduzidas nos diversos setores econômicos e na agricultura. Observe a figura 21.9, com as principais áreas agropastoris, e o quadro com a participação da China na produção agropecuária mundial, na página ao lado.

FIGURA 21.9 • CHINA: USO DA TERRA

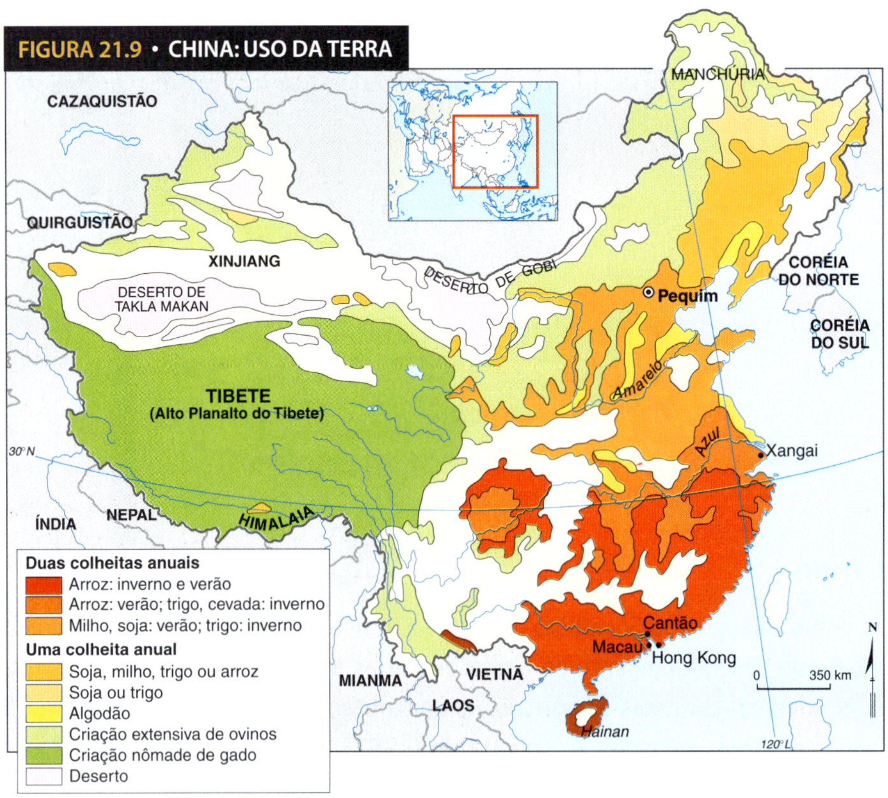

Fonte: FERREIRA, Graça Maria L. *Atlas geográfico:* espaço mundial. 2. ed. São Paulo: Moderna, 2003. p. 71.

CHINA: PRINCIPAIS PRODUTOS NA AGROPECUÁRIA MUNDIAL (2002)	
Produto	**Posição mundial**
Trigo, arroz, batata, amendoim, tabaco, ovino, equino, suíno	1º
Milho, chá	2º
Açúcar, bovino	3º
Soja, banana	4º

Fonte: *Calendario atlante De Agostini 2004*. Novara: Istituto Geografico De Agostini, 2003. p. 138-145.

Praticando e Aprendendo

Organizando o conteúdo

1. Diferencie a agropecuária intensiva da extensiva quanto à utilização da terra e do capital.

2. Observe as definições abaixo e identifique a que tipo de produção agrícola se refere cada uma delas.

a) Sistema agrícola tradicional, baseado em técnicas rudimentares (queimada, enxada), com esgotamento e posterior abandono do solo, onde são cultivados produtos de subsistência.

b) Sistema tradicional que utiliza técnicas mais aprimoradas (adubação, irrigação e terraceamento) e é caracterizado por pequenas propriedades e mão-de-obra numerosa.

c) Sistema agrícola baseado na monocultura e no latifúndio, com mão-de-obra numerosa e produção em larga escala, voltada para o mercado externo.

3. O que são os cinturões agrícolas ou *belts*? Cite três exemplos.

4. Que regiões do mundo utilizam os seguintes sistemas de exploração de terras:

a) predomínio da agricultura mecanizada, especializada e de mercado.

b) agricultura de subsistência complementar à *plantation* e submissa ao mercado mundial de *commodities*.

c) agropecuária baseada na apropriação coletivista ou estatal da terra e na produção e que a partir da década de 1970 deu início à exploração individual ou familiar da agricultura.

5. Observe a figura 21.4, na página 361.

a) Procure descobrir os motivos da existência de áreas não utilizadas pela agropecuária consultando os planisférios de relevo e clima, respectivamente, nas páginas 171 e 228.

b) Em quais continentes ainda se desenvolve a agricultura primitiva de subsistência?

c) A partir da leitura do capítulo, explique por que certos países, como o Brasil, por exemplo, são grandes produtores de alimentos e, no entanto, têm entre sua população milhões de pessoas que passam fome.

6. Diferencie a agricultura contemporânea da agricultura de jardinagem quanto aos insumos e à mão-de-obra empregados. Em que regiões se desenvolve cada uma delas?

Ampliando o conhecimento

Procurando soluções.

Leia os textos a seguir e responda às questões de 7 a 9.

"As pessoas pagam bilhões de dólares, anualmente, para limpar a poluição e lidar com os outros custos associados à agricultura moderna: desde a remoção de pesticidas da água potável, passando pelos reparos aos danos da erosão do solo, até a perda de aves e outras vidas silvestres."

WORLDWATCH INSTITUTE. *Estado do mundo 2004*. Salvador: UMA, 2004. p. 87.

»

"O Banco Mundial recentemente fez um relatório sobre quatro anos de experimentos com revestimento do solo com grama como uma forma de reduzir a erosão e aumentar a umidade. A grama nasce praticamente em qualquer tipo de solo, é resistente a pestes e forma uma barreira contra a erosão, sem prejudicar as plantações. O plantio de grama está sendo introduzido em muitos programas do Banco Mundial destinados à Ásia, África e América Latina."

Manual global de ecologia. São Paulo: Augustus, 1993. p. 83.

7. Segundo os textos, quais são os principais problemas ambientais causados pela agricultura moderna?

8. Converse com seus colegas de grupo. Considerando esses dois textos, em que medida as soluções que podem limitar as perturbações do solo são de ordem política ou econômica?

9. Diversas práticas agrícolas incorretas são de uso secular. Que tipo de práticas de conservação poderiam ser adotadas, de maneira a limitar as perturbações do solo?

O QUE MAIS HÁ PARA VER

Livros

- LEIS, Hector (org.). *Ecologia e política mundial*. Rio de Janeiro: Vozes, 1991.
- MAY, Peter Herman e MOTTA, Ronaldo Serôa (org.). *Valorando a natureza:* análise econômica para o desenvolvimento sustentável. Rio de Janeiro: Campus, 1998.
- MONTANARI, Valdir e STRAZZACAPPA, Cristina. *A questão das terras no Brasil:* das sesmarias ao MST. São Paulo: Moderna, 1999. (Col. Desafios)

Filme

- *Banzé no Oeste* (EUA, 1974); dir. Mel Brooks; distr. Warner Bros.; 94 min. Numa vila do velho oeste norte-americano um empresário sem escrúpulos quer expulsar os moradores e, para isso, contrata um grupo de pistoleiros. O motivo é a construção de uma nova ferrovia que passará por aquelas terras, aumentando seu valor.

Sites

- http://www.agronline.com.br/ *Site* sobre agricultura com textos de diversos assuntos, como agricultura em diferentes países desenvolvidos, desenvolvimento de tecnologias. Disponibiliza o acesso a *agrolinks*. Acesso em: 11 maio 2005.
- http://www.embrapa.br/ *Site* da Empresa Brasileira de Pesquisa Agropecuária, órgão vinculado ao Ministério da Agricultura, Pecuária e Abastecimento. Este endereço traz informações sobre as unidades de pesquisa da empresa, os programas de cooperação internacional para o desenvolvimento de tecnologia de ponta em áreas como recursos naturais e biotecnologia, além de dados sobre as mais novas tecnologias desenvolvidas para aumentar a produtividade da agropecuária brasileira.
- http://www.fao.org/index_es.htm Página em espanhol da Organização das Nações Unidas para a Agricultura e Alimentação, com informações sobre agricultura e fome no mundo, nutrição, solos, estatísticas e programas. Acesso em: 30 jun. 2005.
- http://www.resistir.info/brasil/alca_agricultura.html *Site* que traz textos sobre os impactos da Alca na agricultura. Acesso em: 10 maio 2005.

22. O COMÉRCIO MUNDIAL E A GLOBALIZAÇÃO

1 CONCEITO, ORIGEM E EVOLUÇÃO

Comércio é a troca, compra e venda de bens e serviços, visando lucro.

Um fator relevante na expansão do comércio em escala mundial, regional e local foi a criação de moedas para intermediar a troca de produtos. O valor da moeda é muito importante: se tiver baixo poder aquisitivo, inibe as atividades comerciais; já uma moeda forte expande essas atividades. Leia o boxe Curiosidade na página seguinte.

ML SINIBALDI / CORBIS-STOCK PHOTOS

Mercado flutuante em Saduak, Tailândia, 2002.

No entanto, o **comércio real**, constituído por capitais produtivos, já não é para os bancos a melhor modalidade de investimento. Essas atividades oferecem riscos por dependerem da política, das instabilidades que podem ocorrer nos países nos quais os investimentos são feitos e das variações de câmbio das moedas desses países. Nos últimos 25 anos, os empréstimos concedidos pelos bancos dos EUA caíram de 75% para 26,5% do total mundial.

A comercialização monetária ou o **mercado de divisas** tornou-se mais atrativo, passando a prevalecer a partir da globalização, pois oferece lucros relativamente grandes e riscos menores.

- O **capital especulativo** (**capitais voláteis** ou **de curto prazo**) obtém lucro a partir da compra e venda de moedas e da variação de seu valor. Ele se movimenta rapidamente em busca de mercados que ofereçam segurança e rentabilidade (juros altos e baixos riscos). Esses capitais são investidos nos mercados financeiros do planeta por meio de "dinheiro eletrônico" depositado instantaneamente nas bolsas de valores de todo o mundo. Veja a figura 22.6.

FIGURA 22.6 • PRINCIPAIS BOLSAS DE VALORES

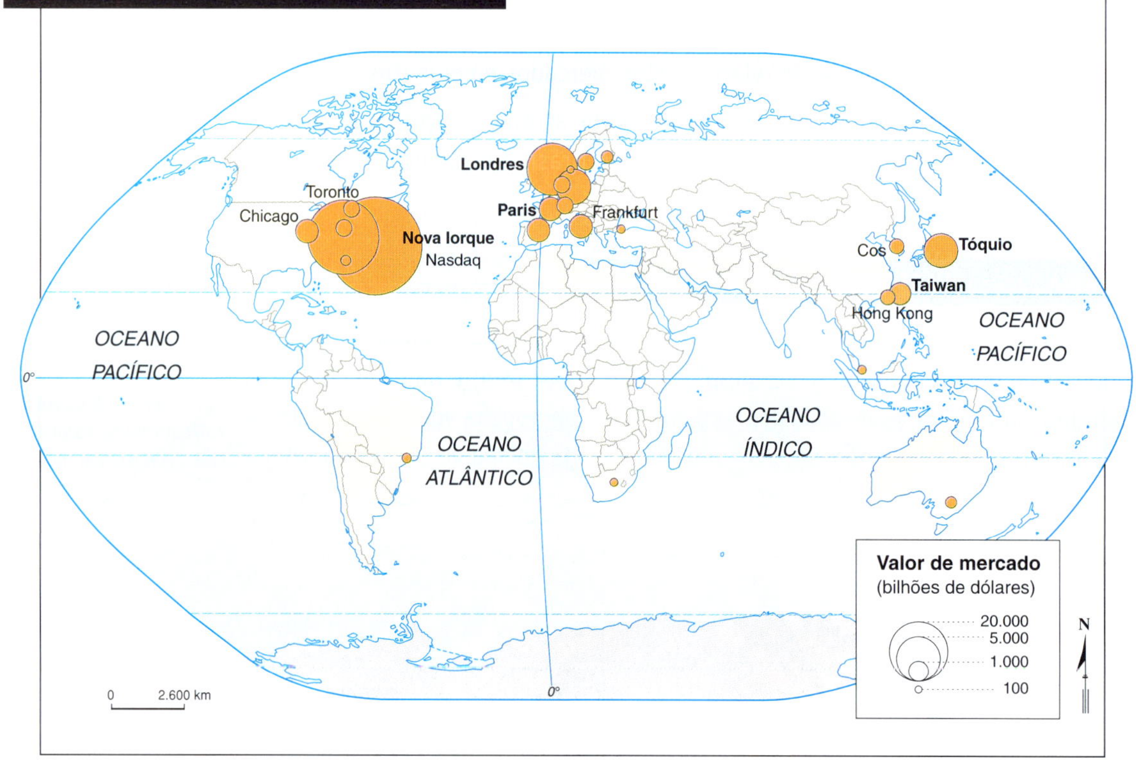

Fonte: FERREIRA, Graça Maria L. *Atlas geográfico:* espaço mundial. 2. ed. São Paulo: Moderna, 2003. p. 104.

As aplicações bilionárias podem reagir em segundos às boas e más notícias e, ao menor sinal de instabilidade, ser transferidas de um lugar para o outro (**fuga de dólares**), provocando pânico nos mercados mundiais. É o chamado **ataque especulativo**. Em poucas horas, o valor de moedas, papéis e ações podem transformar-se radicalmente, abalando governos e gerando crises que repercutem particularmente nos países de economia mais frágil. No entanto, algumas vezes os países centrais também são obrigados a desvalorizar suas moedas.

Em 1997, uma crise iniciada nos Tigres Asiáticos propagou-se pelos mercados mundiais: a desconfiança dos investidores provocou queda nas bolsas de valores e a fuga de capitais dos mercados emergentes. A crise na Federação Russa, em 1998, atingiu profundamente a América Latina.

Dessa forma, os capitais especulativos podem exercer uma "tirania financeira".

"Os recursos financeiros deveriam ser apenas símbolo de riqueza e não papel pintado sem lastro, fruto de emissões arbitrárias e fraudulentas do sistema financeiro internacional. O que deveria contar se não vivêssemos em uma tirania financeira de moeda fictícia seriam os recursos naturais, que permitem a criação de riqueza e, portanto, a emissão de dinheiro verdadeiro [...].

Isso, porém, a fraudulência do dinheiro especulativo atual impede. Vivemos em uma camisa de força especulativa em que a produção da verdadeira riqueza nada vale." (VIDAL, José Walter Bautista e MOREIRA, Nelson. A energia que vem da natureza. In: Revista *Panorama rural*. São Paulo: Publiê, fev. 2000.).

4 O COMÉRCIO NA ERA DAS REDES

A globalização e os rápidos avanços tecnológicos tornaram a informática e as comunicações mais acessíveis e com custos decrescentes, permitindo o processamento, o armazenamento e a distribuição rápida de enormes quantidades de informações através de redes de comunicação. Como já vimos no capítulo 5, pessoas em todo o mundo estão interconectadas em tempo simultâneo, pela informática. Na **era das redes**, diversas atividades — inclusive a estrutura da produção — têm sido reorganizadas em redes que abarcam o mundo. Essas interações complexas impulsionam a economia mundial e a criação de novas tecnologias. Observe a figura 22.7.

ED BOCK / CORBIS-STOCK PHOTOS

FIGURA 22.7 Sem sair de casa, pode-se comprar uma variedade muito grande de produtos pela internet. Ásia, 2001.

A confiabilidade no tráfego de informações concretizou a mundialização do mercado financeiro e comercial. Satélites artificiais (imagens, dados), telefonia (sons, transmissão de informações) e informática (dados) constituem o tripé da era da comunicação em tempo real. Observe na figura 22.8 o aumento da utilização e o barateamento da **internet** (rede mundial de computadores), chamada também autopista da informação global.

FIGURA 22.8 • INTERNET: EVOLUÇÃO DO ACESSO E DO CUSTO

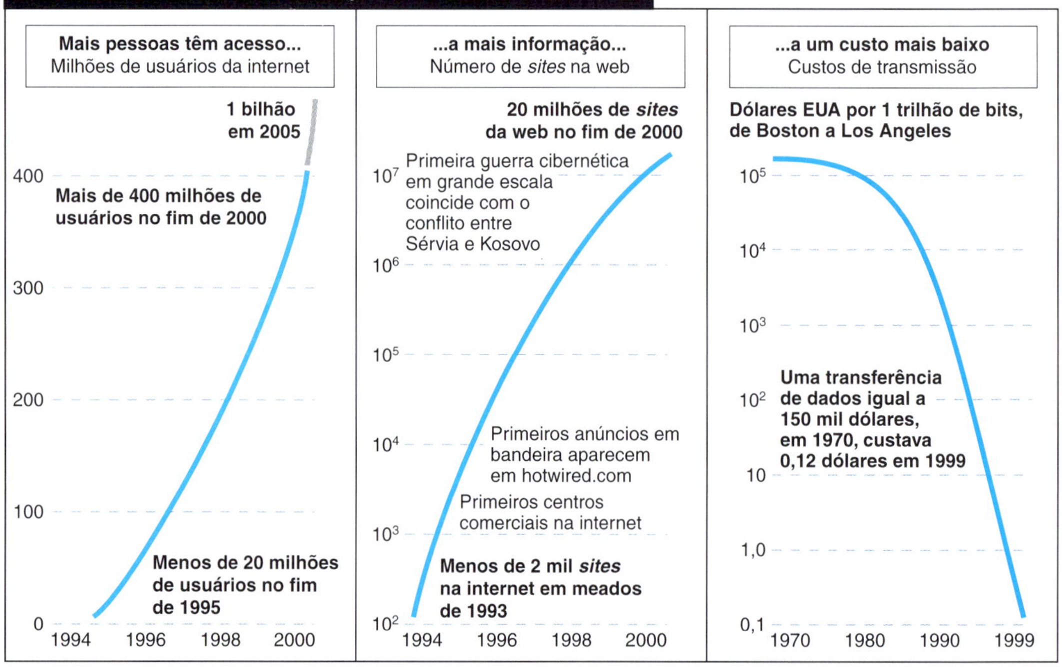

Fonte: *Relatório do desenvolvimento humano 2001*. Nova Iorque: ONU/Pnud, 2001. p. 32.

As grandes mudanças ocorridas no mercado, principalmente a especulação monetária, são conseqüência dos avanços tecnológicos. Os mercados computadorizados funcionam 24 horas por dia, criando uma **cibereconomia** que gira, em moedas nacionais, bilhões de dólares diariamente. Essa economia cibernética está fora do alcance das camadas mais pobres da população, excluindo e marginalizando milhões de pessoas que não dispõem de moedas nacionais distintas (dólares, euros etc.) e não têm acesso à internet.

Além de fortalecer o inglês como língua internacional (utilizada em quase 80% das páginas da rede) e divulgar padrões de vida e consumo dos Estados Unidos, a **economia virtual** (divulgação e comercialização de serviços e produtos por meio da internet) beneficia o empresariado, que mantém uma feira mundial de mercadorias permanentemente expostas diante dos "espectadores" e compradores de todo o mundo.

A história da tecnologia tem demonstrado uma distribuição desigual, tanto dentro como entre países. Inovações tecnológicas — como a internet — criam novas redes e oportunidades que são usufruídas em especial pelos países desenvolvidos. Leia o boxe Curiosidade.

CURIOSIDADE

A desigualdade digital

- Mais de três quartos (79%, em 2000) dos usuários da internet vivem nos países desenvolvidos, que contam com apenas 14% da população mundial.
- O típico usuário da internet é homem (86% dos usuários na Etiópia, 70% na China, 67% na França e 62% na América Latina), com menos de 35 anos (74% dos usuários no Chile e 84% na China), que tem educação superior (89% no Chile e 65% no Sri Lanka), renda elevada e que vive na zona urbana (90% na Tailândia, 80% na República Dominicana). Observe a figura 22.9.

FIGURA 22.9 • USUÁRIOS MUNDIAIS DA INTERNET

O círculo grande representa a população mundial.
As fatias mostram parcelas regionais da população mundial.
As cunhas escuras mostram usuários da internet.

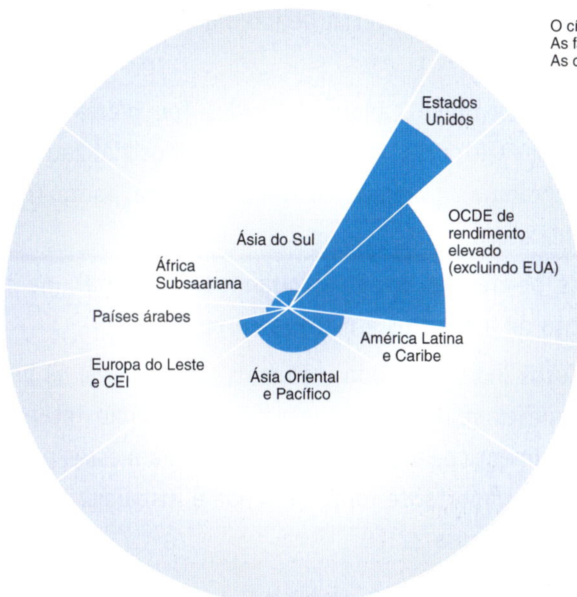

Usuários da internet (em porcentagem da população)	1998	2000
Estados Unidos	26,3	54,3
OCDE de rendimento elevado (excluindo EUA)	6,9	28,2
América Latina e Caribe	0,8	3,2
Ásia Oriental e Pacífico	0,5	2,3
Europa do Leste e CEI	0,8	3,9
Países árabes	0,2	0,6
África Subsaariana	0,1	0,4
Ásia do Sul	0,04	0,4
Mundo	**2,4**	**6,7**

Fonte: *Relatório do desenvolvimento humano 2001*. Nova Iorque: ONU/Pnud, 2001. p. 32.

No comércio mundial, as indústrias relacionadas à propriedade intelectual (fabricantes de *software*, estúdios cinematográficos, gravadoras de discos, editoras) passaram a liderar as exportações, desbancando setores tradicionais como a agricultura e a indústria automobilística.

5 COMÉRCIO INTERNACIONAL: DESIGUALDADES

O impressionante volume e a intensidade das trocas comerciais no mundo atual têm tudo a ver com o caráter de uma economia perfeitamente mundializada e cada vez mais marcada pela interdependência entre os países. Com o desenvolvimento dos transportes e dos meios de comunicação, a circulação dos produtos se intensificou. Hoje, nenhum país — seja Estados Unidos, China ou Butão — consegue viver totalmente isolado.

Até por volta da Segunda Guerra Mundial o comércio internacional apresentava uma estrutura bastante simples: os países desenvolvidos (metrópoles) importavam alimentos e matérias-primas dos subdesenvolvidos (colônias) e exportavam (para estes) produtos industrializados e capitais. Depois disso, apesar de os países desenvolvidos continuarem a exportar sobretudo os itens mais valorizados (industrializados, tecnologia, capitais) e a importar produtos menos valorizados (alimentos e matérias-primas), ocorreram algumas alterações importantes, que veremos a seguir.

- Os países desenvolvidos, além dos produtos industrializados tradicionais, especializaram-se na pesquisa, criação e comercialização de produtos que requerem alta tecnologia (material bélico, nuclear, entre outros), além de serviços.
- Os países subdesenvolvidos industrializados (ou mercados emergentes) passaram também a exportar certos produtos industrializados que demandam baixa tecnologia, e a importar tecnologia de ponta (química fina, eletroeletrônica etc.).
- As economias periféricas especializaram-se, em geral, na produção e comercialização de alimentos e matérias-primas.

Como os produtos industrializados são mais caros do que os primários, e o preço das *commodities* vem sofrendo quedas, o comércio internacional tem favorecido principalmente os países desenvolvidos. Para estes países o comércio externo constitui importante fonte de renda e instrumento de dominação econômica. Observe a figura 22.10.

FIGURA 22.10 • COMÉRCIO INTERNACIONAL POR GRANDES REGIÕES (2001)

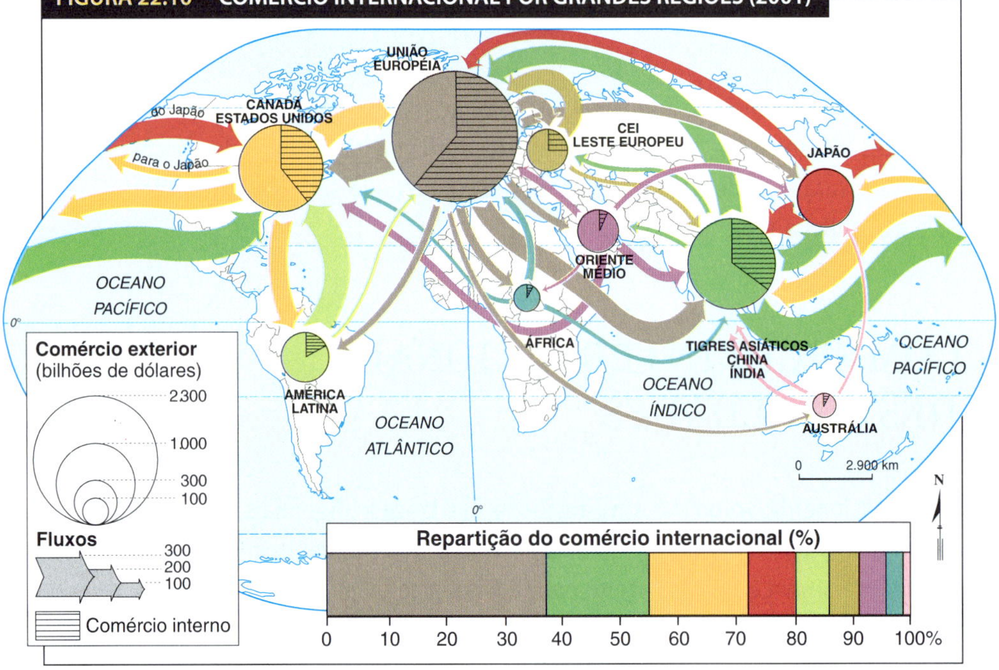

Fontes: FERREIRA, Graça Maria L. *Atlas geográfico:* espaço mundial. 2. ed. São Paulo: Moderna, 2003. p. 101; *L'état du monde 2003*. Paris: La Découvert, 2002. p. 101.

3. Diferencie capital produtivo de capital especulativo ou volátil.

4. Quais são as principais conseqüências do abandono do padrão-ouro e do estabelecimento da flutuação do dólar?

5. Observe a tabela da página 383 e responda:

   a) Explique a divisão de trabalho no comércio internacional. Que grupo de países domina o mercado?

   b) Que países subdesenvolvidos participam do grupo dos catorze maiores exportadores e importadores mundiais? Explique a presença destes países no grupo.

   c) Analise as importações e as exportações dos países e calcule a balança comercial de cada um deles.

   d) Quais países apresentam maiores déficits? Quais apresentam maiores superávits?

6. O historiador Eric J. Hobsbawm, em seu livro *Era dos extremos*, diz: "Uma economia mundial que se desenvolve pela geração de desigualdades tão crescentes está quase inevitavelmente acumulando encrencas futuras". Discuta com seus colegas algumas conseqüências do aumento das desigualdades no mundo e algumas políticas as quais, se fossem adotadas pelos Estados, ajudariam a solucionar esses problemas.

Ampliando o conhecimento

Discutindo problemas socioambientais relacionados ao consumo.

Em grupos, leiam o texto a seguir. Depois, respondam às questões 7 e 8.

> "Os consumidores têm poucos motivos para se deterem com o que se esconde dentro de um computador ou telefone celular ou sobre que fim levou um item eletrônico descartado por um modelo mais novo. Para ver o que acontece, teriam que viajar a locais como a região Guiyu da Província Guangdong, na China. Centenas de caminhões rodam por lá diariamente, carregando computadores, impressoras e televisores usados da América do Norte para lixões espalhados entre os pequenos vilarejos da região. Por um dólar ou dois ao dia, trabalhadores migrantes desprotegidos mexem montanhas de lixo eletrônico — queimando plásticos, quebrando tubos de raios catódicos e despejando ácido sobre placas de circuitos para extrair metais preciosos e outros materiais valiosos. A fumaça cancerígena permeia o ar em torno dos lixões. Os mananciais da região já ficaram tão poluídos que a água potável precisa ser trazida por caminhões-pipa, de 30 quilômetros de distância."
>
> WORLDWATCH INSTITUTE. *Estado do mundo 2004*. Salvador: UMA, 2004. p. 183.

7. De que forma o texto comprova que o comércio atual, mais do que nunca, permite a interação de pessoas e regiões distantes do planeta?

8. "A população dos países ricos é a que mais consome, mas a população dos países menos desenvolvidos paga um preço alto por este consumo." Procurem no texto exemplos desta afirmação.

9. Discuta com seus colegas: Até que ponto, com a globalização e a ampliação do comércio internacional, foi possível aos países mais pobres chegar mais perto dos ricos?

10. Discuta com seus colegas as atitudes necessárias para que produtores, consumidores e governos trabalhem com o objetivo de evitar impactos negativos sobre o meio ambiente.

Ao final das discussões, elaborarem, coletivamente, um relatório sistematizando as propostas apresentadas pela classe.

O QUE MAIS HÁ PARA VER

Livros

- BAUDRILLARD, Jean. *América*. Rio de Janeiro: Rocco, 1986.
- BERTRAND, Maurice. *A ONU*. Petrópolis: Vozes, 1995.
- BRIGAGÃO, Clóvis e RODRIGUES, Gilberto Marcos A. *Globalização a olho nu:* o mundo conectado. 2. ed. São Paulo: Moderna, 2004. (Col. Polêmica)
- CARCANHOLO, Marcelo D. e MALAGUTI, Manoel L. (org.) *Neoliberalismo:* a tragédia do nosso tempo. 2. ed. São Paulo: Cortez, 2000. (Col. Questões da nossa época)
- MARTINEZ, Paulo. *Multinacionais:* desenvolvimento ou exploração. 17. ed. São Paulo: Moderna, 1995. (Col. Polêmica)
- POMAR, Wladimir. *China* – o dragão do século XXI. São Paulo: Ática, 1996. (Col. História em movimento)
- SOARES, Laura Tavares R. *Os custos sociais do ajuste neoliberal na América Latina*. São Paulo: Cortez, 2000. (Col. Questões da nossa época)

Filme

- *Ameaça virtual* (EUA, 2001); dir. Peter Howitt; distr. Metro-Goldwin-Mayer; 108 min. Jovem gênio da informática recebe proposta para trabalhar em uma empresa. Ele logo percebe que por trás da aparência de profissionalismo se escondem problemas muito sérios.

Sites

- http://www.cdi.org.br/ *Site* do Comitê para Democratização da Informática. Traz temas de comitês nacionais e internacionais, localizados por meio de mapa-múndi, informações institucionais e convite a participar de projetos em desenvolvimento. Acesso em: 11 maio 2005.
- http://www.desenvolvimento.gov.br/sitio/secex/negInternacionais/acoComerciais/preTarAmbUnctda.php Página do Ministério do Desenvolvimento, Indústria e Comércio Exterior que aborda temas como UNCTAD, impostos de importação, acordos comerciais, Secretaria de Comércio Exterior e outros. Acesso em: 11 maio 2005.
- http://www.mre.gov.br/ Endereço do Ministério das Relações Exteriores. Contém temas como Mercosul, grupos e organismos políticos, relações bilaterais, estrutura e serviços do Palácio do Itamaraty, além de leis, portarias e decretos. Acesso em: 11 maio 2005.
- http://www.receita.fazenda.gov.br/ Página do Ministério da Fazenda com portal na Receita Federal que faz exposição dos trâmites para pessoas física e jurídica, relatórios e estatísticas do comércio exterior, licitações e arrecadações, entre outros temas. Acesso em: 11 maio 2005.

23.

Redes de comunicação, transporte e turismo

1 Comunicações: novas tecnologias

A circulação de pessoas e riquezas, assim como o intercâmbio de idéias, informações e cultura, imprimem mudanças profundas no espaço geográfico, na medida em que transformam os padrões culturais e os sistemas de consumo e de produção, podendo ser responsáveis pelo desenvolvimento de uma região.

Trem de Grande Velocidade (TGV), França, jan. 1999.

GEORGINA BOWATER / CORBIS-STOCK PHOTOS

Observe a figura 23.1.

CORTESIA BASE S.A

FIGURA 23.1 A construção de uma rodovia modifica o espaço geográfico e amplia as fronteiras de desenvolvimento econômico. Imagem de satélite mostrando a rodovia de Barra do Sahy, em São Sebastião, SP, 2000.

Muitos dos **meios de comunicação** e **de transporte** (que permitem a circulação de idéias, cultura, informações e o transporte de pessoas e bens), frutos de experiências e da evolução científica acumuladas, foram inventados ou aperfeiçoados durante o século XX. Tinha início uma nova era de comunicação e de locomoção: rádio, cinema, estradas de ferro e de rodagem, automóveis, aviões, televisores, telefones, cabos de transmissão, satélites, computadores e muitas outras descobertas e invenções tecnológicas mudaram radicalmente o modo de vida no mundo. Observe a figura 23.2 com a cronologia dos fatos mais importantes no campo das comunicações via satélite.

FIGURA 23.2 • CRONOLOGIA DAS COMUNICAÇÕES VIA SATÉLITE

1966	1977	1979	1982	1989	1995
Desenvolvimento das telecomunicações por satélite (Telestar)	Primeira rede móvel de telecomunicações (Ericsson), primeiro sistema de comunicações por fibra óptica (AT&T e GTE)	Primeiro *modem* de computador	Protocolo de rede básico (primeiras definições de internet)	Desenvolvimento do conceito de World Wide Web (www)	Estabelecimento da internet pública com serviço *backbone* de alta velocidade ligado aos centros de supercomputação

Fonte: *Relatório sobre o desenvolvimento mundial 2001*. Washington, D.C.: Banco Mundial, 2001. p. 33.

O acesso a esses bens é crescente em todos os países. O número de computadores no mundo quintuplicou de 1988 a 2002 (de 105 milhões para mais de meio bilhão). Em 2002, 1,12 bilhão de famílias (cerca de três quartos da população mundial) possuía pelo menos um televisor. Apesar da massificação de aparelhos elétricos, o acesso às novas tecnologias é mundialmente desigual, concentrando-se nos países mais desenvolvidos, como podemos observar na tabela a seguir.

CONSUMO FAMILIAR EM PAÍSES SELECIONADOS (2000)

País	Gastos familiares em consumo*	Energia elétrica**	Aparelhos de televisão***	Linhas telefônicas***	Telefones celulares***	Computadores pessoais***
Estados Unidos	21.707	12.331	835	659	451	625
Alemanha	18.580	5.963	586	650	682	435
Coréia do Sul	6.907	5.607	363	489	621	556
Brasil	2.779	1.878	349	223	167	75
Egito	1.013	976	217	104	43	16
Ucrânia	558	2.293	456	212	44	18
Índia	294	355	83	40	6	6
Nigéria	194	81	68	6	4	7

* Dólares de 1995 *per capita*.
** kWh *per capita*.
*** Por mil habitantes.

Fonte: WORLDWATCH INSTITUTE. *Estado do mundo 2004*. Salvador: UMA, 2004. p. 10.

Comunicação global

O século XX acelerou a era da comunicação a distância e da comunicação sem fio, facilitando o contato entre lugares e povos do mundo, alterando as características do comércio, dos transportes e dos serviços. Como já estudamos, a globalização é um fenômeno decorrente da implementação de novas tecnologias de comunicação, locomoção e informação, isto é, de novas **redes técnicas**, que permitem a circulação de idéias, mensagens, pessoas e mercadorias num ritmo acelerado, e que acabaram por criar a interconexão entre os lugares em tempo simultâneo.

Se a comunicação se tornou simultânea (transmissão e recepção ao mesmo tempo), o acesso a ela não foi universal. A partir das duas guerras mundiais, os países europeus e os Estados Unidos assumiram a dianteira nas pesquisas e no domínio de tecnologias de comunicação. Posteriormente, a China, a ex-URSS e o Japão também se destacaram nessas pesquisas.

A produção científica de ponta é marcada por grande assimetria entre os países do mundo. Um grupo de apenas oito países concentra 84,5% dos artigos mais citados em revistas especializadas nos últimos anos. Se ampliarmos esse grupo para 31 países (incluindo o Brasil), teremos 98% dos artigos mais citados, ficando todos os outros países do globo com apenas 2% desses artigos.

Observe no mapa da figura 23.3 e na tabela a seguir que países centrais como os Estados Unidos, os países da Europa Ocidental (Alemanha, Reino Unido, França e Itália) e o Japão continuam liderando as pesquisas de ponta e são centros emissores de novas tecnologias.

FIGURA 23.3 • GEOGRAFIA DA INOVAÇÃO E REALIZAÇÃO TECNOLÓGICA (2000)

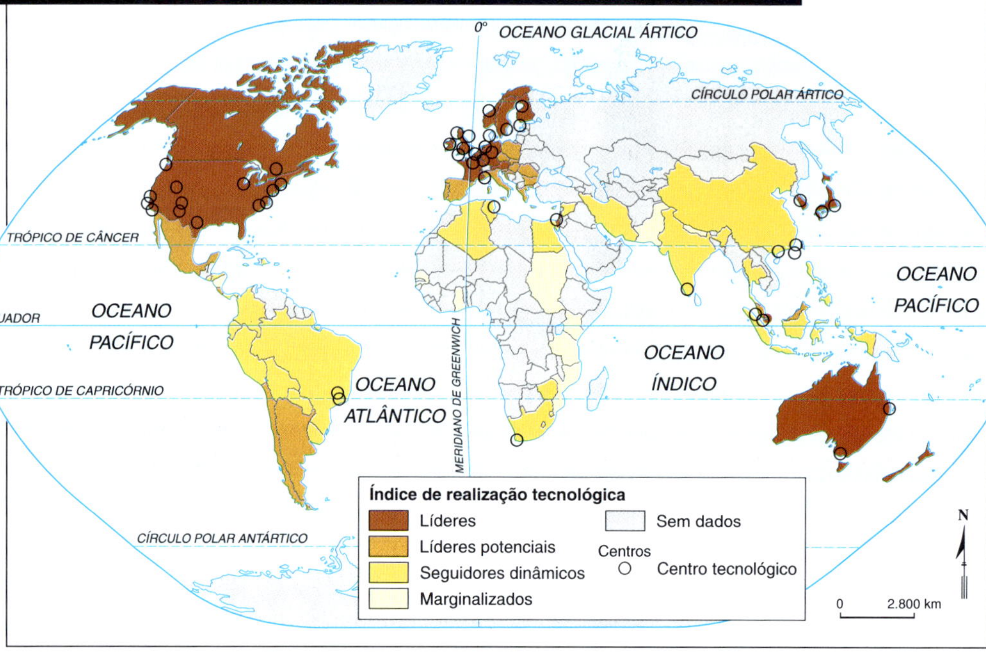

Fonte: *Relatório do desenvolvimento humano 2001*. Nova Iorque: ONU/Pnud, 2001. p. 45.

CENTROS MUNDIAIS DE INOVAÇÃO TECNOLÓGICA*			
16 Silicon Valley, EUA	12 Albuquerque, EUA	11 Hsinchu, Taiwan (província da China)	8 Salt Lake, EUA
15 Boston, EUA	12 Montreal, Canadá	10 Virgínia, EUA	8 Santa Fé, EUA
15 Estocolmo-Kista, Suécia	12 Seattle, EUA	10 Vale do Tamisa, RU	8 Glasgow-Edimburgo, RU
15 Israel	12 Cambridge, RU	10 Paris, França	8 Saxônia, Alemanha
14 Raleigh-Durham-Chapel Hill, EUA	12 Dublin, Irlanda	10 Bade-Wurttemberg, Alemanha	8 Sophia Antipolis, França
14 Londres, RU	11 Los Angeles, EUA	10 Oulu, Finlândia	8 Inchon, Coréia do Sul
14 Helsinque, Finlândia	11 Malmo, Suécia - Copenhague, Dinamarca	10 Melbourne, Austrália	8 Kuala Lumpur, Malásia
13 Austin, EUA	11 Baviera, Alemanha	9 Chicago, EUA	8 Campinas, Brasil
13 São Francisco, EUA	11 Flandres, Bélgica	9 Hong Kong, China (RAE)	7 Cingapura
13 Taipé, Taiwan (província da China)	11 Tóquio, Japão	9 Queensland, Austrália	6 Trondheim, Noruega
13 Bangalore, Índia	11 Kyoto, Japão	9 São Paulo, Brasil	4 El Ghazala, Tunísia
12 Nova Iorque, EUA			4 Gauteng, África do Sul

* A tabela indica as localizações mais importantes na nova geografia digital. Cada uma delas foi classificada segundo a capacidade das áreas universitárias e das instalações de investigação em formar trabalhadores qualificados ou desenvolver novas tecnologias. Também foram considerados fatores como a presença de companhias e de grandes empresas multinacionais fornecendo competências e estabilidade econômica, o impulso empresarial da população no início de novas aventuras e a disponibilidade do capital de risco para assegurar que as idéias se orientem para o mercado. Quarenta e seis locais foram identificados como centros tecnológicos, assinalados no mapa com círculos pretos.

Por serem de importância fundamental e estratégica para um país, os meios de comunicação foram monopólio estatal até a década de 1980. Com a globalização e a desregulamentação da economia, grande parte das empresas deste setor foram privatizadas.

Os trustes predominam também no mercado das **telecomunicações** (que abrange o rádio, a televisão e o sistema de telefonia, o qual, por sua vez, inclui o telefone, o fax, o telex e a internet). No campo das telecomunicações, algumas grandes empresas dominam o mercado, como a gigante AT&T (EUA), a MCI Worldcom (EUA), a NEC (Japão), a Deutsch Telecom (Alemanha), a Olivetti (Itália) etc. Grandes agências de informações (Reuters, United Press International, France Press) dividem suas áreas de influência pelo planeta. A indústria da informática envolve interesses comerciais e até militares. A Microsoft (EUA) domina a maior parte deste mercado.

2 LOCALIZAÇÃO DOS MEIOS DE TRANSPORTE E VIAS DE CIRCULAÇÃO

Os transportes têm como finalidade o deslocamento e a circulação de mercadorias e pessoas de um lugar para outro. Sua importância é tão grande que não podemos conceber o desenvolvimento do comércio, da economia mundial e da difusão cultural no mundo atual sem a participação das **vias de circulação** (hidrovias, ferrovias, rodovias etc.) e dos **meios de transporte** (navios, trens, carros, caminhões, aviões etc.).

Há 200 anos as pessoas se limitavam a percorrer pequenas distâncias a pé ou utilizando animais. Com a evolução dos transportes no decorrer principalmente do século XX, pelo menos dois terços da humanidade foi beneficiada com a possibilidade de extrema mobilidade, conseguindo percorrer enormes distâncias em bem menos tempo. Grande parte dos produtos que consumimos viaja quilômetros para chegar até nós. E às **redes de circulação** somam-se as de informação e comunicação.

Após as duas guerras mundiais, a prioridade de todos os países foi o estabelecimento de sistemas eficientes de comunicações e transportes. Sistemas viários (linhas aéreas, ferrovias, portos, estradas de rodagem etc.) foram implantados em todas as partes do mundo.

Nos países desenvolvidos a evolução e a organização dos transportes decorreram, em geral, da expansão econômica interna. Isso explica o elevado grau de integração territorial inter-regional e nacional, e a eficiência e disponibilidade dos diferentes meios de transporte.

Nos países subdesenvolvidos, cuja economia sempre foi dependente dos mercados externos, a organização dos transportes reflete essa subordinação, ou seja, as redes de transportes são quase sempre periféricas, isoladas e convergentes para o litoral, isto é, para os portos exportadores. É muito comum a existência de grandes espaços vazios e praticamente isolados do restante do país, sem contar a escassez e a ineficiência dos transportes existentes.

Os principais meios de transporte e vias de circulação estão altamente concentrados nas regiões mais desenvolvidas (Estados Unidos, Europa e Japão). Nestas áreas, o transporte de mercadorias e de pessoas é muito intenso. Observe as figuras 23.4 e 23.5 e compare a distribuição e a densidade dos transportes das regiões mais ricas com as subdesenvolvidas (África e América do Sul, por exemplo).

FIGURA 23.4 • DENSIDADE RODOFERROVIÁRIA E ROTAS MARÍTIMAS DO MUNDO (1997)

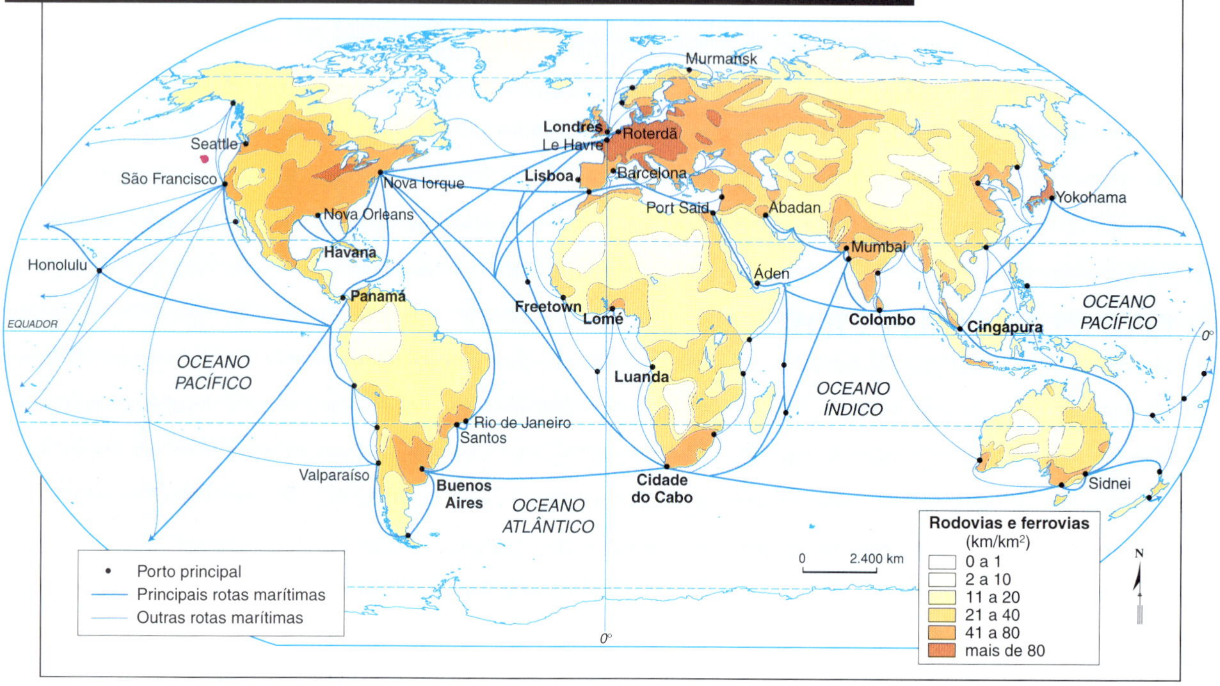

Fontes: *Atlas geográfico escolar/IBGE*. 2. ed. Rio de Janeiro: IBGE, 2004. p. 91; *Atlas universel Bordas*. Paris: Bordas, 1991. (com atualização).

FIGURA 23.5 • PRINCIPAIS ROTAS AÉREAS DO MUNDO

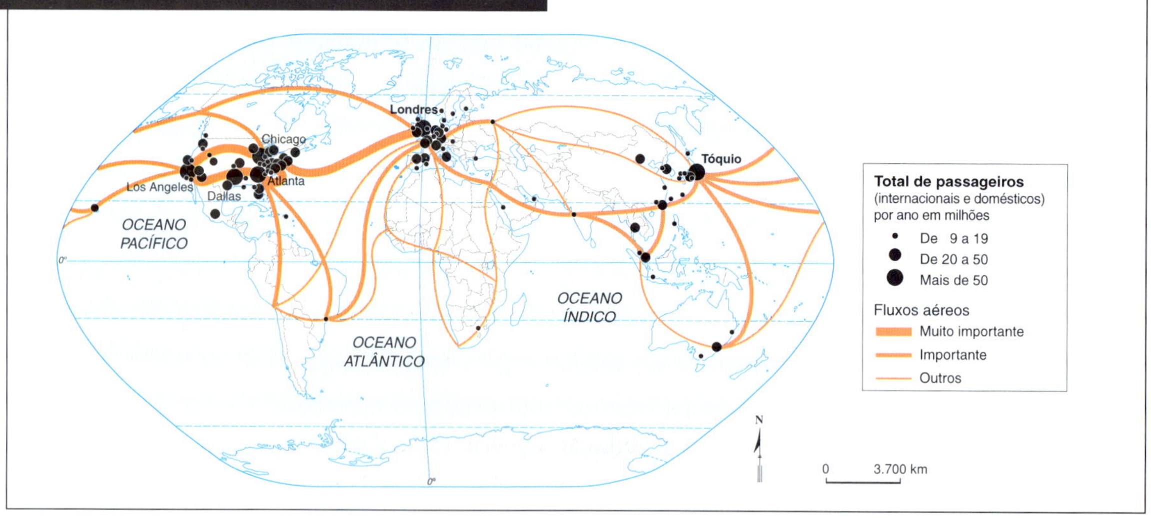

Fonte: *Atlante geografico moderno De Agostini 1997*. Novara: Istituto Geografico De Agostini, 1998. p. 45. (com atualização).

Segundo o *Estado do mundo 2004*, a frota global de automóveis hoje ultrapassa 531 milhões de unidades, com um aumento anual de cerca de 11 milhões de veículos. Aproximadamente um quarto desses veículos está nas estradas norte-americanas. As pessoas mais ricas (um quinto da população mundial) possuem mais de 80% dos veículos existentes no mundo.

3 MEIOS DE TRANSPORTE NO MUNDO

Os meios de transporte podem ser **terrestres** (ferroviário, rodoviário e metroviário), **aquaviários** ou **hidroviários** (marítimo, fluvial e lacustre) e **aéreos**.

Nos países desenvolvidos, tanto nos de grande quanto nos de pequena extensão territorial, o transporte de mercadorias é feito predominantemente por meio de ferrovias e hidrovias.

No Brasil e em outros países subdesenvolvidos — nos quais a influência da indústria automobilística é preponderante — verifica-se o predomínio do transporte rodoviário. Para muitos desses países, que contam com grande território e são deficitários em combustíveis fósseis, o ideal seria expandir a malha ferroviária ou hidroviária e não a malha rodoviária. Esta última deveria complementar as duas primeiras. A este respeito, leia o boxe Lembrete.

LEMBRETE

Os transportes ferroviário e hidroviário proporcionam uma maior capacidade de carga e são mais econômicos. Já o transporte rodoviário, além de ter pequena capacidade de carga, envolve maior consumo proporcional de combustível e dependência de petróleo, sendo, portanto, bem mais caro que os transportes ferroviário e hidroviário. Observe a tabela:

VIA DE CIRCULAÇÃO	MERCADORIA TRANSPORTADA (em toneladas[1])
Rodovia	30
Ferrovia	125
Hidrovia	575

[1] Toneladas por quilômetro, com 1 litro de óleo diesel.

Transporte ferroviário

O trem foi o principal meio de transporte do século XIX e teve grande expansão mundial até a segunda metade do século XX, principalmente na Europa e na América do Norte.

Em países de grande extensão territorial, como os EUA e o Canadá, foram construídas grandes ferrovias, algumas delas cruzando o território de Leste a Oeste, ligando os oceanos Atlântico e Pacífico (Washington-São Francisco, por exemplo) ou de Norte a Sul (Chicago-Nova Orleans). Na Federação Russa foi construída a Transiberiana, a maior ferrovia do mundo, com 7.864 quilômetros, que liga Moscou a Vladivostok, no litoral do Pacífico. Essas ferrovias tiveram grande importância na ocupação territorial, na dinamização econômica e do comércio, no maior controle governamental e na integração nacional.

Observe na tabela a seguir que os Estados Unidos dispõem da maior rede ferroviária do mundo.

AS PRINCIPAIS REDES FERROVIÁRIAS DO MUNDO (2001)	
País	**Extensão** (km)
Estados Unidos	230.674 *
Rússia	86.031 **
Canadá	62.627 *
China	58.656 *
Índia	62.809 **
Alemanha	44.400
Austrália	39.830
Argentina	33.820 ***

* Dados de 2000.
** Dados de 1999.
*** Dados de 1995.

Fonte: *Calendario atlante De Agostini 2004.* Novara: Istituto Geografico De Agostini, 2003.

Entre 1940 e 1960 verificou-se, em escala global, certa estagnação e até mesmo declínio das ferrovias. Muitas delas chegaram a ser desativadas. A causa dessa estagnação foi a expansão das estradas de rodagem, em conseqüência do uso de novas fontes energéticas (o petróleo, por exemplo).

Entretanto, a partir da década de 1970 houve uma reativação do transporte sobre trilhos, principalmente nos países desenvolvidos. Isso ocorreu, entre outros fatores, em razão da crise do petróleo e do desenvolvimento tecnológico no setor de transportes.

A grande expansão das cidades e o aumento populacional exigem a organização do sistema de transportes e meios de locomoção de massa eficientes. Nas áreas urbanas falta espaço para a circulação de veículos particulares e de carga, daí que o investimento e a modernização do setor ferroviário (trens modernos e velozes, metrô) são necessários e constituem uma tendência mundial. Observe a figura 23.6.

FIGURA 23.6 O monotrilho representa uma das modernas tecnologias do transporte urbano. Monotrilho em Sidnei, Austrália, 2000.

BILL ROSS / CORBIS

Em muitos países, o transporte ferroviário começou a concorrer com o aéreo após o aparecimento de trens ultravelozes, que já atingem velocidades entre 200 km/h e 500 km/h, como o Shinkansen ou trem-bala japonês, o Intercity Express (ICE) alemão, que chegou a 405 km/h e o Trem de Grande Velocidade (TGV) francês, que chegou a atingir 515 km/h.

Apesar de não possuir a mesma flexibilidade das rodovias (já que carros e caminhões podem compor sua rota com mais facilidade, tendo a possibilidade de trafegar por estradas rurais e não pavimentadas, relevos acidentados etc.), o transporte ferroviário tem como características ou vantagens, entre outras:

- grande capacidade no transporte de cargas e de passageiros;
- é mais econômico que o transporte rodoviário;
- possui diversas opções energéticas (vapor, diesel, gasolina, eletricidade);
- o material rodante é de longa duração;
- os trens modernos podem atingir grandes velocidades;
- estimula o desenvolvimento de indústrias de base, pois resulta de uma demanda permanente de material (trilhos, locomotivas).

De modo geral, o transporte ferroviário é o mais utilizado nos países desenvolvidos para o deslocamento de cargas e passageiros. Nos Estados Unidos, no Japão e na Austrália, nas proximidades dos grandes centros urbanos, as ferrovias são suspensas, para evitar transtornos no espaço físico das metrópoles.

No Brasil, as ferrovias tiveram grande expansão, passando de 14,5 km, em 1854, para 28.000 km em 1920. Após 1920 verificou-se uma verdadeira estagnação do sistema ferroviário. Em 1989 o país contava com 30.350 km, e em 1999, com 30.501 km. Observe a figura 23.7.

TONI PIRES / FOLHA IMAGEM

FIGURA 23.7 O sistema ferroviário brasileiro apresenta sérios problemas, como material obsoleto, administração ineficiente e morosidade no transporte. Vagões da Ferrovia Novoeste parados em Bauru, SP, 2000.

Transporte rodoviário

O automóvel se popularizou como meio de transporte desde o início do século XX. Com a Primeira Guerra Mundial, aumentaram significativamente tanto a produção quanto a diversificação dos tipos de veículo (carros de passeio, caminhões, ônibus, tratores etc.).

No início, o transporte rodoviário funcionou basicamente como complemento do transporte ferroviário. Entretanto, com o passar do tempo, tornou-se concorrente das ferrovias, acarretando inclusive a desativação de inúmeras delas, que se tornaram deficitárias.

Entre os fatores que levaram alguns países a utilizar preferencialmente a rede rodoviária e não a ferroviária para o transporte de mercadorias estão a maior flexibilidade, rapidez e facilidade de acesso aos diversos lugares, simplificação das operações de despacho (papéis) e de carga e descarga (entrega de mercadoria de porta em porta). Em muitos países as rodovias são a única alternativa para a movimentação dos produtos, devido à escassez de hidrovias e ferrovias.

Até a Segunda Guerra Mundial o Brasil tinha apenas uma rodovia pavimentada — a Rio-São Paulo — e menos de 300.000 km de estradas. Em 1968 já possuía 938.613 km e, em 2000, 1.980.000 km de estradas. Estes números mostram a expansão desse meio de transporte no país. Observe na figura 23.8 o predomínio das rodovias no sistema de transportes do Brasil.

FIGURA 23.8 • BRASIL: REDE DE TRANSPORTE

Fonte: *Atlas geográfico escolar/IBGE*. 2. ed. Rio de Janeiro: IBGE, 2004. p. 151.

Os Estados Unidos, a Índia e o Brasil possuem as maiores redes rodoviárias do mundo, conforme podemos observar na tabela a seguir. No entanto, a proporção relativa de estradas pavimentadas mostra uma ampla vantagem para o primeiro país: 91,9% das estradas estadunidenses são pavimentadas, enquanto na Índia chega a 57,3% e no Brasil a apenas 9,3%.

AS PRINCIPAIS REDES RODOVIÁRIAS DO MUNDO (2000)

País	**Extensão** (km)
Estados Unidos	6.304.200
Índia	2.525.989 *
Brasil	1.986.225
China	1.403.000
Japão	1.226.000
Canadá	901.900
Austrália	810.022
Rússia	525.210 *

* Dados de 1999.

Fonte: *Calendario atlante De Agostini 2004*. Novara: Istituto Geografico De Agostini, 2003. p. 269, 324, 355, 389, 557, 604, 867 e 938; Departamento Nacional de Infra-Estrutura deTransportes (DNIT).

Principalmente nas grandes cidades, a opção pela utilização de veículos particulares em detrimento dos coletivos (que transportam grande número de pessoas) traz outros problemas além da poluição pelos gases liberados dos escapamentos dos automóveis, do barulho e dos eventuais acidentes. O grande número de veículos particulares nas ruas torna este tipo de transporte bastante ineficiente, pois, por mais que se invista em infra-estrutura (alargamento de ruas, construção de vias expressas, avenidas, pontes, túneis e elevados), o crescimento no número de carros faz com que as vias continuem congestionadas. Desta forma, essa grande invenção tecnológica, que poderia promover maior rapidez de locomoção, provoca, principalmente nas cidades, lentidão e congestionamentos. Observe a figura 23.9.

DELFIM MARTINS / PULSAR

FIGURA 23.9 Congestionamento na Avenida 23 de maio, uma das principais vias de circulação da cidade de São Paulo, SP, 2004.

A construção de estradas implica desmatamentos, alterações nas formas do relevo (retirada de terra e rochas) e no escoamento das águas, assoreamento de rios etc.

Buscando soluções

Diversas políticas governamentais podem melhorar a qualidade de vida, deslocando a dependência dos veículos particulares e incentivando a utilização de transportes públicos e de massa (trens e ônibus urbanos). Como exemplo destas medidas podemos citar melhoria e ampliação dos serviços coletivos, cobrança de pedágios pela utilização de carros particulares, compartilhamento de automóveis, conscientização sobre poluição atmosférica etc. Essas políticas se mostram importantes porque o veículo particular consome duas a três vezes mais combustível, por quilômetro rodado, do que o transporte público e provoca mais poluição.

O consumo de energia do tipo utilizado nos meios de transporte é o que apresenta crescimento mundial mais acelerado. No mundo todo (inclusive no Brasil), pesquisadores vêm procurando alternativas para substituir os combustíveis fósseis por energia renovável e limpa, como biodiesel, células de hidrogênio, gás natural e eletricidade.

O **hidrogênio** (utilizado em células a combustível) tem sido apontado como alternativa para um futuro próximo, pois não emite poluentes na atmosfera (já que o veículo emite somente água) nem faz barulho. No lugar de um motor a combustão, o carro movido a hidrogênio conta com um gerador de energia elétrica. No entanto, ainda é uma tecnologia de alto custo para produção em larga escala.

O **biodiesel** é um combustível alternativo, 100% renovável, que pode ser produzido a partir do álcool de cana-de-açúcar (etanol), adicionando-se óleos vegetais como, por exemplo, de soja, girassol, macaúba, buriti, pequi, linhaça, mamona, babaçu, pupunha, dendê e até óleo de fritura. Chamado por alguns de "petróleo verde", é uma alternativa bastante viável para o Brasil, que possui grandes possibilidades de cultivo. O biodiesel poderá promover o desenvolvimento de áreas rurais e de regiões como o Nordeste, além de reduzir a dependência do petróleo e trazer benefícios à balança comercial brasileira.

Transporte fluvial

É um dos mais antigos meios de transporte existentes. Os rios sempre funcionaram como caminhos naturais, tendo desempenhado importante papel no acesso, na ocupação e no povoamento do interior dos continentes.

A navegação fluvial é praticada com maior ou menor intensidade em todo o mundo. No entanto, ela se destaca na Europa, onde grandes e importantes obras (canais artificiais, instalações portuárias, barragens etc.) permitem seu melhor aproveitamento no transporte de mercadorias. Os rios europeus navegáveis são muitos: Reno, Danúbio, Ródano, Sena, Volga, Don etc. Observe a figura 23.10, na página ao lado.

ED KASHI / CORBIS-STOCK PHOTOS

FIGURA 23.10 O Rio Danúbio banha oito países da Europa, é intensamente navegado e constitui-se em uma importante via de transporte de mercadorias e turismo. Na foto de 2001, navio com contêiner na represa Gobcikovo, no Rio Danúbio, Eslováquia.

Na América, a navegação é praticada nos rios Amazonas, São Lourenço, Mississípi, Ohio, Tennessee, Orenoco, Madalena, São Francisco e Paraguai, entre outros.

Na África, destaca-se a navegação nos rios Nilo, Níger, Congo e Zambeze. Na Ásia, destacam-se os rios Ganges, Indo, Mekong, Yang-Tsé-Kiang e Hoang-Ho.

Dentre os diversos fatores que influenciam a navegação fluvial, destacamos os seguintes:

- **Relevo** – A existência de cachoeiras (comuns em rios de planalto), desníveis, rochas, curvas fechadas, margens estreitas, pouca profundidade impõem limitações à utilização dos rios. Estas dificuldades estão sendo superadas com a evolução tecnológica na área da engenharia, por exemplo, com a construção de eclusas, que possibilitam a navegação.
- **Clima** – Nas áreas muito frias os rios são utilizados para navegação somente na primavera e no verão; no outono e no inverno, devido ao congelamento, a navegação fica paralisada. Nas áreas com seca prolongada, a navegação também é prejudicada por causa da grande variação do nível das águas. Neste caso, a solução para uma navegação permanente está na construção de represas ou barragens que regularizem o nível das águas.

Eis algumas características e vantagens do transporte fluvial:

- possui grande capacidade de carga;
- diminui o consumo de óleo diesel e reduz a emissão de poluentes;
- apresenta consumo de energia relativamente pequeno.

A implementação de hidrovias tem menor impacto ambiental que a construção de rodovias e ferrovias, pois utiliza uma via já existente: o rio. Ainda assim, eventuais obras (para aumento de profundidade, alargamento, barragens, eclusas etc.) podem causar impactos ambientais. As embarcações também podem provocar alterações nas margens e nas águas, levantando partículas do leito do rio, modificando as condições de penetração da luz solar e alterando as condições ambientais. Todas essas alterações influem na vida das pessoas que utilizam o rio em atividades como, por exemplo, a pesca, o turismo e o lazer. Uma avaliação correta de todas as variáveis ambientais, sociais e econômicas pode evitar ou minimizar os impactos negativos.

Transporte marítimo

Apesar de terem sido suplantados pelo avião no transporte de passageiros, navios e barcos continuam a ser os principais meios de transporte de mercadorias para longas distâncias.

O transporte marítimo depende principalmente de fatores como disponibilidade, qualidade e capacidade de embarcações, bem como de instalações adequadas e eficiência portuária. Poucos são os portos marítimos que têm condições de receber navios de 300 mil toneladas ou mais.

No Brasil, um dos principais problemas que afetam o transporte marítimo é a ineficiência de parte dos portos, responsável pelos grandes congestionamentos e pela deterioração de muitos produtos, acarretando enormes prejuízos.

O transporte marítimo divide-se em dois tipos: **internacional** ou **de longo curso** (de grandes distâncias) e **navegação costeira** ou **de cabotagem** (ao longo do litoral). Observe a tabela a seguir.

PRINCIPAIS FROTAS MERCANTES DO MUNDO (2000)

País	Número de embarcações
Japão	8.012
Panamá	6.184
EUA	5.792
Federação Russa	4.755
China	3.319
Coréia do Sul	2.502
Indonésia	2.480
Filipinas	1.865
Noruega	1.606
Libéria	1.557
Espanha	1.503

Fonte: *Calendario atlante De Agostini 2004*. Novara: Istituto Geografico De Agostini, 2003.

Transporte aéreo

A invenção do avião pode ser situada no período entre 1890 e 1900 e seu emprego no transporte de passageiros data de 1919. Leia o boxe Curiosidades.

CURIOSIDADES

- Em 1898, Santos Dumont realizou o primeiro vôo em balão mecanicamente dirigido e em 1906 estabeleceu o recorde de vôo com o 14-Bis, de motor a explosão, voando 220 metros em 21 segundos.
- Na Primeira Guerra Mundial, o avião começou a ser utilizado para fins bélicos e, no final da década de 1920, a aviação comercial já estava definitivamente estabelecida, apresentando daí até os dias atuais grande desenvolvimento.

O desenvolvimento e o aperfeiçoamento da aviação em termos de maior segurança, capacidade e rapidez, bem como a multiplicação dos aeroportos em todo o mundo, fizeram do transporte aéreo um sério concorrente aos demais meios de transporte.

4 O TURISMO COMO ATIVIDADE ECONÔMICA

O **turismo** é uma fonte substancial de divisas cuja importância cresce a cada dia na economia mundial, pois a chegada de pessoas aumenta o consumo, a produção de bens e serviços e, principalmente, a necessidade de criação de novos empregos. São consideradas **turistas** as pessoas que saem de seu país ou região para uma viagem de visita a outro país, estado ou região por um período não superior a doze meses sem que a principal intenção seja desenvolver uma atividade remunerada.

As principais motivações turísticas são lazer, compras, repouso, esportiva, contato profissional, científica, cultural, religiosa e para tratamento de saúde.

Recentemente tem se destacado o **ecoturismo** ou **turismo ecológico**. Sua importância no mundo atual está no fato de que, além de gerar renda ao país ou região, para que ele ocorra é necessário que haja a proteção de áreas e ecossistemas naturais (por exemplo, as florestas) e preservação das condições originais das áreas visitadas. Observe a figura 23.11.

FIGURA 23.11 O turismo ecológico só é eficiente se acompanhado de medidas de conservação como proteção das águas, da vegetação e preservação das comunidades do entorno. Na foto, desembarque de turistas no Parque Ecológico do lago do Janaury (AM), em 2002.

WAGNER SANTOS / KINO

O Brasil tem um enorme potencial turístico. Possui grande diversidade de ecossistemas e paisagens — próprios ao ecoturismo — e uma das maiores costas litorâneas do mundo, contando com praias belíssimas disponíveis ao lazer o ano todo. Infelizmente as políticas voltadas para esta atividade econômica ainda são poucas.

O turismo é um importante componente da balança comercial dos países e um dos setores mais dinâmicos da economia, tendo gerado cerca de 10% do PIB mundial em 2002. Embora tenha havido uma pequena retração do setor devido aos atentados nos EUA em 11 de setembro de 2001, às guerras e aos conflitos, segundo as previsões da Organização Mundial de Turismo (OMT), o turismo se tornará a principal atividade econômica do mundo em 2020. A internet, que oferece a possibilidade de reservas, pagamentos e visitação *on-line*, muito tem contribuído para o aumento médio anual de 4,5% no número de turistas e de 6,7% na receita mundial.

Observe na figura 23.12 que alguns países da Europa — principalmente França, Espanha, Itália e Reino Unido — e os EUA são os que mais recebem turistas. Estes países obtêm grandes lucros com as atividades correlatas.

FIGURA 23.12 • TURISMO MUNDIAL: PRINCIPAIS FLUXOS (EM MILHÕES)

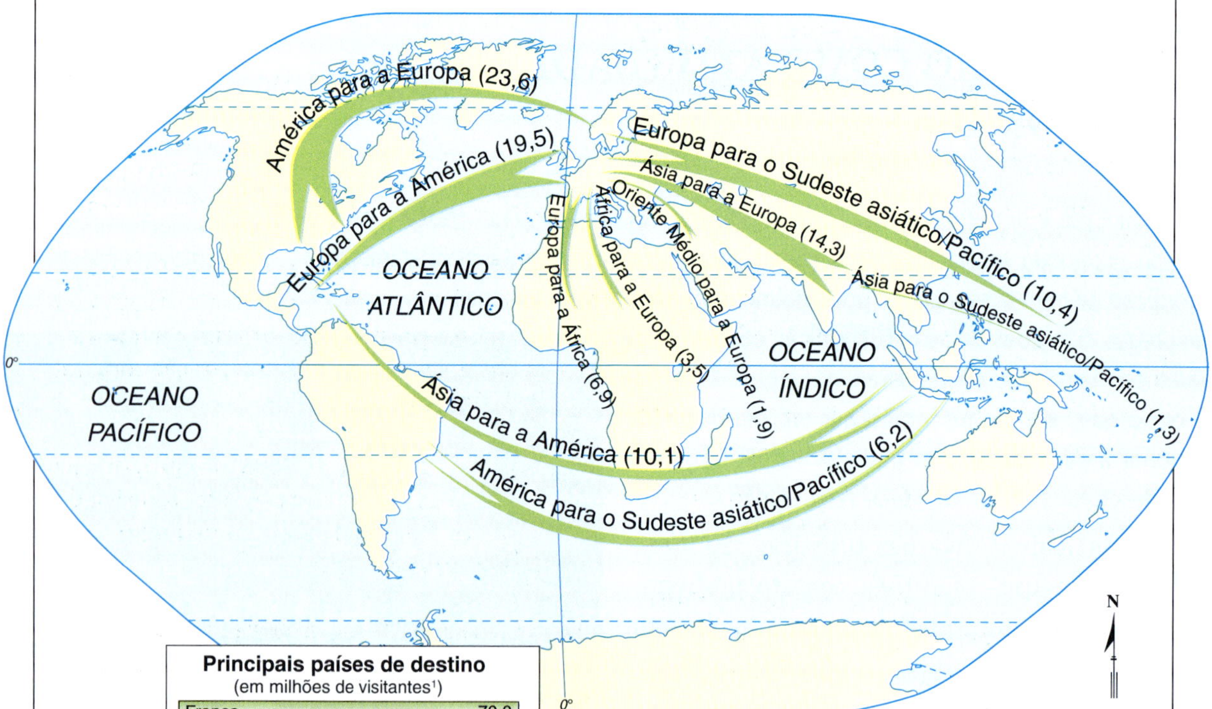

Principais países de destino
(em milhões de visitantes[1])

França	70,0
Espanha	47,7
Estados Unidos	47,1
Itália	34,8
Reino Unido	25,5
China[2]	24,0
México	19,3
Polônia	18,8
Canadá	18,7
Áustria	17,3

[1]Fluxo internacional, excluídos os visitantes que vão e voltam no mesmo dia.

[2]Excluída Hong Kong.

Fonte: *O Correio da Unesco*, out. 1999. Rio de Janeiro: FGV/Unesco. p. 26-27.

Praticando e Aprendendo

Organizando o conteúdo

1. Analise a figura e faça o que se pede.

MARCOS PERON / KINO

Rodovia Washington Luiz na altura do município de Araraquara, SP.

a) Que mudanças você imagina que tenham ocorrido na paisagem com a implantação da rodovia?

b) Quais modificações na paisagem você classificaria como positivas e negativas?

c) Qual a importância dos transportes para uma região?

2. Compare, citando exemplos, os meios de transporte nos países desenvolvidos com os dos subdesenvolvidos.

3. Apresente duas vantagens dos transportes fluvial e ferroviário.

4. Os países africanos atualmente apresentam grandes dificuldades para organizar sua rede de transportes. Observando a figura 23.4, na página 394, que representa a densidade rodoferroviária no mundo, responda:

a) Em quais regiões da África existe a maior densidade rodoferroviária?

b) Como você explica esta concentração?

5. Observe, na mesma figura da página 394, as principais rotas marítimas do mundo, e analise os mais importantes fluxos entre os países centrais e os periféricos.

6. Sobre o turismo, responda:

a) Por que a importância do turismo para a economia mundial cresce a cada dia?

b) Por que o ecoturismo pode auxiliar a preservação ambiental?

Ampliando o conhecimento

Análise cartográfica do mapa dos transportes no Brasil.

Em grupos, observem a figura 23.8, na página 398, e realizem as atividades propostas a seguir.

7. Analisando o mapa, podemos perceber o predomínio de um tipo de via de circulação no Brasil, fruto da política de transportes brasileira. Que meio de transporte foi beneficiado com essa política?

8. Converse com seus colegas de grupo: Que ramo industrial foi diretamente beneficiado com a construção de rodovias no Brasil? Justifiquem sua resposta.

9. Em que áreas do Brasil há maior e menor concentração de rodovias? Expliquem este fato.

10. Façam um texto crítico sobre a política de transportes do governo brasileiro.

11. Citem os principais portos e rios navegáveis da região em que vocês moram. Pesquisem as mercadorias transportadas e os eventuais problemas que os portos e a navegação em sua região apresentam.

O QUE MAIS HÁ PARA VER

Livros

- ALVES, Julia Falivene. *A invasão cultural norte-americana*. 2. ed. São Paulo: Moderna, 2003. (Col. Polêmica)
- BELDA, Rogério. *Os caminhos do transporte urbano*. São Paulo: Editoras Unidas, 1994. (Col. Crônicas técnicas)
- MARCONDES FILHO, Ciro. *Televisão:* a vida pelo vídeo. 7. ed. São Paulo: Moderna, 1992. (Col. Polêmica)
- YAZIGI, Eduardo. *Turismo:* uma esperança condicional. 2. ed. São Paulo: Global Universitária, 2000.

Filmes

- *Jesse James* (EUA, 1939); dir. Henry King; distr. 20th Century Fox Film Corporation; 106 min. O filme mostra a construção de uma ferrovia no oeste americano onde a conquista de novas terras leva as pessoas a se mostrarem gananciosas e egoístas, a ponto de praticarem trapaças e crimes.
- *Motoboys – vida loca* (Brasil, 2002); dir. Caíto Ortiz; distr. Mais Filmes; 52 min. O filme mostra cenas reais do cotidiano da cidade de São Paulo e o dia-a-dia de cinco motoqueiros no trânsito caótico desta cidade. O filme mostra também dados estatísticos de acidentes, violência e emprego, entre outros assuntos.
- *O fantasma do futuro* (Japão, 1995); dir. Mamoru Oshii; distr. Flashstar; 82 min. Animação que mostra um grupo formado pelo governo para combater ondas de crimes virtuais. Eles estão em busca de um *hacker* que possui o pior vírus dos últimos tempos, e a informação é que ele está no Japão. À medida que as investigações avançam, fica claro que esse vírus foi criado pelo próprio governo e é parte de uma operação internacional fraudulenta.
- *O show de Truman* (EUA, 1998); dir. Peter Weir; distr. Paramount Pictures/UIP; 102 min. Quando bebê, um homem foi adotado por uma corporação que transformou sua vida numa telenovela norte-americana exibida durante 24 horas na televisão a cabo mundial. Tudo muda quando ele percebe que sua família, a cidade onde vive e até mesmo o mar que cerca a ilha onde mora são, na verdade, parte de um imenso cenário.
- *Quiz show – a verdade dos bastidores* (EUA, 1994); dir. Robert Redford; distr. Buena Vista Pictures; 134 min. Um programa de perguntas e respostas é exibido na TV norte-americana nos anos 1950 com grande sucesso. O que os telespectadores não sabem é que os participantes são manipulados pelos produtores e o programa é uma farsa.

Sites

- http://www.anatel.gov.br/home/default.asp Página do Ministério das Comunicações dedicada à Agência Nacional de Telecomunicações. Contém temas como telefonia fixa, móvel, radiodifusão, consulta à biblioteca, legislação e outros temas. Acesso em: 11 maio 2005.
- http://www.canalkids.com.br/tecnologia/index.htm *Site* sobre temas educativos, como tecnologia em meios de comunicação, transporte e informática. Acesso em: 11 maio 2005.
- http://www.ivig.coppe.ufrj.br/pbr/proj_biodiesel.htm *Site* do Instituto Virtual Internacional de Mudanças Globais. Aborda entre outros assuntos a temática sobre o uso do biodiesel como fonte disponível no território nacional, a fim de atuar na área do desenvolvimento sustentável. Acesso em: 11 maio 2005.
- http://www.turismo.gov.br/br/home/index.asp *Site* do Ministério do Turismo onde são apresentadas sua missão, agenda anual, Embratur, festas populares e religiosas brasileiras, entre outras informações. Acesso em: 11 maio 2005.

DAVID BALL / CORBIS-STOCK PHOTOS

Modernidade no mundo urbano: avenida em Tóquio, Japão, 2001.

UNIDADE V

DINÂMICA POPULACIONAL E URBANIZAÇÃO

CAPÍTULO 24 TRANSFORMAÇÕES E DESEQUILÍBRIOS NA PAISAGEM URBANA, 408

CAPÍTULO 25 MIGRAÇÕES, REFUGIADOS E MINORIAS ÉTNICAS NO MUNDO, 426

CAPÍTULO 26 CONCEITOS DEMOGRÁFICOS E DISTRIBUIÇÃO DA POPULAÇÃO, 443

CAPÍTULO 27 CRESCIMENTO DEMOGRÁFICO, 456

CAPÍTULO 28 ESTRUTURA DA POPULAÇÃO, 468

24.

TRANSFORMAÇÕES E DESEQUILÍBRIOS NA PAISAGEM URBANA

1 A EVOLUÇÃO DA PAISAGEM URBANA

A idéia de **cidade** está intimamente associada à concentração de muitas pessoas em um espaço relativamente restrito e à substituição das atividades primárias (agropecuária) por atividades secundárias (indústria) e terciárias (serviços). A cidade é uma área urbana para a qual convergem pessoas, mercadorias, capitais, tecnologia etc.

Vista aérea de Louver Slughter, pequena vila na costa da Inglaterra, 1994.

SKYCAN / CORBIS-STOCK PHOTOS

Uma aglomeração populacional será considerada **área urbana** se possuir um número de habitantes estabelecido como mínimo (**critério demográfico-quantitativo**). Ocorre que esse número mínimo varia muito de um país para outro. Veja alguns exemplos: Canadá e Escócia, mil habitantes; França e Portugal, 2 mil habitantes; Espanha e Grécia, 10 mil habitantes. De acordo com a ONU, a quantidade mínima seria de 20 mil habitantes.

No Brasil, o critério oficial utilizado para definir **cidade** é o político-administrativo. De acordo com este critério, toda área urbana que abriga a sede de um município (prefeitura) é uma cidade, independentemente do número de habitantes que ela possui.

Já a **urbanização** deve ser entendida como um processo que se concretiza quando o percentual da população urbana é superior ao da população rural. Ele resulta principalmente da transferência de pessoas do meio rural para o meio urbano, especialmente para as cidades. Veja a figura 24.1.

FIGURA 24.1 • EVOLUÇÃO DA POPULAÇÃO URBANA E RURAL DO MUNDO (1900-2000)

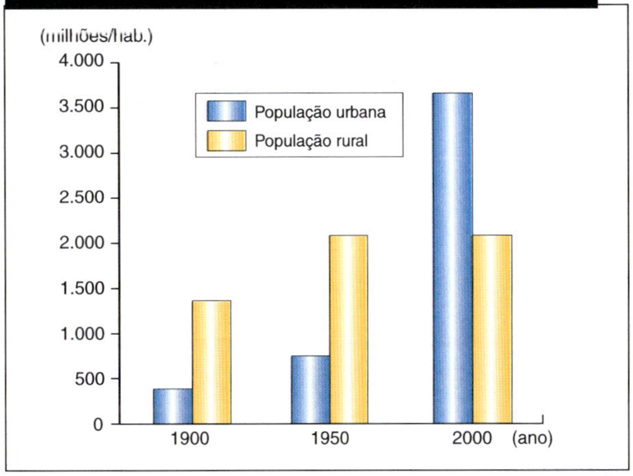

Fonte: *Calendario atlante De Agostini 2000*. Novara: Istituto Geografico De Agostini, 1999. p. 83.

A passagem da sociedade rural para a sociedade urbana

As primeiras cidades surgiram no Período Neolítico, no final da chamada Pré-história, por volta do quarto milênio a.C. Os primeiros aldeamentos se formaram com o desenvolvimento da agricultura, não muito longe dos campos cultivados nos vales fluviais férteis dos rios Tigre, Eufrates, Nilo, Indo etc.

As cidades são, sem dúvida, uma modalidade de organização do espaço geográfico. Na Antigüidade elas tinham no artesanato e no comércio suas principais atividades. Roma, por exemplo, contava com um comércio intenso e variado e uma vasta rede de estradas. Na Idade Média, após um período de fechamento do comércio mediterrâneo, muitas cidades renasceram nos locais em que o comércio estava em expansão.

Embora as primeiras cidades tenham aparecido há mais de 6 mil anos, o processo de urbanização moderno só teve início no século XVIII. Nesse período, uma grande modernização no campo (em virtude da introdução de novas técnicas, mecanização etc.), no contexto da **Revolução Industrial**, possibilitou o aumento da produtividade rural e diminuiu a necessidade de mão-de-obra.

A Primeira Revolução Industrial (quando houve o desenvolvimento da maquinofatura), desencadeada primeiramente na Inglaterra, propiciou uma nova função para as cidades: a produção industrial, que gerou novos empregos e atraiu uma grande massa de trabalhadores rurais. A mão-de-obra tornou-se abundante e barata nas cidades. As áreas urbanas passaram a fornecer produtos industrializados, capital (créditos) e tecnologia para as áreas rurais, modernizando-as. Ao meio rural cabia abastecer as cidades com alimentos e matérias-primas.

Dessa forma podemos afirmar que a urbanização moderna é um processo intimamente ligado à introdução de novas técnicas nas atividades das áreas rurais e urbanas, desenvolvidas com a industrialização.

No ano 2000, praticamente metade da população mundial vivia nas cidades.

2 A URBANIZAÇÃO NOS DIFERENTES GRUPOS DE PAÍSES

A Inglaterra foi o primeiro país do mundo a se urbanizar: em 1850, mais de 50% de sua população era urbana. Já a urbanização da maior parte dos países industrializados desenvolvidos ocorreu apenas a partir da segunda metade do século XIX, na fase denominada **Segunda Revolução Industrial.** No caso dos países subdesenvolvidos, embora a explosão da urbanização tenha ocorrido com muita rapidez, ela é um fato mais recente, ocorrido ao longo do século XX.

Em 1950 havia no mundo vinte cidades com população superior a 2,5 milhões de habitantes. Dentre elas, apenas seis — Xangai, Buenos Aires, Calcutá, Bombaim (atual Mumbai), Cidade do México e Rio de Janeiro — localizavam-se em países subdesenvolvidos. A cidade de São Paulo ainda não constava dessa lista.

As previsões para o ano de 2015 são de que, de 36 cidades com mais de 8 milhões de habitantes, somente quatro pertencerão ao grupo de países mais desenvolvidos ou centrais (Nova Iorque, Los Angeles, Tóquio e Osaka) e 32 aos países subdesenvolvidos. O Brasil figurará com duas aglomerações: São Paulo e Rio de Janeiro. Observe a figura 24.2.

FIGURA 24.2 • MAIORES AGLOMERAÇÕES URBANAS NO MUNDO EM 2015* (EM MILHÕES DE HABITANTES)

Fonte: *O Correio da Unesco*, ago. 1999. Rio de Janeiro: FGV/Unesco. p. 19.

Urbanização nos países desenvolvidos ou centrais

Nos países centrais, onde a urbanização é mais antiga, ela ocorreu de forma mais lenta e integrada com a área rural. O êxodo rural, fator importante para o início do processo de urbanização, ocorreu desde o século XVIII, durante a primeira fase da Revolução Industrial. Além de oferecer novos empregos (no comércio, na indústria) as cidades tiveram importante papel na evolução das migrações, pois receberam novas moradias e, com o tempo, foram dotadas de **equipamentos urbanos** (como ruas, pontes, túneis, iluminação pública, esgoto e saneamento) e de serviços (por exemplo, transporte coletivo e comércio, entre outros). Aos poucos, a expansão horizontal cedeu lugar à **verticalização** (predominância de prédios).

Considerando-se que a urbanização moderna é um processo intimamente ligado à industrialização e ao capitalismo, observamos que os países mais urbanizados do mundo são os desenvolvidos. A maior parte deles — o Japão, os países da Europa Ocidental e da América Anglo-Saxônica — já atingiu índices bastante elevados, praticamente máximos de urbanização. Em 2004, muitos desses países chegaram a mais de 80% de urbanização, como Alemanha (87,7%); alguns ultrapassaram os 90%, como Bélgica (97,4%) e Austrália (91,2%); outros chegaram a 100% (é o caso de Mônaco). Como nos países centrais tem-se observado uma drástica redução da migração do campo para a cidade, a tendência é de que os índices se estabilizem em torno de 80% a 90% de urbanização. Isso não significa que nesses países as cidades pararam de crescer, uma vez que o crescimento urbano físico (edificações) e populacional dependem, além do êxodo rural, do crescimento vegetativo e da imigração. Observe na figura 24.3 a urbanização nos diversos países.

FIGURA 24.3 • POPULAÇÃO URBANA (2003)

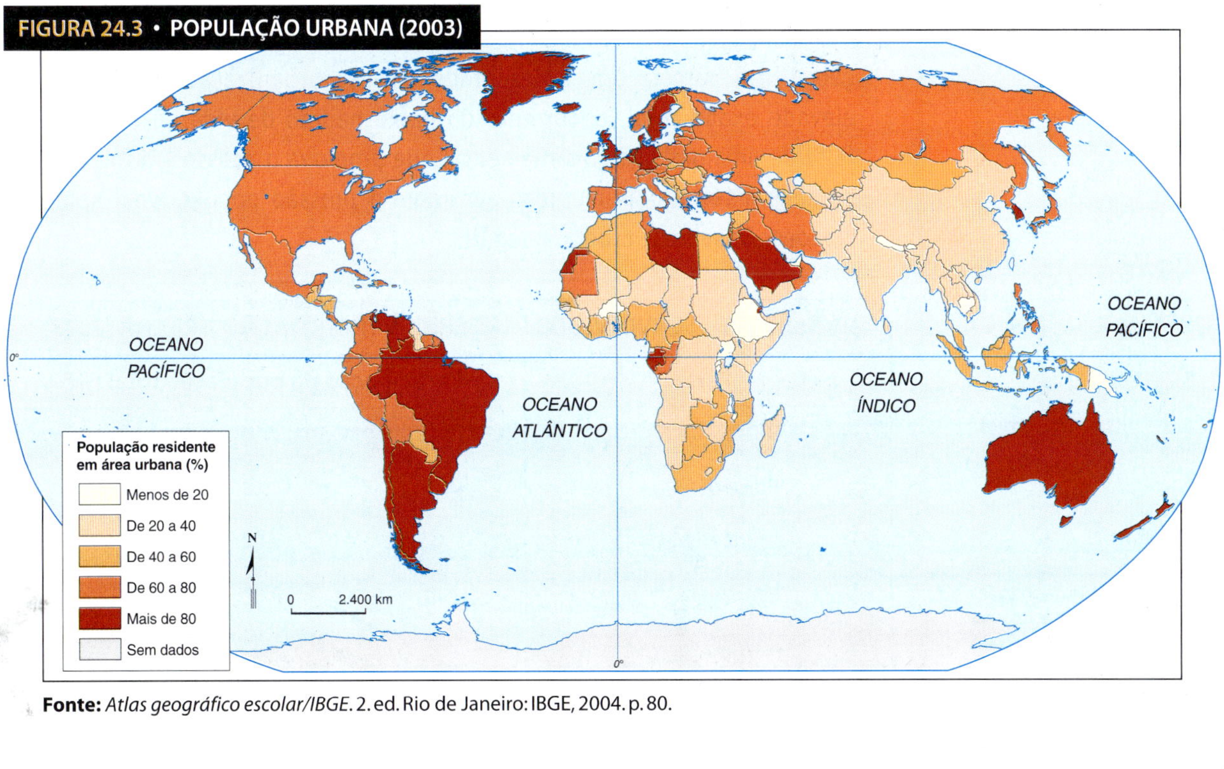

Fonte: *Atlas geográfico escolar/IBGE*. 2. ed. Rio de Janeiro: IBGE, 2004. p. 80.

Urbanização nos países subdesenvolvidos

Veremos a seguir que a urbanização nos países subdesenvolvidos se dá de forma bastante heterogênea.

- **Países subdesenvolvidos industrializados** ou **mercados emergentes** – A rápida industrialização ocorrida após a Segunda Guerra Mundial, somada à estagnação de grande parte das áreas rurais devido à estrutura fundiária arcaica, dificuldade de acesso à terra e mecanização do campo, gerou um acentuado desequilíbrio nas condições de vida entre as cidades e as zonas rurais, provocando intenso êxodo para as áreas urbanas. Alguns desses países apresentam taxas de urbanização iguais ou até superiores às de países desenvolvidos, alcançadas num espaço de tempo muito inferior. A América Latina é a região mais urbanizada desse grupo de países. Observe a tabela a seguir.

PAÍSES SUBDESENVOLVIDOS INDUSTRIALIZADOS[1]: POPULAÇÃO URBANA (2003)

País	Participação na população total (%)
Cingapura	100,0
Argentina	89,3
Coréia do Sul	82,4
Brasil	81,7
México	74,6

[1] Países selecionados.

Fonte: *Calendario atlante De Agostini 2004*. Novara: Istituto Geografico De Agostini, 2003. p. 106-113.

- **Países subdesenvolvidos não-industrializados** ou **periféricos** – Em virtude do predomínio das atividades primárias, a maior parte destes países — localizados na África e na Ásia — apresenta baixos índices de urbanização. Outra parcela tem apresentado intensa urbanização em virtude do elevado êxodo rural, decorrente do baixo padrão de vida no campo e da falta de uma política governamental que promova o acesso e a fixação das pessoas à terra. Tais medidas evitariam a pressão populacional sobre as cidades. Observe a tabela a seguir.

PAÍSES SUBDESENVOLVIDOS PERIFÉRICOS[1]: POPULAÇÃO URBANA (2003)

País	Participação na população total (%)
Butão	7,4
Burundi	9,3
Guiné-Bissau	23,7
Venezuela	87,2
Kuwait	96,1

[1] Países selecionados.

Fonte: *Calendario atlante De Agostini 2004*. Novara: Istituto Geografico De Agostini, 2003. p. 106-113.

3 URBANISMO E GLOBALIZAÇÃO: A TERCIARIZAÇÃO DAS CIDADES

Com o intenso êxodo rural (a partir da Primeira Revolução Industrial), grande parte da população passou do setor primário para o secundário. A formação de novos hábitos de consumo expandiu e diversificou o setor terciário (transporte, educação, saúde, serviços financeiros, imobiliários, de seguros etc.), criando um mercado interno dinâmico. A cidade tornou-se o centro de comando da economia. Atualmente as atividades terciárias predominam — em porcentagem do PNB — na maioria das grandes cidades dos países desenvolvidos e expressiva parcela de sua população trabalha em atividades deste setor. É o que chamamos **terciarização das cidades**.

Nas últimas décadas, as grandes inovações tecnológicas nas áreas de transporte e comunicação permitiram uma dispersão das atividades industriais. Enquanto as unidades de produção das grandes indústrias foram desconcentradas, a coordenação de suas atividades (escritórios, publicidade, consultoria, bancos etc.) centralizou-se nas chamadas **cidades globais**, verdadeiros pólos de globalização e da economia capitalista mundial. Nessas cidades concentram-se mercados de câmbio e de capitais pelos quais transitam os bilhões de dólares do mercado financeiro, ligados mundialmente e operando 24 horas por dia. Elas contam com altos investimentos em tecnologia de ponta, facilitados pelo acesso e amplo controle da rede informacional.

As principais cidades globais (Nova Iorque, Londres, Paris, Frankfurt e Tóquio, entre outras) em geral se localizam nos países centrais, embora algumas (como Hong Kong, Cingapura, São Paulo, Cidade do México etc.) estejam situadas em países periféricos. Os países centrais concentram também as **cidades científicas** ou **tecnopólos**, como Silicon Valley (EUA) e Tsukuba, no Japão, que desenvolvem pesquisas de alto nível (setor quaternário), integrando empresas e universidades. Este assunto foi abordado também no capítulo 17.

CURIOSIDADES

Maiores equipamentos urbanos do mundo

- Edifício mais alto do mundo: Petronas Towers (452 m), em Kuala Lumpur, Malásia.
- Maior aeroporto do mundo: Chek Lap Kok, em Hong Kong.
- Túnel ferroviário submarino mais longo do mundo: Seikan, Japão (53.850 m).
- Viaduto mais longo do mundo: Pontchartrain, Louisiana, EUA (38.350 m).
- Ponte mais longa do mundo: Oresund, ligando Dinamarca e Suécia (7.845 m).
- Complexo hidrelétrico mais potente do mundo: Itaipu, Paraguai/Brasil.
- Ferrovia localizada em área de maior altitude do mundo: Lima-La Oroya, no Peru (4.829 m).

Fonte: *Calendario atlante De Agostini, 2004*. Novara: Istituto Geografico De Agostini, 2003. p. 68, 76 e 79.

4 A URBANIZAÇÃO E OS DESEQUILÍBRIOS SOCIOAMBIENTAIS

As cidades constituem os principais pólos de poder, comando, decisões, desenvolvimento e organização dos espaços, ainda que sejam também (e cada vez mais) os locais onde se concentra a maior gama de problemas, tais como criminalidade, tráfico e consumo de drogas, poluição, doenças, falta de moradia etc.

Embora as maiores **taxas de urbanização** (porcentagem da população que vive na zona urbana) sejam encontradas nos países centrais, os países subdesenvolvidos industrializados contam com um maior número absoluto de população urbana, ou seja, maior quantidade de pessoas vivendo nas áreas urbanas. Observe as figuras 24.4 e 24.5.

FIGURA 24.4 • POPULAÇÃO QUE VIVE EM ZONAS URBANAS (EM %)

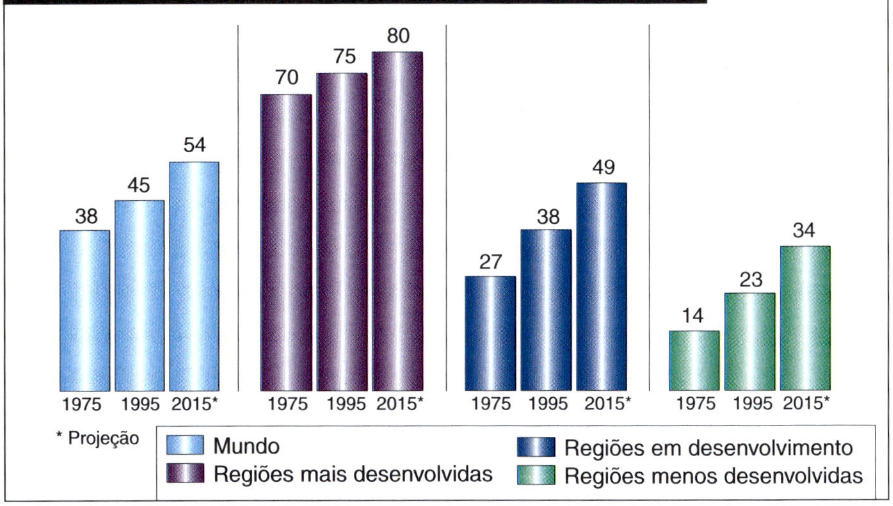

FIGURA 24.5 • POPULAÇÃO QUE VIVE EM ZONAS URBANAS (EM MILHÕES)

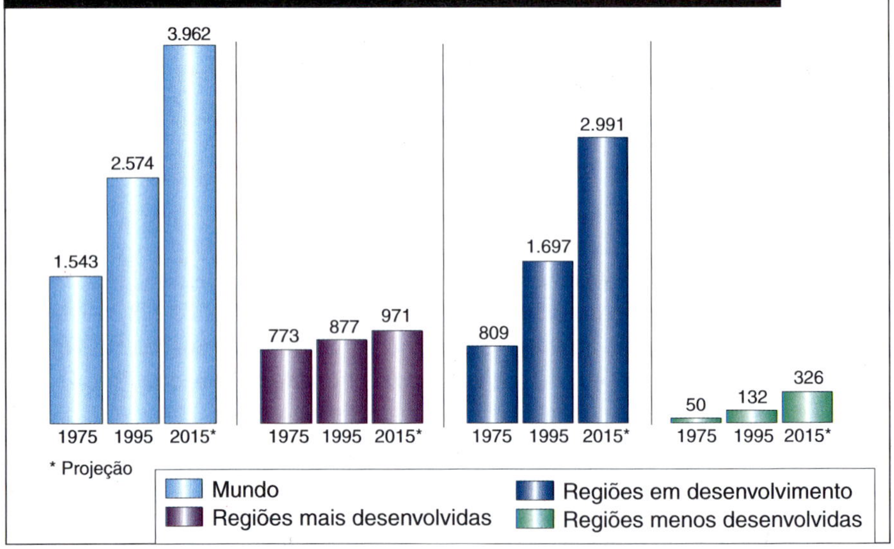

Fonte: *O Correio da Unesco*, ago. 1999. Rio de Janeiro: FGV/Unesco. p. 21.

No início do século XX as cidades dos países periféricos ofereciam condições vantajosas — empregos na indústria, na construção civil, no setor terciário, melhorias nas áreas de saúde, transportes, educação —, atraindo a população rural. Porém, o rápido processo de urbanização, em geral realizado sob condições precárias, ocasionou uma **urbanização explosiva** e anômala, totalmente carente de uma firme política de planejamento e de investimentos em infraestrutura e equipamentos urbanos. Como as cidades não conseguiram absorver toda a mão-de-obra do grande contingente de pessoas que migraram das áreas rurais, em muitos casos a pobreza transferiu-se do campo para as cidades. O desenvolvimento dos setores secundário e terciário não acompanhou o ritmo da urbanização. As conseqüências foram desastrosas: formação de favelas, aumento do subemprego, da criminalidade, da mendicância etc. Observe a figura 24.6.

DAVID SAMUEL ROBBINS / CORBIS-STOCK PHOTOS

FIGURA 24.6 Nos países subdesenvolvidos, os investimentos em infra-estrutura geralmente não são suficientes para acompanhar o ritmo de crescimento populacional proveniente de uma urbanização rápida e intensa. Movimento de pessoas nas ruas de Varanasi, Índia, 1997.

Resultado da acelerada e excessiva concentração de pessoas nas áreas urbanas (principalmente em países subdesenvolvidos), há cidades que chegam a concentrar 50% da população urbana do país, fenômeno denominado **inchaço urbano** ou **macrocefalia urbana**. São exemplos Montevidéu, no Uruguai; Buenos Aires, na Argentina; e Seul, na Coréia do Sul.

Uso do solo urbano e segregação espacial

Principalmente nos países subdesenvolvidos, a ocupação do solo urbano ocorreu de maneira irracional e sem planejamento. As áreas verdes foram substituídas por construções e asfalto, dando origem a problemas como poluição do ar, contaminação de mananciais, enchentes, poluição sonora etc. O lote de terra urbano tornou-se uma mercadoria cara. Com a **especulação imobiliária**, grandes construtoras e agentes imobiliários passaram a explorar o solo urbano, comprando terras — às vezes com financiamentos privilegiados — e atraindo equipamentos e serviços públicos para valorizá-las e vendê-las por um preço mais alto.

Em algumas cidades, a arquitetura urbana moderna contrasta com a arquitetura antiga; nestes casos, momentos históricos diferentes passam a conviver numa mesma paisagem.

Em outras cidades, principalmente nos países subdesenvolvidos, o moderno, sinônimo de riqueza (edifícios, condomínios fechados, *shoppings*, viadutos, bancos etc.), contrasta com a ocupação desordenada do solo e com a pobreza (favelas, cortiços, falta de infra-estrutura), ocasionando uma **segregação espacial**.

CID

FIGURA 24.7 O processo de expansão urbana leva à ocupação dos mais diversos espaços. Sampana (favela aquática) onde muitas famílias vivem sobre a água, em Srinagar, Índia, 1999.

É comum de um lado existir a **cidade formal**, bem planejada, com bairros ricos, ruas arborizadas, avenidas largas, privilegiada por equipamentos e serviços urbanos e, de outro, a **cidade informal**, composta pela periferia, pelos subúrbios, pelas favelas, por ruas estreitas, sem planejamento e infra-estrutura básica adequada. A segregação espacial é provocada pela **segregação econômica**. As pessoas das classes sociais menos favorecidas, que não podem comprar um terreno nem alugar um imóvel nas áreas mais nobres das cidades (ainda mais valorizadas pela especulação imobiliária), ocupam desordenadamente áreas menos valorizadas como várzeas, morros, encostas e mangues, gerando **favelas** numerosas e extensas, que não contam com serviços e equipamentos urbanos. Um caso típico são as **sampanas**, "favelas" aquáticas da Ásia de monções. Observe a figura 24.7.

Apesar de a vida urbana ser muito atraente — afinal, as cidades são espaços de concentração do consumo, cultura e tecnologia —, a maioria das cidades dos países subdesenvolvidos oferece péssima qualidade de vida para uma parte significativa de seus habitantes. Muitos benefícios urbanos não são acessíveis a todos, sendo usufruídos apenas por uma elite econômica. Assim, a luta pela sobrevivência da maior parcela dos habitantes das cidades é árdua: faltam transportes, habitações e os salários são baixos.

A segregação econômica converte-se freqüentemente em **segregação étnica**, pois a cidade pobre muitas vezes coincide com os bairros onde vivem etnias segregadas.

Mesmo nos países centrais, que apresentam grande expansão econômica, parcelas significativas da população não se beneficiam deste crescimento, existindo também a segregação espacial e econômica dos menos favorecidos. Em muitas cidades dos EUA, por exemplo, os afro-americanos e os latinos vivem em bairros mais pobres ou guetos e, devido às piores condições de vida, são os principais personagens de outro tipo de expansão: a do número de presidiários.

Poluição urbana

O ambiente das grandes cidades é um dos mais poluídos. Nele podem ser encontrados em grande intensidade quase todos os tipos de poluição: sonora, visual, atmosférica, das águas etc.

A velocidade do crescimento populacional urbano (sobretudo nos países subdesenvolvidos), ao lado da escassez de recursos financeiros e legais (leis de proteção ao meio ambiente), acarreta verdadeira degradação do ambiente urbano e da qualidade de vida de muitos milhões de pessoas em todo o mundo.

A destinação do lixo urbano sólido, apenas para citar um dos inúmeros dramas ambientais das grandes cidades, é um problema cuja solução se torna cada vez mais difícil. Em Nova Iorque, cidade do mundo que mais produz lixo, a média diária de lixo produzido é de 13 mil toneladas. O que fazer com 1,5 quilo de lixo diário *per capita* apenas nos EUA (que tem a mais alta taxa do mundo de produção de lixo)?

O problema da destinação do lixo assume tal gravidade que as grandes cidades estão perto de um colapso. Diante da dificuldade cada vez maior de se encontrar novas áreas apropriadas para receber as montanhas de lixo geradas diariamente nas cidades, aliada à precariedade das condições higiênico-sanitárias dos locais de depósitos e dos poucos aterros sanitários existentes e à oposição das populações que residem nas proximidades desses locais, surgem como soluções viáveis a conservação de recursos e a reciclagem.

FIGURA 24.8 Os lixões, corriqueiros na grande maioria das cidades, representam séria ameaça ao meio ambiente. Poucas são as cidades do mundo subdesenvolvido que dispõem de aterros sanitários apropriados e usinas de tratamento ou incineradores. Lixão em Bagdá, Iraque, 2003.

BENJAMIN LOWY / CORBIS-STOCK PHOTOS

A **conservação de recursos** corresponde ao uso mais racional de materiais e substâncias envolvidos na produção de bens de consumo e à opção por materiais de maior durabilidade, o que implica, por exemplo, reduzir o consumo de produtos descartáveis. Aumentando-se o tempo de utilização dos materiais, os prejuízos ao meio ambiente também são reduzidos.

A **reciclagem** consiste na separação (seleção) e recuperação dos diferentes tipos de materiais, orgânicos e inorgânicos (vidro, papel, plástico, metal etc.). Esta é uma prática corrente nos países desenvolvidos, mas elas inexistem ou são muito incipientes nos países subdesenvolvidos.

5 AGLOMERAÇÕES URBANAS

Conurbação, metrópole, região metropolitana e megalópole são expressões que a cada dia se tornam mais familiares para milhões de pessoas em todo o mundo. Trata-se de aglomerações urbanas, às vezes gigantescas, resultado da grande expansão urbana.

Conurbação é a superposição ou o encontro de duas ou mais cidades próximas em razão de seu crescimento. Pode ocorrer entre cidades do mesmo tamanho ou de tamanhos diferentes. São exemplos: Juazeiro (BA); Petrolina (PE); Santo André, São Bernardo do Campo, São Caetano e Diadema (região do ABCD-SP); regiões como Nova Iorque, Grande São Paulo e Grande Rio.

Metrópole corresponde à cidade principal ou "cidade-mãe", isto é, aquela que tem os melhores equipamentos urbanos do país (**metrópole nacional**) ou de uma grande região do país (**metrópole regional**). Nova Iorque, Tóquio, Sidnei, São Paulo e Rio de Janeiro são exemplos de metrópoles nacionais; Lion (Sudeste da França), Vancouver (litoral do Pacífico canadense), Seattle (Noroeste dos EUA) e Belém (Região Norte do Brasil) são exemplos de metrópoles regionais.

Região metropolitana é o conjunto de áreas (municípios, no Brasil) contíguas e integradas socioeconomicamente a uma cidade principal (metrópole), com serviços públicos de infra-estrutura comuns.

Em 2004 o Brasil contava com vinte e duas regiões metropolitanas. Entre as principais estão a região metropolitana de Belo Horizonte, com 48 municípios (incluindo o colar metropolitano); a Grande São Paulo, com 39; Porto Alegre, com 28; e Curitiba, com 25.

A **megalópole** (*mega* = grande e *polis* = cidade) se forma pela **conurbação** (conjunto espacial contíguo formado pela expansão de duas ou mais áreas urbanas, que mantêm sua autonomia) de várias metrópoles ou regiões metropolitanas, originando uma extensa área urbanizada. Ela corresponde às mais importantes e maiores aglomerações urbanas da atualidade.

A maior megalópole é a chamada **Boswash**, no Nordeste dos Estados Unidos. Estende-se desde Boston (Bos) até Washington (Wash), tendo como centro a metrópole de Nova Iorque. Concentra cerca de 20% da população total do país. Outros exemplos são as regiões que abragem Tóquio-Nagóia-Osaka-Kyoto-Kobe (Japão) e Londres-Birmingham-Manchester (Inglaterra). Observe as figuras 24.9 e 24.10.

FIGURA 24.9 • A MEGALÓPOLE JAPONESA

Fonte: FERREIRA, Graça Maria L. *Atlas geográfico:* espaço mundial. 2. ed. São Paulo: Moderna, 2003. p. 73.

FIGURA 24.10 Tóquio, capital do Japão. Moderno e importante centro industrial e financeiro, é uma das cidades mais populosas do mundo. Foto de 2002.

DAVID BALL / CORBIS-STOCK PHOTOS

Em 1950 só havia no mundo sete cidades com mais de 5 milhões de habitantes. A partir dessa década, o crescimento e a multiplicação das megalópoles foi espetacular. Dados apontam a existência de 36 megalópoles no mundo em 2001: seis nas regiões desenvolvidas e trinta nas áreas em desenvolvimento (na Ásia eram 22, na América Latina, seis, e na África, duas).

No Brasil, uma megalópole encontra-se em formação ao longo do eixo metropolitano São Paulo-Rio de Janeiro, ocupando grande parte do Vale do Rio Paraíba. Observe a figura 24.11.

FIGURA 24.11 • A MEGALÓPOLE BRASILEIRA EM FORMAÇÃO

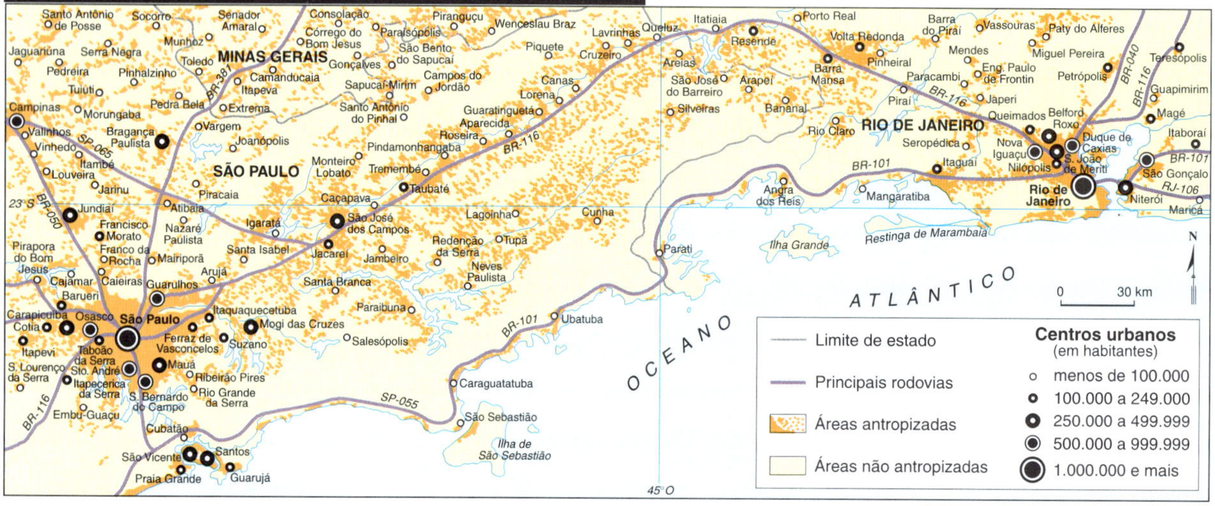

Fonte: *Atlas geográfico escolar/IBGE*. 2. ed. Rio de Janeiro: IBGE, 2004. p. 154.

Classificação das cidades

PABLO CORRAL VEGA / CORBIS-STOCK PHOTOS

As cidades podem ser classificadas sob diferentes aspectos como, por exemplo, quanto ao sítio, à situação, à função e à origem.

Sítio urbano é o local (no sentido topográfico) onde a cidade se formou, é o "assoalho" da cidade. Assim temos, por exemplo, cidades cujo sítio é uma **acrópole** ou colina (Atenas e São Paulo), uma planície (Manaus e Paris), um planalto (Brasília e Madri) ou uma montanha (Campos de Jordão e Serra Negra). Veja a figura 24.12.

FIGURA 24.12 La Paz, capital administrativa da Bolívia, situada a 3.360 metros de altitude, é a capital de maior altitude do mundo. Ao fundo, Monte Illimani, 1997.

Situação urbana é a posição que a cidade ocupa em relação aos fatores naturais e geográficos da sua região. A posição da cidade normalmente exerce grande influência no seu desenvolvimento. Considerando este aspecto temos, por exemplo, cidades fluviais (Paris e Manaus); de entroncamento ferroviário (Chicago e Bauru); marítimas (Amsterdã e Rio de Janeiro).

A **função** de uma cidade é definida por sua atividade básica ou principal. Sob esse aspecto, as cidades podem ser classificadas em comerciais (Londres, São Paulo e Campina Grande), industriais (Detroit, Volta Redonda e São Bernardo do Campo), administrativas (Washington e Brasília), religiosas (Vaticano e Aparecida do Norte), militares (Pearl Harbor e Resende), turísticas (Las Vegas e Olinda) etc.

Quanto ao aspecto **origem**, as cidades são classificadas em dois tipos. As espontâneas surgiram naturalmente a partir de pequenos núcleos ou povoados como, por exemplo, uma fortificação, uma capela, uma área de mineração etc. A quase totalidade das cidades pertence a esta categoria. As **planejadas** surgiram a partir de um plano previamente elaborado; são exemplos Madri, Washington e Brasília. Veja a figura 24.13.

DELFIM MARTINS / OLHAR IMAGEM

FIGURA 24.13 Brasília, situada no Planalto Central brasileiro, é um exemplo de cidade planejada. Foto de 1999.

Rede urbana

As relações que as cidades estabelecem entre si geram uma divisão territorial de funções articuladas que constitui uma **rede urbana**. A localização e a especialização funcional estabelecem uma hierarquia entre cidades grandes, médias e pequenas. A cidade grande (com setor terciário muito desenvolvido) exerce polarização e influência sobre as cidades menores e o meio rural, atraindo consumidores e mão-de-obra, e distribuindo bens e serviços (não encontrados em localidades menores) para toda a área sob seu raio de influência. No Brasil, o IBGE identifica a seguinte hierarquia urbana:

- **Metrópole global** – Cidade principal, com influência mundial, pólos de globalização e desenvolvimento tecnológico.
- **Metrópole nacional** – Cidade principal e mais bem equipada, que influencia todo o território.
- **Metrópole regional** – Cidade importante e com mais equipamentos de uma região, que influencia certa porção ou região do país.
- **Centro regional** – Cidade importante dentro de uma região administrativa.

Observe a figura 24.14.

FIGURA 24.14 • BRASIL: REDE URBANA (1999)

Fonte: *Anuário estatístico do Brasil 2004.* Rio de Janeiro: IBGE, 2000. p. 1-180.

Praticando e Aprendendo

Organizando o conteúdo

1. Em menos de duzentos anos a humanidade passou de essencialmente rural para majoritariamente urbana. Discuta com seus colegas a seguinte questão: A cidade em que você vive é auto-suficiente, ou seja, produz tudo aquilo de que necessita? Justifique sua resposta.

2. A cidade pode ser definida a partir de um certo número de habitantes ou como a sede de um município. Pense na cidade onde você vive (ou que é a sede do seu município) e responda.
   a) Que palavras você associaria a esta cidade?
   b) Além das definições já apresentadas, de que outra forma você definiria a cidade?
   c) Quanto ao barulho, você diferencia nela ruídos humanos, naturais e de máquinas? Cite alguns exemplos.
   d) Você consegue identificar em sua cidade a segregação espacial? Explique por que e onde ocorre.
   e) Na paisagem da cidade há construções que testemunham tempos passados? Se sim, quais?

3. Observando a figura 24.2, na página 410, cite as três principais aglomerações previstas para o ano de 2015, em cada continente.

4. Faça um texto relacionando as palavras *urbanização, industrialização, êxodo rural* e *modernização do campo*.

5. Compare o processo de urbanização dos países desenvolvidos com o dos subdesenvolvidos em relação à época histórica, à dinâmica de integração dos meios rural e urbano e aos índices de urbanização.

6. De que forma a resolução dos problemas urbanos dos países subdesenvolvidos se relaciona com a introdução de melhorias no campo e a fixação do homem à terra?

7. Observe as definições abaixo e diga a que conceitos elas se referem:
   a) Conjunto de municípios contíguos e integrados socioeconomicamente a uma cidade central.
   b) Crescimento da população urbana superior ao da população rural.
   c) Junção de duas ou mais cidades próximas, devido ao crescimento.
   d) Extensa região urbanizada, resultante do encontro de duas ou mais metrópoles pelo processo de conurbação.
   e) Principal e mais bem equipada cidade de um país.
   f) Principal e mais bem equipada cidade de uma região.

8. A atividade básica ou principal de uma cidade define sua função. Qual é a função de cada uma das seguintes cidades: Londres, Detroit, Brasília, Vaticano, Las Vegas?
   Aponte outras cidades, não citadas no texto, que podem ser classificadas como comerciais, religiosas, administrativas e industriais (duas para cada grupo).

Ampliando o conhecimento

Planejando uma cidade.

9. Junto com seu grupo, imaginem, discutam e planejem uma cidade, primeiramente no papel. Para isso, considerem os seguintes aspectos:
   a) Sítio urbano, função principal, número de habitantes.
   b) Localização e especialização de cada bairro (comércio, indústria, administração, serviços, habitações etc.).
   c) Localização de equipamentos urbanos e de serviços como praças, avenidas, jardins, ruas, escolas, agência de correio, serviço médico-hospitalar, centros culturais e esportivos etc.

d) Medidas para evitar problemas sociais como mendicância, violência, falta de emprego e subemprego, abandono infantil, falta de moradia etc.

e) Planejamento do sistema para garantir o melhor fluxo de pessoas e de mercadorias: vias de circulação expressas, rodovias, ferrovias, hidrovias, transporte marítimo e aeroviário, pontes, viadutos, vias marginais, integração urbana com as vias de circulação e os meios de transporte mais adequados.

10. Justifiquem suas escolhas em relação às questões 9b e 9e.

11. Façam um desenho ou uma maquete da cidade que vocês planejaram.

12. Exponham o trabalho para os outros grupos, apresentando argumentos que justifiquem a boa qualidade de vida (saúde, habitação, escolaridade, pouca poluição etc.), a boa estrutura de prestação de serviços que ela oferece, o excelente planejamento urbano, a eficiente e racional distribuição de mercadorias e as boas condições sociais da cidade que vocês planejaram e construíram.

O QUE MAIS HÁ PARA VER

Livros

- ALVES. Julia Falivene. *Metrópoles:* cidadania e qualidade de vida. 6. ed. São Paulo: Moderna, 1994. (Col. Polêmica)
- CÂMARA, Dom Hélder. *Um olhar sobre a cidade*. Rio de Janeiro: Civilização Brasileira, 1976.
- CARLOS, Ana Fani A. *A cidade*. 9. ed. São Paulo: Contexto, 1999. (Col. Repensando a Geografia)
- LEITE, Lígia Costa. *Meninos de rua:* a infância excluída no Brasil. São Paulo: Atual, 2000. (Col. Espaço & Debate)
- MACEDO, José Rivair. *Viver nas cidades medievais*. São Paulo: Moderna, 1999. (Col. Desafios)
- MARTINS, Maria Helena P. *Preservando o patrimônio e construindo a identidade*. São Paulo: Moderna, 2001. (Col. Aprendendo a com-viver)
- PENNA, Carlos Gabaglia. *O estado do planeta:* sociedade de consumo e degradação ambiental. Rio de Janeiro: Record, 1999.
- RODRIGUES, Arlete Moysés. *Moradia nas cidades brasileiras*. 7. ed. São Paulo: Contexto, 1997. (Col. Repensando a Geografia)
- RODRIGUES, Glauco Bruce e SOUZA, Marcelo Lopes de. *Planejamento urbano e ativismo sociais*. São Paulo: Editora da Unesp, 2004. (Col. Sociedade, espaço e tempo)
- RODRIGUES, Rosicler Martins. *Cidades brasileiras:* do passado ao presente. 2. ed. São Paulo: Moderna, 2003. (Col. Desafios)
- SCARLATO, Francisco Capuano e PONTIN, Joel A. *Do nicho ao lixo:* ambiente, sociedade e educação. 5. ed. São Paulo: Atual, 1992. (Col. Meio ambiente)
- SPOSITO, Maria Encarnação B. *Capitalismo e urbanização*. São Paulo: Contexto, 1987. (Col. Repensando a Geografia)
- VILLALOBOS, Jorge Ulisses G. (org.). *Ecologia e movimentos sociais*. Maringá: Ed. da Univ. Est. de Maringá (UEM), 2000.

Filmes

- *A corrente do bem* (EUA, 2000); dir: Mimi Leder; distr. Warner Bros.; 115 min. Um aluno de 7ª série recebe de seu novo professor de Ciências um trabalho desafiador a ser apresentado na escola. O professor propõe um trabalho que mostre o que cada aluno pode fazer para melhorar o mundo.
- *À margem da imagem* (Brasil, 2003); dir. Evaldo Mocarzel; 72 min. O documentário mostra a vida e a cultura dos moradores de rua da cidade de São Paulo, expondo temas como exclusão social, desemprego, alcoolismo, loucura e religiosidade.
- *Carandiru* (Brasil, 2003); dir. Hector Babenco; distr. Sony Pictures Classics/ Columbia Pictures; 146 min. O dia-a-dia de um médico que atende no presídio de segurança máxima do Carandiru, convivendo com a realidade dos prisioneiros: violência, superlotação das celas e instalações precárias.
- *Evandro Teixeira – instantâneos da realidade* (Brasil, 2004); dir. Paulo Fontenelle; distr. Riofilme; 145 min. O filme fala sobre a trajetória e a obra de Evandro Teixeira, um dos maiores nomes do fotojornalismo brasileiro, cujas imagens — a maioria em preto-e-branco — eternizaram os principais episódios políticos do país desde a década de 1960 e flagraram pelo mundo instantâneos de guerra, glória e *glamour*.
- *Mississípi em chamas* (EUA, 1988); dir. Alan Parker; distr. Orion Pictures Corporation/Metro-Goldwyn-Mayer; 122 min. Dois investigadores de polícia vão ao Mississípi investigar a morte de três jovens em plena década de 1960. A cidade onde o crime ocorreu vive uma grande segregação étnica, onde negros e brancos vivem em constante violência.
- *Pós-modernidade* (Brasil, 1989); dir. Mirella Martinelli; distr. Instituto Cultural Itaú; 15 min. O documentário enfoca a cidade de São Paulo e a cultura metropolitana dos anos 1980 através de sua produção artística e de cenas do cotidiano. Mostra a influência da automação e dos meios de comunicação de massa numa cultura que se caracteriza pela pluralidade e pela diversidade.

Sites

- http://www.emplasa.sp.gov.br/ *Site* da Empresa Paulista de Planejamento Metropolitano. Apresenta grandes projetos direcionados às regiões metropolitanas com diretrizes e planos de desenvolvimento, perfil institucional urbano da Grande São Paulo, sumário de dados da Região Metropolitana Paulista, entre outros assuntos. Acesso em: 15 abr. 2005.
- http://www.geobrasil2001.hpg.ig.com.br/entrar.html *Site* sobre a urbanização no Brasil, com dados sobre território, regiões metropolitanas, cidades, mapas da população e a questão do êxodo rural, entre outras. Acesso em: 10 maio 2005.

25. MIGRAÇÕES, REFUGIADOS E MINORIAS ÉTNICAS NO MUNDO

1 POR QUE AS PESSOAS MIGRAM?

As **migrações** populacionais (deslocamentos de grande número de pessoas) remontam a tempos pré-históricos. Evidências arqueológicas levam a crer que o *homo sapiens sapiens* (espécie da qual fazemos parte) surgiu na África há 100 mil ou 150 mil anos. Ramos desse grupo se separaram, dando início a grandes "andanças" (as primeiras migrações), espalhando-se, no decorrer dos séculos, por todos os continentes.

Caravana de camelos no Deserto do Saara, Nigéria, 1999.

FRANS LEMMENS / CORBIS-STOCK PHOTOS

As migrações ocorrem ainda hoje e não são movimentos populacionais aleatórios nem desvinculados do contexto socioeconômico mundial e do contexto regional. Segundo o *Relatório do desenvolvimento humano 2004*, o número de **imigrantes internacionais** (pessoas que vivem fora do seu país) passou de 76 milhões em 1960 para 154 milhões em 1990 e 175 milhões em 2000.

As razões que levam as pessoas a migrar são inúmeras, podendo ser determinadas por diversos fatores.

- **Econômicos** – São, sem dúvida, os fatores predominantes. Muitas vezes as pessoas migram em busca de trabalho e melhores condições de vida. Nas primeiras décadas do século XX, devido a dificuldades econômicas, o Japão tornou-se um país de **emigração** (movimento de pessoas que saem de seu país de origem para viver em outro país). Em poucas décadas, com a recuperação econômica, ele passou a ser um país de **imigração** (movimento de pessoas que entram em outro país para nele viver).

Na verdade, as migrações — sobretudo os grandes movimentos migratórios — são decorrentes de condições econômicas estruturais e conjunturais. Os **fatores estruturais** (que fazem parte da estrutura econômica de um país) responsáveis pelas migrações podem ser, por exemplo, a estagnação da economia ou a falta de maiores perspectivas de progresso, e ocorrem geralmente em países subdesenvolvidos. Os **fatores conjunturais** resultam de situações circunstanciais, como crises políticas e econômicas, revoluções, perseguições etc., que podem atingir também um país desenvolvido.

- **Políticos** – Por exemplo, problemas de fronteira, formação de novas nações (ex-Iugoslávia, Israel) ou guerras (Afeganistão, Serra Leoa, Sudão, Iraque), que geram divergências, perseguições (é o caso dos curdos) e até a expulsão de populações inteiras de seu território (observe a figura 25.1). Uma maior abertura política também pode originar migrações, como nos países surgidos da fragmentação da União Soviética e na Europa do leste, onde a transição política para o capitalismo permitiu maiores possibilidades de migrações, antes controladas.

PETER TURNLEY / THE DENVER POST CORBIS-STOCK PHOTOS

FIGURA 25.1 Milhares de pessoas foram obrigadas a fugir dos combates em Basra, no Iraque, em 2003, quando as tropas dos Estados Unidos e do Reino Unido invadiram o país.

- **Conflitos religiosos** ou **étnicos** – Como a perseguição aos judeus no século XX, no período das guerras mundiais, que provocou emigrações da Europa; ou os conflitos ocorridos na Bósnia, em 1992, e na ex-Iugoslávia, como, estudamos no capítulo 8.
- **Naturais** – Migrações provocadas por catástrofes naturais: enchentes, terremotos, erupções vulcânicas etc.

Como fatores facilitadores das migrações podemos citar os progressos tecnológicos nas áreas de transporte (que tornaram as viagens mais acessíveis e rápidas) e de comunicação, como telefone, internet e televisão (que possibilitaram informações e contatos com países que oferecem melhores condições de vida).

2 TIPOS DE MOVIMENTOS MIGRATÓRIOS

FIGURA 25.2 Pressionados pela necessidade de sobrevivência, milhões de nordestinos têm se dirigido nas últimas décadas para os grandes centros urbanos do país. Movimento no Terminal Rodoviário Tietê, em São Paulo, SP, 2000, porta de entrada de milhares de migrantes que chegam à cidade de São Paulo.

MARCOS ANTONIO SÁ / KINO

As migrações podem ser classificadas quanto ao tempo de duração e ao espaço de deslocamento.

Em relação ao tempo de duração, as migrações podem ser:

- **Migrações definitivas** – Quando o imigrante se estabelece de forma permanente no local de destino, como é o caso, no Brasil, dos imigrantes italianos, japoneses, e das emigrações de nordestinos para outras regiões do país. Observe a figura 25.2.
- **Migrações circulares** – Atualmente, com as facilidades tecnológicas, as pessoas que migram têm mais possibilidade de voltar à sua terra natal, ou de procurar um terceiro país para morar.
- **Migrações temporárias** – Podem ser diárias (deslocamento de trabalhadores); realizadas com fins de lazer (turismo); por motivos religiosos, como as **peregrinações** a lugares sagrados (Meca, para os muçulmanos, e Jerusalém, visitada por católicos, judeus e muçulmanos); **sazonais** (que dependem das atividades desenvolvidas segundo as estações do ano), por exemplo as realizadas no Brasil pelos bóias-frias, que em épocas de colheita se deslocam para locais onde há trabalho.

Em relação ao espaço de deslocamento, as migrações podem ser classificadas em **migrações internas** ou **nacionais**, quando ocorrem dentro de um mesmo país, e **migrações externas** ou **internacionais**, quando implicam a travessia de uma ou mais fronteiras internacionais.

Vale ressaltar que atualmente grande parte das migrações não tem caráter legal (aquelas promovidas ou permitidas pelos governos). A **migração clandestina** atingiu níveis altos: mais de 30 milhões de imigrantes não têm estatuto de residência legal nos países onde vivem.

Migrações internas

Quando realizadas dentro de uma mesma região do país, as migrações internas são chamadas **intra-regionais**; quando feitas de uma região para outra, num mesmo país, são chamadas **inter-regionais**.

O **êxodo rural** é um dos mais importantes exemplos de migração interna. Em geral assume caráter definitivo, e suas principais causas têm sido a industrialização, a expansão do setor terciário e a mecanização da agricultura. Atualmente, em vários países desenvolvidos, o deslocamento de pessoas do campo para as cidades é muito pequeno ou quase nulo. Nos países subdesenvolvidos, o êxodo rural tem atingido grandes proporções. Além das já mencionadas, as precárias condições de vida no campo estão entre as causas desses deslocamentos.

Outras migrações internas podem ocorrer de uma zona rural pobre para outra zona rural mais próspera, de uma cidade pequena ou média para uma grande cidade ou metrópole, ou de qualquer uma destas áreas para outras que tenham algum atrativo (extração mineral, fácil acesso à terra, estímulos governamentais etc.).

Dentre as migrações internas de caráter temporário podemos destacar inicialmente as **sazonais**, do tipo "vai-e-volta", isto é, o indivíduo desloca-se de sua área de origem para outra área, retornando posteriormente. Esta migração também é chamada **transumância**. Na África temos, por exemplo, o deslocamento de trabalhadores das regiões semi-áridas do sul do Saara para as áreas úmidas na época da colheita do cacau e do café. No Brasil podemos citar como exemplo o deslocamento de nordestinos do Agreste, durante a estiagem, para a Zona da Mata, para a colheita e a moagem da cana-de-açúcar. Tanto na África como no Brasil as pessoas retornam às suas áreas de origem quando tem início o período úmido.

O **nomadismo** caracteriza-se pelo deslocamento constante de povos ou tribos em busca de alimentos, pastagens etc. Os povos nômades não têm habitação fixa, morando quase sempre em tendas desmontáveis. Este tipo de migração, que já foi o modo de vida da maior parte da humanidade num passado remoto, está atualmente em extinção, limitando-se a poucos povos. Podemos citar como exemplos os povos das estepes semi-áridas do Saara (**Sahel**), alguns povos da Ásia central, que se deslocam com o gado em busca de pastos (devido ao processo de desertificação dessas regiões), e povos do Oriente Médio, em geral comerciantes que se instalam nas proximidades das feiras e depois se deslocam, procurando novos lugares para comercializar seus produtos.

As **migrações diárias** ou **pendulares** constituem deslocamentos de milhões de trabalhadores que moram na periferia e que, diariamente, se dirigem ao centro da cidade, retornando a seus lares após a jornada de trabalho. São típicas das cidades industriais e das metrópoles. Neste tipo se inclui o ***commuting***, ou movimento dos "transfronteiriços", que diariamente atravessam a fronteira entre dois países para trabalhar, utilizar serviços etc. São exemplos os *commuters* que moram no México e trabalham nos Estados Unidos.

Migrações externas

O desenvolvimento do capitalismo acelerou os movimentos migratórios. Com a colonização nos séculos XVI e XVII ocorreram **migrações espontâneas**, de colonização (resultado da política de expansão mercantilista e da partilha dos territórios coloniais) e **migrações forçadas**, como foi o caso do comércio de africanos escravizados, atividade que transferiu milhões de pessoas de seu continente de origem para outros continentes.

Outras migrações não exatamente forçadas, mas que resultam de opressão, podem ocorrer em conseqüência de guerras, perseguições políticas, falta de condições que satisfaçam as necessidades básicas (o desemprego, por exemplo) e negação do acesso à terra (no caso do êxodo rural).

A partir do século XVIII (em especial durante o século XIX e na primeira metade do século XX), o mundo conheceu um movimento migratório de grandes proporções. Naquele período, cerca de 60 milhões de europeus migraram para todas as partes do mundo, sobretudo para a América e a Oceania. Milhões de asiáticos (chineses, indianos e japoneses) também migraram para a América (em sua maioria, os chineses foram para os EUA, os indianos para as Guianas e os japoneses para o Brasil) e outros continentes. Observe a figura 25.3.

FIGURA 25.3 A lembrança da terra e da cultura de origem dos imigrantes se reflete na organização da vida no novo país. Imigrantes chineses durante o festival de Ano-Novo, em Chinatown, São Francisco, EUA, 2002.

KAREN HUNTT / CORBIS-STOCK PHOTOS

Podemos dizer, então, que durante muito tempo a Ásia e a Europa desempenharam um papel predominantemente emigratório ou de **repulsão populacional**, ao passo que o papel da América e da Oceania foi majoritariamente imigratório ou de **atração populacional**. Na África, além das migrações forçadas do passado, relacionadas ao processo de colonização, nos dias atuais um grande número de trabalhadores (marroquinos, argelinos etc.) tem se dirigido principalmente para a Europa em busca de emprego.

3 AS MIGRAÇÕES E AS TRANSFORMAÇÕES NO MUNDO ATUAL

A superação de um longo período marcado por fome, guerras, perseguições políticas e religiosas no período pós-Segunda Guerra Mundial e as boas condições estruturais dos países desenvolvidos fizeram com que eles se tornassem as mais importantes áreas de atração populacional da atualidade. Segundo o *Relatório do desenvolvimento humano 2004*, na década de 1990 a população proveniente dos países pobres para os mais ricos aumentou em 23 milhões de pessoas. Hoje, quase 1 de cada 10 pessoas que vivem nestes países nasceu em outro território. O dinheiro enviado pelos imigrantes para seus países de origem passou de 30 bilhões de dólares, em 1990, para cerca de 80 bilhões, em 2002, aquecendo a economia de muitos países, como El Salvador, onde as remessas chegaram a 13,3% do PIB, em 2000.

Nas últimas décadas do século XX presenciamos não somente a ida de milhares de pessoas em direção à Europa (principalmente para a Alemanha) e ao Japão, mas também o seu retorno.

Os Estados Unidos são um dos países que mais recebem imigrantes. Devido a problemas econômicos e a falta de oportunidades de trabalho no México, uma grande escalada migratória tem se estabelecido desse país para os Estados Unidos. Observe a tabela a seguir.

IMIGRANTES – PRINCIPAIS DESTINOS* (2000)

País	**Número de imigrantes** (em milhares)
EUA	849,8
Alemanha	648,8
Japão	345,8
Reino Unido	288,8
Itália	271,5
Canadá	227,2

* Países selecionados.

Fonte: OCDE. Disponível em www.oecd.org.br.dataoecd/59/34/29199645.xls. Acesso em: 28 mar. 2005.

A ONU calcula que por volta de 3% da população mundial vive fora de seu país. Na cidade de Miami (EUA), 59% da população é constituída de imigrantes, enquanto em Los Angeles, no mesmo país, esta cifra chega a 41%. No Canadá, quase metade da população de Toronto (44%) e 37% da população de Vancouver nasceram fora do país. Vale lembrar que os dados oficiais nem sempre correspondem à realidade, pois tem crescido o número de imigrantes ilegais, que ficam fora das estatísticas. Observe a figura 25.5.

Migrações por continentes

Todos os países são afetados por movimentos migratórios. Nos países pobres as migrações se originam das precárias condições de vida que oferecem, além de guerras, reestruturação de fronteiras, conflitos étnicos etc. Em geral a população emigra para os países desenvolvidos (60% da população imigrante) ou para aqueles economicamente mais prósperos (como a migração para os países ricos em petróleo). Observe na figura 25.4 os fluxos migratórios nos diversos países.

FIGURA 25.4 • MIGRAÇÕES INTERNACIONAIS

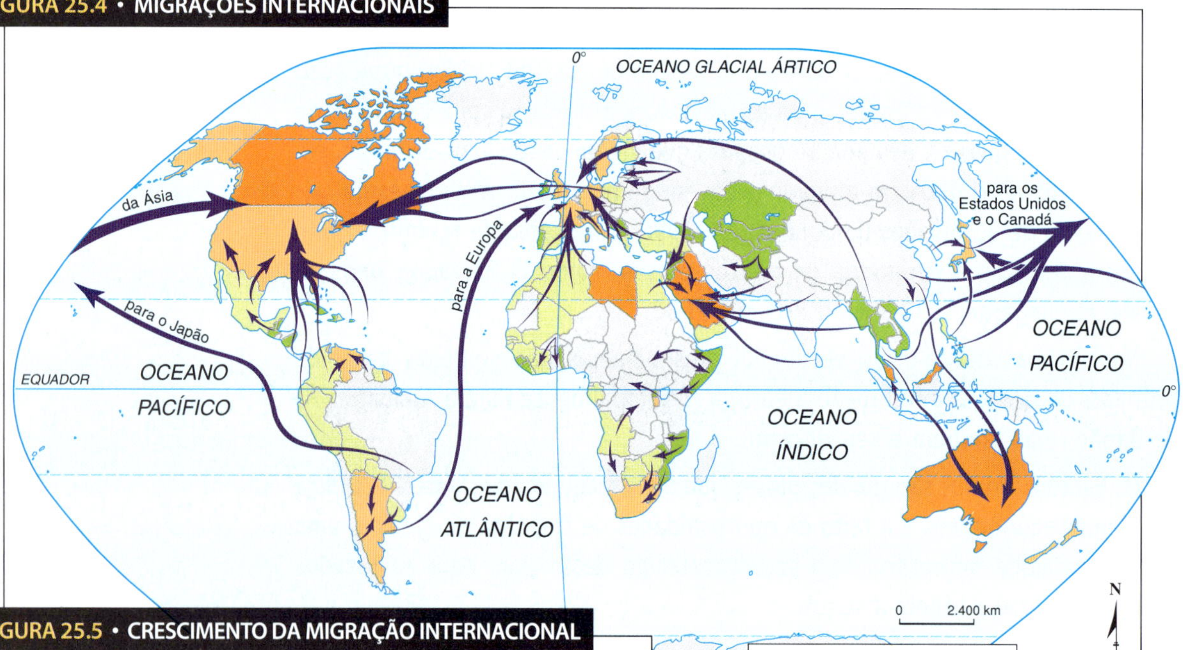

FIGURA 25.5 • CRESCIMENTO DA MIGRAÇÃO INTERNACIONAL

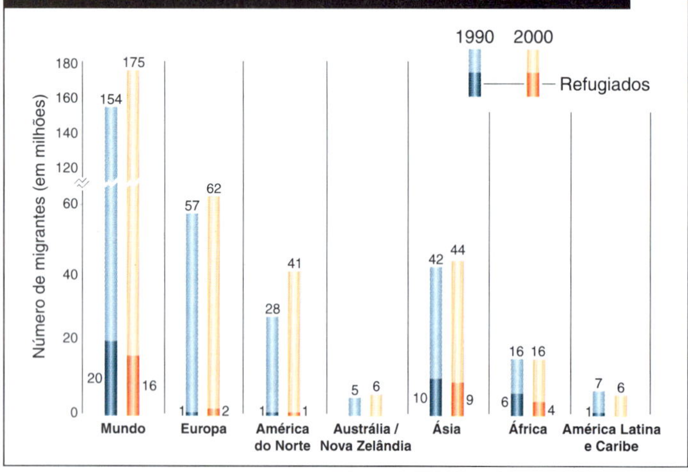

Fontes: FERREIRA, Graça Maria L. *Atlas geográfico: espaço mundial*. 2. ed. São Paulo: Moderna, 2003. p. 95; *Relatório do desenvolvimento humano 2004*. Nova Iorque: ONU/Pnud, 2004. p. 100.

Vejamos agora a situação das migrações por continentes.

Europa – Grande parte dos imigrantes que se dirigem para a Europa em busca de trabalho origina-se de países periféricos. O número de imigrantes para a União Européia proveniente de fora daquele continente aumentou 75% desde 1980, atingindo 62 milhões de pessoas em 2000. Internamente o processo se repete: países de industrialização tardia, como Portugal, Grécia e Espanha, são áreas de saída de população, em que grande parte dela busca países mais desenvolvidos, tais como Alemanha, Reino Unido e França. A desintegração do bloco socialista deu origem a uma corrente migratória que se dirigiu para as economias de mercado da Europa Ocidental, assim como a uma corrente migratória de retorno de pessoas que viviam fora de seus países por motivos políticos. Entre outros países, este fenômeno ocorreu na Alemanha após a reunificação.

Ásia – A Ásia conta com grande número de pessoas que migram dentro do próprio continente (eram 44 milhões, em 2000). Além dos refugiados da guerra civil no Afeganistão que se abrigaram no Irã, no Iraque e no Paquistão (como já vimos no capítulo 8), Israel tem recebido a população da Comunidade dos Estados Independentes, sendo que 37,4% de sua população é constituída de imigrantes. Os países do Golfo Pérsico atraem trabalhadores dos países mais pobres da Ásia por causa da extração de petróleo: os Emirados Árabes Unidos têm 68% de sua população constituída de residentes estrangeiros; o Kuwait, 49%, a Jordânia, 39%. Cingapura, por ser um país de industrialização recente, atrai grande número de pessoas, contando com 34% de imigrantes. (Dados do *Relatório do desenvolvimento humano 2004*). Observe a figura 25.6.

FIGURA 25.6 • CRESCIMENTO DA MIGRAÇÃO INTERNACIONAL

Países	Nº de estrangeiros (em mil)*	% da população
Estados Unidos	34.988	12,4
Federação Russa	13.259	9,1
Alemanha	7.349	9,0
Ucrânia	6.947	14,0
França	6.277	10,6
Índia	6.271	0,6
Canadá	5.826	18,9
Arábia Saudita	5.255	25,8
Austrália	4.705	24,6
Paquistão	4.243	3,0
Reino Unido	4.029	6,8
Cazaquistão	3.028	18,7
Costa do Marfim	2.336	14,6
Irã	2.321	3,3
Israel	2.256	37,4

*Inclui refugiados. Dados de 2000.

Fonte: ONU. International migration report 2002. In: *Almanaque Abril*. São Paulo: Abril, 2004. p. 93.

Os Estados Unidos, a Federação Russa e a Alemanha são os países que, em termos absolutos, têm mais estrangeiros em sua população, enquanto os países árabes são os que, proporcionalmente, apresentam maior número de imigrantes em sua população.

América – Os Estados Unidos e o Canadá atraem populações dos países menos desenvolvidos (eram 41 milhões de pessoas, em 2000).

África – Após a descolonização, inúmeras guerras e conflitos de etnias e fronteiras deslocaram milhões de pessoas de seus países de origem.

Oceania – Milhões de pessoas se dirigiram à Austrália (que tem perto 25% de sua população composta de imigrantes) e para a Nova Zelândia (com 22% de estrangeiros residentes). Até a década de 1990 os governos destes países incentivaram a imigração com o objetivo de obter mão-de-obra.

4 REFUGIADOS E MINORIAS ÉTNICAS

Cerca de 9% dos imigrantes no mundo são refugiados (16 milhões de pessoas, em 2000). Em muitos países da Ásia e da África populações inteiras foram expulsas ou se viram na contingência de ter de abandonar seus territórios. Estes povos, dispersos por vários países, procuram um lugar para constituir uma nova **pátria**, palavra que significa o lugar de nascimento e com o qual a pessoa se identifica. Desenraizados, privados de seus direitos de cidadania, essas pessoas vivem em condições precárias e muitas vezes acabam perdendo suas referências culturais e seus vínculos afetivos.

Na década de 1990 ocorreu também o processo inverso: 10 milhões de pessoas voltaram para seus países, o que, além de não representar, necessariamente, a volta à mesma territorialidade, muitas vezes significa retornar em condições muito mais precárias. Observe a figura 25.7.

REUTERS-NEWS.COM

FIGURA 25.7 Os curdos habitam diversos países do Oriente Médio (Turquia, Iraque, Irã e Síria) por onde os conflitos se estendem. Os separatistas lutam pela formação de um Estado curdo e são reprimidos com violência. Manifestantes curdos na Turquia, em 2005.

Em 2000 a Ásia do Sul contava com o maior número de refugiados no mundo (4,1 milhões de pessoas), seguida pela África Subsaariana (2,9 milhões). Observe o quadro a seguir.

REFUGIADOS NO MUNDO* (2000)

	País	Número de refugiados	Motivos
Ásia	Afeganistão	2.648.000	Guerra civil desde 1973.
	Iraque	631.000	Guerra contra o Irã e Guerra do Golfo.
	Vietnã	317.000	Guerras e perseguições políticas.
África	Somália	525.000	Guerra entre clãs.
	Burundi	517.000	Guerra entre as etnias hutu e tutsi.
	Libéria	487.000	Guerra civil.
	Sudão	351.000	Conflitos entre etnias e adeptos de religiões diferentes (muçulmanos e cristãos).
	Serra Leoa	328.000	Conflitos étnicos e guerra civil.
Europa	Bósnia-Herzegovina	597.000	Conflitos étnicos com a desagregação da Iugoslávia.
	Croácia	342.000	Guerra civil pela independência e conflitos étnicos.

* Países selecionados.

Fonte: OCDE. Disponível em: http://www.unhcr.ch/un&ref/numbers/table3.htm Acesso em: 28 mar. 2005.

Minorias étnicas e diáspora

Todos os países do mundo têm em seu território pessoas estrangeiras (que para lá migraram em tempos remotos ou não) e seus descendentes. Atualmente, com a variedade e a facilidade dos meios de transporte, a locomoção tornou-se mais fácil.

Segundo o *Relatório do desenvolvimento humano 2004*, "os quase 200 países do mundo contêm cerca de 5 mil grupos étnicos. Dois terços têm pelo menos uma minoria substancial — um grupo étnico, ou religioso —, que constitui pelo menos 10% da população". Isto significa que todos os países são constituídos por **sociedades multiculturais** e o grande desafio da atualidade é encontrar maneiras de administrar a diversidade mantendo em harmonia a unidade nacional. Observe a figura 25.8.

FIGURA 25.8 • DIVERSIDADE CULTURAL NO MUNDO (2003)

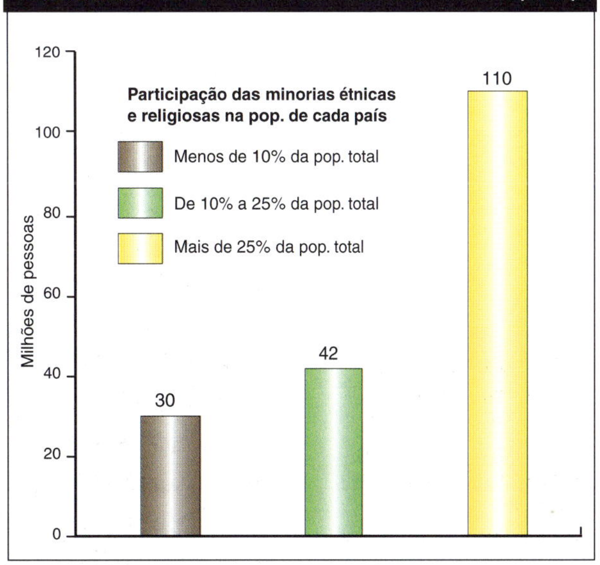

Fonte: *Relatório do desenvolvimento humano 2004*. Nova Iorque: ONU/Pnud, 2004. p. 28.

Grande parte desses imigrantes acaba se integrando ao país de destino. Este processo depende muito das condições de migração e da recepção no novo país. Quando as migrações são espontâneas, em geral, os países de destino permitem a legalização dos imigrantes, o que possibilita a ascensão econômica e social da comunidade, sendo maiores as possibilidades de se realizar uma integração completa. Nestes casos, em poucas gerações ocorre a adaptação ao novo território e à nova cultura, rompendo-se aos poucos os laços com a cultura original.

Para grande parte dos imigrantes que vivem em caráter ilegal o maior desafio é conseguir um *status* de legalidade. Muitos lutam para conseguir a plena cidadania, o que lhes permitiria maior integração social, política e econômica.

Em diversos países convivem grupos minoritários de uma mesma origem, as chamadas **minorias étnicas**, que partilham uma história comum. Muitas destas comunidades minoritárias são conseqüência de **diásporas**. Este termo, embora inicialmente se referisse à dispersão dos judeus pelo mundo, atualmente abrange grupos expulsos de seus locais de origem devido a perseguições (políticas, étnicas ou religiosas), mas que conservam sua identidade original e mantêm laços e apego ao seu país natal e à sua história. Esses grupos geralmente se defrontam com a possibilidade de integração nas sociedades que os abrigam (**assimilação**) e a manutenção de suas tradições culturais (**diferencialismo**). Leia o texto do boxe Curiosidades.

CURIOSIDADES

- A Índia conta com mais de um bilhão de habitantes que falam duzentas línguas e por volta de quinhentos dialetos. Além do inglês e do híndi (falado por um terço dos habitantes), existem outras catorze línguas oficiais, como assamês, bengali, gujarati, tâmil, urdu etc.
- A África Subsaariana tem mais de 2.500 línguas. A maioria dos africanos é multilíngüe. Cerca de 85% da população africana do continente fala 15 línguas nucleares, entre elas o nguni, soto-tsuana, suahili, amárico, mandingas, ibo, haúça, ioruba, kitara, somali-samburu-rendille etc.

Migrações, desigualdade entre grupos e conflitos

No mundo todo, cerca de 900 milhões de pessoas fazem parte de grupos que experimentam alguma forma de exclusão. Com muita freqüência, a exclusão do modo de vida das minorias e o não-reconhecimento de sua língua reforçam a exclusão de oportunidades e diminuem sua participação política e econômica. Na Namíbia, por exemplo, o IDH de cada grupo lingüístico reflete esta exclusão. A população descendente de europeus ou de sul-africanos de língua alemã, inglesa e africânder apresentam IDH de 0,960, 0,895 e 0,885, respectivamente. Já os nativos, que falam rukavango e san, têm IDH situado bem abaixo, com 0,585 e 0,326. Observe a figura 25.9, na página ao lado.

FIGURA 25.9 • DISPARIDADES ENTRE GRUPOS CULTURAIS NA NAMÍBIA (2000)

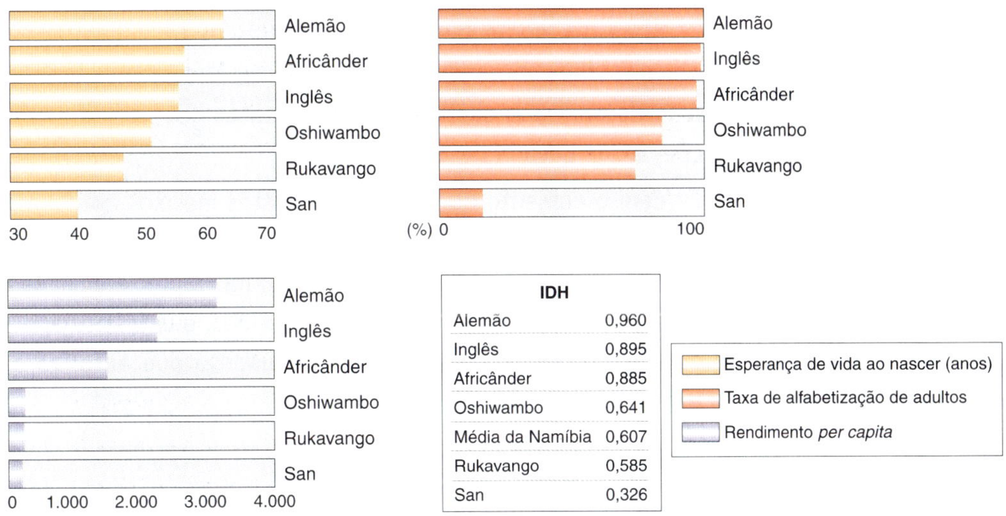

IDH	
Alemão	0,960
Inglês	0,895
Africânder	0,885
Oshiwambo	0,641
Média da Namíbia	0,607
Rukavango	0,585
San	0,326

Fonte: *Relatório do desenvolvimento humano 2004*. Nova Iorque: ONU/Pnud, 2004. p. 36.

Muitas vezes as minorias representam parcelas significativas da população. Um exemplo são os povos indígenas no mundo todo, que desde a expansão colonialista do século XVI têm sido marginalizados por sociedades dominantes e, sua cultura, língua e práticas religiosas, excluídas.

Uma indicação da assimilação cultural é o desaparecimento de grande parte das línguas tradicionais. Segundo o *Relatório do desenvolvimento humano 2004*, "das 10 mil línguas que se calcula tenham existido ao longo dos tempos, apenas cerca de 6 mil são faladas hoje em dia. E há projeções segundo as quais esse número descrescerá 50 a 90% nos próximos 100 anos".

Vejamos abaixo alguns exemplos de exclusão de minorias, citados pelo *Relatório do desenvolvimento humano 2004*.

- **México** – Povos indígenas do estado de Chiapas lutam por melhores condições socioeconômicas e proteção de sua herança cultural. Observe a figura 25.10.
- **Guatemala** – Os povos indígenas sofrem discriminação política e econômica desde os tempos coloniais, o que tem gerado conflitos no país.

Por todo o continente americano os grupos indígenas são mais pobres e estão menos representados politicamente do que os não-indígenas.

- **Sri Lanka** – Desde a década de 1980 em guerra civil ligada a tensões resultantes das desigualdades entre a minoria tâmil e a maioria cingalesa.
- **África do Sul** – Principalmente antes de 1994 a maioria negra estava em grave desvantagem política e socioeconômica em relação aos brancos descendentes dos europeus.
- **Fiji** – Conflitos entre a população nativa, marginalizada economicamente, e a população de origem indiana, economicamente dominante.

IARA VENANZI / KINO

FIGURA 25.10 Muitos povos nativos ainda preservam sua cultura, seus valores e suas tradições. Mulher indígena em San Miguel, México, 2001.

O papel do Estado, a globalização e as migrações

Além das migrações forçadas, outras foram controladas e até facilitadas pelos Estados, dependendo do momento. Nos países desenvolvidos, a falta de mão-de-obra não qualificada levou muitos governos a estimularem as migrações até a década de 1970.

Com o aumento do desemprego, estes mesmos governos (temendo a concorrência com a mão-de-obra local) começaram a restringir a imigração, elaborando leis como a Lei Debret (1997), na França, e a Lei de Responsabilidade pela Imigração (1997), nos Estados Unidos, que instituía, a partir de então, a obrigatoriedade do ***green card*** (documento que autoriza a permanência no país) para os estrangeiros.

Muitos países fecharam suas fronteiras, recorrendo à força policial para barrar o acesso de imigrantes e refugiados. Um exemplo é o governo estadunidense, que utiliza este artifício para impedir a entrada de imigrantes pela fronteira com o México. O aumento de imigrantes nas cidades dos países desenvolvidos tem originado "**guetos**": espaços pobres, marginalizados e diferenciados etnicamente. Observe a figura 25.11.

FIGURA 25.11 O número de imigrantes cresceu muito na última década, em particular nos países de rendimento elevado como os Estados Unidos. População hispânica em festival. Nova Iorque, EUA, 2000.

FRANK ROSS / CORBIS-STOCK PHOTOS

Com a globalização da economia (ou seja, a expansão do comércio e das empresas transnacionais), atualmente os países desenvolvidos têm requisitado trabalhadores especializados (executivos, administradores, especialistas em informática e comércio, pesquisadores etc.), que saem dos países periféricos e se dirigem para os países centrais, num movimento conhecido como **fuga de cérebros**.

Se, de um lado, os imigrantes são necessários por causa de sua força de trabalho (na maioria das vezes não-qualificada), de outro, os demais habitantes muitas vezes sentem-se ameaçados, principalmente no que se refere à concorrência nos empregos. É comum o surgimento de atitudes de incompreensão, intolerância e **xenofobia** (aversão ao que vem de fora do país, sejam pessoas ou culturas), exercidas por grupos que hostilizam os estrangeiros, negam e excluem sua cultura. A violência étnica, que invariavelmente resulta deste sentimento de aversão ao estrangeiro, tem causado centenas de conflitos, mortes e destruição (como já vimos no capítulo 8).

É papel dos governos uma atuação decisiva para assegurar o respeito à diversidade cultural. No entanto, o mais comum tem sido práticas governamentais de assimilação coercitiva, indiferença e mesmo desrespeito às diferenças. Os exemplos são inúmeros, dentre os quais destacamos a imposição da língua e da religião do grupo dominante, a abolição de símbolos, práticas religiosas e sistemas legais dos grupos minoritários, confisco de terras de povos indígenas etc. Observe a figura 25.12.

ANTOINE GYORI / CORBIS-STOCK PHOTOS

FIGURA 25.12 Jovens manifestantes protestam contra o racismo em Paris, na França, 1994.

Felizmente, no mundo de hoje, essas políticas que negam as liberdades culturais estão tendo cada vez menos aceitação. Muitos governos têm se conscientizado da necessidade do multiculturalismo, da tolerância e do entendimento cultural (aceitação de práticas religiosas, de vestuário etc.). Como exemplo, podemos citar as políticas pluralistas na Índia que promovem a aceitação das diferenças étnicas, religiosas e lingüísticas e a harmonização das diferenças culturais, conciliando conflitos seculares.

Conseqüências das migrações

Dentre as muitas conseqüências dos movimentos migratórios, podem ser mencionadas as seguintes:

- contribuição no processo de miscigenação étnica e na ampliação e difusão cultural entre os povos;
- contribuição e influência no processo de crescimento econômico. Por exemplo, a Europa, contando com grande parcela de idosos, necessita repor sua mão-de-obra, o que ocorre, em grande medida, pelos grandes fluxos migratórios. Essas pessoas também podem contribuir com novas idéias e técnicas, como ocorre com grande parte dos recentes empreendimentos tecnológicos em Silicon Valley, na Califórnia (EUA), de iniciativa de imigrantes chineses e indianos;
- quando a emigração significa a perda de trabalhadores adultos qualificados, de técnicos e cientistas de alto nível, são enormes os prejuízos para o país emigratório, ao passo que para os países imigratórios as vantagens econômicas são enormes, pois estão recebendo indivíduos prontos para produzir sem que tenham arcado com os elevados custos de sua formação e desenvolvimento;

O QUE MAIS HÁ PARA VER

Livros

- BERND, Zila. *Racismo e anti-racismo*. 2. ed. São Paulo: Moderna, 1994. (Col. Polêmica)
- CARMO, Paulo Sérgio do. *História e ética do trabalho no Brasil*. São Paulo: Moderna, 1998. (Col. Polêmica)
- DALLARI, Dalmo de Abreu. *Direitos humanos e cidadania*. 2. ed. São Paulo: Moderna, 2004. (Col. Polêmica)
- FERON, Bernard. *Iugoslávia – a guerra do final do milênio:* das origens do conflito aos bombardeios da Otan. Porto Alegre: L&PM, 1993.
- MARTINS, Dora e VANALLI, Sônia. *Imigrantes*. 4. ed. São Paulo: Contexto, 2001. (Col. Repensando a Geografia)
- OLIC, Nelson Bacic. *Conflitos do mundo:* questões e visões geopolíticas. São Paulo: Moderna, 1999. (Col. Polêmica)
- ______. *Oriente Médio:* uma região de conflitos. 6. ed. São Paulo: Moderna, 1991. (Col. Polêmica)
- OLIVEIRA, Maria Coleta (org.). *Demografia da exclusão social:* temas e abordagens. Campinas: Ed. da Unicamp, 2001.
- SEADE. *Brasileiros na hospedaria de imigrantes:* a migração para o estado de São Paulo (1888-1993). São Paulo: Seade/Memorial do Imigrante, 2001. (Col. Resumos)

Filmes

- *Buffalo Bill* (EUA, 1944); dir. William A. Wellman; distr. 20th Century Fox Film Corporation; 90 min. Em 1877 um homem defende a coexistência pacífica entre brancos e índios no Oeste dos Estados Unidos, região considerada pelos brancos um vazio demográfico, embora seja habitada por diversos povos indígenas.
- *Dois perdidos numa noite suja* (Brasil, 2002); dir. José Joffily; distr. Riofilme; 100 min. O filme mostra a história de dois imigrantes brasileiros ilegais em Nova Iorque (EUA). O homem, desiludido e cansado dos subempregos, pensa em voltar para o Brasil. Já a mulher mantém o sonho de tornar-se uma cantora de sucesso.
- *Vendetta – escravos do ódio* (EUA, 1999); dir. Nicolas Meyer; distr. Warner Bros.; 119 min. No início do século XX, em Nova Orleans, EUA, o chefe de polícia é assassinado e as suspeitas recaem sobre os imigrantes italianos que vivem na cidade. O fato desencadeia uma onda de violência racial.

Sites

- http://www.ada.gov.br/amazonia/processo_povoamento.asp *Site* da Agência de Desenvolvimento da Amazônia, que traz textos sobre a questão demográfica nesta região e as etnias que lá vivem. Acesso em: 10 maio 2005.
- http://imigrantes.no.sapo.pt/index.html Endereço com diversos textos sobre imigração no mundo, contexto europeu e xenofobia, entre outros. Acesso em: 10 maio 2005.
- http://www.memorialdoimigrante.sp.gov.br *Site* do Memorial do Imigrante, órgão vinculado à Secretaria de Cultura do Estado de São Paulo que reúne fotos, documentos pessoais, objetos, bilhetes de viagem e inúmeros outros registros que preservam a memória dos mais de 2,5 milhões de pessoas que passaram pela Hospedaria dos Imigrantes, na cidade de São Paulo, entre 1882 e 1978.

26.

CONCEITOS DEMOGRÁFICOS E DISTRIBUIÇÃO DA POPULAÇÃO

1 INTRODUÇÃO

Os diferentes aspectos demográficos, tais como população absoluta, densidade demográfica, crescimento populacional, distribuição geográfica da população, estrutura etária, estrutura profissional e migrações, entre outros, costumam ser alvos de estudo e preocupação de diversos especialistas (geógrafos, demógrafos, economistas etc.) e também de governantes.

Vista aérea do Parque D. Pedro, no centro da cidade de São Paulo, cortado pelo Rio Tamanduateí, 2002.

JUCA MARTINS / OLHAR IMAGEM

A análise de dados demográficos e sua comparação com dados socioeconômicos permitem conhecer a realidade quantitativa e qualitativa da população e a elaborar medidas de ordem prática como, por exemplo, desenvolver um planejamento de interesse social (incluindo aspectos relativos à saúde, educação, transporte, habitação, emprego etc.) e traçar estratégias de atuação.

O **recenseamento** ou **censo** é uma das formas mais completas de se fazer o levantamento ou a coleta periódica de dados estatísticos dos habitantes de um determinado lugar (país ou cidade, por exemplo). Os dados estatísticos dizem respeito a diversos aspectos, tais como população absoluta, população rural e urbana, migrações internas e externas, crescimento populacional, nascimentos, casamentos, óbitos, faixas etárias, população ativa e inativa, sexo, cor, expectativa de vida e indicadores de saúde.

Como se vê, o recenseamento fornece dados para uma análise abrangente, daí sua grande importância no planejamento socioeconômico de qualquer país, embora ele também esteja sujeito a imprecisões. Os problemas, especialmente nos países pobres, são inúmeros (por exemplo, omissão e adulteração de dados) e decorrem de fatores como falta de recursos e de pessoal qualificado, deficiência de transportes e comunicações, dificuldade de acesso a determinadas áreas etc. Nesses países predomina o chamado **recenseamento direto** (coleta dos dados em domicílio). Nos países desenvolvidos, os recenseamentos são mais precisos, completos e confiáveis, e o método mais empregado é o indireto, baseado em cadastros municipais, estimativas etc.

Antes de iniciar o estudo dos principais aspectos demográficos, apresentaremos alguns conceitos fundamentais, que facilitarão as análises.

MARCO ANTÔNIO SÁ / KINO

FIGURA 26.1 Berçário com bebês recém-nascidos em maternidade de São Paulo, SP, 2001.

2 POPULAÇÃO ABSOLUTA, DENSIDADE DEMOGRÁFICA E SUPERPOVOAMENTO

População absoluta é o número total de habitantes de uma área (país, cidade, região etc.). Quando determinada área tem um grande número de habitantes, dizemos que é **populosa** ou de grande população absoluta; quando tem um pequeno número de habitantes, dizemos que é **pouco populosa** ou de pequena população absoluta. Observe na figura 26.2 os países mais populosos do mundo.

FIGURA 26.2 • PLANISFÉRIO: POPULAÇÃO TOTAL (2003)

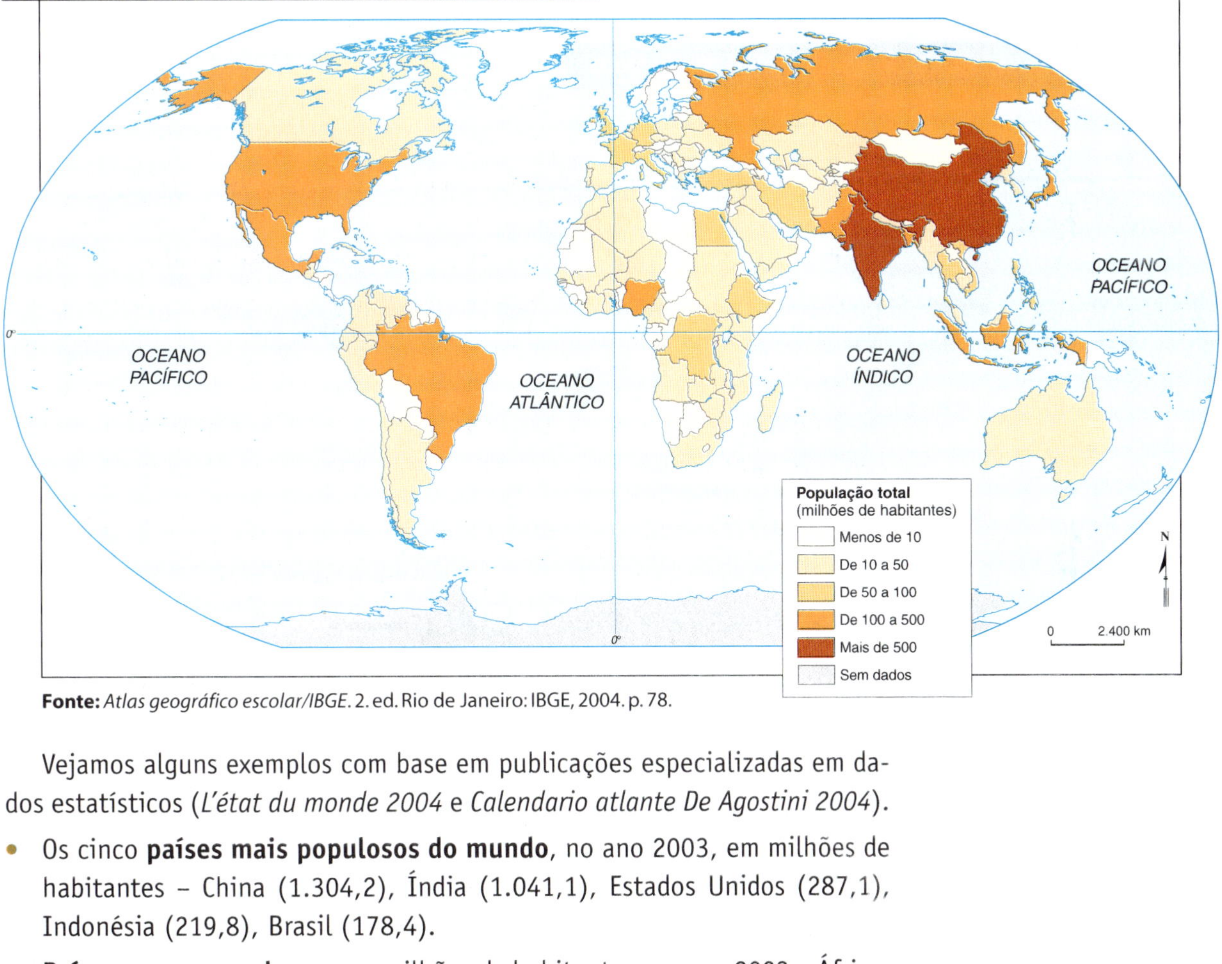

Fonte: *Atlas geográfico escolar/IBGE*. 2. ed. Rio de Janeiro: IBGE, 2004. p. 78.

Vejamos alguns exemplos com base em publicações especializadas em dados estatísticos (*L'état du monde 2004* e *Calendario atlante De Agostini 2004*).

- Os cinco **países mais populosos do mundo**, no ano 2003, em milhões de habitantes – China (1.304,2), Índia (1.041,1), Estados Unidos (287,1), Indonésia (219,8), Brasil (178,4).
- **Países pouco populosos**, em milhões de habitantes, no ano 2003 – África: Djibuti (0,6), Ilhas Maurício (1,1), Gabão (1,2), Gâmbia (1,3); na Ásia: Bahrein (0,6), Brunei (0,3), Butão (2,1), Mongólia (2,4); na América: Belize (0,2), Bahamas (0,2), Guiana (0,8); na Europa: Estônia (1,3), Eslovênia (1,9); na Oceania: Micronésia (0,1), Fiji (0,8).
- **Cidades populosas**, em milhões de habitantes, no ano 2003 – Mumbai (ex-Bombaim), na Índia (11,9); São Paulo, no Brasil (10,6); Moscou, na Rússia (10,1); Seul, na Coréia do Sul (9,8); Delhi, na Índia (9,8); Shangai, na China (9,5); Karachi, no Paquistão (9,3).

- **Regiões populosas** – Leste e Sudeste Asiático, Nordeste dos Estados Unidos, Nordeste da Índia.
- **Regiões pouco populosas** – Amazônia, Patagônia, Sibéria.

Densidade demográfica ou **população relativa** é a média de habitantes por quilômetros quadrados (hab./km²), ou seja, a concentração da população residente em uma determinada área. Para obtê-la, basta dividir a população absoluta pela área. Por exemplo, segundo estimativas do IBGE, em 3 de abril de 2005 o Brasil tinha 183.384.455 habitantes e uma área de 8.547.403 km², o que resulta numa densidade demográfica de 21,4 hab./km². Quando determinado território tem elevada densidade demográfica, dizemos que ele é **densamente povoado**; quando tem baixa densidade demográfica, dizemos que é **fracamente povoado**. Observe a figura26.3.

FIGURA 26.3 • DENSIDADE DEMOGRÁFICA POR PAÍSES (2003)

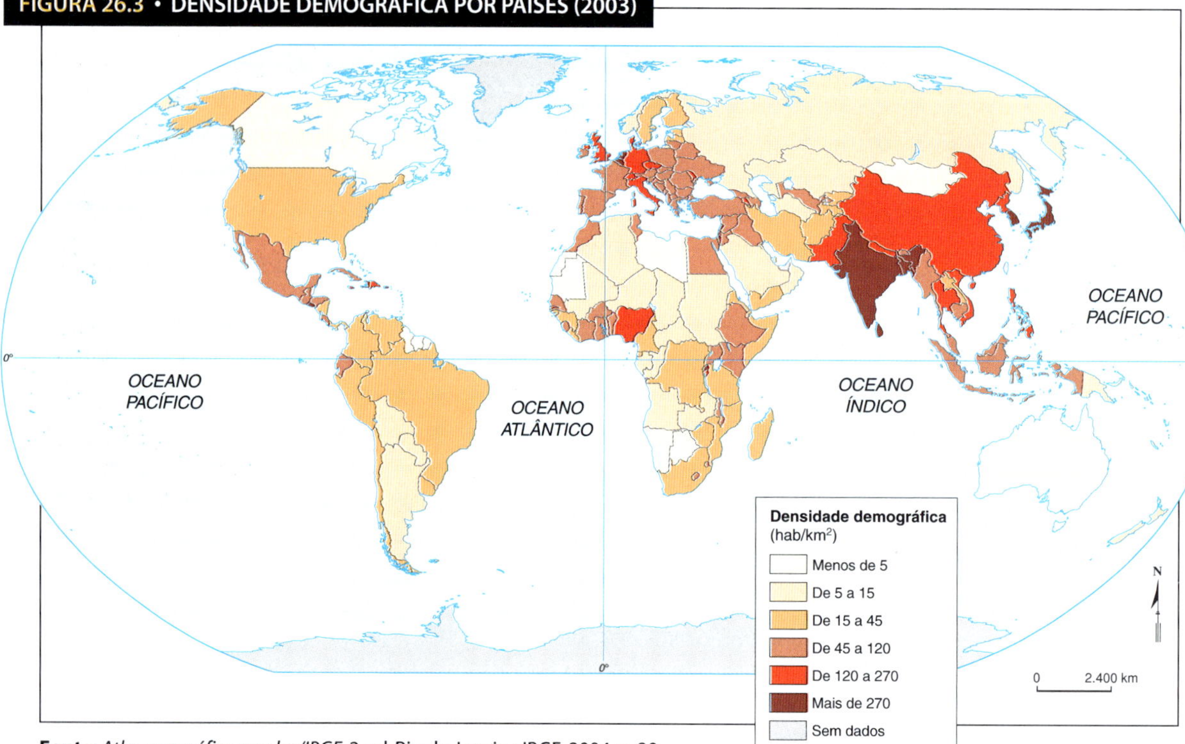

Fonte: *Atlas geográfico escolar/IBGE*. 2. ed. Rio de Janeiro: IBGE, 2004. p. 80.

A densidade demográfica mundial tende a aumentar, pois a população continua crescendo, mas a superfície terrestre permanece igual: 510.000.000 km², dos quais apenas 25% (ou 127.500.000 km²) são constituídos de terras emersas. Em 1930 havia no planeta 16 habitantes por km². Em 2002, com uma população de 6.098.692.000 habitantes, a Terra contava com uma densidade demográfica de 48 habitantes por km².

A seguir veremos mais alguns exemplos, segundo dados do *Calendario atlante De Agostini 2004*.

- **Países densamente povoados** (hab./km²) – na Europa: Mônaco (16.410), Vaticano (2.045); na Ásia: Cingapura (5.380), Bahrein (939); na América: Barbados (626). Observe a figura 26.4, na página ao lado.

FIGURA 26.4 Com 32 mil habitantes e uma superfície de apenas 1,95 km², Mônaco apresenta a elevadíssima densidade demográfica de 16.410 hab./km². Porto de Monte Carlo, Mônaco, 2000.

- **Países fracamente povoados** (hab./km²), segundo dados do *Calendario atlante De Agostini 2000* – na Europa: Islândia (3), Noruega (14); na Ásia: Mongólia (2), na África: Botsuana (3), Líbia (3), Mauritânia (3) e Namíbia (2); na América: Canadá (3).
- **Regiões densamente povoadas** (hab./km²) – delta do Rio Ganges (Índia), Leste da China; Noroeste da Europa.
- **Regiões fracamente povoadas** (hab./km²) – Amazônia, Austrália, Norte da Rússia.

Observe que os países populosos não são, necessariamente, densamente povoados. Apesar de terem uma população absoluta elevada, muitos países têm grande área territorial, como é o caso da Federação Russa que, com uma população de 145.182.000 habitantes e uma superfície de 17.065.400 km², tem apenas 8,5 hab./km².

Por outro lado, nem todos os países densamente povoados são necessariamente populosos. É o caso dos Países Baixos (Holanda), que são densamente povoados, apesar de sua população total ser de apenas 16.105.000 habitantes. Isso acontece porque este país possui uma área de 41.526 km², o que, em relação a essa população, o torna um país densamente povoado, com 388 hab./km².

Alguns países são ao mesmo tempo populosos e densamente povoados, como é o caso da Índia que, apesar de ter uma grande área territorial (3.287.263 km²), é muito populosa, contando com 1.041.144.000 habitantes, e também com uma alta densidade demográfica, com 317 hab./km².

Outros países não são nem populosos nem densamente povoados, como o Canadá, que conta com 9.970.610 km² e 30.277.000 habitantes, apresentando, portanto, uma densidade demográfica de 3 hab./km². Observe a figura 26.5.

CHRISTOPHER MORRIS / CORBIS-STOCK PHOTOS

FIGURA 26.5 O Canadá é um exemplo de país fracamente povoado. Grande parte de sua população concentra-se ao longo da fronteira com os Estados Unidos. Cidade de Queen Charlotte, Canadá, 2003.

Apesar de ser uma informação bastante difundida e utilizada, saber que a densidade de um país é de 10, 100 ou 500 hab./km² é vago. Por se tratar de uma média, a partir dela não é possível tirar conclusões a respeito da distribuição efetiva da população do país pelo território. Por exemplo, a densidade média da China (134 hab./km²) não reflete a realidade do país que, na prática, é marcado por densidades elevadas na porção leste e por baixíssimas densidades na porção oeste.

Superpovoamento

O fato de uma área ser densamente povoada não significa que ela seja superpovoada, porque o conceito de **superpovoamento** não se limita ao simples resultado numérico da relação entre população absoluta e área (densidade).

Além desta relação interessa também — e de forma fundamental — o nível de desenvolvimento socioeconômico e tecnológico resultante da relação população/área. Uma área é considerada superpovoada quando ocorre um descompasso das condições socioeconômicas da população em relação à área ocupada e aos recursos disponíveis. Ou seja, quando os recursos não podem ser explorados de forma eficiente para atender às necessidades da população.

Um país pode ser superpovoado mesmo que apresente baixa densidade demográfica. O conceito de superpovoamento é, portanto, relativo, como podemos ver nos exemplos dados a seguir.

Países Baixos (388 hab./km²), Bélgica (338 hab./km²) e Japão (342 hab./km²), apesar de serem densamente povoados (mais de 300 hab./km²), não são considerados países superpovoados, visto que suas populações apresentam elevado nível de desenvolvimento socioeconômico e de bem-estar social, considerando a área ocupada. Por outro lado, países como Índia (317 hab./km²), que apresenta densidade semelhante aos países acima citados, e Bangladesh (848 hab./km²), são considerados superpovoados em virtude do insuficiente nível de desenvolvimento econômico e tecnológico de suas populações.

3 DISTRIBUIÇÃO GEOGRÁFICA DA POPULAÇÃO

Ao observar um planisfério com as densidades demográficas (veja a figura 26.6), podemos perceber que existem áreas de grandes concentrações ao lado de vazios populacionais.

FIGURA 26.6 • NÍVEL DE DENSIDADE DEMOGRÁFICA NO MUNDO

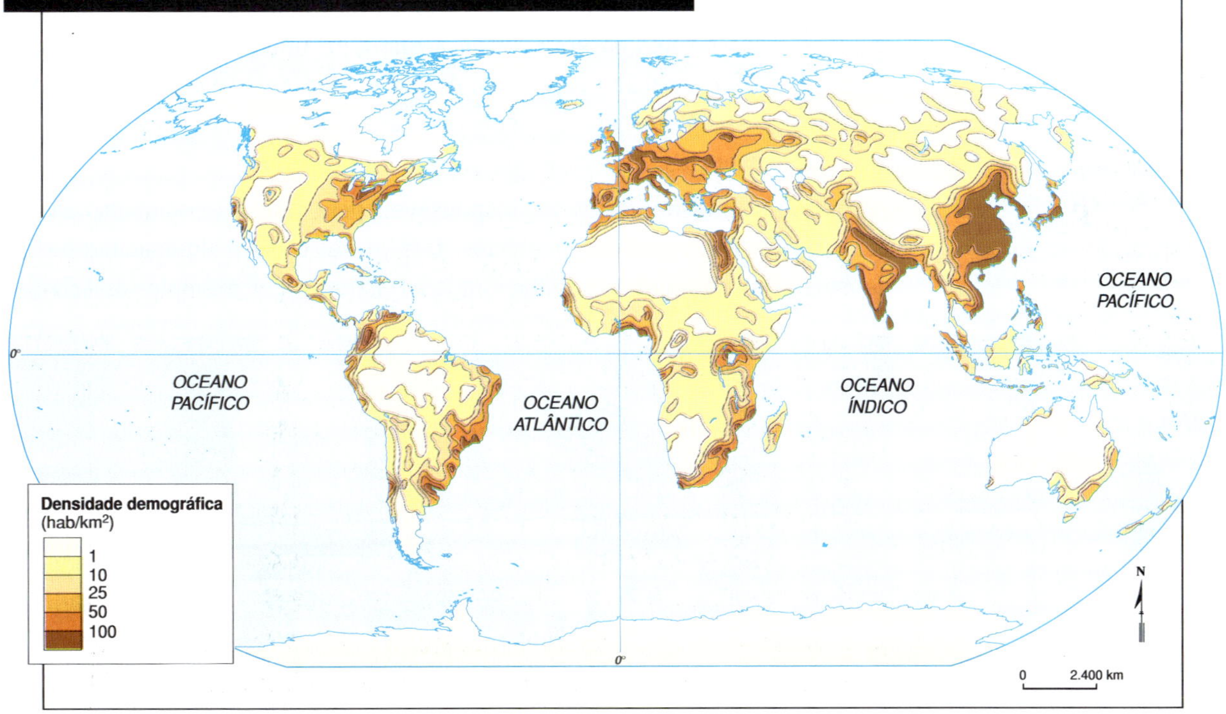

Fonte: *Atlas geográfico escolar/IBGE*. 2. ed. Rio de Janeiro: IBGE, 2004. p. 79.

A densidade demográfica de Mônaco é de 16.410 hab./km², enquanto a da Austrália é de 2,5 hab./km². Por que existem no planeta grandes vazios populacionais e áreas tão densamente povoadas? A distribuição desigual da população explica-se pela conjugação de diversos fatores (naturais, históricos e socioeconômicos) que favorecem ou restringem a ocupação humana dos territórios.

- **Fatores físicos ou naturais** – Apesar dos grandes avanços tecnológicos, que possibilitam a ocupação humana em regiões inóspitas do planeta, vários fatores físicos atuam em conjunto, criando áreas mais favoráveis à ocupação humana, chamadas **ecúmenas**, e áreas desfavoráveis à concentração populacional, conhecidas como **anecúmenas**. Entre as áreas mais favoráveis estão, por exemplo, as planícies (que concentram mais da metade da população mundial), os vales e deltas fluviais, áreas de solo fértil etc. Fatores naturais como solo (muito arenoso, pobre em matéria orgânica etc.), clima (árido, polar, entre outros), relevo (montanhas), vegetação (florestas equatoriais) podem dificultar o estabelecimento ou o adensamento da população em um local.
- **Fatores históricos e socioeconômicos** – Fatores históricos relacionados à ocupação econômica das regiões têm grande influência na localização da população. Entre esses fatores incluem-se a expansão colonizadora do século XVI (responsável pela presença de grande número de pessoas fora de seu continente de origem), a Revolução Industrial na segunda metade do século XVIII (que provocou grande urbanização) etc.

Podemos dizer que atualmente a distribuição desigual da população pela superfície do planeta depende muito mais de fatores históricos e econômicos do que de fatores naturais. A modernização e a revolução tecnocientífica permitiram a superação de grande parte das limitações naturais, levando a humanidade a conquistar espaços antes inabitáveis. Se a população tem acesso às técnicas para superar as adversidades apresentadas pelo ambiente, a influência dos fatores naturais tende a diminuir ainda mais. Assim, mesmo áreas de difícil ocupação (desérticas, de relevo montanhoso etc.) são integradas ao processo produtivo, atraindo população e investimentos em infra-estrutura (transportes, habitação etc.).

Fatores socioeconômicos são responsáveis pelo grande crescimento da população. Nos países subdesenvolvidos, tais fatores tornam algumas regiões as de mais altas densidades populacionais do planeta. Por exemplo, as ativida-

FIGURA 26.7 A China é o país mais populoso do mundo, seguido pela Índia. Multidão de transeuntes em Xangai, China, 2002.

BOB KRIST / CORBIS-STOCK PHOTOS

des industriais e de prestação de serviços costumam ser responsáveis por grandes concentrações populacionais, como no Nordeste dos EUA, na Europa Ocidental e no eixo São Paulo-Rio de Janeiro.

Enquanto as áreas urbanas apresentam normalmente as maiores concentrações populacionais, as áreas agrícolas com mecanização intensiva (pradarias nos EUA, Canadá e Austrália) e aquelas de pecuária extensiva (campanha gaúcha e pampa argentino) apresentam baixas densidades, pois essas atividades requerem pequena quantidade de mão-de-obra por área. Já as áreas de agricultura tradicional e de jardinagem (planície chinesa, Sudeste Asiático) apresentam densidades mais elevadas em virtude de a relação trabalho/área ser maior.

A distribuição da população por continentes também apresenta contrastes bastante acentuados. Mais da metade da humanidade vive na Ásia (3,7 bilhões de habitantes), onde se encontram os dois países mais populosos do mundo: a China e a Índia (observe a figura 26.7, na página anterior). As áreas mais povoadas da Terra são o Sudeste Asiático, a Europa, a Índia e o Nordeste dos EUA. A Oceania, por outro lado, tinha em 2002 apenas 33,7 milhões de habitantes. Volte a observar a figura 26.3, na página 446, e observe a tabela a seguir.

CONTINENTES: DADOS SOBRE A POPULAÇÃO (2002)

Continente	População absoluta	Área (km²)	Densidade demográfica (hab./km²)
Ásia	3.761.744.000	44.500.799	84,5
América	791.296.000	42.074.773	19,7
África	818.025.000	30.213.059	27,0
Europa	694.352.000	10.298.929	67,4
Oceania	33.275.000	8.541.172	3,8
Total	6.098.692.000	135.628.732	44,9 (média)

Fonte: *Calendario atlante De Agostini 2004*. Novara: Istituto Geografico De Agostini, 2003. p. 65-83.

4 TAXA DE NATALIDADE, TAXA DE MORTALIDADE E CRESCIMENTO VEGETATIVO

Taxa de natalidade é a relação entre o número de nascimentos ocorridos em um ano e o número de habitantes. Obtemos esta taxa tomando os nascimentos ocorridos durante um ano, multiplicando-os por 1.000 e dividindo o resultado pela população absoluta:

$$\frac{\text{Número de nascimentos} \times 1.000}{\text{Número de habitantes}} = \text{taxa de natalidade}$$

Exemplo: se num país cuja população total é de 20 milhões de habitantes nasceram em um ano 600 mil pessoas, temos:

$$\frac{600 \text{ mil} \times 1.000}{20 \text{ milhões}} = 30\ ‰ \text{ (taxa de natalidade)}$$

Portanto, dizemos que a taxa de natalidade é de 30 ‰ (30 por 1.000), ou seja, em um ano nasceram 30 crianças vivas para cada grupo de 1.000 habitantes.

Taxa de mortalidade é a relação entre o número de óbitos ocorridos em um ano e o número de habitantes. Obtemos esta taxa tomando os óbitos ocorridos durante um ano, multiplicando-os por 1.000 e dividindo o resultado pela população absoluta:

$$\frac{\text{Número de óbitos} \times 1.000}{\text{Número de habitantes}} = \text{taxa de mortalidade}$$

Exemplo: se num país cuja população total é de 20 milhões de habitantes morreram 300 mil pessoas, temos:

$$\frac{300 \text{ mil} \times 1.000}{20 \text{ milhões}} = 15\ ‰$$

Assim, dizemos que a taxa de mortalidade é de 15 ‰ (15 por 1.000), ou seja, para cada 1.000 habitantes morreram 15 pessoas em um ano. Devemos ainda observar que essa é a taxa de mortalidade geral e que, além dela, existe a **taxa de mortalidade infantil**, que é o número de crianças que morrem antes de completar o primeiro ano de vida, em um ano. A taxa de mortalidade infantil é um importante indicador do nível de desenvolvimento socioeconômico de um país.

Crescimento vegetativo ou **natural** é a diferença entre a taxa de natalidade e a taxa de mortalidade em um ano.

$$\text{Crescimento vegetativo} = \text{natalidade} - \text{mortalidade}$$

Exemplo: se um país apresenta taxa de natalidade de 30 ‰ e taxa de mortalidade de 10 ‰, seu crescimento vegetativo será de 20 ‰ (ou 2,0%).

Quando um local apresenta taxa de natalidade maior que a de mortalidade, a população cresce, e vice-versa. Se as duas taxas se igualam, a população permanece estável, apresentando **crescimento zero**. Na maior parte dos países do mundo, o número de nascimentos supera o de óbitos. No entanto, em alguns países a taxa de crescimento vegetativo anual é negativa. Observe a tabela na página ao lado.

CRESCIMENTO VEGETATIVO[1] (2002)			
País	Taxa de natalidade (‰)	Taxa de mortalidade (‰)	Crescimento vegetativo (em %)
Federação Russa	9,1	15,6	−6,5
Ucrânia	7,8	15,4	−7,6
Grécia	9,5	9,7	−0,2
Omã	38,0	4,1	33,9
Mali	48,8	18,7	30,1

[1] Países selecionados.

Fonte: *Calendario atlante De Agostini 2004.* Novara: Istituto Geografico De Agostini, 2003. p. 114-121.

O **crescimento demográfico** ou **total** de um país resulta do crescimento vegetativo, acrescido do contingente de imigração, com a subtração do contingente de emigração.

Praticando e Aprendendo

Organizando o conteúdo

Analise comparativamente a população e a superfície dos países da tabela abaixo. Em seguida, responda às questões 1 e 2.

PAÍS	SUPERFÍCIE (EM KM²)	POPULAÇÃO (2002)
México	1.958.201	101.223.000
Estados Unidos	9.355.855	287.124.000
Bélgica	30.528	10.309.725
Taiwan	36.188	22.457.000
Japão	372.824	127.435.000
Bangladesh	147.570	125.122.000
Austrália	7.703.429	19.704.000
Arábia Saudita	2.248.000	23.102.000

Fonte: *Calendario atlante De Agostini 2004.* Novara: Istituto Geografico De Agostini, 2003. p. 65-83.

1. Calcule a densidade demográfica de cada um dos países da tabela.

2. Deste grupo de países selecionados, indique:

a) O país mais populoso.

b) O país menos populoso.

c) O país mais povoado.

d) O país menos povoado.

3. Por que é importante que os governantes conheçam bem os vários aspectos demográficos do país que administram?

4. O país **A** tem 127.435.000 habitantes, 372.824 km² de área territorial, taxa de natalidade de 9,3‰, taxa de mortalidade de 7,7‰ e renda *per capita* de 31.444 dólares/hab. O país **B** tem 1.041.144.000 habitantes, 3.287.263 km² de área territorial, 24,3‰ de taxa de natalidade, 8,7‰ de taxa de mortalidade e renda *per capita* de 481 dólares. Responda:

a) Qual é a densidade demográfica de cada um destes países?

b) Qual é a taxa de crescimento vegetativo anual de cada um deles?

c) Compare os dois países quanto à população absoluta e relativa, e ao crescimento vegetativo.

d) Qual dos dois países pode ser considerado superpovoado? Justifique sua resposta.

5. É correto afirmar que todo país densamente povoado é populoso? Cite exemplos.

6. Analisando o mapa de densidades demográficas (figura 26.6, página 449), destaque a porção ou a área de maior concentração populacional e o principal vazio demográfico das seguintes áreas: América do Norte, América do Sul, Europa, África e Ásia.

7. Quais atividades econômicas podem favorecer grandes concentrações humanas?

Ampliando o conhecimento

Analisando a distribuição da população por meio de imagem de satélite.

Em grupos, observem a montagem de imagens noturnas da Terra, feitas por satélite, e respondam às questões de 8 a 11.

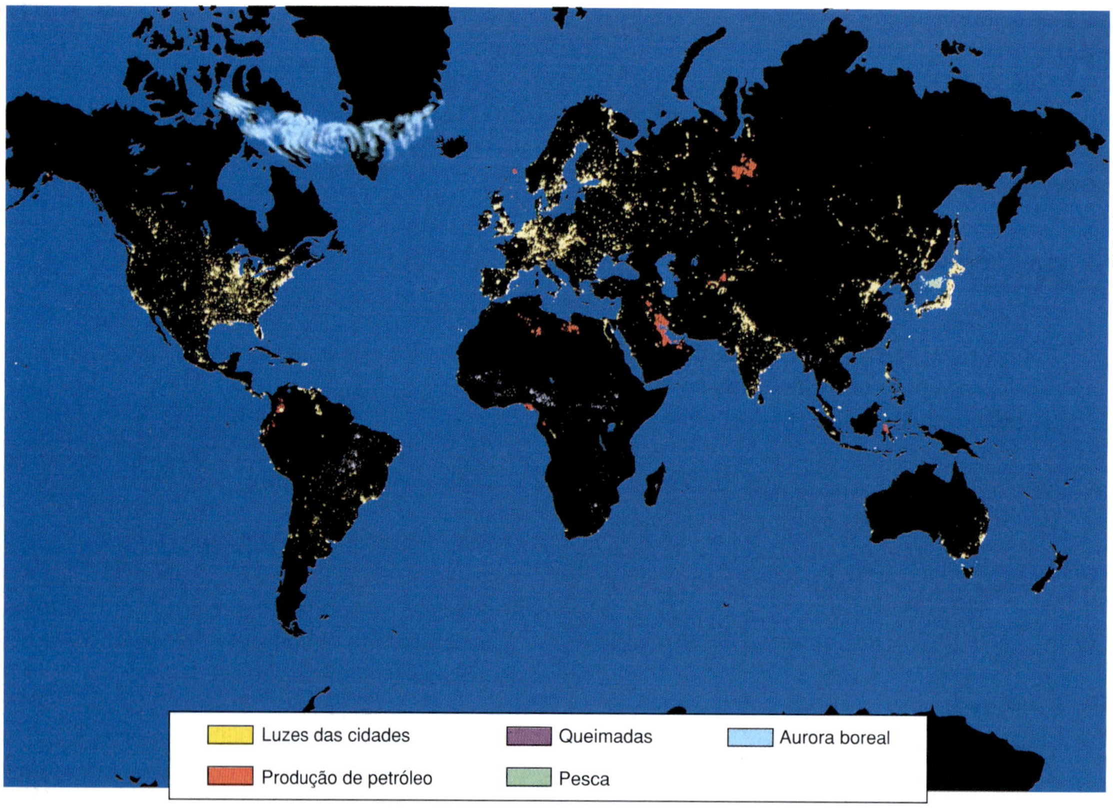

8. Observando a legenda da imagem, é possível perceber em quais áreas se concentra o maior número de pessoas? Explique por quê.

9. Identifique na imagem de satélite as áreas de vazio populacional. Em seguida, explique a fraca densidade demográfica de pelo menos duas dessas regiões, buscando uma causa histórico-econômica e uma causa natural.

10. Compare a imagem de satélite com o mapa da figura 26.6, na página 449. Quais as semelhanças entre as duas figuras?

11. Por que podemos dizer que atualmente a distribuição desigual da população pelos continentes depende muito mais de fatores históricos e econômicos do que dos fatores naturais?

O QUE MAIS HÁ PARA VER

Livros

- *Atlas do censo demográfico 2000*. Rio de Janeiro: IBGE, 2003.
- *Censo demográfico 2000:* fecundidade e mortalidade infantil – resultados preliminares da amostra. Rio de Janeiro: IBGE, 2002.
- DAMIANI, Amélia Luisa. *População e geografia*. 2. ed. São Paulo: Contexto, 1996.
- DIEGUES, Antonio Carlos S. *Populações humanas, rios e mares da Amazônia*. São Paulo: Núcleo de Apoio à Pesquisa sobre Populações Humanas e Áreas Úmidas Brasileiras (Nupaub), 1990.

Filmes

- *Casa de areia* (Brasil, 2005); dir. Andrucha Waddington; distr. Columbia TriStar Filmes do Brasil; 103 min. Uma família portuguesa sai em busca de realizar o sonho de prosperidade. Assim, compra terras em um local desconhecido e segue em caravana até o local, quando descobre tratar-se de uma região inóspita em meio ao deserto. Ali as pessoas constroem uma pequena casa e descobrem um novo mundo.
- *2000 Nordestes* (Brasil, 2000); dir. Vicente Amorim e David França Mendes; distr. Riofilme; 70 min. Documentário que mistura depoimentos atuais com cenas de filmes brasileiros cuja temática é o Nordeste. Aborda a tradição regional em contraponto à cultura globalizada e de massa e à migração.

Sites

- http://www.aborto.com.br/historia/1-ha7.htm#5 Página que trata do trabalho do demógrafo, seus objetivos, planejamento familiar e controle da população. Acesso em: 15 abr. 2005.
- http://www.ibge.gov.br/ *Site* do Instituto Brasileiro de Geografia e Estatística. Contém extenso banco de dados para *downloads*, com os censos desde 1950. Também explica conceitos como taxas de natalidade, mortalidade, crescimento vegetativo, entre outros. Acesso em: 15 abr. 2005.
- http://www.seade.sp.gov.br/ O *site* da Fundação de Sistema Estadual de Análise de Dados do Estado de São Paulo mostra dados sociais, demográficos, renda familiar, atividade econômica, informações municipais, condições de vida e outros temas. Acesso em: 15 abr. 2005.

27. CRESCIMENTO DEMOGRÁFICO

1 EVOLUÇÃO DO CRESCIMENTO DEMOGRÁFICO

Em 2005, segundo dados da ONU, a Terra contava com 6,4 bilhões de habitantes. Somente os dois países mais populosos do globo, ambos na Ásia, contavam com mais de 1 bilhão de habitantes cada: a China (com 1,30 bilhão de habitantes) e a Índia (com 1,04 bilhão de habitantes).

As estatísticas mostram que a população mundial tem crescido de modo contínuo ao longo do tempo, embora com intensidades e proporções diferentes. Observe a tabela na página ao lado, cujos dados abrangem um período aproximado de 10 mil anos.

Cidade no Japão, 1996.

TOM WAGNER / CORBIS-STOCK PHOTOS

CRESCIMENTO DA POPULAÇÃO MUNDIAL		
Ano	**População** (em milhões)	**Taxa de crescimento vegetativo médio anual** (em %)
8000 a.C.	5	não-disponível
1 d.C.	250	não-disponível
1650	500	não-disponível
1800	900	0,16
1850	1.200	0,53
1900	1.600	0,64
1950	2.500	0,89
2000	6.100	1,50
2050*	8.900	0,60

* Estimativa da ONU.

Fontes: *L'état du monde 2002.* Paris: La Découverte, 2001; CHALIAND, Gérard e RAGEAU, Jean-Pierre. *Atlas politique du XXe siècle.* Paris: Seuil, 1988; WORLDWATCH INSTITUTE. *Estado do mundo 2004.* Salvador: UMA, 2004.

A observação da tabela nos permite verificar que até 1800 o crescimento da população foi muito lento, visto que, decorridos 9.800 anos (98 séculos), a população ainda era inferior a 1 bilhão de pessoas. Em compensação, nos 160 anos seguintes (1800-1960) ela triplicou (em 1925 atingiu o segundo bilhão, e em 1958, o terceiro bilhão) para, finalmente, em 2005, novamente dobrar, atingindo 6,4 bilhões. Portanto, em duzentos anos a população mundial passou de 1 bilhão para 6,4 bilhões de habitantes. Atualmente, a cada ano, o mundo ganha cerca de 130 milhões de pessoas. A Divisão de População das Nações Unidas calcula que a população mundial crescerá 41% até 2050, atingindo 8,9 bilhões de pessoas.

Observe ainda na tabela que a taxa de crescimento médio anual em 1800 era de 0,16%, no ano 2000 era de 1,5% e no ano de 2050 será — segundo estimativa da ONU — de 0,60%, ocorrendo, a partir de então, uma desaceleração no ritmo de crescimento da população mundial.

Esse rápido crescimento populacional, denominado **explosão demográfica**, ocorreu no período pós-Segunda Guerra Mundial, principalmente nos países subdesenvolvidos. No ano 2001, de cada 100 habitantes, 60,7 eram asiáticos; 13,5 eram africanos; 8,6 eram da América Latina. Ou seja, de cada 100 habitantes, mais de 82 eram de países em desenvolvimento. Observe na figura 27.1 a evolução demográfica por continentes.

Um país com taxa de crescimento vegetativo de 3% ao ano terá sua população duplicada em apenas 23 anos, ao passo que, se esse crescimento fosse de 0,5% ao ano, a duplicação ocorreria em 139 anos.

FIGURA 27.1 • EVOLUÇÃO DEMOGRÁFICA DO MUNDO (1900-2025)*

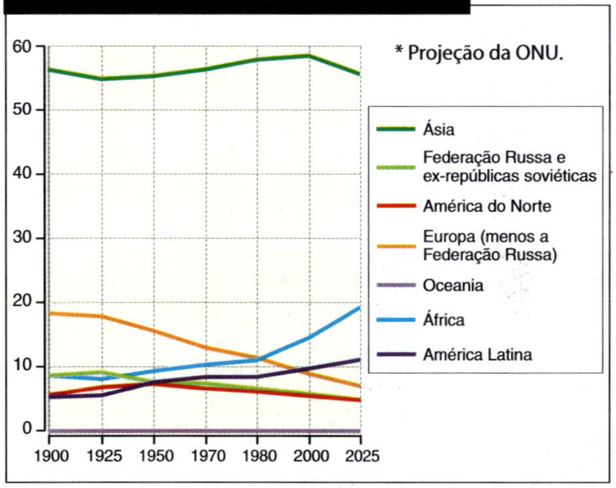

Fonte: *Relatório do desenvolvimento humano 2004.* Nova Iorque: ONU/Pnud, 2004.

2 FASES DO CRESCIMENTO POPULACIONAL

Dissemos que a população mundial deixará de ter um crescimento acentuado somente por volta do ano 2050. Esse fato decorre da chamada **transição demográfica**, e parte de uma teoria elaborada para explicar a tendência da população mundial a se equilibrar, na medida em que diminuem as taxas de natalidade e mortalidade. Segundo essa teoria, o crescimento da população passa por três fases fundamentais. A transição demográfica corresponde à fase intermediária do período ou ciclo evolutivo demográfico.

Os países desenvolvidos já realizaram sua transição demográfica (estão atualmente na terceira fase), ao passo que os países subdesenvolvidos (em sua grande maioria) só deverão completá-la por volta do ano de 2050. Vejamos a seguir as características de cada uma dessas fases.

FIGURA 27.2 Famílias numerosas, com diversos filhos, eram comuns no Brasil no início do século XX, como observamos na foto abaixo, em São Paulo, SP.

COLEÇÃO ISA MARKMANN GAENSLY / GAENSLY NO ACERVO DA LIGHT

Primeira fase ou fase de crescimento lento

Esta fase caracteriza-se por elevadas taxas de natalidade e mortalidade (o que explica o baixo índice de crescimento demográfico) e pela baixa **expectativa de vida** ou **esperança de vida** (duração média, em anos, da vida humana). Esta situação perdurou dos primórdios da humanidade até o final do século XIX para alguns países e até os dias atuais para outros. Acredita-se que na Grécia e na Roma antigas a média de vida era de apenas 25 anos. A elevada mortalidade se devia especialmente às precárias condições higiênico-sanitárias, às epidemias, às guerras, à fome etc. Observe a figura 27.2.

Os países desenvolvidos superaram esta fase antes dos países subdesenvolvidos. Observe na tabela abaixo a situação de dois países europeus em 1871 e de dois países subdesenvolvidos em 2002.

CRESCIMENTO VEGETATIVO DE ALGUNS PAÍSES

País	Taxa de natalidade (‰)	Taxa de mortalidade (‰)	Crescimento vegetativo (em %)
Alemanha (1871)	39,0	27,2	1,1
Inglaterra (1871)	35,0	21,4	1,3
Zâmbia (2002)	40,6	24,3	1,6
Somália (2002)	47,2	18,4	2,8

Fontes: SANTOS, Milton. *A urbanização desigual*. 2. ed. Petrópolis: Vozes, 1982. p. 35 e 47. *Calendario atlante De Agostini 2004*. Novara: Istituto Geografico De Agostini, 2003. p. 120.

Segunda fase ou fase de crescimento rápido

Atualmente, a maioria dos países subdesenvolvidos encontra-se nesta fase, caracterizada por elevadas taxas de natalidade e baixas taxas de mortalidade e, conseqüentemente, com grande crescimento populacional.

Os países desenvolvidos industrializados da Europa Ocidental, os chamados "desenvolvidos velhos", foram os primeiros a atingir essa fase, principalmente durante o século XIX; já nos países "desenvolvidos novos" (Estados Unidos, Canadá, Rússia e Japão) ela ocorreu na primeira metade do século XX, e nos países subdesenvolvidos, a partir da segunda metade do século XX.

Na Europa Ocidental, a Revolução Industrial contribuiu para a melhoria das condições higiênico-sanitárias (imunização, combate às epidemias, redução da disseminação de doenças infecciosas), para um melhor desempenho médico-hospitalar (novos tratamentos, equipamentos e remédios, como os antibióticos) e para o aumento da produção de alimentos, melhorando a nutrição das pessoas. Estes fatores acabaram reduzindo a mortalidade de forma gradativa. Por outro lado, a natalidade permaneceu elevada durante quase todo o século XIX, o que explica o grande crescimento populacional na Europa naquele período. Em 1900 a Europa era o segundo continente mais populoso (em primeiro lugar estava a Ásia) e no ano 2000 já era o penúltimo em população. Observe a figura 27.3.

E. O. HOPPE / CORBIS-STOCK PHOTOS

FIGURA 27.3 A cidade de Londres já contava com diversos equipamentos e melhorias na infra-estrutura urbana no início do século XX. Londres, Inglaterra, 1930.

Os países menos desenvolvidos — os mais pobres da África (região do Sahel), da Ásia (Sudeste e Leste), da América Latina e da Oceania — ainda estão na segunda fase do crescimento demográfico. Eles apresentam grande crescimento populacional, pois a taxa de mortalidade tem caído muito mais do que a de natalidade. A melhoria nas condições de vida de suas populações só ocorreu após a Segunda Guerra Mundial (na segunda metade do século XX), período em que o mundo assistiu à mais espetacular explosão demográfica de todos os tempos.

É importante observar que tanto nos países desenvolvidos quanto nos subdesenvolvidos o crescimento demográfico resultou fundamentalmente da redução da mortalidade. No entanto, a principal diferença entre eles é que nos países subdesenvolvidos a diminuição da mortalidade foi muito grande e bastante rápida, ao passo que nos desenvolvidos ela ocorreu de forma gradativa e num espaço de tempo muito maior. A natalidade nos países desenvolvidos, que havia sofrido grande redução durante a primeira metade do século XX, teve esta taxa ainda mais reduzida na metade seguinte, quando 71% das mulheres já empregavam métodos anticoncepcionais. Uma das razões da persistência de elevadas taxas de natalidade nos países subdesenvolvidos está relacionada à dificuldade na adoção de métodos de controle da natalidade.

Quanto à expectativa de vida, ela é mais alta nos países desenvolvidos do que nos subdesenvolvidos, porque estes proporcionam às suas populações condições socioeconômicas inferiores aos primeiros, que se manifestam em problemas ambientais e sociais, de saneamento básico, de atendimento médico-hospitalar, insuficiência alimentar etc., resultando em menor longevidade da população.

A **taxa de fecundidade** ou **fertilidade** é a média de filhos por mulher em idade reprodutiva (mais ou menos dos 15 aos 45 anos). Embora diversos países subdesenvolvidos tenham reduzido esta taxa, em muitos deles ela atinge médias superiores a 7 filhos por mulher, como podemos observar na figura 27.4.

FIGURA 27.4 • FECUNDIDADE NO MUNDO (2000)

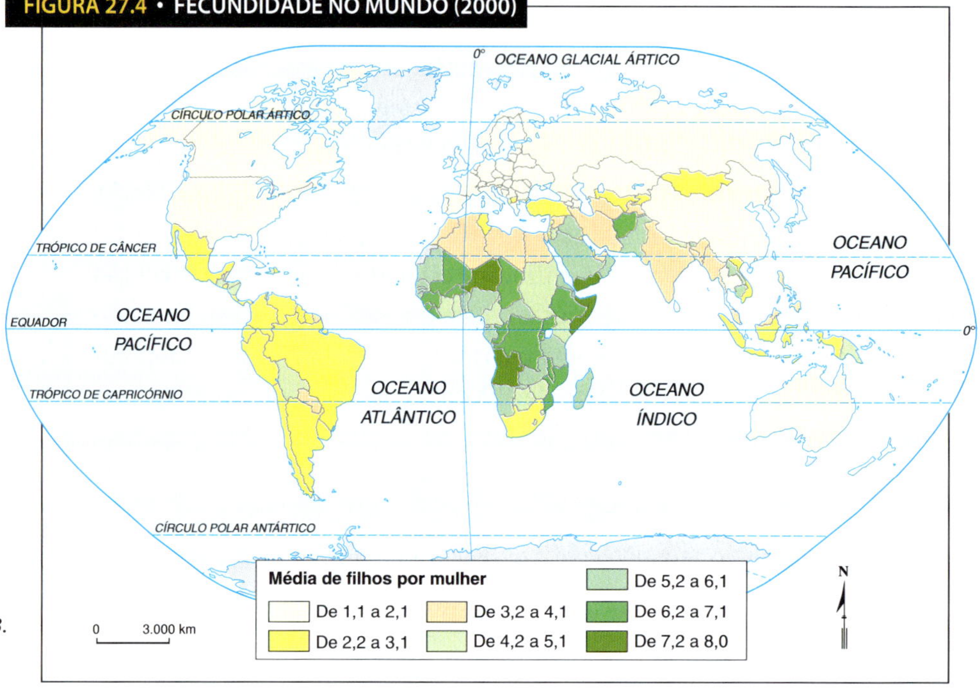

Fonte: *L'état du monde 2003*. Paris: La Découverte, 2002. p. 604-607.

A taxa de **mortalidade infantil** (número de crianças que morrem antes de completar o primeiro ano de vida) ainda é muito elevada nos países mais pobres, refletindo as condições deficientes de alimentação, saneamento básico, atendimento médico etc.

Terceira fase: baixíssimo crescimento ou estagnação

Nesta fase, caracterizada pela ocorrência de baixas taxas de natalidade e mortalidade, resultando em níveis muito baixos e até mesmo em estagnação do crescimento populacional, a transição demográfica encontra-se concluída. Atualmente estão nessa fase os países desenvolvidos, a maior parte deles com taxas de crescimento muito baixas (geralmente inferiores a 1%), nulas e até negativas.

Nos países desenvolvidos tem ocorrido uma transformação na estrutura familiar: a taxa de fecundidade é baixa, permanecendo em torno de 1,5 filho por mulher (taxas de 2,0 filhos por mulher ajudam a manter estabilizado o tamanho da população). Diversos fatores, como a urbanização (exigências da vida urbana), o aumento da escolarização (que pode facilitar o acesso a métodos de planejamento familiar) e a incorporação das mulheres ao mercado de trabalho (acúmulo de trabalho dentro e fora do lar), contribuem para que as mulheres tenham menos filhos.

Observe na figura 27.5 as diferentes etapas da transição demográfica em que se encontram os países.

FIGURA 27.5 • TRANSIÇÃO DEMOGRÁFICA NO MUNDO

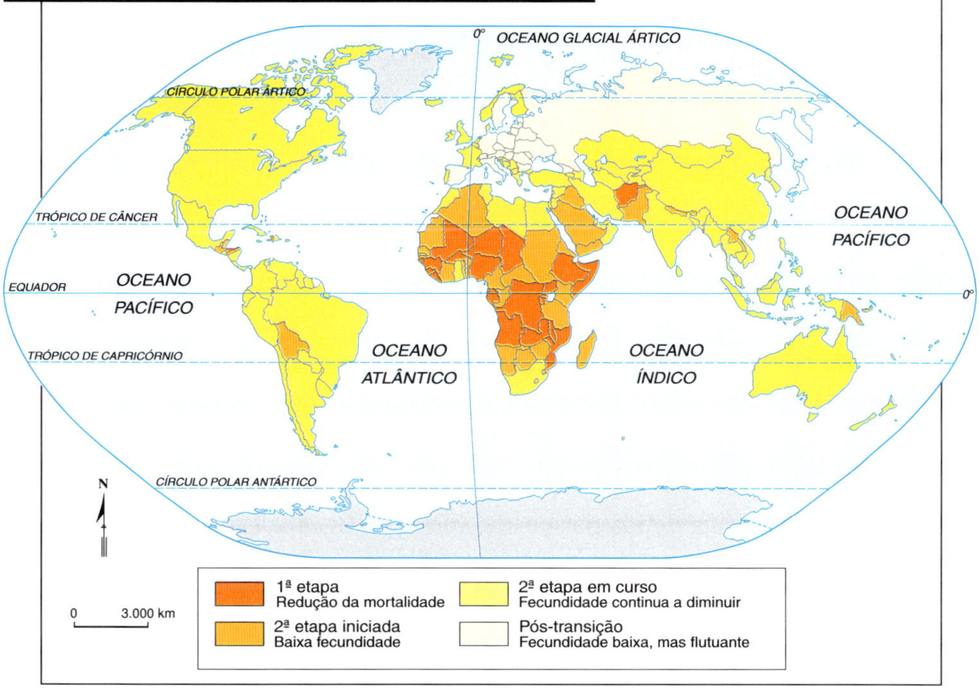

Fonte: FERREIRA, Graça Maria L. *Atlas geográfico:* espaço mundial. 2. ed. São Paulo: Moderna, 2003. p. 87.

O Brasil está entrando no terceiro período de transição demográfica (segunda etapa em curso), apresentando, em 2002, taxas de natalidade e mortalidade de 18,4‰ e 6,1‰, respectivamente, o que resulta em uma taxa de crescimento vegetativo de 1,2% ao ano.

Observe a tabela abaixo, que apresenta dados comparativos de alguns países.

DADOS DEMOGRÁFICOS COMPARATIVOS DE ALGUNS PAÍSES (2002)

País	A	B	C	D	E	F
Níger	50,9	22,2	2,8	7,2	42,0	156,0
Arábia Saudita	3,7	0,59	3,1	6,2	72,0	1,82
China	13,4	6,7	1,1	1,8	72,0	31,0
Brasil	18,4	6,1	1,2	3,9	69,0	29,6
Estônia	9,3	13,6	–4,3	1,3	70,5	8,8
Alemanha	8,9	10,1	–1,2	1,3	77,5	4,3

A Natalidade (‰)
B Mortalidade (‰)
C Crescimento vegetativo (em %)
D Fecundidade
E Expectativa de vida
F Mortalidade infantil

Fonte: *Calendario atlante De Agostini 2004*. Novara: Istituto Geografico De Agostini, 2003. p. 114-120.

3 TEORIAS DEMOGRÁFICAS E DESENVOLVIMENTO SOCIOECONÔMICO

Teoria de Malthus

Teoria demográfica amplamente conhecida, ela foi publicada na Inglaterra em 1798 pelo economista e sacerdote anglicano Thomas Robert Malthus (1766-1834), preocupado com os problemas enfrentados por seu país durante a Revolução Industrial (êxodo rural, desemprego, aumento populacional etc.). Malthus expôs sua famosa teoria na obra *Um ensaio sobre o princípio da população*, na qual atribuía toda a culpa da caótica situação social da época ao grande crescimento no número de pobres. Sua teoria, fundamentada na relação entre crescimento populacional e meios de subsistência, apóia-se nas seguintes premissas:

1ª) caso não seja detida por obstáculos (guerras, epidemias etc.), a população tende a crescer segundo uma progressão geométrica, duplicando a cada 25 anos;

2ª) os meios de subsistência, na melhor das hipóteses, só podem aumentar segundo uma progressão aritmética.

Assim, para evitar o caos, Malthus propunha a erradicação da pobreza e da fome por meio de uma **política antinatalista**, com medidas como o controle da natalidade, casamentos tardios, número de filhos compatível com os recursos dos pais etc.

FIGURA 27.6 Com a diminuição da taxa de natalidade e o aumento da longevidade, a população de idosos aumenta. San Germiniano, Itália, 1996.

JUCA MARTINS / OLHAR IMAGEM

Malthus estava certo?

Decorridos quase dois séculos, a teoria de Malthus continua suscitando debates. Entretanto, o tempo tem demonstrado que ela carece de fundamentação científica. Vejamos a seguir, de forma resumida, as principais críticas que lhes são feitas.

- O crescimento geométrico da população previsto por Malthus não ocorreu. Enquanto o aumento da produção mundial de alimentos ultrapassou os 3% anuais, a média do crescimento populacional anual, nos últimos vinte anos, ficou em torno de 2%. A taxa de natalidade em alguns países europeus (Itália, por exemplo) despencou para níveis abaixo do necessário para que a população se substitua. Observe na figura 27.6. Em todos os continentes, com exceção da África, houve uma redução significativa das taxas de crescimento populacional, como é possível observar na figura 27.7, na página seguinte.

FIGURA 27.7 • EVOLUÇÃO DO CRESCIMENTO DEMOGRÁFICO (1960-1965/1990-1995)

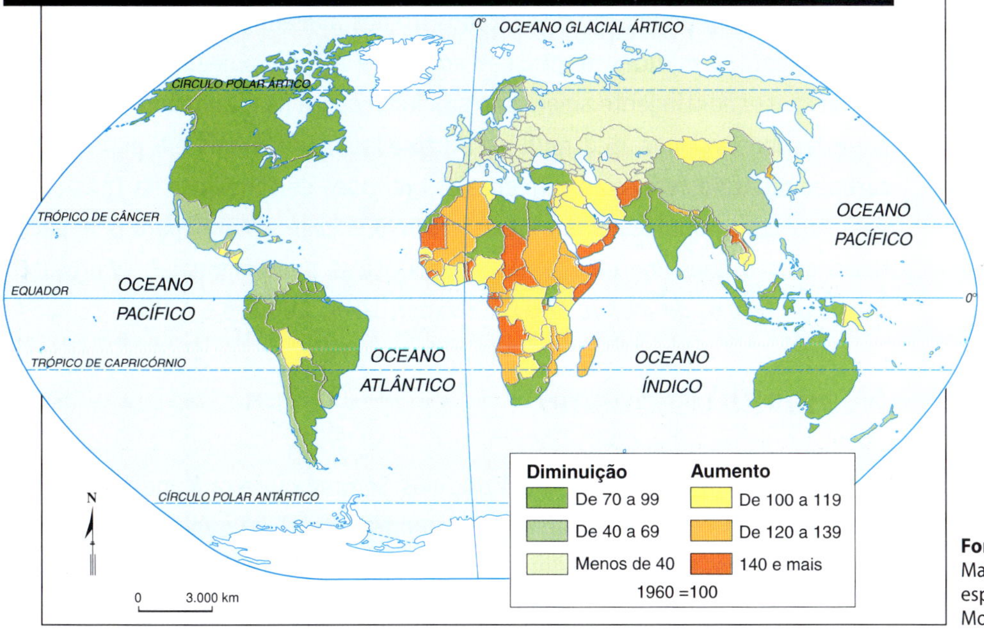

Fonte: FERREIRA, Graça Maria L. *Atlas geográfico:* espaço mundial. São Paulo: Moderna, 2002. p. 74.

- A Europa e as demais áreas desenvolvidas do mundo mostraram que desenvolvimento econômico, reformas e bem-estar social são a fórmula para deter o crescimento populacional.
- A progressiva emancipação da mulher (certamente não prevista por Malthus) tem sido decisiva no controle da fertilidade, pois a mulher passou a decidir o número de filhos que quer ter.
- A maior parte das terras agrícolas dos países subdesenvolvidos (grandes propriedades rurais) é utilizada para culturas de exportação, nem sempre atendendo às necessidades alimentares das populações locais.
- O desenvolvimento científico e tecnológico ocorrido no campo da agropecuária e da genética possibilitou produzir ofertas recordes de alimentos, suficientes para suprir as necessidades de toda a humanidade.

Parece evidente, portanto, que não se pode responsabilizar o crescimento populacional pelo estado de miséria e de fome em que se encontram muitos países. Na realidade, as causas da fome são políticas e econômicas, pois não se trata de falta de alimentos e sim do seu alto custo para a grande parcela pobre da população mundial, que não dispõe de renda suficiente para adquiri-los, em virtude da dificuldade de acesso à terra, ou até mesmo para produzi-los.

No Brasil, o elevado crescimento populacional até a década de 1960 foi um fator que contribuiu para o seu desenvolvimento econômico. Entretanto, a acentuada redução da natalidade e do crescimento vegetativo ocorrida a partir da década de 1970 não resultou em correspondente melhoria na distribuição da renda e no padrão de vida da maioria da população.

O grande crescimento populacional é um desafio enfrentado também pelas nações ricas, pois acarreta um aumento nos níveis de consumo e de pressão sobre os recursos naturais. Veja um exemplo citado pelo *Estado do mundo 2004*: "embora a população dos Estados Unidos aumente a um ritmo de, aproximadamente, 3 milhões de pessoas ao ano, e a Índia aumente em quase 16 milhões, esse contingente americano adicional causa maior impacto ambiental. Ele é responsável por 15,7 milhões de toneladas adicionais em emissões de carbono na atmosfera, contra apenas 4,9 milhões de toneladas na Índia. Países ricos com populações em crescimento precisam atentar para o impacto tanto de seu consumo quanto de suas políticas populacionais". (Worlwatch Institute. *Estado do mundo 2004*. Salvador: UMA, 2004. p.6.)

Neomalthusianismo

A explosão demográfica no período pós-Segunda Guerra Mundial ressuscitou as idéias de Malthus. Conhecidos como **neomalthusianos** ou **alarmistas**, os adeptos dessa teoria assumiram novas posturas e aprimoraram a teoria. Vejam as principais idéias defendidas pelos neomalthusianos.

- Atribuíam a culpa pela situação de miséria dos países subdesenvolvidos ao acelerado crescimento populacional.
- Concordavam que a agricultura era capaz de produzir alimentos suficientes para todos.
- Defendiam programas rígidos e oficiais de **controle da natalidade**, em geral rotulados "planejamento familiar", com o emprego de diversos métodos, como pílulas anticoncepcionais, ligadura das trompas, dispositivo intrauterino (DIU), aborto e vasectomia.
- Alegando que a elevada fecundidade era causa e não conseqüência do subdesenvolvimento, muitos governos de países ricos passaram a investir mais em políticas demográficas do que em políticas econômicas para resolver o problema da pobreza e do desajuste entre a população e os recursos nos países subdesenvolvidos.

Embora muito criticadas, essas políticas antinatalistas de controle da natalidade foram adotadas por países como Índia, Egito, México e China. Com exceção da China, que em quarenta anos conseguiu reduzir a natalidade em mais da metade, os outros países não obtiveram resultados satisfatórios.

Para que seja bem-sucedido, um programa de planejamento familiar deve não apenas ser parte integrante de um plano de desenvolvimento socioeconômico; ele requer a existência de uma série de condições favoráveis, como educação, saúde, atendimento médico-hospitalar, conscientização e aprovação popular. Estes fatores explicam o sucesso do programa oficial de controle da natalidade iniciado em 1948 no Japão, único país desenvolvido a adotá-lo.

Por outro lado, alguns países da Europa, como Bélgica, Alemanha e França, adotaram **políticas pró-natalistas** como resposta à queda ocorrida na natalidade.

O governo brasileiro, apesar de não assumir oficialmente qualquer controle do planejamento familiar, desde a década de 1970 incentivou e apoiou programas de controle da natalidade desenvolvidos por diversas entidades (tanto nacionais como estrangeiras), contribuindo para a redução da natalidade e do crescimento vegetativo. Observe na figura 27.8 a redução no número de filhos por mulher, desde a década de 1970.

FIGURA 27.8 • MÉDIA DE FILHOS POR MULHER EM IDADE FÉRTIL NO BRASIL

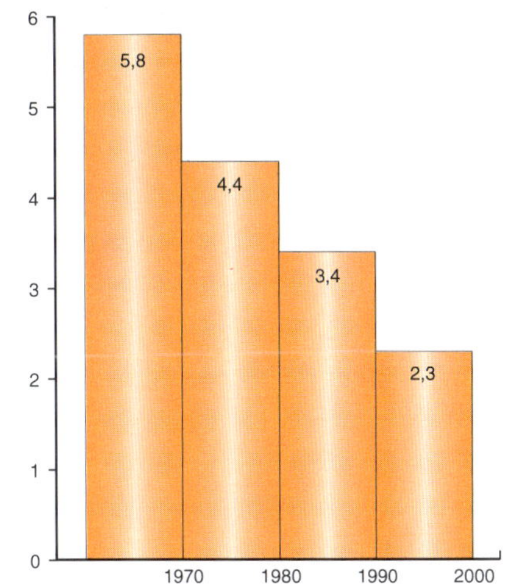

Fonte: IBGE. *Censo demográfico 2000*. Resultados preliminares. Rio de Janeiro: IBGE, 2002.

Reformistas ou marxistas

Ao contrário dos neomalthusianos, os **reformistas**, aqueles que defendem teorias demográficas marxistas, consideram a própria miséria responsável pelo acelerado crescimento da população. Por isso, defendem a necessidade de reformas socioeconômicas que permitam a elevação do padrão de vida, melhorando — entre outros pontos — a distribuição de renda e de alimentos e propiciando um aumento da escolaridade, que resultariam num **planejamento familiar** e na diminuição da natalidade e do crescimento vegetativo. Observe a figura 27.9.

Os países não se tornam desenvolvidos apenas pela redução de sua taxa de natalidade. No entanto, há muitos exemplos de países cujo desenvolvimento econômico e social propiciou acentuada redução espontânea da natalidade e do crescimento populacional.

IARA VENANZI / KINO

FIGURA 27.9 Família com poucos filhos passeando em Copenhague, na Dinamarca, em 1998.

Praticando e Aprendendo

Organizando o conteúdo

1. Compare a natalidade, a mortalidade e o crescimento demográfico nas três fases do crescimento populacional.

2. O que é explosão demográfica e em que fase do crescimento populacional ela ocorre?

3. Em que fase se encontra a maioria dos países subdesenvolvidos, com relação ao crescimento demográfico, no início de século XXI? E a maioria dos países desenvolvidos, em que fase eles se encontram?

4. A taxa de crescimento vegetativo de um país é a diferença existente entre a taxa de natalidade e a taxa de mortalidade. Essa taxa é considerada um dos indicadores de desenvolvimento. Analise a tabela abaixo e faça o que se pede:

PAÍS	NATALIDADE (‰)	MORTALIDADE (‰)
I	49	19
II	9	10
III	48	11
IV	11	9

a) Calcule o crescimento vegetativo em % dos países I, II, III e IV.

b) Caracterize os países I, II, III e IV em desenvolvidos ou subdesenvolvidos.

c) Justifique a classificação feita na questão b.

5. A figura acima, à direita, mostra o tamanho médio das famílias em diversas partes do mundo em 2002. A quais continentes ou regiões provavelmente pertencem as famílias I, II e III?

• MÉDIA DE FILHOS POR MULHER (2002)

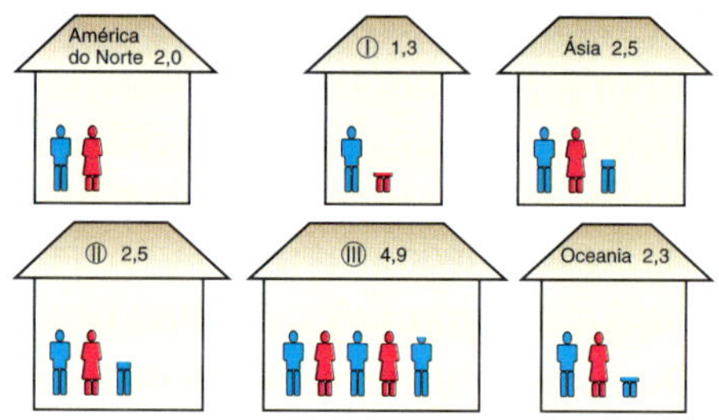

Fonte: *L'état du monde 2004*. Paris: La Découverte, 2003.

6. Desde a elaboração da teoria de Malthus até os dias atuais, a população mundial passou de aproximadamente 900 milhões para 6,2 bilhões de habitantes (dados de 2002). Além disso, o contingente de famintos tem sido cada vez maior. Segundo o *Relatório do desenvolvimento humano 2004*, existem no mundo 831 milhões de pessoas que têm fome ou enfrentam insegurança alimentar. Como solução para evitar o caos e combater a fome, Malthus defendia o controle da natalidade. Aparentemente, os dados apresentados acima justificariam a teoria de Malthus. Explique por que, apesar disso, sua teoria se mostrou incorreta.

Ampliando o conhecimento

Comparando dados.

Em grupos, observem o gráfico e respondam às questões 7 a 9.

• NÚMERO DE FILHOS POR MULHER/ E PIB *PER CAPITA* (2000)

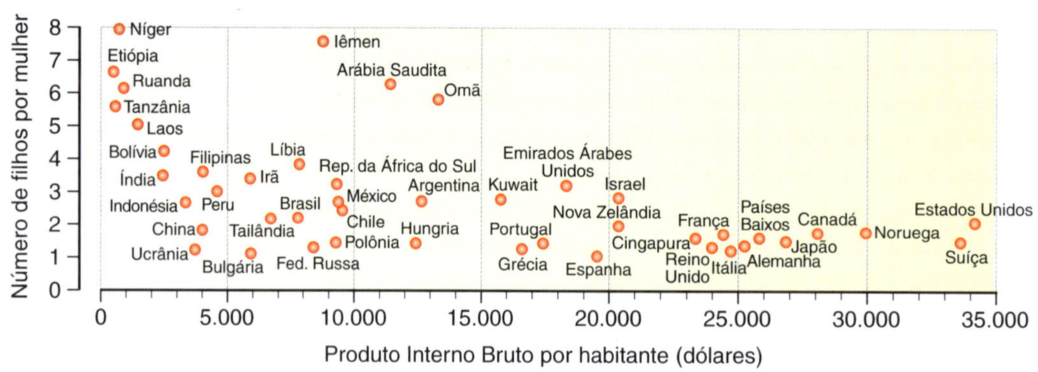

Fonte: FERREIRA, Graça Maria L. *Atlas geográfico:* espaço mundial. 2. ed. São Paulo: Moderna, 2003. p. 87.

7. Analisem a relação entre o número de filhos por mulher e o PIB *per capita* e anotem suas conclusões.

8. Discutam a seguinte afirmação dos reformistas: "As elevadas taxas de crescimento vegetativo e de fertilidade são conseqüência e não causa do subdesenvolvimento".

9. Na opinião do grupo, o controle da natalidade deve ser uma decisão pessoal ou deve haver interferência do Estado? Justifiquem sua resposta.

O QUE MAIS HÁ PARA VER

Livros

- ADAS, Melhem. *A fome* – Crise ou escândalo? 2. ed. São Paulo: Moderna, 2004. (Col. Polêmica)
- LIBANIO, J.B. *Ideologia e cidadania*. 2. ed. São Paulo: Moderna, 2004. (Col. Polêmica)
- MELLO, Anna Christina Cardoso de. *O jovem e seus direitos*. São Paulo: Moderna, 1997. (Col. Qual é o grilo?)
- TELAROLLI JR., Rodolpho. *Mortalidade infantil* – Uma questão de saúde pública. São Paulo: Moderna, 1997. (Col. Polêmica)
- WHITAKER, Dulce. *Mulher & homem* – O mito da desigualdade. 7. ed. São Paulo: Moderna, 1993. (Col. Polêmica)

Filmes

- *À margem da imagem* (Brasil, 2003); dir. Evaldo Mocarzel; 72 min. O documentário mostra a vida e a cultura dos moradores de rua na cidade de São Paulo, expondo temas como exclusão social, desemprego, alcoolismo, loucura e religiosidade.
- *Mensageiras da luz – parteiras da Amazônia* (Brasil, 2004); dir. Evaldo Mocarzel; distr. SP Filmes de São Paulo; 72 min. O documentário aborda temas como natalidade, população ribeirinha e desenvolvimento socioeconômico por meio do dia-a-dia das mulheres no estado do Amapá. Elas são donas de casas, agricultoras e pescadoras, além de utilizarem técnicas indígenas milenares para ajudar no nascimento de bebês.

Sites

- http://www.fnuap.org.br/ESTRUT/SERV/arquivos/tendencias_da_populacao_mundial.htm *Site* do Fundo de População das Nações Unidas que contém tabelas sobre as tendências da população mundial. Acesso em: 11 maio 2005.
- http://www.josuedecastro.com.br/port/index.html *Site* sobre o grande pesquisador Josué de Castro. São abordados temas como crescimento demográfico, fome, subdesenvolvimento, miséria, além de permitir o acesso a um filme multimídia. Acesso em: 11 maio 2005.
- http://www.providafamilia.org/index.php Endereço da Associação Nacional Pró Vida e Pró Família. Traz textos sobre planejamento familiar, aborto, eutanásia e controle da população, entre outros. Acesso em: 11 maio 2005.

28. ESTRUTURA DA POPULAÇÃO

1 ESTRUTURA OCUPACIONAL DA POPULAÇÃO

Conhecer a estrutura da população sob todos os aspectos (etário, profissional, educacional, disponibilidade de força de trabalho) é da maior importância para os governantes ou dirigentes responsáveis pelo planejamento socieconômico de um país. Conhecendo a estrutura etária da população é possível, por exemplo, saber quantos novos empregos, novas vagas nas escolas, novas habitações etc. terão de ser criados para atender às necessidades da população.

Interior de fábrica no Haiti, 2004.

TOPOGRAPHY / KEYSTONE

Do ponto de vista ocupacional, a população de um país pode ser dividida em dois grandes grupos.

- **População economicamente ativa (PEA)** ou simplesmente **população ativa** – Constituída pelas pessoas de 10 anos de idade ou mais que estão empregadas ou à procura de emprego. Nos países desenvolvidos, a base para o cálculo da PEA é 15 anos de idade ou mais, pois nesses países as pessoas em geral freqüentam a escola até essa idade.

A Constituição brasileira impõe a idade mínima de 16 anos para que a criança ingresse no mercado de trabalho. O Estatuto da Criança e do Adolescente proíbe qualquer trabalho a menores de 16 anos, salvo, na condição de aprendiz, entre 14 e 16 anos.

- **População economicamente inativa (PEI)** – Representada pelas pessoas que não estão empregadas (crianças, estudantes, aposentados etc.) ou que não exercem atividade econômica remunerada (donas-de-casa etc.). Sob o ponto de vista econômico, a parcela da população economicamente inativa requer grandes investimentos sociais (escolas, aposentadoria etc.).

A expressão **população ocupada** indica a parcela da população que exerce atividade remunerada. Difere da PEA, pois não engloba a população desempregada.

Subemprego, trabalho infantil e desemprego

É importante destacar que os dados oficiais relativos aos percentuais de população ativa nos países periféricos geralmente não condizem com a realidade, uma vez que os trabalhadores subempregados são classificados como população inativa. Nos países subdesenvolvidos, uma parcela considerável da população dedica-se a **subempregos**, atividades não regulamentadas que constituem a **economia informal**. Nestes casos os trabalhadores não participam do sistema tributário (não pagam impostos), não têm carteira assinada e quase sempre não têm acesso aos direitos trabalhistas. É o caso dos vendedores ambulantes, dos guardadores de carros, dos diaristas urbanos e rurais, entre outros.

J. B. RUSSELL / SYGMA CORBIS-STOCK PHOTOS

FIGURA 28.1 A economia informal se expande com o aumento do desemprego. Crianças trabalhando na confecção de sapatos. Afeganistão, 2001.

Segundo a Organização Internacional do Trabalho (OIT), estima-se que nos países periféricos 246 milhões de crianças entre 5 e 17 anos trabalham, muitas vezes sem remuneração e em atividades insalubres. Dessas crianças, 61% são asiáticas e 70% trabalham em atividades rurais (observe a figura 28.1, na página anterior). Com o aumento da urbanização, é grande o número de crianças empregadas em atividades urbanas, como o comércio em pontos de semáforos, por exemplo. No Brasil, cerca de 15% das crianças (6,5 milhões de pessoas) estão envolvidas em atividades econômicas.

O processo de globalização e as transformações ocorridas no mercado de trabalho têm aumentado o desemprego (assunto tratado também no capítulo 5). A taxa de desemprego entre jovens (duas vezes maior do que entre adultos) é de 30% nos países periféricos, pois a maior dificuldade é encontrar o primeiro emprego. Atualmente, a demanda por profissionais mais qualificados exclui do mercado muitos trabalhadores com baixo nível de instrução.

Os países subdesenvolvidos apresentam oficialmente menor percentual de PEA, pois, como já vimos, o número de pessoas que têm rendimentos fixos é baixa, enquanto o índice de subemprego é alto. Já os países desenvolvidos têm elevado percentual de ativos, pois têm baixos índices de subemprego e a maior parte dos trabalhadores possui rendimentos fixos.

População ativa por setores da atividade econômica

Os países desenvolvidos (ou centrais) concentram a maior parte de sua população ativa no setor terciário ou nos setores terciário e secundário. Quanto maior o desenvolvimento urbano-industrial e tecnológico dos países, maior a concentração da população ativa nesses setores.

A economia dos países subdesenvolvidos periféricos (a maioria dos países africanos, uma parte dos asiáticos e dos latino-americanos) ainda se baseia na produção de alimentos (agropecuária) e de matérias-primas (minérios, madeiras, fibras etc.). Como não tiveram modernização expressiva no meio rural, esses países utilizam grande número de trabalhadores nessas atividades e apresentam, conseqüentemente, elevados percentuais da população ativa no setor primário. Compare na figura 28.2 a distribuição da população ativa em alguns países.

FIGURA 28.2 • POPULAÇÃO ATIVA POR SETORES DE ATIVIDADE (2002)[1]

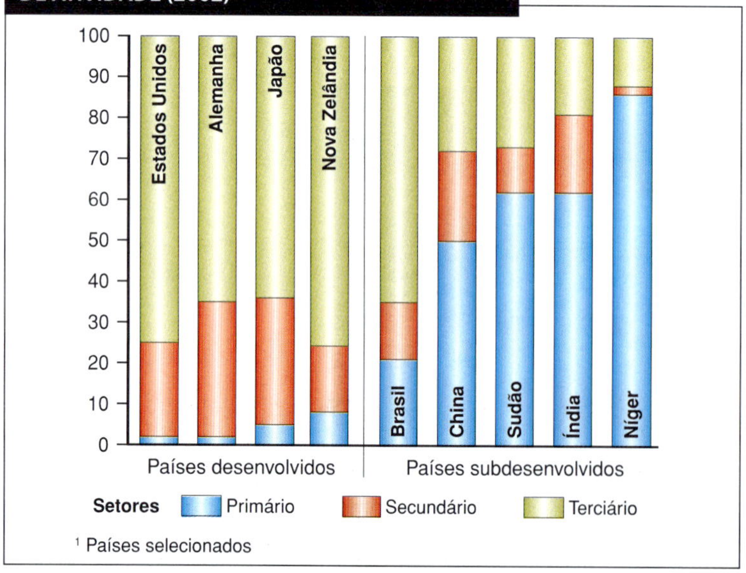

Fonte: *Calendario atlante De Agostini 2004.* Novara: Istituto Geografico De Agostini, 2003. p.122-128.

Há um grupo de países subdesenvolvidos que experimentaram significativo processo de industrialização e urbanização após a Segunda Guerra Mundial. Com isso, muitos trabalhadores se deslocaram do setor primário para os setores secundário e terciário, o que acarretou expressivas alterações nos percentuais de população ativa desses países. Neste grupo se incluem Brasil, México, África do Sul e Tigres Asiáticos. Neles predominam a agricultura (setor primário) e os serviços (setor terciário); ou a agricultura e a indústria (setor secundário); ou ainda a indústria. Alguns sofreram um aumento excessivo no setor terciário, conhecido como "**inchação**", fenômeno bastante típico nos países subdesenvolvidos. Leia o boxe.

Paraísos fiscais

Lugares como Bahamas, Cingapura, Zona Especial de Hong Kong (China), Ilhas Cayman, Seychelles e muitos outros (observe a figura 28.3) são denominados **paraísos fiscais**. Com área territorial reduzida, esses pequenos Estados, cidades-Estados, possessões e portos estratégicos de rotas marítimas internacionais são centros bancários e financeiros internacionais pelos quais circulam recursos financeiros do mundo todo.

Os paraísos fiscais oferecem certas vantagens que atraem investidores e multinacionais de vários países. Algumas dessas vantagens são os baixos impostos e o pequeno controle sobre a origem do dinheiro aplicado. Contam com elevada população urbana e grande parte de sua população ativa atua no setor terciário. Apresentam indicadores socioeconômicos mais favoráveis em relação aos demais países subdesenvolvidos, e sua estrutura por setores foge do padrão comum destes países.

FIGURA 28.3 • OS PRINCIPAIS PARAÍSOS FISCAIS

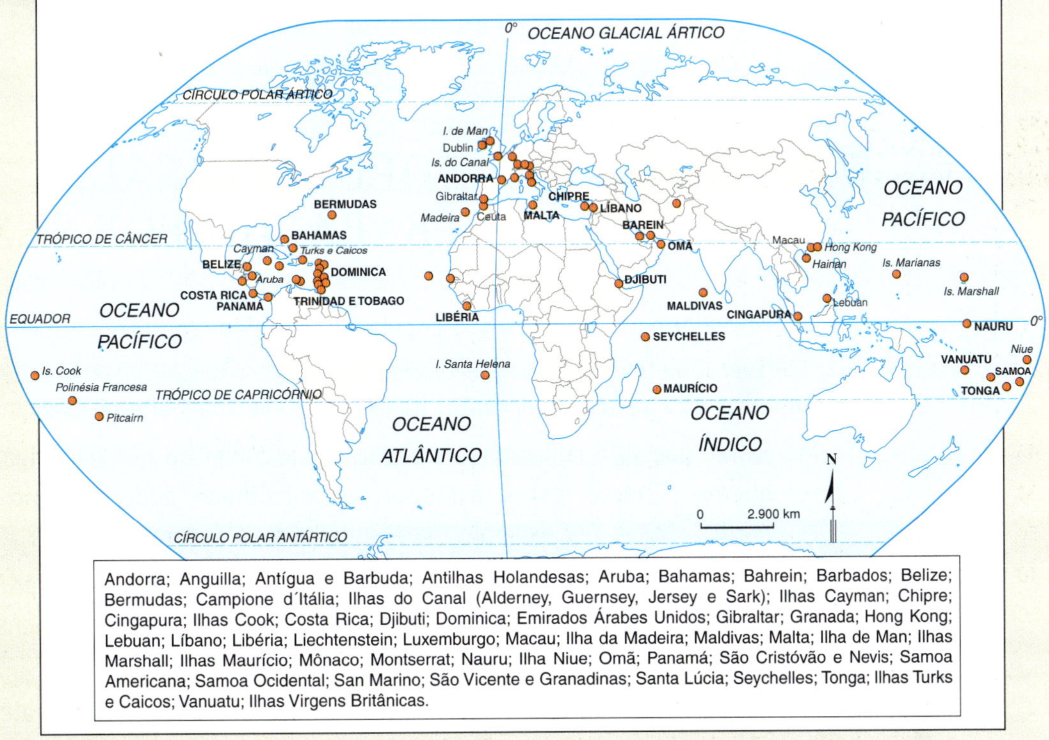

Andorra; Anguilla; Antígua e Barbuda; Antilhas Holandesas; Aruba; Bahamas; Bahrein; Barbados; Belize; Bermudas; Campione d´Itália; Ilhas do Canal (Alderney, Guernsey, Jersey e Sark); Ilhas Cayman; Chipre; Cingapura; Ilhas Cook; Costa Rica; Djibuti; Dominica; Emirados Árabes Unidos; Gibraltar; Granada; Hong Kong; Lebuan; Líbano; Libéria; Liechtenstein; Luxemburgo; Macau; Ilha da Madeira; Maldivas; Malta; Ilha de Man; Ilhas Marshall; Ilhas Maurício; Mônaco; Montserrat; Nauru; Ilha Niue; Omã; Panamá; São Cristóvão e Nevis; Samoa Americana; Samoa Ocidental; San Marino; São Vicente e Granadinas; Santa Lúcia; Seychelles; Tonga; Ilhas Turks e Caicos; Vanuatu; Ilhas Virgens Britânicas.

Fonte: FERREIRA, Graça Maria L. *Atlas geográfico:* espaço mundial. 2. ed. São Paulo: Moderna, 2003. p. 104.

Deve-se ainda considerar que, com a modernização agrícola, houve uma certa mecanização das atividades agropecuárias, com a instalação de complexos agroindustriais. Desta forma, mesmo as atividades rurais do setor primário combinam-se com as do setor secundário.

Observe na figura 28.4 os setores de atividades predominantes ou complementares nos diversos países.

FIGURA 28.4 • ESTRUTURA DA PRODUÇÃO

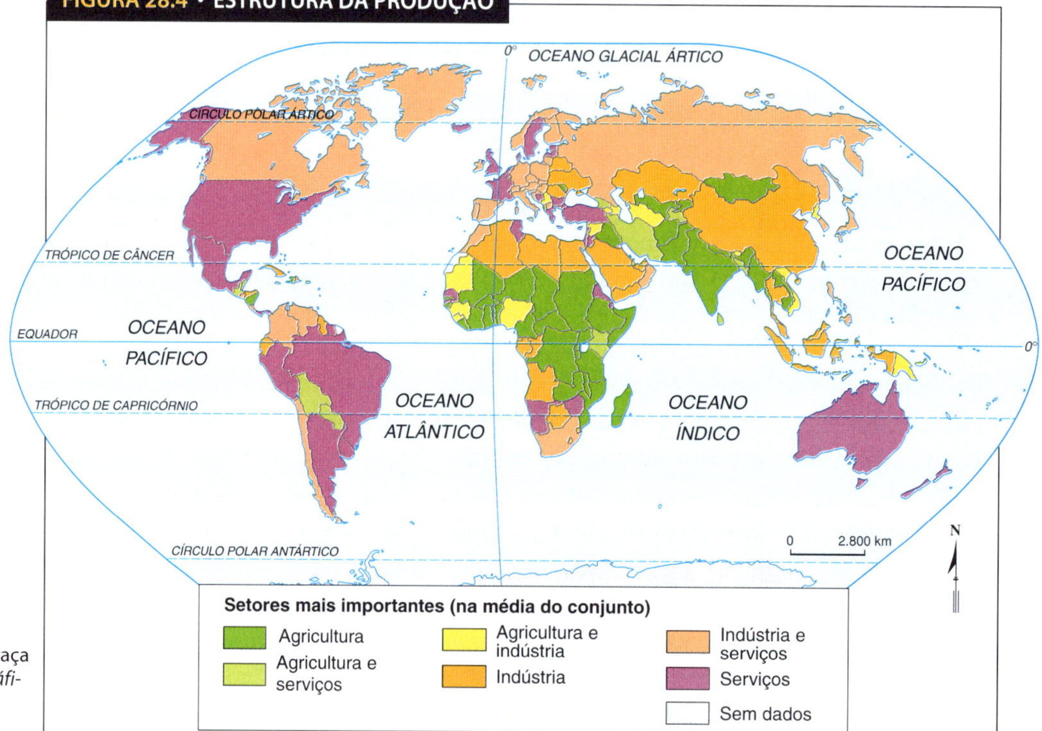

Fonte: FERREIRA, Graça Maria L. *Atlas geográfico:* espaço mundial. 2. ed. São Paulo: Moderna, 2003. p. 102.

2 ESTRUTURA POPULACIONAL E DIVISÃO DO TRABALHO POR SEXOS

Na maior parte dos países, a população feminina representa 50% ou pouco mais da população total, o que resulta em uma situação de quase equilíbrio entre os dois sexos. No entanto, há exceções. Vejamos alguns exemplos.

- Países que sofreram grande emigração masculina ou que participaram de guerras – Nestes casos, a proporção de mulheres pode ser maior que a normal, como, por exemplo, na Alemanha e na Federação Russa.
- Países predominantemente imigratórios – Nos casos em que a proporção de imigração masculina é maior, há ligeiro predomínio de homens sobre mulheres, como, por exemplo, na Austrália e no Kuwait.
- Países em que as mulheres sofrem tanta discriminação que têm alimentação e saúde deficientes. Nestes casos, a mortalidade feminina é mais alta do que a masculina, como ocorre, por exemplo, no Paquistão.

O papel da mulher nas sociedades e a Geografia de Gênero

As lutas e os movimentos pela emancipação das mulheres se intensificaram principalmente a partir do século XX. Por meio de **movimentos feministas** elas reivindicaram, entre outros pontos, a construção de sua **cidadania** (ter o direito de ter direitos) e a superação de uma divisão tradicional de trabalho estabelecida entre os sexos, na qual cabia à mulher um papel secundário ou nulo no processo produtivo, além de uma postura de submissão ao sexo masculino.

A área da Geografia que se ocupa do estudo sobre o papel da mulher na sociedade e sua entrada no mercado de trabalho, entre outros aspectos, recebe o nome de **Geografia de Gênero**.

Atualmente, em grande parte dos países, as mulheres têm ocupado novos espaços sociais e podem tomar decisões, por exemplo, sobre sua fecundidade e sexualidade. Contudo, em países como Turquia, Paquistão e Afeganistão, as mulheres têm sua sexualidade controlada, até mesmo com o apoio da lei e, caso não se submetam, podem sofrer castigos que variam entre chibatadas, prisão e execução a pedradas (dependendo da "gravidade do delito").

Uma das Metas de Desenvolvimento do Milênio, fixadas pela ONU, é a promoção da igualdade entre os sexos e a autonomia das mulheres. Segundo dados do *Relatório do desenvolvimento humano 2003*, dois terços dos analfabetos no mundo são mulheres e 80% dos refugiados são mulheres e crianças: "Superar as disparidades gritantes entre meninos e meninas no acesso à escolarização formal será um alicerce fundamental (entre outros) para capacitar as mulheres a ocuparem papéis cada vez mais ativos tanto no mundo econômico quanto na atividade política em seus países".

A participação feminina na população economicamente ativa é elevada nos países desenvolvidos e baixa nos países periféricos, tendo aumentado significativamente nos países subdesenvolvidos industrializados e nos mercados emergentes. Veja a figura 28.5.

RICKI ROSEN / CORBIS-STOCK PHOTOS

FIGURA 28.5 Mudanças sociais e econômicas têm permitido maior participação das mulheres no mercado de trabalho. Mulheres muçulmanas trabalhando em empresa de telecomunicações em Israel, 2003.

Profissionalmente, as mulheres ocupam cada vez mais setores antes reservados aos homens. Em muitos países, no entanto, a discriminação e a submissão feminina permanecem. Podemos citar como condições desfavoráveis às mulheres:

- elas agregam trabalho remunerado ao trabalho não-remunerado (serviços domésticos), passando a ter jornada dupla;
- em países pobres, a liberação da mulher para o trabalho, tanto no meio urbano quanto no rural, é reflexo da necessidade — devido à redução de seu poder aquisitivo —, não representando melhoria em suas condições de vida;
- principalmente em países subdesenvolvidos, as mulheres ainda são maioria em atividades de remuneração mais baixa e minoria em cargos administrativos e gerenciais. Observe a tabela a seguir.

PARTICIPAÇÃO DA MULHER NO MERCADO DE TRABALHO EM ALGUNS PAÍSES (2000)

País	A	B	C
EUA	62	45	54
Hungria	58	34	61
Brasil	42	28	62
Tunísia	46	9	36
Paquistão	31	9	26

A Salário da mulher em relação ao salário do homem (em %)
B Porcentagem de mulheres em cargos administrativos
C Porcentagem de mulheres de nível técnico e universitário

Fonte: *Relatório do desenvolvimento humano 2003*. Nova Iorque: ONU/Pnud, 2003.

3 PIRÂMIDES ETÁRIAS

A **pirâmide etária** corresponde à representação gráfica da estrutura da população, por idade e sexo, de determinado país.

Observe na figura 28.6 os principais elementos de uma pirâmide etária.

- **Base** – Parte inferior, representa a população jovem.
- **Corpo** – Parte intermediária, corresponde à população adulta.

FIGURA 28.6 • PIRÂMIDE ETÁRIA

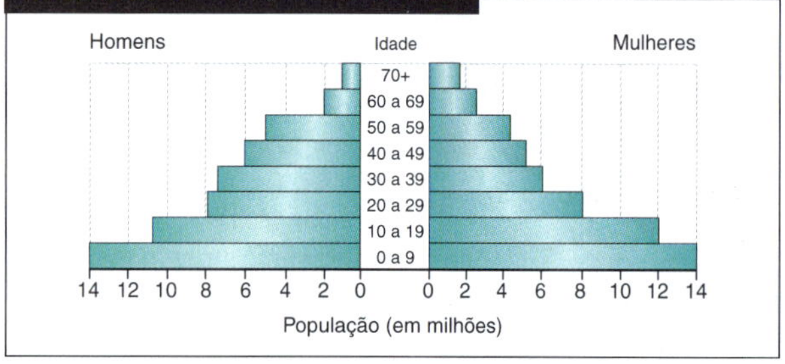

- **Ápice** ou **topo** – Parte superior, mostra a população idosa.
- **Abscissa** (eixo horizontal) – Indica a quantidade de pessoas, em valor absoluto ou porcentagem; à direita estão representadas as mulheres; à esquerda, os homens;
- **Ordenada** (eixo vertical) – Representa as faixas de idade.

A pirâmide etária corresponde à "radiografia" da estrutura por idade e sexo da população de um determinado país. Se observássemos a pirâmide etária de um determinado país ao longo de sua história, notaríamos as principais alterações demográficas ocorridas no decorrer do tempo, tais como volume da população total, proporção entre os sexos e as faixas de idade, expectativa de vida da população e deformações provocadas por guerras ou por outras grandes catástrofes.

As pirâmides etárias refletem as principais etapas da evolução demográfica, mostrando se a população encontra-se em expansão, em declínio ou estável. Observe na figura 28.7 as pirâmides etárias representativas de um país desenvolvido e de um país subdesenvolvido.

FIGURA 28.7 • PIRÂMIDES ETÁRIAS DA POPULAÇÃO MUNDIAL

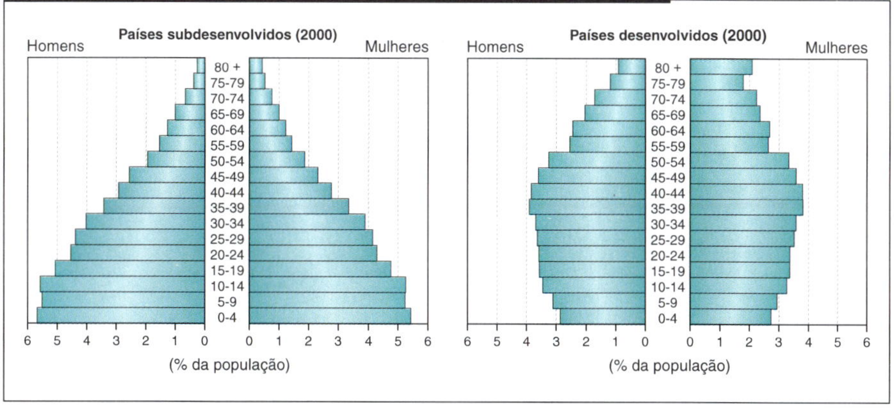

Fonte: *Atlas geográfico escolar/ IBGE*. 2. ed. Rio de Janeiro: IBGE, 2004. p. 81.

Estrutura etária

Entende-se por **estrutura etária** da população a sua distribuição por idades. Para fins de planejamento econômico-social costuma-se dividir a população em três faixas etárias principais: jovem, adulta (ou madura) e velha (ou senil). Esta divisão, porém, apresenta diferenças quanto aos intervalos de idade, de acordo com a conveniência de países e organismos interessados. Observe na tabela as classificações de estrutura etária mais utilizadas.

ESTRUTURA ETÁRIA DA POPULAÇÃO: CLASSIFICAÇÕES MAIS UTILIZADAS

Faixa etária	Intervalos de idade		
	A	B	C
Jovens	0 a 14	0 a 14	0 a 19
Adultos	15 a 59	15 a 64	20 a 59
Velhos	60 e mais	65 e mais	60 e mais

A questão do crescimento populacional tem grande influência no estudo da estrutura populacional. Os países de elevado crescimento vegetativo (em geral, os subdesenvolvidos) costumam ter uma **estrutura etária jovem**, ao passo que os países de baixo crescimento vegetativo (geralmente desenvolvidos) apresentam **estrutura etária adulta** e **velha** (baixa taxa de natalidade e alta expectativa de vida).

Quanto à estrutura etária da população, apesar de existir uma diversidade muito grande de situações, podemos classificar os países do mundo em três tipos principais de regimes demográficos: de população envelhecida, em fase de envelhecimento e jovem.

Regime demográfico de população envelhecida

É encontrado nos países desenvolvidos que já realizaram sua transição demográfica, como, por exemplo, Alemanha, França, Reino Unido, Suécia e Japão, que apresentam elevada expectativa de vida (em virtude de melhores condições de vida), baixas taxas de natalidade e mortalidade e, conseqüentemente, baixo crescimento vegetativo. Observe a pirâmide etária da França, na figura 28.8.

FIGURA 28.8 • PIRÂMIDES ETÁRIAS DA FRANÇA

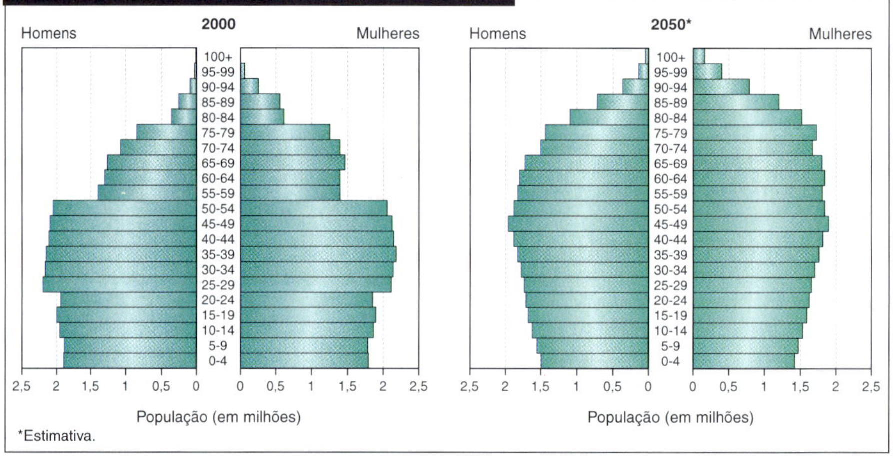

Fonte: U.S. Census Bureau. Disponível em: http://www.census.gov/ipc/www/idbpyr.html. Acesso em : 31 jul. 2005.

A pirâmide etária dos países desenvolvidos em geral apresenta a base muito estreita (menor proporção de jovens) e o topo mais largo (maior proporção de idosos). O alto número de idosos acarreta falta de mão-de-obra e elevados gastos assistenciais. Na figura acima podemos observar que, em vez de uma pirâmide, a forma mais se aproxima de um retângulo, pois a tendência para os próximos 50 anos é o estreitamento da base (diminuição do percentual de jovens) em relação ao meio e ao topo.

Regime demográfico de população em fase de envelhecimento (madura ou intermediária)

Neste grupo se incluem países desenvolvidos novos e subdesenvolvidos industrializados (mercados emergentes).

- **Países desenvolvidos novos** – Como sua natalidade caiu somente depois da Segunda Guerra Mundial, esses países ainda têm um percentual de idosos inferior ao dos países velhos e contam com grande porcentagem de população adulta. Sua população está em fase de envelhecimento. Como exemplos podemos citar Austrália, Nova Zelândia, Estados Unidos e Canadá. Observe a figura 28.9, na página ao lado, com uma pirâmide representativa deste grupo de países.

FIGURA 28.9 • PIRÂMIDES ETÁRIAS DOS ESTADOS UNIDOS

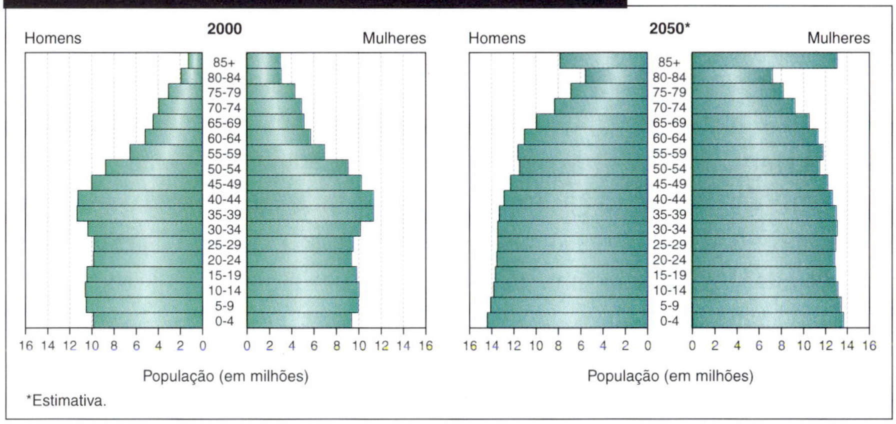

Fonte: U.S. Census Bureau.
Disponível em: http://www.census.gov/ipc/www/idbpyr.html. Acesso em: 31 jul. 2005.

- **Países subdesenvolvidos industrializados** – Passaram por um processo de industrialização, tendo diminuído suas taxas de mortalidade, natalidade e crescimento vegetativo após 1970. Apresentam um percentual de jovens (menos de 15 anos) próximo a 20% e o percentual de velhos (mais de 60 anos) está entre 5% e 15%. Fazem parte desse grupo os Tigres Asiáticos, China, Cuba e alguns países de economia de transição, como Armênia, Moldova etc. Comparativamente aos países desenvolvidos com população madura, esses países apresentam taxas percentuais menores de população idosa e menor expectativa de vida.

Até a década de 1970 o Brasil era um país jovem, mas a partir da década de 1980 passou a fazer parte do regime demográfico maduro, pois a população brasileira está envelhecendo, embora apresente expectativa de vida mais baixa do que a dos países desse grupo e taxa de população jovem um pouco maior.

Observe as pirâmides etárias do Brasil na figura 28.10.

FIGURA 28.10 • PIRÂMIDES ETÁRIAS DO BRASIL

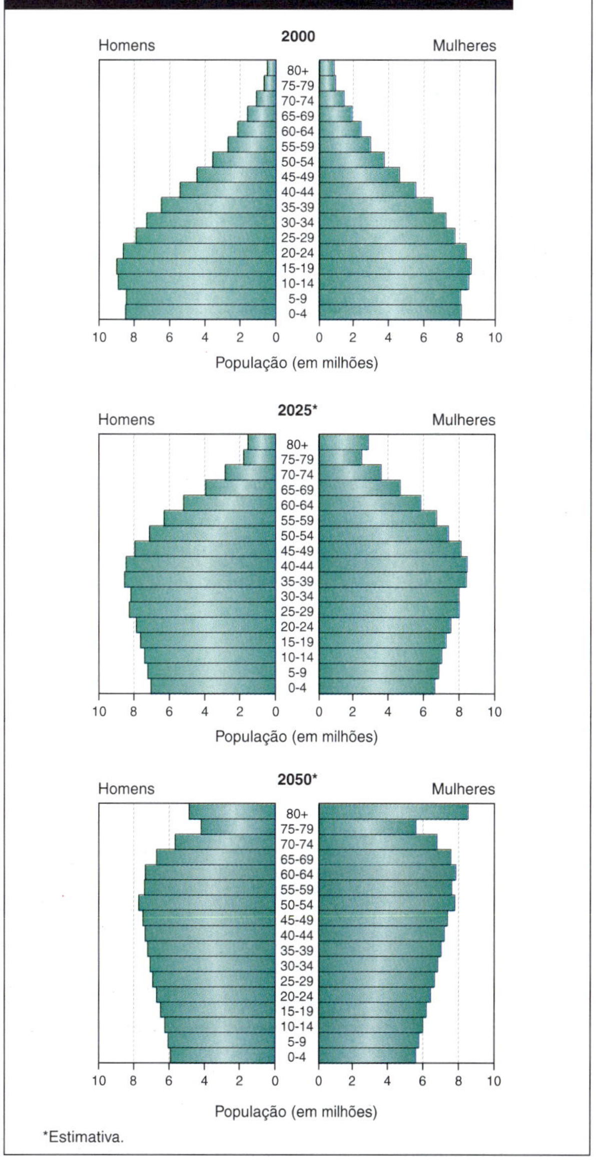

Fonte: U.S. Census Bureau.
Disponível em: http://www.census.gov/ipc/www/idbpyr.html
Acesso em: 31 jul. 2005.

Regime demográfico de população jovem

Este grupo inclui a maioria dos países pobres não-industrializados, ou seja, quase todos os africanos e parte dos países latino-americanos, dos asiáticos e da Oceania. Apesar de o grupo ser bastante heterogêneo, em geral apresenta elevadas taxas de natalidade e mortalidade, o que significa elevado percentual de jovens (em Uganda atinge mais de 50% da população) e grande crescimento vegetativo. As precárias condições de vida resultam em baixa expectativa de vida e uma porcentagem de população idosa relativamente pequena.

A pirâmide etária deste regime apresenta base larga (grande quantidade de jovens) e ápice estreito (pequeno percentual de idosos e baixa expectativa de vida). Os principais problemas demográficos do grupo estão na necessidade de elevados investimentos com educação, formação profissional dos jovens e ampliação do mercado de trabalho, entre outros. Na figura 28.11 pode-se observar o exemplo da Tanzânia, cuja população deverá entrar na fase de estrutura madura somente em 2050.

Observe na tabela a seguir os dados comparativos de alguns países.

FIGURA 28.11 • PIRÂMIDES ETÁRIAS DA TANZÂNIA

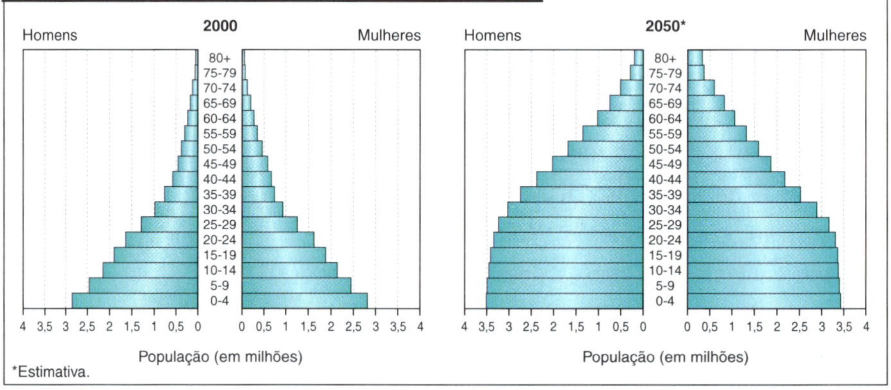

Fonte: U.S. Census Bureau. Disponível em: http://www.census.gov/ipc/www/idbpyr.html. Acesso em: 31 jul. 2005.

COMPARAÇÃO DA ESTRUTURA ETÁRIA E EXPECTATIVA DE VIDA[1] (2000-2005)

	País	Jovens* (%)	Adultos** (%)	Velhos*** (%)	Expectativa de vida (anos)
População envelhecida	Japão	14,3	67,3	18,4	81,5
	Itália	14,1	67,1	18,8	78,7
	Alemanha	15,0	67,5	17,5	78,2
População madura	EUA	21,5	66,2	12,3	77,1
	Cingapura	25,5	68,6	5,9	78,1
	Brasil	28,2	66,3	5,5	68,3
População jovem	Bolívia	38,6	57,2	3,6	63,9
	Paquistão	41,4	54,9	3,7	61,0
	Somália	48,0	49,6	2,4	47,9

[1] Países selecionados.

* População com menos de 15 anos.

** População com mais de 15,1 anos e menos de 65.

*** População com mais de 65,1 anos.

Fonte: *L'état du monde 2004*. Paris: La Découverte, 2003. p. 599-601.

CURIOSIDADES

- País com a maior porcentagem de população jovem do mundo: Uganda (50,9% dos habitantes têm menos de 15 anos).
- País com a maior porcentagem de população idosa do mundo: Mônaco (28,6% dos habitantes têm mais de 60 anos).
- País do mundo com a maior porcentagem de homens: Emirados Árabes Unidos (192 homens para cada grupo de 100 mulheres).

Fonte: *Calendario atlante De Agostini, 2004.* Novara: Istituto Geografico De Agostini, 2003.

Praticando e Aprendendo

Organizando o conteúdo

1. Por que os países desenvolvidos contam com elevado percentual de ativos?

2. Cite dois fatos que tornam discutíveis os dados oficiais relativos aos percentuais de população economicamente ativa nos países periféricos.

3. Analise a situação dos jovens no mercado de trabalho dos países periféricos e dê sua opinião sobre a importância de um país investir em educação.

4. Caracterize a participação feminina na PEA dos países desenvolvidos, dos países periféricos e dos países subdesenvolvidos industrializados.

5. Cite alguns problemas enfrentados pelas mulheres que trabalham fora de casa.

6. Quanto à distribuição da PEA nos setores econômicos (primário, secundário, terciário e quaternário), diferencie os países centrais dos países periféricos e dos países subdesenvolvidos industrializados.

7. As pirâmides etárias abaixo mostram a composição da população em um país desenvolvido e em um país subdesenvolvido.

a) Qual das pirâmides etárias se refere a um país subdesenvolvido? Justifique.

b) Compare a composição entre jovens, população adulta e idosos em cada uma das pirâmides.

c) Quais são os possíveis custos sociais da existência de uma grande população jovem ou idosa em um país?

• PIRÂMIDES ETÁRIAS DA POPULAÇÃO MUNDIAL

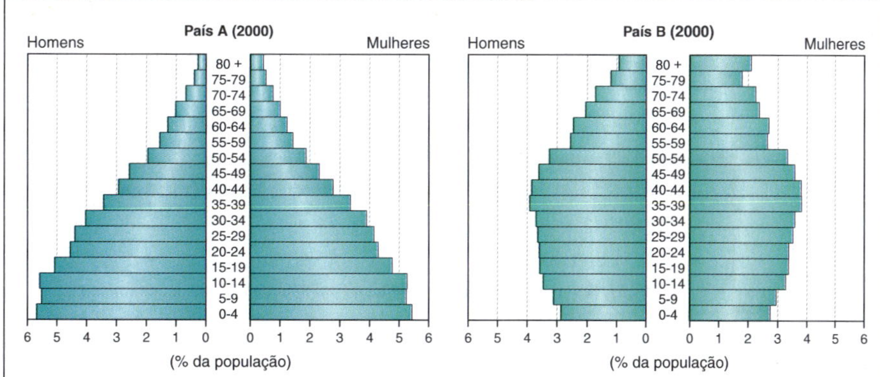

Fonte: *Atlas geográfico escolar/IBGE.* 2. ed. Rio de Janeiro: IBGE, 2004. p. 81.

Ampliando o conhecimento

Comparando indicadores sociais de alguns países.

Em grupos, analisem a tabela abaixo e respondam às questões 8 a 11.

INDICADORES SOCIAIS DE ALGUNS PAÍSES SELECIONADOS (2002)

País	A	B	C	D	E	F	G
França	80	13,0	9,0	4,3	9,5	3,0	-
EUA	77	14,2	8,7	6,8	13,0	3,5	0,5
Japão	81	9,3	7,7	3,1	7,8	1,9	-
Rússia	65	9,1	15,6	14,7	5,3	4,2	-
México	73	21,0	4,4	24,0	5,4	1,2	8,0
Coréia do Sul	75	11,6	5,1	5,0	6,0	1,3	2,1
Índia	63	24,3	8,7	63,1	4,9	0,4	42,0
Nigéria	52	39,7	13,4	73,1	2,2	0,2	35,0
Burkina-Faso	47	45,4	18,8	105,0	4,4	0,03	75,2

A Expectativa de vida (em anos)
B Natalidade (‰)
C Mortalidade (‰)
D Mortalidade infantil (‰)
E Despesa com saúde (% do PNB)
F Número de médicos por 1.000 habitantes
G Taxa de analfabetismo (%)

Fonte: *Calendario atlante De Agostini 2004.* Novara: Istituto Geografico De Agostini, 2003. p. 130-137.

8. Quais destes países apresentam maior expectativa de vida? Por quê?

9. Calculem as taxas de crescimento vegetativo e analisem as diferenças entre os países.

10. Comparem as taxas de analfabetismo dos países centrais, dos mercados emergentes e dos países periféricos entre si.

11. De que maneira o número de médicos por 1.000 habitantes e as despesas com saúde refletem na mortalidade infantil de um país?

O QUE MAIS HÁ PARA VER

Livros

- ARANHA, Maria Lúcia de A. e outros. *Trabalho em debate*. São Paulo: Moderna, 1996. (Col. Debate na escola)
- CARMO, Paulo Sérgio do. *O trabalho na economia global*. 2. ed. São Paulo: Moderna, 2004. (Col. Polêmica)
- DREXEL, John e IANNONE, Leila Rentroia. *Criança e miséria* — Vida ou morte? São Paulo: Moderna, 1994. (Col. Veredas)
- SAFFIOTI, Heleieth I. B. *O poder do macho*. 7. ed. São Paulo: Moderna, 1987. (Col. Polêmica)
- VEIGA, João Paulo C. *A questão do trabalho infantil*. São Paulo: Abet, 1998. (Col. Mercado de trabalho)

Filme

- *Domésticas – o filme* (Brasil, 2001); dir. Nando Olival e Fernando Meirelles; 90 min. O filme mostra a história de cinco empregadas domésticas e suas rotinas diárias, numa profissão do século XX.

Sites

- http://www.pgt.mpt.gov.br/trab_inf/ *Site* do Ministério Público do Trabalho. Traz publicação, legislação e atividades exercidas por crianças na sociedade atual. Acesso em: 10 maio 2005.
- http://www.fcc.org.br/mulher/series_historicas/mbet.html *Site* da Fundação Carlos Chagas com textos que abordam temas como mercado de trabalho, mulher e família, incluindo consulta a tabelas. Acesso em: 11 maio 2005.
- http://www.sebrae.com.br/br/home/index.asp Endereço do Serviço Brasileiro de Apoio às Micro e Pequenas Empresas, que tem como objetivo promover a capacitação das empresas para a geração de renda e emprego. Contém informações sobre economia informal e setores da atividade econômica. Acesso em: 11 maio 2005.

PREPARANDO-SE PARA O VESTIBULAR

UNIDADE I A ORGANIZAÇÃO E A REPRESENTAÇÃO DO ESPAÇO

CAPÍTULO 1 – A GEOGRAFIA E A ORGANIZAÇÃO DO ESPAÇO

1. (Fuvest-SP)

> "Hoje, a civilização só parece progredir onde existe um clima estimulante. Uma civilização de primeira categoria pode ser transportada de um lugar para outro, mas só pode crescer com vigor onde o clima der energia aos homens."
>
> (Huntington, 1915.)

Na atualidade, considerando as linhas de pensamento geográfico mais modernas, a afirmação contida no texto pode ser:

a) confirmada em numerosas áreas de colonização européia da África que não conseguiram se desenvolver em virtude dos climas árido e semi-árido.

b) contestada em sua essência, pois não são exclusivamente as condições naturais que justificam o grau de desenvolvimento de uma região.

c) confirmada em sua essência, pois em várias áreas da África e da América Latina as condições climáticas adversas retardaram o progresso.

d) contestada, pois não é o clima, mas o meio natural como um todo, o principal fator responsável pelo fraco desenvolvimento econômico de várias partes do mundo, a exemplo do Sahel africano.

e) confirmada na Ásia das Monções, onde a forte concentração de chuvas num só período do ano impediu que as influências da colonização européia promovessem o desenvolvimento da região.

2. (UCG-GO, modificada)
Estudar geograficamente o mundo ou parte do mundo é ir além da simples descrição da paisagem, pois esta não nos fornece elementos suficientes para uma compreensão global daquilo que pretendemos conhecer geograficamente.

Quanto à colocação anterior, indique as afirmações corretas:

a) Por trás de toda paisagem existe uma dinâmica particular que a determina, que a constrói, que a mantém com determinada aparência.

b) Qualquer investigação, de fato geográfica, acerca do mundo, deve propor-se investigar, principalmente, o modo pelo qual a sociedade produz o espaço geográfico.

c) É na idéia que os homens fazem das coisas, nas suas formas de viver, morar, de se divertir e nos seus movimentos ou nos de seus produtos, que encontramos o sentido conferido pelas dinâmicas sociais aos espaços geográficos.

d) Ao analisarmos paisagens como as do cerrado, devemos proceder diferentemente do que faríamos ao analisarmos a da Avenida Goiás, pois na primeira, a dinâmica social da produção/apropriação dessa paisagem está ausente.

e) Em cada período da história da humanidade, em cada canto do mundo, encontraram-se diversas sociedades produzindo espaços geográficos iguais, devido às semelhantes formas de produzir, consumir e pensar que tais sociedades estruturaram para sobreviver.

f) Hoje, é possível perceber a presença do mundo quase inteiro em cada recanto da Terra, já que as fronteiras dos países não são limites intransponíveis para a imposição de idéias e ritmos da moderna sociedade industrial.

3. (Uern)

A análise da ilustração e os conhecimentos sobre a organização do espaço geográfico permitem afirmar:

a) À medida que o homem se apropria do espaço natural, mais a ele se integra, sem depredá-lo.

b) Os elementos que compõem a natureza se combinam, mas não são interdependentes.

c) O homem, no processo de produção do espaço geográfico, não age isoladamente e, sim, em sociedade.

d) O modo de produção capitalista contribui para a preservação ambiental.

e) As montanhas foram as formas de relevo que mais sofreram desgastes devido à atuação do homem.

4. (F. Positivo-PR)

A Geografia, assim como as demais ciências humanas, estuda a sociedade. Seu ponto de partida é o espaço produzido pelo homem, que, conjugado com os aspectos físicos e com a história, compõe o espaço geográfico. A complexidade do estudo do espaço geográfico tem sido objeto de discussão entre pesquisadores, principalmente após as teses dos geógrafos Friedrich Ratzel (Escola Determinista) e Vidal de La Blanche (Escola Possibilista). Com relação às idéias destes dois autores, indique a alternativa que apresenta afirmação incorreta.

a) Ratzel distingue os povos naturais dos povos civilizados. O progresso (civilização) consiste na emancipação progressiva do homem das determinações naturais e, portanto, só será alcançado à medida que as sociedades dominem de maneira plena os recursos naturais disponíveis em seu meio.

b) Para Ratzel, a decadência ou o progresso de uma sociedade estão ligados à perda ou à conquista de territórios. Não por acaso, suas idéias foram associadas ao expansionismo alemão do século XIX.

c) La Blanche afirma que a relação do homem com os recursos da natureza, que são desigualmente distribuídos, criou gêneros de vida particulares entre as sociedades. A diferença básica entre as várias sociedades reside, principalmente, no modo de produção adequado ao meio em que elas estão inseridas.

d) Para La Blache, as técnicas e hábitos e a complementaridade dos recursos naturais são difundidos através do contato entre os povos — comércio. O progresso das sociedades reside na ampliação da capacidade produtiva resultante desse contato.

e) Ratzel e La Blanche concordam que o processo de produção do espaço geográfico se torna mais simplificado com o desenvolvimento da sociedade. Mesmo apresentando idéias antagônicas a respeito da relação do homem com a natureza, ambos prevêem a unificação global do modo de produção.

5. (Etapa-SP)

Acerca do papel da Geografia e ciências afins na análise, interpretação e organização da sociedade, assim como na concepção de natureza e uso de seus recursos, podemos afirmar de modo correto que:

a) A teoria geográfica determinista considera que a diversidade das civilizações é reflexo das influências políticas, sociais e econômicas que prevalecem sobre os diferentes espaços da Terra.

b) A Cartografia, por trabalhar com a representação do espaço usando escalas, projeções e símbolos que expressam com exatidão formas, dimensões e atributos dos lugares, corrige distorções quanto à importância, localização e à acessibilidade dos lugares.

c) A Geografia Ambiental desenvolveu-se como uma tentativa de assegurar a defesa da natureza e a sua sustentabilidade, considerando secundário os interesses de sobrevivência da sociedade.

d) A Geografia, ciência tradicional, ficou excluída das mudanças geradas pelo avanço científico e tecnológico que acompanharam o crescimento da economia mundial, nos últimos 30 anos, com a retomada da expansão do mundo capitalista.

e) As ciências que explicam a natureza e a sociedade e difundem as possibilidades de representação e intervenção sobre as mesmas refletem as preocupações e os interesses do contexto sociopolítico vigente em dado momento histórico.

CAPÍTULO 2 – A FORMAÇÃO DOS ESTADOS NACIONAIS E OS PAÍSES ATUAIS

(Enem-MEC)

> "O continente africano em seu conjunto apresenta 44% de suas fronteiras apoiadas em meridianos e paralelos; 30% por linhas retas e arqueadas, e apenas 26% se referem a limites naturais que geralmente coincidem com os de locais de habitação dos grupos étnicos."
>
> (MARTIN, A. R. *Fronteiras e nações*. São Paulo: Contexto, 1998.)

Diferente do continente americano, onde quase a totalidade das fronteiras obedecem a limites naturais, a África apresenta as características citadas em virtude, principalmente:

a) da sua recente demarcação, que contou com técnicas cartográficas antes desconhecidas.

b) dos interesses de países europeus preocupados com a partilha dos seus recursos naturais.

c) das extensas áreas desérticas que dificultam a demarcação dos "limites naturais".

d) da natureza nômade das populações africanas, especialmente aquelas oriundas da África Subsaariana.

e) da grande extensão longitudinal, o que demandaria enormes gastos para demarcação.

CAPÍTULO 3 – O ESPAÇO E SUAS REPRESENTAÇÕES

1. (UFPI)
Observe atentamente a figura abaixo.
Com base no mapa, é correto dizer que:

a) o Zaire, na África, e o norte do Brasil, na América do Sul, estão situados em regiões de baixa latitude.

b) a maior parte da América do Norte está situada numa região intertropical.

c) a Europa é cortada pelo Trópico de Câncer.

d) a longitude de 0° corresponde ao Trópico de Capricórnio.

e) a China e a Rússia situam-se próximas do Meridiano de Greenwich.

2. (Unifor-CE, adaptada)
Com base no esquema, considere as afirmações apresentadas abaixo.

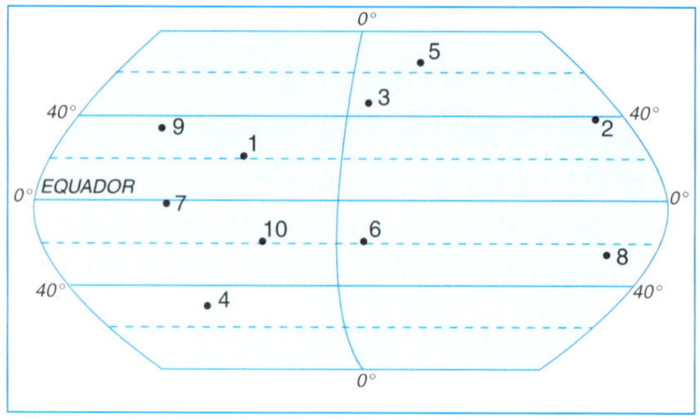

I. Os pontos 3 e 6 apresentam as menores longitudes e o ponto 7, a menor latitude.

II. Os pontos 2 e 9 situam-se em longitudes idênticas.

III. Os pontos 1 e 10 localizam-se à mesma latitude, mas em hemisférios diferentes.

IV. O ponto 5 é o que apresenta maior latitude.

V. Os pontos 4 e 8 situam-se em latitudes idênticas.

Estão corretas somente:

a) I, II e III.
b) I, II e V.
c) I, III e IV.
d) II, III e IV.
e) II, IV e V.

3. (Uern)
Para localizar pontos específicos na superfície terrestre não basta apenas o rumo ou a orientação. Por esse motivo, foram criadas as coordenadas geográficas.

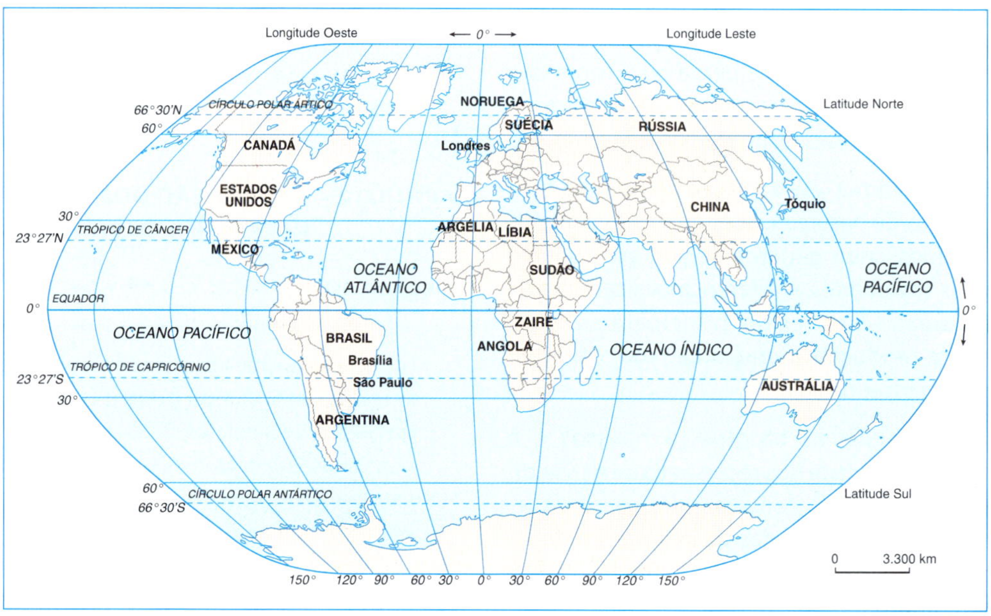

a) As linhas imaginárias que servem de base para a localização de qualquer ponto na superfície terrestre são os paralelos e os meridianos.

b) Os paralelos permitem o cálculo da latitude, distância em quilômetros entre o ponto que se quer localizar e o Equador.

c) As longitudes, que podem ser Norte e Sul, são indicadas pelos meridianos.

d) A latitude varia de 0° a 90° e pode estar a Leste ou Oeste.

e) A longitude varia de 0° a 180°, iniciando na linha do Equador.

4. (Fuvest-SP)
Sobre a localização do Brasil no mundo, indique a alternativa incorreta.

a) A maior parte das terras do Brasil localiza-se no hemisfério meridional, isto é, ao sul do Equador.

b) O Brasil localiza-se inteiramente no hemisfério ocidental, isto é, a oeste de Greenwich.

c) Ao sul, o Brasil é cortado pelo Trópico de Câncer.

d) Apenas uma pequena porção do Brasil localiza-se no hemisfério setentrional, isto é, ao norte do Equador.

e) O Brasil possui terras nos hemisférios norte, sul e oeste.

5. (Uece)
Considerando que a distância entre dois pontos em um mapa de escala 1 : 500.000 é de 16,5 cm, a distância real entre eles é igual a:

a) 825 km.
b) 8,25 km.
c) 8.250 km.
d) 82,5 km.

6. (Uece)
Considere dois mapas que representam a Região Metropolitana de Fortaleza (RMF) com as seguintes escalas:

Mapa 1 (1 : 50.000); Mapa 2 (1 : 500.000)

Pode-se afirmar verdadeiramente que:

a) em ambos os mapas há uma representação cartográfica com grande riqueza de detalhes.

b) os dois mapas possuem o mesmo tamanho.

c) o mapa 2 apresenta riqueza de detalhes por ter escala grande.

d) o mapa 1 tem maior tamanho e representa com maior riqueza de detalhes a área da RMF.

7. (UcSal-BA)
Analise o seguinte trecho da planta da cidade de Salvador:

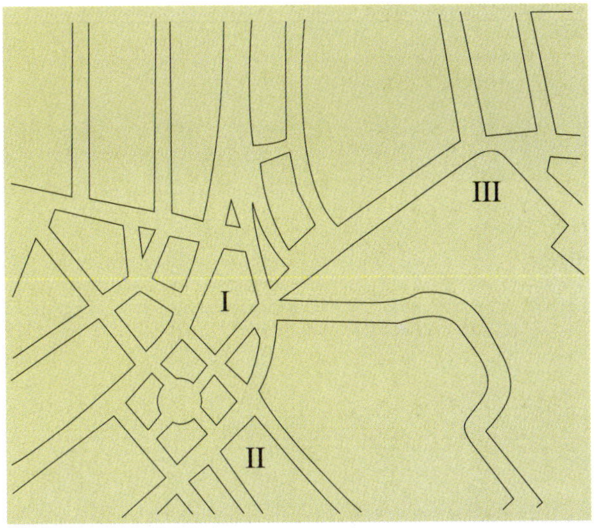

Estima-se que o Instituto Geográfico Histórico de Salvador (**I**) dista da Igreja N. S. da Piedade (**II**) 130 m (13 mm na planta) e da Igreja da Lapa (**III**) 350 m (35 mm na planta).
Com base nestes dados, a escala dessa planta é:

a) 1 : 13.000.
b) 1 : 10.000.
c) 1 : 3.500.
d) 1 : 1.000.
e) 1 : 100.

8. (UEMG)
Observe a figura a seguir. Ela retrata uma projeção cartográfica, permitindo colocar num plano informações inscritas numa esfera. Todas as alternativas sobre essa projeção estão corretas, exceto:

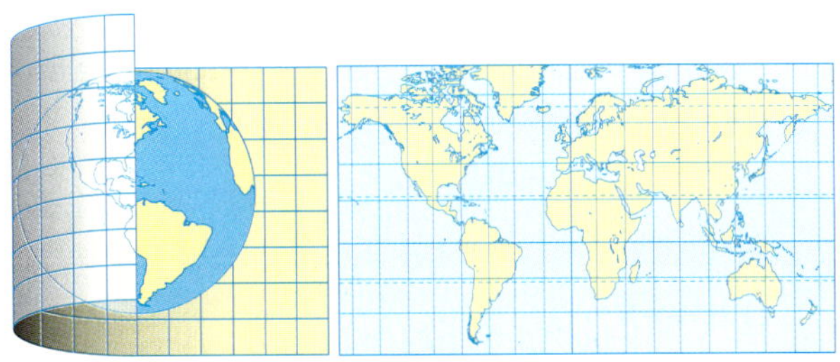

a) A partir do centro da esfera foram projetados os paralelos e os meridianos.

b) No cruzamento dos paralelos com os meridianos formam-se ângulos retos.

c) É uma projeção cilíndrica e permite representar com precisão as áreas correspondentes aos pólos Norte e Sul.

d) É bastante utilizada na navegação e na confecção dos mapas-múndi.

9. (PUC-RS)
Responda à questão com base no mapa e afirmativas abaixo, relacionadas à percepção cartográfica.

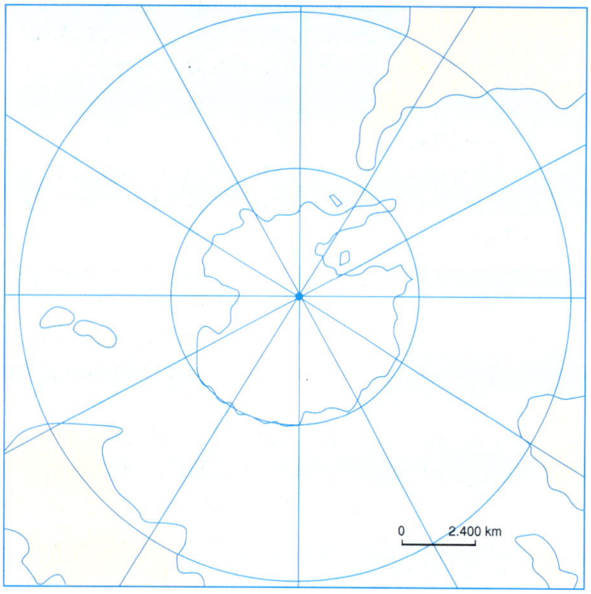

I. Neste mapa aparece a porção meridional do Brasil e o Trópico de Câncer, localizado ao sul do Equador.

II. A área menos deformada deste mapa é o Pólo Sul, pois é uma Projeção Azimutal Polar.

III. O mapa apresenta como ponto central o Pólo Norte, ficando em evidência o Círculo Polar Ártico.

IV. Todos os continentes nessa projeção estão ao norte do seu centro.

V. Entre os meridianos apresentados existem dois fusos horários.

A análise das afirmativas permite concluir que está correta a alternativa:

a) I, II e III.
b) I, III e V.
c) II, IV e V.
d) II e IV.
e) III e V.

10. (UFC-CE)
Entre os elementos básicos das representações cartográficas estão as coordenadas geográficas. Sobre algumas de suas aplicações na cartografia está correto afirmar que:

a) são símbolos utilizados exclusivamente na confecção de mapas e cartas climáticas.

b) são sinais aplicados na delimitação de cotas altimétricas e batimétricas do relevo.

c) são referências gráficas que indicam áreas de mesma temperatura no globo terrestre.

d) servem para identificar zonas climáticas diferentes e constituem um sistema de orientação.

e) servem para relacionar a distância real com a distância gráfica expressa nos mapas.

11. (UCS-RS)
Qual é a distância real aproximada entre duas cidades, A e B, sabendo-se que, no mapa de escala 1 : 45.000.000, a distância linear é de 5 cm?

a) 90 km.
b) 225 km.
c) 455 km.
d) 2.250 km.
e) 45.000.000 km.

12. (UFV-MG)
Ushuaia, na Argentina, é considerada a cidade mais austral do planeta. Isto significa que ela está localizada, em relação ao globo terrestre, numa posição:

a) mais a Norte.
b) mais a Sul.
c) mais a Oeste.
d) mais a Leste.
e) mais ao centro.

UNIDADE II TRANSFORMAÇÕES ECONÔMICAS E GEOPOLÍTICAS MUNDIAIS

CAPÍTULO 4 – A ORGANIZAÇÃO DO ESPAÇO NO CAPITALISMO

1. (UFRN)
"Com a Revolução Industrial, o espaço geográfico do continente europeu assume paulatinamente uma nova organização."
A partir desta afirmação, pode-se concluir:

a) O espaço urbano passa a conter indústrias que ofereceram um importante mercado de trabalho.

b) A grande poluição gerada pela indústria fez afastar a população urbana, que foi substituída pela força de trabalho oriunda do campo.

c) A industrialização já era praticada nos países centrais da Europa, quando a Revolução Industrial teve início na Inglaterra.

d) A indústria fez surgir uma transformação na organização espacial, cujo início se deu nos países ibéricos.

e) Uma desestruturação na agricultura, que fez decrescer enormemente a produção de alimentos, ocorreu com a industrialização.

2. (PUC-MG)
O processo de colonização aplicado no continente africano provocou a destruição de tradições locais, a partir da implantação de uma economia de mercado orientada dentro de um modelo centro-periferia. Nesse sentido, são corretas as seguintes afirmativas, exceto:

a) Foram organizadas grandes plantações monocultoras baseadas no uso intensivo da mão-de-obra barata e voltadas para a exportação, as *plantations*.

b) Organizou-se a rede de transportes segundo orientação dependente da economia, ligando as áreas produtoras aos portos.

c) Subdividiu-se o continente em numerosos países cujas fronteiras foram traçadas não em função da economia, mas, sim, em função da manutenção das unidades étnicas e das organizações tribais.

d) Apesar de as nações terem se tornado independentes, são muitas as marcas da dominação colonial européia que permanecem até hoje no continente.

e) Os países tornaram-se subordinados ao mercado internacional capitalista, como resultado do processo de colonização pelo qual eles passaram.

3. (UFC-CE)
Na organização do espaço, os homens se relacionam entre si e com a natureza através do processo de trabalho.
Considerando estas relações a partir da Revolução Industrial, é correto afirmar que:

a) na sociedade capitalista, fundamentada na propriedade privada dos meios de produção, a natureza e os espaços produzidos se transformam em mercadoria.

b) na relação sociedade-natureza, o desenvolvimento científico e tecnológico tem forte influência nas transformações espaciais, que são marcadas por um forte equilíbrio ecológico.

c) com a expansão do capitalismo, ocorreram mudanças na organização da sociedade, que se caracteriza por apresentar pequenos contrastes sociais.

d) para compreender as relações sociedade-natureza é suficiente o estudo dos elementos do meio natural.

e) a sociedade moderna domina e transforma a natureza de acordo com os interesses políticos e econômicos de todas as classes sociais.

4. (Enem-MEC)
A Revolução Industrial ocorrida no final do século XVIII transformou as relações do homem com o trabalho. As máquinas mudaram as formas de trabalhar e as fábricas concentraram-se em regiões próximas às matérias-primas e grandes portos, originando vastas concentrações humanas. Muitos dos operários vinham da área rural e cumpriam jornadas de trabalho de 12 a 14 horas, na maioria das vezes em condições adversas. A legislação trabalhista surgiu muito lentamente ao longo do século XIX e a diminuição da jornada de trabalho para oito horas diárias concretizou-se no início do século XX.
Pode-se afirmar que as conquistas no início desse século, decorrentes da legislação trabalhista, estão relacionadas com:

a) a expansão do capitalismo e a consolidação dos regimes monárquicos constitucionais.

b) a expressiva diminuição da oferta de mão-de-obra, devido à demanda por trabalhadores especializados.

c) a capacidade de mobilização dos trabalhadores em defesa dos seus interesses.

d) o crescimento do Estado ao mesmo tempo que diminuía a representação operária nos parlamentos.

e) a vitória dos partidos comunistas nas eleições das principais capitais européias.

5. (Mackenzie-SP)
O domínio do mercado por um pequeno grupo de empresas é chamado:

a) oligopólio. **c)** truste. **e)** *holding*.

b) monopólio. **d)** cartel.

6. (UEMG)
As empresas transnacionais são grandes monopólios capitalistas deste século, responsáveis pela mundialização da economia.
Sobre o processo de implantação dessas empresas é correto afirmar que:

a) compram matérias-primas em qualquer lugar do mundo, supervalorizando-as através de pagamentos elevados.

b) têm um pequeno faturamento, pois seu comércio está restrito às suas áreas de produção.

c) instalam-se onde os governos oferecem mais vantagens, como infra-estrutura, isenção ou redução de impostos.

d) atuam em vários países, utilizando a mão-de-obra com salários elevados, equiparados aos que são pagos em suas matrizes.

7. (UFPI)
Considerando a chamada Terceira Revolução Industrial ou Revolução Tecnocientífica, analise as seguintes afirmações:

I. As novas tecnologias consistem numa efetiva aplicação dos conhecimentos científicos.

II. A Revolução Tecnocientífica provocou uma redistribuição geográfica das indústrias no mundo.

III. A Terceira Revolução Industrial vem incluindo um número cada vez maior de trabalhadores no processo produtivo.

Considerando as afirmações, indique a opção correta.

a) Somente I é verdadeira.

b) Somente II é verdadeira.

c) Somente III é verdadeira.

d) I e II são verdadeiras.

e) Todas são verdadeiras.

CAPÍTULO 5 – GLOBALIZAÇÃO E DESINTEGRAÇÃO DOS PAÍSES SOCIALISTAS

1. (UFG-GO)

"Dentre as múltiplas denominações aplicadas ao nosso tempo, nenhuma é mais expressiva que a de *período tecnológico*. A técnica, esse intermediário entre a natureza e o homem desde os tempos mais inocentes da história, converteu-se no objeto de uma elaboração científica sofisticada que acabou por subverter as relações do homem com o meio, do homem com o homem, do homem com as coisas, bem como as relações das classes sociais entre si e as relações entre as nações [...] Trata-se de uma fase inteiramente nova da história da humanidade."

(SANTOS, M. *Pensando o espaço do homem*. São Paulo: Hucitec, 1991. p. 11.)

Sobre a matéria de que trata o texto, indique as alternativas corretas (C) e as erradas (E):

a) o surgimento de sociedades tecnológicas está diretamente relacionado às economias que demandam altos investimentos em pesquisas científicas.

b) a inserção de vários países no processo de globalização promoveu a emancipação política de colônias.

c) a introdução de novas tecnologias nos meios de transporte alterou as concepções de espaço-tempo, diminuindo as distâncias e, conseqüentemente, o tempo necessário para percorrê-las.

d) o aumento dos mecanismos de controle dos mercados internacionais e a difusão de informações por meio de poderosos sistemas de telecomunicações reforçaram as relações de dominação e dependência entre os países.

2. (UEMG)
A atual fase da evolução capitalista é denominada: "globalização". Indique a afirmativa incorreta sobre esse fenômeno.

a) É marcado pela mundialização da produção, da circulação e do consumo.

b) Preocupa-se com a eliminação de barreiras entre as nações, enfraquecendo as grandes corporações econômicas e fortalecendo o Estado.

c) Acelera o processo competitivo avançando na informatização, automatização e na robotização das atividades produtivas.

d) O espaço mundial tende a ficar cada vez mais heterogêneo, pois tem acentuado as diferenças entre os países.

3. (Vunesp)
Durante muito tempo, na maioria dos países do mundo, o papel do Estado foi o de garantir a acumulação privada da riqueza, enquanto em outros países o Estado era o próprio acumulador de riquezas. O texto refere-se à diferença fundamental entre dois importantes sistemas econômicos que são, respectivamente,

a) monarquia e parlamentarismo.

b) imperialismo e cooperativismo.

c) cooperativismo e socialismo.

d) parlamentarismo e capitalismo.

e) capitalismo e socialismo.

4. (Enem-MEC)
Você está fazendo uma pesquisa sobre globalização e lê a seguinte passagem, em um livro:

A sociedade global

As pessoas se alimentam, se vestem, moram, se comunicam, se divertem, por meio de bens e serviços mundiais, utilizando mercadorias produzidas pelo capitalismo mundial, globalizado.

Suponhamos que você vá com seus amigos comer Big Mac e tomar Coca-Cola no McDonald's.

Em seguida, assiste a um filme de Steven Spielberg e volta para casa num ônibus da marca Mercedes.

Ao chegar em casa, liga seu aparelho de TV Philips para ver o videoclipe de Michael Jackson e, em seguida, deve ouvir um CD do grupo Simply Red, gravado pela BMG Ariola Discos, em seu equipamento Aiwa.

Veja quantas empresas transnacionais estiveram presentes nesse curto programa de algumas horas.

(Adaptado de PRAXEDES e outros. *O Mercosul*. São Paulo: Ática, 1997.)

Com base no texto e em seus conhecimentos de Geografia e História, identifique a resposta correta.

a) O capitalismo globalizado está eliminando as particularidades culturais dos povos da terra.

b) A cultura, transmitida por empresas transnacionais, tornou-se um fenômeno criador das novas nações.

c) A globalização do capitalismo neutralizou o surgimento de movimentos nacionalistas de forte cunho cultural e divisionista.

d) O capitalismo globalizado atinge apenas a Europa e a América do Norte.

e) Empresas transnacionais pertencem a países de uma mesma cultura.

5. (Enem-MEC)
A leitura do texto da questão anterior ajuda você a compreender que:

I. a globalização é um processo ideal para garantir o acesso a bens e serviços para toda a população.

II. a globalização é um fenômeno econômico e, ao mesmo tempo, cultural.

III. a globalização favorece a manutenção da diversidade de costumes.

IV. filmes, programas de TV e músicas são mercadorias como quaisquer outras.

V. as sedes das empresas transnacionais mencionadas são os Estados Unidos, Europa Ocidental e Japão.

Destas afirmativas estão corretas:

a) I, II e IV, apenas.
b) II, IV e V, apenas.
c) II, III e IV, apenas.
d) I, III e IV, apenas.
e) III, IV e V, apenas.

6. (Enem-MEC)

"Os 45 anos que vão do lançamento das bombas atômicas até o fim da União Soviética não foram um período homogêneo único na história do mundo. [...] dividem-se em duas metades, tendo como divisor de águas o início da década de 1970. Apesar disso, a história deste período foi reunida sob um padrão único pela situação internacional peculiar que o dominou até a queda da URSS."

(HOBSBAWM, Eric J. *Era dos extremos*. São Paulo: Companhia das Letras, 1996.)

O período citado no texto e conhecido por "Guerra Fria" pode ser definido como aquele momento histórico em que houve:

a) corrida armamentista entre as potências imperialistas européias ocasionando a Primeira Guerra Mundial.

b) domínio dos países socialistas do Sul do globo pelos países capitalistas do Norte.

c) choque ideológico entre Alemanha nazista/União Soviética stalinista durante os anos 1930.

d) disputa pela supremacia da economia mundial entre o Ocidente e as potências orientais, como a China e o Japão.

e) constante confronto das duas superpotências que emergiram da Segunda Guerra Mundial.

7. (Uepa)
Durante o período da Guerra Fria, num mundo bipolar, o poder estava assentado na capacidade militar das superpotências. Hoje, no mundo multipolar, o poder é medido pela capacidade econômi-

ca, avanço tecnológico, nível de produtividade e índices de competitividade. Esses são os novos padrões de poder; e neste contexto...

a) intensificou-se o processo de globalização econômica, que pode ser considerado a mais recente e avançada fase da expansão capitalista.

b) instalou-se uma Nova Ordem, onde ainda prevalece o antagonismo entre o Leste (pobre e agrário) e o Oeste (rico e industrializado).

c) paralelamente à globalização da produção e do consumo, diminui gradativamente o fluxo de imigrantes pelo espaço mundial devido à redução do desemprego estrutural.

d) ocorre o fortalecimento dos Estados nacionais devido à rigidez no estabelecimento das fronteiras geopolíticas e comerciais.

e) reduz-se, de forma muito rápida, as diferenças entre o Norte (rico) e o Sul (pobre), resultado da transnacionalização da economia.

8. (Uern)

A partir da década de 1970, o mapa-múndi vem sofrendo grandes alterações. São reunificações, desmembramentos, enfim, mudanças que redefinem fronteiras de diversos países.

Indique a única alternativa que não é correta em relação a esse assunto.

a) As Alemanhas Ocidental e Oriental foram reunificadas com a queda do Muro de Berlim, que marcou a reunião das duas num só país.

b) A URSS não existe mais, porque suas quinze repúblicas conquistaram a independência e hoje são consideradas países.

c) A Tchecoslováquia dividiu-se em República Tcheca e República Eslováquia.

d) A Iugoslávia foi dividida em cinco países: Croácia, Eslovênia, Bósnia, Macedônia e Sérvia e Montenegro.

e) A unificação da Irlanda, anteriormente formada pela Irlanda do Norte e Irlanda do Sul.

9. (Unicamp-SP)

> Até o século XX, o capitalismo operava por meio da inclusão dos trabalhadores. Hoje, ele opera pela exclusão.
>
> (Adaptado da introdução de Marilena Chauí a LAFARGUE, Paul. *O direito à preguiça*. São Paulo: Hucitec/Unesp, 1999.)

a) Explique como ocorre atualmente a exclusão de trabalhadores nas sociedades capitalistas.

b) Nas grandes cidades, há utilizações específicas do espaço público por parte dos trabalhadores excluídos do emprego formal. Cite uma delas.

CAPÍTULO 6 – A NOVA ORDEM MUNDIAL E OS BLOCOS ECONÔMICOS

1. (Uern)

A nova ordem mundial é multipolar, em substituição à bipolar, quando os Estados Unidos e a União Soviética dividiam o comando do mundo.

De acordo com os conhecimentos sobre a nova ordem, pode-se afirmar:

a) Os blocos de maior poderio econômico, tecnológico e político-diplomático são o americano, o europeu e o asiático.

b) Os dois maiores blocos, em números de países, são o Nafta e o Mercosul.

c) O Mercosul, bloco formado por Paraguai, Brasil, Argentina e Uruguai, eliminou as barreiras alfandegárias entre os países-membros e criou uma moeda única.

d) As organizações financeiras internacionais, como o FMI, o Bird e o Gatt, perderam importância na nova conjuntura multipolar.

e) O Nafta é um bloco econômico que substituiu a OEA.

2. (UFPB)

O início da década de 1990 marca a crise dos países socialistas e o fim da ordem mundial bipolar. Os países se reorganizaram, estabelecendo acordos comerciais. Surgem assim os blocos econômicos. Sobre esses blocos, afirma-se:

I. A União Européia foi criada com o objetivo de fortalecer a economia dos países-membros. Paulatinamente, foi ocorrendo uma integração total entre os países-membros, prevendo a unificação de várias políticas internas, da moeda e dos direitos do cidadão.

II. A Apec prevê a criação de uma zona de livre comércio para 2020 e, muito embora seja marcada pelas disputas comerciais entre as potências que a integram, pode ser caracterizada como uma área de expansão das indústrias de uma destas potências em especial.

III. O Mercosul é composto de um dos maiores mercados consumidores mundiais e prevê a criação de uma zona de livre comércio, implantada a partir da redução das taxas alfandegárias entre os países-membros, objetivando expandir este acordo por todo o continente asiático.

Está(ão) correta(s) apenas:

a) I.
b) II.
c) I e II.
d) I e III.
e) II e III.

3. (Enem-MEC)
Em dezembro de 1998, um dos assuntos mais veiculados nos jornais era o que tratava da moeda única européia. Leia a notícia destacada abaixo.

"O nascimento do euro, a moeda única a ser adotada por onze países europeus a partir de 1º de janeiro, é possivelmente a mais importante realização deste continente nos últimos dez anos que assistiu à derrubada do Muro de Berlim, à reunificação das Alemanhas, à libertação dos países da Cortina de Ferro e ao fim da União Soviética. Enquanto todos esses eventos têm a ver com a desmontagem de estruturas do passado, o euro é uma ousada aposta no futuro e uma prova da vitalidade da sociedade européia. A 'Euroland', região abrangida por Alemanha, Áustria, Bélgica, Espanha, Finlândia, França, Irlanda, Itália, Luxemburgo, Países Baixos, e Portugal, tem um PIB (produto interno bruto) equivalente a quase 80% do norte-americano, 289 milhões de consumidores e responde por cerca de 20% do comércio internacional. Com esse cacife, o euro vai disputar com o dólar a condição de moeda hegemônica."

(*Gazeta Mercantil*, 30 dez. 1998.)

A matéria refere-se à "desmontagem das estruturas do passado", que pode ser entendida como:

a) o fim da Guerra Fria, período de inquietação mundial que dividiu o mundo em dois blocos ideológicos opostos.

b) a inserção de alguns países do Leste Europeu em organismos supranacionais, com o intuito de exercer o controle ideológico no mundo.

c) a crise do capitalismo, do liberalismo e da democracia levando à polarização ideológica da antiga União Soviética.

d) a confrontação dos modelos socialista e capitalista para deter o processo de unificação das duas Alemanhas.

e) a prosperidade das economias capitalista e socialista, com o conseqüente fim da Guerra Fria entre os Estados Unidos e a União Soviética.

4. (UMCi-SP)
Os aspectos geopolíticos e econômicos, presentemente, têm mantido o mundo em permanente dinamismo. Em decorrência disto, modificações operam-se em todos os setores e também na vida dos cidadãos. Neste sentido, atualmente ocorre a aglomeração de alguns países em blocos.
Analise as afirmações abaixo sobre os blocos econômicos mundiais.

I. Referente ao Tratado de Livre Comércio da América do Norte (Nafta), fazem parte o Canadá, o México e os Estados Unidos.

II. O Mercosul, composto inicialmente por Brasil, Argentina, Paraguai e Uruguai, conquistou novos membros em 1997, entre eles, Chile, Peru e Cuba.

III. A União Européia reúne países como Portugal, Espanha e Grécia, representando a mais antiga tentativa de integração em vigor no mundo.

IV. A partir de 2005, a área de Livre Comércio das Américas (Alca) pretende unir todos os países das Américas, formando uma única zona de livre comércio (do Alasca à Patagônia), excetuando-se Cuba.

A alternativa que contém todas as afirmativas verdadeiras é:

a) I, II e IV.
b) II, III e IV.
c) I e IV.
d) I, III e IV.
e) II e III.

5. (Cefet-PR)
Indique a alternativa em que todos os países mencionados integram o Mercosul.

a) Argentina, Brasil, Paraguai e Uruguai.

b) Brasil, Peru, Paraguai e Argentina.

c) Argentina, Brasil, Chile, Paraguai, Colômbia e Uruguai.

d) Argentina, Brasil, Chile, Peru e Uruguai.

e) Argentina, Brasil, Chile, Bolívia, Paraguai e Uruguai.

6. (Mackenzie-SP)
Indique a alternativa incorreta sobre o atual processo de globalização.

a) Consiste na abertura das economias nacionais para a livre circulação de produtos e capitais.

b) É fundamentada na regionalização das relações econômicas através de alianças comerciais ou blocos econômicos.

c) Os países desenvolvidos têm poder de decisão sobre as questões de âmbito mundial, tanto econômicas como políticas.

d) Os países que dominam as tecnologias avançadas e sediam as grandes empresas assumem a liderança dos processos econômicos.

e) Tornou o espaço mundial mais homogêneo, diminuindo as desigualdades, tanto entre os países como entre os segmentos sociais.

CAPÍTULO 7 – OS GRANDES CONJUNTOS DE PAÍSES E AS DESIGUALDADES MUNDIAIS

1. (Fuvest-SP)
Analise os croquis cartográficos e caracterize a organização da economia mundial em cada período indicado.

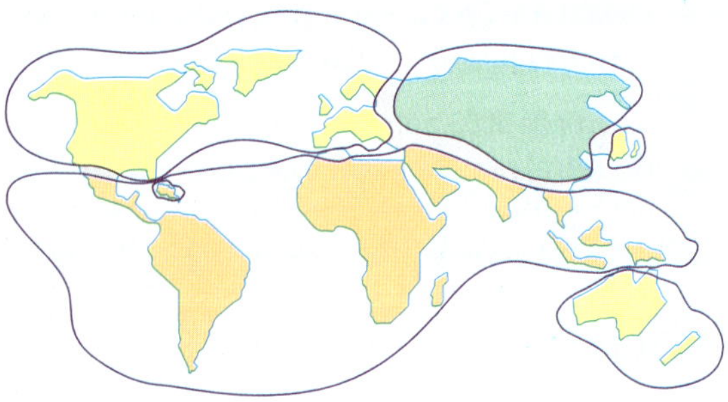

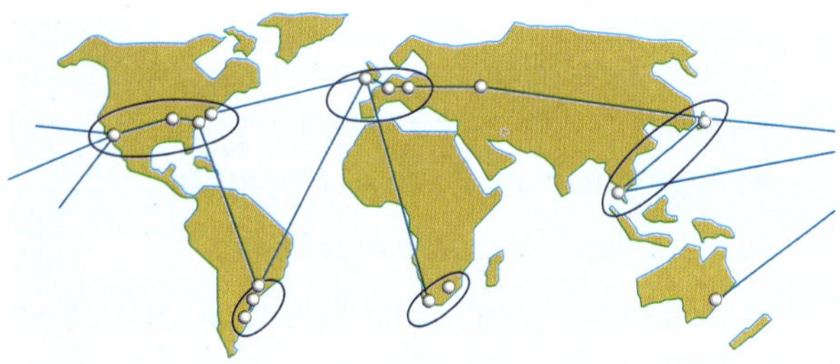

Fonte: adaptado de Carnat, 1998.

2. (Unama-PA)
Como resultado das recentes transformações econômicas ocorridas no espaço mundial, hoje duas tendências convivem e conflitam. Uma é a globalização dos mercados, estimulando o fluxo planetário das mercadorias. A outra é a de **regionalização econômica**, na atualidade mais bem definida a partir da:

a) divisão regional do espaço mundial em 1º, 2º e 3º mundo.

b) formação de blocos e megablocos econômicos que atuam como barreiras protecionistas, preservando a esfera de influência das zonas econômicas.

c) divisão regional do mundo em espaços capitalistas e socialistas.

d) formação de organismos supranacionais que permitem uma melhor distribuição dos lucros e investimentos internacionais.

e) divisão regional do mundo em: países do norte (desenvolvidos) e países do sul (subdesenvolvidos).

3. (Unicamp-SP)

O *Relatório do desenvolvimento humano 1996*, elaborado pela ONU, analisa o desenvolvimento dos países de acordo com uma medida chamada Índice de Desenvolvimento Humano. Baseia-se em três critérios: a taxa de menores de cinco anos com peso insuficiente, a proporção de nascimentos sem assistência médica qualificada e a taxa de analfabetismo feminino. É um conceito diferente do que predominava anos atrás, chamado produto interno bruto (PIB) *per capita*. O relatório conclui que os pobres tornaram-se ainda mais marginalizados em países como Brasil, Guatemala, Guiné-Bissau e Estados Unidos, sendo que o Brasil segue uma trajetória oposta à de Coréia do Sul, Cingapura e Taiwan.

(Adaptado de *O Estado de S. Paulo*, 16 jul. 1996.)

a) Por que o PIB *per capita* é considerado um instrumento insuficiente para analisar o desenvolvimento de um determinado país?

b) Por que o Brasil segue uma trajetória oposta à de Coréia do Sul, Cingapura e Taiwan? Utilize para sua resposta seus conhecimentos a respeito do processo de desenvolvimento econômico atual dos chamados Tigres Asiáticos e do Brasil.

4. (Uern)
Os termos Primeiro Mundo, Segundo Mundo e Terceiro Mundo, bastante utilizados após a Segunda Guerra Mundial, designaram, respectivamente, os países:

a) capitalistas pobres, os de economia planificada e os capitalistas ricos.

b) de economia planificada ou socialistas, os capitalistas ricos e os capitalistas pobres.

c) capitalistas ricos, os de economia planificada ou socialistas e os capitalistas pobres.

d) capitalistas ricos, os capitalistas pobres e os socialistas.

e) de economia planificada ou socialistas, os capitalistas pobres e os capitalistas ricos.

5. (Uece)
Ao considerarmos o mundo do ponto de vista das desigualdades internacionais, é correto afirmar:

a) há dois importantes conjuntos de países: uma maioria que mantém um sistema socioeconômico baseado no planejamento e os de economia de mercado.

b) dois conjuntos se diferenciam: os países do norte (desenvolvidos) e os do sul (subdesenvolvidos).

c) os países orientais e os países ocidentais se diferenciam, respectivamente, por suas condições socioeconômicas: desenvolvidos e subdesenvolvidos.

d) ainda se mantém como paradigma de diferenciação entre os países, os blocos fisiográficos da América, África, Europa e Ásia.

6. (Uern)
Com relação à situação de países desenvolvidos e subdesenvolvidos, identifique as afirmativas verdadeiras.

I. Os países subdesenvolvidos são, em geral, dependentes economicamente dos países desenvolvidos.

II. As teorias mais aceitas na atualidade consideram a exploração colonial uma das principais causas das disparidades socioeconômicas existentes entre países desenvolvidos e subdesenvolvidos.

III. O subdesenvolvimento é apenas uma questão de atraso, já que muitos países antes subdesenvolvidos são hoje desenvolvidos.

A alternativa que indica todas as afirmativas verdadeiras é:

a) I.

b) II.

c) III.

d) I e II.

e) I, II e III.

7. (UFMG)
Algumas transformações políticas recentes ocorridas na ex-URSS e na ex-Tchecoslováquia constituem exemplos de separações entre povos. Essas separações se concretizaram sem tragédias como as ocorridas na dissolução da ex-Iugoslávia.
Apresente duas razões pelas quais a dissolução da ex-Iugoslávia está se fazendo através de conflitos e guerras entre as diferentes repúblicas.

8. (Unicamp-SP)

"Já foi dito que as religiões, todas elas sem exceção, nunca serviram para aproximar e congraçar os homens, que, pelo contrário, foram e continuam a ser causa de sofrimentos inenarráveis, de morticínios, de monstruosas violências físicas e espirituais que constituem um dos mais tenebrosos capítulos da miserável história humana."

(SARAMAGO, José. O fator Deus. *Folha de S.Paulo*, 18 set. 2001.)

a) Considerando o texto acima, cite dois conflitos presentes no mundo atual que têm como justificativa questões religiosas.

b) Que outro importante aspecto pode explicar a natureza desses conflitos?

9. (Unip-SP)
Observando-se parte da classificação dos países mundiais divulgada pela ONU em setembro de 1998, utilizando como critério o IDH (Índice de Desenvolvimento Humano), concluímos que:

OS MAIS ALTOS	IDH	OS MAIS BAIXOS	IDH
1º Canadá	0,960	165º Gâmbia	0,291
2º França	0,946	166º Moçambique	0,291
3º Noruega	0,943	167º Guiné	0,277
4º EUA	0,942	168º Eritréia	0,275
5º Islândia	0,942	169º Etiópia	0,252
6º Finlândia	0,942	170º Burundi	0,241
7º Holanda	0,941	171º Mali	0,236
8º Japão	0,940	172º Burkina Fasso	0,219
9º Nova Zelândia	0,939	173º Níger	0,207
10º Suécia	0,936	174º Serra Leoa	0,185

a) os melhores países estão todos na América, enquanto os piores concentram-se no Oriente Médio.

b) somente o Canadá apresenta alto IDH na América, sendo que todos os europeus têm alto IDH.

c) entre os mais baixos padrões de desenvolvimento humano estão somente países situados na África.

d) no continente asiático não há países com os melhores índices de IDH, o mesmo ocorrendo com a América.

e) o Brasil está colocado entre os piores IDH, ao lado dos demais países do Mercosul.

10. (Uern)

A grande maioria dos países socialistas vive hoje um processo de transformação de suas economias. A planificação, que era a base do projeto do socialismo real, vem sendo substituída pela economia de mercado, própria dos países capitalistas.

Como exemplo de países enquadrados nesse contexto de transição, pode-se citar:

a) Áustria e Rússia.

b) Japão e Coréia do Norte.

c) Cuba e Inglaterra.

d) Rússia e Estados Unidos.

e) Rússia e Polônia

11. (Cesgranrio-RJ)

O Terceiro Mundo já era

No cenário atual das relações internacionais, o conceito de Terceiro Mundo, criado nos anos cinqüenta, torna-se inadequado, incapaz de dar conta da realidade a que se refere.

Analise algumas considerações que justificam as afirmativas acima.

I. O fim da Guerra Fria impõe a lógica segundo a qual só existe um "mundo" cada vez mais homogêneo devido à maior integração do planeta.

II. Nas últimas décadas, o rápido crescimento econômico de alguns países subdesenvolvidos vem reforçar as diferenças culturais, religiosas e étnicas que já existiam entre os países deste grupo.

III. Apesar da prosperidade do Primeiro Mundo, os problemas associados ao Terceiro Mundo, como marginalização social, também ocorrem na metade norte do planeta.

É(São) correta(s) a(s) justificativa(s):

a) I apenas.

b) I e II apenas.

c) I e III apenas.

d) II e III apenas.

e) I, II e III.

12. (UFSC)

A alternativa que não expressa característica de subdesenvolvimento é:

a) Dependência comercial e tecnológica.

b) Fuga de capitais e evasão de cérebros.

c) Distorção entre o crescimento demográfico e o crescimento econômico.

d) Agricultura e indústria altamente articuladas.

e) Enormes cifras do endividamento externo.

13. (UFPB)

O processo de globalização da economia pode ser caracterizado pela transformação do capitalismo em economia mundial e pela conseqüente expansão das empresas multinacionais pelo mundo. Embora não ocorra de maneira uniforme, esse processo tem desencadeado, no mundo todo, a(o):

a) redução das desigualdades de desenvolvimento, através da expansão geográfica das empresas multinacionais.

b) absorção da maioria da população no mercado de trabalho.

c) distribuição mais eqüitativa da renda, tanto a nível mundial quanto a nível nacional.

d) fim das fronteiras entre as nações, primeiro passo na direção da constituição de uma cidadania mundial.

e) aumento do desemprego no mundo todo e, com ele, a disseminação da pobreza também pelos chamados países ricos.

14. (Enem-MEC)

Um dos maiores problemas da atualidade é o aumento desenfreado do desemprego. O texto abaixo destaca essa situação.

"O desemprego é hoje um fenômeno que atinge e preocupa o mundo todo. [...] A onda de desemprego recente não é conjuntural, ou seja, provocada por crises localizadas e temporárias. Está associada a mudanças estruturais na economia, daí o nome de desemprego estrutural.

O desemprego manifesta-se hoje na maioria das economias, incluindo a dos países ricos. A OIT estima em 1 bilhão — um terço da força de trabalho mundial — o número de desempregados em todo o mundo em 1998. Desse total, 150 milhões encontram-se abertamente desempregados e entre 750 e 900 milhões estão subempregados."

(*Almanaque Abril 1999*. São Paulo: Abril. [CD-ROM])

Pode-se compreender o desemprego estrutural em termos da internacionalização da economia associada:

a) a uma economia desaquecida, que provoca ondas gigantescas de desemprego, gerando revoltas e crises institucionais.

b) ao setor de serviços, que se expande provocando ondas de desemprego no setor industrial, atraindo essa mão-de-obra para este novo setor.

c) ao setor industrial que passa a produzir menos, buscando enxugar custos, provocando, com isso, demissões em larga escala.

d) a novas formas de gerenciamento de produção e novas tecnologias, que são inseridas no processo produtivo, eliminando empregos que não voltam.

e) ao emprego informal que cresce, já que uma parcela da população não tem condições de regularizar o seu comércio.

15. (Enem-MEC)
Um dos fenômenos mais discutidos e polêmicos da atualidade é a globalização, a qual impacta de forma negativa:

a) na mão-de-obra desqualificada, desacelerando o fluxo migratório.

b) nos países subdesenvolvidos, aumentando o crescimento populacional.

c) no desenvolvimento econômico dos países industrializados desenvolvidos.

d) nos países subdesenvolvidos, provocando o fenômeno da exclusão social.

e) na mão-de-obra qualificada, proporcionando o crescimento de ofertas de emprego e fazendo os salários caírem vertiginosamente.

16. (Enem-MEC)
Em 1999, o Programa das Nações Unidas para o Desenvolvimento elaborou o *Relatório do desenvolvimento humano*, do qual foi extraído o trecho abaixo.
"Nos últimos anos da década de 1990, o quinto da população mundial que vive nos países de renda mais elevada tinha:

- 86% do PIB mundial, enquanto o quinto de menor renda, apenas 1%;
- 82% das exportações mundiais, enquanto o quinto de menor renda, apenas 1%;
- 74% das linhas telefônicas mundiais, enquanto o quinto de menor renda, apenas 1,5%;
- 93,3% das conexões com a internet, enquanto o quinto de menor renda, apenas 0,2%.

A distância da renda do quinto da população mundial que vive nos países mais pobres — que era de 30 para 1, em 1960 — passou para 60 para 1, em 1990, e chegou a 74 para 1, em 1997".
De acordo com este trecho do relatório, o cenário do desenvolvimento humano mundial, nas últimas décadas, foi caracterizado pela:

a) diminuição da disparidade entre as nações.

b) diminuição da marginalização de países pobres.

c) inclusão progressiva de países no sistema produtivo.

d) crescente concentração de renda, recursos e riqueza.

e) distribuição eqüitativa dos resultados das inovações tecnológicas.

CAPÍTULO 8 – PLURALIDADE CULTURAL, CONFLITOS REGIONAIS E MUNDIAIS

1. (UnB-DF)

> A Guerra do Golfo apresentou a muitos de nós os curdos, um povo, uma nação sem um espaço soberano, habitantes antigos do Iraque, que também ocupam terras no Irã, na Síria, na Turquia, na América e no Azerbaijão. Eles são muçulmanos, mas não são árabes. Sejam eles quem forem, parecem ser *personae non gratae*. Os curdos são um povo há séculos, mas eles são simplesmente um povo sem um país, um Estado próprio.
>
> (DEMKO, George J.; AGEL, Jerome; BOE, Eugene. *Why in the world:* adventures in geography. Nova Iorque: Anchor Books/Doubleday, 1992. p. 43 [com adaptação].)

O texto acima trata de dois importantes conceitos para a Geografia: "nação", um conceito cultural, e "país" (ou "Estado"), um conceito político. Tendo em vista tais conceitos, julgue os itens a seguir.

a) Os muçulmanos formam um país.

b) Os árabes formam um etnia.

c) Um país, ou um Estado, pode ser constituído por várias nações.

d) Os "curdos" não formam uma etnia.

2. (Enem-MEC)
Os efeitos abomináveis das armas nucleares já foram sentidos pelos japoneses há mais de 50 anos (1945). Vários países têm, isoladamente, capacidade nuclear para comprometer a vida na Terra. Montar o seu sistema de defesa é um direito de todas as nações, mas um ato irresponsável ou um descuido pode desestruturar, pelo medo ou uso, a vida civilizada em vastas regiões. A não-proliferação de armas nucleares é importante. No primeiro domingo de junho de 1998, Índia e Paquistão rejeitaram a condenação da ONU, decorrente da explosão de bombas atômicas pelos dois países, a título de teste nuclear e comemoradas com festa, especialmente no

Paquistão. O governo paquistanês (país que possui maioria de população muçulmana) considerou que a condenação não levou em conta o motivo da disputa: o território da CAXEMIRA, pelo qual já travaram três guerras desde sua independência (em 1947) do Império Britânico, que tinha o subcontinente indiano como colônia. Dois terços da região, de maioria muçulmana, pertencem à Índia e um terço ao Paquistão.

Sobre o tempo e os argumentos podemos dizer que:

a) a bomba atômica não existia no mundo antes de o Paquistão existir como país.

b) a força não tem sido usada para tentar resolver os problemas entre Paquistão e Índia.

c) Caxemira tornou-se um país independente em 1947.

d) os governos de Índia e Paquistão encontram-se numa perigosa escalada de solução de problemas pela força.

e) diferentemente do século anterior, no início do século XX o Império Britânico não tinha mais expressão mundial.

3. (Ufes)
A Índia, desde 1947, vem se defrontando com diversas ameaças à sua unidade nacional. Uma dessas ameaças é a reivindicação de parte de seu território por um país asiático.
Esse país é:

a) o Nepal, que reivindica a região de Caxemira.

b) o Cazaquistão, que reivindica a região de Thanjavur.

c) o Afeganistão, que reivindica a região de Caxemira.

d) o Paquistão, que reivindica a região de Caxemira.

e) o Tadjiquistão, que reivindica a região de Kanpur.

4. (PUC-Minas)
"É uma região estratégica em nível mundial. Nos conflitos regionais, destacam-se os confrontos entre árabes e judeus, acirrados com a criação do Estado de Israel. Para conquistar uma nação independente, os palestinos têm adotado táticas diversas, que vão das negociações diplomáticas às ações armadas."
Indique a região que corresponde ao texto:

a) Europa Oriental.

b) África Ocidental.

c) Oriente Médio.

d) Sudeste Asiático.

e) Índia, Israel e Paquistão.

5. (FGV-SP)
Considere as características abaixo:

I. A maioria da população é protestante.

II. A maioria da população é católica.

III. Os protestantes lutam pela fusão com a República da Irlanda.

IV. Os católicos lutam pela fusão com a República da Irlanda.

V. Chamada também Ulster, continua ligada ao Reino Unido.

VI. Os nacionalistas mais exaltados partiram para a luta armada, dando origem ao IRA.

Indique a alternativa que contém características da Irlanda do Norte:

a) I, III e V.

b) II, IV e VI.

c) II, III, V e VI.

d) I, IV, V e VI.

e) II, IV, V e VI.

6. (U. São Judas-SP)
A ETA, o IRA e o GIA são grupos terroristas armados que praticam atos subversivos e atuam na Espanha, na Irlanda do Norte e na Argélia, respectivamente.
A ETA tem como principal objetivo:

a) anexar parte do território espanhol ao sul da França.

b) a independência do País Basco, localizado no norte da Espanha.

c) a libertação de Gibraltar do domínio colonial Britânico.

d) a reconquista do Saara Espanhol, perdido, em 1976, para o Marrocos.

e) a conquista do norte de Portugal, para o acesso ao Mar do Norte.

7. (Uece)
Antiga colônia portuguesa até 1975, passando para o domínio da Indonésia, com a desaprovação da ONU, é formada por 850.000 habitantes numa área de 15.000 km^2. Depois de um vitorioso plebiscito em 30/8/99, as milícias da Indonésia massacraram os nativos, exigindo ação da ONU, com a participação de tropas brasileiras. Identifique essa área de guerra localizada provocada pelo imperialismo:

a) Ilha de Bornéu, próximo às Filipinas.

b) Timor Leste, ao Norte da Austrália.

c) Ilhas de Molucas, cortadas pela linha do Equador.

d) Ilha de Bali, entre os oceanos Índico e Pacífico.

8. (Mackenzie-SP)
Indique a alternativa incorreta sobre os conflitos atuais da Europa.

a) São acentuados na Rússia, onde misturam-se várias etnias e religiões.

b) Já existiam de forma latente e estão despontando, devido às mudanças verificadas na porção oriental.

c) Por razões históricas e políticas, alguns países europeus foram formados por povos étnica e religiosamente distintos.

d) Em alguns países, convivem povos com idiomas e culturas radicalmente diferentes.

e) A uniformidade étnica do continente não consegue superar as diferenças religiosas.

9. (UFRN)
No exemplar da revista *Época* publicado em 12/4/99, lê-se:
"Após a guerra Irã-Iraque (1980-88), 2,5 milhões fugiram do Iraque para o Irã e a Turquia, onde também enfrentam perseguições."
O texto se refere aos

a) afegãos. **c)** palestinos.

b) sérvios. **d)** curdos.

UNIDADE III PAISAGENS NATURAIS: DINÂMICA, UTILIZAÇÃO E IMPACTOS

CAPÍTULO 9 – OS IMPACTOS DA ATIVIDADE HUMANA SOBRE O AMBIENTE

1. (Mackenzie-SP)

"O desenvolvimento sustentável constrói o progresso sem ameaçar as gerações vindouras. É o divisor de águas entre modernização e modernidade. Ao contrário da modernização, que deseja o progresso a qualquer custo, a modernidade concilia o crescimento econômico e o interesse social. O primeiro efeito da modernização é acumular vantagens para grupos minoritários. A modernidade, pelo contrário, atualiza o país e reparte entre todos os benefícios desse avanço."

(MARCOVITCH, Jacques. *Folha de S.Paulo*, 14 jul. 1999.)

Conforme o texto:

I. A instalação de montadoras de automóveis subsidiada pelo governo é um exemplo de modernidade.

II. A implantação de grandes projetos mineradores na Amazônia é um exemplo de modernização.

III. O desenvolvimento da fruticultura em pequenas e médias propriedades através de irrigação no semi-árido nordestino é um exemplo de modernidade.

São verdadeiras:

a) apenas I e II. **d)** I, II e III.

b) apenas II e III. **e)** apenas I e III.

c) apenas I.

2. (UCB-DF)
Considere as seguintes afirmações:

I. Disseminou-se a idéia de que o "mundo é um só" e que os danos ambientais que ocorrem em um determinado local podem afetar grande parte do Globo.

II. A identificação e a utilização da biodiversidade são cada vez mais discutidas pelos mais diferentes setores da sociedade mundial.

III. A conservação da natureza e o desenvolvimento sustentável são alvos das atenções mundiais.

Pode-se afirmar que

a) I, II e III são corretas e se referem à problemática ecológica.

b) I e II são corretas, mas III é falsa: conservação e desenvolvimento sustentável eram bandeiras dos regimes socialistas que se desintegraram.

c) I e III são corretas, mas II é falsa, porque a biodiversidade ainda é utopia.

d) II e III são corretas, mas I é falsa, porque os maiores problemas ambientais ainda estão restritos às áreas mais industrializadas.

e) I, II e III são falsas porque está provada a capacidade de auto-regeneração da natureza, não havendo, portanto, motivo para preocupações.

3. (Enem-MEC)

O Protocolo de Kyoto — uma convenção das Nações Unidas que é marco sobre mudanças climáticas — estabelece que os países mais industrializados devem reduzir até 2012 a emissão dos gases causadores do efeito estufa em pelo menos 5% em relação aos níveis de 1990. Essa meta estabelece valores superiores ao exigido para países em desenvolvimento. Até 2001, mais de 120 países, incluindo nações industrializadas da Europa e da Ásia, já haviam ratificado o protocolo. No entanto, nos EUA, o presidente George W. Bush anunciou que o país não ratificaria "Kyoto", com os argumentos de que os custos prejudicariam a economia americana e que o acordo era pouco rigoroso com os países em desenvolvimento.

(Adaptado do *Jornal do Brasil*, 11 abr. 2001.)

Na tabela encontram-se dados sobre a emissão de CO_2.

PAÍSES	EMISSÕES DE CO_2 DESDE 1950 (BILHÕES DE TONELADAS)	EMISSÕES ANUAIS DE CO_2 *PER CAPITA*
Estados Unidos	186,1	16 a 36
União Européia	127,8	7 a 16
Rússia	68,4	7 a 16
China	57,6	2,5 a 7
Japão	31,2	7 a 16
Índia	15,5	0,8 a 2,5
Polônia	14,4	7 a 16
África do Sul	8,5	7 a 16
México	7,8	2,5 a 7
Brasil	6,6	0,8 a 2,5

Fonte: *World Resources 2000/2001.*

Considerando os dados da tabela, identifique a alternativa que representa um argumento que se contrapõe à justificativa dos EUA de que o acordo de Kyoto foi pouco rigoroso com países em desenvolvimento.

a) A emissão acumulada da União Européia está próxima à dos EUA.

b) Nos países em desenvolvimento as emissões são equivalentes às dos EUA.

c) A emissão *per capita* da Rússia assemelha-se à da União Européia.

d) As emissões de CO_2 nos países em desenvolvimento citados são muito baixas.

e) A África do Sul apresenta uma emissão anual *per capita* relativamente alta.

4. (Cefet-PR)
Dentro do contexto atual na solução dos problemas ambientais é muito usado o termo "desenvolvimento sustentável" ou "sustentado". Das alternativas a seguir que abordam esse tema, identifique a incorreta.

a) O desafio ao desenvolvimento sustentável é trazer as considerações ambientais para o centro das tomadas de decisões econômicas e para o centro do planejamento futuro em níveis regional e global.

b) O desenvolvimento sustentável é aquele que atende às necessidades do presente sem comprometer a possibilidade de gerações futuras satisfazerem suas próprias necessidades.

c) A sustentabilidade implica a conservação de recursos e o uso mais racional possível dos materiais e substâncias utilizados na produção de bens de consumo.

d) As ações cotidianas de cada indivíduo, através de pequenas atitudes como o controle e a reciclagem do lixo, o uso de meios de transporte coletivo, não contribuem para o controle de sustentabilidade do planeta.

e) Para se atingir a sustentabilidade, deve-se desenvolver soluções amplas e equilibradas para o controle de problemas ambientais dentro de cada país e internacionalmente.

CAPÍTULO 10 – A TERRA: MOVIMENTOS, ESTRUTURA E EVOLUÇÃO

1. (Enem-MEC)
O mercado financeiro mundial funciona 24 horas por dia. As bolsas de valores estão articuladas, mesmo abrindo e fechando em diferentes horários, como ocorre com as bolsas de Nova Iorque, Londres, Pequim e São Paulo. Todas as pessoas que, por exemplo, estão envolvidas com exportações e importações de mercadorias, precisam conhecer os fusos horários para fazer o melhor uso dessas informações.

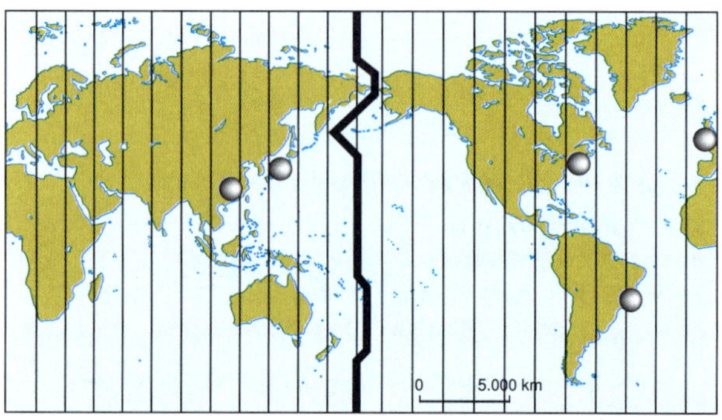

Considerando que as bolsas de valores começam a funcionar às 9h da manhã e que um investidor mora em Porto Alegre, pode-se afirmar que os horários em que ele deve consultar as bolsas e a seqüência em que as informações são obtidas estão corretos na alternativa:

a) Pequim (20h), Nova Iorque (7h) e Londres (12h).

b) Nova Iorque (7h), Londres (12h) e Pequim (20h).

c) Pequim (20h), Londres (12h) e Nova Iorque (7h).

d) Nova Iorque (7h), Londres (12h) e Pequim (20h).

e) Nova Iorque (7h), Pequim (20h) e Londres (12h).

2. (PUC-RS)
Em 1884, 25 países reunidos em Washington estabeleceram uma divisão do globo em 24 fusos de uma hora, baseando-se no Movimento de Rotação da Terra. A partir desta divisão, podemos concluir que o meridiano central do 4º fuso, a Oeste de Greenwich, e do 4º fuso, a Leste de Greenwich, são, respectivamente:

a) 58°30' Oeste e 29°30' Leste.

b) 60° Oeste e 60° Leste.

c) 29°30' Oeste e 58°30' Leste.

d) 45° Oeste e 45° Leste.

e) 52°30' Oeste e 127°30' Leste.

3. (F. Positivo-PR)
Com base no mapa abaixo, indique a alternativa correta.

a) A maior parte do Brasil se encontra no hemisfério meridional da Terra.

b) A maior parte do território brasileiro se encontra na zona temperada Sul da Terra.

c) Em nosso território cerca de 7% se encontra no hemisfério oriental da Terra.

d) Pela posição longitudinal podemos afirmar que as horas no Brasil são adiantadas em relação a Greenwich.

e) A maior parte do território brasileiro se encontra no hemisfério setentrional da Terra.

4. (F. Positivo-PR)
Devido à necessidade de unificar o horário em todo o mundo, o globo terrestre foi dividido em fusos horários. Com relação a esse sistema, é correto afirmar:

a) Cada fuso horário equivale a quinze paralelos ou uma hora.

b) A Linha Internacional de Data (LID) é o meridiano de 180° a partir do qual começa a contagem de um novo dia.

c) Em virtude do movimento de rotação da Terra, a hora aumenta para Oeste e diminui para Leste.

d) O meridiano de origem ou de referência é o de Greenwich (0°), a partir do qual se dá a mudança de data.

e) Os fusos são numerados de 0 a 24, no sentido Oeste-Leste, a partir do Meridiano de Greenwich.

5. (UFSC)
A Terra executa movimentos no espaço, muito importantes para a existência e a manutenção da vida. Sobre os movimentos de rotação e translação, a alternativa verdadeira é:

a) Entre 21 de março e 21 de junho, o hemisfério meridional encontra-se na primavera.

b) A inclinação do eixo da Terra e o movimento de translação explicam a existência das estações do ano.

c) A Terra descreve, ao redor do Sol, uma órbita circular.

d) Devido a sua órbita, a Terra permanece sempre com a mesma distância em relação ao Sol.

e) A conseqüência do movimento de rotação é somente a interferência na circulação atmosférica e nas correntes marítimas.

6. (Uern)
Sobre a evolução da Terra, é correto afirmar:

a) A Terra tem idade aproximada de dois bilhões de anos.

b) A sua era mais antiga é a Cenozóica, caracterizada pelo surgimento dos primeiros seres vivos, os mamíferos.

c) A formação das grandes cordilheiras: Alpes, Andes, Rochosas e Himalaia, se deu na Era Arqueozóica.

d) O aparecimento do homem se deu no período final da Era Cenozóica.

e) Na Era Proterozóica ocorreu um grande derramamento de lavas na área que corresponde, hoje, ao Sul do Brasil.

7. (UCS-RS, adaptada)

Indique a alternativa correta.

Um estudante encontra-se em Macapá (AP), exatamente sobre a linha do Equador. Ao deslocar-se sobre esse paralelo, no sentido Leste-Oeste, ocorrerá:

a) aumento da hora teórica.

b) manutenção da latitude.

c) aumento da hora GMT.

d) diminuição da longitude.

e) diminuição da latitude.

8. (Uern)

Os conhecimentos sobre a estrutura da Terra permitem afirmar:

a) O sial é a sua parte mais externa e é assim denominada pela presença predominante dos minerais silício e alumínio.

b) O sima é a parte que vem após o sial e é a camada onde predominam as rochas sedimentares, além do silício e do magnésio.

c) O magma está situado na litosfera e é constituído por materiais sólidos.

d) O núcleo da Terra é predominantemente formado por silício e níquel.

e) O núcleo é a parte menos densa, em razão da alta temperatura.

9. (Enem-MEC)

No mapa, é apresentada a distribuição geográfica de aves de grande porte que não voam.

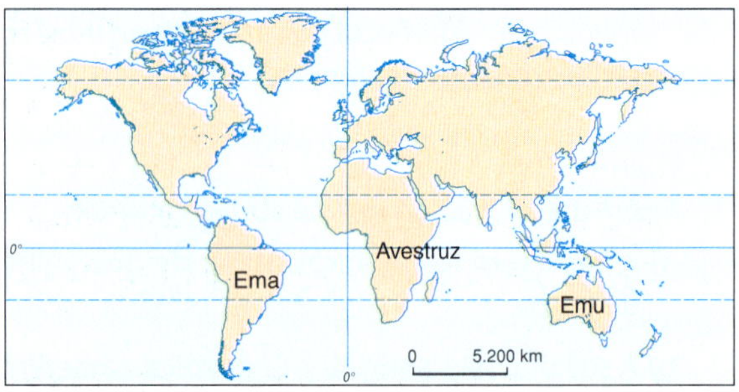

Há evidências mostrando que essas aves, que podem ser originárias de um mesmo ancestral, sejam, portanto, parentes. Considerando que, de fato, tal parentesco ocorra, uma explicação possível para a separação geográfica dessas aves, como mostrada no mapa, poderia ser:

a) A grande atividade vulcânica, ocorrida há milhões de anos, eliminou essas aves do Hemisfério Norte.

b) Na origem da vida, essas aves eram capazes de voar, o que permitiu que atravessassem as águas oceânicas, ocupando vários continentes.

c) O ser humano, em seus deslocamentos, transportou essas aves, assim que elas surgiram na Terra, distribuindo-as pelos diferentes continentes.

d) O afastamento das massas continentais, formadas pela ruptura de um continente único, dispersou essas aves que habitavam ambientes adjacentes.

e) A existência de períodos glaciais muito rigorosos no Hemisfério Norte provocou um gradativo deslocamento dessas aves para o Sul, mais quente.

10. (F. Positivo-PR)

O mapa abaixo indica a posição das placas tectônicas. Sobre a localização das principais áreas sísmico-vulcânicas, é correto afirmar que:

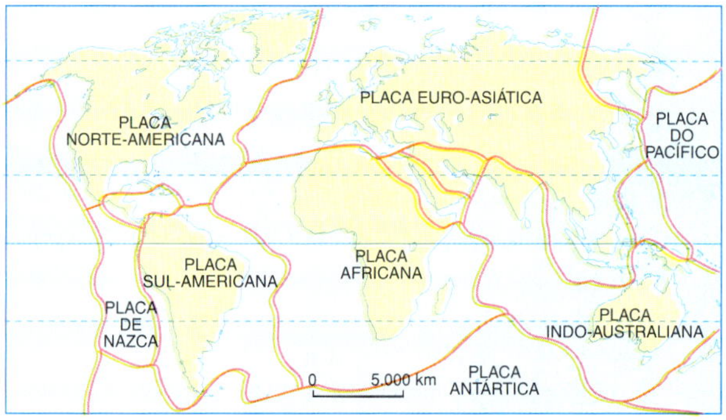

a) a posição em relação à Placa Sul-Americana favorece a ocorrência de terremotos e vulcanismos no Brasil.

b) sendo comuns nas bordas das placas, os terremotos e vulcanismos só podem ocorrer nos continentes.

c) os fundos oceânicos não apresentam atividade sísmico-vulcânica em função de não apresentarem contato entre as placas.

d) a Placa Sul-Americana avança em direção à Placa Africana sem que isto gere instabilidades geológicas.

e) os terremotos e vulcanismos ocorrem geralmente nos bordos das placas onde aparecem grandes cordilheiras montanhosas.

11. (UFC-CE)

A "Teoria da Tectônica das Placas" procura explicar a formação dos continentes e dos oceanos, bem como do relevo submarino.

Entre as proposições sobre esta teoria, considere as seguintes:

I. A Cordilheira Meso-oceânica do Atlântico é formada a partir do afastamento de duas placas tectônicas.

II. A Cordilheira dos Andes é formada a partir do afastamento de duas placas tectônicas.

III. O vulcanismo e os terremotos podem ser conseqüências diretas da movimentação das placas tectônicas.

Com relação às assertivas acima, é correto afirmar que:

a) apenas I é verdadeira.

b) apenas II é verdadeira.

c) apenas III é verdadeira.

d) I e III são verdadeiras.

e) I, II e III são verdadeiras.

12. (Enem-MEC)

Se compararmos a idade do planeta Terra, avaliada em 4,5 bilhões de anos (4,5 x 10^9 anos), com a de uma pessoa de 45 anos, então, quando começaram a florescer os primeiros vegetais, a Terra já teria 42 anos. Ela só conviveu com o homem moderno nas últimas 4 horas e, há cerca de 1 hora, viu-o começar a plantar e a colher. Há menos de 1 minuto percebeu o ruído de máquinas e de indústrias e, como denuncia uma ONG de defesa do meio ambiente, foi nesses últimos 60 segundos que se produziu todo o lixo do planeta!

O texto acima, ao estabelecer um paralelo entre a idade da Terra e a de uma pessoa, pretende mostrar que:

a) a agricultura surgiu logo em seguida aos vegetais, perturbando desde então seu desenvolvimento.

b) o ser humano só se tornou moderno ao dominar a agricultura e a indústria, em suma, ao poluir.

c) desde o surgimento da Terra, são devidas ao ser humano todas as transformações e perturbações.

d) o surgimento do ser humano e da poluição é cerca de 10 vezes mais recente que o do nosso planeta.

e) a industrialização tem sido um processo vertiginoso, sem precedentes em termos de dano ambiental.

13. (Enem-MEC)

O texto da questão anterior permite concluir que a agricultura começou a ser praticada há cerca de:

a) 365 anos. **c)** 900 anos. **e)** 460 mil anos.

b) 460 anos. **d)** 10 mil anos.

14. (Enem-MEC)

Na teoria do Big Bang, o Universo surgiu há cerca de 15 bilhões de anos, a partir da explosão e expansão de uma densíssima gota. De acordo com a escala proposta no texto da questão 12, esta teoria situaria o início do Universo há cerca de:

a) 100 anos.

b) 150 anos.

c) 1.000 anos.

d) 1.500 anos.

e) 2.000 anos.

15. (Enem-MEC)

O gráfico abaixo representa a evolução da quantidade de oxigênio na atmosfera no curso dos tempos geológicos. O número 100 sugere a quantidade atual de oxigênio na atmosfera, e os demais valores indicam diferentes porcentagens dessa quantidade.

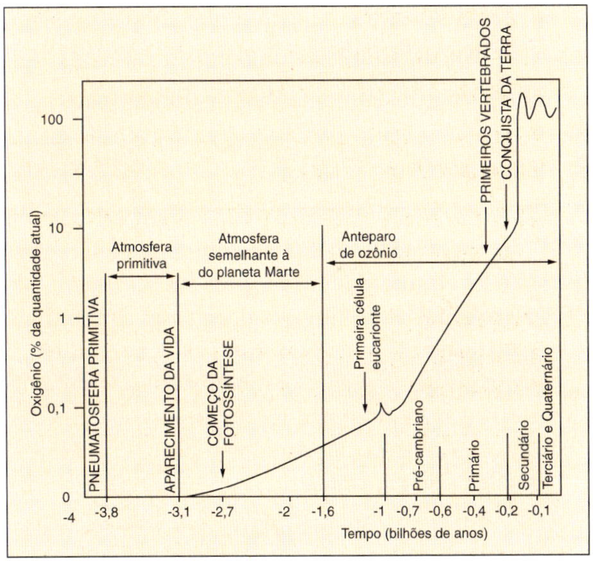

De acordo com o gráfico, é correto afirmar que:

a) as primeiras formas de vida surgiram na ausência de O_2.

b) a atmosfera primitiva apresentava 1% de teor de oxigênio.

c) após o início da fotossíntese, o teor de oxigênio na atmosfera mantém-se estável.

d) desde o Pré-Cambriano a atmosfera mantém os mesmos níveis de teor de oxigênio.

e) na escala evolutiva da vida, quando surgiram os anfíbios, o teor de oxigênio atmosférico já se havia estabilizado.

CAPÍTULO 11 – A DINÂMICA DA LITOSFERA: O RELEVO E SEUS AGENTES

1. (UFPE)

"Consiste basicamente numa ruptura das rochas que compõem a crosta terrestre e o conseqüente deslocamento de um bloco contra outro. Essa ruptura é produzida em decorrência de um determinado esforço que ultrapassa o limite de plasticidade das rochas."

(JATOBÁ, L. e LINS, R. C. *Introdução à Geomorfologia*. Recife: Bagaço, 1998.)

No texto acima, os autores estão definindo:

a) um fenômeno denominado dobramento de rochas plásticas.

b) a interação entre fatores endógenos e exógenos do relevo.

c) uma falha geológica.

d) a meteorização das rochas que atingiram o limite de plasticidade.

e) a formação de montanhas de dobramento.

2. (Enem-MEC)

O continente africano há muito tempo desafia os geólogos porque toda a sua metade meridional, a que fica ao sul, ergue-se a mais de 1.000 m sobre o nível do mar. [...] Uma equipe de pesquisadores apresentou uma solução desse desafio sugerindo a existência de um esguicho de lava subterrânea empurrando o planalto africano de baixo para cima.

(Adaptado de *Superinteressante*. São Paulo: Abril, nov. 1998. p.12.)

Considerando a formação do relevo terrestre, é correto afirmar, com base no texto, que a solução proposta é:

a) improvável, porque as formas do relevo terrestre não se modificam há milhões de anos.

b) pouco fundamentada, pois as forças externas, como as chuvas e o vento, são as principais responsáveis pelas formas de relevo.

c) plausível, pois as formas do relevo resultam da ação de forças internas e externas, sendo importante avaliar os movimentos mais profundos no interior da Terra.

d) plausível, pois a mesma justificativa foi comprovada nas demais regiões da África.

e) injustificável, porque os movimentos mais profundos no interior da Terra não interferem nos acidentes geográficos que aparecem na sua superfície.

3. (UFSCar-SP)
O ano de 1999 foi apontado como um dos mais catastróficos do século com a ocorrência de diversos terremotos que abalaram áreas como Cidade do México, Bangladesh, Turquia, Grécia, Taiwan e Colômbia. Estes fenômenos estão associados, principalmente:

a) à teoria da isostasia.

b) à tectônica de placas.

c) à espessura da litosfera.

d) à ação erosiva dos terrenos sedimentares.

e) aos dobramentos antigos e à erosão eólica.

4. (Unifor-CE)
As formas presentes no relevo terrestre resultam da estrutura geológica e dos processos geomórficos. As altas montanhas, como o Everest no Himalaia, e as fossas oceânicas são formas que resultam da ação dos fatores:

a) internos, tais como vulcanismo e tectonismo, responsáveis pela estrutura do relevo.

b) externos, tais como erosão e ação humana, responsáveis pela modelagem do relevo.

c) climáticos, tais como temperatura e pressão atmosférica, responsáveis pela esculturação do relevo.

d) externos, tais como vulcanismos e erosão, responsáveis pela modelagem do relevo.

e) internos, tais como a ação humana e o tectonismo, responsáveis pela esculturação do relevo.

5. (Vunesp)
Como exemplo de processos exógenos, responsáveis pela modelação do relevo terrestre, pode ser citado:

a) dobramento.

b) falhamento.

c) intemperismo.

d) vulcanismo.

e) tectonismo.

6. (Vunesp)
Identifique a alternativa que indica a forma de relevo a que se refere o texto.

"Resultam da invasão do mar através dos vales cavados pela erosão das geleiras. Muito freqüentes no litoral Atlântico da Noruega, oferecem o aspecto de corredores sinuosos entre planos inclinados de profundos vales em forma de V. Tais vales também se encontram no litoral meridional do Chile, ao Sul do Alaska, Oeste do Canadá e em torno da Groenlândia."

a) Falésias.
b) Restingas.
c) Corais.
d) Deltas.
e) Fiordes.

7. (F. Positivo-PR)
Constituem fatores externos na formação ou alteração do relevo terrestre:

a) vulcanismo, intemperismo, ação dos rios, ação dos ventos e ação dos mares.

b) meteorização, ação dos seres vivos, ação das geleiras, ação das torrentes e abalos sísmicos.

c) intemperismo, ação das enxurradas, ação dos rios e tectonismo.

d) ação das geleiras, ação dos rios, meteorização, ação dos ventos e ação das torrentes.

e) tectonismo, ação dos oceanos, ação dos ventos, intemperismo e ação das geleiras.

8. (F. Positivo-PR)
Faixas arenosas que aparecem, por acumulação marinha, na entrada de golfos, no estuário de rios ou no fechamento de lagoas costeiras são denominadas:

a) dunas.
b) restingas.
c) rias.
d) falésias.
e) manguezais.

9. (Enem-MEC)
Durante o conflito com o Afeganistão, as forças militares terrestres dos Estados Unidos penetraram em áreas de difícil acesso devido às características do relevo. Explique os processos que modelaram o relevo dessas áreas, focalizando:

a) sua gênese.

b) o intemperismo predominante na região.

CAPÍTULO 12 – MINERAIS, ROCHAS E SOLOS

1. (UFPI)
Sobre a origem e formação das rochas ígneas, é verdadeiro afirmar que:

a) se formam em camadas dispostas horizontalmente, com permeabilidade e porosidade bastante elevadas.

b) se formam em decorrência de deposições de origem hídrica, a exemplo do calcário e do arenito.

c) se originam da transformação do magma devido às altas temperaturas destacando-se, entre elas, carvão mineral e argilito.

d) têm sua origem vinculada ao intemperismo químico e ao acúmulo de sedimentos nos fundos dos vales.

e) resultam da solidificação do magma, podendo ser intrusiva (granito) ou extrusiva (basalto).

2. (Uern)
Os conhecimentos sobre conceito e classificação das rochas permitem afirmar:

a) A rocha é um agregado natural formado por apenas um mineral.

b) As rochas, de acordo com sua origem, são classificadas em três tipos: magmáticas, ígneas e sedimentares.

c) As rochas metamórficas são formadas pela solidificação do magma pastoso.

d) As rochas ígneas são intrusivas, isto é, formam-se apenas no interior da Terra.

e) As rochas sedimentares podem ter origem física, química e biológica, resultando da acumulação dos elementos de outras rochas.

3. (F. Positivo-PR)
É correto afirmar que as rochas metamórficas:

a) são formadas na superfície da Terra através de sucessivos derrames de lava, sendo também chamadas rochas extrusivas.

b) são rochas clásticas ou detríticas formadas por resíduos minerais retirados de outras rochas, por desagregação mecânica, a exemplo do arenito.

c) podem ser formadas por atividades biológicas como a acumulação de restos de seres vivos. O carvão e o coral são exemplos desse grupo de rochas.

d) são rochas resultantes das transformações ocorridas em uma rocha primitiva devido a fortes pressões e elevadas temperaturas, a exemplo do mármore.

e) são rochas resultantes de precipitações químicas ocorridas, em geral, em ambientes aquosos.

4. (UFC-CE)
Analise os seguintes conceitos:

I. O solo é um componente natural da paisagem, formado pela decomposição das rochas por processos físicos, químicos e biológicos, e constituído por minerais, matéria orgânica, água e ar.

II. Intemperismo é um conjunto de processos mecânicos, químicos e biológicos, que ocasionam a desintegração e decomposição das rochas.

III. Vulcanismo constitui a atividade pela qual o material consolidado é expulso do interior da terra para a superfície, formando o denominado relevo cárstico.

Com base nos conceitos acima, pode-se afirmar que:

a) apenas I está correto.

b) apenas III está correto.

c) apenas I e II estão corretos.

d) apenas II e III estão corretos.

e) I, II e III estão corretos.

5. (Vunesp)
O solo é a camada superficial da crosta terrestre resultante da ação do (I). Quando usado com práticas agrícolas incorretas, pode sofrer a (II) e torna-se inadequado para a agricultura.
As lacunas (I) e (II) devem ser corretamente preenchidas por:

a) tectonismo – laterização.

b) tectonismo – decomposição.

c) diastrofismo – lixiviação.

d) intemperismo – erosão.

e) geomorfismo – erosão.

6. (Seic)
Os solos, que formam a parte superior da litosfera, são formados basicamente pela desintegração das rochas através de um processo lento. Entretanto, o processo de desgaste pode ser feito a curto prazo, daí, a necessidade constante de preservação.
Em relação aos solos é correto afirmar:

a) Os solos lateríticos são encontrados em regiões de clima tropical e equatorial. São muitos férteis e adequados à plantação de leguminosas.

b) O *tchernozion* (solos negros) são considerados os mais férteis do mundo e adequados ao plantio de cereais, destacadamente o trigo. Ocorrem, inclusive, na Ucrânia.

c) O solo de *loess* de formação aluvial, encontrado na parte Leste da África, é pobre, mas, se bem tratado, pode render bastante, principalmente na formação de pastos.

d) O massapê, solo pouco resistente, tem conseguido atravessar muitos anos com o plantio da cana no Brasil. Sua ocorrência principal acompanha o litoral sul e sudeste.

e) Os solos lixiviados se assemelham aos de *loess*. Além de se prestarem para a prática do criatório, se bem adubados, rendem colheitas excelentes de frutas cítricas.

CAPÍTULO 13 – A ATMOSFERA E SUA DINÂMICA: O TEMPO E O CLIMA

1. (UEMG)
O gráfico abaixo representa a variação da temperatura conforme a altitude. A camada da atmosfera na qual as moléculas de gás se tornam carregadas eletricamente, refletindo para a Terra as ondas de rádio, é a:

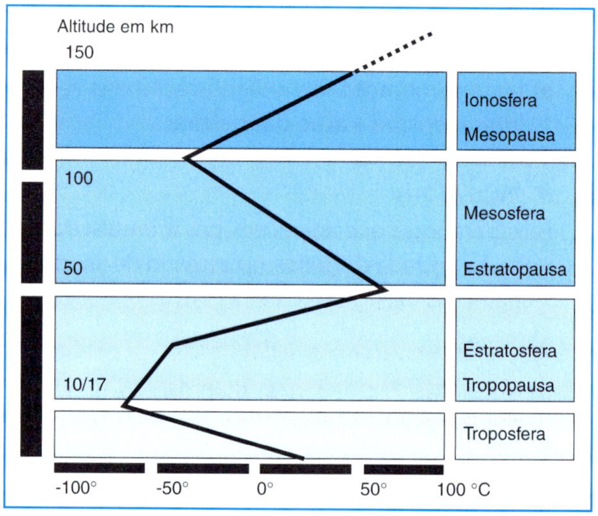

a) estratosfera.

b) ionosfera.

c) mesosfera.

d) tropopausa.

e) troposfera.

2. (Enem-MEC)
Numa área de praia, a brisa marítima é uma conseqüência da diferença no tempo de aquecimento do solo e da água, apesar de ambos estarem submetidos às mesmas condições de irradiação solar. No local (solo) que se aquece mais rapidamente, o ar fica mais quente e sobe, deixando uma área de baixa pressão, provocando o deslocamento do ar da superfície que está mais fria (mar).

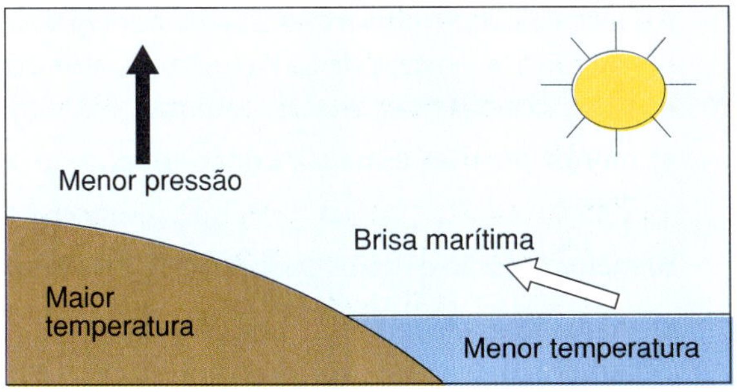

À noite ocorre um processo inverso ao que se verifica durante o dia.

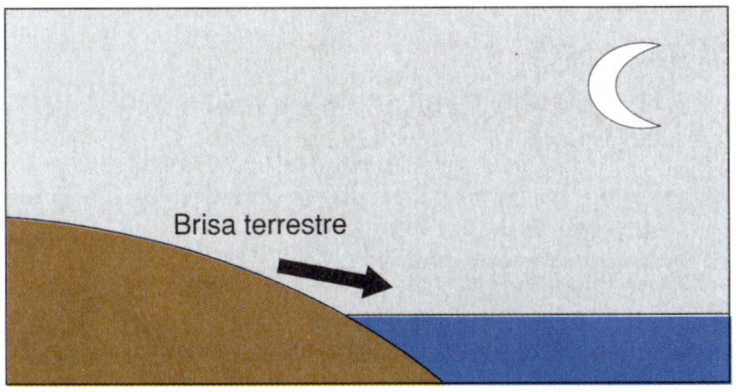

Como a água leva mais tempo para esquentar (de dia), mas também leva mais tempo para esfriar (à noite), o fenômeno noturno (brisa terrestre) pode ser explicado da seguinte maneira:

a) O ar que está sobre a água se aquece mais; ao subir, deixa uma área de baixa pressão, causando um deslocamento de ar do continente para o mar.

b) O ar mais quente desce e se desloca do continente para a água, a qual não conseguiu reter calor durante o dia.

c) O ar que está sobre o mar se esfria e dissolve-se na água; forma-se, assim, um centro de baixa pressão, que atrai o ar quente do continente.

d) O ar que está sobre a água se esfria, criando um centro de alta pressão que atrai massas de ar continental.

e) O ar sobre o solo, mais quente, é deslocado para o mar, equilibrando a baixa temperatura do ar que está sobre o mar.

3. (Acafe-SC)
Com relação ao clima, a alternativa verdadeira é:

a) A altitude não interfere no clima das áreas equatoriais.

b) A amplitude térmica é maior nas áreas próximas do mar.

c) Quanto mais próximo do oceano e das grandes porções de água, maior será a umidade relativa do ar.

d) As correntes marítimas não exercem a menor influência sobre o clima.

e) A continentalidade permite uma maior regularidade térmica.

4. (Enem-MEC)
A chuva é determinada, em grande parte, pela topografia e pelo padrão dos grandes movimentos atmosféricos ou meteorológicos. O gráfico mostra a precipitação anual média (linhas verticais) em relação à altitude (curvas) em uma região em estudo.

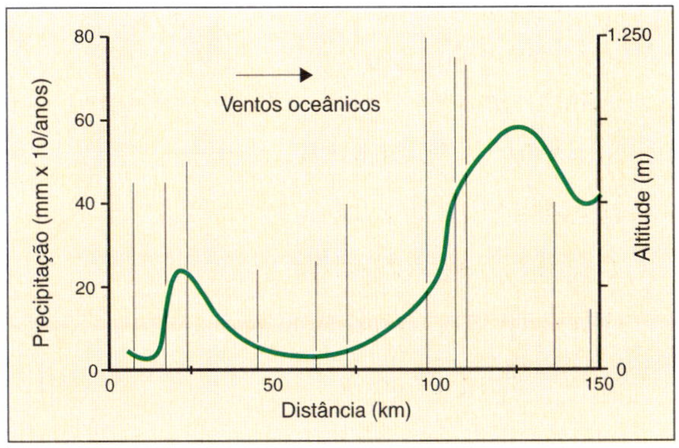

Fonte: Modificado de ODUM, E. P. *Ecologia*. Rio de Janeiro: Guanabara. 1988.

De uma análise ambiental desta região concluiu-se que:

I. Ventos oceânicos carregados de umidade depositam a maior parte desta umidade, sob a forma de chuva, nas encostas da serra voltadas para o oceano.

II. Como resultado da maior precipitação nas encostas da serra, surge uma região de possível desertificação do outro lado dessa serra.

III. Os animais e as plantas encontram melhores condições de vida, sem períodos prolongados de seca, nas áreas distantes 25 km e 100 km, aproximadamente, do oceano.

É correto o que se afirma em:

a) I, apenas.

b) I e II, apenas.

c) I e III, apenas.

d) II e III, apenas.

e) I, II e III.

5. (Mackenzie-SP)
Os deslocamentos das massas de ar:

a) independem das condições de pressão atmosférica.

b) dependem das condições de umidade atmosférica.

c) são sempre entre áreas de mesma temperatura.

d) são sempre das áreas de alta pressão para as áreas de baixas pressões.

e) são sempre de uma área seca para uma área úmida.

6. (FVG-SP)
Com o auxílio do gráfico abaixo observa-se que:

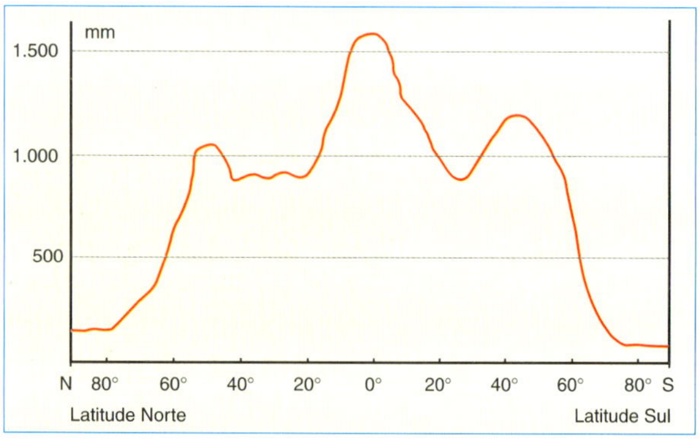

Fonte: ROSS, J. 1996. p. 96.

a) os índices pluviométricos tendem a aumentar das baixas para as altas latitudes.

b) as chuvas predominam nas áreas temperadas e subpolares.

c) as altas e as baixas latitudes registram elevados índices pluviométricos.

d) as áreas mais chuvosas situam-se nas proximidades do Equador.

e) a distribuição das chuvas não depende do grau de latitude, mas das taxas de umidade.

7. (Enem-MEC)
A adaptação dos integrantes da seleção brasileira de futebol à altitude de La Paz foi muito comentada em 1995, por ocasião de um torneio, como pode ser lido no texto abaixo.

A seleção brasileira embarca hoje para La Paz, capital da Bolívia, situada a 3.700 metros de altitude, onde disputará o torneio Interamérica. A adaptação deverá ocorrer em um prazo de 10 dias, aproximadamente. O organismo humano, em altitudes elevadas, necessita desse tempo para se adaptar, evitando-se, assim, risco de um colapso circulatório.

(Adaptado de *Placar*, fev. 1995.)

A adaptação da equipe foi necessária principalmente porque a atmosfera de La Paz, quando comparada à das cidades brasileiras, apresenta:

a) menor pressão e menor concentração de oxigênio.

b) maior pressão e maior quantidade de oxigênio.

c) maior pressão e maior concentração de gás carbônico.

d) menor pressão e maior temperatura.

e) maior pressão e menor temperatura.

8. (Acafe-SC)
O tipo de chuva apresentado no desenho abaixo denomina-se:

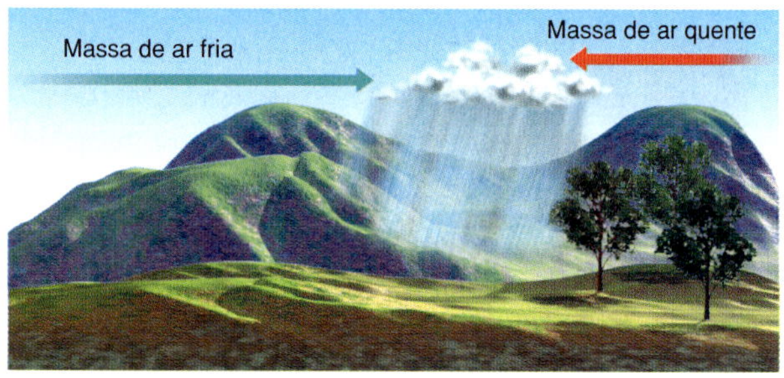

a) de outono.

b) orográfica.

c) convectiva.

d) equatorial.

e) frontal.

9.

"**Dilúvio** – Chuvas torrenciais fizeram mais de 30 milhões de vítimas no sul da Ásia. As enchentes, que começaram há dois meses, já mataram mais de duas mil pessoas na Índia."

(Revista *IstoÉ*, 2 set. 1998.)

A notícia acima refere-se às:

a) chuvas frontais que ocorrem com freqüência em regiões de clima equatorial.

b) chuvas orográficas de inverno, que ocorrem no Sudeste Asiático por influência das monções.

c) monções asiáticas, decorrentes do deslocamento da zona temperada para o sul do continente.

d) monções de inverno, decorrentes dos ventos secos que sopram do continente para o oceano.

e) monções de verão, quando os ventos úmidos sopram do oceano para o continente.

CAPÍTULO 14 – CLIMA, BIODIVERSIDADE E FORMAÇÕES VEGETAIS

1. (Uern)

"Cheias, secas e até fomes. Por trás de boa parte dessas catástrofes, que no Brasil costumam chegar no verão, se encontra o fenômeno meteorológico mais estudado neste fim de século..."

(*Superinteressante*, p. 32.)

A partir do texto e dos conhecimentos acerca do fenômeno conhecido como *El Niño*, pode-se afirmar que:

a) o *El Niño* provocou o aumento das chuvas no sertão nordestino.

b) o fenômeno não tem relação com as enchentes que ocorreram em 1998 na Região Sul do Brasil.

c) o *El Niño* está associado ao aquecimento anormal das águas sul tropicais do Oceano Pacífico e que chegam até a costa oeste da América do Sul.

d) este fenômeno influencia apenas as condições climáticas dos países banhados pelo Oceano Pacífico.

e) as causas do *El Niño* já são conhecidas, e o homem já tem domínio sobre ele.

2. (U. São Camilo-SP)
Qual é o fenômeno climático representado no esquema abaixo?

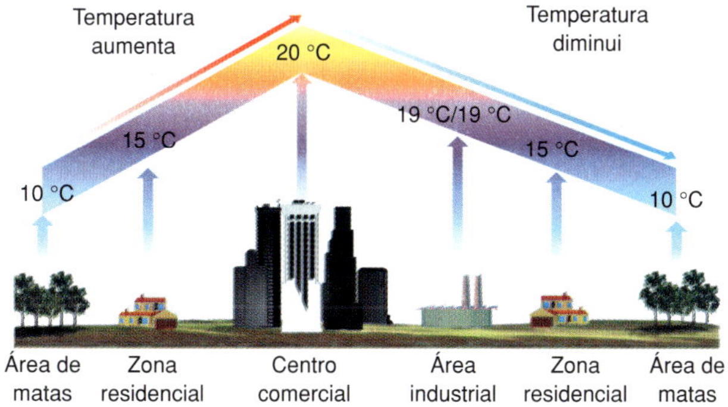

a) frente fria.

b) inversão térmica.

c) ecossistema urbano.

d) ilha de calor.

e) redução da camada de ozônio.

3. (Unimep-SP)
Biodiversidade ou diversidade biológica é a variedade de espécies de seres vivos. Esse conceito pode ser estendido também para o patrimônio genético dessas espécies (diversidade genética) e para os ambientes ou *habitats* em que elas vivem (diversidade de ecossistemas). Os países com maior diversidade biológica são México, Colômbia, Brasil, Congo, Madagascar e Indonésia e os *habitats* naturais de maior biodiversidade são as florestas:

a) temperadas.

b) boreais.

c) tropicais.

d) equatoriais.

e) subtropicais.

4. (Unopar-PR)
Este fenômeno decorre da ação bloqueadora dos gases da atmosfera sobre o calor refletido na superfície terrestre. Recentemente, tem se acentuado devido à queima das florestas tropicais e crescente utilização de combustíveis fósseis que lançam na atmosfera grandes quantidades de gás carbônico (CO_2).
O texto refere-se:

a) ao efeito estufa.

b) à diminuição da camada de ozônio.

c) à perda da biodiversidade.

d) à chuva ácida.

e) às ilhas de calor.

5. (Fatec-SP)

"A longo prazo, a Terra deve irradiar energia para o espaço, na mesma proporção em que absorve do Sol. [...] Os cientistas ressaltam que estamos alternando o 'motor' energético que mantém o sistema climático."

(*Entendendo a mudança do clima*. Cetesb.)

Indique a alternativa que identifica o fenômeno e apresenta corretamente uma de suas conseqüências.

a) Chuva ácida: ocorre somente nas regiões polares, devido à concentração de gases clorofluorcarbonados que aumentam a quantidade de ácidos nos vapores de água em suspensão.

b) Efeito estufa: responsável pela elevação da temperatura média do planeta, o que provocará mudanças no regime de chuvas e derretimento de geleiras, ocasionando uma elevação do nível do mar na Terra.

c) Buraco da camada de ozônio: além de ocasionar ilhas de calor nos grandes centros urbanos e industriais, gera problemas de saúde e desequilíbrio dos ecossistemas equatoriais.

d) Diminuição do nível médio dos oceanos: a longo prazo, causará o afastamento para o interior dos centros industriais e econômicos localizados ao longo das linhas de costa.

e) Aquecimento das águas: está causando a diminuição das superfícies aquosas disponíveis para o abastecimento e o saneamento da população mundial.

CAPÍTULO 15 – AS GRANDES PAISAGENS NATURAIS DA TERRA

1. (Vunesp)
As florestas tropicais úmidas cobrem apenas 7% da superfície dos continentes e contêm, no mínimo, 2/3 de todas as espécies de plantas e animais. Sua importância para as populações e para o equilíbrio biológico mundial é indiscutível.

a) Cite duas causas do desmatamento nas áreas tropicais.

b) Explique duas graves conseqüências deste processo.

2. (F. Positivo-PR)
Com base no desenho abaixo, indique a alternativa correta.

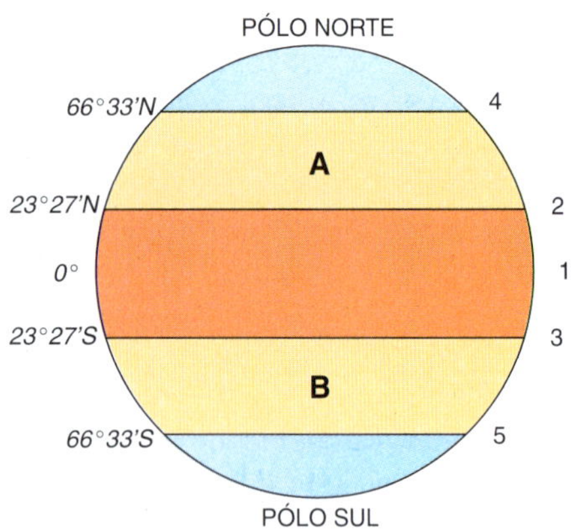

a) A linha indicada pelo número 2 é o Trópico de Capricórnio.

b) As letras A e B indicam as zonas tropicais Norte e Sul, respectivamente.

c) As linhas indicadas pela latitude de 66°33' Norte e Sul são os trópicos.

d) A área indicada entre as latitudes de 23°27'N e 23°27'S apresenta predominância de climas frios e úmidos.

e) As áreas A e B são definidas como temperada Norte e temperada Sul, respectivamente.

3. (UFPE)
Leia com atenção o texto a seguir.
"Esses climas não conhecem a estação fria, pois a mais baixa temperatura no mês menos quente não desce abaixo de 18 °C. Não apresentam estação seca e os índices pluviométricos anuais superam os 2.000 mm. As amplitudes térmicas anuais, nas áreas onde predominam, são insignificantes, mas os valores de umidade relativa do ar apresentam-se, durante todo o ano, muito elevados."
Em relação ao enunciado acima, é correto afirmar que o clima é:

a) subtropical.

b) tropical de altitude.

c) equatorial.

d) tropical.

e) mesotérmico úmido.

4. (UFPI)
A tundra é o bioma terrestre que se desenvolve em áreas de altas latitudes. Entre suas principais características geográficas está correto afirmar que:

a) possui um clima temperado e sua vegetação é composta de árvores de grande porte, como pinheiros e sequóias.

b) apresenta um clima frio com longos invernos e é desprovida de árvores exibindo apenas plantas herbáceas e pequenos arbustos.

c) desenvolve-se em áreas intertropicais e apresenta uma vegetação caducifólia e espinhenta.

d) estende-se ao longo da região mediterrânea, tendo uma vegetação latifoliada e de grande porte.

e) é típica de clima equatorial, sendo uma variável de floresta latifoliada presente nas altas montanhas.

5. (Cefet-PR)
"Paisagem terrestre caracterizada pela quase total ausência do homem. É importante área de pesquisas científicas relacionadas com as modificações climáticas, como a destruição da camada de ozônio e o efeito estufa." Trata-se:

a) dos desertos asiáticos.

b) das mais altas montanhas da Terra.

c) dos planaltos groenlandeses.

d) do continente antártico.

e) das savanas africanas.

6. (Enem-MEC)

As figuras abaixo representam a variação anual de temperatura e a quantidade de chuvas mensais em dado lugar, sendo chamados climogramas. Neste tipo de gráfico, as temperaturas são representadas pelas linhas, e as chuvas pelas colunas.

Leia e analise.

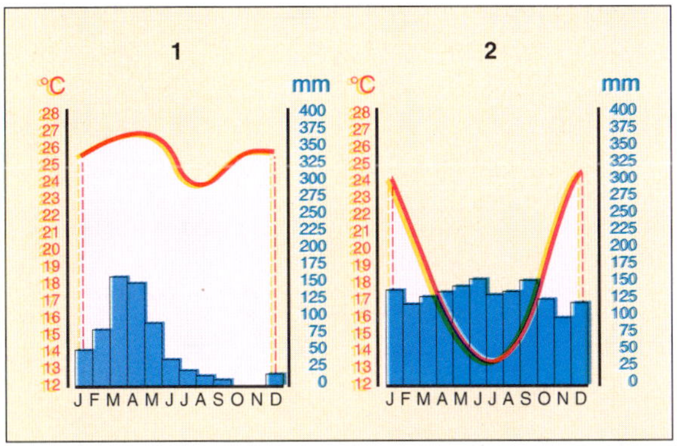

A distribuição das chuvas no decorrer do ano, conforme mostrado nos gráficos, é um parâmetro importante na caracterização de um clima.

A esse respeito podemos dizer que a afirmativa:

a) está errada, pois o que importa é o total pluviométrico anual.

b) está certa, pois, juntamente com o total pluviométrico anual, são importantes variáveis na definição das condições de umidade.

c) está errada, pois a distribuição das chuvas não tem nenhuma relação com a temperatura.

d) está certa, pois é o que vai definir as estações climáticas.

e) está certa, pois este é o parâmetro que define o clima de uma dada área.

7. (PUC-RS)

Todas as afirmativas abaixo sobre as regiões temperadas da Terra estão corretas, exceto a que diz que:

a) estão situadas entre os trópicos e os círculos polares, aparecendo em áreas de todos os continentes, menos na Antártida.

b) possuem as estações do ano bem definidas, invernos frios com queda de neve e verões quentes.

c) apresentam variados climas temperados, sendo que a vegetação natural, já bastante devastada, raramente é encontrada em sua forma original.

d) abrigam grandes concentrações urbano-industriais, como o nordeste dos EUA e o sudeste do Canadá e outras menores, como Buenos Aires e Montevidéu.

e) caracterizam-se pela vegetação variada, sendo que os principais tipos de norte para sul são: tundra, florestas temperadas e vegetação mediterrânea.

8. (UFPE, adaptada)

Cerca de um terço da superfície das terras emersas encontra-se ocupado por desertos e semidesertos e mais de 15% da população mundial habita nesses espaços onde o investimento agrícola é por demais oneroso. A Geografia, atualmente, dedica bastante atenção a esse tema, especialmente ao fenômeno conhecido como "desertificação".

Analise as afirmativas a seguir que se referem ao tema mencionado, e indique verdadeiro (V) ou falso (F):

a) A desertificação é um fenômeno mais comum nas áreas periféricas aos desertos, sobretudo no continente africano, mas vem sendo observado também em outras regiões do planeta, inclusive em ambientes úmidos.

b) A desertificação é um fenômeno eminentemente natural que decorre exclusivamente das alterações climáticas globais.

c) Os solos das áreas desérticas são muito impregnados de sais de sódio e potássio e outros minerais solúveis que os processos erosivos fazem desprender-se das crostas rochosas.

d) A desertificação pode ser compreendida como o ressecamento ambiental acarretado pelo impacto advindo das atividades antrópicas que causam a degradação de terras antes produtivas.

e) A derrubada ou queimada generalizada da cobertura vegetal, o uso inadequado do solo e a criação extensiva de gado, em ecossistemas frágeis, podem ser algumas das causas responsáveis pela desertificação.

CAPÍTULO 16 – UTILIZAÇÃO E DEGRADAÇÃO DE FLORESTAS, RIOS E MARES

1. (Cefet-PR)

Com o atual ritmo de desmatamento, a integridade ecológica de várias regiões do mundo está sendo comprometida. Sobre os desmatamentos e suas conseqüências, é incorreto afirmar que:

a) promove a degradação dos solos, com o conseqüente aumento da carga sólida dos rios.

b) produz alterações climáticas, com o agravamento do risco de secas e inundações.

c) produz um aumento das reservas hídricas.

d) ocasiona o aumento do processo de desertificação.

e) traz alterações no ciclo do carbono, pois as árvores funcionam normalmente como um depósito para o dióxido de carbono e, após inalá-lo, devolvem à atmosfera resíduos de oxigênio.

2. (PUC-RS)
Responda à questão, com base no desenho abaixo, que representa esquematicamente uma bacia hidrográfica.

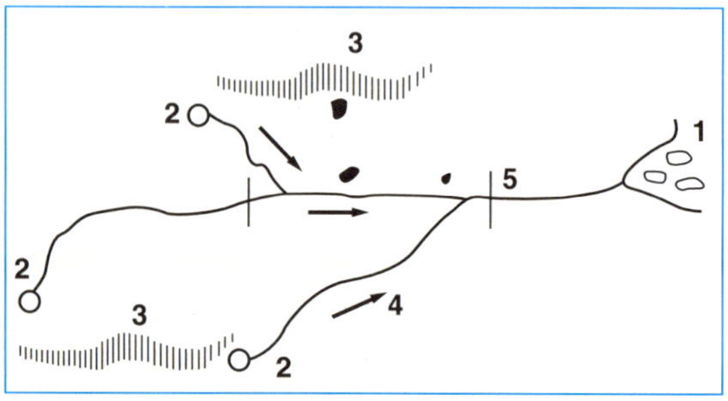

A alternativa que apresenta a correlação adequada entre os elementos representados na figura e a numeração de 1 a 5 é:

a) 1 - nascente
2 - delta
3 - curso inferior
4 - divisor de águas
5 - curso médio

b) 1 - delta
2 - nascente
3 - divisor de águas
4 - afluente margem direita
5 - curso inferior

c) 1 - estuário
2 - afluente
3 - foz
4 - curso inferior
5 - divisor de águas

d) 1 - delta
2 - nascente
3 - curso superior
4 - afluente margem esquerda
5 - curso inferior

e) 1 - estuário
2 - cabeceira
3 - curso superior
4 - afluente margem direita
5 - eclusa

3. (Acafe-SC)
Quanto às bacias hidrográficas do Brasil, destacadas no mapa abaixo, a alternativa verdadeira é:

a) A do Paraguai (6) corta a região do Pantanal e está totalmente em área de planalto.

b) A Amazônia (1), maior delas, apresenta rios temporários.

c) A do São Francisco (3) é aproveitada para navegação, irrigação e produção de eletricidade.

d) A do Paraná (5) apresenta o maior potencial hidrográfico do Brasil.

e) A do Nordeste (2) é formada por rios perenes e todos tributários do Parnaíba.

4. (Enem-MEC)
Alunos de uma escola no Rio de Janeiro são convidados a participar de uma excursão ao Parque Nacional de Jurubatiba. Antes do passeio, eles lêem o trecho de uma reportagem publicada em uma revista:

"Jurubatiba será o primeiro parque nacional em área de restinga, num braço de areia com 31 km de extensão, formado entre o mar e dezoito lagoas. Numa área de 14 mil hectares, ali vivem jacarés, capivaras, lontras, tamanduás-mirins, além de milhares de aves e de peixes de água doce e salgada. Os peixes de água salgada, na época das cheias, passam para as lagoas, onde encontram abrigo, voltando ao mar na cheia seguinte. Nos terrenos mais baixos, próximos aos lençóis freáticos, as plantas têm água suficiente para agüentar longas secas. Já nas áreas planas, os cactos são um dos poucos vegetais que proliferam, pintando o areal com um verde pálido."

Depois de ler o texto, os alunos podem supor que, em Jurubatiba, os vegetais que sobrevivem nas áreas planas têm características tais como:

a) quantidade considerável de folhas, para aumentar a área de contato com a umidade do ar nos dias chuvosos.

b) redução na velocidade da fotossíntese e realização ininterrupta desse processo, durante as 24 horas.

c) caules e folhas cobertos por espessas cutículas que impedem o ressecamento e a conseqüente perda de água.

d) redução do calibre dos vasos que conduzem a água e os sais minerais da raiz aos centros produtores do vegetal, para evitar perdas.

e) crescimento sob a copa de árvores frondosas, que impede o ressecamento e conseqüente perda de água.

5. (Enem-MEC)
Segundo uma organização mundial de estudos ambientais, em 2025, "duas de cada três pessoas viverão situações de carência de água, caso não haja mudanças no padrão atual de consumo do produto".
Uma alternativa adequada e viável para prevenir a escassez, considerando-se a disponibilidade global, seria:

a) desenvolver processos de reutilização da água.

b) explorar leitos de água subterrânea.

c) ampliar a oferta de água, captando-a em outros rios.

d) captar águas pluviais.

e) importar água doce de outros estados.

UNIDADE IV ESPAÇO MUNDIAL DA PRODUÇÃO E DA CIRCULAÇÃO

CAPÍTULO 17 – INDÚSTRIA I: AS TRANSFORMAÇÕES NO ESPAÇO

1. (PUC-Campinas-SP)
A lançadeira volante (1735), aumentando a capacidade dos tecelões, estimulou a invenção da *spinning-jenny*, que aumentava a produção de fios. Esse aumento desencadeou a invenção do tear mecânico (1785) que, por sua vez, passou a exigir nova forma de energia e resultou na invenção da máquina a vapor (1790). No processo descrito, em que "máquinas geram por si mesmas máquinas mais potentes", pode-se perceber que:

I. o aumento da produtividade do trabalho exigiu o aumento da produção de matéria-prima.

II. a falta de matéria-prima estimulou o aumento de produtividade das máquinas.

III. o aumento da oferta de matéria-prima estimulou o interesse em aumentar a produtividade das máquinas.

IV. a diminuição da produtividade do trabalho exigiu aumento da produção de matéria-prima.

Estão corretas somente

a) I e III.

b) II e III.

c) II e IV.

d) I, II e IV.

e) I, III e IV.

2. (Cefet-PR)
Entre as maiores empresas privadas do mundo por volume de vendas, podemos citar a GM, a Ford Motors, a Exxon, a IBM e a Toyota Motors.
Sobre a importância das empresas transnacionais, é incorreto afirmar:

a) A força de concentração financeira dessas empresas é tanta que as 200 maiores empresas mundiais faturam quase o dobro do que 130 países produzem.

b) Quando essas empresas se instalam em um país subdesenvolvido, transferem contratual e permanentemente tecnologia de ponta produzida na matriz da empresa.

c) São responsáveis por 80% a 90% da transferência de tecnologia para os países subdesenvolvidos.

d) Nos últimos anos, tem ocorrido, cada vez com mais freqüência, a transferência inversa de tecnologia ou a "fuga de cérebros" para as matrizes.

e) Essas empresas estão fortemente presentes no nosso cotidiano e, cada vez mais, exercem influência sobre o nosso modo de vida, manipulam os preços e moldam o gosto do consumidor.

3. (Fuvest-SP)
As afirmações abaixo apontam algumas tendências da nova lógica de localizacão industrial.

I. Distribuição dos estabelecimentos industriais das empresas em diferentes localidades de tradição manufatureira.

II. Separação territorial entre processo produtivo e gerenciamento empresarial com a reintegração de ambos por intermédio de redes informacionais.

III. Desconcentração da atividade industrial e emergência de novos espaços industriais, estruturando redes globalizadas.

IV. Concentração territorial da indústria dependente de fontes de energia e matéria-prima.

Está correto apenas o que se afirma em

a) I e II. **c)** II e III. **e)** III e IV.

b) I e III. **d)** II e IV.

4. (Unip-SP)

"A concentração de capitais deu aos grandes conglomerados um novo poder: o de ultrapassar as fronteiras nacionais. Dispensando suas atividades produtivas pelos mais diferentes países, as transnacionais aproveitam-se das diferenças entre eles para alcançar maiores lucros."

A partir da leitura do texto, qual o melhor título que podemos dar para o mapa a seguir?

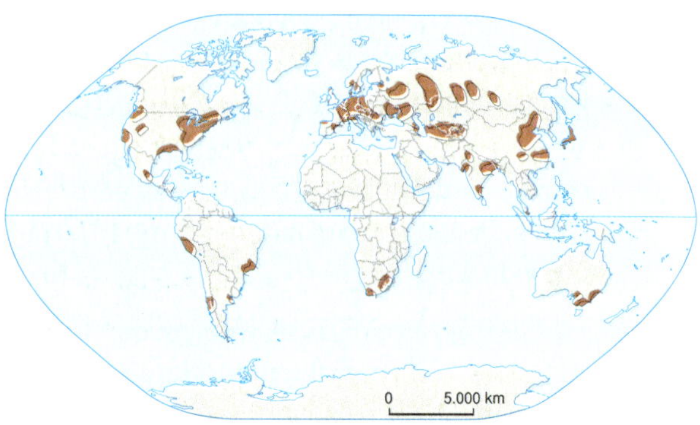

a) Distribuição espacial das megalópoles.

b) Estrutura mundial das *holdings*.

c) Comércio mundial: maiores centros exportadores.

d) Principais bolsas de valores mundiais.

e) Desconcentração geográfica da indústria.

5. (Mackenzie-SP)

Os pólos mundiais de alta tecnologia, chamados tecnopólos, agrupam os centros de pesquisas de grandes empresas, localizam-se próximos a importantes universidades e contam com eficientes sistemas de transmissão de dados e informações, como é o caso:

a) da região industrial dos Grandes Lagos nos EUA.

b) do Vale do Silício na Califórnia.

c) da região industrial dos Urais, na Rússia.

d) do Vale do Rhur, na Alemanha.

e) da Bacia de Londres, na Inglaterra.

6. (Fuvest-SP)

As novas formas de organização da produção industrial foram chamadas por alguns autores de pós-fordismo, para diferenciá-las da produção fordista.

a) Apresente dois aspectos do processo industrial fordista e dois do pós-fordista.

b) Caracterize o espaço industrial no fordismo e no pós-fordismo.

7. (Unicamp-SP)

Moro em Portland, Oregon, onde a Nike tem a sua sede empresarial [...]. Precisando de tênis novos, comecei a procurar. [...] Pegava um tênis atrás do outro e lia: Made in China, Made in Korea, Made in Indonesia, Made in Thailand. Comecei a pedir tênis fabricado nos EUA aos balconistas. Os poucos que não ficaram confusos me disseram que não existem tênis fabricados nos EUA. Telefonei para a Nike e falei com o responsável pelo atendimento aos clientes, e ele me disse que a empresa ainda está manufaturando na Indonésia e em vários países da região. Liguei para a sede da L.A. Gear em Santa Mônica. Eu disse: 'Os tênis que vocês produzem são fabricados nos EUA?' 'Fabricados aqui?', perguntou, espantada, a pessoa que me atendeu. Ela me disse que seus tênis são produzidos no Brasil e na Ásia.

(Adaptado de TISDALE, Sally. Americanos fabricam os seus tênis em toda parte. *Folha de S.Paulo*, 2 out. 1994.)

Este depoimento demonstra uma tendência da economia mundial.

a) Explique essa tendência.

b) Por que empresas como a Nike preferem produzir suas mercadorias em países como China, Coréia, Indonésia, Tailândia e Brasil?

CAPÍTULO 18 – INDÚSTRIA II: DESENVOLVIMENTO INDUSTRIAL DOS PAÍSES

1. (FGV-SP)

Identifique a alternativa que apresenta uma informação correta sobre os tecnopólos ou pólos científicos:

a) Considerados como uma superação dos antigos centros ou distritos industriais, os pólos tecnológicos são encontrados apenas nos países do Norte desenvolvido, pois dependem de um sistema de telecomunicação avançado para funcionarem.

b) O tecnopólo mais famoso dos EUA é o Vale do Silício, na Califórnia, cuja origem se articula com o desenvolvimento de armamentos de alta tecnologia na época da Guerra Fria.

c) São Paulo, Rio de Janeiro e Porto Alegre são os exemplos mais significativos de cidades brasileiras que correspondem aos tecnopólos do mundo desenvolvido.

d) A França iniciou o desenvolvimento dos pólos tecnológicos apenas nesta década, concentrando-os prioritariamente em torno de Paris.

e) Apesar de seu grande desenvolvimento técnico e científico, a exigüidade territorial do Japão permitiu a construção de apenas um tecnopólo: a conhecida cidade científica de Tsukuba.

2. (UEL-PR)

A questão está relacionada ao gráfico e às afirmações abaixo.

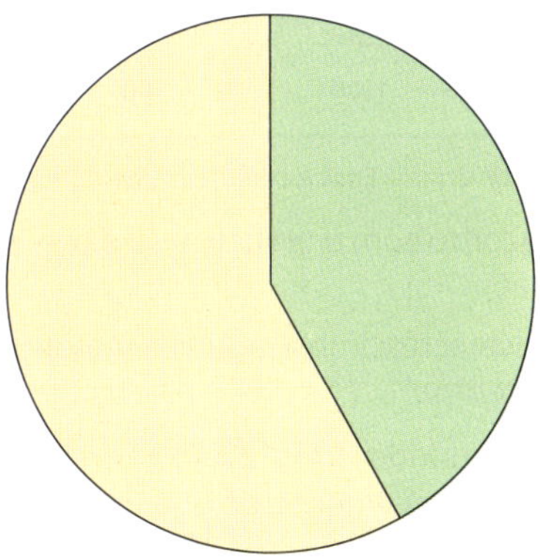

I. Neste final de século, a riqueza mundial encontra-se muito concentrada.

II. No conjunto dos sete países mais ricos do mundo, dois são norte-americanos.

III. Todos os países que compõem a União Européia fazem parte do Grupo dos Sete.

IV. O Japão é o representante asiático no Grupo dos Sete.

V. Com a globalização em curso, a participação do Grupo dos Sete deverá ser a metade da representada em 1997.

A leitura do gráfico e seus conhecimentos sobre a economia mundial permitem concluir que estão corretas somente:

a) I, II e III.
b) I, II e IV.
c) I, III e V
d) II, IV e V.
e) III, IV e V.

3. (Mackenzie-SP)

I. Grande influência das corporações e indústrias japonesas.

II. Legislação trabalhista extremamente rigorosa em detrimento dos trabalhadores.

III. Isenção de impostos e taxas, convertendo os países em plataformas de exportação.

Sobre as bases da recente industrialização asiática:

a) I, II e III são falsos.

b) I, II e III são verdadeiros.

c) apenas I e II são verdadeiros.

d) apenas I e III são verdadeiros.

e) apenas II e III são verdadeiros.

4. (Fuvest-SP)

Sobre o modelo de industrialização implementado em países do Sudeste Asiático, como Coréia do Sul e Taiwan, e o adotado em países da América Latina, como Argentina, Brasil e México, pode-se afirmar que:

a) nos países do Sudeste Asiático, a participação de capital estrangeiro impediu o desenvolvimento de tecnologia local, ao passo que, nos países latino-americanos, ela promoveu esse desenvolvimento.

b) nos dois casos, não houve participação do Estado na criação de infra-estrutura necessária à industrialização.

c) nos países do Sudeste Asiático, a organização dos trabalhadores, em sindicatos livres, encareceu o produto final, ao passo que, nos países latino-americanos, a ausência dessa organização tornou os produtos mais competitivos.

d) nos dois casos, houve importante participação de capital japonês, responsável pelo desenvolvimento tecnológico nessas regiões.

e) nos países do Sudeste Asiático, a produção industrial visou à exportação, ao passo que, nos países latino-americanos, a produção objetivou o mercado interno.

5. (EAM-SP)

Com o projeto de estações aduaneiras do interior (EADIs ou portos secos, porque são distantes dos portos marítimos), o Brasil construirá 75 zonas de processamento industrial em 54 cidades. A primeira delas será em Varginha, no Sul de Minas Gerais.

(Adaptado de *Folha de S.Paulo*. 30 jul. 2000. p. B1.)

O texto trata das implantações de indústrias "maquiladoras" no Brasil, semelhantes às que existem:

a) na fronteira do México com os EUA: importam peças, montam produtos e exportam com isenção de impostos.

b) nas zonas especiais de exportação (ZEEs) do Leste chinês: utilizam os capitais estrangeiros no desenvolvimento dos ramos estratégicos do país (bélico, espacial e de telecomunicações).

c) no Nafta: exportam apenas 1% da produção industrial para os países fora do bloco, como medida de proteção dos fabricantes sem incentivos fiscais.

d) nas zonas especiais de exportação (ZEEs) do Oeste chinês: exportam, com isenção de impostos, bens de uso e consumo aos países vizinhos menos industrializados.

e) na fronteira do México com os EUA: atuam como entrepostos de reexportação de produtos primários e manufaturados.

6. (Mackenzie-SP)
O desenvolvimento industrial, baseado na substituição das importações, na atração de capitais estrangeiros e na participação estatal em obras de infraestrutura explica o surto industrial verificado a partir da década de 50:

a) na Coréia do Sul e em Taiwan.

b) na China e na Índia.

c) no Peru e na Bolívia.

d) na Europa Oriental.

e) no Brasil e no México.

CAPÍTULO 19 – A PRODUÇÃO, O USO E A GEOPOLÍTICA DA ENERGIA

1. (UFPel-RS)

"As rodovias, as ferrovias, as hidrovias ou as rotas aéreas e marítimas constituem a materialização da geometria do espaço mundial, que pode ser definido como o espaço de fluxo dessas vias de deslocamento. Mais do que materializar essa geometria, vê-se que o sentido, a direção, a densidade das rotas e o tipo de transporte utilizado são também muito reveladores das dinâmicas socioeconômicas dos lugares."

(PEREIRA, Diamantino, et al 1998.)

A partir da leitura do texto anterior, estabeleça as implicações da implantação do sistema de rodovias como principal meio de transporte de cargas e de passageiros no Brasil.

2. (PUC-Campinas-SP)
O gráfico seguinte mostra a produção de um "recurso não-renovável": o petróleo, durante o século XX.

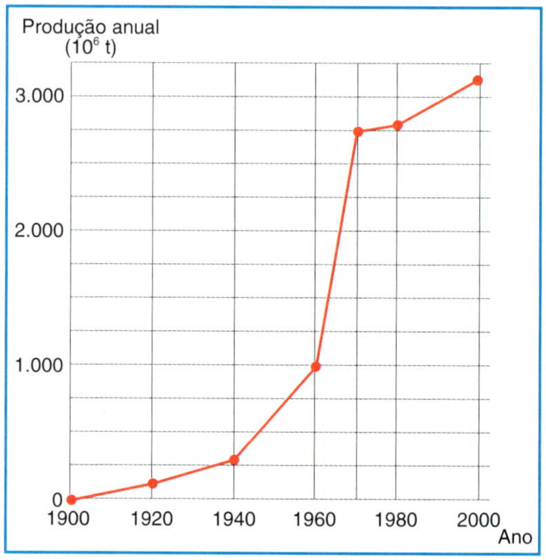

Fonte: *Grande Enciclopédia Larousse Cultural.*

De acordo com o gráfico, é verdade que a produção anual:

a) teve acréscimos cada vez maiores durante todo o tempo.

b) no período 1970-2000, vem crescendo menos, percentualmente, do que no período 1900-1970.

c) atingiu pouco mais de 1.000 toneladas em 1940.

d) atingiu quase 3.000.000 de toneladas em 1970.

e) cresceu mais em números absolutos na primeira década do século do que na penúltima.

3. (PUC-Campinas-SP)
A existência de "jazidas profundas de carvão" está relacionada:

a) ao processo de submersão e posterior soterramento de grandes florestas em antigas eras geológicas.

b) ao reduzido processo erosivo na camada de rochas cristalinas que as recobrem.

c) ao desabamento provocado pela força de gravidade de grandes porções da litosfera.

d) à decomposição de plânctons e pequenos animais em antigos fundos de mares, depois soterrados.

e) a processos externos como a laterização que, mesmo tendo origem junto à superfície, é responsável por carregar para o subsolo inúmeros minerais.

4. (Enem-MEC)
Para compreender o processo de exploração e o consumo dos recursos petrolíferos, é fundamental conhecer a gênese e o processo de formação do petróleo descritos no texto abaixo.

> O petróleo é um combustível fóssil, originado provavelmente de restos de vida aquática acumulados no fundo dos oceanos primitivos e cobertos por sedimentos. O tempo e a pressão do sedimento sobre o material depositado no fundo do mar transformaram esses restos em massas viscosas de coloração negra denominadas jazidas de petróleo.
>
> (Adaptado de TUNDISI. *Usos de energia*. São Paulo: Atual, 1991.)

As informações do texto permitem afirmar que:

a) o petróleo é um recurso energético renovável a curto prazo, em razão de sua constante formação geológica.

b) a exploração de petróleo é realizada apenas em áreas marinhas.

c) a extração e o aproveitamento do petróleo são atividades não poluentes, dada sua origem natural.

d) o petróleo é um recurso energético distribuído homogeneamente, em todas as regiões, independentemente da sua origem.

e) o petróleo é um recurso não-renovável a curto prazo, explorado em áreas continentais de origem marinha ou em áreas submarinas.

5. (Mackenzie-SP)
O mapa abaixo representa o comércio internacional de:

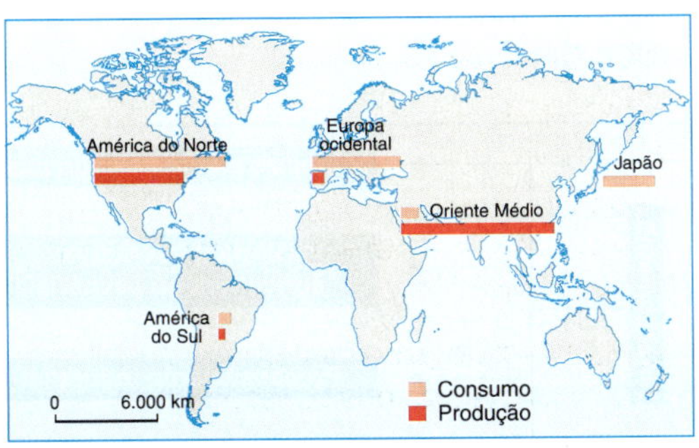

a) petróleo e derivados.

b) aço e produtos siderúrgicos.

c) minerais metálicos.

d) manufaturados.

e) matérias-primas agrícolas.

6. (PUC-Campinas-SP)
A queima de combustíveis fósseis, como o carvão mineral, provoca poluição atmosférica responsável:

a) pelo efeito estufa, além de ser um dos responsáveis pelas inversões térmicas.

b) pelas ilhas de calor, além de contribuir para o aumento do buraco da camada de ozônio.

c) pela chuva ácida, além de ser um dos geradores do efeito estufa.

d) pelo aumento do buraco da camada de ozônio, além de contribuir para o aumento das amplitudes térmicas.

e) pelas inversões térmicas, além de ser um dos responsáveis pela formação das ilhas de calor.

7. (Enem-MEC)

> "A Idade da Pedra chegou ao fim, não porque faltassem pedras; a era do petróleo chegará igualmente ao fim, mas não por falta de petróleo."
>
> (Xeque Yamani, ex-ministro do petróleo da Arábia Saudita. *O Estado de S. Paulo*, 20 ago. 2001.)

Considerando as características que envolvem a utilização das matérias-primas citadas no texto em diferentes contextos histórico-geográficos, é correto afirmar que, de acordo com o autor, a exemplo do que aconteceu na Idade da Pedra, o fim da era do petróleo estaria relacionado:

a) à redução e esgotamento das reservas de petróleo.

b) ao desenvolvimento tecnológico e à utilização de novas fontes de energia.

c) ao desenvolvimento dos transportes e conseqüente aumento do consumo de energia.

d) ao excesso de produção e conseqüente desvalorização do barril de petróleo.

e) à diminuição das ações humanas sobre o meio ambiente.

8. (UFRGS-RS)
Indique a alternativa correta com relação aos recursos energéticos.

a) Os combustíveis fósseis, recursos finitos e não-renováveis, têm os custos econômicos de sua exploração encarecidos, quando a sua localização ocorre em consideráveis profundidades.

b) São chamadas de combustíveis fósseis as fontes energéticas geradas pela fossilização de material orgânico. Os mais importantes combustíveis fósseis são o carvão, o petróleo e os derivados do álcool.

c) A queima de combustíveis fósseis provoca a liberação de gás carbônico na atmosfera, o que ocasiona o resfriamento das temperaturas globais.

d) Os maiores responsáveis pela poluição atmosférica causada pela queima dos combustíveis fósseis são os países periféricos, uma vez que as indústrias dos países tecnologicamente mais avançados já operam, em sua maioria, com a chamada "tecnologia limpa".

e) A Organização dos Países Exportadores de Petróleo (Opep) congrega exclusivamente países árabes, constituindo-se numa organização essencialmente política, baseada no poder econômico possibilitado pelo domínio da exploração do mais importante dos combustíveis fósseis.

9. (Enem-MEC)
No ciclo da água, usado para produzir eletricidade, a água de lagos e oceanos, irradiada pelo Sol, evapora-se dando origem a nuvens e se precipita como chuva. É então represada, corre de alto a baixo e move turbinas de uma usina, acionando geradores. A eletricidade produzida é transmitida através de cabos e fios e é utilizada em motores e outros aparelhos elétricos. Assim, para que o ciclo seja aproveitado na geração de energia elétrica, constrói-se uma barragem para represar a água.
Entre os possíveis impactos ambientais causados por essa construção, devem ser destacados:

a) aumento do nível dos oceanos e chuva ácida.

b) chuva ácida e efeito estufa.

c) alagamentos e intensificação do efeito estufa.

d) alagamentos e desequilíbrio da fauna e da flora.

e) alteração do curso natural dos rios e poluição atmosférica.

10. (UFSCar-SP)
Grupos de ecologistas criticam a dependência de alguns países quanto ao uso da energia nuclear, principalmente depois dos acidentes nucleares que ocorreram na Ucrânia (Chernobyl), em abril de 1986, e no Japão, em setembro de 1999.
Os EUA possuem 104 usinas nucleares, a França 58 e o Japão 53.
Em 1999, havia 434 usinas nucleares em funcionamento no mundo e apenas uma delas se encontrava no Brasil, localizada em:

a) Campos, no Rio de Janeiro.

b) Poços de Caldas, no Sul de Minas Gerais.

c) Angra dos Reis, no Rio de Janeiro.

d) Natal, no Rio Grande do Norte.

e) Sorocaba, no Centro-Oeste de São Paulo.

11. (Enem-MEC)
Em usinas hidroelétricas, a queda d'água move turbinas que acionam geradores. Em usinas eólicas, os geradores são acionados por hélices movidas pelo vento. Na conversão direta solar-elétrica são células fotovoltaicas que produzem tensão elétrica. Além de todos produzirem eletricidade, esses processos têm em comum o fato de:

a) não provocarem impacto ambiental.

b) independerem de condições climáticas.

c) a energia gerada poder ser armazenada.

d) utilizarem fontes de energia renováveis.

e) dependerem das reservas de combustíveis fósseis.

12. (UFC-CE)
Cite duas fontes de energia alternativa renovável e duas fontes de energia convencional não-renovável. Explique as vantagens do uso da energia alternativa renovável com relação ao uso da energia convencional não-renovável.

CAPÍTULO 20 – AGROPECUÁRIA MUNDIAL I: PAISAGEM RURAL, TECNOLOGIA E ECOLOGIA

1. (UCB-DF)

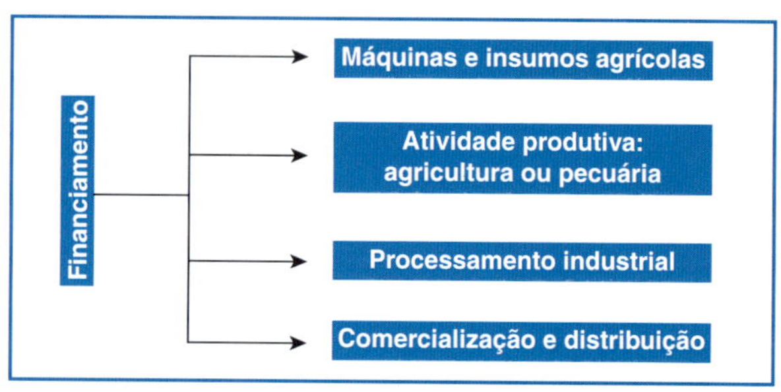

O esquema indica as articulações entre os setores da atividade econômica, dos últimos 30 anos, nos CAI – Complexos Agroindustriais.
Os principais efeitos desta articulação estão expressos em:

a) • concentração da propriedade dos fatores produtivos;
   • transformações nas relações de trabalho.

b) • ampliação do mercado de trabalho;
   • facilidade de acesso à terra.

c) • reforço da produção de subsistência;
   • deslocamento da população do campo para a cidade.

d) • diversificação da produção para a exportação;
   • subordinação do setor industrial ao capital agrário.

2. (UFU-MG)
Interprete o fragmento abaixo.

> "Há muitos séculos os agricultores vêm tentando melhorar as espécies de plantas por meio da realização de cruzamentos e da seleção de sementes. No século XX, com o desenvolvimento da transgenia, foi possível realizar a melhoria genética, por meio do planejamento e da execução de cruzamentos controlados e da seleção planejada, revolucionando o processo de produção agropecuária."
>
> (COELHO, Marcos de A. e SOARES, Lygia T. *Geografia geral:* o espaço natural e socioeconômico. São Paulo: Moderna, 2001. p. 389.)

Aqueles que defendem a ampla aplicação de modificações genéticas consideram como vantagens algumas das afirmações abaixo, exceto:

a) o aumento brutal da produtividade e da produção desses alimentos acarretaria menores riscos e gastos.

b) como a alimentação é a base da vida saudável, os alimentos transgênicos podem interferir na saúde das pessoas.

c) a criação de plantas mais resistentes reduz o uso de agrotóxicos e de fertilizantes.

d) os transgênicos resolveriam o problema da fome no mundo.

3. (Mackenzie-SP)
A biotecnologia utilizada para estimular o aumento da produtividade no campo tem sido aplicada já há algum tempo e a avaliação de seus resultados tem sido controvertida por inúmeros problemas surgidos, exceto:

a) por ser uma tecnologia de baixo custo, pode ser utilizada pelos países pobres.

b) porque as novas variedades são produzidas por grandes corporações.

c) porque a utilização das novas variedades só é possível através da compra de patentes e pacotes tecnológicos.

d) porque ainda não estão completamente definidos os riscos à saúde provocados pelo consumo desses produtos.

e) porque a homogeneidade das espécies cultivadas torna toda safra vulnerável a uma única praga ou doença.

4. (PUC-Campinas-SP)
A fome e a desnutrição constituem alguns dos problemas mais antigos conhecidos pelo homem.
Considere sobre este problema os seguintes aspectos:

I. A fome e a desnutrição nada têm que ver com a produção e a disponibilidade de alimentos produzidos.

II. Os grupos mais sujeitos à fome e à desnutrição são formados por famílias de camponeses que vivem no campo ou aqueles que migraram em direção às cidades.

III. A fome está intimamente ligada ao crescimento populacional e aos problemas ambientais.

Estão corretas somente:

a) I.
b) II.
c) III.
d) I e II.
e) II e III.

5. (Unifor-CE)
Tratando-se das técnicas agrícolas modernas que comprometem o equilíbrio ambiental e a capacidade produtiva dos recursos naturais, as afirmações abaixo são verdadeiras, exceto:

a) a monocultura praticada em grandes extensões de terra causa desequilíbrios na cadeia trófica.

b) o uso indisciplinado de agrotóxicos contribui para contaminar o solo e os recursos hídricos.

c) a lavoura praticada com uso das técnicas em curvas de nível contribui para manter a capacidade produtiva dos solos de vertentes íngremes.

d) qualquer tipo de solo ou de terreno pode ser agricolamente utilizado.

6. (Vunesp)
Observe a figura.

a) Como as práticas agrícolas não-conservacionistas podem comprometer o ecossistema aquático?

b) De que maneira estas práticas podem afetar o produto da pesca realizada nessas áreas e quais as conseqüências para a população consumidora?

7. (Enem-MEC)
Um agricultor adquiriu alguns alqueires de terra para cultivar e residir no local. O desenho abaixo representa parte de suas terras.

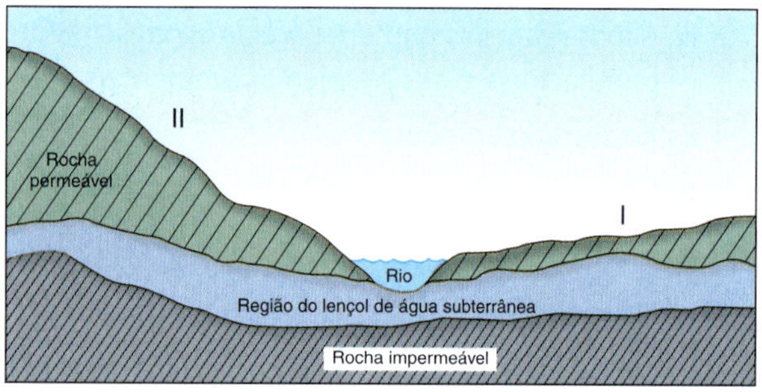

Pensando em construir sua moradia no lado **I** do rio e plantar no lado **II**, o agricultor consultou seus vizinhos e escutou as frases abaixo. Identifique a frase do vizinho que deu a sugestão mais correta.

a) "O terreno só se presta ao plantio, revolvendo o solo com arado."

b) "Não plante neste local, porque é impossível evitar a erosão."

c) "Pode ser utilizado, desde que se plante em curvas de nível."

d) "Você perderá sua plantação quando as chuvas provocarem inundação."

e) "Plante forragem para pasto."

CAPÍTULO 21 – AGROPECUÁRIA MUNDIAL II: SISTEMAS AGRÍCOLAS E PRODUÇÃO

1. (UFC-CE)
As questões que se seguem estão relacionadas às atividades econômicas.

a) Cite os três fatores fundamentais à produção agrícola.

b) Dê dois exemplos de sistemas agrícolas, caracterizando-os sinteticamente.

2. (Mackenzie-SP)
A mobilização de abundante mão-de-obra em pequenas propriedades, geralmente irrigadas, e a utilização de intensa adubação orgânica caracterizam o sistema agrícola conhecido como:

a) jardinagem oriental.

b) roça tropical.

c) rotação trienal.

d) lavoura itinerante.

e) *plantations*.

3. (Unifor-CE)
Considere as afirmações apresentadas abaixo.

I. Na América, na Ásia e na África, este sistema agrícola foi introduzido pelos colonizadores europeus, sobretudo nas áreas tropicais.

II. Corresponde à agricultura de subsistência, adotada pelos pequenos agricultores, na forma de áreas cultivadas em clareiras abertas nas matas.

III. Predomina a monocultura voltada para a exportação, com a concentração da produção em gêneros de grande valor comercial.

IV. Utiliza numerosa mão-de-obra, empregada nos trabalhos de irrigação e no trato diário da cultura, principalmente na adubação e controle das pragas.

Referem-se ao sistema agrícola de *plantation* somente:

a) I e II

b) I e III

c) I e IV

d) II e III

e) II e IV

4. (Mackenzie-SP)
Sobre a economia dos Estados Unidos é incorreto afirmar:

a) As grandes extensões de solos férteis, a maior parte do relevo de topografia plana e o clima temperado favorecem a agricultura na porção central, que se caracteriza pelo emprego maciço da mecanização e pela baixa utilização de mão-de-obra.

b) A região das Planícies Centrais é dividida em cinturões de cultivo, onde a agricultura é altamente especializada, com alta produtividade.

c) A atividade industrial, tradicionalmente concentrada na região Nordeste e em torno dos Grandes Lagos, beneficiou-se da riqueza mineral e energética da região.

d) Atualmente verifica-se uma descentralização industrial, em direção à Costa Oeste (indústrias de alta tecnologia) e à região do Golfo (indústria petrolífera).

e) Apesar da grande dependência de carvão e petróleo e, em menor grau, de minerais metálicos, o país ainda é responsável pela maior produção industrial do mundo.

5. (Enem-MEC)

O gráfico abaixo representa o fluxo (quantidade de água em movimento) de um rio, em três regiões distintas, após certo tempo de chuva.

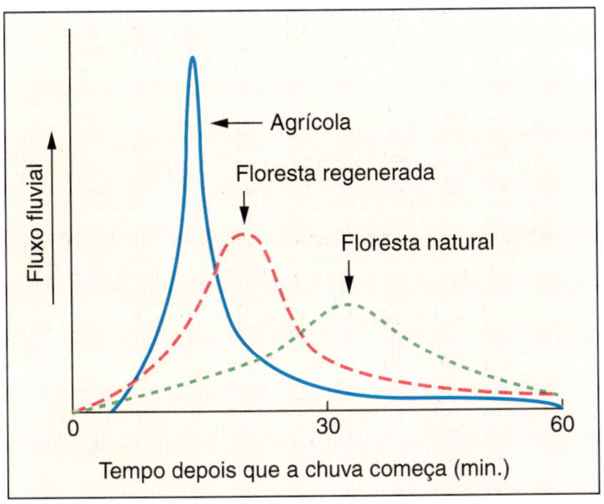

Comparando-se, nas três regiões, a interceptação da água da chuva pela cobertura vegetal, é correto afirmar que tal interceptação:

a) é maior no ambiente natural preservado.

b) independe da densidade e do tipo de vegetação.

c) é menor nas regiões de florestas.

d) aumenta quando aumenta o grau de intervenção humana.

e) diminui à medida que aumenta a densidade da vegetação.

CAPÍTULO 22 – O COMÉRCIO MUNDIAL E A GLOBALIZAÇÃO

1. (Uerj)

"Ao refletirmos sobre o papel da África frente ao processo de globalização deparamo-nos com a questão da sua exclusão no sistema mundial."

(MARY, C. P. África: De mundo exótico a periferia abandonada. In: *Globalização e fragmentação no mundo contemporâneo*. Niterói: EdUFF, 1998.)

A referida exclusão pode ser creditada, dentre outros motivos, à relação formada entre:

a) alto controle da economia por empresas nacionais — investimento significativo no mercado interno.

b) grande desconexão no comércio internacional — precariedade de desenvolvimento de novas tecnologias.

c) reduzido fluxo financeiro com as potências capitalistas — interesse dos megablocos de poder na integração social.

d) grande mudança da conjuntura internacional — valorização dos tradicionais produtos agrícolas de outros continentes.

2. (Ceeteps-SP)

A questão está relacionada ao gráfico e às informações abaixo.

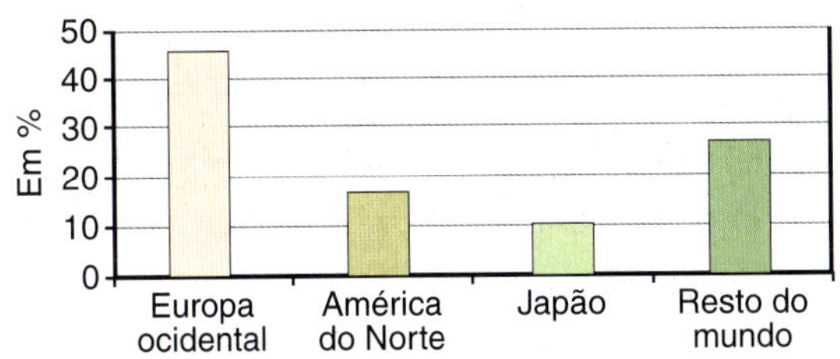

Fonte: OMC (Organização Mundial do Comércio).

I. O funcionamento do comércio mundial é fortemente comandado pelos países mais ricos do mundo.

II. Os produtos agrícolas representam mais da metade das mercadorias comercializadas no mundo.

III. Nesta última década, os chamados novos países industriais deixaram de participar do comércio mundial.

IV. A participação dos países subdesenvolvidos é pequena no comércio mundial.

Dentre essas informações, estão corretas somente:

a) I e II.
b) I e III.
c) I e IV.
d) II e III.
e) II e IV.

3. (Mackenzie-SP)
Indique a alternativa incorreta sobre a economia globalizada.

a) Reforçou a concentração industrial nos países do hemisfério norte.

b) As grandes empresas não têm mais pátria devido à pulverização dos investidores e à disseminação geográfica dos investimentos.

c) O desenvolvimento da tecnologia de comunicação permite que o capital multinacional comande toda a estrutura de produção do planeta.

d) Os processos de fusão ou incorporação de grandes empresas tornaram-se modalidades praticadas em todo o mundo.

e) Os investimentos passaram a ser instantâneos, nos quais os capitais buscam lucros especulativos de curto prazo.

4. (UFRGS-RS)
O investimento de curto prazo realizado pelo capital internacional nas bolsas de valores caracteriza-se como especulação, criando uma ciranda financeira que gera na maioria das vezes poucos investimentos produtivos.
Indique a alternativa que corresponde a países que, nos últimos anos, sofreram abalos financeiros decorrentes desta dinâmica.

a) Arábia Saudita – Coréia do Sul – Iugoslávia – Paquistão.

b) Arábia Saudita – China – Grécia – Portugal.

c) Brasil – China – Cuba – Portugal.

d) Brasil – Índia – Marrocos – Tailândia.

e) Brasil – Coréia do Sul – Rússia – Tailândia.

5. (UFF-RJ)

"Pelo temor de que o presidente do Banco Central Americano, Alan Greenspan, aumente os juros nos Estados Unidos, a bolsa americana caiu 1,6% na segunda-feira da semana passada. Arrastou outras bolsas ao seu redor, do México ao Chile, atingindo também a de São Paulo, que caiu mais de 4% na segunda-feira."

(*Veja*, 2 jun. 1999.)

A melhor definição do fenômeno descrito é:

a) neoliberalismo.
b) globalização.
c) cartel.
d) protecionismo.
e) monopólio.

CAPÍTULO 23 – REDES DE COMUNICAÇÃO, TRANSPORTE E TURISMO

1. (Mackenzie-SP)
Indique a alternativa incorreta sobre o atual processo de globalização.

a) É fundamentada na regionalização das relações econômicas através de alianças comerciais ou blocos econômicos.

b) Os países desenvolvidos têm poder de decisão sobre as questões de âmbito mundial, tanto econômicas como políticas.

c) Tornou o espaço mundial mais homogêneo, diminuindo as desigualdades, tanto entre os países como entre os segmentos sociais.

d) Consiste na abertura das economias nacionais para a livre circulação de produtos e capitais.

e) Os países que dominam as tecnologias avançadas e sediam as grandes empresas assumem a liderança dos processos econômicos.

2. (UFC-CE)
Considerando o chamado "capitalismo global" ou processo de "globalização" da economia, analise as seguintes afirmativas.

I. As empresas transnacionais passam a decompor o processo produtivo (produção, circulação, distribuição e consumo) em escala mundial.

II. Todos os países, regiões e cidades do mundo se beneficiam igualmente da globalização da economia.

III. A aplicação do capital, a tecnologia, o uso da mão-de-obra, o planejamento da produção e vendas e, finalmente, o *marketing* são praticados em escala global.

Indique a alternativa correta.

a) I e II são verdadeiras.

b) I e III são verdadeiras.

c) II e III são verdadeiras.

d) Apenas I é verdadeira.

e) Apenas II é verdadeira.

3. (PUC-PR)

Observe o quadro abaixo:

AS MAIORES EMPRESAS GLOBAIS DE TELECOMUNICAÇÕES

Empresa	País de origem	Receita (US$ bilhões)
NTT	Japão	84,1
AT&T	EUA	46,1
Deutsche Telekom	Alemanha	29,6
British Telecom	Grã-Bretanha	22,7
Italia Telecom	Itália	18,4
Bell South	EUA	17,8
GTE	EUA	17,3
MCI	EUA	15,2

Fonte: International Communications Union (conforme MAGNOLI, D. e outros. *Visões do Mundo 2*. São Paulo: Moderna, 2002.)

O avanço tecnológico e do papel representado pelas telecomunicações são marcas significativas da "Era da Globalização". A respeito desta relação, confira as seguintes afirmações:

I. O mundo globalizado, sobretudo após 1990, tem diminuído as diferenças entre países desenvolvidos e países subdesenvolvidos, no que se refere a sua importância econômica, ao desenvolvimento das pesquisas e da tecnologia de ponta e à qualidade de vida de suas populações.

II. Muitas das grandes empresas de telefonia cresceram ainda mais nesse período da globalização (após 1990), devido aos processos de privatização que ocorreram na América Latina e em outras regiões do mundo, bem como pelas fusões de empresas e de seus capitais.

III. As maiores empresas globais do setor de telefonia têm a sua origem nos países desenvolvidos e integrantes do G8 — o grupo dos oito países mais ricos do mundo.

IV. A velocidade com que circulam as informações, as conexões e dependências entre as bolsas de valores e o acirramento da concorrência entre as empresas, algumas das características da globalização, estão diretamente relacionadas à revolução dos meios de comunicação.

Estão corretas:

a) I, II e IV.

b) I e III.

c) apenas I e II.

d) II, III e IV.

e) apenas II e IV.

4. (Unicamp-SP)

A internet pode aparentar ser uma rede global que envolve empresas e países tanto grandes quanto pequenos. Mas a verdade é que ela fala inglês e pensa como os EUA, apesar de situada em grande medida fora do controle dos governos nacionais. [...] No ano passado, as empresas norte-americanas gastaram em torno de US$ 300 milhões em publicidade *on-line*, contra míseros US$ 6 milhões gastos pelo resto do mundo. Os capitalistas que apostaram no Vale do Silício calculam que o *boom* dos PCs na década de 1980 foi o maior empreendimento gerador de riquezas na história da humanidade. A internet pode superar esta marca, transformando-se no equivalente atual da corrida do ouro.

(Adaptado de EVAGORA, Andreas. A internet fala inglês e pensa como os EUA. *Folha de S.Paulo*, 19 fev. 1998.) World Media Network.

a) Depois de ler o texto, reflita e apresente possíveis conseqüências do predomínio americano na internet.

b) Qual é a importância do Vale do Silício frente ao *boom* dos PCs e à expansão da internet?

5. (Cefet-PR)

Analise as afirmações abaixo:

I. O meio de transporte mais econômico para carga é o hidroviário, pois, além de sua grande capacidade, pode utilizar várias fontes de energia.

II. As ferrovias são mais flexíveis que as rodovias no transporte de carga porque atingem maior extensão territorial e podem ser usadas no transporte em pequenas distâncias.

III. Um país de grande extensão territorial e dependente de petróleo importado deve privilegiar os meios ferroviário e hidroviário, pela grande capacidade de carga.

Indique:

a) se apenas III for correta.

b) se apenas II for incorreta.

c) se apenas I e II forem corretas.

d) se apenas II for correta.

e) se apenas I for incorreta.

UNIDADE V DINÂMICA POPULACIONAL E URBANIZAÇÃO

CAPÍTULO 24 – TRANSFORMAÇÕES E DESEQUILÍBRIOS NA PAISAGEM URBANA

1. (UEL-PR)

No final dos anos 1990, as taxas de urbanização nos países ricos estão estabilizadas e atingem cerca de 80% na Europa Ocidental e na América do Norte. Em outras partes do mundo, o crescimento urbano tem um ritmo acelerado, mas desigual, pois enquanto a (**I**) praticamente tem seu processo de urbanização em fase de conclusão, alguns países da (**II**) estão no início do processo.

Indique a alternativa que completa corretamente as lacunas (**I**) e (**II**) do texto.

	I	II
A	África	América Latina e Ásia
B	África	América Latina e Oceania
C	Ásia	África e América Latina
D	Ásia	África e Oceania
E	América Latina	Ásia e África

2. (UFC-CE)

"Na estruturação dos espaços mundiais, a internacionalização da economia vem consolidando, nas últimas décadas, as chamadas cidades globais — os vetores mais importantes da globalização."

(*Folha de S.Paulo*, 2 mai. 1999, Especial Cidades Ano 2000.)

Com base no texto acima, pode-se afirmar que:

I. as cidades globais são aquelas que concentram conhecimentos em serviços ligados à globalização (escritórios das principais empresas mundiais em consultoria, publicidade, bancos, entre outros).

II. elas formam uma rede de cidades por onde transita a maior parte dos fluxos de capital que alimentam os mercados financeiros internacionais.

III. entre as cidades globais, destacam-se Nova Iorque, Tóquio, Londres (no Primeiro Mundo), além de outras, como São Paulo e México (nos países em desenvolvimento ou no Terceiro Mundo).

De acordo com o exposto acima, indique a opção correta.

a) I e II estão corretas.

b) II e III estão corretas.

c) I, II e III estão corretas.

d) Apenas I está correta.

e) Apenas II está correta.

3. (UFSM-RS)

ANGELI / FOLHA IMAGEM

Fonte: DIMENSTEIN, Gilberto. *Revista Paradidática*. São Paulo: 1998.

A proliferação da violência urbana vem criando um novo modelo de segregação espacial. Em relação a esta segregação, pode(m)-se afirmar:

I. Os condomínios fechados, que oferecem a possibilidade de um novo estilo de vida, caracterizam-se pelo isolamento e distância da cidade, instalando-se muitos deles na antiga periferia.

II. Os condomínios privados tendem a ser ambientes socialmente homogêneos, sendo, na maioria das vezes, formados por classes média e alta.

III. A segregação urbana contemporânea é decorrente da violência urbana, pois o medo do crime é usado para legitimar medidas de segurança e vigilância.

Está(ão) correta(s):

a) apenas I.

b) apenas II.

c) apenas I e III.

d) apenas II e III.

e) I, II e III.

4. (UEMG)
A urbanização brasileira tornou-se realmente expressiva a partir da segunda metade do século XX. Indique a afirmativa que não caracteriza a urbanização brasileira.

a) A industrialização e a concentração de terras foram grandes responsáveis pela formação desse processo.

b) As redes urbanas de maior expressividade são as que apresentam cidades de categorias dimensionais e diversificadas, como São Paulo e Rio de Janeiro.

c) No Brasil, esse processo foi marcado pelo fenômeno da metropolização com fortes problemas urbanos, tornando as maiores cidades áreas de tensões sociais.

d) No Brasil, a megalópole em formação corresponde ao eixo São Paulo—Rio de Janeiro, no vale do Paraíba, cortado pela Rio—Santos (BR 101).

5. (Uniderp-MS)
Sobre a urbanização dos países subdesenvolvidos e suas conseqüências, pode-se afirmar que:

a) A estrutura fundiária é o principal fator responsável pela lenta industrialização desses países.

b) Nos países subdesenvolvidos não existe "macrocefalia" urbana porque o processo de urbanização é lento.

c) A economia informal é inexistente, apesar do crescimento da população urbana e da baixa qualificação da mão-de-obra.

d) A população ativa dos países subdesenvolvidos só é absorvida pelo setor secundário e, em função disso, surge o desemprego nas grandes cidades.

e) O fenômeno da metropolização, entre outros fatores, é resultante da incapacidade da zona rural de absorver a mão-de-obra disponível.

6. (Fuvest-SP)
Pode ser definida, de modo simplificado, como uma conurbação de metrópoles, ou seja, uma vasta região formada por diversas metrópoles e cidades comuns, em processo de expansão de suas áreas urbanas, formando uma cadeia quase contínua de cidades.
O conceito descrito é o de:

a) uma região metropolitana.

b) uma megalópole.

c) um sítio urbano.

d) um processo de desmetropolização.

e) uma acrópole.

7. (Fuvest-SP)
Responda à questão com base na tabela abaixo.

AS DEZ MAIORES CIDADES DO ANO 2000

Cidade	População* em 1975	Projeção para 2000
México	3,0	31,0
São Paulo	2,5	25,8
Xangai	5,8	23,7
Tóquio-Yokohama	6,7	23,7
Nova Iorque	12,3	22,4
Pequim	2,2	20,9
Rio de Janeiro	2,9	19,0
Mumbai (ex-Bombaim)	3,0	16,8
Calcutá	4,6	16,4
Jacarta	—	15,7

*Em milhões de habitantes.

A partir da interpretação da tabela, é possível afirmar que:

a) a quase totalidade das maiores cidades do ano 2000 estão localizadas nos países periféricos.

b) somente quatro cidades asiáticas estarão entre as 10 maiores cidades do ano 2000.

c) os dados não permitem qualquer referência à América Latina.

d) a metropolização está presente e é um fenômeno concentrado em um continente.

e) a maior metrópole em 1975 será a de menor população em 2000.

CAPÍTULO 25 – MIGRAÇÕES, REFUGIADOS E MINORIAS ÉTNICAS NO MUNDO

1. (Cesgranrio-RJ)
Vivemos num mundo sem fronteiras, dizem alguns. Contudo, na fronteira entre o México e os Estados Unidos ocorrem fatos que desmentem a afirmativa anterior. Como exemplo desses fatos é correto citar a(o):

a) ausência de vias de circulação modernas entre os dois países.

b) dificuldade de acesso terrestre de norte-americanos ao México.

c) redução das exportações do Norte do México para os Estados Unidos.

d) restrição da entrada de trabalhadores mexicanos nos Estados Unidos.

e) embargo econômico dos Estados Unidos à produção agrícola do México.

2. (FGV-SP)
Considere as afirmações abaixo para assinalar a alternativa correta:

I. Os refugiados e demais migrantes que pedem auxílio ao Alto Comissariado das Nações Unidas para Refugiados (Acnur) concentram-se nos países subdesenvolvidos, especialmente da Ásia e África, onde ocorrem conflitos resultantes de instabilidade política, grandes desigualdades sociais e de questões étnicas e religiosas.

II. A transferência de profissional competente operada por empresas transnacionais, para dar suporte à implantação de novas tecnologias e novos procedimentos de trabalho entre suas filiais é um exemplo de "migração de cérebros", que pode ocorrer de um país desenvolvido para um subdesenvolvido.

III. Os hispano-americanos que residem nos Estados Unidos, os trabalhadores de origem magrebina que imigraram em massa para a Alemanha e o elevado número de turcos e de seus filhos, inclusive os já nascidos na França, sofrem a crueldade dos movimentos xenófobos existentes nesses países.

Sobre o processo migratório atual, apenas:

a) I está correta.

b) II está correta.

c) III está correta.

d) I e II estão corretas.

e) I e III estão corretas.

3. (Enem-MEC)
De acordo com a história em quadrinhos protagonizada por Hagar e seu filho Hamlet, pode-se afirmar que a postura de Hagar:

a) valoriza a existência da diversidade social e de culturas, e as várias representações e explicações desse universo.

b) desvaloriza a existência da diversidade social e as várias culturas, e determina uma única explicação para esse universo.

c) valoriza a possibilidade de explicar as sociedades e as culturas a partir de várias visões de mundo.

d) valoriza a pluralidade cultural e social ao aproximar a visão de mundo de navegantes e não-navegantes.

e) desvaloriza a pluralidade cultural e social, ao considerar o mundo habitado apenas pelos navegantes.

4. (Vunesp)
Os gráficos I e II representam a taxa de desemprego e os índices migratórios na Irlanda, na década de 1990. Analise-os e indique a alternativa correta.

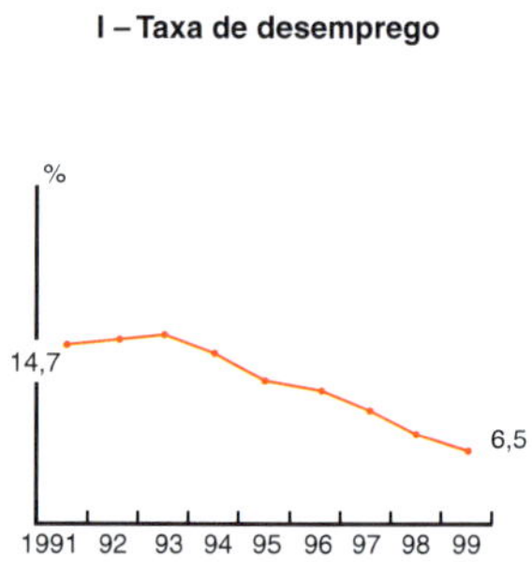

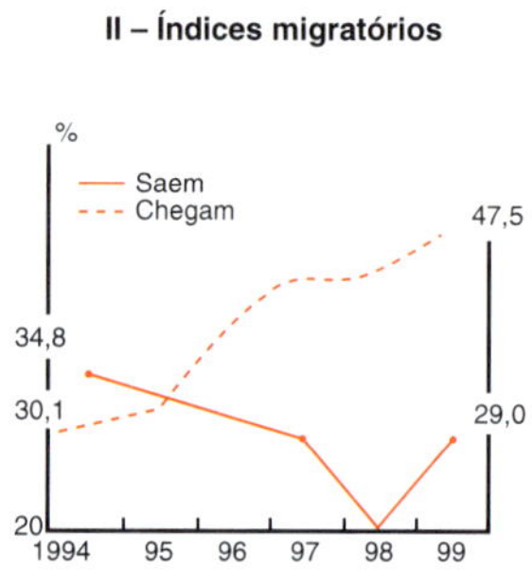

Fonte: FMI.

a) O decréscimo na taxa de desemprego a partir de 1993 não foi suficiente para atrair trabalhadores estrangeiros.

b) A taxa de desemprego manteve-se elevada em todo o período, não provocando alteração nos índices migratórios.

c) A forte queda nos índices de emigração ocorrida a partir de 1998 foi decorrente do aumento da taxa de desemprego.

© KING FEATURES / INTERCONTINENTAL PRESS

d) O decréscimo na taxa de desemprego a partir de 1993 foi acompanhado pelo aumento nos índices de imigração.

c) O decréscimo na taxa de desemprego a partir de 1993 foi acompanhado pelo aumento nos índices de imigração e emigração.

5. (Uerj)
Observe o texto e o mapa a seguir.

> Quatro continentes se unem hoje para tentar dar à França seu primeiro título de campeã do mundo de futebol, na final contra a seleção brasileira. É a herança do colonialismo que entra em campo vestida de azul. [...]
>
> São de origem estrangeira recente 13 dos 22 jogadores que compõem a seleção francesa que decide hoje a Copa. Da Oceania vem Karembeu, nascido na possessão francesa da Nova Calcedônia. Da América vêm Thuram e Diomede, de Guadalupe, possessão francesa do Caribe, e Bernard Lama, da Guiana Francesa. Na África nasceram Patrick Vieira (Senegal) e Marcel Desailly. Além desses, há os nascidos na França, mas de ascendência estrangeira, como Zidane (filho de argelinos), Djorkaeff e Boghossian (de famílias armênias), entre outros.[...]
>
> Há cerca de 3,5 milhões de estrangeiros vivendo na França, aproximadamente 6% da população do país. Este número não inclui filhos de estrangeiros com nacionalidade francesa.
>
> (Adaptado de *Folha de S.Paulo*,12 jul. 1998.)

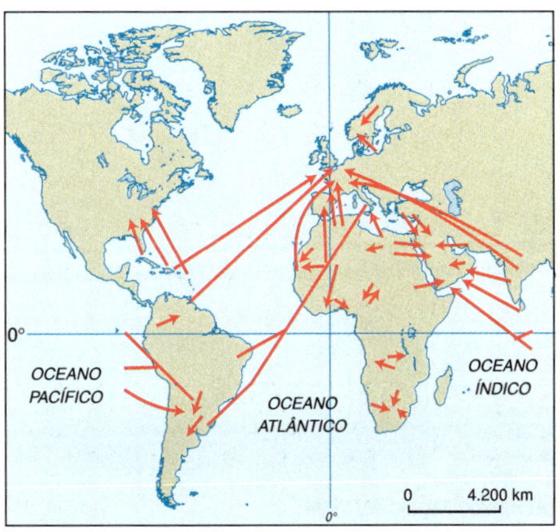

Fonte: CASTLES, Stephen e MILLER, Mark. *The age of migration*. Londres: Macmillan, 1993.

A partir da situação da imigração para a Europa Ocidental, onde o exemplo francês é significativo, explique:

a) a importância para o continente europeu dos fluxos de população após a Segunda Guerra, identificando a origem geográfica destes.

b) a tendência à restrição à imigração estrangeira na atualidade.

CAPÍTULO 26 – CONCEITOS DEMOGRÁFICOS E DISTRIBUIÇÃO DA POPULAÇÃO

1. (UEL–PR)
Considere as seguintes afirmações sobre a ocupação humana nas diferentes formas de relevo terrestre:

I. Nas regiões planálticas do interior dos continentes concentram-se os maiores contingentes populacionais do globo.

II. Inúmeros países que apresentam problemas de espaço reduzido, como o Japão e os Países Baixos, têm realizado custosas obras de engenharia para conquistar áreas litorâneas.

III. Quando a pressão demográfica e a necessidade de terras agrícolas são muito grandes, inúmeras áreas montanhosas são ocupadas através de terraceamento das encostas.

IV. As regiões vulcânicas, em virtude do perigo e da pobreza de seus solos, são naturalmente repulsivas à presença humana.

Estão corretas somente:

a) I e II.

b) I e III.

c) I e IV.

d) II e III.

e) III e IV.

2. (Mackenzie-SP)

I. Metade dos países que lideram a lista dos mais populosos do mundo está situada na Ásia.

II. A maior parte das populações destes países vive em áreas rurais.

III. Os vales dos grandes rios apresentam altíssimas densidades demográficas.

Indique:

a) se I, II e III forem verdadeiros.

b) se apenas I e III forem verdadeiros.

c) se apenas I, II e III forem verdadeiros.

d) se apenas I e II forem verdadeiros.

e) se apenas II e III forem verdadeiros.

3. (Mackenzie-SP)

I	II	III	IV
Índia	China	EUA	Brasil
Japão	Egito	México	Austrália
Alemanha	França	África do Sul	Rússia

No quadro acima, o agrupamento de países levou em conta:

a) as densidades demográficas médias.

b) a população absoluta.

c) o valor das exportações de manufaturados.

d) o valor da produção industrial.

e) a participação do setor primário no PIB.

4. (Enem-MEC)
Ao longo do século XX, a taxa de variação da população do Brasil foi sempre positiva (crescimento). Essa taxa leva em consideração o número de nascimentos (N), o número de mortes (M), o de emigrantes (E) e o de imigrantes (I) por unidade de tempo. É correto afirmar que no século XX:

a) M > I + E + N.

b) N + I > M + E.

c) N + E > M + I.

d) M + N < E + I.

e) N < M − I + E.

5. (UEL-PR)
Observe os gráficos para responder à questão.

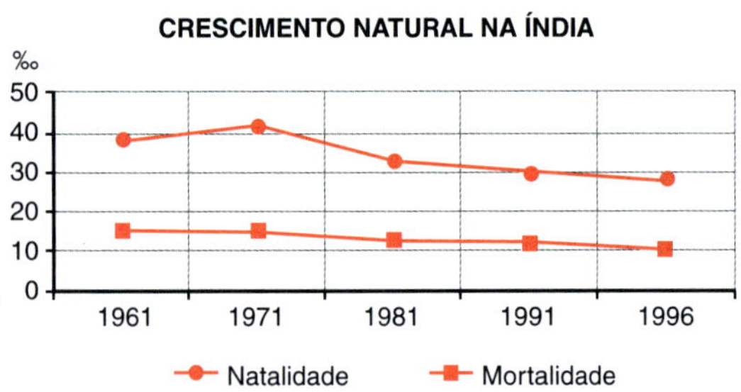

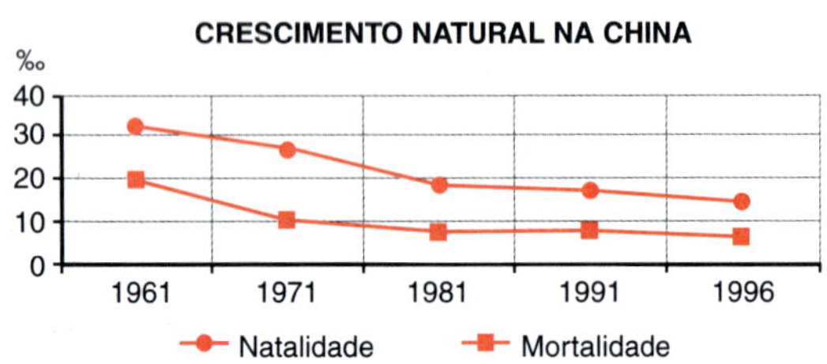

A comparação entre os gráficos permite afirmar que, desde:

a) 1961, o crescimento vegetativo da população chinesa é menor que o da população indiana.

b) 1961, a população dos dois países apresenta o mesmo crescimento em termos relativos.

c) 1971, o crescimento vegetativo de ambos os países está estabilizado.

d) 1971, a Índia adotou uma política de planejamento familiar mais eficaz que a da China.

e) 1991, a Índia apresenta um crescimento vegetativo menor que o da China.

6. (UnB-DF)
A palavra **população** vem do latim *populatione* e, segundo o *Novo Dicionário Aurélio da Língua Portuguesa*, pode ser definida como "1. O conjunto de habitantes de um território, de um país, de uma região, de uma cidade [...] 2. O número desses habitantes [...]". Por essa breve definição, pode-se perceber que o estudo da população é de extrema importância no estabelecimento de políticas sociais e econômicas. A esse respeito, julgue os itens a seguir:

a) A população do mundo é igualmente distribuída nos cinco continentes.

b) No entendimento geográfico da população incluem-se estudos sobre distribuição de línguas, religiões e etnias; processos migratórios; processos de urbanização e de disseminação de doenças; e desigualdades socioeconômicas.

c) A diferença entre a taxa de natalidade e a de mortalidade, em um período determinado, denomina-se crescimento vegetativo, importante parâmetro no conhecimento das tendências demográficas de um local.

CAPÍTULO 27 – CRESCIMENTO DEMOGRÁFICO

1. (Unicamp-SP)

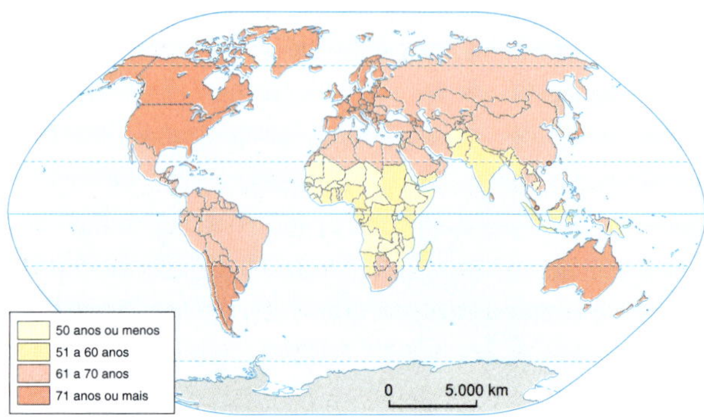

Fonte: Banco Mundial, 1994.

a) Além da Europa Ocidental e da América anglo-saxônica, quais as regiões do mundo onde há maior expectativa de vida?

b) Explique por que essas regiões são as que apresentam maior expectativa de vida.

2. (Unifor-CE)

Após a Segunda Grande Guerra houve um grande crescimento demográfico mundial que ocorreu, dentre outros fatores, devido:

a) ao acentuado aumento das taxas de natalidade e mortalidade nos países da América Latina.

b) à queda das taxas de mortalidade e à manutenção das altas taxas de natalidade nos países subdesenvolvidos.

c) ao grande aumento do crescimento vegetativo verificado nos Estados Unidos e na Europa.

d) ao acentuado aumento das taxas de natalidade e à queda da mortalidade nos países desenvolvidos.

e) à queda das taxas de natalidade e mortalidade na Europa e na Ásia.

3. (Cesgranrio-RJ)

A China comemorou recentemente os 50 anos da revolução comunista e continua adotando um modelo de crescimento marcado por uma "prática socialista de mercado".

De reconhecida importância no cenário mundial, é um país que apresenta características populacionais marcantes, tais como as apresentadas a seguir.

I. Apesar de constituir a maior população do planeta, com mais de um bilhão de habitantes, apresenta uma grande homogeneidade étnica mesmo com a presença de vários grupos minoritários.

II. Com uma das maiores densidades demográficas, entre os países de grande extensão, apresenta uma população mal distribuída, concentrada nas porções Leste e Sul do país.

III. Mesmo com o grande surto de crescimento industrial, vivido nos últimos anos, apresenta cidades populosas, mas ainda é um país pouco urbanizado.

IV. Embora o controle de natalidade tenha colaborado para uma redução nas taxas de crescimento demográfico, sua grande população ainda determina um grande acréscimo populacional anual em termos absolutos.

É (são) verdadeira(s) a(s) afirmativa(s):

a) IV, apenas.

b) II e III, apenas.

c) III e IV, apenas.

d) I, II e IV, apenas.

e) I, II, III e IV.

4. (PUC-Minas)

Observe atentamente a situação a seguir:

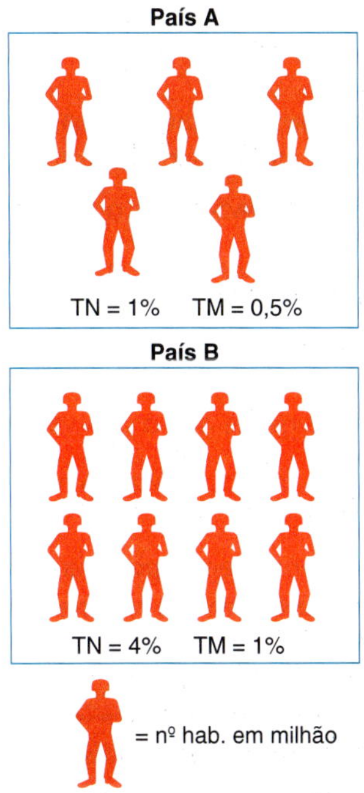

Analisando os quadros demográficos dados, indique a opção incorreta:

a) O país A caracteriza-se por reduzidas taxas de natalidade e mortalidade.

b) O país B caracteriza-se por apresentar significativo crescimento demográfico.

c) A e B representam reflexos da Revolução Médico-Sanitária, que reduziu os índices de mortalidade.

d) O quadro A é típico dos países mais desenvolvidos e com controle demográfico.

e) O quadro B é exclusivo dos países emergentes e tem perspectiva de explosão demográfica.

(Enem-MEC)

O texto a seguir refere-se às questões 5 e 6.

Em material para análise de determinado *marketing* político, lê-se a seguinte conclusão:

"A explosão demográfica que ocorreu a partir dos anos 1950, especialmente no Terceiro Mundo, suscitou teorias ou políticas demográficas divergentes. Uma primeira teoria, dos neomalthusianos, defende que o crescimento demográfico dificulta o desenvolvimento econômico, já que provoca uma diminuição na renda nacional *per capita* e desvia os investimentos do Estado para setores menos produtivos. Diante disso, o país deveria desenvolver uma rígida política de controle de natalidade. Uma segunda, a teoria reformista, argumenta que o problema não está na renda *per capita* e sim na distribuição irregular da renda, que não permite o acesso à educação e à saúde. Diante disso o país deve promover a igualdade econômica e a justiça social."

5. Qual dos *slogans* a seguir poderia ser utilizado para defender o ponto de vista dos reformistas?

a) "Controle populacional já, ou o país não resistirá."

b) "Com saúde e educação, o planejamento familiar virá por opção!"

c) "População controlada, país rico!"

d) "Basta mais gente que o país vai pra frente!"

e) "População menor, educação melhor!"

6. Qual dos *slogans* a seguir poderia ser utilizado para defender o ponto de vista neomalthusiano?

a) "Controle populacional — nosso passaporte para o desenvolvimento."

b) "Sem reformas sociais o país se reproduz e não produz."

c) "População abundante, país forte!"

d) "O crescimento gera fraternidade e riqueza para todos."

e) "Justiça social, sinônimo de desenvolvimento."

7. (Uniderp-MS)

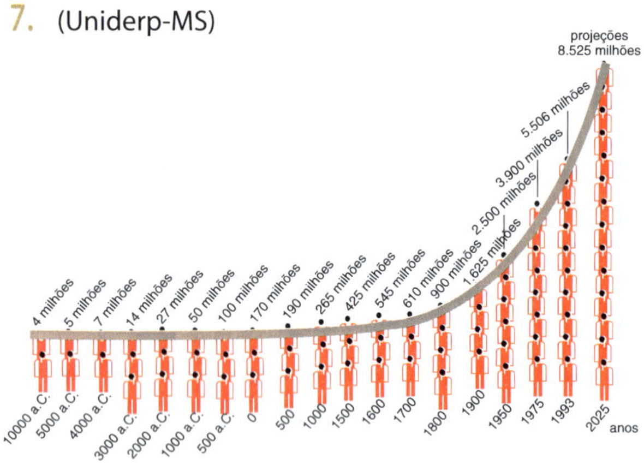

Fonte: *Oxford concise atlas of the world*, 1995.

A partir da análise do gráfico e dos conhecimentos sobre teorias demográficas, dinâmica populacional, suas causas e conseqüências, pode-se afirmar:

a) Malthus tinha razão quando afirmou que a população cresce em progressão geométrica e a produção de alimentos em progressão aritmética.

b) O crescimento demográfico, entre 10 mil a.C. e 500 a.C., era muito lento devido ao rígido controle de natalidade que havia naquele período.

c) A população aumentou consideravelmente entre 1950 e 1975 devido à ausência de uma eficiente política demográfica, principalmente nos países subdesenvolvidos.

d) O crescimento vegetativo tem aumentado nas últimas décadas devido ao aumento da expectativa de vida da população mundial.

e) A teoria neomalthusiana afirma que o crescimento demográfico é o fator responsável pelo desenvolvimento econômico, já que disponibiliza mão-de-obra para o mercado de trabalho.

8. (Mackenzie-SP)

"Não há nada de intrinsecamente alarmante no fato de a Terra ter chegado a 6 bilhões de habitantes. Os atuais recursos darão conta de até 8 bilhões, segundo Cohen (J. E. Cohen, demógrafo norte-americano). O desafio do século XXI para demógrafos, economistas, políticos e organismos internacionais não será a superpovoação do planeta, mas a tendência de multiplicação da miséria, quase por inércia."

(*Veja*, 11 ago. 1999.)

Indique a alternativa que justifique o texto.

a) As áreas que atualmente apresentam rápido crescimento populacional terão, por inércia, este crescimento reduzido em curto prazo.

b) As áreas que apresentam as maiores taxas de crescimento demográfico também são responsáveis pela maior parte da produção de alimentos do mundo.

c) Não existe perigo de explosão demográfica, porque os recursos do planeta serão sempre suficientes para atender toda a população mundial.

d) Na Europa prevê-se que, em curto prazo, a população mais pobre atingirá níveis de miséria semelhantes aos da Índia.

e) Atualmente, o continente que apresenta os maiores índices de crescimento populacional é a África.

CAPÍTULO 28 – ESTRUTURA DA POPULAÇÃO

1. (UFSM-RS)

"Muito avô para pouco neto. Até 2050, o mundo terá, pela primeira vez na história, mais velhos do que jovens."

(*Superinteressante*, n. 4, p. 43)

A maior expectativa de vida da população mundial é uma decorrência do:

I. bem-estar social, representado por melhores condições de vida, saúde, higiene e saneamento básico.

II. crescimento vegetativo negativo em países subdesenvolvidos, o que leva o governo dessas nações a incentivar os nascimentos, a fim de evitar a necessidade de mão-de-obra estrangeira.

III. declínio da mortalidade e natalidade, com aumento da faixa etária superior a 60 anos e diminuição relativa da faixa etária jovem, ou seja, pessoas com menos de 20 anos.

Está(ão) correta(s):

a) apenas I.

b) apenas II.

c) apenas III.

d) apenas I e III.

e) I, II e III.

2. (Ceeteps-SP)
Considere o esquema apresentado abaixo.

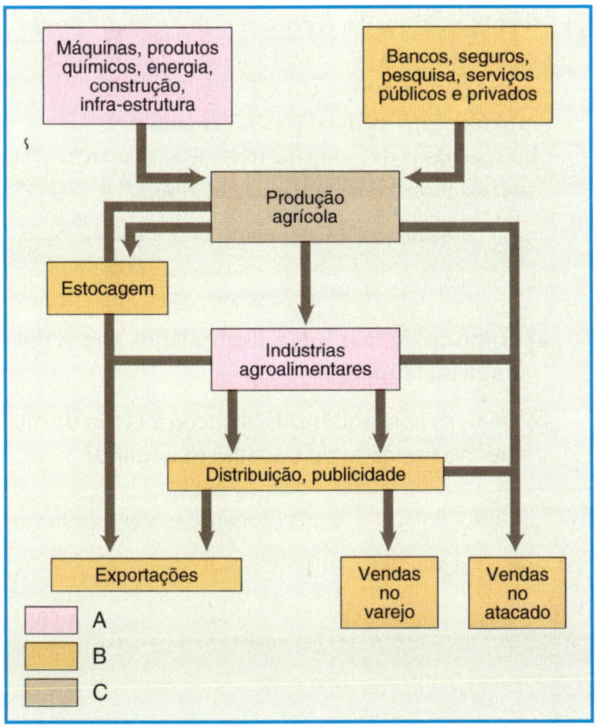

O esquema representa a estrutura dos *agrobusiness* nos EUA. A partir dele podemos inferir os setores econômicos ou setores de produção que estão representados e indicados pelas legendas A, B e C. São eles, respectivamente,

a) secundário, terciário e primário.

b) primário, secundário e terciário.

c) terciário, secundário e primário.

d) terciário, primário e secundário.

e) secundário, primário e terciário.

3. (UFRGS-RS)
Entre os dados populacionais importantes para possíveis planejamentos socioeconômicos, destaca-se a composição etária da população.
Considere o gráfico a seguir, analisando os dois tipos de estrutura etária apresentados e correlacionando a estrutura etária com o nível de desenvolvimento econômico dos países hipotéticos (1, 2, 3, 4, 5 e 6).

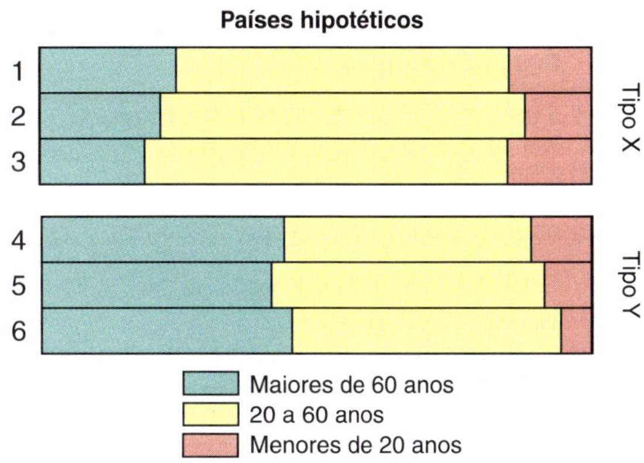

Com base no gráfico são feitas as seguintes afirmações:

I. Os países com estrutura etária do tipo **X** têm grande concentração de população na faixa etária acima de 20 anos, grande crescimento vegetativo e uma alta expectativa de vida.

II. Nos países de estrutura etária do tipo **Y**, nota-se uma elevada população com menos de 20 anos, altas taxas de natalidade e uma baixa expectativa de vida.

III. A estrutura etária do tipo **X** é típica dos países centrais; já a estrutura etária do tipo **Y** é típica dos países periféricos.

Quais estão corretas?

a) Apenas I.

b) Apenas III.

c) Apenas I e III.

d) Apenas II e III.

e) I, II e III.

4. (Mackenzie-SP)
A análise da pirâmide de idades abaixo permite afirmar que:

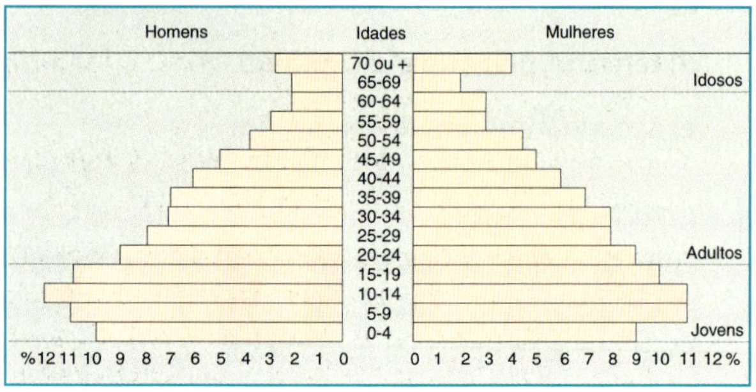

Fonte: IBGE. *Pesquisa Nacional por Amostra de Domicílios – Pnad: Síntese de indicadores 1995*. Rio de Janeiro, 1996.

a) a expectativa de vida é semelhante à dos países europeus.

b) a expectativa de vida das mulheres é inferior à dos homens.

c) a taxa de natalidade está aumentando.

d) a taxa de natalidade sofreu redução.

e) nascem mais meninas que meninos.

5. (Udesc)
As pirâmides etárias abaixo representam as principais etapas na evolução demográfica de alguns países.

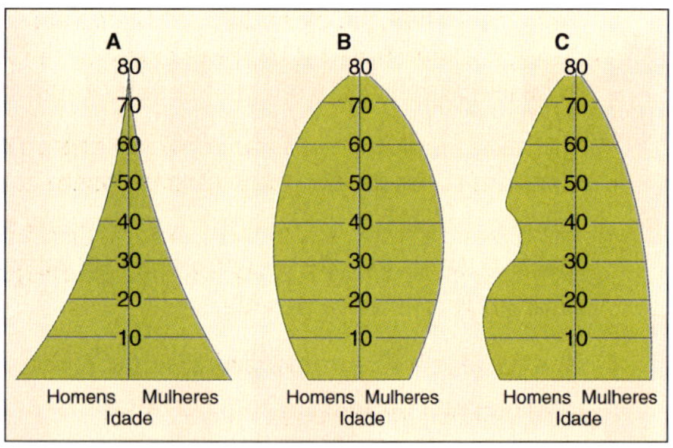

A partir da afirmação e da análise das pirâmides de idades, pode-se afirmar:

a) As pirâmides representam países com economias semelhantes e grandes diferenças no crescimento vegetativo.

b) **A** representa países com pequena população jovem e elevado percentual de longevidade, o que reflete boas condições de vida.

c) **B** representa países que praticam planejamento familiar, apresentando base estreita e corpo largo, em razão do elevado percentual de adultos.

d) **C** indica países com população em declínio, em decorrência de elevados índices de emigração.

e) **A** e **C** correspondem aos países em transição, que já ultrapassaram a fase de expansão populacional e se aproximam da fase madura.

6. (Unicamp-SP)

"[...] quando as mulheres vão conquistando lugares de trabalho em determinada atividade, esta vai se tornando 'feminina', com a conseqüente expulsão dos homens. Exemplo notório é o ensino primário [...] e outras atividades, como a biblioteconomia, o serviço social [...]. É como se os homens não pudessem suportar a competição, desertando o campo tão logo um grupo de mulheres nele firma o pé. Na verdade esta incapacidade de competir deve-se aos baixos salários pagos à mão-de-obra feminina."

(CAMARGO, C. P. F. de e outros. *Crescimento e pobreza*. São Paulo, 1975.)

a) Como se explicam os baixos salários pagos pelo trabalho feminino?

b) Quais as conseqüências da incorporação da mulher no mercado de trabalho masculino?

Glossário

A

Aduaneiro: relativo à aduana ou alfândega, repartição pública que registra, vistoria e cobra direitos correspondentes à entrada e saída de bagagens e mercadorias em trânsito.

África Subsaariana: região da África formada pelos países localizados ao sul do deserto do Saara (com exceção da África do Sul), e que apresentam baixa renda *per capita*, estagnação econômica, grande incidência de pobreza, entre outras dificuldades.

Anômalo: que apresenta anormalidade, irregularidade ou desvio de um padrão.

Antigo Regime: expressão usada para designar o período da história francesa que se estendeu do século XVI até a Revolução de 1789 e que se caracterizava pela monarquia absolutista, pela divisão da sociedade em estamentos (clero, nobreza e povo) e pelos privilégios dos setores aristocráticos.

Aterro sanitário: técnica que consiste, primeiramente, na impermeabilização do local onde o lixo vai ser depositado para evitar que o chorume penetre no solo. Em seguida, o lixo é depositado e compactado. A cobertura com uma camada de terra evita danos à saúde pública, diminuindo os impactos ambientais.

Automação: substituição do trabalho humano por equipamentos e aparelhos automáticos, com a redução drástica da interferência humana.

B

Biodegradável: que se decompõe biologicamente, por ação de microorganismos.

Biotecnologia: estudo e aplicação de dispositivos tecnológicos aos organismos vivos.

Bóia-fria: trabalhador rural brasileiro que não tem emprego permanente nem vínculo empregatício. Recebe esse nome por trazer suas refeições de casa e não ter condições de aquecê-las no local de trabalho.

Bolchevique: em russo, significa maioria. Facção do Partido Operário Social-Democrata Russo, surgida em 1903 e liderada por Wladimir Illich Ulianov, mais conhecido como Lênin.

C

Calagem: aplicação de calcário para corrigir a acidez do solo.

***Canyon*:** vale profundo, com paredes verticais, formado pela ação erosiva nas rochas.

Chapada: planalto com elevações íngremes de topo plano, rodeado de terrenos desgastados pela erosão.

Cibernética: ramo da teoria da informação que estuda o controle dos sistemas de comunicação produzidos pelo homem e o existente nos organismos biológicos. Campo de estudo que tenta explicar tanto fenômenos mecânicos quanto humanos.

Circunavegação: navegação em torno da Terra.

Clone: indivíduo produzido por manipulação genética, a partir da multiplicação de novas células.

***Commodity*:** mercadoria em inglês. Nas relações comerciais internacionais, o termo designa um tipo particular de mercadoria em estado bruto ou um produto primário de importância comercial, como é o caso do café, do chá, do algodão, do estanho, do cobre etc.

Compreensão espacial: capacidade de analisar o espaço geográfico desvendando suas características e contradições; em outras palavras, é a habilidade de identificar as relações sociais, econômicas, políticas e culturais que estão organizadas no espaço que se observa. Desenvolver a compreensão espacial implica também analisar a relação entre natureza e sociedade presente em determinado espaço, percebendo como os recursos naturais têm sido apropriados pelos seres humanos.

Congruente: coerente, apresenta harmonia com o fim a que se destina; converge para o mesmo ponto.

Coral: animal marinho provido de esqueleto de calcário que vive em águas rasas, quentes e limpas e é responsável pela formação de recifes e atóis.

Crista: cume ou aresta de montanhas.

***Cuesta*:** relevo planáltico que apresenta camadas com declive suave no reverso e íngreme do outro lado.

Curva de nível: linha que une pontos de mesma altitude e permite a representação plana das elevações do relevo.

D

Destocamento: retirada dos tocos ou restos de árvores; limpeza do terreno.

Dialeto: variedade regional ou social de uma língua.

Divisas fortes: letras de câmbio e do tesouro nacional, cheques ou moedas que uma nação dispõe em poder de suas entidades públicas ou privadas e que podem ser trocados por moedas estrangeiras de valor.

DNA: ácido desoxirribonucléico, portador das informações genéticas do ser humano e de outros seres vivos.

E

Economia de mercado: sistema econômico voltado para a produção e a venda de mercadorias. O sistema mercantil tornou-se dominante e mundial com o desenvolvimento do capitalismo.

Economia informal: setor da economia que atua por fora da lei, também denominado economia clandestina. Essa parte da economia utiliza, em geral, mão-de-obra familiar e atua principalmente na prestação de serviços, na produção e na venda de mercadorias; é o caso, por exemplo, do trabalho dos camelôs e vendedores ambulantes.

Emancipação: ato de tornar-se independente; libertação.

Enclave: terreno ou território encravado em outro; *enclave econômico* é a área de um país aberta aos investimentos estrangeiros e regida por legislação específica.

Escarpa: rampa ou aclive, modelado pela erosão, nas bordas ou limites dos planaltos.

Espectro eletromagnético: distribuição da intensidade da radiação eletromagnética com relação ao comprimento das ondas. A luz visível, os raios gama e as microondas, por exemplo, são manifestações do fenômeno de radiação eletromagnética, possuindo comprimentos de ondas diferentes.

Especulação financeira: compra de ações, títulos, imóveis etc. a preço baixo para esperar sua valorização e vendê-los a preço alto, obtendo rapidamente grandes lucros.

Estalactite: rocha sedimentar encontrada em grutas calcárias e formada por bicarbonato de cálcio dissolvido em água. Essa formação pende do teto.

Estalagmite: rocha sedimentar encontrada em grutas calcárias e formada por bicarbonato de cálcio dissolvido em água; provém de pingos de água que se acumulam no chão.

Etário: relativo à idade.

Eurocentrismo: visão segundo a qual a Europa é o centro do mundo.

F

Feudo: benefício; em geral uma grande propriedade de terra, pertencente aos nobres ou ao clero e de natureza hereditária, típica do feudalismo, sistema que se formou na Europa Ocidental durante a Idade Média.

Fotossíntese: processo pelo qual os vegetais utilizam a luz solar para sintetizar substâncias orgânicas mediante a fixação de gás carbônico do ar.

Fundo de pensão: conjunto de recursos monetários aplicados geralmente por empresas financeiras, proveniente da soma do dinheiro de pequenos poupadores que investem para obter rendimentos futuros e complementar sua aposentadoria.

G

Garrotear: estrangular, impedir o desenvolvimento.

Gene: componente hereditário, situado no cromossomo, e que determina as características de um indivíduo.

Geodésia: ciência que tem por objetivo determinar a forma e as dimensões da Terra.

Geografia Marxista: surgida na década de 1970, preocupa-se com a análise crítica da realidade socioeconômica, desvendando as contradições e as relações históricas de poder e de dominação que se estabelecem no espaço geográfico. Compromete-se com a justiça social, propondo-se a refletir não mais a visão de uma minoria, mas colocando-se a serviço dos interesses sociais, da correção das desigualdades econômicas. É chamada de marxista por apresentar afinidades, entre outras correntes de pensamento, com a teoria marxista.

Gueto: bairro onde moram minorias, por imposição econômica ou segregação racial.

H

Híbrido: resulta do cruzamento de espécies diferentes.

Hierarquia: grau ou categoria em ordem crescente ou decrescente de importância.

Higrófito: refere-se à planta adaptada a lugares úmidos.

I

Informática: ciência que cuida do tratamento e transmissão da informação; suporte das comunicações.

Infravermelho: radiação eletromagnética emitida por corpos aquecidos e situada no espectro entre a luz vermelha e as microondas. Não é visível na decomposição da luz solar pelo prisma.

L

Latifoliado: que tem folhas largas.

Lei da oferta e da procura: conceito segundo o qual o mercado se auto-regula através da disponibilidade entre bens e serviços que estão à venda (oferta) e sua demanda (procura).

Lençol freático: camada de água subterrânea situada sobre um terreno ou rocha impermeável.

Liberalização econômica: adoção de medidas, por parte do Estado, que derrubam ou amenizam as restrições impostas à atividade econômica, liberando a iniciativa privada para constituir empresas, administrá-las com soberania e fixar preços de acordo com as leis do mercado.

Livre iniciativa: princípio do liberalismo econômico que prega a total liberdade do indivíduo na condução de sua atividade econômica e a concorrência livre entre as empresas, sem obstáculos de ordem social ou política. A liberdade de iniciativa econômica significa, na prática, a proteção à propriedade privada e o direito de o empresário investir seu capital na atividade que considerar mais favorável.

M

Mancha solar: área escura, localizada na fotosfera (superfície) do Sol, que se caracteriza por ser mais fria do que as áreas circundantes e concentrar fluxo magnético.

Manejo: ato de manusear; de ter conhecimento de uma arte ou disciplina.

Maresia: no texto, movimento das águas do mar.

Matéria-prima: material utilizado na fabricação de outros produtos.

Mercantilista: referente ao mercantilismo, doutrina econômica adotada pelas monarquias nacionais durante a chamada Idade Moderna (século XV ao XVIII) e que tinha como base a intervenção do Estado na economia. Os governos mercantilistas adotaram várias medidas que tinham como objetivo principal o fortalecimento do Estado e o enriquecimento da economia nacional: aumento das exportações e redução das importações (balança comercial favorável), acúmulo de metais preciosos e exploração de colônias.

Metrópole: refere-se ao país colonizador, dominador.

Monarquia absolutista: forma de governo que se desenvolveu na Europa entre o século XVI e o XVIII e que se caracterizou pela concentração total de poderes nas mãos do monarca e pela legitimação divina da autoridade real.

Monitorar: acompanhar, controlar, observar.

Monocultora: relativo à monocultura, que significa cultura de um só produto primário (agrícola, mineral ou animal).

Monolitismo: doutrina ou teoria que se comporta como um conjunto rígido, não admitindo interpretação autônoma ou discordante por parte dos seus adeptos.

Monoteísmo: crença em um único deus.

Multiétnico: composto de diversos povos ou etnias.

N

Nanocomputação: ramo da nanotecnologia que produz computadores minúsculos e poderosos. O prefixo "nano" (do grego "diminuto") indica a escala correspondente à bilionésima parte do metro.

P

Patente: documento emitido pelo governo dando a um inventor o monopólio (fabricação, uso e comercialização) de sua invenção durante um tempo determinado, que no Brasil é de quinze anos.

Perene: que não tem interrupção; no caso da vegetação, é aquela que mantém as folhas durante todo o ano.

Plataforma continental: parte do relevo submarino, faixa plana ou quase plana de águas rasas, ao redor dos continentes de largura variável e 200 metros de profundidade média.

Policultora: relativo à policultura, que significa produção diversificada de artigos primários.

Produtividade: capacidade de aproveitar com eficiência os recursos produtivos, atingindo a máxima produção no menor tempo possível e com os menores custos. Produtividade agrícola é a relação entre a produção e a área, ou seja, quanto foi produzido em uma determinada área. Produção agrícola é o total produzido em uma área.

Propriedade privada: propriedade particular, direito exclusivo que uma pessoa física ou jurídica tem sobre determinado bem (móvel ou imóvel), podendo consumi-lo ou comercializá-lo.

Protecionismo: sistema de tarifas ou cotas alfandegárias destinadas a restringir as importações para proteger o mercado interno, a indústria etc.

Q

Química fina: ramo da química que utiliza tecnologia de ponta para produzir substâncias complexas.

R

Radioatividade: capacidade que certos átomos possuem de emitir radiação eletromagnética com o objetivo de dar estabilidade a seus núcleos instáveis. Está presente em minerais radioativos como o urânio e o rádio.

Recife: formação rochosa próxima ou paralela à costa, constituída a partir da acumulação de areia ou corais.

Reino Unido: formado por Inglaterra, Escócia, País de Gales e Irlanda do Norte (Ulster).

Relação servil: relação de trabalho predominante na Europa feudal, caracterizada pelas obrigações devidas pelos camponeses (servos) aos senhores feudais. Entre as obrigações servis podemos destacar a *corvéia* — dia de trabalho gratuito nas terras do senhor — e a *talha* — entrega de parte da produção obtida pelo servo ao senhor feudal.

Reserva de valor: origina-se de superávits na balança de pagamentos e destina-se a cobrir eventuais déficits das contas internacionais, bem como lastrear a estabilidade cambial, evitando ataques especulativos contra a moeda nacional.

Reticente: reservado, prudente.

Robótica: tecnologia voltada para a concepção e a produção de máquinas e supercomputadores capazes de realizar tarefas humanas que requerem o uso da inteligência, como diagnósticos, tomadas de decisões, reconhecimento de fala e padrões de linguagens etc.

***Royalty*:** valor pago pelo usuário de uma patente industrial, obra literária ou marca ao proprietário, detentor dos direitos de comercialização do produto.

Rumo: direção da rosa-dos-ventos.

S

Sial: parte mais externa da crosta terrestre, que corresponde ao solo e subsolo. Composta predominantemente de rochas sedimentares e magmáticas, além dos minerais silício e alumínio.

Sima: parte da estrutura interna da Terra que se segue ao sial e apresenta predominância de rochas basálticas, além de silício e magnésio. Aflora em grande parte do assoalho oceânico.

***Software*:** programa que controla e fornece instruções ao computador.

Sondagem acústica: técnica sofisticada que permite determinar a profundidade dos mares medindo-se o tempo transcorrido entre a emissão de um impulso sonoro e a recepção do respectivo eco, depois de o som se propagar pela água e atingir o fundo ou um objeto submerso.

Subjacente: que está por baixo.

Subsídio: auxílio; ajuda financeira ou benefício que o governo dá a uma empresa com a finalidade de baratear o preço dos produtos para o consumidor.

T

Telemática: ciência que integra as atividades próprias das telecomunicações e da informática. Por exemplo, o acesso à internet por meio de linhas telefônicas é uma tecnologia desenvolvida pela telemática.

Teocrático: relativo à teocracia, forma de governo em que o poder emana de Deus (ou deuses), e é exercido por seus representantes na Terra.

Teoria evolucionista: teoria desenvolvida pelo francês Jean-Baptiste Pierre Monet, o cavaleiro de Lamarck, no início do século XIX, e sistematizada pelo naturalista britânico Charles Darwin (1809-1882) segundo a qual todos os seres vivos se originaram de compostos orgânicos muito simples, que sofreram transformações ao longo do tempo, impulsionadas pela necessidade de adaptação ao ambiente. Um dos alicerces da teoria darwinista é o princípio da *seleção natural*, isto é, a capacidade que tem o ambiente de selecionar os seres mais aptos e eliminar os menos dotados. As diferenças que facilitam a sobrevivência dos mais aptos são transmitidas à geração seguinte, firmando-se ao longo do tempo até gerar uma nova espécie.

Terraceamento: técnica utilizada na agricultura, principalmente na cultura do arroz, que consiste na construção de terraços artificiais com o aplainamento de superfícies inclinadas, para inundação e aproveitamento de sedimentos.

V

Vasectomia: intervenção cirúrgica de esterilização masculina que consiste na ligadura dos canais que levam o esperma dos testículos até as vesículas seminais.

Voçoroca: desmoronamento que provoca fendas no solo, causado pela erosão das águas pluviais e subterrâneas. Pode aprofundar-se até o lençol freático, tornando o solo impróprio para a agricultura.

X

Xerófito: refere-se à vegetação que se adapta a terrenos secos.

Z

Zona franca: área de livre-comércio, de exportação e importação de produtos e que conta com incentivos fiscais.

ÍNDICE REMISSIVO

A

Abkházia 126
Abrasão marinha 184
Acordo
  de Livre Comércio da América do Norte (Nafta) 91
  Geral de Tarifas e Comércio (Gatt) 374
Acrópole 420
Afélio 155
Afluente 265
Agenda 21 145
Agentes
  do relevo 174
  externos ou exógenos 182
  internos ou endógenos 174
Agricultura (tipos de)
  biológica ou orgânica 354
  contemporânea 344, 363
  de jardinagem 359
  de roça 358
  de subsistência 358
  itinerante 358
  moderna 344
  nômade 358
  tradicional 344
Agropecuária
  extensiva 357
  intensiva 357
Agrotóxico 345
Ajuste estrutural 68
Al Qaeda 129
Altitude 170
Amplitude térmica 212
Anamorfose 47
Anecúmeno 450
Anistia Internacional 98
Anticiclonal 219
Aquecimento global 233
Aqüífero 353
Área
  de origem 353
  de Livre Comércio das Américas (Alca) 92
  estratégica 273
  urbana 409
Arenito 185
Artesanato 279
Assimilação 436
Assoreamento 199, 262
Astenosfera 165
Ataque especulativo 378
Ativos 301
Atmosfera 205
Atração populacional 431

B

Bacia
  do Rio Nilo 268
  do Rio Jordão 268
  dos rios Tigre e Eufrates 268
  hidrográfica 265
  sedimentar 166
Balança comercial 58
Balcãs 126
Banco
  Mundial 374
  Internacional para a Reconstrução e o Desenvolvimento (Bird) 374
Banquisa 244
Barômetro 219
Basco 127
Benelux 93
Berço-a-berço 148
Biodegradável 290
Biodiesel 400
Biodiversidade (diversidade de espécies, genética e ecológica) 238
Bioindústria 346
Biopirataria 263
Biosfera 215, 238
Biotecnologia 346
Bipolarização 79
Bóia-fria 346
Bolha especulativa 301
Boswash 418
Buraco na camada de ozônio 232
Burguesia 57

C

Cabo de fibra ótica 77
Cadeia oceânica (ver dorsal submarina)
Camada de ozônio 231
Camadas da atmosfera: estratosfera, exosfera, ionosfera, litosfera, tropopausa, troposfera, mesosfera 206
Câmbio flutuante 373
Canal 270
  de Suez 273
  do Panamá 274
  natural 273
Canga 201
Capital 59
  especulativo (volátil ou de curto prazo) 68, 377, 378
  financeiro 62
  produtivo 67, 377
Capitalismo 57
  comercial ou mercantil 58
  de Estado 79
  financeiro ou monopolista 62
  flexível 66
  industrial 61
Carta 44
Carta da Terra 145
Cartel 62
Cartografia 36
Carvão mineral, de pedra ou hulha (turfa, linhito, hulha, antracito) 329
Cáucaso 125
Caxemira 131
Censo ou recenseamento 444
Centro regional 422
CFC 231
Clorofluorcarboneto (CFC) 231
Chuva (tipos de)
  convectiva 218
  frontal 218
  orográfica ou de relevo 218
  ácida 236
Cibereconomia 380
Ciclo
  da água ou hidrológico 215
  das rochas 193
Ciclonal 219
Cidadania 473
Cidade 408, 409
  científica ou tecnopólo 413
  -Estado 30
  formal 416
  função 421
  global 413
  informal 416
  origem 421
  planejada 421
Cinturão agrícola *(belt): wheat belt, cotton belt, corn belt, ranching belt, green belt* 364
Circulação geral da atmosfera 222
Círculo de Fogo
  do Atlântico 178
  do Pacífico 178
Classificação
  climática de Köppen 226
  climática de Strahler 227
  dinâmica ou genética 227
  estática ou genérica 226
Clima 207
  árido 249, 252
  desértico 254
  polar 244
  semi-árido 249, 252
  temperado 248
  temperado continental 249
  temperado marítimo ou subtropical úmido 249
  temperado mediterrâneo 249
  tropical alternadamente úmido e seco 252
  tropical árido e semi-árido 252
  tropical monçônico 252
  tropical úmido ou chuvoso (equatorial) 251

Climograma 247
Colônia
  de exploração 104
  de povoamento 104
Colonialismo 59
Comércio 371
  de emissões 235
  internacional desigual 117
  justo 386
  mundial 108
  real 378
Commodities 117
Commonwealth 98
Commuting 430
Complexo agroindustrial 344
Comuna popular 367
Comunidade
  dos Estados Independentes (CEI) 82, 314
  dos Países de Língua Portuguesa (CPLP) 98
  Econômica Européia (CEE) 93
  Européia do Carvão e do Aço (Ceca) 93
Comunismo 78, 79
Concentração
  econômica ou empresarial 284
  financeira 284
Conferência
  das Nações Unidas sobre o Comércio e o Desenvolvimento (Unctad) 374
  das Nações Unidas sobre o Desenvolvimento Sustentável 145
  de Bretton Woods 372
  de Estocolmo 144
  de Kyoto 235
  Mundial sobre o Meio Ambiente Humano 144
Conglomerado 284
Conselho de Ajuda Econômica Mútua (Comecom) 80
Conservação de recursos 146, 418
Consenso de Washington 75
Consumo 108, 118
  e meio ambiente 117
Continentalidade térmica 212
Controle de natalidade 464
Conurbação 418
Cooperação Econômica da Ásia e do Pacífico (Apec) 91
Coordenada geográfica 37
Cordilheira 167
Corporação transnacional 66
Corrente
  convectiva 217
  marítima fria 213
    quente 213
Corrida
  armamentista 81
  espacial 81
  imperialista 63
Cráton ou bloco cratônico 166
Crescimento
  demográfico ou total 453
  populacional 458
  vegetativo ou natural 452
  zero 452
Criação nômade 358
Critério demográfico-quantitativo 409
Crosta terrestre 189
Cruz Vermelha 98
Cruzadas 16, 129
Curdo 124
Customização 70

D

Déficit 58
Delta 183
Densamente povoado 446
Densidade demográfica ou população relativa 446
Depressão
  absoluta 173, 270
  continental 173
  relativa 173
Descolonização 64
Desconcentração industrial 285
Desemprego
  conjuntural 85
  estrutural 85
Desenvolvimentismo 145
Desenvolvimento
  insustentável 145
  socioambiental 146
  sustentável 146
Desertificação 255
Deserto 253
Desmoronamento interno 181
Desregulamentação 71
Desigualdade
  entre as pessoas 118
  entre os países 117
Determinismo geográfico 19
Diáspora 436
Diastrofismo 174
Diferencialismo 436
Dispersor de águas 265
Distribuição geográfica da população: fatores físicos ou naturais, fatores históricos e socioeconômicos 450
Dívida externa 117
Divisão
  de trabalho 57
  Internacional do Trabalho (DIT) 59
  territorial das indústrias 287
Divisor de águas 265
Dobramento ou dobra 167, 176
  moderno ou recente 167
  antigo 167
Dorsal
  submarina 164
  Meso-Atlântica 164
Doutrina Bush 133
Dumping 284
Duna ou erg 255

E

ECO-92 145
Ecodesenvolvimento 146
Economia
  de transição 110
  informal 469
  socialista de mercado 108
  virtual 380
Ecossistema 238
  marinho 271
Ecúmeno 450
Educação 118
Efeito
  estufa 232
  tequila 68
El Niño 229
Emigração 427
Emprego 118
Energia
  da biomassa 321, 340
  dos oceanos 339
  eólica 321, 339
  geotérmica 338, 339
  nuclear 335, 336
  solar 338
Engenharia genética 346
Enxurrada 184
Epicentro 180
Epirogenético 174
Equilíbrio do terror 81
Equinócio 156
Equipamento urbano 411
Era das redes 379
Eras geológicas 158
Erosão 199
  eólica 184
  fluvial 183
  glaciária 183
  marinha 184
  pluvial 184
Escala 42
  de Mohs 190
  de temperatura 210
  gráfica 43
  grande 43
  métrica 43
  numérica 42
  pequena 43
  Richter 180
Escudo cristalino 167, 191
Espaço
  de lucro 76
  geográfico 13
  sideral 12
Especulação imobiliária 416
Esperança de vida 458
Estação Comandante Ferraz 247
Estações do ano 155
Estado 30
  de bem-estar social 64
  mínimo 71
  moderno 30
  multinacional 123
Estreito 270, 273
Estrutura
  etária 475
  etária adulta e velha 475

etária jovem 475
geológica 166
Estuário 183
Etnia ou grupo étnico 28
Euro 94
Evaporação 215
Evapotranspiração 215, 238
Êxodo rural 345, 429
Expansão do assoalho oceânico 165
Expectativa de vida ou esperança de vida 458
Explosão demográfica 457
Extrativismo 196
mineral 196
Extremo Oriente 46

F

Falésia 184
Falha ou falhamento 174
Farmer 363
Favela 416
Fiorde 183
Fissão nuclear 334
Flexibilização 66
geográfica 66
Fome 349
Fonte de energia
alternativa 322, 338
antiga ou arcaica 322
moderna 320, 322
não-renovável 321
primária 321
renovável 321
subterrânea 264
Forças produtivas 26
Fracamente povoado 446
Frente
fria 221
quente 221
Friagem 211
Fronteira 27
Fuga
de cérebros 438
de dólares 378
Fundo Monetário Internacional (FMI) 372

G

Gás ozônio 206, 231
Geada 217
Geografia 15
de Gênero 473
Geóide 153
Geologia 158
Geomorfologia 174
Geoprocessamento 51
Geo-referenciamento 51
Glaciação 160
Glasnost 83
Globalização 71, 75, 76, 376
Globo terrestre 40
Global Positioning System (GPS) 51
Grande Depressão 295
Grandes Navegações 16
Granizo 217
Grau geotérmico 161
Green card 438
Greenwich 154
Grupo
dos Sete (G-7) 97, 294
dos Oito (G-8) 97, 294
étnico 28
Guerra
da Coréia 81
do Golfo 130
do Vietnã 81
dos Seis Dias 128
Fria 80
Gueto 438

H

Habitat 251
Hamada 255
Hardware 52
Hemisfério
Austral 37
Boreal 37
Leste 37
Meridional 37
Norte 37
Ocidental 37
Oeste 37
Oriental 37
Setentrional 37
Sul 37
Hidreletricidade 332
Hidrogênio 400
Higrômetro 216
Hipocentro 180
Holding 284
Horizonte 197
geográfico 16
Húmus 197

I

Instituto Brasileiro de Geografia e Estatística (IBGE) 52
Ilha
continental 164
de calor 229
isolada 164
oceânica 164
Imigração 427
Imigrante internacional 427
Imperialismo 63
Inchação 471
Inchaço urbano ou macrocefalia urbana 415
Índice de Desenvolvimento Humano (IDH) 105
Indústria 278
da agricultura ou agroindústrias 344
de beneficiamento ou de processamento 279
de capital ou de equipamentos 280
de bens de consumo 280
duráveis 280
não-duráveis 280
de produção 280
intermediários 280
de construção 279
de ponta ou de alta tecnologia 282, 286
de transformação 279
dinâmica 280
extrativa 279
leve 280
montadora 318
para a agricultura 344
pesada 280
petroquímica 324
tradicional 280
Industrialização
clássica 281
tardia ou retardatária 281
Instituto Internacional de Pesquisas sobre a Paz de Estocolmo (Sipri) 125
Intemperismo 197
ou meteorização 183
Internet 380
Investimento 117
Íon 206
Irradiação 210
Islamismo 128
Isoieta 217
Isoterma 212
Isóbara 219

J

Jihad 129
Joint-venture 284
Just in time 70

K

Keynesianismo 64
Krill 247
Kolkhoze 366

L

La Ninã 229
Laguna ou lagoa costeira 184
Laterita 201
Laterização 201
Latifúndio 360
Latitude 37
Lava 176, 191
Lei
de biossegurança 349
de patentes 264
Lençol freático 215
Liberalismo econômico 61
Liga das Nações 96

Limite 27
- **prático** 155
- **teórico** 155

Linha
- **de pobreza** 110
- **internacional de data** 154

Lixiviação 199
Longitude 37
Longo curso 402
Lugar 14

M

Made in 286
Mangue 271
Manufatura 57, 279
Manufaturing belt 283, 296
Maomé 128
Maometano 128
Mapa 40, 44
- **temático** 41
- **-múndi** 44

Maquinofatura 57, 279
Mar
- **aberto ou costeiro** 270
- **fechado ou isolado** 270
- **mediterrâneo ou interior** 270
- **Morto** 270

Maré
- **negra** 142
- **vermelha** 272

Maremoto 182
Marketing 284
Marxismo 78
Massa
- **afanítica** 191
- **de ar** 221

Matéria orgânica 198
Material sintético 290
Média térmica 212
Megalópole 418
Meia-vida 157
Meio
- **de comunicação** 390
- **de produção** 26
- **de trabalho** 25
- **de transporte** 390, 393
  - **aéreo** 395, 403
  - **aquaviário ou hidroviário** 395, 400
  - **ferroviário** 395
  - **marítimo** 402
  - **rodoviário** 398
  - **terrestre** 395

Mercado Comum
- **do Sul (Mercosul)** 98
- **Europeu (MCE)** 80, 93

Mercado
- **de divisas** 378
- **emergente** 104, 112, 412
- **financeiro de divisas** 378

Mercantilismo 58
Meridiano 37
Metamorfismo 192
Meteorito, meteoro, meteoróide 161
Metrópole 418
- **global** 422
- **nacional** 418, 422
- **regional** 418, 422

Microclimas 229
Microeletrônica 77
Migração 426
- **clandestina** 429
- **diária ou pendular** 430
- **(espaço de deslocamento): interna ou nacional, externa ou internacional** 428
- **externa ou internacional (espontânea e forçada)** 430
- **(fatores): estrutural, conjuntural (conflito religioso ou étnico)** 427, 428
- **interna ou nacional (intra-regional e inter-regional)** 428, 429
- **pendular ou diária** 430
- **sazonal** 429
- **(tipos): definitiva, circular, temporária (peregrinação ou sazonal)** 428
- **transumância** 429

Mineral
- **metálico** 190
- **não-metálico** 190

Minério 193
Minoria
- **étnica** 436
- **nacional** 123

Modelo
- **pós-fordista** 70
- **toyotista** 70

Modo de produção 26
- **capitalista** 57
- **socialista** 79

Monopólio 59, 62
Monoteísmo 128
Montadora 318
Montanha 172
Moraina 183
Mortalidade infantil 460
Movimento
- **aparente** 154
- **feminista** 473
- **da Terra** 153
- **orogenético** 167, 176
- **tectônico** 167, 174

Muçulmano 128
Multinacional 63
Muro de Berlim 81

N

Nação 29
Nascente 264
Neblina 217
Neocolonialismo 63
Neoliberal ou neoliberalismo 71
Neomalthusiano ou alarmista 464
Neve 217
Nevoeiro 217
New Deal 295
Nomadismo 429
Nova
- **divisão internacional do trabalho** 282
- **ordem mundial** 91
- **Política Econômica (NEP)** 313

Novos Tigres Asiáticos 95, 114, 316
Núcleo cratônico 194
Nuvens: cirrus, cúmulos, estratos e nimbos 216

O

Objetivos de desenvolvimento do milênio 116
Objeto de trabalho 25
Obsolescência programada 148
Oceano 269
- **Atlântico** 269
- **Índico** 269
- **Pacífico** 269

Oligopólio 62
Órbita 155
Ordem internacional 90
Organização
- **das Nações Unidas (ONU)** 96
- **do Tratado do Atlântico Norte (Otan)** 80
- **dos Países Exportadores de Petróleo (Opep)** 326, 384
- **Mundial do Comércio (OMC)** 374
- **não-governamental (ONG)** 145
- **para a Cooperação e o Desenvolvimento Econômico (OCDE)** 98

Oriente
- **Médio** 46, 128
- **Próximo** 46

Orvalho 217
Ozônio 231

P

Pacto de Varsóvia 80
Padrão
- **dólar-ouro** 373
- **-ouro** 373

País 30
Paisagem 13
- **artificial** 14
- **natural** 14

Países
- **centrais** 104
- **de industrialização parcial e tardia ou novos países industrializados (NPIs ou NICs)** 112
- **de industrialização recente** 103, 114
- **desenvolvidos** 103
- **desenvolvidos novos** 476
- **do Norte** 104
- **do Sul** 104
- **em desenvolvimento** 103, 112
- **endividados** 103
- **industrializados semiperiféricos** 282
- **não-industrializados periféricos** 282
- **periféricos** 104

pobres 104
pobres e pouco industrializados 115
ricos 104
industrializados ou centrais 282
subdesenvolvidos 103
subdesenvolvidos industrializados 412, 477
não-industrializados ou periféricos 412
Pangéia 162
Pântano 271
Paralelo 37
Parceria pela Paz 84
Paridade
cambial 372
do poder de compra ou de aquisição (PPC ou PPA) 372
Pátria 434
Pedologia 197
Perestroika 83
Perfil do solo 197
Periélio 155
Período glacial 228
Petróleo 323
PH (potencial de hidrogênio) 200
Pirâmide etária (elementos): base, corpo, ápice ou topo, abscissa, ordenada 474
Placa
tectônica 164
Sul-Americana 164
Planalto 172
Plâncton 214
Planejamento familiar 465
Planície 171
aluvional ou fluvial 172
costeira ou marinha 172
continental 172
de piemonte 172
lacustre 172
Planisfério 44
Plano
da eclíptica 155
Marshall 79
Planta 44
Plantation 59, 360
Plataforma 167
de exportação 113
Pleno emprego 111
Pluviômetro 217
Pobreza 110
Política
pró-natalista 464
antinatalista 462
Poluição
ambiental 141
do ar 205
Ponto de saturação ou ponto de orvalho 216
População
absoluta (populosa ou pouco populosa) 445
ocupada 469
economicamente ativa (PEA) ou população ativa 469
economicamente inativa (PEI) 469
Portulano 38
Positivismo 18
Possibilismo 19
Povo 29
Praia 184
Precipitação
atmosférica não-superficial 217
superficial 217
Preservacionismo 146
Pressão atmosférica 219
Primeira Revolução Industrial 60
Primeiro
choque do petróleo 326
Mundo 102
Privatização 71
Produção industrial 107
Produto
Interno Bruto (PIB) 104
Nacional Bruto (PNB) 104
per capita 117
primário 385
Programa
CBERS (*China Brazil Earth Resources Satellite* ou Satélite Sino-Brasileiro de Recursos Terrestres) 52
de flexibilização 71
de transição 82
Projeção
cartográfica 44
cilíndrica 45
conforme 46
cônica 45
de Aitoff 47
de Goode 47
de Mercátor 45
de Peters 46
equivalente 46
plana ou azimutal 45
Proletariado 56
Protecionismo 59
Protocolo
de Cartagena sobre Biosssegurança 349
de Kyoto 235
de Madri 247
de Montreal 232

R

Raça 29
Recenseamento direto 444
Reciclagem 418
Recife de coral 271
Recurso
energético 263
genético 263
mineral 195
natural (não-renovável, renovável) 195, 196
Rede
de circulação 393
informacional 77
técnica 77, 391
urbana 422
Redistribuição mundial de recursos 58
Reduções Certificadas de Emissões (RCE) 235
Reengenharia 70
Reforma agrária 352
Reformista 465
Região
antártica 246
ártica 243
metropolitana 418
Regime
demográfico de população envelhecida 476
demográfico de população madura ou intermediária 476
demográfico jovem 476
fordista 68
fordista/taylorista 69
fundamentalista islâmico 128
terceirizado 71
Regiões
desérticas 253
polares 243
temperadas 248
montanhosas 256
Regionalizados 102
Regolito 197
Relação assalariada de trabalho 57
Relações de produção 26
Relevo 170
vulcânico 176
Renda *per capita* 105
Repulsão populacional 431
Reserva
da biosfera 239
extrativista 262
Reservatório genético 353
Ressurgência 214
Restinga 184
Revolução
Industrial 409
Verde 344
Rift ou *rift valley* 165
Rio 264
curso 265
inferior 265
médio 265
superior 265
intermitente 254
perene 254
temporário 254
Rio+10 145
Rio-92 145
Rocha
magmática ou ígnea (intrusiva, abissal ou plutônica) 191
(extrusiva, efusiva ou vulcânica) 191
matriz 197
metamórfica 192
sedimentar 192
de origem orgânica 192
de origem química 192
dendrítica 192

Rodada
do Desenvolvimento 384
do Milênio 374
do Uruguai 374
Rotação 153
de culturas 365

S

Sahel 429
Salinidade 270
Salinização 201
Sampana 416
Satélite artificial 49
Saúde 118
Sedimentação 183
Sedimento 191
Segregação
econômica 416
espacial 416
étnica 417
Segunda Revolução Industrial 61
Segundo
choque do petróleo 326
Mundo 102
Sensor 48
Sensoriamento remoto 48
Serviço de Inteligência e Vigilância da Amazônia (Sivam) 52
Setor
primário 108, 287
secundário 287
terciário ou de prestação de serviços 108, 287
quaternário 287
Silicon Valley 288
Símbolo 40
Sinóptico 224
Sismógrafo 180
Sismologia 161
Sistema
agrícola 357
de Informação Geográfica (SIG) 52
multipolar 91
tripolar 91
Sítio urbano 420
Situação urbana 421
Soberania 31
Socialismo 79
Sociedade multicultural 435
Software 52
Solo 197
(cor) – avermelhado e amarelado, claro, escuro (ou orgânico) 198
(origem) – aluvial, eluvial 198
(pH do) – ácido, alcalino (ou básico) 200
(tipos de) – azonal, interzonais, *loess*, massapê, *tchernozion*, terra roxa, zonal 198, 199
Solstício 156
Soviete 79
Sovkhoze 366
Subducção 165
Subemprego 469
Substituição das importações 114
Sunita 129
Superávit 58
Superpotência 92
Superpovoamento 448
Sustentabilidade 146

T

Talibã 128
Taiga 249
Taxa
de fecundidade ou de fertilidade 460
de mortalidade 452
infantil 452
de natalidade 451
de urbanização 414
Tecnologia 107
de ponta 282, 288
Tecnopólos, pólos tecnológicos ou parques científicos 288
Telecomunicações 393
Temperatura atmosférica 210
Tempo 207
Teoria
da Deriva Continental ou da Translação dos Continentes ou de Wegener 162
da Tectônica de Placas 162, 164, 165
do Desenvolvimento 103
Terceira Revolução Industrial ou Revolução Informacional 65
Terceirização das cidades 413
Terceiro Mundo 102
Termelétrica convencional 331
Termômetro 210
Terraceamento 359
Terras emersas 248
Território 26
Tigres Asiáticos 95, 113, 315
Tômbolo 184
Torrente 184
Toyotismo 70
Trabalho 13
Transgenia 347
Transgênico ou organismo geneticamente modificado (OGM) 347
Transição demográfica 458
Translação 155
Transnacional 63
Transporte
fluvial 395, 400
marítimo (internacional ou de longo curso, navegação costeira ou de cabotagem) 402
Transumância 429
Tratado
da Antártida 247
de Maastrich 93
de Não-Profileração Nuclear (TNP ou NTP) 84
de Redução de Armas Estratégicas (Start) 84
de Roma 93
Truste 62
Tsunami 182
Tundra 245
Turismo ecológico ou ecoturismo 403
Turista 403

U

Ued 254
Umidade
absoluta 216
relativa 216
União Européia (UE) 91, 93
Unidades de Conservação 262
União das Repúblicas Socialistas Soviéticas ou União Soviética (URSS) 78
Urbanização 108, 409
explosiva 415
Usina
nuclear 334
termelétrica convencional 331

V

Vento
anticiclonal 219
ciclonal 219
(tipos de) – alísio, brisa, contra-alísio, minuano, monção, pampeiro, simum 219, 220, 223
Verticalização 411
Via de circulação 393
Vulcanismo 176
Vulcão
ativo 176
extinto 176

X

Xenofobia 439
Xiita 129

Z

Zaibatsu 298
Zona
climática 213
do euro 94
especial de Hong Kong 113
intertropical 250
morta 271
temperada 248
Zonas Econômicas Especiais (ZEE) 108, 317
Zootecnia 346

Bibliografia

- ALCOFORADO, Fernando. *Globalização*. São Paulo: Nobel, 1997.
- ANDRADE, Manuel Correia de. *Imperialismo e fragmentação do espaço*. São Paulo: Contexto/Edusp, 1991. (Col. Repensando a Geografia)
- ARROYO, Mônica e outros. *Fim de século e globalização*. São Paulo: Hucitec/Anpur, 1993.
- ASIMOV, Isaac. *111 questões sobre a Terra e o espaço*. São Paulo: Nova Cultural/Best Seller/Círculo do Livro, 1991.
- ATKINSON, B. W. e GADD, Alan. *O tempo*. Lisboa: Círculo de Leitores, 1990.
- AZEVEDO, Aroldo de (org.). *Brasil: a terra e o homem*. São Paulo: Nacional, 1968. v. I.
- BECKOUCHE, Pierre. *Indústria – um só mundo*. São Paulo: Ática, 1995. (Série Geografia hoje)
- BRANCO, Pérsio de Moraes. *Glossário gemológico*. Porto Alegre: Sagra, 1992.
- *Brasil: uma visão geográfica nos anos 80*. Rio de Janeiro: IBGE, 1988.
- BRENER, Jayme. *O mundo pós-Guerra Fria*. São Paulo: Scipione, 1994. (Col. Ponto de apoio)
- BROWN, Geoff e outros. *Os recursos físicos da Terra* – Bloco 1 – Recursos, economia e geologia: uma introdução. Campinas: Ed. da Unicamp, 1994. (Séries Manuais)
- CAMPOS, Maria Lucia R. e SIGOLO, Joel Barbujiani. *Noções básicas sobre geociências*. 2. ed. São Paulo: Museu de Geociências e IG/USP, 1997.
- CARLOS, Ana Fani A. *A cidade*. São Paulo: Contexto, 1992. (Col. Repensando a Geografia)

  __________. (org.). *A Geografia na sala de aula*. São Paulo: Contexto, 1999.

  __________. *Espaço e indústria*. São Paulo: Contexto/Edusp, 1988. (Col. Repensando a Geografia)

  __________. (org.). *Novos caminhos da Geografia*. São Paulo: Contexto, 1999.

  __________. e OLIVEIRA, Ariovaldo Umbelino de. *Reformas no mundo da educação:* Parâmetros Curriculares e Geografia. São Paulo: Contexto, 1999.
- CASTRO, Iná E. de; GOMES, Paulo César da C.; CORRÊA, Roberto L. (org.). *Geografia:* conceitos e temas. Rio de Janeiro: Bertrand Brasil, 1996.
- CAVALCANTI, Clóvis (org.). *Desenvolvimento e natureza:* estudos para uma sociedade sustentável. São Paulo: Cortez/Recife: Fundação Joaquim Nabuco, 1995.
- CHOSSUDOVSKY, Michel. *A globalização da pobreza*. Impactos das reformas do FMI e do Banco Mundial. São Paulo: Moderna, 1999.
- CHRISTOFOLETTI, Antonio e TEIXEIRA, Amândio Luís de A. *Sistemas de informação geográfica* – Dicionário ilustrado. São Paulo: Hucitec, 1997.
- CLEMENTE, Ademir. *Economia regional e urbana*. São Paulo: Atlas, 1994.
- CORRÊA, Roberto Lobato. *A rede urbana*. São Paulo: Ática, 1989. (Série Princípios)
- CUNHA, Sandra Batista e GUERRA, Antonio José T. (org.). *Geomorfologia e meio ambiente*. Rio de Janeiro: Bertrand Brasil, 1996.

  __________. *Geomorfologia, exercícios, técnicas e aplicações*. Rio de Janeiro: Bertrand Brasil, 1996.

  __________. *Geomorfologia: uma atualização de bases e conceitos*. Rio de Janeiro: Bertrand Brasil, 1994.
- DAVIS, Kingsley e outros. *Cidades: a urbanização da humanidade*. Rio de Janeiro: Zahar, 1972.
- DOBB, Maurice. *A evolução do capitalismo*. Rio de Janeiro: Zahar, 1974.
- ENS, Hendrik Herman e MORAES, Paulo Roberto. *A história da Terra*. São Paulo: Harbra/Anglo, 1997.
- FERNANDEZ, Laetitia. *Terceiros mundos*. São Paulo: Ática, 1996. (Série Geografia hoje)
- FERREIRA, Edson Alberto C. *Nova ordem mundial*. São Paulo: Núcleo, 1997. (Col. Temas da atualidade)
- FORSDYKE, A. G. *Previsão do tempo e clima*. 2. ed. São Paulo: Melhoramentos/Edusp, 1978.
- GOMES, Horieste. *A produção do espaço geográfico no capitalismo*. São Paulo: Contexto, 1991. (Col. Repensando a Geografia)
- GORENDER, Jacob. *Globalização, revolução tecnológica e relações de trabalho*. São Paulo: USP/IEA, 1996. (Col. Documentos)

- HAESBAERT, Rogério (org.). *Globalização e fragmentação no mundo contemporâneo*. Rio de Janeiro: EdUFF, 1998.

  ________. *Blocos internacionais de poder*. São Paulo: Contexto, 1991. (Col. Repensando a Geografia)
- HASLAM, Andrew e TAYLOR, Barbara. *Mapas, a Geografia na prática*. São Paulo: Scipione, 1999.
- HOBSBAWM, Eric J. *Era dos extremos:* o breve século XX: 1914-1991. 2. ed. São Paulo: Companhia das Letras, 1996.

  ________. *Nações e nacionalismo desde 1780*. 3. ed. São Paulo: Paz e Terra, 2002.
- HUNT, E. K. e SHERMAN, Howard J. *Economia comparada*. Mundo socialista, URSS, China, Iugoslávia. Petrópolis: Vozes, 1977.

  Investigando a Terra. São Paulo: McGraw-Hill do Brasil, 1973. v. 1.

  Investigando a Terra. São Paulo: McGraw-Hill do Brasil, 1980.
- JOLY, Fernand. *A cartografia*. São Paulo: Papirus, 1990.
- LACOSTE, Yves. *A Geografia:* isso serve, em primeiro lugar, para fazer a guerra. 6. ed. Campinas: Papirus, 2002.
- LAVINAS, Lena; CARLEIAL, Liana M. da Frota; NABUCO, Maria Regina (org.). *Integração, região e regionalismo*. Rio de Janeiro: Bertrand Brasil, 1994.
- LEINZ, Viktor e AMARAL, Sérgio Estanislau do. *Geologia geral*. 12. ed. São Paulo: Nacional, 1995.
- LEPSH, Igo F. *Formação e conservação do solo*. São Paulo: Oficina de Texto, 2002.
- LOMBARDO, Magda Adelaide. *Ilha de calor nas metrópoles*. São Paulo: Hucitec, 1985.
- MAIA, Jayme de Mariz. *Economia internacional e comércio exterior*. São Paulo: Atlas, 1994.
- MARTIN, André Roberto. *Fronteiras e nações*. São Paulo: Contexto, 1992. (Col. Repensando a Geografia)
- MARTIN, Jean-Marie. *A economia mundial da energia*. São Paulo: Ed. Unesp, 1992.
- MARTINELLI, Marcello. *Gráficos e mapas:* construa-os você mesmo. São Paulo: Moderna, 1998.
- MEDEIROS, Rosa Maria V.; SUERTEGARAY, Dirce M. Antunes; DAUDT, Helena Maria L. (org.). *EIA — Rima: estudo de impacto ambiental*. Porto Alegre: Metrópole, 1993.
- MORAES, Antônio Carlos R. *Geografia: pequena história crítica*. São Paulo: Hucitec, 1981.
- NAGLE, Garret e SPENCER, Kris. *Advanced Geography*. Oxford: Oxford University Press, 1997.
- NOVO, Evlyn M. L. de Moraes. *Sensoriamento remoto:* princípios e aplicações. São Paulo: Edgard Blücher, 1988.
- OLIC, Nelson Bacic. *A desintegração do Leste:* URSS, Iugoslávia, Europa Ocidental. São Paulo: Moderna, 1993. (Col. Polêmica)
- OLIVEIRA, Cêurio de. *Curso de Cartografia moderna*. Rio de Janeiro: IBGE, 1988.
- PARKER, Steve; MORGAN, Sally; STEELE, Philip. *Quase tudo sobre o mundo*. São Paulo: Impala, 1998.
- PEDROSO, Nelson Garcia (org.). *Geógrafos: legislação, formação e mercado de trabalho*. São Paulo: AGB/ Confea, 1996.
- PESSOA, Fernando. *Fernando Pessoa:* obra poética. Rio de Janeiro: Nova Aguilar, 1999.
- POMER, León. *O surgimento das nações*. São Paulo: Atual/Unicamp, 1985. (Col. Discutindo a História)
- POPP, José H. *Geologia geral*. São Paulo: Livros Técnicos e Científicos, 1988.
- RAFFESTIN, Claude. *Por uma geografia do poder*. São Paulo: Ática, 1993.
- SALAMA, Pierre. *O processo de subdesenvolvimento*. Petrópolis: Vozes, 1976.
- SANDRONI, Paulo (org.). *Novo dicionário de economia*. 7. ed. São Paulo: Best-Seller, 1994.
- SANTOS, Milton. *A natureza do espaço* – Técnica e tempo. Razão e emoção. São Paulo: Hucitec, 1996.

  ________. *A urbanização desigual*. 2. ed. Petrópolis: Vozes, 1982.

  ________. *Metamorfoses do espaço habitado*. 5. ed. São Paulo: Hucitec, 1997.

  ________. *Técnica espaço tempo*. Globalização e meio técnico-científico informacional. São Paulo: Hucitec, 1996. (Col. Geografia: teoria e realidade)

  ________. SOUZA, Maria Adélia de; SCARLLATO, Francisco Capuano; SILVA, Rogério Forastieri. *Geopolítica mundial: uma perspectiva histórica*. São Paulo: Núcleo, 1993. (Col. Núcleo de Bolso)
- SCALZARETTO, Reinaldo e VICENTINO, Cláudio. *O mundo atual:* da Guerra Fria à nova ordem internacional. São Paulo: Scipione, 1994.
- SIMON, Cheryl e DEFRIES, Ruth S. *Uma Terra, um futuro*. São Paulo: Makron Books, 1992.

- SOUZA, Maria Adélia de A. *A identidade da metrópole*. São Paulo: Hucitec/Edusp, 1994.
- SPOSITO, Maria Encarnação B. *Capitalismo e urbanização*. São Paulo: Contexto, 1988.(Col. Repensando a Geografia)
- TUNDISI, Helena da Silva Freire. *Usos de energia* – sistemas, fontes e alternativas. São Paulo: Atual, 1991.
- VALLE, Ciro Eyer do. *Qualidade ambiental:* o desafio de ser competitivo protegendo o meio ambiente. São Paulo: Pioneira, 1995.
- VESENTINI, José William. *A nova ordem mundial*. São Paulo: Ática, 1996. (Série Geografia hoje)

OUTRAS PUBLICAÇÕES

- **Atlas, anuários e enciclopédias**

- *A Terra*. São Paulo: Ática, 1998. (Col. Atlas Visuais).
- ALBUQUERQUE, Manoel Maurício e outros. *Atlas histórico escolar*. 8. ed. Rio de Janeiro: MEC/FAE, 1991.
- *Alexander Pro*. Gotha: Klett-Perthers, 1996.
- *Almanaque Abril 2004*. São Paulo: Abril, 2005.
- *Anuário Estatístico do Brasil 2000*. Rio de Janeiro: IBGE, 2002. v. 60.
- ARRUDA, José Jobson de A. *Atlas histórico básico*. São Paulo: Ática, 1992.
- *Atlante geografico moderno De Agostini 1997*. Novara: Istituto Geografico De Agostini, 1998.
- *Atlas da história do mundo*. São Paulo: Folha de S. Paulo/The Times, 1995.
- *Atlas geográfico escolar/IBGE*. 2. ed. Rio de Janeiro: IBGE, 2004.
- *Atlas of the world*. Londres: Times Books, 1997.
- *Atlas of the world*. Oxford: Oxford University Press, 1988.
- *Atualidades Vestibular 2005*. São Paulo: Abril, 2005.
- BANCO MUNDIAL. *Financiamento do desenvolvimento mundial 2004*. Washington, D.C., 2004.
- BANCO MUNDIAL. *Relatório sobre o desenvolvimento mundial 1997*. Washington, D.C., 1997.
- BANCO MUNDIAL. *Relatório sobre o desenvolvimento mundial 2001*. Washington, D.C., 2001.
- BRASIL. *Parâmetros Curriculares Nacionais:* Ensino Médio. Brasília: MEC/Semtec, 2002.
- BRASIL. *Parâmetros Curriculares Nacionais:* Geografia. Brasília: MEC/SEF, 1998.
- *Calendario atlante De Agostini 2000*. Novara: Istituto Geografico De Agostini, 1999.
- *Calendario atlante De Agostini 2003*. Novara: Istituto Geografico De Agostini, 2002.
- *Calendario atlante De Agostini 2004*. Novara: Istituto Geografico De Agostini, 2003.
- *Censo demográfico 2000*. Resultados preliminares. Rio de Janeiro: IBGE, 2002.
- CHALIAND, Gérard e RAGEAU, Jean-Pierre. *Atlas politique du XXe siècle*. Paris, Seuil, 1988.
- CORSON, Walter H. *Manual global de ecologia*. São Paulo: Augustus. 1993.
- *Enciclopédia da Ciência*. São Paulo: Globo, 1993.
- *Enciclopédia do mundo contemporâneo*. São Paulo: Publifolha/Rio de Janeiro: Terceiro Milênio, 2000.
- *Enciclopédia Geográfica ATR*. CD ROM.
- *Enciclopédia ilustrada de pesquisa* – Conhecer 2000. São Paulo: Nova Cultural, 1995. v. 5, 6, 7 e 8.
- *Enciclopédia Ilustrada Larousse*. Aventura do saber. São Paulo: Abril Jovem, 1994. v. 3.
- FERREIRA, Graça Maria L. *Atlas geográfico:* espaço mundial. 2. ed. São Paulo: Moderna, 2003.
- FONT-ALTABA, M. *Atlas de mineralogia*. Rio de Janeiro: Livro Ibero-Americano, 1980.

  __________. e ARRIBAS, San Miguel A. *Atlas de geologia*. Rio de Janeiro: Livro Ibero-americano, 1964.
- FRÉMY, Dominique e FRÉMY, Michele. *Quid 2002*. Paris: Robert Laffont, 2001.
- GUERRA, Antônio Teixeira. *Dicionário geológico e geomorfológico*. Rio de Janeiro: IBGE, 1972.
- *L'Atlas du monde diplomatique*. Paris: Le monde diplomatique, s.d.
- *L'état du monde 2001*. Paris: La Découverte, 2000.
- *L'état du monde 2002*. Paris: La Découverte, 2001.
- *L'état du monde 2003*. Paris: La Découverte, 2002.
- *L'état du monde 2004*. Paris: La Découverte, 2003.
- MAGNOLI, Demétrio e SCALZARETTO, Reinaldo. *Atlas geopolítica*. São Paulo: Scipione, 1996.

- MYERS, Norman e outros (org.). *Gaia: el atlas de la gestión del planeta*. Madri: Tursen/Hermann Blume, 1994.
- *O mundo hoje 1995/1996*. São Paulo: Ensaio, 1996.
- ONU/PNUD. *Relatório do desenvolvimento humano 1998*. Nova Iorque, 1998.
- ONU/PNUD. *Relatório do desenvolvimento humano 1999*. Nova Iorque, 1999.
- ONU/PNUD. *Relatório do desenvolvimento humano 2001*. Nova Iorque, 2001.
- ONU/PNUD. *Relatório do desenvolvimento humano 2002*. Nova Iorque, 2002.
- ONU/PNUD. *Relatório do desenvolvimento humano 2003*. Nova Iorque, 2002.
- ONU/PNUD. *Relatório do desenvolvimento humano 2004*. Nova Iorque, 2004.
- PARKER, Geoffrey. *Atlas Verbo de história universal*. Lisboa: Verbo, 1996.
- SERRYN, Pierre. *Atlas universel Bordas*. Paris: Bordas, 1998.
- *Store Verdens – Atlas*. Oslo: Kunnskapsforlagets, 1997.
- WORLDWATCH INSTITUTE. *Estado do mundo 2002*. Salvador: UMA, 2002.
- WORLDWATCH INSTITUTE. *Estado do mundo 2004*. Salvador: UMA, 2004.

SITES

- http://noticias.uol.com.br/ultnot/afp/
- http://www.cbers.inpe.br/pt/index_pt.htm
- http://www.census.gov/ipc/www/idbpyr.html
- http://www.fatorgis.com.br/geoproc/gps.htm
- http://www.fatorgis.com.br/geoproc/sr.shtml
- http://www.guiadoestudante.com.br
- http://www.oecd.org.dataoecd/59/34/29199645.xls
- http://www.terra.com.br/curiosidades
- http://www.undp.org.br/HDR/Hdr98/Press/consumidores.html
- http://www.unhcr.ch/un&ref/numbers/table3.htm

REVISTAS

- *Conjuntura econômica*. Por dentro da globalização. Rio de Janeiro: FGV, nov. 1996. v. 50.
- *Panorama rural*. São Paulo: Publiê, fev. 2000.
- *Orientação n. 5*. Instituto de Geografia. São Paulo: USP, out. 1984.
- *Ciência hoje*. Rio de Janeiro: SBPC, jun. 1995. n. 110.
- *Os caminhos da Terra*. São Paulo: Azul, set. 1996; abr. 2000.
- *Superinteressante*. São Paulo: Abril, jan. 1998; set. 1997; set. 2001.
- *National Geographic*, set. 2002.
- *Terra Livre*. Geografia, território e tecnologia. São Paulo: Marco Zero/AGB, 1991. n. 9.
- *O Correio da Unesco*. Rio de Janeiro: FGV/Unesco, maio 1996; maio 1997; jul. 1998; jan. 1999; fev. 1999; abr. 1999; maio 1999; ago. 1999; out. 1999.

JORNAIS

- *Folha de S.Paulo*. São Paulo, 20 jul. 1991; 2 fev. 1997; 17 maio 1998; 30 maio 1999; 21 mar. 2000.
- *Jornal do Commercio*. Recife, 26 mar. 2000.
- *Jornal do Brasil*. Rio de Janeiro, 3 abr. 2000.
- *O Estado de S. Paulo*. São Paulo, 13 abr. 1997; 9 mar. 2001.

OUTROS

- Cepal – Comissão Econômica para a América Latina
- Departamento Nacional de Infra-Estrutura deTransportes (DNIT)
- OCDE – Organização para a Cooperação e o Desenvolvimento Econômico
- OIT – Organização Internacional do Trabalho